EDITION DE J. BRY AINÉ
— 1 FRANC LE VOLUME —

OEUVRES COMPLÈTES

DE

J.-J. ROUSSEAU

RÉIMPRIMÉES D'APRÈS LES MEILLEURS TEXTES

SOUS LA DIRECTION DE

LOUIS BARRÉ

Illustrées par Tony Johannot, Baron et Célestin Nanteuil

TOME TROISIÈME

LA NOUVELLE HÉLOÏSE

PARIS
J. BRY AINÉ, LIBRAIRE-ÉDITEUR
17, RUE GUÉNÉGAUD, 17
1856.

ŒUVRES COMPLÈTES

DE

J.-J. ROUSSEAU

Typ. GAITTET et Cie, rue Git-le-Cœur, 7, à Paris.

ŒUVRES COMPLÈTES

DE

J.-J. ROUSSEAU

RÉIMPRIMÉES D'APRÈS LES MEILLEURS TEXTES

SOUS LA DIRECTION DE

LOUIS BARRÉ

illustrées par Tony Johannot, Baron et Célestin Nanteuil

—

ÉDITION J. BRY

—

TOME TROISIÈME

LA NOUVELLE HÉLOÏSE

PARIS

J. BRY AINÉ, LIBRAIRE-ÉDITEUR

17, RUE GUÉNÉGAUD, 17

1856

JULIE

ou

LA NOUVELLE HÉLOÏSE

LETTRES DE DEUX AMANTS
habitants d'une petite ville au pied des Alpes
RECUEILLIES ET PUBLIÉES PAR JEAN-JACQUES ROUSSEAU.

PRÉFACE

Il faut des spectacles dans les grandes villes, et des romans aux peuples corrompus. J'ai vu les mœurs de mon temps, et j'ai publié ces lettres; que n'ai-je vécu dans un siècle où je dusse les jeter au feu !

Quoique je ne porte ici que le titre d'éditeur, j'ai travaillé moi-même à ce livre, et je ne m'en cache pas. Ai-je fait le tout, et la correspondance entière est-elle une fiction? Gens du monde, que vous importe? c'est sûrement une fiction pour vous.

Tout honnête homme doit avouer les livres qu'il publie : je me nomme donc à la tête de ce recueil, non pour me l'approprier, mais pour en répondre. S'il y a du mal, qu'on me l'impute ; s'il y a du bien, je n'entends point m'en faire honneur. Si le livre est mauvais, j'en suis plus obligé de le reconnaître : je ne veux pas passer pour meilleur que je ne suis.

Quant à la vérité des faits, je déclare qu'ayant été plusieurs fois dans le pays des deux amants, je n'y ai jamais ouï parler du baron d'Étange ni de sa fille, ni de M. d'Orbe, ni de mylord Édouard Bomston, ni de M. de Wolmar; j'avertis encore que la topographie est grossièrement altérée en plusieurs endroits, soit pour mieux donner le change au lecteur, soit qu'en effet l'auteur n'en sût pas davantage. Voilà tout ce que je puis dire; que chacun pense comme il lui plaira.

Ce livre n'est point fait pour circuler dans le monde, et convient à très peu de lecteurs. Le style rebutera les gens de goût : la matière alarmera les gens sévères; tous les sentiments seront hors de la nature pour ceux qui ne croient pas à la vertu. Il doit déplaire aux dévots, aux libertins, aux philosophes; il doit choquer les femmes galantes et scandaliser les honnêtes femmes. A qui plaira-t-il donc? peut-être à moi seul; mais à coup sûr il ne plaira médiocrement à personne.

Quiconque veut se résoudre à lire ces lettres doit s'armer de patience sur les fautes de langue, sur le style emphatique et plat, sur les pensées communes rendues en termes ampoulés; il doit se dire d'avance que ceux qui les écrivent ne sont pas des Français, des beaux esprits, des académiciens, des philosophes, mais des provinciaux, des étrangers, des solitaires, des jeunes gens, presque des enfants, qui, dans leurs imaginations romanesques, prennent pour de la philosophie les honnêtes délires de leur cerveau.

Pourquoi craindrais-je de dire ce que je pense? Ce recueil avec son gothique ton convient mieux aux femmes que les livres de philosophie : il peut même être utile à celles qui, dans une vie déréglée, ont conservé quelque amour pour l'honnêteté. Quant aux filles, c'est autre chose. Jamais fille chaste n'a lu de romans, et j'ai mis à celui-ci un titre assez décidé pour qu'en l'ouvrant on sût à quoi s'en tenir. Celle qui, malgré ce titre, en osera lire une seule page est une fille perdue : mais qu'elle n'impute point sa perte à ce livre; le mal était fait d'avance. Puisqu'elle a commencé, qu'elle achève de lire : elle n'a plus rien à risquer.

Qu'un homme austère, en parcourant ce recueil, se rebute aux premières parties, jette le livre avec colère, et s'indigne contre l'éditeur, je ne me plaindrai point de son injustice; à sa place, j'en aurais pu faire autant. Que si, après l'avoir lu tout entier, quelqu'un m'osait blâmer de l'avoir publié, qu'il le dise, s'il veut, à toute la terre; mais qu'il ne vienne pas me le dire : je sens que je ne pourrais de ma vie estimer cet homme-là.

Dans l'édition de 1801, et dans quelques réimpressions qui l'ont suivie, cette préface se termine par l'alinéa suivant :

« Allez, bonnes gens avec qui j'aimais tant à vivre, et qui m'avez si souvent consolé des outrages des méchants, allez au loin chercher vos semblables; fuyez les villes, ce n'est pas là que vous les trouverez. Allez dans d'humbles retraites amuser quelques couples d'époux fidèles, dont l'union se resserre aux charmes de la vôtre; quelque homme simple et sensible qui sache aimer votre état; quelque solitaire ennuyé du monde, qui, blâmant vos erreurs et vos fautes, se dise pourtant avec attendrissement : « Ah ! voilà les âmes qu'il fallait à la mienne ! »

Cette addition n'étant justifiée par aucun manuscrit et offrant quelques faiblesses de style peu habituelles à Rousseau, sa légitimité reste au moins douteuse.

AVERTISSEMENT SUR LA PRÉFACE SUIVANTE.

La forme et la longueur de ce dialogue ou entretien supposé, ne m'ayant permis de le mettre que par extrait à la tête du recueil des premières éditions, je le donne à celle-ci tout entier, dans l'espoir qu'on y trouvera quelques vues utiles sur l'objet de ces sortes d'écrits. J'ai cru d'ailleurs devoir attendre que le livre eût fait son effet avant d'en discuter les inconvénients et les avantages, ne voulant ni faire de tort au libraire, ni mendier l'indulgence du public.

SECONDE PRÉFACE

N. Voilà votre manuscrit; je l'ai lu tout entier.
R. Tout entier? J'entends; vous comptez sur peu d'imitateurs.
N. *Vel duo, vel nemo.*
R. *Turpe et miserabile* (1). Mais je veux un jugement positif.
N. Je n'ose.
R. Tout est osé par ce seul mot. Expliquez-vous.
N. Mon jugement dépend de la réponse que vous m'allez faire. Cette correspondance est-elle réelle, ou si c'est une fiction?
R. Je ne vois pas la conséquence. Pour dire si un livre est bon ou mauvais, qu'importe de savoir comment on l'a fait?
N. Il importe beaucoup pour celui-ci. Un portrait a toujours son prix, pourvu qu'il ressemble, quelque étrange que soit l'original. Mais dans un tableau d'imagination, toute figure humaine doit avoir les traits communs à l'homme, ou le tableau ne vaut rien. Tous deux supposés bons, il reste encore cette différence que le portrait intéresse peu de gens; le tableau seul peut plaire au public.
R. Je vous suis. Si ces lettres sont des portraits, ils n'intéressent point; si ce sont des tableaux, ils imitent mal. N'est-ce pas cela?
N. Précisément.
R. Ainsi, j'arracherai toutes vos réponses avant que vous m'ayez répondu. Au reste, comme je ne puis satisfaire à votre question, il faut vous en passer pour résoudre la mienne. Mettez la chose au pis : ma Julie...
N. Oh! si elle avait existé!
R. Hé bien?

---

(1) « Ou deux, ou pas un. — Chose honteuse et misérable! » Pers., sat. 1, vers. 4.

N. Mais sûrement, ce n'est qu'une fiction.

R. Supposez.

N. En ce cas, je ne connais rien de si maussade. Ces lettres ne sont point des lettres : ce roman n'est point un roman : les personnages sont des gens de l'autre monde.

R. J'en suis fâché pour celui-ci.

N. Consolez-vous ; les fous n'y manquent pas non plus : mais les vôtres ne sont pas dans la nature.

R. Je pourrais... Non, je vois le détour que prend votre curiosité. Pourquoi décidez-vous ainsi ? Savez-vous jusqu'où les hommes diffèrent les uns des autres ? combien les caractères sont opposés, combien les mœurs, les préjugés varient selon les temps, les lieux, les âges ? Qui est-ce qui ose assigner des bornes précises à la nature, et dire : Voilà jusqu'où l'homme peut aller, et pas au-delà ?

N. Avec ce beau raisonnement, les monstres inouïs, les géants, les pygmées, les chimères de toute espèce, tout pourrait être admis spécifiquement dans la nature, tout serait défiguré, nous n'aurions plus de modèle commun. Je le répète, dans les tableaux de l'humanité chacun doit reconnaître l'homme.

R. J'en conviens, pourvu qu'on sache aussi discerner ce qui fait les variétés de ce qui est essentiel à l'espèce. Que diriez-vous de ceux qui ne reconnaîtraient la nôtre que dans un habit à la française ?

N. Que diriez-vous de celui qui, sans exprimer ni traits, ni taille, voudrait peindre une figure humaine avec un voile pour vêtement ? N'aurait-on pas droit de lui demander où est l'homme ?

R. Ni traits, ni taille ? Êtes-vous juste ? Point de gens parfaits, voilà la chimère. Une jeune fille offensant la vertu qu'elle aime, et ramenée au devoir par l'horreur d'un plus grand crime ; une amie trop facile, punie enfin par son propre cœur de l'excès de son indulgence ; un jeune homme honnête et sensible, plein de faiblesse et de beaux discours ; un vieux gentilhomme entêté de sa noblesse, sacrifiant tout à l'opinion ; un Anglais généreux et brave, toujours passionné par sagesse, toujours raisonnant sans raison...

N. Un mari débonnaire et hospitalier, empressé d'établir dans sa maison l'ancien amant de sa femme...

R. Je vous renvoie à l'inscription de l'estampe.

N. *Les belles âmes !*... Le beau mot !

R. O philosophie ! combien tu prends de peine à rétrécir les cœurs, à rendre les hommes petits !

N. L'esprit romanesque les agrandit et les trompe. Mais revenons. Les deux amies ?.... Qu'en dites-vous ?.... Et cette conversion subite au temple ?.... La grâce, sans doute ?...

R. Monsieur...

N. Une femme chrétienne, une dévote qui n'apprend point le catéchisme à ses enfants ; qui meurt sans vouloir prier Dieu ; dont la mort cependant édifie un pasteur et convertit un athée... Oh !...

R. Monsieur...

N. Quant à l'intérêt, il est pour tout le monde : il est nul. Pas une mauvaise action, pas un méchant homme qui fasse craindre pour les bons ; des événements si naturels, si simples, qu'ils le sont trop ; rien d'inopiné, point de coup de théâtre : tout est prévu longtemps d'avance, tout arrive comme il est prévu. Est-ce la peine de tenir registre de ce que chacun peut voir tous les jours dans sa maison ou dans celle de son voisin ?

R. C'est-à-dire qu'il vous faut des hommes communs et des événements rares : je crois que j'aimerais mieux le contraire. D'ailleurs, vous jugez ce que vous avez lu comme un roman. Ce n'en est point un ; vous l'avez dit vous-même. C'est un recueil de lettres.

N. Qui ne sont point des lettres ; je crois l'avoir dit aussi. Quel style épistolaire! Qu'il est guindé! que d'exclamations! que d'apprêts! quelle emphase! pour ne dire que des choses communes! quels grands mots pour de petits raisonnements! rarement du sens, de la justesse; jamais ni finesse, ni force, ni profondeur. Une diction toujours dans les nues, et des pensées qui rampent toujours. Si vos personnages sont dans la nature, avouez que leur style est peu naturel.

R. Je conviens que, dans le point de vue où vous êtes, il doit vous paraître ainsi.

N. Comptez-vous que le public le verra d'un autre œil? et n'est-ce pas mon jugement que vous demandez?

R. C'est pour l'avoir plus au long que je vous réplique. Je vois que vous aimeriez mieux des lettres faites pour être imprimées.

N. Ce souhait paraît assez bien fondé pour celles qu'on donne à l'impression.

R. On ne verra donc jamais les hommes dans les livres comme ils veulent s'y montrer?

N. L'auteur, comme il veut s'y montrer; ceux qu'il dépeint, tels qu'ils sont. Mais cet avantage manque encore ici. Pas un portrait vigoureusement peint, pas un caractère assez bien marqué, nulle observation solide, aucune connaissance du monde. Qu'apprend-on dans la petite sphère de deux ou trois amants ou amis toujours occupés d'eux seuls?

R. On apprend à aimer l'humanité. Dans les grandes sociétés on n'apprend qu'à haïr les hommes.

Votre jugement est sévère; celui du public doit l'être encore plus. Sans le taxer d'injustice, je veux vous dire à mon tour de quel œil je vois ces lettres : moins pour excuser les défauts que vous y blâmez, que pour en trouver la source.

Dans la retraite, on a d'autres manières de voir et de sentir que dans le commerce du monde; les passions autrement modifiées ont aussi d'autres expressions; l'imagination toujours frappée des mêmes objets s'en affecte plus vivement. Ce petit nombre d'images revient toujours, se mêle à toutes les idées, et leur donne ce tour bizarre et peu varié qu'on remarque dans les discours des solitaires. S'ensuit-il de là que leur langage soit fort énergique? Point du tout; il n'est qu'extraordinaire. Ce n'est que dans le monde qu'on apprend à parler avec énergie. Premièrement, parce qu'il faut toujours dire autrement et mieux que les autres, et puis que, forcé d'affirmer à chaque instant ce qu'on ne croit pas, d'exprimer des sentiments qu'on n'a point, on cherche à donner à ce qu'on dit un tour persuasif qui supplée à la persuasion intérieure. Croyez-vous que les gens vraiment passionnés aient ces manières de parler vives, fortes, colorées, que vous admirez dans vos drames et dans vos romans? Non; la passion, pleine d'elle-même, s'exprime avec plus d'abondance que de force : elle ne songe pas même à persuader; elle ne soupçonne pas qu'on puisse douter d'elle. Quand elle dit ce qu'elle sent, c'est moins pour l'exposer aux autres que pour se soulager. On peint plus vivement l'amour dans les grandes villes; l'y sent-on mieux que dans les hameaux?

N. C'est-à-dire que la faiblesse du langage prouve la force du sentiment.

R. Quelquefois du moins elle en montre la vérité. Lisez une lettre d'amour faite par un auteur dans son cabinet, par un bel esprit qui veut briller : pour peu qu'il ait de feu dans la tête, sa plume va, comme on dit, brûler le papier; la chaleur n'ira pas plus loin; vous serez enchanté, même agité peut-être, mais d'une agitation passagère et sèche, qui ne vous laissera que des mots pour tout souvenir. Au contraire, une lettre que l'amour a réellement dictée, une lettre d'un amant vraiment passionné sera lâche, diffuse, toute en longueurs, en désordre, en répétitions. Son cœur, plein d'un sentiment qui déborde, redit toujours la même chose, et n'a jamais achevé de dire, comme une source vive qui coule sans cesse et ne s'épuise jamais. Rien de saillant, rien de remarquable; on ne retient ni mots, ni tours, ni phrases; on n'admire rien, l'on n'est frappé de rien. Cependant on se sent l'âme attendrie; on se sent ému sans savoir pourquoi. Si la force du sentiment ne nous frappe pas, sa vérité nous touche; et c'est ainsi que le cœur sait parler au cœur. Mais ceux qui ne sentent rien, ceux qui n'ont que le jargon paré des passions, ne connaissent point ces sortes de beautés et les méprisent.

N. J'attends.

R. Fort bien. Dans cette dernière espèce de lettres, si les pensées sont communes, le style pourtant n'est pas familier, et ne doit pas l'être. L'amour n'est qu'illusion, il se fait, pour ainsi dire, un autre univers, il s'entoure d'objets qui ne sont point, ou auxquels lui seul a donné l'être; et, comme il rend tous ses sentiments en images, son langage est toujours figuré. Mais ces figures sont sans justesse et sans suite; son éloquence est dans son désordre; il prouve d'autant plus qu'il raisonne moins. L'enthousiasme est le dernier degré de la passion. Quand elle est à son comble, elle voit son objet parfait; elle en fait alors son idole, elle le place dans le ciel; et comme l'enthousiasme de la dévotion emprunte le langage de l'amour, l'enthousiasme de l'amour emprunte aussi le langage de la dévotion. Il ne voit plus que le paradis, les anges, les vertus des saints, les délices du séjour céleste. Dans ces transports, entouré de si hautes images, en parlera-t-il en termes rampants? se résoudra-t-il d'abaisser, d'avilir ses idées par des expressions vulgaires? n'élèvera-t-il pas son style? ne lui donnera-t-il pas de la noblesse, de la dignité? Que parlez-vous de lettres, de style épistolaire? En écrivant à ce qu'on aime, il est bien question de cela! ce ne sont plus des lettres que l'on écrit, ce sont des hymnes.

N. Citoyen, voyons votre pouls.

R. Non, voyez l'hiver sur ma tête. Il est un âge pour l'expérience, un autre pour le souvenir. Le sentiment s'éteint à la fin; mais l'âme sensible demeure toujours.

Je reviens à nos lettres. Si vous les lisez comme l'ouvrage d'un auteur qui veut plaire ou qui se pique d'écrire, elles sont détestables. Mais prenez-les pour ce qu'elles sont, et jugez-les dans leur espèce. Deux ou trois jeunes gens simples, mais sensibles, s'entretiennent entre eux des intérêts de leurs cœurs; ils ne songent point à briller aux yeux les uns des autres. Ils se connaissent et s'aiment trop mutuellement pour que l'amour-propre ait plus rien à faire entre eux. Ils sont enfants: penseront-ils en hommes? ils sont étrangers: écriront-ils correctement? ils sont solitaires: connaîtront-ils le monde et la société? Pleins du seul sentiment qui les occupe, ils sont dans le délire, et pensent philosopher. Voulez-vous qu'ils sachent observer, juger, réfléchir? Ils ne savent rien de tout cela. Ils savent aimer; ils rapportent tout à leur passion. L'importance qu'ils donnent à leurs folles idées est-elle moins amusante que tout l'esprit qu'ils pourraient étaler? Ils parlent de tout; ils se trompent sur tout, ils ne font rien connaître qu'eux; mais, en se faisant connaître, ils se font aimer: leurs erreurs valent mieux que le savoir des sages; leurs cœurs honnêtes portent partout, jusque dans leurs fautes, les préjugés de la vertu toujours confiante et toujours trahie. Rien ne les entend, rien ne leur répond, tout les détrompe. Ils se refusent aux vérités décourageantes; ne trouvant nulle part ce qu'ils sentent, ils se replient sur eux-mêmes; ils se détachent du reste de l'univers, et créant entre eux un petit monde différent du nôtre, ils y forment un spectacle véritablement nouveau.

N. Je conviens qu'un homme de vingt ans et des filles de dix-huit ne doivent pas, quoique instruits, parler en philosophes, même en pensant l'être; j'avoue encore, et cette différence ne m'a pas échappé, que ces filles deviennent des femmes de mérite, et ce jeune homme un meilleur observateur. Je ne fais point de comparaison entre le commencement et la fin de l'ouvrage. Les détails de la vie domestique effacent les fautes du premier âge; la chaste épouse, la femme sensée, la digne mère de famille, font oublier la coupable amante. Mais cela même est un sujet de critique : la fin du recueil rend le commencement d'autant plus répréhensible ; on dirait que ce sont deux livres différents que les mêmes personnes ne doivent pas lire. Ayant à montrer des gens raisonnables, pourquoi les prendre avant qu'ils le soient devenus ? Les jeux d'enfants qui précèdent les leçons de la sagesse empêchent de les attendre : le mal scandalise avant que le bien puisse édifier ; enfin le lecteur indigné se rebute et quitte le livre au moment d'en tirer du profit.

R. Je pense au contraire que la fin de ce recueil serait superflue aux lecteurs rebutés du commencement, et que ce même commencement doit être agréable à ceux pour qui la fin peut être utile. Ainsi, ceux qui n'achèveront pas le livre ne perdront rien, puisqu'il ne leur est pas propre ; et ceux qui peuvent en profiter ne l'auraient pas lu, s'il eût commencé plus gravement. Pour rendre utile ce qu'on veut dire, il faut d'abord se faire écouter de ceux qui doivent en faire usage.

J'ai changé de moyen, mais non pas d'objet. Quand j'ai tâché de parler aux hommes, on ne m'a point entendu ; peut-être, en parlant aux enfants, me ferai-je mieux entendre ; et les enfants ne goûtent pas mieux la raison nue que les remèdes mal déguisés :

> *Cosi all' egro fanciul porgiamo aspersi*
> *Di soave licor gl' orli del vaso ;*
> *Succhi amari ingannato in tanto ei beve,*
> *E dall' inganno suo vita riceve* (1).

N. J'ai peur que vous ne vous trompiez encore ; ils suceront les bords du vase, et ne boiront point la liqueur.

R. Alors ce ne sera plus ma faute ; j'aurai fait de mon mieux pour la faire passer.

Mes jeunes gens sont aimables ; mais, pour les aimer à trente ans, il faut les avoir connus à vingt. Il faut avoir vécu longtemps avec eux pour s'y plaire, et ce n'est qu'après avoir déploré leurs fautes qu'on vient à goûter leurs vertus. Leurs lettres n'intéressent pas tout d'un coup ; mais peu à peu elles attachent : on ne peut ni les prendre ni les quitter. La grâce et la facilité n'y sont pas, ni la raison, ni l'esprit, ni l'éloquence ; le sentiment y est ; il se communique au cœur par degrés, et lui seul à la fin supplée à tout. C'est une longue romance, dont les couplets pris à part n'ont rien qui touche, mais dont la suite produit à la fin son effet. Voilà ce que j'éprouve en les lisant : dites-moi si vous sentez la même chose.

N. Non. Je conçois pourtant cet effet par rapport à vous. Si vous êtes l'auteur, l'effet est tout simple ; si vous ne l'êtes pas, je le conçois encore. Un homme qui vit dans le monde ne peut s'accoutumer aux idées extravagantes, au pathos affecté, au déraisonnement continuel de vos bonnes gens. Un solitaire peut les goûter ; vous en avez dit la raison vous-même. Mais, avant que de publier ce manuscrit, songez que le public n'est pas composé d'ermites. Tout ce qui pourrait arriver de plus heureux serait qu'on prît votre petit bonhomme pour un Céladon, votre Édouard pour un don Quichotte, vos caillettes pour deux Astrées, et qu'on s'en amusât comme d'autant de vrais fous. Mais les longues folies n'amusent guère : il faut écrire comme Cervantes pour faire lire six volumes de visions.

R. La raison qui vous ferait supprimer cet ouvrage m'encourage à le publier.

N. Quoi ! la certitude de n'être point lu ?

R. Un peu de patience, et vous allez m'entendre.

En matière de morale, il n'y a point, selon moi, de lecture utile aux gens

---

(1) C'est ainsi qu'en présentant une médecine à l'enfant malade, on arrose d'une liqueur agréable les bords du vase qui la contient ; trompé par cet artifice, l'enfant boit le breuvage amer, et cette légère tromperie lui rend la santé.

du monde. Premièrement, parce que la multitude des livres nouveaux qu'ils parcourent, et qui disent tour à tour le pour et le contre, détruit l'effet de l'un par l'autre, et rend le tout comme non avenu. Les livres choisis qu'on relit ne font point d'effet encore : s'ils soutiennent les maximes du monde, ils sont superflus; et s'ils les combattent, ils sont inutiles. Ils trouvent ceux qui les lisent liés aux vices de la société par des chaînes qu'ils ne peuvent rompre. L'homme du monde qui veut remuer un instant son âme pour la remettre dans l'ordre moral, trouvant de toutes parts une résistance invincible, est toujours forcé de garder ou reprendre sa première situation. Je suis persuadé qu'il y a peu de gens bien nés qui n'aient fait cet essai, du moins une fois en leur vie; mais, bientôt découragé d'un vain effort, on ne le répète plus, et l'on s'accoutume à regarder la morale des livres comme un babil de gens oisifs. Plus on s'éloigne des affaires, des grandes villes, des nombreuses sociétés, plus les obstacles diminuent. Il est un terme où ces obstacles cessent d'être invincibles, et c'est alors que les livres peuvent avoir quelque utilité. Quand on vit isolé, comme on ne se hâte pas de lire pour faire parade de ses lectures, on les varie moins, on les médite davantage; et comme elles ne trouvent pas un si grand contre-poids au dehors, elles font beaucoup plus d'effet au-dedans. L'ennui, ce fléau de la solitude aussi bien que du grand monde, force de recourir aux livres amusants, seule ressource de qui vit seul et n'en a pas en lui-même. On lit beaucoup plus de romans dans les provinces qu'à Paris, on en lit plus dans les campagnes que dans les villes, et ils y font beaucoup plus d'impression : vous voyez pourquoi cela doit être.

Mais ces livres, qui pourraient servir à la fois d'amusement, d'instruction, de consolation au campagnard, malheureux seulement parce qu'il pense l'être, ne semblent faits, au contraire, que pour le rebuter de son état, en étendant et fortifiant le préjugé qui le lui rend méprisable; les gens du bel air, les femmes à la mode, les grands, les militaires, voilà les acteurs de tous vos romans. Le raffinement du goût des villes, les maximes de la cour, l'appareil du luxe, la morale épicurienne : voilà les leçons qu'ils prêchent et les préceptes qu'ils donnent. Le coloris de leurs fausses vertus ternit l'éclat des véritables; le manége des procédés est substitué aux devoirs réels; les beaux discours font dédaigner les belles actions; et la simplicité des bonnes mœurs passe pour grossièreté.

Quel effet produiront de pareils tableaux sur un gentilhomme de campagne, qui voit railler la franchise avec laquelle il reçoit ses hôtes, et traiter de brutale orgie la joie qu'il fait régner dans son canton? sur sa femme, qui apprend que les soins d'une mère de famille sont au-dessous des dames de son rang? sur sa fille, à qui les airs contournés et le jargon de la ville font dédaigner l'honnête et rustique voisin qu'elle eût épousé? Tous de concert, ne voulant plus être des manants, se dégoûtent de leur village, abandonnent leur vieux château, qui bientôt devient masure, et vont dans la capitale, où le père, avec sa croix de Saint-Louis, de seigneur qu'il était, devient valet ou chevalier d'industrie; la mère établit un brelan; la fille attire les joueurs, et souvent tous trois, après avoir mené une vie infâme, meurent de misère et déshonorés.

Les autres, les gens de lettres, les philosophes ne cessent de crier que, pour remplir ses devoirs de citoyen, pour servir ses semblables, il faut habiter les grandes villes. Selon eux, fuir Paris, c'est haïr le genre humain; le peuple de la campagne est nul à leurs yeux : à les entendre, on croirait qu'il n'y a des hommes qu'où il y a des pensions, des académies et des dîners.

De proche en proche, la même pente entraîne tous les états. Les contes, les romans, les pièces de théâtre, tout tire sur les provinciaux; tout tourne en dérision la simplicité des mœurs rustiques; tout prêche les manières et les plaisirs du grand monde : c'est une honte de ne les pas connaître, c'est un malheur de ne les pas goûter. Qui sait de combien de filous et de filles publiques l'attrait de ces plaisirs imaginaires peuple Paris de jour en jour? Ainsi les préjugés et l'opinion, renforçant l'effet des systèmes politiques, amoncèlent, entassent les habitants de chaque pays sur quelques points du territoire, laissant tout le reste en friche et en désert : ainsi, pour faire briller les capitales, se dépeuplent les nations; et ce frivole éclat, qui frappe les yeux des sots, fait courir l'Europe à grands pas vers sa ruine. Il importe au bonheur des hommes qu'on tâche d'arrêter ce torrent de maximes empoisonnées. C'est le métier des prédicateurs de nous crier : *Soyez bons et justes!* sans beaucoup s'inquiéter du succès de leurs discours. Le citoyen qui s'en inquiète ne doit point crier sottement : *Soyez bons,* mais nous faire aimer l'état qui nous porte à l'être.

N. Un moment; reprenez haleine. J'aime les vues utiles; et je vous ai si bien suivi dans celle-ci, que je crois pouvoir pérorer pour vous.

Il est clair, selon votre raisonnement, que, pour donner aux ouvrages d'imagination la seule utilité qu'ils puissent avoir, il faudrait les diriger vers un but opposé à celui que leurs auteurs se proposent : éloigner toutes les choses d'institution; ramener tout à la nature; donner aux hommes l'amour d'une vie égale et simple; les guérir des fantaisies de l'opinion leur rendre le goût des vrais plaisirs; leur faire aimer la solitude et la paix; les tenir à quelque distance les uns des autres; et, au lieu de les exciter à s'entasser dans les villes, les porter à s'étendre également sur le territoire pour le vivifier de toutes parts. Je comprends encore qu'il ne s'agit pas de faire des Daphnis, des Sylvandres, des pasteurs d'Arcadie, des bergers du Lignon, d'illustres paysans cultivant leurs champs de leurs propres mains, et philosophant sur la nature, ni d'autres pareils êtres romanesques, qui ne peuvent exister que dans les livres; mais de montrer aux gens aisés que la vie rustique et l'agriculture ont des plaisirs qu'ils ne savent pas connaître; que ces plaisirs sont moins insipides, moins grossiers qu'ils ne pensent; qu'il y peut régner du goût, du choix, de la délicatesse; qu'un homme de mérite, qui voudrait se retirer à la campagne avec sa famille, et devenir lui-même son propre fermier, y pourrait couler une vie aussi douce qu'au milieu des amusements des villes; qu'une ménagère des champs peut être une femme charmante, aussi pleine de grâces, et de grâces plus touchantes, que toutes les petites maîtresses; qu'enfin les plus doux sentiments du cœur y peuvent animer une société plus agréable que le langage apprêté des cercles, où nos rires mordants et satiriques sont le triste supplément de la gaîté qu'on n'y connaît plus. Est-ce bien cela?

R. C'est cela même. A quoi j'ajouterai seulement une réflexion. L'on se plaint que les romans troublent les têtes : je le crois bien. En montrant sans cesse à ceux qui les lisent les prétendus charmes d'un état qui n'est pas le leur, ils les séduisent, ils leur font prendre leur état en dédain, et en faire un échange imaginaire contre celui qu'on leur fait aimer. Voulant être ce qu'on n'est pas, on parvient à se croire autre chose que ce qu'on est, et voilà comment on devient fou. Si les romans n'offraient à leurs lecteurs que des tableaux des objets qui les environnent, que des devoirs qu'ils peuvent remplir, que des plaisirs de leur condition, les romans ne les rendraient point fous, ils les rendraient sages. Il faut que les écrits faits pour les solitaires parlent la langue des solitaires : pour les instruire, il faut qu'ils leur plaisent, qu'ils les intéressent; il faut qu'ils les attachent à leur état en le leur rendant agréable. Ils doivent combattre et détruire les maximes des grandes sociétés; ils doivent les montrer fausses et méprisables, c'est-à-dire, telles qu'elles sont. A tous ces titres, un roman, s'il est bien fait, au moins s'il est utile, doit être sifflé, haï, décrié par les gens à la mode comme un livre plat, extravagant, ridicule; et voilà, monsieur, comment la folie du monde est sagesse.

N. Votre conclusion se tire d'elle-même. On ne peut mieux prévoir sa chute, ni s'apprêter à tomber plus fièrement. Il me reste une seule difficulté. Les provinciaux, vous le savez, ne lisent que sur notre parole : il ne leur parvient que ce que nous leur envoyons. Un livre destiné pour les solitaires est d'abord jugé par les gens du monde; si ceux-ci le rebutent, les autres ne le lisent point. Répondez.

R. La réponse est facile. Vous parlez des beaux esprits de province, et moi je parle des vrais campagnards. Vous avez, vous autres qui brillez dans la capitale, des préjugés dont il faut vous guérir : vous croyez donner le ton à toute la France, et les trois quarts de la France ne savent pas que vous existez. Les livres qui tombent à Paris font la fortune des libraires de province.

N. Pourquoi voulez-vous les enrichir aux dépens des nôtres?

R. Raillez. Moi, je persiste. Quand on aspire à la gloire, il faut se faire lire à Paris; quand on veut être utile, il faut se faire lire en province. Combien d'honnêtes gens passent leur vie, dans des campagnes éloignées, à cultiver le patrimoine de leurs pères, où ils se regardent comme exilés par une fortune étroite! Durant les longues nuits d'hiver, dépourvus de société, ils emploient la soirée à lire au coin de leur feu les livres amusants qui leur tombent sous la main. Dans leur simplicité grossière, ils ne se piquent ni de littérature, ni de bel esprit; ils lisent pour se désennuyer et non pour s'instruire; les livres de morale et de philosophie sont pour eux comme n'existant pas : on en ferait en vain pour leur usage; ils ne leur parviendraient jamais. Cependant, loin de leur rien offrir de convenable à leur situation, vos romans ne servent qu'à la leur rendre encore plus amère. Ils changent leur retraite en un désert affreux : et, pour quelques heures de distraction qu'ils leur donnent, ils leur préparent des mois de malaise et de vains regrets. Pourquoi n'oserais-je supposer que, par quelque heureux hasard, ce livre, comme tant d'autres plus mauvais encore, pourra tomber dans les mains de ces habitants des champs, et que l'image des plaisirs d'un état tout semblable au leur le leur rendra plus supportable? J'aime à me figurer deux époux lisant ce recueil ensemble, y puisant un nouveau courage pour supporter leurs travaux communs, et peut-être de nouvelles vues pour les rendre utiles. Comment pourraient-ils y contempler le tableau d'un ménage heureux, sans vouloir imiter un si doux modèle? Comment s'attendriront-ils sur le charme de l'union conjugale, même privé de celui de l'amour, sans que la leur se resserre et s'affermisse? En quittant leur lecture, ils ne seront ni attristés de leur état, ni rebutés de leurs soins. Au contraire, tout semblera prendre autour d'eux une face plus riante; leurs devoirs s'ennobliront à leurs yeux; ils reprendront le goût des plaisirs de la nature; ses vrais sentiments renaîtront dans leurs cœurs; et en voyant le bonheur à leur portée, ils apprendront à le goûter. Ils rempliront les mêmes fonctions, mais ils les rempliront avec une autre âme, et feront en vrais patriarches ce qu'ils faisaient en paysans.

N. Jusque ici tout va fort bien. Les maris, les femmes, les mères de famille... Mais les filles, n'en dites-vous rien?

R. Non. Une honnête fille ne lit point de livres d'amour. Que celle qui lira celui-ci, malgré son titre, ne se plaigne point du mal qu'il lui aura fait : elle ment. Le mal était fait d'avance; elle n'a plus rien à risquer.

N. A merveille! auteurs érotiques, venez à l'école; vous voilà tous justifiés.

R. Oui, s'ils le sont par leur propre cœur et par l'objet de leurs écrits.

N. L'êtes-vous aux mêmes conditions?

R. Je suis trop fier pour répondre à cela; mais Julie s'était fait une règle pour juger les livres (1); si vous la trouvez bonne, servez-vous-en pour juger celui-ci.

On a voulu rendre la lecture des romans utile à la jeunesse; je ne connais point de projet plus insensé : c'est commencer par mettre le feu à la maison pour faire jouer les pompes. D'après cette folle idée, au lieu de diriger vers son objet la morale de ces sortes d'ouvrages, on adresse toujours cette morale

---

(1) Deuxième Partie. Lettre XVIII, vers la fin.

aux jeunes filles (1), sans songer que les jeunes filles n'ont point de part aux désordres dont on se plaint. En général, leur conduite est régulière, quoique leurs cœurs soient corrompus. Elles obéissent à leurs mères en attendant qu'elles puissent les imiter. Quand les femmes feront leur devoir, soyez sûr que les filles ne manqueront point au leur.

N. L'observation vous est contraire en ce point. Il semble qu'il faut toujours au sexe un temps de libertinage, ou dans un état, ou dans l'autre. C'est un mauvais levain qui fermente tôt ou tard. Chez les peuples qui ont des mœurs, les filles sont faciles et les femmes sévères : c'est le contraire chez ceux qui n'en ont pas. Les premiers n'ont égard qu'au délit, et les autres qu'au scandale. Il ne s'agit que d'être à l'abri des preuves; le crime est compté pour rien (2).

R. A l'envisager par ses suites, on n'en jugerait pas ainsi. Mais soyons justes envers les femmes; la cause de leur désordre est moins en elles que dans nos mauvaises institutions.

Depuis que tous les sentiments de la nature sont étouffés par l'extrême inégalité, c'est de l'inique despotisme des pères que viennent les vices et les malheurs des enfants; c'est dans des nœuds forcés et mal assortis que, victimes de l'avarice ou de la vanité des parents, de jeunes femmes effacent, par un désordre dont elles font gloire, le scandale de leur première honnêteté. Voulez-vous donc remédier au mal, remontez à sa source. S'il y a quelque réforme à tenter dans les mœurs publiques, c'est par les mœurs domestiques qu'elle doit commencer; et cela dépend absolument des pères et mères. Mais ce n'est point ainsi qu'on dirige les instructions; vos lâches auteurs ne prêchent jamais que ceux qu'on opprime; et la morale des livres sera toujours vaine, parce qu'elle n'est que l'art de faire sa cour au plus fort.

N. Assurément la vôtre n'est pas servile; mais, à force d'être libre, ne l'est-elle point trop? Est-ce assez qu'elle aille à la source du mal? ne craignez-vous point qu'elle en fasse?

R. Du mal! A qui? Dans des temps d'épidémie et de contagion, quand tout est atteint dès l'enfance, faut-il empêcher le débit des drogues bonnes aux malades sous prétexte qu'elles pourraient nuire aux gens sains? Monsieur, nous pensons si différemment sur ce point, que, si l'on pouvait espérer quelque succès pour ces lettres, je suis très persuadé qu'elles feraient plus de bien qu'un meilleur livre.

N. Il est vrai que vous avez une excellente prêcheuse. Je suis charmé de vous voir raccommodé avec les femmes; j'étais fâché que vous leur défendissiez de nous faire des sermons (3).

R. Vous êtes pressant, il faut me taire; je ne suis ni assez fou ni assez sage pour avoir toujours raison : laissons cet os à ronger à la critique.

N. Bénignement : de peur qu'elle n'en manque. Mais n'eût-on sur tout le reste rien à dire à tout autre, comment passer au sévère censeur des spectacles les situations vives et les sentiments passionnés dont tout ce recueil est rempli? Montrez-moi une scène de théâtre qui forme un tableau pareil à ceux du bosquet de Clarens (4) et du cabinet de toilette. Relisez la lettre sur les spectacles; relisez ce recueil... Soyez conséquent, ou quittez vos principes... Que voulez-vous qu'on pense?

R. Je veux, monsieur, qu'un critique soit conséquent lui-même, et qu'il ne juge qu'après avoir examiné. Relisez mieux l'écrit que vous venez de citer; relisez aussi la préface de *Narcisse*, vous y verrez la réponse à l'inconséquence

(1) Ceci ne regarde que les modernes romans anglais.
(2) *Talis est via mulieris adulteræ, quæ comedit, et tergens os suum dicit : Non sum operata malum*. Proverb., xxx, 20. Telle est la voie de la femme adultère qui mange du fruit funeste, et s'essuyant la bouche, dit : Je n'ai point fait de mal.
(3) Voyez la lettre à M. d'Alembert.
(4) On prononce *Klaran*.

que vous me reprochez. Les étourdis qui prétendent en trouver dans le *Devin du Village* en trouveront sans doute bien plus ici. Ils feront leur métier; mais vous...

N. Je me rappelle deux passages (1)... Vous estimez peu vos contemporains.

R. Monsieur, je suis aussi leur contemporain. Oh! que ne suis-je né dans un siècle où je dusse jeter ce recueil au feu!

N. Vous outrez, à votre ordinaire; mais, jusqu'à certain point, vos maximes sont assez justes. Par exemple, si votre Héloïse eût été toujours sage, elle instruirait beaucoup moins; car à qui servirait-elle de modèle? C'est dans les siècles les plus dépravés qu'on aime les leçons de la morale la plus parfaite : cela dispense de les pratiquer, et l'on contente à peu de frais, par une lecture oisive, un reste de goût pour la vertu.

R. Sublimes auteurs, rabaissez un peu vos modèles, si vous voulez qu'on cherche à les imiter. A qui vantez-vous la pureté qu'on n'a point souillée? Eh! parlez-nous de celle qu'on peut recouvrer; peut-être au moins quelqu'un pourra vous entendre.

N. Votre jeune homme a déjà fait ces réflexions : mais n'importe; on ne vous fera pas moins un crime d'avoir dit ce qu'on fait, pour montrer ensuite ce qu'on devrait faire. Sans compter qu'inspirer l'amour aux filles et la réserve aux femmes, c'est renverser l'ordre établi, et ramener toute cette petite morale que la philosophie a proscrite. Quoi que vous en puissiez dire, l'amour dans les filles est indécent et scandaleux, et il n'y a qu'un mari qui puisse autoriser un amant. Quelle étrange maladresse que d'être indulgent pour des filles qui ne doivent point vous lire, et sévère pour les femmes qui vous jugeront! Croyez-moi, si vous avez peur de réussir, tranquillisez-vous; vos mesures sont trop bien prises pour vous laisser craindre un pareil affront. Quoi qu'il en soit, je vous garderai le secret; ne soyez imprudent qu'à demi. Si vous croyez donner un livre utile, à la bonne heure; mais gardez-vous de l'avouer.

R. De l'avouer, monsieur! un honnête homme se cache-t-il quand il parle au public? ose-t-il imprimer ce qu'il n'oserait reconnaître? Je suis l'éditeur de ce livre, et je m'y nommerai comme éditeur.

N. Vous vous y nommerez! vous?

R. Moi-même.

N. Quoi! vous y mettrez votre nom?

R. Oui, monsieur.

N. Votre vrai nom? *Jean-Jacques Rousseau*, en toutes lettres?

R. *Jean-Jacques Rousseau*, en toutes lettres.

N. Vous n'y pensez pas! que dira-t-on de vous?

R. Ce qu'on voudra. Je me nomme à la tête de ce recueil, non pour me l'approprier, mais pour en répondre. S'il y a du mal, qu'on me l'impute; s'il y a du bien, je n'entends point m'en faire honneur. Si l'on trouve le livre mauvais en lui-même, c'est une raison de plus pour y mettre mon nom. Je ne veux pas passer pour meilleur que je ne suis.

N. Etes-vous content de cette réponse?

R. Oui, dans des temps où il n'est possible à personne d'être bon.

N. Et les belles âmes, les oubliez-vous?

R. La nature les fit, vos institutions les gâtent.

N. A la tête d'un livre d'amour, on lira ces mots : *Par J.-J. Rousseau! citoyen de Genève!*

R. *Citoyen de Genève!* Non, pas cela. Je ne profane point le nom de ma patrie; je ne le mets qu'aux écrits que je crois lui pouvoir faire honneur.

N. Vous portez vous-même un nom qui n'est pas sans honneur, et vous avez aussi quelque chose à perdre. Vous donnez un livre faible et plat qui vous fera

---

(1) Préface de *Narcisse*; Lettre à M. d'Alembert.

tort. Je voudrais vous en empêcher; mais si vous en faites la sottise, j'approuve que vous la fassiez hautement et franchement; cela du moins sera dans votre caractère. Mais, à propos, mettrez-vous aussi votre devise à ce livre?

R. Mon libraire m'a déjà fait cette plaisanterie, et je l'ai trouvée si bonne, que j'ai promis de lui en faire honneur. Non, monsieur, je ne mettrai point ma devise à ce livre; mais je ne la quitterai pas pour cela, et je m'effraie moins que jamais de l'avoir prise. Souvenez-vous que je songeais à faire imprimer ces lettres quand j'écrivais contre les spectacles, et que le soin d'excuser un de ces écrits ne m'a point fait altérer la vérité dans l'autre. Je me suis accusé d'avance plus fortement peut-être que personne ne m'accusera. Celui qui préfère la vérité à sa gloire peut espérer de la préférer à la vie. Vous voulez qu'on soit toujours conséquent; je doute que cela soit possible à l'homme; mais ce qui lui est possible est d'être toujours vrai : voilà ce que je veux tâcher d'être.

N. Quand je vous demande si vous êtes l'auteur de ces lettres, pourquoi donc éludez-vous ma question?

R. Pour cela même que je ne veux pas dire un mensonge.

N. Mais vous refusez aussi de dire la vérité?

R. C'est encore lui rendre honneur que de déclarer qu'on la veut taire : vous auriez meilleur marché d'un homme qui voudrait mentir. D'ailleurs, les gens de goût se trompent-ils sur la plume des auteurs? Comment osez-vous faire une question que c'est à vous de résoudre?

N. Je la résoudrais bien pour quelques lettres; elles sont certainement de vous; mais je ne vous reconnais plus dans les autres, et je doute qu'on se puisse contrefaire à ce point. La nature, qui n'a pas peur qu'on la méconnaisse, change souvent d'apparence; et souvent l'art se décèle en voulant être plus naturel qu'elle; c'est le grogneur de la fable, qui rend la voix de l'animal mieux que l'animal même. Ce recueil est plein de choses d'une maladresse que le dernier barbouilleur eût évitée : les déclamations, les répétitions, les contradictions, les éternelles rabâcheries. Où est l'homme capable de mieux faire qui pourrait se résoudre à faire si mal? Où est celui qui aurait laissé la choquante préposition que ce fou d'Édouard fait à Julie? Où est celui qui n'aurait pas corrigé le ridicule du petit bon-homme qui, voulant toujours mourir, a soin d'en avertir tout le monde, et finit par se porter toujours bien? Où est celui qui n'eût pas commencé par se dire : Il faut marquer avec soin les caractères; il faut exactement varier les styles? Infailliblement, avec ce projet, il aurait mieux fait que la nature.

J'observe que, dans une société très intime, les styles se rapprochent ainsi que les caractères, et que les amis, confondant leurs âmes, confondent aussi leurs manières de penser, de sentir et de dire. Cette Julie, telle qu'elle est, doit être une créature enchanteresse, tout ce qui l'approche doit lui ressembler; tout doit devenir Julie autour d'elle; tous ses amis ne doivent avoir qu'un ton. Mais ces choses se sentent et ne s'imaginent pas. Quand elles s'imagineraient, l'inventeur n'oserait les mettre en pratique : il ne lui faut que des traits qui frappent la multitude; ce qui redevient simple à force de finesse ne lui convient plus; or, c'est là qu'est le sceau de la vérité; c'est là qu'un œil attentif cherche et retrouve la nature.

R. Hé bien! vous concluez donc?

N. Je ne conclus pas, je doute, et je ne saurais vous dire combien ce doute m'a tourmenté durant la lecture de ces lettres. Certainement, si tout cela n'est qu'une fiction, vous avez fait un mauvais livre; mais dites que ces deux femmes ont existé, et je relis ce recueil tous les ans, jusqu'à la fin de ma vie.

R. Eh! qu'importe qu'elles aient existé? vous les chercheriez en vain sur la terre : elles ne sont plus.

N. Elles ne sont plus? elles furent donc?

R. Cette conclusion est conditionnelle : si elles furent, elles ne sont plus.

N. Entre nous, convenez que ces petites subtilités sont plus déterminantes qu'embarrassantes.

R. Elles sont ce que vous les forcez d'être, pour ne point me trahir ni mentir.

N. Ma foi, vous aurez beau faire, on vous devinera malgré vous. Ne voyez-vous pas que votre épigraphe seule dit tout?

R. Je vois qu'elle ne dit rien sur le fait en question : car qui peut savoir si j'ai trouvé cette épigraphe dans le manuscrit, ou si c'est moi qui l'y ai mise? qui peut dire si je ne suis point dans le même doute où vous êtes, si tout cet air de mystère n'est pas peut-être une feinte pour vous cacher ma propre ignorance sur ce que vous voulez savoir?

N. Mais, enfin, vous connaissez les lieux? vous avez été à Vevai, dans le pays de Vaud?

R. Plusieurs fois; et je vous déclare que je n'y ai point ouï parler du baron d'Etange ni de sa fille. Le nom de M. de Wolmar n'y est pas même connu. J'ai été à Clarens; je n'y ai rien vu de semblable à la maison décrite dans ces lettres. J'y ai passé, revenant d'Italie, l'année même de l'événement funeste, et l'on n'y pleurait ni Julie de Wolmar, ni rien qui lui ressemblât, que je sache. Enfin, autant que je puis me rappeler la situation du pays, j'ai remarqué dans ces lettres des transpositions de lieux et des erreurs de topographie, soit que l'auteur n'en sût pas davantage, soit qu'il voulût dépayser ses lecteurs. C'est là tout ce que vous apprendrez de moi sur ce point; et soyez sûr que d'autres ne m'arracheront point ce que j'aurai refusé de vous dire.

N. Tout le monde aura la même curiosité que moi. Si vous publiez cet ouvrage, dites donc au public ce que vous m'avez dit. Faites plus; écrivez cette conversation pour toute préface : les éclaircissements nécessaires y sont tous.

R. Vous avez raison, elle vaut mieux que ce que j'aurais dit de mon chef. Au reste, ces sortes d'apologies ne réussissent guère.

N. Non, quand on voit que l'auteur s'y ménage; mais j'ai pris soin qu'on ne trouvât point ce défaut dans celle-ci. Seulement, je vous conseille d'en transposer les rôles. Feignez que c'est moi qui vous presse de publier ce recueil, et que vous vous en défendez. Donnez-vous les objections, et à moi les réponses. Cela sera plus modeste, et fera un meilleur effet.

R. Cela sera-t-il aussi dans le caractère dont vous m'avez loué ci-devant?

N. Non, je vous tendais un piège : laissez les choses comme elles sont.

JULIE

OU

LA NOUVELLE HÉLOÏSE

*Non la connobbe il mondo, mentre l'ebbe :
Connobil' io, ch' a pianger qui rimasi.*
                                    PETR.

Le monde la posséda sans la connaître ; et moi,
je l'ai connue, et je reste ici-bas à pleurer.

PREMIÈRE PARTIE [1]

LETTRE PREMIÈRE.

A JULIE.

Il faut vous fuir, mademoiselle, je le sens bien : j'aurais dû beaucoup moins attendre, ou plutôt il fallait ne vous voir jamais. Mais que faire aujourd'hui ? comment m'y prendre ? Vous m'avez promis de l'amitié ; voyez mes perplexités, et conseillez-moi.

Vous savez que je ne suis entré dans votre maison que sur l'*invitation* de madame votre mère. Sachant que j'avais cultivé quelques talents agréables, elle a cru qu'ils ne seraient pas inutiles, dans un lieu dépourvu de maîtres, à l'éducation d'une fille qu'elle adore. Fier, à mon tour, d'orner de quelques fleurs un si beau naturel, j'osai me charger de ce dangereux soin sans en prévoir le péril, ou du moins sans le redouter. Je ne vous dirai point que je commence à payer le prix de ma témérité : j'espère que je ne m'oublierai jamais jusqu'à vous tenir des discours qu'il ne vous convient pas d'entendre, et manquer au respect que je dois à vos mœurs encore plus qu'à votre naissance et à vos charmes. Si je souffre, j'ai du moins la consolation de souffrir seul, et je ne voudrais pas d'un bonheur qui pût coûter au vôtre.

Cependant je vous vois tous les jours, et je m'aperçois que, sans y songer, vous aggravez innocemment des maux que vous ne pouvez plaindre, et que vous devez ignorer. Je sais, il est vrai, le parti que dicte en pareil cas la prudence au défaut de l'espoir ; et je me serais efforcé de le prendre, si je pouvais accorder en cette occasion la prudence avec l'honnêteté ; mais comment me retirer décemment d'une maison dont la maîtresse elle-même m'a offert l'entrée, où elle m'accable de bontés, où elle me croit de quelque utilité à ce

---

[1] Nous avons vu dans les *Confessions* (livre IX) comment ont été composées les différentes parties de la *Julie*, de 1757 à 1759. En écrivant les deux premières, Rousseau n'avait point encore de plan bien arrêté, et se livrait tout entier à ses rêves : lui-même, dans la suite, faisait beaucoup plus de cas des dernières parties de l'ouvrage. « La quatrième surtout et la sixième, dit-il nettement, sont des chefs-d'œuvre de diction. »

qu'elle a de plus cher au monde? comment frustrer cette tendre mère du plaisir de surprendre un jour son époux, par vos progrès dans des études qu'elle lui cache à ce dessein? Faut-il quitter impoliment sans lui rien dire? faut-il lui déclarer le sujet de ma retraite? et cet aveu même ne l'offensera-t-il pas de la part d'un homme dont la naissance et la fortune ne peuvent lui permettre d'aspirer à vous?

Je ne vois, mademoiselle, qu'un moyen de sortir de l'embarras où je suis : c'est que la main qui m'y plonge m'en retire; que ma peine ainsi que ma faute, me vienne de vous; et qu'au moins par pitié pour moi, vous daigniez m'interdire votre présence. Montrez ma lettre à vos parents, faites-moi refuser votre porte, chassez-moi comme il vous plaira; je puis tout endurer de vous, je ne puis vous fuir de moi-même.

Vous me chasser! moi vous fuir! et pourquoi? Pourquoi donc est-ce un crime d'être sensible au mérite, et d'aimer ce qu'il faut qu'on honore? Non, belle Julie; vos attraits avaient ébloui mes yeux : jamais ils n'eussent égaré mon cœur sans l'attrait plus puissant qui les anime. C'est cette union touchante d'une sensibilité si vive et d'une inaltérable douceur; c'est cette pitié si tendre à tous les maux d'autrui; c'est cet esprit juste et ce goût exquis qui tirent leur pureté de celle de l'âme; ce sont, en un mot, les charmes des sentiments, bien plus que ceux de la personne, que j'adore en vous. Je consens qu'on vous puisse imaginer plus belle encore : mais plus aimable et plus digne du cœur d'un honnête homme; non, Julie, il n'est pas possible.

J'ose me flatter quelquefois que le ciel a mis une conformité secrète entre nos affections, ainsi qu'entre nos goûts et nos âges. Si jeunes encore, rien n'altère en nous les penchants de la nature, et toutes nos inclinations semblent se rapporter. Avant que d'avoir pris les uniformes préjugés du monde, nous avons des manières uniformes de sentir et de voir; et pourquoi n'oserais-je pas imaginer dans nos cœurs ce même concert que j'aperçois dans nos jugements? Quelquefois nos yeux se rencontrent; quelques soupirs nous échappent en même temps; quelques larmes furtives... ô Julie! si cet accord venait de plus loin... si le ciel nous avait destinés... toute la force humaine... Ah! pardon! je m'égare : j'ose prendre mes vœux pour de l'espoir, l'ardeur de mes désirs prête à leur objet la possibilité qui lui manque.

Je vois avec effroi quel tourment mon cœur se prépare. Je ne cherche point à flatter mon mal; je voudrais le haïr s'il était possible. Jugez si mes sentiments sont purs par la sorte de grâce que je viens vous demander. Tarissez, s'il se peut, la source du poison qui me nourrit et me tue. Je ne veux que guérir ou mourir; et j'implore vos rigueurs comme un amant implorerait vos bontés.

Oui, je promets, je jure de faire de mon côté tous mes efforts pour recouvrer ma raison, ou concentrer au fond de mon âme le trouble que j'y sens naître : mais, par pitié, détournez de moi ces yeux si doux qui me donnent la mort; dérobez aux miens vos traits, votre air, vos bras, vos mains, vos blonds cheveux, vos gestes; trompez l'avide imprudence de mes regards, retenez cette voix touchante qu'on n'entend point sans émotion : soyez, hélas! une autre que vous-même, pour que mon cœur puisse revenir à lui.

Vous le dirai-je sans détour? Dans ces jeux que l'oisiveté de la soirée engendre, vous vous livrez devant tout le monde à des familiarités cruelles; vous n'avez pas plus de réserve avec moi qu'avec un autre. Hier même, il s'en fallut peu que, par pénitence, vous ne me laissassiez prendre un baiser, et je m'arrêtai. Ah! si du moins je l'eusse pu savourer à mon gré, ce baiser eût été mon dernier soupir, et je serais mort le plus heureux des hommes!

De grâce, quittons ces jeux qui peuvent avoir des suites funestes. Non, il n'y en a pas un qui n'ait son danger, jusqu'au plus puéril de tous. Je tremble toujours d'y rencontrer votre main, et je ne sais comment il arrive que je le rencontre toujours. A peine se repose-t-elle sur la mienne, qu'un tressaillement me saisit : le jeu me donne la fièvre ou plutôt le délire; je ne vois, je ne sens plus rien ; et, dans ce moment d'aliénation, que dire, que faire, où me cacher, comment répondre de moi?

Durant nos lectures, c'est un autre inconvénient. Si je vous vois un instant sans votre mère ou sans votre cousine, vous changez tout-à-coup de maintien : vous prenez un air si sérieux, si froid, si glacé, que le respect et la crainte de vous déplaire m'ôtent la présence d'esprit et le jugement, et j'ai peine à bégayer en tremblant quelques mots d'une leçon que toute votre sagacité vous fait suivre à peine. Ainsi l'inégalité que vous affectez tourne à la fois au préjudice de tous deux : vous me désolez et ne vous instruisez point, sans que je puisse concevoir quel motif fait ainsi changer d'humeur une personne si raisonnable. J'ose vous le demander, comment pouvez-vous être si folâtre en public, et si grave dans le tête-à-tête? Je pensais que ce devait être tout le contraire, et qu'il fallait composer son maintien à proportion du nombre des spectateurs. Au lieu de cela, je vous vois, toujours avec une égale perplexité de ma part, le ton de cérémonie en particulier, et le ton familier devant tout le monde. Daignez être plus égale, peut-être serai-je moins tourmenté.

Si la commisération naturelle aux âmes bien nées peut vous attendrir sur les peines d'un infortuné auquel vous avez témoigné quelque estime, de légers changements dans votre conduite rendront sa situation moins violente, et lui feront supporter plus paisiblement et son silence et ses maux. Si sa retenue et son état ne vous touchent pas, et que vous vouliez user du droit de le perdre, vous le pouvez sans qu'il en murmure : il aime mieux encore périr par votre ordre que par un transport indiscret qui le rendît coupable à vos yeux. Enfin, quoi que vous ordonniez de mon sort, au moins n'aurai-je point à me reprocher d'avoir pu former un espoir téméraire; et si vous avez lu cette lettre, vous avez fait tout ce que j'oserais vous demander, quand même je n'aurais point de refus à craindre.

LETTRE II.

A JULIE.

Que je me suis abusé, mademoiselle, dans ma première lettre! Au lieu de soulager mes maux, je n'ai fait que les augmenter en m'exposant à votre disgrâce, et je sens que le pire de tous est de vous déplaire. Votre silence, votre air froid et réservé, ne m'annoncent que trop mon malheur. Si vous avez exaucé ma prière en partie, ce n'est que pour mieux m'en punir.

> *E poi ch' amor di me vi fece accorta*
> *Fur i biondi capelli allor velati,*
> *Et l' amoroso sguardo in se raccolto* (1).

Vous retranchez en public l'innocente familiarité dont j'eus la folie de me plaindre; mais vous n'en êtes que plus sévère dans le particulier; et votre ingénieuse rigueur s'exerce également par votre complaisance et par vos refus.

Que ne pouvez-vous connaître combien cette froideur m'est cruelle ! vous me trouveriez trop puni. Avec quelle ardeur ne voudrais-je pas revenir sur le passé, et faire que vous n'eussiez point vu cette fatale lettre ! Non, dans la crainte de vous offenser encore, je n'écrirais point celle-ci si je n'eusse écrit la première, et je ne veux pas redoubler ma faute, mais la réparer. Faut-il, pour vous apaiser, dire que je m'abusais moi-même? faut-il protester que ce n'était pas de l'amour que j'avais pour vous?... Moi, je prononcerais cet odieux parjure! Le vil mensonge est-il digne d'un cœur où vous régnez? Ah!

---

(1) Et l'amour vous ayant rendue attentive, vous voilâtes vos blonds cheveux, et recueillîtes en vous-même vos deux regards.

que je sois malheureux, s'il faut l'être : pour avoir été téméraire, je ne serai ni menteur ni lâche, et le crime que mon cœur a commis, ma plume ne peut le désavouer.

Je sens d'avance le poids de votre indignation, et j'en attends les derniers effets comme une grâce que vous me devez au défaut de toute autre ; car le feu qui me consume mérite d'être puni, mais non méprisé. Par pitié, ne m'abandonnez pas à moi-même ; daignez au moins disposer de mon sort ; dites quelle est votre volonté. Quoi que vous puissiez me prescrire, je ne saurai qu'obéir. M'imposez-vous un silence éternel, je saurai me contraindre à le garder. Me bannissez-vous de votre présence, je jure que vous ne me verrez plus. M'ordonnez-vous de mourir, ah ! ce ne sera pas le plus difficile. Il n'y a point d'ordre auquel je ne souscrive, hors celui de ne vous plus aimer : encore obéirais-je en cela même, s'il m'était possible.

Cent fois le jour, je suis tenté de me jeter à vos pieds, de les arroser de mes pleurs, d'y obtenir la mort ou mon pardon ; toujours un effroi mortel glace mon courage, mes genoux tremblent et n'osent fléchir ; la parole expire sur mes lèvres, et mon âme ne trouve aucune assurance contre la frayeur de vous irriter.

Est-il au monde un état plus affreux que le mien ? Mon cœur sent trop combien il est coupable, et ne saurait cesser de l'être : le crime et le remords l'agitent de concert ; et sans savoir quel sera mon destin, je flotte dans un doute insupportable, entre l'espoir de la clémence et la crainte du châtiment.

Mais non, je n'espère rien, je n'ai droit de rien espérer : la seule grâce que j'attends de vous est de hâter mon supplice. Contentez une juste vengeance. Est-ce être assez malheureux que de me voir réduit à la solliciter moi-même ? Punissez-moi, vous le devez ; mais si vous n'êtes impitoyable, quittez cet air froid et mécontent qui me met au désespoir : quand on envoie un coupable à la mort, on ne lui montre plus de colère.

LETTRE III.

A JULIE.

Ne vous impatientez pas, mademoiselle ; voici la dernière importunité que vous recevrez de moi.

Quand je commençai de vous aimer, que j'étais loin de voir tous les maux que je m'apprêtais ! Je ne sentis d'abord que celui d'un amour sans espoir, que la raison peut vaincre à force de temps ; j'en connus ensuite un plus grand dans la douleur de vous déplaire ; et maintenant j'éprouve le plus cruel de tous dans le sentiment de vos propres peines. O Julie ! je le vois avec amertume, mes plaintes troublent votre repos ; vous gardez un silence invincible : mais tout décèle à mon cœur attentif vos agitations secrètes. Vos yeux deviennent sombres, rêveurs, fixés en terre ; quelques regards égarés s'échappent sur moi ; vos vives couleurs se fanent ; une pâleur étrangère couvre vos joues ; la gaîté vous abandonne ; une tristesse mortelle vous accable, et il n'y a que l'inaltérable douceur de votre âme qui vous préserve d'un peu d'humeur.

Soit sensibilité, soit dédain, soit pitié pour mes souffrances, vous en êtes affectée, je le vois ; je crains de contribuer aux vôtres, et cette crainte m'afflige beaucoup plus que l'espoir qui devrait en naître ne peut me flatter ; car ou je me trompe moi-même, ou votre bonheur m'est plus cher que le mien.

Cependant, en revenant à mon tour sur moi, je commence à connaître combien j'avais mal jugé de mon propre cœur, et je vois trop tard que ce que j'avais d'abord pris pour un délire passager fera le destin de ma vie. C'est le progrès de votre tristesse qui m'a fait sentir celui de mon mal. Jamais, non jamais le feu de vos yeux, l'éclat de votre teint, les charmes de votre esprit, toutes les grâces de votre ancienne gaîté, n'eussent produit un effet semblable à celui de votre abattement. N'en doutez pas, divine Julie, si vous pouviez voir quel embrasement ces huit jours de langueur ont allumé dans mon âme, vous gémiriez vous-même des maux que vous me causez. Ils sont désormais sans remède, et je sens avec désespoir que le feu qui me consume ne s'éteindra qu'au tombeau.

N'importe; qui ne peut se rendre heureux peut au moins mériter de l'être, et je saurai vous forcer d'estimer un homme à qui vous n'avez pas daigné faire la moindre réponse. Je suis jeune et peux mériter un jour la considération dont je ne suis pas maintenant digne. En attendant, il faut vous rendre le repos que j'ai perdu pour toujours, et que je vous ôte ici malgré moi. Il est juste que je porte seul la peine du crime dont je suis seul coupable. Adieu, trop belle Julie, vivez tranquille, et reprenez votre enjouement; dès demain vous ne me verrez plus. Mais soyez sûre que l'amour ardent et pur dont j'ai brûlé pour vous ne s'éteindra de ma vie, que mon cœur plein d'un si digne objet ne saurait plus s'avilir, qu'il partagera désormais ses uniques hommages entre vous et la vertu, et qu'on ne verra jamais profaner par d'autres feux l'autel où Julie fut adorée.

BILLET DE JULIE.

N'emportez pas l'opinion d'avoir rendu votre éloignement nécessaire. Un cœur vertueux saurait se vaincre ou se taire, et deviendrait peut-être à craindre. Mais vous... vous pouvez rester.

RÉPONSE.

Je me suis tu longtemps, vos froideurs m'ont fait parler à la fin. Si l'on peut se vaincre pour la vertu, l'on ne supporte point le mépris de ce qu'on aime. Il faut partir.

IIe BILLET DE JULIE.

Non, monsieur, après ce que vous avez paru sentir, après ce que vous m'avez osé dire, un homme tel que vous avez feint d'être ne part point : il fait plus.

RÉPONSE.

Je n'ai rien feint qu'une passion modérée dans un cœur au désespoir. Demain vous serez contente, et, quoi que vous en puissiez dire, j'aurai moins fait que de partir.

IIIe BILLET DE JULIE.

Insensé! si mes jours te sont chers, crains d'attenter aux tiens. Je suis obsédée, et ne puis ni vous parler ni vous écrire jusqu'à demain. Attendez.

LETTRE IV.

DE JULIE.

Il faut donc l'avouer enfin ce fatal secret, trop mal déguisé! Combien de fois j'ai juré qu'il ne sortirait de mon cœur qu'avec la vie! La tienne en danger me l'arrache; il m'échappe, et l'honneur est perdu. Hélas! j'ai trop tenu parole : est-il une mort plus cruelle que de survivre à l'honneur?

Que dire? comment rompre un si pénible silence? ou plutôt n'ai-je pas déjà tout dit, et ne m'as-tu pas trop entendue? Ah! tu en as trop vu pour ne pas deviner le reste! Entraînée par degrés dans les pièges d'un vil séducteur, je vois, sans pouvoir m'arrêter, l'horrible précipice où je cours. Homme artificieux! c'est bien plus mon amour que le tien qui fait ton audace. Tu vois l'égarement de mon cœur, tu t'en prévaux pour me perdre; et quand tu me rends méprisable, le pire de mes maux est d'être forcée à te mépriser. Ah! malheureux, je t'estimais, et tu me déshonores! crois-moi, si ton cœur était fait pour jouir en paix de ce triomphe, il ne l'eût jamais obtenu.

Tu le sais, tes remords en augmenteront; je n'avais point dans l'âme des inclinations vicieuses. La modestie et l'honnêteté m'étaient chères; j'aimais à les nourrir dans une vie simple et laborieuse. Que m'ont servi des soins que le ciel a rejetés? Dès le premier jour que j'eus le malheur de te voir, je sentis le poison qui corrompt mes sens et ma raison; je le sentis du premier instant; et tes yeux, tes sentiments, tes discours, ta plume criminelle, le rendent chaque jour plus mortel.

Je n'ai rien négligé pour arrêter le progrès de cette passion funeste. Dans l'impuissance de résister, j'ai voulu me garantir d'être attaquée; les poursuites ont trompé ma vaine prudence. Cent fois j'ai voulu me jeter aux pieds des auteurs de mes jours; cent fois, j'ai voulu leur ouvrir mon cœur coupable : ils ne peuvent connaître ce qui s'y passe; ils voudront appliquer des remèdes ordinaires à un mal désespéré; ma mère est faible et sans autorité; je connais l'inflexible sévérité de mon père, et je ne ferai que perdre et déshonorer moi, ma famille et toi-même. Mon amie est absente, mon frère n'est plus; je ne trouve aucun protecteur au monde contre l'ennemi qui me poursuit; j'implore en vain le ciel : le ciel est sourd aux prières des faibles. Tout fomente l'ardeur qui me dévore; tout m'abandonne à moi-même, ou plutôt tout me livre à toi; la nature entière semble être ta complice; tous mes efforts sont vains, je t'adore en dépit de moi-même. Comment mon cœur, qui n'a pu résister dans toute sa force, céderait-il maintenant à demi? comment ce cœur, qui ne sait rien dissimuler, te cacherait-il le reste de sa faiblesse? Ah! le premier pas qui coûte le plus, était celui qu'il ne fallait pas faire; comment m'arrêterais-je aux autres? Non, de ce premier pas, je me sens entraîner dans l'abîme, et tu peux me rendre aussi malheureuse qu'il te plaira.

Tel est l'état affreux où je me vois, que je ne puis plus avoir recours qu'à celui qui m'y a réduite, et que, pour me garantir de ma perte, tu dois être mon unique défenseur contre toi. Je pouvais, je le sais, différer cet aveu de mon désespoir; je pouvais quelque temps déguiser ma honte, et céder par degrés pour m'en imposer à moi-même. Vaine adresse qui pouvait flatter mon amour-propre, et non pas sauver ma vertu! Va, je vois trop, je sens trop où mène la première faute, et je ne cherchais pas à préparer ma ruine, mais à l'éviter.

Toutefois, si tu n'es pas le dernier des hommes, si quelque étincelle de vertu brilla dans ton âme, s'il y reste encore quelque trace des sentiments d'honneur dont tu m'as paru pénétré, puis-je te croire assez vil pour abuser de l'aveu fatal que mon délire m'arrache? Non, je te connais bien; tu soutiendras ma faiblesse, tu deviendras ma sauvegarde, tu protégeras ma personne contre mon propre cœur. Tes vertus sont le dernier refuge de mon innocence; mon honneur s'ose confier au tien, tu ne peux conserver l'un sans l'autre : âme généreuse, ah! conserve-les tous deux; et, du moins pour l'amour de toi-même daigne prendre pitié de moi.

O Dieu! suis-je assez humiliée? Je t'écris à genoux; je baigne mon papier de pleurs; j'élève à toi mes timides supplications. Et ne pense pas cependant que j'ignore que c'était à moi d'en recevoir, et que, pour me faire obéir, je n'avais qu'à me rendre avec art méprisable. Ami, prends ce vain empire, et laisse-moi l'honnêteté : j'aime mieux être ton esclave et vivre innocente, que d'acheter ta dépendance au prix de mon déshonneur. Si tu daignes m'écouter, que d'amour, que de respects ne dois-tu pas attendre de celle qui te devra son retour à la vie! Quels charmes dans la douce union de deux âmes pures! tes désirs vaincus seront la source de ton bonheur, et les plaisirs dont tu jouiras seront dignes du ciel même.

Je crois, j'espère qu'un cœur qui m'a paru mériter tout l'attachement du mien ne démentira point la générosité que j'attends de lui; j'espère encore que, s'il était assez lâche pour abuser de mon égarement et des aveux qu'il m'arrache, le mépris, l'indignation, me rendraient la raison que j'ai perdue, et que je ne serais pas assez lâche moi-même pour craindre un amant dont j'aurais à rougir. Tu seras vertueux, ou méprisé; je serai respectée, ou guérie. Voilà l'unique espoir qui me reste avant celui de mourir.

LETTRE V.

A JULIE.

Puissances du ciel! j'avais une âme pour la douleur, donnez m'en une pour la félicité. Amour, vie de l'âme, viens soutenir la mienne prête à défaillir. Charme inexprimable de la vertu, force invincible de la voix de ce qu'on aime, bonheur, plaisirs, transports, que vos traits sont poignants! qui peut en soutenir l'atteinte? Oh! comment suffire au torrent de délices qui vient inonder mon cœur? comment expier les alarmes d'une craintive amante? Julie... non; ma Julie à genoux! ma Julie verser des pleurs!.... celle à qui l'univers devrait des hommages, supplier un homme qui l'adore de ne pas l'outrager, de ne pas se déshonorer lui-même! Si je pouvais m'indigner contre toi, je le ferais, pour les frayeurs qui nous avilissent. Juge mieux, beauté pure et céleste, de la nature de ton empire. Eh! si j'adore les charmes de ta personne, n'est-ce pas surtout pour l'empreinte de cette âme sans tache qui l'anime, et dont tous tes traits portent la divine enseigne? Tu crains de céder à mes poursuites? Mais quelles poursuites peut redouter celle qui couvre de respect et d'honnêteté tous les sentiments qu'elle inspire? Est-il un homme assez vil sur la terre pour oser être téméraire avec toi?

Permets, permets que je savoure le bonheur inattendu d'être aimé.... aimé de celle... trône du monde, combien je te vois au-dessous de moi! Que je la relise mille fois cette lettre adorable où ton amour et tes sentiments sont écrits en caractères de feu; où malgré tout l'emportement d'un cœur agité, je vois avec transport combien dans une âme honnête les passions les plus vives gardent encore le saint caractère de la vertu! Quel monstre, après avoir lu cette touchante lettre, pourrait abuser de ton état et témoigner par l'acte le plus marqué son profond mépris pour lui-même? Non, chère amante, prends confiance en un ami fidèle qui n'est point fait pour te tromper. Bien que ma raison soit à jamais perdue, bien que le trouble de mes sens s'accroisse à chaque instant, ta personne est désormais pour moi le plus charmant, mais le plus sacré dépôt dont jamais mortel fut honoré. Ma flamme et son objet conserveront ensemble une inaltérable pureté. Je frémirais de porter la main sur tes chastes attraits plus que du plus vil inceste; et tu n'es pas dans une sûreté plus inviolable avec ton père qu'avec ton amant. Oh! si jamais cet amant heureux s'oublie un moment devant toi!... L'amant de Julie aurait une âme abjecte! Non, quand je cesserai d'aimer la vertu, je ne t'aimerai plus; à ma première lâcheté, je ne veux plus que tu m'aimes.

Rassure-toi donc, je t'en conjure au nom du tendre et pur amour qui nous unit; c'est à lui de t'être garant de ma retenue et de mon respect; c'est à lui de te répondre de lui-même. Et pourquoi tes craintes iraient-elles plus loin que mes désirs? à quel autre bonheur voudrais-je aspirer, si tout mon cœur suffit à peine à celui qu'il goûte? Nous sommes jeunes tous deux, il est vrai; nous aimons pour la première et l'unique fois de la vie, et n'avons nulle expérience des passions : mais l'honneur qui nous conduit est-il un guide trompeur? a-t-il besoin d'une expérience suspecte qu'on n'acquiert qu'à force de vices? J'ignore si je m'abuse; mais il me semble que les sentiments droits sont tous au fond de mon cœur. Je ne suis point un vil séducteur comme tu m'appelles dans ton désespoir, mais un homme simple et sensible, qui montre aisément ce qu'il sent, et ne sent rien dont il doive rougir. Pour dire tout en un seul mot, j'abhorre encore plus le crime que je n'aime Julie. Je ne sais,

non, je ne sais pas même si l'amour que tu fais naître est compatible avec l'oubli de la vertu, et si tout autre qu'une âme honnête peut sentir assez tous tes charmes. Pour moi, plus j'en suis pénétré, plus mes sentiments s'élèvent. Quel bien, que je n'aurais pas fait pour lui-même, ne ferais-je pas maintenant pour me rendre digne de toi? Ah! daigne te confier aux feux que tu m'inspires, et que tu sais si bien purifier; crois qu'il suffit que je t'adore pour respecter à jamais le précieux dépôt dont tu m'as chargé. Oh! quel cœur je vais posséder! Vrai bonheur, gloire de ce qu'on aime, triomphe d'un amour qui s'honore, combien tu vaux mieux que tous ses plaisirs!

LETTRE VI.

DE JULIE A CLAIRE.

Veux-tu, ma cousine, passer ta vie à pleurer cette pauvre Chaillot, et faut-il que les morts te fassent oublier les vivants? Tes regrets sont justes, et je les partage; mais doivent-ils être éternels? Depuis la perte de ta mère, elle t'avait élevée avec le plus grand soin : elle était plutôt ton amie que ta gouvernante; elle t'aimait tendrement, et m'aimait parce que tu m'aimes; elle ne nous inspira jamais que des principes de sagesse et d'honneur. Je sais tout cela, ma chère, et j'en conviens avec plaisir. Mais conviens aussi que la bonne femme était peu prudente avec nous; qu'elle nous faisait sans nécessité les confidences les plus indiscrètes; qu'elle nous entretenait sans cesse des maximes de la galanterie, des aventures de sa jeunesse, du manége des amants; et que, pour nous garantir des piéges des hommes, si elle ne nous apprenait pas à leur en tendre, elle nous instruisait au moins de mille choses que des jeunes filles se passeraient bien de savoir. Console-toi donc de sa perte comme d'un mal qui n'est pas sans quelque dédommagement : à l'âge où nous sommes, ses leçons commençaient à devenir dangereuses, et le ciel nous l'a peut-être ôtée au moment où il n'était pas bon qu'elle nous restât plus longtemps. Souviens-toi de tout ce que tu me disais quand je perdis le meilleur des frères. La Chaillot t'est-elle plus chère? as-tu plus de raison de la regretter?

Reviens, ma chère, elle n'a plus besoin de toi. Hélas! tandis que tu perds ton temps en regrets superflus, comment ne crains-tu point de t'en attirer d'autres; comment ne crains-tu point, toi qui connais l'état de mon cœur, d'abandonner ton amie à des périls que ta présence aurait prévenus? Oh! qu'il s'est passé de choses depuis ton départ! Tu frémiras en apprenant quels dangers j'ai couru par mon imprudence. J'espère en être délivrée; mais je me vois pour ainsi dire à la discrétion d'autrui : c'est à toi de me rendre à moi-même. Hâte-toi donc de revenir. Je n'ai rien dit tant que tes soins étaient utiles à ta pauvre bonne; j'eusse été la première à t'exhorter à les lui rendre. Depuis qu'elle n'est plus, c'est à sa famille que tu les dois : nous les remplirons mieux ici de concert que tu ne ferais seule à la campagne, et tu t'acquitteras des devoirs de la reconnaissance sans rien ôter à ceux de l'amitié.

Depuis le départ de mon père, nous avons repris notre ancienne manière de vivre, et ma mère me quitte moins; mais c'est par habitude plus que par défiance. Les sociétés lui prennent encore bien des moments qu'elle ne veut pas dérober à mes petites études, et Babi remplit alors sa place assez négligemment. Quoique je trouve à cette bonne mère beaucoup trop de sécurité, je ne puis me résoudre à l'en avertir; je voudrais bien pourvoir à ma sûreté sans perdre son estime, et c'est toi seule qui peux concilier tout cela. Reviens, ma Claire, reviens sans tarder. J'ai regret aux leçons que je prends sans toi, et j'ai peur de devenir trop savante : notre maître n'est pas seulement un homme de mérite, il est vertueux, et n'en est que plus à craindre. Je suis trop contente de lui pour l'être de moi : à son âge et au nôtre, avec l'homme le plus vertueux, quand il est aimable, il vaut mieux être deux filles qu'une.

LETTRE VII.

RÉPONSE.

Je t'entends, et tu me fais trembler, non que je croie le danger aussi pressant que tu l'imagines. Ta crainte modère la mienne sur le présent, mais l'avenir m'épouvante; et si tu ne peux te vaincre, je ne vois plus que des malheurs. Hélas! combien de fois la pauvre Chaillot m'a-t-elle prédit que le premier soupir de ton cœur ferait le destin de ta vie! Ah! cousine, si jeune encore, faut-il voir déjà ton sort s'accomplir! Qu'elle va nous manquer, cette femme habile que tu nous crois avantageux de perdre! Il l'eût été peut-être de tomber d'abord en de plus sûres mains; mais nous sommes trop instruites en sortant des siennes pour nous laisser gouverner par d'autres, et pas assez pour nous gouverner nous-mêmes : elle seule pouvait nous garantir des dangers auxquels elle nous avait avait exposées. Elle nous a beaucoup appris; et nous avons, ce me semble, beaucoup pensé pour notre âge. La vive et tendre amitié qui nous unit presque dès le berceau nous a, pour ainsi dire, éclairé le cœur de bonne heure sur toutes les passions. Nous connaissons assez bien leurs signes et leurs effets; mais il n'y a que l'art de les réprimer qui nous manque. Dieu veuille que ton jeune philosophe connaisse mieux que nous cet art-là!

Quand je dis *nous*, tu m'entends; c'est surtout de toi que je parle : car pour moi, ma bonne m'a toujours dit que mon étourderie me tiendrait lieu de raison, que je n'aurais jamais l'esprit de savoir aimer, et que j'étais trop folle pour faire un jour des folies. Ma Julie, prends garde à toi; mieux elle augurait de ta raison, plus elle craignait pour ton cœur. Aie bon courage cependant; tout ce que la sagesse et l'honneur pourront faire, je sais que ton âme le fera, et la mienne fera, n'en doute pas, tout ce que l'amitié peut faire à son tour. Si nous en savons trop pour notre âge, au moins cette étude n'a rien coûté à nos mœurs. Crois, ma chère, qu'il y a bien des filles plus simples, qui sont moins honnêtes que nous : nous le sommes, parce que nous voulons l'être; et quoi qu'on en puisse dire, c'est le moyen de l'être plus sûrement.

Cependant sur ce que tu me marques, je n'aurai pas un moment de repos que je ne sois auprès de toi; car, si tu crains le danger, il n'est pas tout-à-fait chimérique. Il est vrai que le préservatif est facile : deux mots à la mère, et tout est fini. Mais je te comprends, tu ne veux point d'un expédient qui finit tout : tu veux bien t'ôter le pouvoir de succomber, mais non pas l'honneur de combattre. O pauvre cousine!... encore si la moindre lueur... Le baron d'Etange, consentir à donner sa fille, son enfant unique, à un petit bourgeois sans fortune! L'espères-tu?... Qu'espères-tu donc? Que veux-tu?... Pauvre, pauvre cousine!... Ne crains rien toutefois de ma part; ton secret sera gardé par ton amie. Bien des gens trouveraient plus honnête de le révéler; peut-être auraient-ils raison. Pour moi, qui ne suis pas une grande raisonneuse, je ne veux point d'une honnêteté qui trahit l'amitié, la foi, la confiance; j'imagine que chaque relation, chaque âge, a ses maximes, ses devoirs, ses vertus; que ce qui serait prudence à d'autres, à moi serait perfidie, et, qu'au lieu de nous rendre sages, on nous rend méchants en confondant tout cela. Si ton amour est faible, nous le vaincrons; s'il est extrême, c'est l'exposer à des tragédies que de l'attaquer par des moyens violents; et il ne convient à l'amitié de tenter que ceux dont elle peut répondre. Mais, en revanche, tu n'as qu'à marcher droit quand tu seras sous ma garde. Tu verras, tu verras ce que c'est qu'une duègne de dix-huit ans.

Je ne suis pas, comme tu sais, loin de toi pour mon plaisir; et le printemps n'est pas si agréable en campagne que tu penses: on y souffre à la fois le froid et le chaud; on n'a point d'ombre à la promenade, et il faut se chauffer dans la maison. Mon père, de son côté, ne laisse pas, au milieu de ses bâtiments, de s'apercevoir qu'on a la gazette ici plus tard qu'à la ville. Ainsi tout le monde ne demande pas mieux que d'y retourner, et tu m'embrasseras, j'espère, dans quatre ou cinq jours. Mais ce qui m'inquiète est que quatre ou cinq jours font je ne sais combien d'heures dont plusieurs sont destinées au philosophe. Au philosophe, entends-tu, cousine? Pense que toutes ces heures-là ne doivent sonner que pour lui.

Ne va pas ici rougir et baisser les yeux. Prendre un air grave, il t'est impossible; cela ne peut aller à tes traits. Tu sais bien que je ne saurais pleurer sans rire, et que je n'en suis pas pour cela moins sensible; je n'en ai pas moins de chagrin d'être loin de toi; je n'en regrette pas moins la bonne Chaillot. Je te sais un gré infini de vouloir partager avec moi le soin de sa famille, je ne l'abandonnerai de mes jours; mais tu ne serais plus toi-même, si tu perdais quelque occasion de faire du bien. Je conviens que la pauvre mie était babillarde, assez libre dans ses propos familiers, peu discrète avec de jeunes filles, et qu'elle aimait à parler de son vieux temps. Aussi ne sont-ce pas tant les qualités de son esprit que je regrette, bien qu'elle en eût d'excellentes parmi de mauvaises. La perte que je pleure en elle, c'est son bon cœur, son parfait attachement, qui lui donnait à la fois pour moi la tendresse d'une mère et la confiance d'une sœur. Elle me tenait lieu de toute ma famille. A peine ai-je connu ma mère; mon père m'aime autant qu'il peut aimer : nous avons perdu ton aimable frère, je ne vois presque jamais les miens. Me voilà comme une orpheline délaissée. Mon enfant, tu me restes seule; car ta bonne mère, c'est toi. Tu as raison pourtant, tu me restes. Je pleurais! j'étais donc folle; qu'avais-je à pleurer?

P. S. De peur d'accident, j'adresse cette lettre à notre maître, afin qu'elle te parvienne plus sûrement.

LETTRE VIII (1).

A JULIE..

Quels sont, belle Julie, les bizarres caprices de l'amour! Mon cœur a plus qu'il n'espérait, et n'est pas content! Vous m'aimez, vous me le dites, et je soupire! Ce cœur injuste ose désirer encore, quand il n'a plus rien à désirer; il me punit de ses fantaisies, et me rend inquiet au sein du bonheur. Ne croyez pas que j'aie oublié les lois qui me sont imposées, ni perdu la volonté de les observer; non : mais un secret dépit m'agite en voyant que ces lois ne coûtent qu'à moi, que vous qui vous prétendiez si faible êtes si forte à présent, et que j'ai si peu de combats à rendre contre moi-même, tant je vous trouve attentive à les prévenir.

Que vous êtes changée depuis deux mois, sans que rien ait changé que vous! Vos langueurs ont disparu; il n'est plus question de dégoût ni d'abattement; toutes les grâces sont venues reprendre leurs postes; tous vos charmes se sont ranimés; la rose qui vient d'éclore n'est pas plus fraîche que vous; les saillies ont recommencé; vous avez de l'esprit avec tout le monde; vous folâtrez, même avec moi, comme auparavant; et, ce qui m'irrite plus que tout le reste, vous me jurez un amour éternel d'un air aussi gai que si vous disiez la chose du monde la plus plaisante.

Dites, dites, volage; est-ce là le caractère d'une passion violente réduite à se combattre elle-même? et si vous aviez le moindre désir à vaincre, la contrainte n'étoufferait-elle pas au moins l'enjouement? Oh! que vous étiez bien

---

(1) On sent qu'il y a ici une lacune, et l'on en trouvera souvent dans la suite de cette correspondance. Plusieurs lettres se sont perdues, d'autres ont été supprimées, d'autres ont souffert des retranchements; mais il ne manque rien d'essentiel qu'on ne puisse aisément suppléer à l'aide de ce qui reste.

plus aimable quand vous étiez moins belle! Que je regrette cette pâleur touchante, précieux gage du bonheur d'un amant! et que je hais l'indiscrète santé que vous avez recouvrée aux dépens de mon repos! Oui, j'aimerais mieux vous voir malade encore que cet air content, ces yeux brillants, ce teint fleuri, qui m'outragent. Avez-vous oublié si tôt que vous n'étiez pas ainsi quand vous imploriez ma clémence? Julie! Julie! que cet amour si vif est devenu tranquille en peu de temps!

Mais ce qui m'offense plus encore, c'est qu'après vous être remise à ma discrétion, vous paraissez vous en défier, et que vous fuyez les dangers comme s'il vous en restait à craindre. Est-ce ainsi que vous honorez ma retenue? et mon inviolable respect méritait-il cet affront de votre part? Bien loin que le départ de votre père nous ait laissé plus de liberté, à peine peut-on vous voir seule. Votre inséparable cousine ne vous quitte plus. Insensiblement nous allons reprendre nos premières manières de vivre et notre ancienne circonspection, avec cette unique différence qu'alors elle vous était à charge, et qu'elle vous plaît maintenant.

Quel sera donc le prix d'un si pur hommage, si votre estime ne l'est pas? et de quoi me sert l'abstinence éternelle et volontaire de ce qu'il y a de plus doux au monde, si celle qui l'exige ne m'en sait aucun gré? Certes, je suis las de souffrir inutilement, et de me condamner aux plus dures privations sans en avoir même le mérite. Quoi! faut-il que vous embellissiez impunément tandis que vous me méprisez? faut-il qu'incessamment mes yeux dévorent des charmes dont ma bouche n'ose approcher? faut-il, enfin, que je m'ôte à moi-même toute espérance sans pouvoir au moins m'honorer d'un sacrifice aussi rigoureux? Non; puisque vous ne vous fiez pas à ma foi, je ne veux plus la laisser vainement engagée : c'est une sûreté injuste que celle que vous tirez à la fois de ma parole et de vos précautions; vous êtes trop ingrate, ou je suis trop scrupuleux, et je ne veux plus refuser de la fortune les occasions que vous n'aurez pu lui ôter. Enfin, quoi qu'il en soit de mon sort, je sens que j'ai pris une charge au-dessus de mes forces. Julie, reprenez la garde de vous-même; je vous rends un dépôt trop dangereux pour la fidélité du dépositaire, et dont la défense coûtera moins à votre cœur que vous n'avez feint de le craindre.

Je vous le dis sérieusement : comptez sur vous, ou chassez-moi, c'est-à-dire ôtez-moi la vie. J'ai pris un engagement téméraire. J'admire comment je l'ai pu tenir si longtemps; je sais que je le dois toujours; mais je sens qu'il m'est impossible. On mérite de succomber quand on s'impose de si périlleux devoirs. Croyez-moi, chère et tendre Julie, croyez-en ce cœur sensible qui ne vit que pour vous; vous serez toujours respectée : mais je puis un instant manquer de raison, et l'ivresse des sens peut dicter un crime dont on aurait horreur de sang-froid. Heureux de n'avoir point trompé votre espoir, j'ai vaincu deux mois, et vous me devez le prix de deux siècles de souffrances.

LETTRE IX.

DE JULIE.

J'entends; les plaisirs du vice et l'honneur de la vertu vous feraient un sort agréable. Est-ce là votre morale?... Eh! mon bon ami, vous vous lassez bien vite d'être généreux! Ne l'étiez-vous donc que par artifice? La singulière marque d'attachement, que de vous plaindre de ma santé! Serait-ce que vous espériez voir mon fol amour achever de la détruire, et que vous m'attendiez au moment de vous demander la vie? ou bien, comptiez-vous de me respecter aussi longtemps que je ferais peur, et de vous rétracter quand je deviendrais supportable? Je ne vois pas dans de pareils sacrifices un mérite à tant faire valoir.

Vous me reprochez avec la même équité le soin que je prends de vous sauver des combats pénibles avec vous-même, comme si vous ne deviez pas plutôt m'en remercier. Puis vous vous rétractez de l'engagement que vous avez pris comme d'un devoir trop à charge; en sorte que, dans la même lettre, vous vous plaignez de ce que vous avez trop de peine, et de ce que vous n'en avez pas assez. Pensez-y mieux, et tâchez d'être d'accord avec vous pour donner à vos prétendus griefs une couleur moins frivole; ou plutôt, quittez toute cette dissimulation qui n'est pas dans votre caractère. Quoi que vous puissiez dire, votre cœur est plus content du mien qu'il ne feint de l'être : ingrat, vous savez trop qu'il n'aura jamais tort avec vous! Votre lettre même vous dément par son style enjoué, et vous n'auriez pas tant d'esprit si vous étiez moins tranquille. En voilà trop sur les vains reproches qui vous regardent; passons à ceux qui me regardent moi-même, et qui semblent d'abord mieux fondés.

Je le sens bien, la vie égale et douce que nous menons depuis deux mois ne s'accorde pas avec ma déclaration précédente, et j'avoue que ce n'est pas sans raison que vous êtes surpris de ce contraste. Vous m'avez d'abord vue au désespoir, vous me trouvez à présent trop paisible; de là vous accusez mes sentiments d'inconstance et mon cœur de caprice. Ah! mon ami, ne le jugez-vous point trop sévèrement? Il faut plus d'un jour pour le connaître. Attendez, et vous trouverez peut-être que ce cœur qui vous aime n'est pas indigne du vôtre.

Si vous pouviez comprendre avec quel effroi j'éprouvai les premières atteintes du sentiment qui m'unit à vous, vous jugeriez du trouble qu'il dut me causer : j'ai été élevée dans des maximes si sévères, que l'amour le plus pur me paraissait le comble du déshonneur. Tout m'apprenait ou me faisait croire qu'une fille sensible était perdue au premier mot tendre échappé de sa bouche; mon imagination troublée confondait le crime avec l'aveu de la passion; et j'avais une si affreuse idée de ce premier pas, qu'à peine voyais-je au-delà nul intervalle jusqu'au dernier. L'excessive défiance de moi-même augmenta mes alarmes; les combats de la modestie me parurent ceux de la chasteté : je pris le tourment du silence pour l'emportement des désirs. Je me crus perdue aussitôt que j'aurais parlé, et cependant il fallait parler ou vous perdre. Ainsi, ne pouvant plus déguiser mes sentiments, je tâchai d'exciter la générosité des vôtres; et, me fiant plus à vous qu'à moi, je voulus, en intéressant votre honneur à ma défense, me ménager des ressources dont je me croyais dépourvue.

J'ai reconnu que je me trompais; je n'eus pas parlé que je me trouvai soulagée; vous n'eûtes pas répondu que je me sentis tout-à-fait calme : et deux mois d'expérience m'ont appris que mon cœur trop tendre a besoin d'amour, mais que mes sens n'ont aucun besoin d'amant. Jugez, vous qui aimez la vertu, avec quelle joie je fis cette heureuse découverte. Sortie de cette profonde ignominie où mes terreurs m'avaient plongée, je goûte le plaisir délicieux d'aimer purement. Cet état fait le bonheur de ma vie; mon humeur et ma santé s'en ressentent; à peine puis-je en concevoir un plus doux, et l'accord de l'amour et de l'innocence me semble être le paradis sur la terre.

Dès lors je ne vous craignis plus; et, quand je pris soin d'éviter la solitude avec vous, ce fut autant pour vous que pour moi; car vos yeux et vos soupirs annonçaient plus de transports que de sagesse; et si vous eussiez oublié l'arrêt que vous avez prononcé vous-même, je ne l'aurais pas oublié.

Ah! mon ami, que ne puis-je faire passer dans votre âme le sentiment de bonheur et de paix qui règne au fond de la mienne! que ne puis-je vous apprendre à jouir tranquillement du plus délicieux état de la vie! Les charmes de l'union des cœurs se joignent pour nous à ceux de l'innocence : nulle crainte, nulle honte ne trouble notre félicité; au sein des vrais plaisirs de l'amour; nous pouvons parler de la vertu sans rougir,

E v' é piacer con l' onestade accanto (1).

(1) Et le plaisir s'unit à l honnêteté.

Je ne sais quel triste pressentiment s'élève dans mon sein, et me crie que nous jouissons du seul temps heureux que le ciel nous ait destiné. Je n'entrevois dans l'avenir qu'absence, orages, troubles, contradictions : la moindre altération à notre situation présente me paraît ne pouvoir être qu'un mal. Non, quand un lien plus doux nous unirait à jamais, je ne sais si l'excès du bonheur n'en deviendrait pas bientôt la ruine. Le moment de la possession est une crise de l'amour, et tout changement est dangereux au nôtre; nous ne pouvons plus qu'y perdre.

Je t'en conjure, mon tendre et unique ami, tâche de calmer l'ivresse des vains désirs que suivent toujours les regrets, le repentir, la tristesse. Goûtons en paix notre situation présente. Tu te plais à m'instruire, et tu sais trop si je me plais à recevoir tes leçons. Rendons-les encore plus fréquentes; ne nous quittons qu'autant qu'il faut pour la bienséance; employons à nous écrire les moments que nous ne pouvons passer à nous voir, et profitons d'un temps précieux après lequel, peut-être, nous soupirerons un jour. Ah! puisse notre sort, tel qu'il est, durer autant que notre vie! L'esprit s'orne, la raison s'éclaire, l'âme se fortifie, le cœur jouit : que manque-t-il à notre bonheur?

LETTRE X.

A JULIE.

Que vous avez raison, ma Julie, de dire que je ne vous connais pas encore! toujours je crois connaître tous les trésors de votre belle âme, et toujours j'en découvre de nouveaux. Quelle femme jamais associa comme vous la tendresse à la vertu, et, tempérant l'une par l'autre, les rendit toutes deux plus charmantes? Je trouve je ne sais quoi d'aimable et d'attrayant dans cette sagesse qui me désole; et vous ornez avec tant de grâce les privations que vous m'imposez qu'il s'en faut peu que vous ne me les rendiez chères.

Je le sens chaque jour davantage, le plus grand des biens est d'être aimé de vous; il n'y en a point, il n'y en peut avoir qui l'égale; et s'il fallait choisir entre votre cœur et votre possession même, non, charmante Julie, je ne balancerais pas un instant. Mais d'où viendra-t-elle amère alternative, et pourquoi rendre incompatible ce que la nature a voulu réunir? Le temps est précieux, dites-vous; sachons en jouir tel qu'il est, et gardons-nous, par notre impatience, d'en troubler le paisible cours. Eh! qu'il passe et qu'il soit heureux! Pour profiter d'un état aimable, faut-il en négliger un meilleur, et préférer le repos à la félicité suprême? Ne perd-on pas tout le temps qu'on peut mieux employer? Ah! si l'on peut vivre mille ans en un quart d'heure, à quoi bon compter tristement les jours qu'on aura vécu?

Tout ce que vous dites du bonheur de votre situation présente est incontestable; je sens que nous devons être heureux, et pourtant je ne le suis pas. La sagesse a beau parler par votre bouche; la voix de la nature est la plus forte. Le moyen de lui résister quand elle s'accorde à la voix du cœur? Hors vous seule, je ne vois rien dans ce séjour terrestre qui soit digne d'occuper mon âme et mes sens : non, sans vous la nature n'est plus rien pour moi; mais son empire est dans vos yeux, et c'est là qu'elle est invincible.

Il n'en est pas ainsi de vous, céleste Julie : vous vous contentez de charmer nos sens, et n'êtes point en guerre avec les vôtres. Il semble que des passions humaines soient au-dessous d'une âme si sublime; et comme vous avez la beauté des anges, vous en avez la pureté. O pureté que je respecte en murmurant, que ne puis-je ou vous rabaisser ou m'élever jusqu'à vous! Mais non, je ramperai toujours sur la terre, et vous verrai toujours briller dans les cieux. Ah! soyez heureuse aux dépens de mon repos; jouissez de toutes vos vertus; périsse le vil mortel qui tentera jamais d'en souiller une! Soyez heureuse; je tâcherai d'oublier combien je suis à plaindre, et je tirerai de votre bonheur même la consolation de mes maux. Oui, chère amante, il me semble que mon amour est aussi parfait que son adorable objet; tous les désirs enflammés par vos charmes s'éteignent dans les perfections de votre âme; je la vois si paisible, que je n'ose en troubler la tranquillité. Chaque fois que je suis tenté de vous dérober la moindre caresse, si le danger de vous offenser me retient, mon cœur me retient encore plus par la crainte d'altérer une félicité si pure; dans le prix des biens où j'aspire, je ne vois plus que ce qu'ils vous peuvent coûter; et, ne pouvant accorder mon bonheur avec le vôtre, jugez comment j'aime! c'est au mien que j'ai renoncé.

Que d'inexplicables contradictions dans les sentiments que vous m'inspirez! Je suis à la fois soumis et téméraire, impétueux et retenu; je ne saurais lever les yeux sur vous sans éprouver des combats en moi-même. Vos regards, votre voix, portent au cœur, avec l'amour, l'attrait touchant de l'innocence; c'est un charme divin qu'on aurait regret d'effacer. Si j'ose former des vœux extrêmes, ce n'est plus qu'en votre absence; mes désirs, n'osant aller jusqu'à vous, s'adressent à votre image, et c'est sur elle que je me venge du respect que je suis contraint de vous porter.

Cependant je languis et me consume; le feu coule dans mes veines; rien ne saurait l'éteindre ni le calmer, et je l'irrite en voulant le contraindre. Je dois être heureux, je le suis, j'en conviens; je ne me plains point de mon sort; tel qu'il est, je n'en changerais pas avec les rois de la terre. Cependant un mal réel me tourmente, je cherche vainement à le fuir; je ne voudrais point mourir, et toutefois je me meurs; je voudrais vivre pour vous, et c'est vous qui m'ôtez la vie.

LETTRE XI.

DE JULIE.

Mon ami, je sens que je m'attache à vous chaque jour davantage; je ne puis plus me séparer de vous; la moindre absence m'est insupportable, et il faut que je vous voie ou que je vous écrive, afin de m'occuper de vous sans cesse.

Ainsi mon amour s'augmente avec le vôtre; car je connais à présent combien vous m'aimez par la crainte réelle que vous avez de me déplaire, au lieu que vous n'en aviez d'abord qu'une apparente pour mieux venir à vos fins. Je sais fort bien distinguer en vous l'empire que le cœur a su prendre, du délire d'une imagination échauffée; et je vois cent fois plus de passion dans la contrainte où vous êtes que dans vos premiers emportements. Je sais bien aussi que votre état, tout gênant qu'il est, n'est pas sans plaisirs. Il est doux pour un véritable amant de faire des sacrifices qui lui sont tous comptés, et dont aucun n'est perdu dans le cœur de ce qu'il aime. Qui sait même si, connaissant ma sensibilité, vous n'employez pas pour me séduire une adresse mieux entendue? Mais non, je suis injuste, et vous n'êtes pas capable d'user d'artifice avec moi. Cependant si je suis sage, je me défierai plus encore de la pitié que de l'amour. Je me sens mille fois plus attendrie par vos respects que par vos transports, et je crains bien qu'en prenant le parti le plus honnête vous n'ayez pris enfin le plus dangereux.

Il faut que je vous dise, dans l'épanchement de mon cœur, une vérité qu'il sent fortement, et dont le vôtre doit vous convaincre: c'est qu'en dépit de la fortune, des parents et de nous-mêmes, nos destinées sont à jamais unies, et que nous ne pouvons plus être heureux ou malheureux qu'ensemble. Nos âmes se sont pour ainsi dire touchées par tous les points, et nous avons partout senti la même cohérence. (Corrigez-moi, mon ami, si j'applique mal vos leçons de physique.) Le sort pourra bien nous séparer, mais non pas nous désunir. Nous n'aurons plus que les mêmes plaisirs et les mêmes peines; et comme ces aimants dont vous me parliez, qui ont, dit-on, les mêmes mouvements en différents lieux, nous sentirons les mêmes choses aux deux extrémités du monde.

Défaites-vous donc de l'espoir, si vous l'eûtes jamais, de vous faire un bonheur exclusif, et de l'acheter aux dépens du mien. N'espérez pas pouvoir être heureux si j'étais déshonorée, ni pouvoir, d'un œil satisfait, contempler mon ignominie et mes larmes. Croyez-moi, mon ami, je connais votre cœur bien mieux que vous ne le connaissez. Un amour si tendre et si vrai doit savoir commander aux désirs; vous en avez trop fait pour achever sans vous perdre, et ne pouvez plus combler mon malheur sans faire le vôtre.

Je voudrais que vous pussiez sentir combien il est important pour tous deux que vous vous en remettiez à moi du soin de notre destin commun. Doutez-vous que vous ne me soyez aussi cher que moi-même? et pensez-vous qu'il pût exister pour moi quelque félicité que vous ne partageriez pas? Non, mon ami; j'ai les mêmes intérêts que vous, et un peu plus de raison pour les conduire. J'avoue que je suis la plus jeune; mais n'avez-vous jamais remarqué que si la raison d'ordinaire est plus faible et s'éteint plus tôt chez les femmes, elle est aussi plus tôt formée, comme un frêle tournesol croît et meurt avant un chêne? Nous nous trouvons, dès le premier âge, chargées d'un si dangereux dépôt, que le soin de le conserver nous éveille bientôt le jugement; et c'est un excellent moyen de bien voir les conséquences des choses, que de sentir vivement tous les risques qu'elles nous font courir. Pour moi, plus je m'occupe de notre situation, plus je trouve que la raison vous demande ce que je vous demande au nom de l'amour. Soyez donc docile à sa douce voix, et laissez-vous conduire, hélas! par un autre aveugle, mais qui tient au moins un appui.

Je ne sais, mon ami, si nos cœurs auront le bonheur de s'entendre, et si vous partagerez, en lisant cette lettre, la tendre émotion qui l'a dictée; je ne sais si nous pourrons jamais nous accorder sur la manière de voir comme sur celle de sentir : mais je sais bien que l'avis de celui des deux qui sépare le moins son bonheur du bonheur de l'autre, est l'avis qu'il faut préférer.

LETTRE XII.

A JULIE.

Ma Julie, que la simplicité de votre lettre est touchante! Que j'y vois bien la sérénité d'une âme innocente, et la tendre sollicitude de l'amour! Vos pensées s'exhalent sans art et sans peine; elles portent au cœur une impression délicieuse que ne produit point un style apprêté. Vous donnez des raisons invincibles d'un air si simple, qu'il y faut réfléchir pour en sentir la force; et les sentiments élevés vous coûtent si peu, qu'on est tenté de les prendre pour des manières de penser communes. Ah! oui sans doute, c'est à vous de régler nos destins; ce n'est pas un droit que je vous laisse, c'est un devoir que j'exige de vous, c'est une justice que je vous demande, et votre raison me doit dédommager du mal que vous avez fait à la mienne. Dès cet instant, je vous remets pour ma vie l'empire de mes volontés : disposez de moi comme d'un homme qui n'est plus rien pour lui-même, et dont tout l'être n'a de rapport qu'à vous. Je tiendrai, n'en doutez pas, l'engagement que je prends, quoi que vous puissiez me prescrire. Ou j'en vaudrai mieux, ou vous en serez plus heureuse, et je vois partout le prix assuré de mon obéissance. Je vous remets donc sans réserve le soin de notre bonheur commun; faites le vôtre, et tout est fait. Pour moi, qui ne puis ni vous oublier un instant ni penser à vous sans des transports qu'il faut vaincre, je vais m'occuper uniquement des soins que vous m'avez imposés.

Depuis un an que nous étudions ensemble, nous n'avons guère fait que des lectures sans ordre et presque au hasard, plus pour consulter votre goût que pour l'éclairer. D'ailleurs tant de trouble dans l'âme ne nous laissait guère ce liberté d'esprit. Les yeux étaient mal fixés sur le livre : la bouche en prononçait les mots; l'attention manquait toujours. Votre petite cousine, qui n'était pas si préoccupée, nous reprochait notre peu de conception, et se faisait un honneur facile de nous devancer. Insensiblement elle est devenue le maître du maître; et quoique nous ayons quelquefois ri de ses prétentions, elle est au fond la seule des trois qui sait quelque chose de tout ce que nous avons appris.

Pour regagner donc le temps perdu (ah! Julie, en fut-il jamais de mieux employé!), j'ai imaginé une espèce de plan qui puisse réparer, par la méthode, le tort que les distractions ont fait au savoir. Je vous l'envoie; nous le lirons tantôt ensemble, et je me contente d'y faire ici quelques légères observations.

Si nous voulions, ma charmante amie, nous charger d'un étalage d'érudition, et savoir pour les autres plus que pour nous, mon système ne vaudrait rien; car il tend toujours à tirer peu de beaucoup de choses, et à faire un petit recueil d'une grande bibliothèque. La science est, dans la plupart de ceux qui la cultivent, une monnaie dont on fait grand cas, qui cependant n'ajoute au bien-être qu'autant qu'on la communique, et n'est bonne que dans le commerce. Otez à nos savants le plaisir de se faire écouter, le savoir ne sera rien pour eux. Ils n'amassent dans le cabinet que pour répandre dans le public; ils ne veulent être sages qu'aux yeux d'autrui; et ils ne se soucieraient plus de l'étude s'ils n'avaient plus d'admirateurs (1). Pour nous qui voulons profiter de nos

---

(1) C'est ainsi que pensait Sénèque lui-même. « Si l'on me donnait, dit-il, la science à condition de ne la pas montrer, je n'en voudrais point. » Sublime philosophie, voilà donc ton usage. — *Si cum hac exceptione detur sapientia ut illam inclusam teneam, nec enuntiem, rejiciam.*

connaissances, nous ne les amassons point pour les revendre, mais pour les convertir à notre usage; ni pour nous en charger, mais pour nous en nourrir. Peu lire, et penser beaucoup à nos lectures, ou, ce qui est la même chose, en causer beaucoup entre nous, est le moyen de les bien digérer. Je pense que, quand on a une fois l'entendement ouvert par l'habitude de réfléchir, il vaut toujours mieux trouver de soi-même les choses qu'on trouverait dans les livres; c'est le vrai secret de les bien mouler à sa tête, et de se les approprier : au lieu qu'en les recevant telles qu'on nous les donne, c'est presque toujours sous une forme qui n'est pas la nôtre. Nous sommes plus riches que nous ne pensons; mais, dit Montaigne, on nous dresse à l'emprunt et à la quête; on nous apprend à nous servir du bien d'autrui plutôt que du nôtre; ou plutôt accumulant sans cesse, nous n'osons toucher à rien : nous sommes comme ces avares qui ne songent qu'à remplir leurs greniers et dans le sein de l'abondance se laissent mourir de faim.

Il y a, je l'avoue, bien des gens à qui cette méthode serait fort nuisible, et qui ont besoin de beaucoup lire et peu méditer, parce qu'ayant la tête mal faite, ils ne rassemblent rien de si mauvais que ce qu'ils produisent d'eux-mêmes. Je vous recommande tout le contraire, à vous qui mettez dans vos lectures mieux que ce que vous y trouvez, et dont l'esprit actif fait sur le livre un autre livre, quelquefois meilleur que le premier. Nous nous communiquerons donc nos idées; je vous dirai ce que les autres auront pensé, vous me direz sur le même sujet ce que vous pensez vous-même, et souvent après la leçon j'en sortirai plus instruit que vous.

Moins vous aurez de lecture à faire, mieux il faudra la choisir, et voici les raisons de mon choix. La grande erreur de ceux qui étudient est, comme je viens de vous dire, de se fier trop à leurs livres, et de ne pas tirer assez de leur fonds, sans songer que, de tous les sophistes, notre propre raison est presque toujours celui qui nous abuse le moins. Sitôt qu'on veut rentrer en soi-même, chacun sent ce qui est bien, chacun discerne ce qui est beau; nous n'avons pas besoin qu'on nous apprenne à connaître ni l'un ni l'autre, et l'on ne s'en impose là-dessus qu'autant qu'on s'en veut imposer. Mais les exemples du très bon et du très beau sont plus rares et moins connus; il les faut aller chercher loin de nous. La vanité, mesurant les forces de la nature sur notre faiblesse, nous fait regarder comme chimériques les qualités que nous ne sentons pas en nous-mêmes; la paresse et le vice s'appuient sur cette prétendue impossibilité, et, ce qu'on ne voit pas tous les jours, l'homme faible prétend qu'on ne le voit jamais. C'est cette erreur qu'il faut détruire. Ce sont ces grands objets qu'il faut s'accoutumer à sentir et à voir, afin de s'ôter tout prétexte de ne les pas imiter. L'âme s'élève, le cœur s'enflamme à la contemplation de ces divins modèles; à force de les considérer, on cherche à leur devenir semblable, et l'on ne souffre plus rien de médiocre sans un dégoût mortel.

N'allons donc pas chercher dans les livres des principes et des règles que nous trouvons plus sûrement au dedans de nous. Laissons là toutes ces vaines disputes des philosophes sur le bonheur et sur la vertu; employons à nous rendre bons et heureux le temps qu'ils perdent à chercher comment on doit l'être, et proposons-nous de grands exemples à imiter plutôt que de vains systèmes à suivre.

J'ai toujours cru que le bon n'était que le beau mis en action, que l'un tenait intimement à l'autre, et qu'ils avaient tous deux une source commune dans la nature bien ordonnée. Il suit de cette idée que le goût se perfectionne par les mêmes moyens que la sagesse, et qu'une âme bien touchée des charmes de la vertu doit à proportion être aussi sensible à tous les autres genres de beautés. On s'exerce à voir comme à sentir, ou plutôt une vue exquise n'est qu'un sentiment délicat et fin. C'est ainsi qu'un peintre, à l'aspect d'un beau paysage ou devant un tableau, s'extasie à des objets qui ne sont pas même remarqués d'un spectateur vulgaire. Combien de choses qu'on n'aperçoit que par sentiment et dont il est impossible de rendre raison! Combien de ces je ne sais quoi qui reviennent si fréquemment, et dont le goût seul décide! Le goût est en quelque manière le microscope du jugement; c'est lui qui met les petits objets à sa portée, et ses opérations commencent où s'arrêtent celles du dernier. Que faut-il donc pour le cultiver? S'exercer à voir ainsi qu'à sentir, et à juger du beau par inspection comme du bon par sentiment. Non, je soutiens qu'il n'appartient pas même à tous les cœurs d'être émus au premier regard de Julie.

Voilà, ma charmante écolière, pourquoi je borne toutes vos études à des livres de goût et de mœurs. Voilà pourquoi, tournant toute ma méthode en exemples, je ne vous donne point d'autre définition des vertus qu'un tableau des gens vertueux, ni d'autres règles pour bien écrire que les livres qui sont bien écrits.

Ne soyez donc pas surprise des retranchements que je fais à vos précédentes lectures; je suis convaincu qu'il faut les resserrer pour les rendre utiles, et je vois tous les jours mieux que tout ce qui ne dit rien à l'âme n'est pas digne de vous occuper. Nous allons supprimer les langues, hors l'italienne, que vous savez et que vous aimez. Nous laisserons là nos éléments d'algèbre et de géométrie. Nous quitterions même la physique si les termes qu'elle vous fournit m'en laissaient le courage. Nous renoncerons pour jamais à l'histoire moderne, excepté celle de notre pays, encore n'est-ce que parce que c'est un pays libre et simple, où l'on trouve des hommes antiques dans les temps modernes : car ne vous laissez pas éblouir par ceux qui disent que l'histoire la plus intéressante pour chacun est celle de son pays. Cela n'est pas vrai. Il y a des pays dont l'histoire ne peut pas même être lue, à moins qu'on ne soit imbécille ou négociateur. L'histoire la plus intéressante est celle où l'on trouve le plus d'exemples de mœurs, de caractères de toute espèce, en un mot le plus d'instruction. Ils vous diront qu'il y a autant de tout cela parmi nous que parmi les anciens. Cela n'est pas vrai. Ouvrez leur histoire, et faites-les taire. Il y a des peuples sans physionomie auxquels il ne faut point de peintres; il y a des gouvernements sans caractère auxquels il ne faut point d'historiens, et où, sitôt qu'on sait quelle place un homme occupe, on sait d'avance tout ce qu'il y fera. Ils diront que ce sont les bons historiens qui nous manquent; mais demandez-leur pourquoi. Cela n'est pas vrai. Donnez matière à de bonnes histoires, et les bons historiens se trouveront. Enfin, ils diront que les hommes de tous les temps se ressemblent, qu'ils ont les mêmes vertus et les mêmes vices; qu'on n'admire les anciens que parce qu'ils sont anciens. Cela n'est pas vrai non plus; car on faisait autrefois de grandes choses avec de petits moyens, et l'on fait aujourd'hui tout le contraire. Les anciens étaient contemporains de leurs historiens, et nous ont pourtant appris à les admirer. Assurément, si la postérité jamais admire les nôtres, elle ne l'aura pas appris de nous.

J'ai laissé, par égard pour votre inséparable cousine, quelques livres de petite littérature que je n'aurais pas laissés pour vous. Hors le Pétrarque, le Tasse, le Métastase, et les maîtres du théâtre français, je n'y mêle ni poètes ni livres d'amour, contre l'ordinaire des lectures consacrées à votre sexe. Qu'apprendrions-nous de l'amour dans ces livres? Ah! Julie, notre cœur nous en dit plus qu'eux, et le langage imité des livres est bien froid pour quiconque est passionné lui-même. D'ailleurs ces études énervent l'âme, la jettent dans la mollesse, et lui ôtent tout son ressort. Au contraire, l'amour véritable est un feu dévorant qui porte son ardeur dans les autres sentiments, et les anime d'une vigueur nouvelle. C'est pour cela qu'on a dit que l'amour faisait des héros. Heureux celui que le sort eût placé pour le devenir, et qui aurait Julie pour amante!

LETTRE XIII.

DE JULIE.

Je vous le disais bien, que nous étions heureux ; rien ne me l'apprend mieux que l'ennui que j'éprouve au moindre changement d'état. Si nous avions des peines bien vives, une absence de deux jours nous en ferait-elle tant ? je dis nous ; car je sais que mon ami partage mon impatience ; il la partage, parce que je la sens ; et il la sent encore pour lui-même : je n'ai plus besoin qu'il me dise ces choses-là.

Nous ne sommes à la campagne que d'hier au soir ; il n'est pas encore l'heure où je vous verrais à la ville, et cependant mon déplacement me fait déjà trouver votre absence plus insupportable. Si vous ne m'aviez pas défendu la géométrie, je vous dirais que mon inquiétude est en raison composée des intervalles du temps et du lieu ; tant je trouve que l'éloignement ajoute au chagrin de l'absence.

J'ai apporté votre lettre et votre plan d'études pour méditer l'un et l'autre, et j'ai déjà relu deux fois la première : la fin m'en touche extrêmement. Je vois, mon ami, que vous sentez le véritable amour, puisqu'il ne vous a point ôté le goût des choses honnêtes, et que vous savez encore, dans la partie la plus sensible de votre cœur, faire des sacrifices à la vertu. En effet, employer la voie de l'instruction pour corrompre une femme, est de toutes les séductions la plus condamnable ; et vouloir attendrir sa maîtresse à l'aide des romans, est avoir bien peu de ressources en soi-même. Si vous eussiez plié dans vos leçons la philosophie à vos vues, si vous eussiez tâché d'établir des maximes favorables à votre intérêt, en voulant me tromper vous m'eussiez bientôt détrompée ; mais la plus dangereuse de vos séductions est de n'en point employer. Du moment que la soif d'aimer s'empara de mon cœur, et que j'y sentis naître le besoin d'un éternel attachement, je ne demandai point au ciel de m'unir à un homme aimable, mais à un homme qui eût l'âme belle ; car je sentais bien que c'est, de tous les agréments qu'on peut avoir, le moins sujet au dégoût, et que la droiture et l'honneur ornent tous les sentiments qu'ils accompagnent. Pour avoir bien placé ma préférence, j'ai eu comme Salomon, avec ce que j'avais demandé, encore ce que je ne demandais pas. Je tire un bon augure pour mes autres vœux de l'accomplissement de celui-là, et je ne désespère pas, mon ami, de pouvoir vous rendre aussi heureux un jour que vous méritez de l'être. Les moyens en sont lents, difficiles, douteux ; les obstacles terribles. Je n'ose rien me promettre ; mais croyez que tout ce que la patience et l'amour pourront faire ne sera pas oublié. Continuez cependant à complaire en tout à ma mère, et préparez-vous, au retour de mon père, qui se retire enfin tout-à-fait après trente ans de service, à supporter les hauteurs d'un vieux gentilhomme brusque, mais plein d'honneur, qui vous aimera sans vous caresser, et vous estimera sans le dire.

J'ai interrompu ma lettre pour m'aller promener dans des bocages qui sont près de notre maison. O mon doux ami ! je t'y conduisais avec moi, ou plutôt je t'y portais dans mon sein. Je choisissais les lieux que nous devions parcourir ensemble ; j'y marquais des asiles dignes de nous retenir ; nos cœurs s'épanchaient d'avance dans ces retraites délicieuses, elles ajoutaient au plaisir que nous goûtions d'être ensemble ; elles recevaient à leur tour un nouveau prix du séjour de deux vrais amants, et je m'étonnais de n'y avoir point remarqué seule les beautés que j'y trouvais avec toi.

Parmi les bosquets naturels que forme ce lieu charmant, il en est un plus charmant que les autres, dans lequel je me plais davantage, et où, par cette raison, je destine une petite surprise à mon ami. Il ne sera pas dit qu'il aura toujours de la déférence, et moi jamais de générosité. C'est là que je veux lui faire sentir, malgré les préjugés vulgaires, combien ce que le cœur donne vaut mieux que ce qu'arrache l'importunité. Au reste, de peur que votre ima-

gination vive ne se mette un peu trop en frais, je dois vous prévenir que nous n'irons point ensemble dans le bosquet sans l'*inséparable cousine*.

A propos d'elle, il est décidé, si cela ne vous fâche pas trop, que vous viendrez nous voir lundi. Ma mère enverra sa calèche à ma cousine, vous vous rendrez chez elle à dix heures; elle vous amènera; vous passerez la journée avec nous, et nous nous en retournerons tous ensemble le lendemain après le dîner.

J'en étais ici de ma lettre, quand j'ai réfléchi que je n'avais pas pour vous la remettre les mêmes commodités qu'à la ville. J'avais d'abord pensé de vous renvoyer un de vos livres par Gustin (1), le fils du jardinier, et de mettre à ce livre une couverture de papier, dans laquelle j'aurais inséré ma lettre. Mais, outre qu'il n'est pas sûr que vous vous avisassiez de la chercher, ce serait une imprudence impardonnable d'exposer à de pareils hasards le destin de notre vie. Je vais donc me contenter de vous marquer simplement, par un billet, le rendez-vous de lundi, et je garderai la lettre pour vous la donner à vous-même. Aussi bien j'aurais un peu de souci qu'il n'y eût trop de commentaires sur le mystère du bosquet.

LETTRE XIV.

A JULIE.

Qu'as-tu fait, ah! qu'as-tu fait, ma Julie? tu voulais me récompenser, et tu m'as perdu. Je suis ivre, ou plutôt insensé. Mes sens sont altérés, toutes mes facultés sont troublées par ce baiser mortel. Tu voulais soulager mes maux! Cruelle! tu les aigris. C'est du poison que j'ai cueilli sur tes lèvres; il fermente; il embrase mon sang; il me tue, et ta pitié me fait mourir.

O souvenir immortel de cet instant d'illusion, de délire et d'enchantement, jamais, jamais tu ne t'effaceras de mon âme; et, tant que les charmes de Julie y seront gravés, tant que ce cœur agité me fournira des sentiments et des soupirs, tu feras le supplice et le bonheur de ma vie.

Hélas! je jouissais d'une apparente tranquillité; soumis à tes volontés suprêmes, je ne murmurais plus d'un sort auquel tu daignais présider. J'avais dompté les fougueuses saillies d'une imagination téméraire; j'avais couvert mes regards d'un voile, et mis une entrave à mon cœur; mes désirs n'osaient plus s'échapper qu'à demi; j'étais aussi content que je pouvais l'être. Je reçois ton billet, je vole chez ta cousine; nous nous rendons à Clarens, je t'aperçois, et mon sein palpite; le doux son de ta voix y porte une agitation nouvelle; je t'aborde comme transporté, et j'avais grand besoin de la diversion de ta cousine pour cacher mon trouble à ta mère. On parcourt le jardin, l'on dîne tranquillement, tu me rends en secret ta lettre, que je n'ose lire devant ce redoutable témoin; le soleil commence à baisser, nous fuyons tous trois dans le bois le reste de ses rayons, et ma paisible simplicité n'imaginait pas même un état plus doux que le mien.

En approchant du bosquet, j'aperçus, non sans une émotion secrète, vos signes d'intelligence, vos sourires mutuels, et le coloris de tes joues prendre un nouvel éclat. En y entrant, je vis avec surprise ta cousine s'approcher de moi, et, d'un air plaisamment suppliant, me demander un baiser. Sans rien comprendre à ce mystère, j'embrassai cette charmante amie; et, tout aimable, toute piquante qu'elle est, je ne connus jamais mieux que les sensations ne sont rien que ce que le cœur les fait être. Mais que devins-je un moment après, quand je sentis..... la main me tremble.... un doux frémissement..... ta bouche de roses..... la bouche de Julie..... se poser, se presser sur la mienne, et mon corps serré dans tes bras! Non, le feu du ciel n'est pas plus vif ni plus prompt que celui qui vint à l'instant m'embraser. Toutes les parties de moi-même se rassemblèrent sous ce toucher délicieux. Le feu s'exhalait avec nos soupirs de nos lèvres brûlantes, et mon cœur se mourait sous le poids de la volupté....

(1) Jean-Jacques semble avoir choisi ce nom, comme souvenir d'un jeune jardinier de Montmorency avec lequel il aimait à causer.

quand tout-à-coup je te vis pâlir, fermer tes beaux yeux, l'appuyer sur ta cousine, et tomber en défaillance. Ainsi la frayeur éteignit le plaisir, et mon bonheur ne fut qu'un éclair.

A peine sais-je ce qui m'est arrivé depuis ce fatal moment. L'impression profonde que j'ai reçue ne peut plus s'effacer. Une faveur!.... c'est un tourment horrible..... Non, garde tes baisers, je ne les saurais supporter..... Ils sont trop âcres, trop pénétrants; ils percent; ils brûlent jusqu'à la moelle..... ils me rendraient furieux. Un seul, un seul m'a jeté dans un égarement dont je ne puis plus revenir. Je ne suis plus le même, et ne te vois plus la même. Je ne te vois plus comme autrefois réprimante et sévère; mais je te sens et te touche sans cesse unie à mon sein comme tu fus un instant. O Julie! quelque sort que m'annonce un transport dont je ne suis plus maître, quelque traitement que ta rigueur me destine, je ne puis plus vivre dans l'état où je suis, et je sens qu'il faut enfin que j'expire à tes pieds... ou dans tes bras.

LETTRE XV.

DE JULIE.

Il est important, mon ami, que nous nous séparions quelque temps, et c'est ici la première épreuve de l'obéissance que vous m'avez promise. Si je l'exige en cette occasion, croyez que j'en ai des raisons très fortes; il faut bien, et vous le savez trop, que j'en aie pour m'y résoudre; quant à vous, vous n'en avez pas besoin d'autres que ma volonté.

Il y a longtemps que vous avez un voyage à faire en Valais. Je voudrais que vous pussiez l'entreprendre à présent qu'il ne fait pas encore froid. Quoique l'automne soit encore agréable ici, vous voyez déjà blanchir la pointe de la Dent-de-Jamant (1), et dans six semaines, je ne vous laisserais pas faire ce voyage dans un pays si rude. Tâchez donc partir dès demain : vous m'écrirez à l'adresse que je vous envoie, et vous m'enverrez la vôtre quand vous serez à Sion.

Vous n'avez jamais voulu me parler de l'état de vos affaires; mais vous n'êtes pas dans votre patrie : je sais que vous y avez peu de fortune et que vous ne faites que la déranger ici, où vous ne resteriez pas sans moi. Je puis donc supposer qu'une partie de votre bourse est dans la mienne, et je vous envoie un léger à-compte dans celle que renferme cette boîte qu'il ne faut pas ouvrir devant le porteur. Je n'ai garde d'aller au-devant des difficultés : je vous estime trop pour vous croire capable d'en faire.

Je vous défends, non-seulement de retourner sans mon ordre, mais de venir nous dire adieu. Vous pouvez écrire à ma mère ou à moi, simplement pour nous avertir que vous êtes forcé de partir sur-le-champ pour une affaire imprévue, et me donner, si vous voulez, quelques avis sur mes lectures jusqu'à votre retour. Tout cela doit être fait naturellement et sans aucune apparence de mystère. Adieu, mon ami; n'oubliez pas que vous emportez le cœur et le repos de Julie.

LETTRE XVI.

RÉPONSE.

Je relis votre terrible lettre, et je frissonne à chaque ligne. J'obéirai pourtant, je l'ai promis, je le dois; j'obéirai. Mais vous ne savez pas, non, barbare, vous ne saurez jamais ce qu'un tel sacrifice coûte à mon cœur. Ah! vous n'aviez pas besoin de l'épreuve du bosquet pour me le rendre sensible : c'est un raffinement de cruauté perdu pour votre âme impitoyable, et je puis au moins vous défier de me rendre plus malheureux.

(1) Haute montagne du pays de Vaud.

Vous recevrez votre boîte dans le même état où vous l'avez envoyée. C'est trop d'ajouter l'opprobre à la cruauté : si je vous ai laissée maîtresse de mon sort, je ne vous ai point laissée l'arbitre de mon honneur. C'est un dépôt sacré (l'unique, hélas ! qui me reste), dont jusqu'à la fin de ma vie nul ne sera chargé que moi seul.

LETTRE XVII.

RÉPLIQUE.

Votre lettre me fait pitié ; c'est la seule chose sans esprit que vous ayez jamais écrite.

J'offense donc votre honneur, pour lequel je donnerais mille fois ma vie ? J'offense donc ton honneur, ingrat! qui m'as vue prête à t'abandonner le mien ? Où est-il donc cet honneur que j'offense ? Dis-le-moi, cœur rampant, âme sans délicatesse. Ah ! que tu es méprisable, si tu n'as qu'un honneur que Julie ne connaisse pas ! Quoi ! ceux qui veulent partager leur sort n'oseraient partager leurs biens, et celui qui fait profession d'être à moi, se tient outragé de mes dons ! Et depuis quand est-il vil de recevoir de ce qu'on aime ? Depuis quand ce que le cœur donne déshonore-t-il le cœur qui l'accepte ? Mais on méprise un homme qui reçoit d'un autre : on méprise celui dont les besoins passent la fortune. Et qui le méprise ? Des âmes abjectes qui mettent l'honneur dans la richesse, et pèsent les vertus au poids de l'or. Est-ce dans ces basses maximes qu'un homme de bien met son honneur? et le préjugé même de la raison n'est-il pas en faveur du plus pauvre ?

Sans doute, il est des dons vils qu'un honnête homme ne peut accepter ; mais apprenez qu'ils ne déshonorent pas moins la main qui les offre, et qu'un don honnête à faire est toujours honnête à recevoir : or, sûrement mon cœur ne me reproche pas celui-ci, il s'en glorifie (1). Je ne sache rien de plus méprisable qu'un homme dont on achète le cœur et les soins, si ce n'est la femme qui les paye ; mais entre deux cœurs unis, la communauté des biens est une justice et un devoir; et si je me trouve encore en arrière de ce qui me reste de plus qu'à vous, j'accepte sans scrupule ce que je réserve, et je vous dois ce que je ne vous ai pas donné. Ah ! si les dons de l'amour sont à charge, quel cœur jamais peut être reconnaissant ?

Supposeriez-vous que je refuse à mes besoins ce que je destine à pourvoir aux vôtres ? Je vais vous donner du contraire une preuve sans réplique. C'est que la bourse que je vous renvoie contient le double de ce qu'elle contenait la première fois, et qu'il ne tiendrait qu'à moi de la doubler encore. Mon père me donne pour mon entretien une pension, modique à la vérité, mais à laquelle je n'ai jamais besoin de toucher, tant ma mère est attentive à pourvoir à tout, sans compter que ma broderie et ma dentelle suffisent pour m'entretenir de l'une et de l'autre. Il est vrai que je n'étais pas toujours aussi riche : les soucis d'une passion fatale m'ont fait depuis longtemps négliger certains soins auxquels j'employais mon superflu ; c'est une raison de plus d'en disposer comme je fais : il faut vous humilier pour le mal dont vous êtes cause, et que l'amour expie les fautes qu'il fait commettre.

Venons à l'essentiel. Vous dites que l'honneur vous défend d'accepter mes dons. Si cela est, je n'ai plus rien à dire, et je conviens avec vous qu'il ne vous est pas permis d'aliéner un pareil soin. Si donc vous pouvez me prouver cela, faites-le clairement, incontestablement, et sans vaine subtilité ; car vous savez que je hais les sophismes. Alors vous pouvez me rendre la bourse, je la reprends sans me plaindre, et il n'en sera plus parlé.

Mais comme je n'aime ni les gens pointilleux ni le faux point d'honneur,

---

(1) Elle a raison sur le motif secret de ce voyage : on voit que jamais argent ne fut plus honnêtement employé. C'est grand dommage que cet emploi n'ait pas fait un meilleur profit.

si vous me renvoyez encore une fois la boîte sans justification, ou que votre justification soit mauvaise, il faudra ne nous plus voir. Adieu; pensez-y.

LETTRE XVIII.

A JULIE.

J'ai reçu vos dons, je suis parti sans vous voir, me voici bien loin de vous : êtes-vous contente de vos tyrannies, et vous ai-je assez obéi ?

Je ne puis vous parler de mon voyage; à peine sais-je comment il s'est fait. J'ai mis trois jours à faire vingt lieues; chaque pas qui m'éloignait de vous séparait mon corps de mon âme, et me donnait un sentiment anticipé de la mort. Je voulais vous décrire ce que je verrais. Vain projet! Je n'ai rien vu que vous, et ne puis vous peindre que Julie. Les puissantes émotions que je viens d'éprouver coup sur coup m'ont jeté dans des distractions continuelles; je me sentais toujours où je n'étais point : à peine avais-je assez de présence d'esprit pour suivre et demander mon chemin, et je suis arrivé à Sion sans être parti de Vevai.

C'est ainsi que j'ai trouvé le secret d'éluder votre rigueur et de vous voir sans vous désobéir. Oui, cruelle, quoi que vous ayez su faire, vous n'avez pu me séparer de vous tout entier. Je n'ai traîné dans mon exil que la moindre partie de moi-même : tout ce qu'il y a de vivant en moi demeure auprès de vous sans cesse. Il erre impunément sur vos yeux, sur vos lèvres, sur votre sein, sur tous vos charmes; il pénètre partout comme une vapeur subtile; et je suis plus heureux en dépit de vous que je ne fus jamais de votre gré.

J'ai ici quelques personnes à voir, quelques affaires à traiter; voilà ce qui me désole. Je ne suis point à plaindre dans la solitude où je puis m'occuper de vous et me transporter aux lieux où vous êtes. La vie active qui me rappelle à moi tout entier m'est seule insupportable. Je vais faire mal et vite, pour être promptement libre, et pouvoir m'égarer à mon aise dans les lieux sauvages qui forment à mes yeux les charmes de ce pays. Il faut tout fuir et vivre seul au monde, quand on n'y peut vivre avec vous.

LETTRE XIX.

A JULIE.

Rien ne m'arrête plus ici que vos ordres : cinq jours que j'y ai passés ont suffi au-delà pour mes affaires, si toutefois on peut appeler des affaires celles où le cœur n'a point de part. Enfin, vous n'avez plus de prétexte, et ne pouvez me retenir loin de vous qu'afin de me tourmenter.

Je commence à être fort inquiet du sort de ma première lettre; elle fut écrite et mise à la poste en arrivant; l'adresse en est fidèlement copiée sur celle que vous m'envoyâtes; je vous ai envoyé la mienne avec le même soin, et si vous aviez fait exactement réponse, elle aurait déjà dû me parvenir. Cette réponse pourtant ne vient point, et il n'y a nulle cause possible et funeste de son retard que mon esprit troublé ne se figure. O ma Julie ! que d'imprévues catastrophes peuvent en huit jours rompre à jamais les plus doux liens du monde ! Je frémis de songer qu'il n'y a pour moi qu'un seul moyen d'être heureux, et des millions d'être misérable (1). Julie, m'auriez-vous oublié ? Ah ! c'est la plus affreuse de mes craintes ! Je puis préparer ma constance aux

(1) On me dira que c'est le devoir d'un éditeur de corriger les fautes de langue. Oui bien pour les éditeurs qui font cas de cette correction ; oui bien pour les ouvrages dont on peut corriger le style sans le refondre et le gâter ; oui bien quand on est assez sûr de sa plume pour ne pas substituer ses propres fautes à celles de l'auteur. Et avec tout cela, qu'aura-t-on gagné à faire parler un Suisse comme un académicien ?

autres malheurs, mais toutes les forces de mon âme défaillent au seul soupçon de celui-là.

Je vois le peu de fondement de mes alarmes et ne saurais les calmer. Le sentiment de mes maux s'aigrit sans cesse loin de vous; et, comme si je n'en avais pas assez pour m'abattre, je m'en forge encore d'incertains pour irriter tous les autres. D'abord mes inquiétudes étaient moins vives. Le trouble d'un départ subit, l'agitation du voyage, donnaient le change à mes ennuis; ils se raniment dans la tranquille solitude. Hélas! je combattais; un fer mortel a percé mon sein, et la douleur ne s'est fait sentir que longtemps après la blessure.

Cent fois, en lisant des romans, j'ai ri des froides plaintes des amants sur l'absence. Ah! je ne savais pas alors à quel point la vôtre un jour me serait insupportable! Je sens aujourd'hui combien une âme paisible est peu propre à juger des passions, et combien il est insensé de rire des sentiments qu'on n'a point éprouvés. Vous le dirai-je pourtant? je ne sais quelle idée consolante et douce tempère en moi l'amertume de votre éloignement, en songeant qu'il s'est fait par votre ordre. Les maux qui me viennent de vous me sont moins cruels que s'ils m'étaient envoyés par la fortune : s'ils servent à vous contenter, je ne voudrais pas ne les point sentir; ils sont les garants de leur dédommagement, et je connais trop bien votre âme pour vous croire barbare à pure perte.

Si vous voulez m'éprouver, je n'en murmure plus; il est juste que vous sachiez si je suis constant, patient, docile, digne en un mot des biens que vous me réservez. Dieux! si c'était là votre idée, je me plaindrais de trop peu souffrir. Ah! non, pour nourrir dans mon cœur une si douce attente, inventez, s'il se peut, des maux mieux proportionnés à leur prix.

LETTRE XX.

DE JULIE.

Je reçois à la fois vos deux lettres; et je vois par l'inquiétude que vous marquez dans la seconde sur le sort de l'autre, que, quand l'imagination prend les devants, la raison ne se hâte pas comme elle, et souvent la laisse aller seule. Pensâtes-vous, en arrivant à Sion, qu'un courrier tout prêt n'attendait pour partir que votre lettre, que cette lettre me serait remise en arrivant ici, et que les occasions ne favoriseraient pas moins ma réponse? Il n'en va pas ainsi, mon bel ami. Vos deux lettres me sont parvenues à la fois, parce que le courrier, qui ne passe qu'une fois la semaine (1), n'est parti qu'avec la seconde. Il faut un certain temps pour distribuer les lettres; il en faut à mon commissionnaire pour me rendre la mienne en secret, et le courrier ne retourne pas d'ici le lendemain du jour qu'il est arrivé. Ainsi, tout bien calculé, il nous faut huit jours, quand celui du courrier est bien choisi, pour recevoir réponse l'un de l'autre; ce que je vous explique afin de calmer une fois pour toutes votre impatiente vivacité. Tandis que vous déclamez contre la fortune et ma négligence, vous voyez que je m'informe adroitement de tout ce qui peut assurer notre correspondance, et prévenir vos perplexités. Je vous laisse à décider de quel côté sont les plus tendres soins.

Ne parlons plus de peines, mon bon ami! ah! respectez et partagez plutôt le plaisir que j'éprouve, après huit mois d'absence, de revoir le meilleur des pères! il arriva jeudi au soir; et je n'ai songé qu'à lui (2) depuis cet heureux moment. O toi que j'aime le mieux au monde, après les auteurs de mes jours! pourquoi tes lettres, tes querelles, viennent-elles contrister mon âme, et troubler les premiers plaisirs d'une famille réunie? Tu voudrais que mon

(1) Il passe à présent deux fois.
(2) L'article qui précède prouve qu'elle ment.

cœur s'occupât de toi sans cesse; mais, dis-moi, le tien pourrait-il aimer une fille dénaturée à qui les feux de l'amour feraient oublier les droits du sang, et que les plaintes d'un amant rendraient insensible aux caresses d'un père? Non, mon digne ami, n'empoisonne point par d'injustes reproches l'innocente joie que m'inspire un si doux sentiment. Toi dont l'âme est si tendre et si sensible, ne conçois-tu point quel charme c'est de sentir, dans ces purs et sacrés embrassements, le sein d'un père palpiter d'aise contre celui de sa fille? Ah! crois-tu qu'alors le cœur puisse un moment se partager, et rien dérober à la nature?

Sol che son figlia io mi rammento adesso (1).

Ne pensez pas pourtant que je vous oublie. Oublia-t-on jamais ce qu'on a une fois aimé? Non, les impressions plus vives, qu'on suit quelques instants, n'effacent pas pour cela les autres. Ce n'est point sans chagrin que je vous ai vu partir, ce n'est point sans plaisir que je vous verrais de retour. Mais... prenez patience ainsi que moi, puisqu'il le faut, sans en demander davantage. Soyez sûr que je vous rappellerai le plus tôt qu'il me sera possible; et pensez que souvent tel qui se plaint bien haut de l'absence n'est pas celui qui en souffre le plus.

LETTRE XXI.

A JULIE.

Que j'ai souffert en la recevant, cette lettre souhaitée avec tant d'ardeur! J'attendais le courrier à la poste. A peine le paquet était-il ouvert, que je me nomme; je me rends importun : on me dit qu'il y a une lettre, je tressaille; je la demande, agité d'une mortelle impatience; je la reçois enfin. Julie, j'aperçois les traits de ta main adorée! La mienne tremble en s'avançant pour recevoir ce précieux dépôt. Je voudrais baiser mille fois ces sacrés caractères : ô circonspection d'un amour craintif! je n'ose porter la lettre à ma bouche, ni l'ouvrir devant tant de témoins. Je me dérobe à la hâte. Mes genoux tremblaient sous moi; mon émotion croissante me laisse à peine apercevoir mon chemin. J'ouvre la lettre au premier détour; je la parcours, je la dévore; et à peine suis-je à ces lignes où tu peins si bien les plaisirs de ton cœur en embrassant ce respectable père, que je fonds en larmes; on me regarde; j'entre dans une allée pour échapper aux spectateurs; là je partage ton attendrissement; j'embrasse avec transport cet heureux père que je connais à peine; et la voix de la nature me rappelant au mien, je donne de nouveaux pleurs à sa mémoire honorée.

Et que voulez-vous apprendre, incomparable fille, dans mon vain et triste savoir? Ah! c'est de vous qu'il faut apprendre tout ce qui peut entrer de bon, d'honnête, dans une âme humaine, et surtout ce divin accord de la vertu, de l'amour et de la nature, qui ne se trouva jamais qu'en vous. Non, il n'y a point d'affection saine qui n'ait sa place dans votre cœur, qui ne s'y distingue par la sensibilité qui vous est propre; et, pour savoir moi-même régler le mien, comme j'ai soumis toutes mes actions à vos volontés, je vois bien qu'il faut soumettre encore tous mes sentiments aux vôtres.

Quelle différence pourtant de votre état au mien! daignez le remarquer. Je ne parle point du rang et de la fortune : l'honneur et l'amour doivent en cela suppléer à tout; mais vous êtes environnée de gens que vous chérissez et qui vous adorent : les soins d'une tendre mère, d'un père dont vous êtes l'unique espoir; l'amitié d'une cousine qui ne semble respirer que par vous; toute une famille dont vous faites l'ornement; une ville entière fière de vous avoir vue naître, tout occupe et partage votre sensibilité; et ce qu'il en reste

---

(1) Tout ce dont je me souviens en ce moment, c'est que je suis sa fille.

à l'amour n'est que la moindre partie de ce que lui ravissent les droits du sang et de l'amitié. Mais moi, Julie, hélas! errant, sans famille, et presque sans patrie, je n'ai que vous sur la terre, et l'amour seul me tient lieu de tout. Ne soyez donc pas surprise si, bien que votre âme soit la plus sensible, la mienne sait le mieux aimer; et si, vous cédant en tant de choses, j'emporte au moins le prix de l'amour.

Ne craignez pourtant pas que je vous importune encore de mes indiscrètes plaintes. Non, je respecterai vos plaisirs, et pour eux-mêmes qui sont si purs, et pour vous qui les ressentez. Je m'en formerai dans l'esprit le touchant spectacle, je les partagerai de loin; et, ne pouvant être heureux de ma propre félicité, je le serai de la vôtre. Quelles que soient les raisons qui me tiennent éloigné de vous, je les respecte; et que me servirait de les connaître, si, quand je devrais les désapprouver, il n'en faudrait pas moins obéir à la volonté qu'elles vous inspirent? M'en coûtera-t-il plus de garder le silence qu'il ne m'en coûta de vous quitter? Souvenez-vous toujours, ô Julie, que votre âme a deux corps à gouverner, et que celui qu'elle anime par son choix lui sera toujours le plus fidèle:

Nodo più forte,
Fabricato da noi, non dalla sorte (1).

Je me tais donc; et, jusqu'à ce qu'il vous plaise de terminer mon exil, je vais tâcher d'en tempérer l'ennui en parcourant les montagnes du Valais, tandis qu'elles sont encore praticables. Je m'aperçois que ce pays ignoré mérite les regards des hommes, et qu'il ne lui manque, pour être admiré, que des spectateurs qui le sachent voir. Je tâcherai d'en tirer quelques observations dignes de vous plaire. Pour amuser une jolie femme, il faudrait peindre un peuple aimable et galant: mais toi, ma Julie, ah! je le sais bien, le tableau d'un peuple heureux et simple est celui qu'il faut à ton cœur.

LETTRE XXII.

DE JULIE.

Enfin le premier pas est franchi, et il a été question de vous. Malgré le mépris que vous témoignez pour ma doctrine, mon père en a été surpris: il n'a pas moins admiré mes progrès dans la musique et dans le dessin (2); et au grand étonnement de ma mère, prévenue par vos calomnies (3), au blason près, qui lui a paru négligé, il a paru fort content de tous mes talents. Mais ces talents ne s'acquièrent pas sans maître; il a fallu nommer le mien; et je l'ai fait avec une énumération pompeuse de toutes les sciences qu'il voulait bien m'enseigner, hors une. Il s'est rappelé de vous avoir vu plusieurs fois à son précédent voyage, et il n'a pas paru qu'il eût conservé de vous une impression désavantageuse.

Ensuite il s'est informé de votre fortune; on lui a dit qu'elle était médiocre: de votre naissance; on lui a dit qu'elle était honnête. Ce mot *honnête* est fort équivoque à l'oreille d'un gentilhomme, et a excité des soupçons que l'éclaircissement a confirmés. Dès qu'il a su que vous n'étiez pas noble, il a demandé ce qu'on vous donnait par mois. Ma mère, prenant la parole, a dit qu'un pareil arrangement n'était pas même proposable, et qu'au contraire vous aviez rejeté constamment tous les moindres présents qu'elle avait tâché de vous faire en choses qui ne se refusent pas; mais cet air de fierté n'a fait qu'exciter la sienne. Et le moyen de supporter l'idée d'être redevable à un roturier? Il a donc été décidé qu'on vous offrirait un paiement, au refus duquel, malgré tout votre

---

(1) Le plus fort des nœuds, notre ouvrage, et non celui du sort.
(2) Voilà, ce me semble, un sage de vingt ans qui sait prodigieusement de choses! Il est vrai que Julie le félicite à trente de n'être plus si savant.
(3) Cela se rapporte à une lettre à la mère, écrite sur un ton équivoque, et qui a été supprimée.

mérite, dont on convient, vous seriez remercié de vos soins. Voilà, mon ami, le résumé d'une conversation qui a été tenue sur le compte de mon très honoré maître, et durant laquelle son humble écolière n'était pas fort tranquille. J'ai cru ne pouvoir trop me hâter de vous en donner avis, afin de vous laisser le temps d'y réfléchir. Aussitôt que vous aurez pris votre résolution, ne manquez pas de m'en instruire; car cet article est de votre compétence, et mes droits ne vont pas jusque-là.

J'apprends avec peine vos courses dans les montagnes; non que vous n'y trouviez, à mon avis, une agréable diversion, et que le détail de ce que vous aurez vu ne me soit fort agréable à moi-même; mais je crains pour vous des fatigues que vous n'êtes guère en état de supporter. D'ailleurs la saison est fort avancée; d'un jour à l'autre tout peut se couvrir de neige; et je prévois que vous aurez encore plus à souffrir du froid que de la fatigue. Si vous tombiez malade dans le pays où vous êtes, je ne m'en consolerais jamais. Revenez donc, mon bon ami, dans mon voisinage. Il n'est pas temps encore de rentrer à Vevai, mais je veux que vous habitiez un séjour moins rude, et que nous soyons plus à portée d'avoir aisément des nouvelles l'un de l'autre. Je vous laisse le maître du choix de votre station. Tâchez seulement qu'on ne sache point ici où vous êtes, et soyez discret sans être mystérieux. Je ne vous dis rien sur ce chapitre : je me fie à l'intérêt que vous avez d'être prudent, et plus encore à celui que j'ai que vous le soyez.

Adieu, mon ami; je ne puis m'entretenir plus longtemps avec vous. Vous savez de quelles précautions j'ai besoin pour écrire. Ce n'est pas tout : mon père a amené un étranger respectable, son ancien ami, et qui lui a sauvé autrefois la vie à la guerre. Jugez si nous nous sommes efforcés de le bien recevoir. Il repart demain, et nous nous hâtons de lui procurer, pour le jour qui nous reste, tous les amusements qui peuvent marquer notre zèle à un tel bienfaiteur. On m'appelle : il faut finir. Adieu derechef.

LETTRE XXIII.

A JULIE.

A peine ai-je employé huit jours à parcourir un pays qui demanderait des années d'observation : mais, outre que la neige me chasse, j'ai voulu revenir au-devant du courrier qui m'apporte, je l'espère, une de vos lettres. En attendant qu'elle arrive, je commence par vous écrire celle-ci, après laquelle j'en écrirai, s'il est nécessaire, une seconde pour répondre à la vôtre.

Je ne vous ferai point ici un détail de mon voyage et de mes remarques; j'en ai fait une relation que je compte vous porter. Il faut réserver notre correspondance pour les choses qui nous touchent de plus près l'un et l'autre. Je me contenterai de vous parler de la situation de mon âme : il est juste de vous rendre compte de l'usage qu'on fait de votre bien.

J'étais parti, triste de mes peines et consolé de votre joie; ce qui me tenait dans un certain état de langueur qui n'est pas sans charme pour un cœur sensible. Je gravissais lentement et à pied des sentiers assez rudes, conduit par un homme que j'avais pris pour être mon guide, et dans lequel, durant toute la route, j'ai trouvé plutôt un ami qu'un mercenaire. Je voulais rêver, et j'en étais toujours détourné par quelque spectacle inattendu. Tantôt d'immenses roches pendaient en ruines au-dessus de ma tête. Tantôt de hautes et bruyantes cascades m'inondaient de leur épais brouillard. Tantôt un torrent éternel ouvrait à mes côtés un abîme dont les yeux n'osaient sonder la profondeur. Quelquefois je me perdais dans l'obscurité d'un bois touffu. Quelquefois, en sortant d'un gouffre, une agréable prairie réjouissait tout à coup mes regards. Un mélange étonnant de la nature sauvage et de la nature cultivée montrait partout la main des hommes, où l'on eût cru qu'ils n'avaient jamais pénétré : à côté d'une caverne on trouvait des maisons; on voyait des pampres secs où l'on n'eût cherché que des ronces, des vignes dans des terres éboulées, d'excellents fruits sur des rochers, et des champs dans des précipices.

Ce n'était pas seulement le travail des hommes qui rendait ces pays étranges si bizarrement contrastés; la nature semblait encore prendre plaisir à s'y mettre en opposition avec elle-même, tant on la trouvait différente en un même lieu sous divers aspects. Au levant les fleurs du printemps, au midi les fruits de l'automne, au nord les glaces de l'hiver : elle réunissait toutes les saisons dans le même instant, tous les climats dans le même lieu, des terrains contraires sur le même sol, et formait l'accord, inconnu partout ailleurs, des productions des plaines et de celles des Alpes. Ajoutez à tout cela les illusions de l'optique, les pointes des monts différemment éclairées, le clair-obscur du soleil et des ombres, et tous les accidents de lumière qui en résultaient le matin et le soir : vous aurez quelque idée des scènes continuelles qui ne cessèrent d'attirer mon admiration, et qui semblaient m'être offertes en un vrai théâtre, car la perspective des monts, étant verticale, frappe les yeux tout à la fois et bien plus puissamment que celle des plaines, qui ne se voit qu'obliquement, en fuyant, et dont chaque objet vous en cache un autre.

J'attribuai, durant la première journée, aux agréments de cette variété le calme que je sentais renaître en moi. J'admirais l'empire qu'ont sur nos passions les plus vives les êtres les plus insensibles, et je méprisais la philosophie de ne pouvoir pas même autant sur l'âme qu'une suite d'objets inanimés. Mais cet état paisible ayant duré la nuit et augmenté le lendemain, je ne tardai pas de juger qu'il avait encore quelque autre cause qui ne m'était pas connue. J'arrivai ce jour-là sur les montagnes les moins élevées, et parcourant ensuite leurs inégalités, sur celles des plus hautes qui étaient à ma portée. Après m'être promené dans les nuages, j'atteignais un séjour plus serein, d'où l'on voit dans la saison le tonnerre et l'orage se former au-dessous de soi : image trop vaine de l'âme du sage, dont l'exemple n'exista jamais, ou n'existe qu'aux mêmes lieux d'où l'on en a tiré l'emblême.

Ce fut là que je démêlai sensiblement, dans la pureté de l'air où je me trouvais, la véritable cause du changement de mon humeur et du retour de cette paix intérieure que j'avais perdue depuis si longtemps. En effet, c'est une impression générale qu'éprouvent tous les hommes, quoiqu'ils ne l'observent pas tous, que sur les hautes montagnes, où l'air est pur et subtil, on se sent plus de facilité dans la respiration, plus de légèreté dans le corps, plus de sérénité dans l'esprit; les plaisirs y sont moins ardents, les passions plus modérées. Les méditations y prennent je ne sais quel caractère grand et sublime, proportionné aux objets qui nous frappent, je ne sais quelle volupté tranquille qui n'a rien d'âcre et de sensuel. Il semble qu'en s'élevant au-dessus du séjour des hommes, on y laisse tous les sentiments bas et terrestres, et qu'à mesure qu'on approche des régions éthérées, l'âme contracte quelque chose de leur inaltérable pureté. On y est grave sans mélancolie, paisible sans indolence, content d'être et de penser : tous les désirs trop vifs s'émoussent, ils perdent cette pointe aiguë qui les rend douloureux, ils ne laissent au fond du cœur qu'une émotion légère et douce; et c'est ainsi qu'un heureux climat fait servir à la félicité de l'homme les passions qui font ailleurs son tourment. Je doute qu'aucune agitation violente, aucune maladie de vapeurs, pût tenir contre un pareil séjour prolongé, et je suis surpris que des bains de l'air salutaire et bienfaisant des montagnes ne soient pas un des grands remèdes de la médecine et de la morale :

> Qui non palazzi, non teatro o loggia;
> Ma'n lor vece un' abete, un faggio, un pino

> Trà l'erba verde e'l bel monte vicino
> Levan di terra al ciel nostr' intell'tto (1).

Supposez les impressions réunies de ce que je viens de vous décrire, et vous aurez quelque idée de la situation délicieuse où je me trouvais. Imaginez la variété, la grandeur, la beauté de mille étonnants spectacles; le plaisir de ne voir autour de soi que des objets tout nouveaux, des oiseaux étranges, des plantes bizarres et inconnues, d'observer en quelque sorte une autre nature, et de se trouver dans un nouveau monde. Tout cela fait aux yeux un mélange inexprimable dont le charme augmente encore par la subtilité de l'air qui rend les couleurs plus vives, les traits plus marqués, et rapproche tous les points de vue; les distances paraissent moindres que dans les plaines, où l'épaisseur de l'air couvre la terre d'un voile; l'horizon présente aux yeux plus d'objets qu'il semble n'en pouvoir contenir : enfin ce spectacle a je ne sais quoi de magique, de surnaturel qui ravit l'esprit et les sens; on oublie tout, on s'oublie soi-même, on ne sait plus où l'on est.

J'aurais passé tout le temps de mon voyage dans le seul enchantement du paysage, si je n'en eusse éprouvé un plus doux dans le commerce des habitants. Vous trouverez dans ma description un léger crayon de leurs mœurs, de leur simplicité, de leur égalité d'âme, et de cette paisible tranquillité qui les rend heureux par l'exemption des peines plutôt que par le goût des plaisirs. Mais ce que je n'ai pu vous peindre et qu'on ne peut guère imaginer, c'est leur humanité désintéressée, et leur zèle hospitalier pour tous les étrangers que le hasard ou la curiosité conduisent chez eux. J'en fis une épreuve surprenante, moi qui n'étais connu de personne, et qui ne marchais qu'à l'aide d'un conducteur. Quand j'arrivais le soir dans un hameau, chacun venait avec tant d'empressement m'offrir sa maison, que j'étais embarrassé du choix; et celui qui obtenait la préférence en paraissait si content, que la première fois je pris cette ardeur pour de l'avidité. Mais je fus bien étonné quand, après en avoir usé chez mon hôte à peu près comme au cabaret, il refusa le lendemain mon argent, s'offensant même de ma proposition, et il en partout été de même. Ainsi c'était le pur amour de l'hospitalité, communément assez tiède, qu'à sa vivacité j'avais pris pour l'âpreté du gain. Leur désintéressement fut si complet, que dans tout le voyage je n'ai pu trouver à placer un patagon (2). En effet, à quoi dépenser de l'argent dans un pays où les maîtres ne reçoivent point le prix de leurs frais, ni les domestiques celui de leurs soins, et où l'on ne trouve aucun mendiant? Cependant l'argent est fort rare dans le Haut-Valais; mais c'est pour cela que les habitants sont à leur aise; car les denrées y sont abondantes sans aucun débouché au dehors, sans consommation de luxe au dedans, et sans que le cultivateur montagnard, dont les travaux sont les plaisirs, devienne moins laborieux. Si jamais ils ont plus d'argent, ils seront infailliblement plus pauvres. Ils ont la sagesse de le sentir, et il y a dans le pays des mines d'or qu'il n'est pas permis d'exploiter.

J'étais d'abord fort surpris de l'opposition de ces usages avec ceux du Bas-Valais, où, sur la route d'Italie, on rançonne assez durement les passagers; et j'avais peine à concilier dans un même peuple des manières si différentes. Un Valaisan m'en expliqua la raison. « Dans la vallée, me dit-il, les étrangers qui passent sont des marchands, et d'autres gens uniquement occupés de leur négoce et de leur gain. Il est juste qu'ils nous laissent une partie de leur profit, et nous les traitons comme ils traitent les autres. Mais ici, où nulle affaire n'appelle les étrangers, nous sommes sûrs que leur voyage est désin-

---

(1) Au lieu des palais, des pavillons, des théâtres, les chênes, les noirs sapins, les hêtres, s'élancent de l'herbe verte au sommet des monts, et semblent élever au ciel, avec leurs têtes, les yeux et 'esprit des mortels. Pétrarque.

(2) Ecu du pays.

téressé; l'accueil qu'on leur fait l'est aussi. Ce sont des hôtes qui nous viennent voir parce qu'il nous aiment, et nous les recevons avec amitié.

« Au reste, ajouta-il en souriant, cette hospitalité n'est pas coûteuse, et peu de gens s'avisent d'en profiter.—Ah! je le crois, lui répondis-je. Que ferait-on chez un peuple qui vit pour vivre, non pour gagner ni pour briller? Hommes heureux et dignes de l'être, j'aime à croire qu'il vous faut ressembler en quelque chose pour être au milieu de vous. »

Ce qui me paraissait le plus agréable dans leur accueil, c'était de n'y pas trouver le moindre vestige de gêne ni pour eux ni pour moi. Ils vivaient dans leur maison comme si je n'y eusse pas été, et il ne tenait qu'à moi d'y être comme si j'y eusse été seul. Ils ne connaissent point l'incommode vanité d'en faire les honneurs aux étrangers, comme pour les avertir de la présence d'un maître dont on dépend au moins en cela. Si je ne disais rien, ils supposaient que je voulais vivre à leur manière; je n'avais qu'à dire un mot pour vivre à la mienne, sans éprouver jamais de leur part la moindre marque de répugnance ou d'étonnement. Le seul compliment qu'ils me firent, après avoir su que j'étais Suisse, fut de me dire que nous étions frères, et que je n'avais qu'à me regarder chez eux comme étant chez moi. Puis ils ne s'embarrassèrent plus de ce que je faisais, n'imaginant pas même que je pusse avoir le moindre doute sur la sincérité de leurs offres, ni le moindre scrupule à m'en prévaloir. Ils usent entre eux avec la même simplicité; les enfants en âge de raison sont les égaux de leurs pères, les domestiques s'asseyent à table avec leurs maîtres; la même liberté règne dans les maisons et dans la république, et la famille est l'image de l'état.

La seule chose sur laquelle je ne jouissais pas de la liberté était la durée excessive des repas. J'étais bien le maître de ne pas me mettre à table; mais, quand j'y étais une fois, il y fallait rester une partie de la journée, et boire d'autant. Le moyen d'imaginer qu'un homme, et un Suisse, n'aimât pas à boire? En effet, j'avoue que le bon vin me paraît une excellente chose, et que je ne hais point à m'en égayer, pourvu qu'on ne m'y force pas. J'ai toujours remarqué que les gens faux sont sobres, et la grande réserve de la table annonce assez souvent des mœurs feintes et des âmes doubles. Un homme franc craint moins ce babil affectueux et ces tendres épanchements qui précèdent l'ivresse; mais il faut savoir s'arrêter et prévenir l'excès. Voilà ce qu'il ne m'était guère possible de faire avec d'aussi déterminés buveurs que les Valaisans, des vins aussi violents que ceux du pays, et sur des tables où l'on ne vit jamais d'eau. Comment se résoudre à jouer si sottement le sage et à fâcher de si bonnes gens? Je m'enivrais donc par reconnaissance; et, ne pouvant payer mon écot de ma bourse, je le payais de ma raison.

Un autre usage qui ne me gênait guère moins, c'était de voir, même chez des magistrats, la femme et les filles de la maison, debout derrière ma chaise, servir à table comme des domestiques(1). La galanterie française se serait d'autant plus tourmentée à réparer cette incongruité, qu'avec la figure des Valaisanes, des servantes mêmes rendraient leurs services embarrassants. Vous pouvez m'en croire, elles sont jolies, puisqu'elles m'ont paru l'être. Des yeux accoutumés à vous voir sont difficiles en beauté.

Pour moi, qui respecte encore plus les usages des pays où je vis que ceux de la galanterie, je recevais leur service en silence avec autant de gravité que don Quichotte chez la duchesse. J'opposais quelquefois en souriant les grandes barbes et l'air grossier des convives au teint éblouissant de ces jeunes beautés timides qu'un mot faisait rougir, et ne rendait que plus agréables. Mais je fus un peu choqué de l'énorme ampleur de leur gorge, qui n'a dans sa blancheur éblouissante qu'un des avantages du modèle que j'osais lui comparer; modèle

---

(1) Usage qui règne dans la plupart des contrées où régnent encore des mœurs primitives, en Corse par exemple.

unique et voilé, dont les contours furtivement observés me peignent ceux de cette coupe célèbre à qui le plus beau sein du monde servit de moule (1).

Ne soyez pas surprise de me trouver si savant sur des mystères que vous

(1) C'était celui d'Hélène. *Minerva templum habet..... in quo Helena sacravit calicem ex electro; adjicit historia, mammæ suæ mensura.* Plin., Hist. nat., lib. xxxiii, cap. xxiii.

cachez si bien : je le suis en dépit de vous ; un sens en peut quelquefois instruire un autre : malgré la plus jalouse vigilance, il échappe à l'ajustement le mieux concerté quelques légers interstices par lesquels la vue opère l'effet du toucher. L'œil avide et téméraire s'insinue impunément sous les fleurs d'un bouquet ; il erre sous la chenille et la gaze, et fait sentir à la main la résistance élastique qu'elle n'oserait éprouver.

> Parte appar delle mamme acerbe e crude :
> Parte altrui ne ricopre l'invida veste,
> Invida, ma s'agli occhi il varco chiude,
> L'amoroso pensier già non arresta (1).

Je remarquai aussi un grand défaut dans l'habillement des Valaisanes, c'est d'avoir des corps de robe si élevés par derrière, qu'elles en paraissent bossues ; cela fait un effet singulier avec leurs petites coiffures noires et le reste de leur ajustement, qui ne manque au surplus ni de simplicité ni d'élégance. Je vous porte un habit complet à la valaisane, et j'espère qu'il vous ira bien : il a été pris sur la plus jolie taille du pays.

Tandis que je parcourais avec extase ces lieux si peu connus et si dignes d'être admirés, que faisiez-vous cependant, ma Julie ? Étiez-vous oubliée de votre ami ? Julie oubliée ! Ne m'oublierais-je pas plutôt moi-même ? et que pourrais-je être un moment seul, moi qui ne suis plus rien que par vous ? Je n'ai jamais mieux remarqué avec quel instinct je place en divers lieux notre existence commune selon l'état de mon âme. Quand je suis triste, elle se réfugie auprès de la vôtre, et cherche des consolations aux lieux où vous êtes ; c'est ce que j'éprouvais en vous quittant. Quand j'ai du plaisir, je n'en saurais jouir seul, et pour le partager avec vous, je vous appelle alors où je suis. Voilà ce qui m'est arrivé durant toute cette course, où la diversité des objets me rappelant sans cesse en moi-même, je vous conduisais partout avec moi. Je ne faisais pas un pas que nous ne le fissions ensemble. Je n'admirais pas une vue sans me hâter de vous la montrer. Tous les arbres que je rencontrais vous prêaient leur ombre, tous les gazons vous servaient de siège. Tantôt, assis à vos côtés, je vous aidais à parcourir des yeux les objets ; tantôt à vos genoux, j'en contemplais un plus digne des regards d'un homme sensible. Rencontrais-je un pas difficile, je vous le voyais franchir avec la légèreté d'un faon qui bondit après sa mère. Fallait-il traverser un torrent, j'osais presser dans mes bras une si douce charge ; je passais le torrent lentement, avec délices, et voyais à regret le chemin que j'allais atteindre. Tout me rappelait à vous dans ce séjour paisible : et les touchants attraits de la nature, et l'inaltérable pureté de l'air, et les mœurs simples des habitants, et leur sagesse égale et sûre, et l'aimable pudeur du sexe, et ses innocentes grâces, et tout ce qui frappait agréablement mes yeux et mon cœur leur peignait celle qu'ils cherchent.

O ma Julie ! disais-je avec attendrissement, que ne puis-je couler mes jours avec toi dans ces lieux ignorés, heureux de notre bonheur et non du regard des hommes ! Que ne puis-je ici rassembler toute mon âme en toi seule, et devenir à mon tour l'univers pour toi ! Charmes adorés, vous jouiriez alors des hommages qui vous sont dus ! Délices de l'amour, c'est alors que nos cœurs vous savoureraient sans cesse ! Une longue et douce ivresse nous laisserait ignorer le cours des ans ; et quand enfin l'âge aurait calmé nos premiers feux, l'habitude de penser et sentir ensemble ferait succéder à leurs transports une amitié non moins tendre. Tous les sentiments honnêtes, nourris dans la jeunesse avec ceux de l'amour, en rempliraient un jour le vide immense ; nous pratiquerions au sein de cet heureux peuple, et à son exemple, tous les devoirs

---

(1) Son acerbe et dure mamelle se laisse entrevoir : un vêtement jaloux en cache en vain la plus grande partie ; l'amoureux désir, plus perçant que l'œil, pénètre à travers tous les obstacles. Tasso.

de l'humanité : sans cesse nous nous unirions pour bien faire, et nous ne mourrions point sans avoir vécu.

La poste arrive, il faut finir ma lettre, et courir recevoir la vôtre. Que le cœur me bat jusqu'à ce moment! Hélas! j'étais heureux dans mes chimères : mon bonheur fuit avec elles; que vais-je être en réalité?

LETTRE XXIV.

A JULIE.

Je réponds sur-le-champ à l'article de votre lettre qui regarde le paiement, et n'ai, Dieu merci, nul besoin d'y réfléchir. Voici, ma Julie, quel est mon sentiment sur ce point.

Je distingue, dans ce qu'on appelle honneur, celui qui se tire de l'opinion publique, et celui qui dérive de l'amour de soi-même. Le premier consiste en vains préjugés plus mobiles qu'une onde agitée; le second a sa base dans les vérités éternelles de la morale. L'honneur du monde peut être avantageux à la fortune; mais il ne pénètre point dans l'âme, et n'influe en rien sur le vrai bonheur. L'honneur véritable, au contraire, en forme l'essence, parce qu'on ne trouve qu'en lui ce sentiment permanent de satisfaction intérieure qui seul peut rendre heureux un être pensant. Appliquons, ma Julie, ces principes à votre question : elle sera bientôt résolue.

Que je m'érige en maître de philosophie, et prenne, comme ce fou de la fable, de l'argent pour enseigner la sagesse, cet emploi paraîtra bas aux yeux du monde, et j'avoue qu'il a quelque chose de ridicule en soi : cependant, comme aucun homme ne peut tirer sa subsistance absolument de lui-même, et qu'on ne saurait l'en tirer de plus près que par son travail, nous mettrons ce mépris au rang des plus dangereux préjugés; nous n'aurons point la sottise de sacrifier la félicité à cette opinion insensée; vous ne m'en estimerez pas moins, et je n'en serai pas plus à plaindre quand je vivrai des talents que j'ai cultivés.

Mais ici, ma Julie, nous avons d'autres considérations à faire. Laissons la multitude, et regardons en nous-mêmes. Que serai-je réellement à votre père en recevant de lui le salaire des leçons que je vous aurai données, et lui vendant une partie de mon temps, c'est-à-dire de ma personne? Un mercenaire, un homme à ses gages, une espèce de valet; et il aura de ma part, pour garant de sa confiance et pour sûreté de ce qui lui appartient, ma foi tacite, comme celle du dernier de ses gens.

Or, quel bien plus précieux peut avoir un père, que sa fille unique, fût-ce même une autre que Julie? Que fera donc celui qui lui vend ses services? Fera-t-il taire ses sentiments pour elle? Ah! tu sais si cela se peut! Ou bien, se livrant sans scrupule au penchant de son cœur, offensera-t-il, dans la partie la plus sensible, celui à qui il doit fidélité? Alors, je ne vois plus dans un tel maître qu'un perfide qui foule aux pieds les droits les plus sacrés (1), un traître, un séducteur domestique que les lois condamnent très justement à la mort. J'espère que celle à qui je parle sait m'entendre; ce n'est pas la mort que je crains, mais la honte d'en être digne, et le mépris de moi-même.

Quand les lettres d'Héloïse et d'Abélard tombèrent entre vos mains, vous savez ce que je vous dis de cette lecture et de la conduite du théologien. J'ai toujours plaint Héloïse; elle avait un cœur fait pour aimer : mais Abélard ne m'a jamais paru qu'un misérable digne de son sort, et connaissant aussi peu

---

(1) Malheureux jeune homme, qui ne voit pas qu'en se laissant payer en reconnaissance ce qu'il refuse de recevoir en argent, il viole des droits plus sacrés encore! Au lieu d'instruire, il corrompt; au lieu de nourrir, il empoisonne : il se fait remercier par une mère abusée d'avoir perdu son enfant. On sent pourtant qu'il aime sincèrement la vertu, mais sa passion l'égare; et si sa grande jeunesse ne l'excusait pas, avec ses beaux discours il ne serait qu'un scélérat. Les deux amants sont à plaindre; la mère seule est inexcusable.

l'amour que la vertu(1). Après l'avoir jugé, faudra-t-il que je l'imite? Malheur à quiconque prêche une morale qu'il ne veut pas pratiquer! Celui qu'aveugle sa passion jusqu'à ce point en est bientôt puni par elle, et perd le goût des sentiments auxquels il a sacrifié son honneur. L'amour est privé de son plus grand charme quand l'honnêteté l'abandonne; pour en sentir tout le prix, il faut que le cœur s'y complaise, et qu'il nous élève en élevant l'objet aimé. Otez l'idée de la perfection, vous ôtez l'enthousiasme; ôtez l'estime, et l'amour n'est plus rien. Comment une femme pourrait-elle honorer un homme qui se déshonore? Comment pourra-t-il adorer lui-même celle qui n'a pas craint de s'abandonner à un vil corrupteur? Ainsi bientôt ils se mépriseront mutuellement; l'amour ne sera plus pour eux qu'un honteux commerce; ils auront perdu l'honneur, et n'auront point trouvé la félicité.

Il n'en est pas ainsi, ma Julie, entre deux amants de même âge, tous deux épris du même feu, qu'un mutuel attachement unit, qu'aucun lien particulier ne gêne, qui jouissent tous deux de leur première liberté, et dont aucun droit ne proscrit l'engagement réciproque. Les lois les plus sévères ne peuvent leur imposer d'autre peine que le prix même de leur amour; la seule punition de s'être aimés est l'obligation de s'aimer à jamais; et s'il est quelques malheureux climats au monde où l'homme barbare brise ces innocentes chaînes, il en est puni sans doute par les crimes que cette contrainte engendre.

Voilà mes raisons, sage et vertueuse Julie: elles ne sont qu'un froid commentaire de celles que vous m'exposâtes avec tant d'énergie et de vivacité dans une de vos lettres; mais c'en est assez pour vous montrer combien je m'en suis pénétré. Vous vous souvenez que je n'insistai point sur mon refus, et que, malgré la répugnance que le préjugé m'a laissée, j'acceptai vos dons en silence, ne trouvant point en effet dans le véritable honneur de solide raison pour les refuser. Mais ici le devoir, la raison, l'amour même, tout parle d'un ton que je ne peux méconnaître. S'il faut choisir entre l'honneur et vous, mon cœur est prêt à vous perdre. Il vous aime trop, ô Julie, pour vous conserver à ce prix.

LETTRE XXV.

DE JULIE.

La relation de votre voyage est charmante, mon bon ami; elle me ferait aimer celui qui l'a écrite, quand même je ne le connaîtrais pas. J'ai pourtant à vous tancer sur un passage dont vous vous doutez bien, quoique je n'ai pu m'empêcher de rire de la ruse avec laquelle vous vous êtes mis à l'abri du Tasse, comme derrière un rempart. Eh! comment ne sentiez-vous point qu'il y a bien de la différence entre écrire au public ou à sa maîtresse? L'amour, si craintif, si scrupuleux, n'exige-t-il pas plus d'égards que la bienséance? Pouviez-vous ignorer que ce style n'est pas de mon goût? et cherchiez-vous à me déplaire? Mais en voilà déjà trop, peut-être, sur un sujet qu'il ne fallait point relever. Je suis d'ailleurs trop occupée de votre seconde lettre pour répondre en détail à la première. Ainsi, mon ami, laissons le Vadais pour une autre fois, et bornons-nous maintenant à nos affaires; nous serons assez occupés.

Je savais le parti que vous prendriez. Nous nous connaissons trop bien pour en être encore à ces éléments. Si jamais la vertu nous abandonne, ce ne sera pas, croyez-moi, dans les occasions qui demandent du courage et des sacrifices (2). Le premier mouvement aux attaques vives est de résister: et nous vaincrons, je l'espère, tant que l'ennemi nous avertira de prendre les armes. C'est au milieu du sommeil, c'est dans le sein d'un doux repos, qu'il faut se

---

(1) Ce jugement paraît trop sévère. Rousseau n'avait lu sans doute les lettres des malheureux amants que dans les vieilles traductions, qui sont incomplètes et informes. Le travail publié récemment par M. Odoul nous en donne une idée plus favorable et plus vraie

(2) On verra bientôt que la prédiction ne saurait plus mal cadrer avec l'événement.

défier des surprises : mais c'est surtout la continuité des maux qui rend leur poids insupportable ; et l'âme résiste bien plus aisément aux vives douleurs qu'à la tristesse prolongée. Voilà, mon ami, la dure espèce de combat que nous aurons désormais à soutenir : ce ne sont point des actions héroïques que le devoir nous demande, mais une résistance plus héroïque encore à des peines sans relâche.

Je l'avais trop prévu ; le temps du bonheur est passé comme un éclair, celui des disgrâces commence, sans que rien m'aide à juger quand il finira. Tout m'alarme et me décourage ; une langueur mortelle s'empare de mon âme ; sans sujet bien précis de pleurer, des pleurs involontaires s'échappent de mes yeux ; je ne lis pas dans l'avenir des maux inévitables, mais je cultivais l'espérance, et la vois flétrir tous les jours. Que sert, hélas ! d'arroser le feuillage quand l'arbre est coupé par le pied ?

Je le sens, mon ami, le poids de l'absence m'accable. Je ne puis vivre sans toi, je le sens ; c'est ce qui m'effraie le plus. Je parcours cent fois le jour les lieux que nous habitions ensemble, et ne t'y trouve jamais. Je t'attends à ton heure ordinaire, l'heure passe, et tu ne viens point. Tous les objets que j'aperçois me portent quelque idée de ta présence pour m'avertir que je t'ai perdu. Tu n'as point ce supplice affreux. Ton cœur seul peut te dire que je te manque. Ah ! si tu savais quel pire tourment c'est de rester quand on se sépare, combien tu préférerais ton état au mien !

Encore si j'osais gémir, si j'osais parler de mes peines, je me sentirais soulagée des maux dont je pourrais me plaindre : mais, hors quelques soupirs exhalés en secret dans le sein de ma cousine, il faut étouffer tous les autres ; il faut contenir mes larmes ; il faut sourire quand je me meurs.

> Sentirsi, oh Dei ! morir,
> E non poter mai dir :
> Morir mi sento (1) !

Le pis est que tous ces maux aggravent sans cesse mon plus grand mal ; et que plus ton souvenir me désole, plus j'aime à me le rappeler. Dis-moi, mon ami, mon doux ami ! sens-tu combien un cœur languissant est tendre, et combien la tristesse fait fermenter l'amour ?

Je voulais vous parler de mille choses ; mais, outre qu'il vaut mieux attendre de savoir positivement où vous êtes, il ne m'est pas possible de continuer cette lettre dans l'état où je me trouve en l'écrivant. Adieu, mon ami ; je quitte la plume, mais croyez que je ne vous quitte pas.

BILLET.

J'écris, par un batelier que je ne connais point, ce billet à l'adresse ordinaire, pour donner avis que j'ai choisi mon asile à Meillerie, sur la rive opposée, afin de jouir au moins de la vue du lieu dont je n'ose approcher.

LETTRE XXVI.

A JULIE.

Que mon état est changé dans peu de jours ! Que d'amertumes se mêlent à la douceur de me rapprocher de vous ! Que de tristes réflexions m'assiègent ! Que de traverses mes craintes me font prévoir ! O Julie ! que c'est un fatal présent du ciel qu'une âme sensible ! Celui qui l'a reçu doit s'attendre à n'avoir que peine et douleur sur la terre. Vil jouet de l'air et des saisons, le soleil et les brouillards, l'air couvert ou serein, régleront sa destinée, et il sera content ou triste au gré des vents. Victime des préjugés, il trouvera dans d'absurdes

---

(1) O Dieu ! se sentir mourir, et n'oser dire : Je me sens mourir ! Metast.

maximes un obstacle invincible aux justes vœux de son cœur. Les hommes le puniront d'avoir des sentiments droits de chaque chose, et d'en juger par ce qui est véritable plutôt que par ce qui est de convention. Seul il suffirait pour faire sa propre misère, en se livrant indiscrètement aux attraits divins de l'honnête et du beau, tandis que les pesantes chaînes de la nécessité l'attachent à l'ignominie. Il cherchera la félicité suprême sans se souvenir qu'il est homme : son cœur et sa raison seront incessamment en guerre, et des désirs sans bornes lui prépareront d'éternelles privations.

Telle est la situation cruelle où me plongent le sort qui m'accable, et mes sentiments qui m'élèvent, et ton père qui me méprise, et toi qui fais le charme et le tourment de ma vie. Sans toi, beauté fatale, je n'aurais jamais senti ce contraste insupportable de grandeur au fond de mon âme et de bassesse dans ma fortune, j'aurais vécu tranquille et serais mort content, sans daigner remarquer quel rang j'avais occupé sur la terre. Mais t'avoir vue et ne pouvoir te posséder, t'adorer et n'être qu'un homme, être aimé et ne pouvoir être heureux, habiter les mêmes lieux et ne pouvoir vivre ensemble?... O Julie à qui je ne puis renoncer! ô destinée que je ne puis vaincre! quels combats affreux vous excitez en moi, sans pouvoir jamais surmonter mes désirs et mon impuissance.

Quel effet bizarre et inconcevable! Depuis que je suis rapproché de vous, je ne roule dans mon esprit que des pensées funestes. Peut-être le séjour où je suis contribue-t-il à cette mélancolie : il est triste et horrible; il en est plus conforme à l'état de mon âme, et je n'en habiterais pas si patiemment un plus agréable. Une file de rochers stériles borde la côte et environne mon habitation, que l'hiver rend encore plus affreuse. Ah! je le sens, ma Julie, s'il fallait renoncer à vous, il n'y aurait plus pour moi d'autre séjour ni d'autre saison.

Dans les violents transports qui m'agitent, je ne saurais demeurer en place, je cours, je monte avec ardeur, je m'élance sur les rochers, je parcours à grands pas tous les environs, et trouve partout dans les objets la même horreur qui règne au dedans de moi. On n'aperçoit plus de verdure, l'herbe est jaune et flétrie, les arbres sont dépouillés, le séchard (1) et la froide bise entassent la neige et les glaces; et toute la nature est morte à mes yeux, comme l'espérance au fond de mon cœur.

Parmi les rochers de cette côte, j'ai trouvé, dans un abri solitaire, une petite esplanade d'où l'on découvre à plein la ville heureuse où vous habitez. Jugez avec quelle avidité mes yeux se portèrent vers ce séjour chéri. Le premier jour, je fis mille efforts pour y discerner votre demeure; mais l'extrême éloignement les rendit vains, et je m'aperçus que mon imagination donnait le change à mes yeux fatigués. Je courus chez le curé emprunter un télescope, avec lequel je vis ou crus voir votre maison; et depuis ce temps je passe les jours entiers, dans cet asile, à contempler ces murs fortunés qui renferment la source de ma vie. Malgré la saison, je m'y rends dès le matin et n'en reviens qu'à la nuit. Des feuilles et quelques bois secs que j'allume servent, avec mes courses, à me garantir du froid excessif. J'ai pris tant de goût pour ce lieu sauvage, que j'y porte même de l'encre et du papier; et j'y écris maintenant cette lettre sur un quartier que les glaces ont détaché du rocher voisin.

C'est là, ma Julie, que ton malheureux amant achève de jouir des derniers plaisirs qu'il goûtera peut-être en ce monde. C'est de là qu'à travers les airs et les murs il ose en secret pénétrer jusque dans ta chambre. Tes traits charmants le frappent encore; tes regards tendres raniment son cœur mourant: il entend le son de ta douce voix; il ose chercher encore en tes bras ce délire qu'il éprouva dans le bosquet. Vain fantôme d'une âme agitée, qui s'égare dans ses désirs! Bientôt forcé de rentrer en moi-même, je te contemple au moins dans le détail de ton innocente vie : je suis de loin les diverses occupa-

(1) Vent du nord-est.

tions de ta journée, et je me les représente dans les temps et les lieux où j'en fus quelquefois l'heureux témoin. Toujours je te vois vaquer à des soins qui te rendent plus estimable, et mon cœur s'attendrit avec délices sur l'inépuisable bonté du tien. Maintenant, me dis-je au matin, elle sort d'un paisible sommeil, son teint a la fraîcheur de la rose, son âme jouit d'une douce paix; elle offre à celui dont elle tient l'être un jour qui ne sera point perdu pour la vertu. Elle passe à présent chez sa mère : les tendres affections de son cœur s'épanchent avec les auteurs de ses jours; elle les soulage dans le détail des soins de sa maison; elle fait peut-être la paix d'un domestique imprudent, elle fait peut-être une exhortation secrète; elle demande peut-être une grâce pour un autre. Dans un autre temps, elle s'occupe, sans ennui, des travaux de son sexe; elle orne son âme de connaissances utiles; elle ajoute à son goût exquis les agréments des beaux-arts, et ceux de la danse à sa légèreté naturelle. Tantôt je vois une élégante et simple parure orner des charmes qui n'en ont pas besoin. Ici je la vois consulter un pasteur vénérable sur la peine ignorée d'une famille indigente; là, secourir ou consoler la triste veuve et l'orphelin délaissé. Tantôt elle charme une honnête société par ses discours sensés et modestes; tantôt, en riant avec ses compagnes, elle ramène une jeunesse folâtre au ton de la sagesse et des bonnes mœurs. Quelques moments, ah! pardonne! j'ose te voir même t'occuper de moi; je vois tes yeux attendris parcourir une de mes lettres; je lis dans leur douce langueur que c'est à ton amant fortuné que s'adressent les lignes que tu traces; je vois que c'est de lui que tu parles à ta cousine avec une si tendre émotion. O Julie! ô Julie! et nous ne serions pas unis? et nos jours ne couleraient pas ensemble? et nous pourrions être séparés pour toujours? Non, que jamais cette affreuse idée ne se présente à mon esprit! En un instant elle change tout mon attendrissement en fureur : la rage me fait courir de caverne en caverne; des gémissements et des cris m'échappent malgré moi; je rugis comme une lionne irritée; je suis capable de tout, hors de renoncer à toi; et il n'y a rien, non, rien que je ne fasse pour te posséder ou mourir.

J'en étais ici de ma lettre, et je n'attendais qu'une occasion sûre pour vous l'envoyer, quand j'ai reçu de Sion la dernière que vous m'y avez écrite. Que la tristesse qu'elle respire a charmé la mienne! Que j'ai vu un frappant exemple de ce que vous me disiez de l'accord de nos âmes dans les lieux éloignés? Votre affliction, je l'avoue, est plus patiente; la mienne est plus emportée : mais il faut bien que le même sentiment prenne la teinture des caractères qui l'éprouvent, et il est bien naturel que les plus grandes pertes causent les plus grandes douleurs. Que dis-je, des pertes? Et! qui les pourrait supporter? Non, connaissez-le enfin, ma Julie; un éternel arrêt du ciel nous destina l'un pour l'autre; c'est la première loi qu'il faut écouter, c'est le premier soin de la vie, de s'unir à qui doit nous la rendre douce. Je le vois, j'en gémis : tu t'égares dans tes vains projets; tu veux forcer des barrières insurmontables, et négliges les seuls moyens possibles; l'enthousiasme de l'honnêteté t'ôte la raison, et ta vertu n'est plus qu'un délire.

Ah! si tu pouvais rester toujours jeune et brillante comme à présent, je ne demanderais au ciel que de te savoir éternellement heureuse, te voir tous les ans de ma vie une fois, une seule fois, et passer le reste de mes jours à contempler de loin ton asile, à t'adorer parmi ces rochers. Mais, hélas! vois la rapidité de cet astre qui jamais n'arrête; il vole, et le temps fuit, l'occasion s'échappe : ta beauté, ta beauté même aura son terme; elle doit décliner et périr un jour comme une fleur qui tombe sans avoir été cueillie; et moi cependant je gémis, je souffre; ma jeunesse s'use dans les larmes, et se flétrit dans la douleur. Pense, pense, Julie, que nous comptons déjà des années perdues pour le plaisir. Pense qu'elles ne reviendront jamais; qu'il en sera de même de celles qui nous restent, si nous les laissons échapper encore. O amante aveuglée! tu cherches un chimérique bonheur pour un temps où nous ne serons plus; tu regardes un avenir éloigné, et tu ne vois pas que nous nous consumons sans cesse, et que nos âmes, épuisées d'amour et de peines, se fondent et coulent comme l'eau (*). Reviens, il en est temps encore, reviens, ma Julie, de cette erreur funeste. Laisse là tes projets, et sois heureuse. Viens, ô mon âme! dans les bras de ton ami réunir les deux moitiés de notre être : viens, à la face du ciel, guide de notre fuite et témoin de nos serments, jurer de vivre et mourir l'un à l'autre. Ce n'est pas toi, je le sais, qu'il faut rassurer contre la crainte de l'indigence. Soyons heureux et pauvres, ah! quel trésor nous aurons acquis! Mais ne faisons point cet affront à l'humanité, de croire qu'il ne restera pas sur la terre entière un asile à deux amants infortunés. J'ai des bras, je suis robuste; le pain gagné par mon travail te paraîtra plus délicieux que les mets des festins. Un repas apprêté par l'amour peut-il jamais

être insipide? Ah! tendre et chère amante, dussions-nous n'être heureux qu'un seul jour, veux-tu quitter cette courte vie sans avoir goûté le bonheur?

Je n'ai plus qu'un mot à vous dire, ô Julie! vous connaissez l'antique usage du rocher de Leucate, dernier refuge de tant d'amants malheureux. Ce lieu-ci lui ressemble à bien des égards : la roche est escarpée, l'eau est profonde, et je suis au désespoir.

LETTRE XXVII.

DE CLAIRE.

Ma douleur me laisse à peine la force de vous écrire. Vos malheurs et les miens sont au comble. L'aimable Julie est à l'extrémité, et n'a peut-être pas

---

(1) Sicut aqua effusus sum. *Psalm.* xxi, 15. — Omnes morimur, et quasi aquæ dilabimur in terram. *Reg.* II, xiv, v. 14.

deux jours à vivre. L'effort qu'elle fit pour vous éloigner d'elle commença d'altérer sa santé ; la première conversation qu'elle eut sur votre compte avec son père y porta de nouvelles attaques : d'autres chagrins plus récents ont accru ses agitations, et votre dernière lettre a fait le reste. Elle en fut si vivement émue, qu'après avoir passé une nuit dans d'affreux combats, elle tomba hier dans l'accès d'une fièvre ardente qui n'a fait qu'augmenter sans cesse, et lui a enfin donné le transport. Dans cet état, elle vous nomme à chaque instant, et parle de vous avec une véhémence qui montre combien elle en est occupée. On éloigne son père autant qu'il est possible ; cela prouve assez que ma tante a conçu des soupçons : elle m'a même demandé avec inquiétude si vous n'étiez pas de retour ; et je vois que, le danger de sa fille effaçant pour le moment toute autre considération, elle ne serait pas fâchée de vous voir ici.

Venez donc, sans différer. J'ai pris ce bateau exprès pour vous porter cette lettre ; il est à vos ordres, servez-vous-en pour votre retour, et surtout ne perdez pas un moment, si vous voulez revoir la plus tendre amante qui fut jamais.

LETTRE XXVIII.

DE JULIE A CLAIRE.

Que ton absence me rend amère la vie que tu m'as rendue ! Quelle convalescence ! Une passion plus terrible que la fièvre et le transport m'entraîne à ma perte. Cruelle ! tu me quittes quand j'ai plus besoin de toi ; tu m'as quittée pour huit jours, peut-être ne me reverras-tu jamais. Oh ! si tu savais ce que l'insensé m'ose proposer !... et de quel ton ! m'enfuir ! le suivre ! m'enlever !... Le malheureux !... De qui me plains-je ! mon cœur, mon indigne cœur m'en dit cent fois plus que lui... Grand Dieu ! que serait-ce s'il savait tout ?... il en deviendrait furieux, je serais entraînée, il faudrait partir... Je frémis...

Enfin, mon père m'a donc vendue ! il fait de sa fille une marchandise, une esclave ! il s'acquitte à mes dépens ! il paie sa vie de la mienne !... car, je le sens bien, je n'y survivrai jamais... Père barbare et dénaturé ! Mérite-t-il... Quoi ! mériter ! c'est le meilleur des pères, il veut unir sa fille à son ami, voilà son crime. Mais ma mère, ma tendre mère ! quel mal m'a-t-elle fait !... Ah ! beaucoup : elle m'a trop aimée, elle m'a perdue.

Claire, que ferai-je ? que deviendrai-je ? Hanz ne vient point. Je ne sais comment t'envoyer cette lettre. Avant que tu la reçoives... avant que tu sois de retour... qui sait ?... fugitive, errante, déshonorée... C'en est fait, c'en est fait, la crise est venue. Un jour, une heure, un moment, peut-être... qui est-ce qui sait éviter son sort ?... Oh ! dans quelque lieu que je vive et que je meure, en quelque asile obscur que je traîne ma honte et mon désespoir, Claire, souviens-toi de ton amie... Hélas ! la misère et l'opprobre changent les cœurs... Ah ! si jamais le mien t'oublie, il aura beaucoup changé.

LETTRE XXIX.

DE JULIE A CLAIRE.

Reste, ah ! reste, ne reviens jamais : tu viendrais trop tard. Je ne dois plus te voir ; comment soutiendrais-je ta vue ?

Où étais-tu, ma douce amie, ma sauvegarde, mon ange tutélaire ? Tu m'as abandonnée, et j'ai péri. Quoi ! ce fatal voyage était-il si nécessaire ou si pressé ? Pouvais-tu me laisser à moi-même dans l'instant le plus dangereux de ma vie ? Que de regrets tu t'es préparés par cette coupable négligence ! Ils seront éternels ainsi que mes pleurs. Ta perte n'est pas moins irréparable que la mienne, et une autre amie digne de toi n'est pas plus facile à recouvrer que mon innocence.

Qu'ai-je dit, misérable? Je ne puis ni parler ni me taire. Que sert le silence quand le remords crie? L'univers entier ne me reproche-t-il pas ma faute? Ma honte n'est-elle pas écrite sur tous les objets? Si je ne verse mon cœur dans le tien, il faudra que j'étouffe. Et toi, ne te reproches-tu rien, facile et trop confiante amie? Ah! que ne me trahissais-tu? C'est ta fidélité, ton aveugle amitié, c'est ta malheureuse indulgence qui m'a perdue.

Quel démon t'inspira de le rappeler, ce cruel qui fait mon opprobre? Ses perfides soins devaient-ils me redonner la vie pour me la rendre odieuse? Qu'il fuie à jamais, le barbare! qu'un reste de pitié le touche; qu'il ne vienne plus redoubler mes tourments par sa présence : qu'il renonce au plaisir féroce de contempler mes larmes. Que dis je, hélas! il n'est point coupable : c'est moi seule qui le suis; tous mes malheurs sont mon ouvrage, et je n'ai rien à reprocher qu'à moi. Mais le vice a déjà corrompu mon âme; c'est le premier de ses effets de nous faire accuser autrui de nos crimes.

Non, non, jamais il ne fut capable d'enfreindre ses serments. Son cœur vertueux ignore l'art abject d'outrager ce qu'il aime. Ah! sans doute il sait mieux aimer que moi, puisqu'il sait mieux se vaincre. Cent fois mes yeux furent témoins de ses combats et de sa victoire; les siens étincelaient du feu de ses désirs, il s'élançait vers moi dans l'impétuosité d'un transport aveugle, il s'arrêtait tout-à-coup; une barrière insurmontable semblait m'avoir entourée, et jamais son amour impétueux, mais honnête, ne l'eût franchie. J'osai trop contempler ce dangereux spectacle. Je me sentais troubler de ses transports, ses soupirs oppressaient mon cœur; je partageais ses tourments en ne pensant que les plaindre. Je le vis, dans des agitations convulsives, prêt à s'évanouir à mes pieds. Peut-être l'amour seul m'aurait épargnée; ô ma cousine! c'est la pitié qui me perdit.

Il semblait que ma passion funeste voulût se couvrir, pour me séduire, du masque de toutes les vertus. Ce jour même, il m'avait pressée avec plus d'ardeur de le suivre. C'était désoler le meilleur des pères, c'était plonger le poignard dans le sein maternel; je résistai, je rejetai ce projet avec horreur. L'impossibilité de voir jamais nos vœux accomplis, le mystère qu'il fallait lui faire de cette impossibilité, le regret d'abuser un amant si soumis et si tendre après avoir flatté son espoir, tout abattait mon courage, tout augmentait ma faiblesse, tout aliénait ma raison; il fallait donner la mort aux auteurs de mes jours, à mon amant ou à moi-même. Sans savoir ce que je faisais, je choisis ma propre infortune. J'oubliai tout, et ne me souvins que de l'amour. C'est ainsi qu'un instant d'égarement m'a perdue à jamais. Je suis tombée dans l'abîme d'ignominie dont une fille ne revient point; et si je vis, c'est pour être plus malheureuse.

Je cherche, en gémissant, quelque reste de consolation sur la terre. Je n'y vois que toi, mon aimable amie; ne me prive pas d'une si charmante ressource, je t'en conjure; ne m'ôte pas les douceurs de ton amitié. J'ai perdu le droit d'y prétendre, mais jamais je n'en eus si grand besoin. Que la pitié supplée à l'estime. Viens, ma chère, ouvrir ton âme à mes plaintes; viens recueillir les larmes de ton amie; garantis-moi, s'il se peut, du mépris de moi-même, et fais-moi croire que je n'ai pas tout perdu, puisque ton cœur me reste encore.

LETTRE XXX.

RÉPONSE.

Fille infortunée! hélas! qu'as tu fait? Mon Dieu! tu étais si digne d'être sage! Que te dirai-je dans l'horreur de ta situation, et dans l'abattement où elle te plonge? Achèverai-je d'accabler ton pauvre cœur, ou t'offrirai-je des consolations qui se refusent au mien? Te montrerai-je les objets tels qu'ils sont, ou tels qu'il te convient de les voir? Sainte et pure amitié, porte à mon esprit tes douces illusions; et, dans la tendre pitié que tu m'inspires, abuse-moi la première sur des maux que tu ne peux plus guérir.

J'ai craint, tu le sais, le malheur dont tu gémis. Combien de fois je te l'ai prédit sans être écoutée!... il est l'effet d'une téméraire confiance... Ah! ce n'est plus de tout cela qu'il s'agit. J'aurais trahi ton secret, sans doute, si j'avais pu te sauver ainsi; mais j'ai lu mieux que toi dans ton cœur trop sensible : je le vis se consumer d'un feu dévorant que rien ne pouvait éteindre. Je sentis, dans ce cœur palpitant d'amour, qu'il fallait être heureuse ou mourir; et, quand la peur de succomber te fit bannir ton amant avec tant de larmes, je jugeai que bientôt tu ne serais plus, ou qu'il serait bientôt rappelé. Mais quel fut mon effroi quand je te vis dégoûtée de vivre, et si près de la mort! N'accuse ni ton amant ni toi d'une faute dont je suis la plus coupable, puisque je l'ai prévue sans la prévenir.

Il est vrai que je partis malgré moi : tu le vis, il fallut obéir; si je t'avais crue si près de ta perte, on m'aurait plutôt mise en pièces que de m'arracher à toi. Je m'abusai sur le moment du péril. Faible et languissante encore, tu me parus en sûreté contre une si courte absence : je ne prévis pas la dangereuse alternative où tu l'allais trouver; j'oubliais que ta propre faiblesse laissait ce cœur abattu moins en état de se défendre contre lui-même. J'en demande pardon au mien; j'ai peine à me repentir d'une erreur qui t'a sauvé la vie; je n'ai pas ce dur courage qui te faisait renoncer à moi; je n'aurais pu te perdre sans un mortel désespoir, et j'aime encore mieux que tu vives et que tu pleures.

Mais pourquoi tant de pleurs, chère et douce amie? Pourquoi ces regrets plus grands que ta faute, et ce mépris de toi-même que tu n'as pas mérité? Une faiblesse effacera-t-elle tant de sacrifices? et le danger même dont tu sors n'est-il pas une preuve de ta vertu? tu ne penses qu'à ta défaite, et oublies tous les triomphes pénibles qui l'ont précédée. Si tu as plus combattu que celles qui résistent, n'as-tu pas plus fait pour l'honneur qu'elles? Si rien ne peut te justifier, songe au moins à ce qui t'excuse. Je connais à peu près ce qu'on appelle amour; je saurai toujours résister aux transports qu'il inspire : mais j'aurais fait moins de résistance à un amour pareil au tien; et, sans avoir été vaincue, je suis moins chaste que toi.

Ce langage te choquera; mais ton plus grand malheur est de l'avoir rendu nécessaire : je donnerais ma vie pour qu'il ne te fût pas propre, car je hais les mauvaises maximes encore plus que les mauvaises actions (1). Si la faute était à commettre, que j'eusse la bassesse de te parler ainsi, et toi celle de m'écouter, nous serions toutes deux les dernières des créatures. A présent, ma chère, je dois te parler ainsi, et tu dois m'écouter, ou tu es perdue; car il reste en toi mille adorables qualités que l'estime de toi-même peut seule conserver, qu'un excès de honte et l'abjection qui le suit détruirait infailliblement, et c'est sur ce que tu croiras valoir encore que tu vaudras en effet.

Garde-toi donc de tomber dans un abattement dangereux, qui t'avilirait plus que ta faiblesse. Le véritable amour est-il fait pour dégrader l'âme? Qu'une faute que l'amour a commise ne t'ôte point ce noble enthousiasme de l'honnête et du beau, qui t'éleva toujours au-dessus de toi-même.

Une tache paraît-elle au soleil? Combien de vertus te restent pour une qui s'est altérée! En seras-tu moins douce, moins sincère, moins modeste, moins bienfaisante? en seras-tu moins digne, en un mot de tous nos hommages? L'honneur, l'humanité, l'amitié, le pur amour, en seront-ils moins chers à ton cœur? En aimeras-tu moins les vertus mêmes que tu n'auras plus? Non, chère et bonne Julie : ta Claire, en te plaignant, t'adore; elle sait,

---

(1) Ce sentiment est juste et sain. Les passions déréglées inspirent les mauvaises actions; mais les mauvaises maximes corrompent la raison même, et ne laissent plus de ressource pour revenir au bien.

elle sent qu'il n'y a rien de bien qui ne puisse encore sortir de ton âme. Ah! crois moi, tu pourrais beaucoup perdre avant qu'aucune autre plus sage que toi te valût jamais.

Enfin tu me restes : je puis me consoler de tout, hors de te perdre. Ta première lettre m'a fait frémir. Elle m'eût fait presque désirer la seconde, si je ne l'avais reçue en même temps. Vouloir délaisser son amie! projeter de s'enfuir sans moi! tu ne parles point de ta plus grande faute. C'était de celle-là qu'il fallait cent fois plus rougir. Mais l'ingrate ne songe plus qu'à son amour..... Tiens, je t'aurais été tuer au bout du monde.

Je compte avec une mortelle impatience les moments que je suis forcée à passer loin de toi. Ils se prolongent cruellement. Nous sommes encore pour six jours à Lausanne, après quoi je volerai vers mon unique amie. J'irai la consoler ou m'affliger avec elle, essuyer ou partager ses pleurs. Je ferai parler, dans ta douleur, moins l'inflexible raison que la tendre amitié. Chère cousine, il faut gémir, nous aimer, nous taire; et, s'il se peut, effacer, à force de vertus, une faute qu'on ne répare point avec des larmes. Ah! ma pauvre Chaillot!

LETTRE XXXI.

A JULIE.

Quel prodige du ciel es-tu donc, inconcevable Julie! et par quel art, connu de toi seule, peux-tu rassembler dans un cœur tant de mouvements incompatibles? ivre d'amour et de volupté, le mien nage dans la tristesse; je souffre et languis de douleur au sein de la félicité suprême, et je me reproche comme un crime l'excès de mon bonheur. Dieu! quel tourment affreux de n'oser se livrer tout entier à nul sentiment, de les combattre incessamment l'un par l'autre, et d'allier toujours l'amertume au plaisir! Il vaudrait mieux cent fois n'être que misérable.

Que me sert, hélas! d'être heureux? Ce ne sont plus mes maux, mais les tiens que j'éprouve, et ils ne m'en sont que plus sensibles. Tu veux en vain me cacher tes peines; je les lis malgré toi dans la langueur et l'abattement de tes yeux. Ces yeux touchants peuvent-ils dérober quelque secret à l'amour? Je vois, je vois, sous une apparente sérénité, les déplaisirs cachés qui t'assiégent; et ta tristesse, voilée d'un doux sourire, n'en est que plus amère à mon cœur.....

Il n'est plus temps de me rien dissimuler. J'étais hier dans la chambre de ta mère, elle me quitte un moment; j'entends des gémissements qui me percent l'âme : pouvais-je à cet effet méconnaître leur source? Je m'approche du lieu d'où ils semblent partir; j'entre dans ta chambre, je pénètre dans ton cabinet. Que devins-je, en entr'ouvrant la porte, quand j'aperçus celle qui devrait être sur le trône de l'univers; assise à terre, la tête appuyée sur un fauteuil inondé de ses larmes! Ah! j'aurais moins souffert s'il l'eût été de mon sang! De quels remords je fus à l'instant déchiré! Mon bonheur devint mon supplice; je ne sentis plus que tes peines, et j'aurais racheté de ma vie tes pleurs et tous mes plaisirs. Je voulais me précipiter à tes pieds, je voulais essuyer de mes lèvres ces précieuses larmes, les recueillir au fond de mon cœur, mourir ou les tarir pour jamais; j'entends revenir ta mère, il faut retourner brusquement à ma place : j'emporte en moi toutes tes douleurs, et des regrets qui ne finiront qu'avec elles.

Que je suis humilié, que je suis avili de ton repentir! Je suis donc bien méprisable, si notre union te fait mépriser de toi-même, et si le charme de mes jours est le supplice des tiens! Sois plus juste envers toi, ma Julie; vois d'un œil moins prévenu les sacrés liens que ton cœur a formés. N'as-tu pas suivi les plus pures lois de la nature? N'as-tu pas librement contracté le plus saint des engagements? Qu'as-tu fait que les lois divines et humaines ne puissent et ne doivent autoriser? Que manque-t-il au nœud qui nous joint qu'une déclaration publique? Veuille être à moi, tu n'es plus coupable. O mon épouse! ô ma digne et chaste compagne! ô charme et bonheur de ma vie! non, ce n'est point ce qu'a fait mon amour qui peut être un crime, mais ce que tu lui voudrais ôter : ce n'est qu'en acceptant un autre époux que tu peux offenser l'honneur. Sois sans cesse à l'ami de ton cœur, pour être innocente. La chaîne qui nous lie est légitime; l'infidélité seule qui la romprait serait blâmable, et c'est désormais à l'amour d'être garant de la vertu.

Mais quand ta douleur serait raisonnable, quand tes regrets seraient fondés, pourquoi m'en dérobes-tu ce qui m'appartient? Pourquoi mes yeux ne versent-ils pas la moitié de tes pleurs? Tu n'as pas une peine que je ne doive sentir, pas un sentiment que je ne doive partager; et mon cœur, justement jaloux, te reproche toutes les larmes que tu ne répands pas dans mon sein. Dis, froide et mystérieuse amante, tout ce que ton âme ne communique pas à la mienne n'est-il pas un vol que tu fais à l'amour? Tout ne doit-il pas être commun entre nous? ne te souvient-il plus de l'avoir dit? Ah! si tu savais aimer comme moi, mon bonheur te consolerait comme ta peine m'afflige, et tu sentirais mes plaisirs comme je sens ta tristesse.

Mais je le vois, tu me méprises comme un insensé, parce que ma raison s'égare au sein des délices. Mes emportements t'effraient, mon délire te fait pitié, et tu ne sens pas que toute la force humaine ne peut suffire à des félicités sans bornes. Comment veux-tu qu'une âme sensible goûte modérément des biens infinis? Comment veux-tu qu'elle supporte à la fois tant d'espèces de transports sans sortir de son assiette? Ne sais-tu pas qu'il est un terme où nulle raison ne résiste plus, et qu'il n'est point d'homme au monde dont le bon sens soit à toute épreuve? Prends donc pitié de l'égarement où tu m'as jeté, et ne méprise pas des erreurs qui sont ton ouvrage. Je ne suis plus à moi, je l'avoue; mon âme aliénée est toute en toi. J'en suis plus propre à sentir tes peines, et plus digne de les partager. O Julie! ne te dérobe pas à toi-même.

LETTRE XXXII.

RÉPONSE.

Il fut un temps, mon aimable ami, où nos lettres étaient faciles et charmantes; le sentiment qui les dictait coulait avec une élégante simplicité : il n'avait besoin ni d'art ni de coloris, et sa pureté faisait toute sa parure. Cet heureux temps n'est plus : hélas! il ne peut revenir; et, pour premier effet d'un changement si cruel, nos cœurs ont déjà cessé de s'entendre.

Tes yeux ont vu mes douleurs. Tu crois en avoir pénétré la source; tu veux me consoler par de vains discours, et, quand tu penses m'abuser, c'est toi, mon ami, qui t'abuses. Crois-moi, crois-en le cœur tendre de ta Julie : mon regret est bien moins d'avoir donné trop à l'amour que de l'avoir privé de son plus grand charme. Ce doux enchantement de vertu s'est évanoui comme un songe : nos feux ont perdu cette ardeur divine qui les animait en les épurant; nous avons recherché le plaisir, et le bonheur a fui loin de nous. Ressouviens-toi de ces moments délicieux où nos cœurs s'unissaient d'autant mieux que nous nous respections davantage, où la passion tirait de son propre excès la force de se vaincre elle-même, où l'innocence nous consolait de la contrainte, où les hommages rendus à l'honneur tournaient tous au profit de l'amour. Compare un état si charmant à notre situation présente : que d'agitations! que d'effroi! que de mortelles alarmes! que de sentiments immodérés ont perdu leur première douceur! Qu'est devenu ce zèle de sagesse et d'honnêteté dont l'amour animait toutes les actions de notre vie, et qui rendait à son tour l'amour plus délicieux! notre jouissance était paisible et durable, nous n'avons plus que des transports : ce bonheur insensé ressemble à des accès de fureur plus qu'à de tendres caresses. Un feu pur et sacré brûlait nos cœurs ; livrés aux erreurs des sens, nous ne sommes plus que des amants vulgaires : trop heureux si l'amour jaloux daigne présider encore à des plaisirs que le plus vil mortel peut goûter sans lui !

Voilà, mon ami, les pertes qui nous sont communes, et que je ne pleure pas moins pour toi que pour moi. Je n'ajoute rien sur les miennes, ton cœur est fait pour les sentir. Vois ma honte, et gémis si tu sais aimer. Ma faute est irréparable ; mes pleurs ne tariront point. O toi qui les fais couler, crains d'attenter à de si justes douleurs ; tout mon espoir est de les rendre éternelles : le pire de mes maux serait d'en être consolée ; et c'est le dernier degré de l'opprobre, de perdre, avec l'innocence, le sentiment qui nous la fait aimer.

Je connais mon sort, j'en sens l'horreur, et cependant il me reste une consolation dans mon désespoir : elle est unique, mais elle est douce. C'est de toi que je l'attends, mon aimable ami. Depuis que je n'ose plus porter mes regards sur moi-même, je les porte avec plus de plaisir sur celui que j'aime. Je te rends tout ce que tu m'ôtes de ma propre estime, et tu ne m'en deviens que plus cher en me forçant à me haïr. L'amour, cet amour fatal qui me perd, te donne un nouveau prix : tu t'élèves quand je me dégrade ; ton âme semble avoir profité de tout l'avilissement de la mienne. Sois donc désormais mon unique espoir ; c'est à toi de justifier, s'il se peut, ma faute ; couvre-la de l'honnêteté de tes sentiments ; que ton mérite efface ma honte ; rends excusable, à force de vertus, la perte de celles que tu me coûtes. Sois tout mon être, à présent que je ne suis plus rien. Le seul honneur qui me reste est tout en toi ; et, tant que tu seras digne de respect, je ne serai pas tout-à-fait méprisable.

Quelque regret que j'aie au retour de ma santé, je ne saurais le dissimuler plus longtemps ; mon visage démentirait mes discours, et ma feinte convalescence ne peut plus tromper personne. Hâte-toi donc, avant que je sois forcée de reprendre mes occupations ordinaires, de faire la démarche dont nous sommes convenus. Je vois clairement que ma mère a conçu des soupçons, et qu'elle nous observe. Mon père n'en est pas là, je l'avoue : ce fier gentilhomme n'imagine pas même qu'un roturier puisse être amoureux de sa fille. Mais enfin tu sais ses résolutions ; il te préviendra, si tu ne le préviens ; et, pour avoir voulu te conserver le même accès dans notre maison, tu t'en banniras tout-à-fait. Crois-moi, parle à ma mère tandis qu'il en est encore temps : feins des affaires qui t'empêchent de continuer à m'instruire, et renonçons à nous voir si souvent, pour nous voir au moins quelquefois : car si l'on te ferme la porte, tu ne peux plus t'y présenter ; mais si tu te la fermes toi-même, les visites seront en quelque sorte à ta discrétion, et, avec un peu d'adresse et de complaisance, tu pourras les rendre plus fréquentes dans la suite, sans qu'on l'aperçoive ou qu'on le trouve mauvais. Je te dirai ce soir les moyens que j'imagine d'avoir d'autres occasions de nous voir, et tu conviendras que l'inséparable cousine, qui causait autrefois tant de murmures, ne sera pas maintenant inutile à deux amants qu'elle n'eût point dû quitter.

LETTRE XXXIII.

DE JULIE.

Ah! mon ami, le mauvais refuge pour deux amants qu'une assemblée ! Quel tourment de se voir et de se contraindre ! Il vaudrait mieux cent fois ne se point voir. Comment avoir l'air tranquille avec tant d'émotion ? comment être si différent de soi-même ? comment songer à tant d'objets quand on n'est occupé que d'un seul ? comment contenir le geste et les yeux quand le cœur vole ? Je ne sentis de ma vie un trouble égal à celui que j'éprouvai hier quand on t'annonça chez Mme d'Hervart. Je pris ton nom prononcé pour un reproche qu'on m'adressait ; je m'imaginais que tout le monde m'observait de concert :

je ne savais plus ce que je faisais ; et à ton arrivée je rougis si prodigieusement, que ma cousine, qui veillait sur moi, fût contrainte d'avancer son visage et son éventail, comme pour me parler à l'oreille. Je tremblai que cela même ne fît un mauvais effet, et qu'on ne cherchât du mystère à cette chuchoterie. En un mot, je trouvais partout de nouveaux sujets d'alarmes, et je ne sentis jamais mieux combien une conscience coupable arme contre nous de témoins qui n'y songent pas.

Claire prétendit remarquer que tu ne faisais pas une meilleure figure : tu lui paraissais embarrassé de ta contenance, inquiet de ce que tu devais faire, n'osant aller ni venir, ni m'aborder, ni t'éloigner, et promenant tes regards à la ronde, pour avoir, disait-elle, occasion de les tourner sur nous. Un peu remise de mon agitation, je crus m'apercevoir moi-même de la tienne, jusqu'à ce que la jeune Mme Belon t'ayant adressé la parole, tu t'assis en causant avec elle, et devins plus calme à ses côtés.

Je sens, mon ami, que cette manière de vivre, qui donne tant de contrainte et si peu de plaisir, n'est pas bonne pour nous : nous nous aimons trop pour nous gêner ainsi. Ces rendez-vous publics ne conviennent qu'à des gens qui, sans connaître l'amour, ne laissent pas d'être bien ensemble, ou qui peuvent se passer du mystère : les inquiétudes sont trop vives de ma part, les indiscrétions trop dangereuses de la tienne ; et je ne puis pas tenir une Mme Belon toujours à mes côtés, pour faire diversion au besoin.

Reprenons, reprenons cette vie solitaire et paisible dont je t'ai tiré si mal à propos. C'est elle qui a fait naître et nourri nos feux ; peut-être s'affaibliront-ils par une manière de vivre plus dissipée. Toutes les grandes passions se forment dans la solitude ; on n'en a point de semblables dans le monde, où nul objet n'a le temps de faire une profonde impression, et où la multitude des goûts énerve la force des sentiments. Cet état est aussi plus convenable à ma mélancolie ; elle s'entretient du même aliment que mon amour : c'est ta chère image qui soutient l'une et l'autre, et j'aime mieux te voir tendre et sensible au fond de mon cœur, que contraint et distrait dans une assemblée.

Il peut d'ailleurs venir un temps où je serais forcée à une plus grande retraite : fût-il déjà venu, ce temps désiré ! La prudence et mon inclination veulent également que je prenne d'avance des habitudes conformes à ce que peut exiger la nécessité. Ah ! si de mes fautes pouvait naître le moyen de les réparer ! Le doux espoir d'être un jour..... Mais insensiblement j'en dirais plus que je n'en veux dire sur le projet qui m'occupe. Pardonne-moi ce mystère, mon unique ami ; mon cœur n'aura jamais de secret qui ne te fût doux à savoir. Tu dois pourtant ignorer celui-ci ; et tout ce que je t'en puis dire à présent, c'est que l'amour qui fit nos maux doit nous en donner le remède. Raisonne, commente si tu veux, dans ta tête ; mais je te défends de m'interroger là-dessus.

LETTRE XXXIV.

RÉPONSE.

Nò, non v-drete mai
Cambiar gl' affetti miei,
Bei l mi ond' imparai
A sospirar d'amor (1).

Que je dois l'aimer, cette jolie Mme Belon, pour le plaisir qu'elle m'a procuré ! Pardonne-le-moi, divine Julie, j'osai jouir un moment de tes tendres alarmes, et ce moment fut un des plus doux de ma vie. Qu'ils étaient charmants, ces regards inquiets et curieux qui se portaient sur nous à la dérobée, et se bais-

(1) Non, non, beaux yeux qui m'apprîtes à soupirer, jamais vous ne verrez changer mes affections. Métast.

saient aussitôt pour éviter les miens! que faisait alors ton heureux amant? S'entretenait-il avec Mme Belon? Ah! ma Julie, peux-tu le croire? Non, non, fille incomparable; il était plus dignement occupé. Avec quel charme son cœur suivait les mouvements du tien! avec quelle avide impatience ses yeux dévoraient les attraits! Ton amour, ta beauté, remplissaient, ravissaient son âme; elle pouvait suffire à peine à tant de sentiments délicieux. Mon seul regret était de goûter, aux dépens de celle que j'aime, des plaisirs qu'elle ne partageait pas. Sais-je ce que, durant tout ce temps, me dit Mme Belon? Sais-je ce que

je lui répondis? Le savais-je au moment de notre entretien? A-t-elle pu le savoir elle-même? et pouvait-elle comprendre la moindre chose aux discours d'un homme qui parlait sans penser, et répondait sans entendre?

Com' uom che par ch' ascolti, e nulla intende (1).

Aussi m'a-t-elle pris dans le plus parfait dédain. Elle a dit à tout le monde, à toi peut-être, que je n'ai pas le sens commun, qui pis est, pas le moindre esprit, et que je suis tout aussi sot que mes livres. Que m'importe ce qu'elle en dit et ce qu'elle en pense? Ma Julie ne décide-t-elle pas seule de mon être et du rang que je veux avoir? Que le reste de la terre pense de moi comme il voudra, tout mon prix est dans ton estime.

Ah! crois qu'il n'appartient ni à Mme Belon, ni à toutes les beautés supérieures à la sienne, de faire la diversion dont tu parles, et d'éloigner un

(1) Comme celui qui semble écouter, et qui n'entend rien.

moment de toi mon cœur et mes yeux. Si tu pouvais douter de ma sincérité, si tu pouvais faire cette mortelle injure à mon amour et à tes charmes, dis-moi, qui pourrait avoir tenu registre de tout ce qui se fit autour de toi? Ne te vis-je pas briller entre ces jeunes beautés comme le soleil entre les astres qu'il éclipse? N'aperçus-je pas les cavaliers (1) se rassembler autour de ta chaise? Ne vis-je pas, au dépit de tes compagnes, l'admiration qu'ils marquaient pour toi? Ne vis-je pas leurs respects empressés, et leurs hommages et leurs galanteries? Ne te vis-je pas recevoir tout cela avec cet air de modestie et d'indifférence qui en impose plus que la fierté? Ne vis-je pas, quand tu te dégantais pour la collation, l'effet que ce bras découvert produisit sur les spectateurs? Ne vis-je pas le jeune étranger qui releva ton gant vouloir baiser la main charmante qui le recevait? N'en vis-je pas un plus téméraire, dont l'œil ardent suçait mon sang et ma vie, t'obliger, quand tu t'en fus aperçue, d'ajouter une épingle à ton fichu? Je n'étais pas si distrait que tu penses; je vis tout cela, Julie et n'en fus point jaloux; car je connais ton cœur. Il n'est pas, je le sais bien, de ceux qui peuvent aimer deux fois. Accuseras-tu le mien d'en être?

Reprenons-la donc, cette vie solitaire que je ne quittai qu'à regret. Non, le cœur ne se nourrit point dans le tumulte du monde. Les faux plaisirs lui rendent la privation des vrais plus amère, et il préfère sa souffrance à de vains dédommagements. Mais, ma Julie, il en est, il en peut être de plus solides à la contrainte où nous vivons, et tu sembles les oublier! Quoi! passer quinze jours entiers si près l'un de l'autre sans se voir ou sans se rien dire! Ah! que veux-tu qu'un cœur brûlé d'amour fasse durant tant de siècles? L'absence même serait moins cruelle. Que sert un excès de prudence qui nous fait plus de maux qu'il n'en prévient? Que sert de prolonger sa vie avec son supplice? Ne vaudrait-il pas mieux cent fois se voir un seul instant et puis mourir?

Je ne le cache point, ma douce amie, j'aimerais à pénétrer l'aimable secret que tu me dérobes, il n'en fut jamais de plus intéressant pour nous; mais j'y fais d'inutiles efforts. Je saurai pourtant garder le silence que tu m'imposes, et contenir une indiscrète curiosité; mais, en respectant un si doux mystère, que n'en puis-je au moins assurer l'éclaircissement! Qui sait, qui sait encore si tes projets ne portent point sur des chimères? Chère âme de ma vie, ah! commençons du moins par les bien réaliser.

P. S. J'oubliais de te dire que M. Roguin m'a offert une compagnie dans le régiment qu'il lève pour le roi de Sardaigne. J'ai été sensiblement touché de l'estime de ce brave officier; je lui ai dit, en le remerciant, que j'avais la vue trop courte pour le service, et que ma passion pour l'étude s'accordait mal avec une vie aussi active. En cela je n'ai point fait un sacrifice à l'amour. Je pense que chacun doit sa vie et son sang à la patrie; qu'il n'est pas permis de s'aliéner à des princes auxquels on ne doit rien, moins encore de se vendre, et de faire du plus noble métier du monde celui d'un vil mercenaire. Ces maximes étaient celles de mon père, que je serais bien heureux d'imiter dans son amour pour ses devoirs et pour son pays. Il ne voulut jamais entrer au service d'aucun prince étranger; mais dans la guerre de 1712, il porta les armes avec honneur pour la patrie; il se trouva dans plusieurs combats, à l'un desquels il fut blessé; et à la bataille de Wilmerghen, il eut le bonheur d'enlever un drapeau ennemi sous les yeux du général de Sacconex.

LETTRE XXXV.

DE JULIE.

Je ne trouve pas, mon ami, que les deux mots que j'avais dits en riant sur Mme Belon valussent une explication si sérieuse. Tant de soins à se justifier

(1) *Cavaliers*, vieux mot qui ne se dit plus; on dit *homme*. J'ai cru devoir aux provinciaux cette importante remarque, afin d'être au moins une fois utile au public.

produisent quelquefois un préjugé contraire; et c'est l'attention qu'on donne aux bagatelles qui seule en fait des objets importants. Voilà ce qui sûrement n'arrivera pas entre nous; car les cœurs bien occupés ne sont guère pointilleux, et les tracasseries des amants sur des riens ont presque toujours un fondement beaucoup plus réel qu'il ne semble.

Je ne suis pas fâchée pourtant que cette bagatelle nous fournisse une occasion de traiter entre nous de la jalousie, sujet malheureusement trop important pour moi.

Je vois, mon ami, par la trempe de nos âmes et par le tour commun de nos goûts, que l'amour sera la grande affaire de notre vie. Quand une fois il a fait les impressions profondes que nous en avons reçues, il faut qu'il éteigne ou absorbe toutes les autres passions; le moindre refroidissement serait bientôt pour nous la langueur de la mort; un dégoût invincible, un éternel ennui, succéderaient à l'amour éteint, et nous ne saurions longtemps vivre après avoir cessé d'aimer. En mon particulier, tu sens bien qu'il n'y a que le délire de la passion qui puisse me voiler l'horreur de ma situation présente, et qu'il faut que j'aime avec transport, ou que je meure de douleur. Vois donc si je suis fondée à discuter sérieusement un point d'où doit dépendre le bonheur ou le malheur de mes jours.

Autant que je puis juger de moi-même, il me semble que, souvent affectée avec trop de vivacité, je suis pourtant peu sujette à l'emportement. Il faudrait que mes peines eussent fermenté longtemps en dedans pour que j'osasse en découvrir la source à leur auteur; et comme je suis persuadée qu'on ne peut faire une offense sans le vouloir, je supporterais plutôt cent sujets de plainte qu'une explication. Un pareil caractère doit mener loin, pour peu qu'on ait de penchant à la jalousie, et j'ai bien peur de sentir en moi ce dangereux penchant. Ce n'est pas que je ne sache que ton cœur est fait pour le mien et non pour un autre. Mais on peut s'abuser soi-même, prendre un goût passager pour une passion, et faire autant de choses par fantaisie qu'on en eût peut-être fait par amour. Or, si tu peux te croire inconstant sans l'être, à plus forte raison puis-je t'accuser à tort d'infidélité. Ce doute affreux empoisonnerait pourtant ma vie; je gémirais sans me plaindre, et mourrais inconsolable sans avoir cessé d'être aimée.

Prévenons, je t'en conjure, un malheur dont la seule idée me fait frissonner. Jure-moi donc, mon doux ami, non par l'amour, serment qu'on ne tient que quand il est superflu, mais par ce nom sacré de l'honneur, si respecté de toi, que je ne cesserai jamais d'être la confidente de ton cœur, et qu'il n'y surviendra point de changement dont je ne sois la première instruite. Ne m'allègue pas que tu n'auras jamais rien à m'apprendre; je le crois, je l'espère; mais préviens mes folles alarmes, et donne-moi, dans tes engagements pour un avenir qui ne doit point être, l'éternelle sécurité du présent. Je serais moins à plaindre d'apprendre de toi mes malheurs réels, que d'en souffrir sans cesse d'imaginaires; je jouirais au moins de tes remords, si tu ne partageais plus mes feux, tu partagerais encore mes peines, et je trouverais moins amères les larmes que je verserais dans ton sein.

C'est ici, mon ami, que je me félicite doublement de mon choix, et par le doux lien qui nous unit, et par la probité qui l'assure. Voilà l'usage de cette règle de sagesse dans les choses de pur sentiment; voilà comment la vertu sévère sait écarter les peines du tendre amour. Si j'avais un amant sans principes, dût-il m'aimer éternellement, où seraient pour moi les garants de cette constance? quels moyens aurais-je de me délivrer de mes défiances continuelles? et comment m'assurer de n'être point abusée, ou par sa feinte, ou par ma crédulité? Mais toi, mon digne et respectable ami, toi qui n'es capable ni d'artifice ni de déguisement, tu me garderas, je le sais, la sincérité que tu m'auras promise. La honte d'avouer une infidélité ne l'emportera point dans ton âme droite sur le devoir de tenir ta parole; et si tu pouvais ne plus aimer ta Julie, tu lui dirais... oui, tu pourrais lui dire, ô Julie! je ne... Mon ami, jamais je n'écrirai ce mot-là.

Que penses-tu de mon expédient? C'est le seul, j'en suis sûre, qui pouvait déraciner en moi tout sentiment de jalousie. Il y a je ne sais quelle délicatesse qui m'enchante à me fier de ton amour à ta bonne foi, et à m'ôter le pouvoir de croire une infidélité que tu ne m'apprendrais pas toi-même. Voilà, mon cher, l'effet assuré de l'engagement que je t'impose; car je pourrais te croire amant volage, mais non pas ami trompeur; et quand je douterais de ton cœur, je ne puis jamais douter de ta foi. Quel plaisir je goûte à prendre en ceci des précautions inutiles, à prévenir les apparences d'un changement dont je sens si bien l'impossibilité! Quel charme de parler de jalousie avec un amant si fidèle! Ah! si tu pouvais cesser de l'être, ne crois pas que je t'en parlasse ainsi. Mon pauvre cœur ne serait pas si sage au besoin, et la moindre défiance m'ôterait bientôt la volonté de m'en garantir.

Voilà, mon très honoré maître, matière à discussion pour ce soir; car je sais que vos deux humbles disciples auront l'honneur de souper avec vous chez le père de l'inséparable. Vos doctes commentaires sur la gazette vous ont tellement fait trouver grâce devant lui, qu'il n'a pas fallu beaucoup de manège pour vous faire inviter. La fille a fait accorder son clavecin; le père a feuilleté Lamberti; moi je recorderai peut-être la leçon du bosquet de Clarens. O docteur en toutes facultés, vous avez partout quelque science de mise! M. d'Orbe, qui n'est pas oublié, comme vous pouvez penser, a le mot pour entamer une savante dissertation sur le futur hommage du roi de Naples, durant laquelle nous passerons tous trois dans la chambre de la cousine. C'est là, mon féal, qu'à genoux devant votre dame et maîtresse, vos deux mains dans les siennes, et en présence de son chancelier, vous lui jurerez foi et loyauté à toute épreuve: non pas à dire amour éternel, engagement qu'on n'est maître ni de tenir ni de rompre: mais vérité, sincérité, franchise inviolable. Vous ne jurerez point d'être toujours soumis, mais de ne point commettre acte de félonie, et de déclarer au moins la guerre avant de secouer le joug. Ce faisant, aurez l'accolade, et serez reconnu vassal unique et loyal chevalier.

Adieu, mon bon ami; l'idée du souper de ce soir m'inspire de la gaîté. Ah! qu'elle me sera douce quand je te la verrai partager!

LETTRE XXXVI.

DE JULIE.

Baise cette lettre, et saute de joie pour la nouvelle que je vais t'apprendre; mais pense que, pour ne point sauter et n'avoir rien à baiser, je n'y suis pas la moins sensible. Mon père, obligé d'aller à Berne pour son procès, et de là à Soleure pour sa pension, a proposé à ma mère d'être du voyage; et elle l'a accepté, espérant pour sa santé quelqu'effet salutaire du changement d'air. On voulait me faire la grâce de m'emmener aussi, et je ne jugeai pas à propos de dire ce que j'en pensais; mais la difficulté des arrangements de voiture a fait abandonner ce projet, et l'on travaille à me consoler de n'être pas de la partie. Il fallait feindre de la tristesse, et le faux rôle que je me vois contrainte à jouer m'en donne une si véritable, que le remords m'a presque dispensée de la feinte.

Pendant l'absence de mes parents, je ne resterai point maîtresse de maison; mais on me dépose chez le père de la cousine, en sorte que je serai tout de bon, durant ce temps, inséparable de l'inséparable. De plus, ma mère a mieux aimé se passer de femme de chambre, et me laisser Babi pour gouvernante; sorte d'Argus peu dangereux, dont on ne doit ni corrompre la fidélité ni se faire des confidents, mais qu'on écarte aisément au besoin, sur la moindre lueur de plaisir ou de gain qu'on leur offre.

Tu comprends quelle facilité nous aurons à nous voir durant une quinzaine de jours ; mais c'est ici que la discrétion doit suppléer à la contrainte, et qu'il faut nous imposer volontairement la même réserve à laquelle nous sommes forcés dans d'autres temps. Non-seulement tu ne dois pas, quand je serai chez ma cousine, y venir plus souvent qu'auparavant, de peur de la compromettre; j'espère même qu'il ne faudra te parler ni des égards qu'exige son sexe, ni des droits sacrés de l'hospitalité, et qu'un honnête homme n'aura pas besoin qu'on l'instruise du respect dû par l'amour à l'amitié qui lui donne asile. Je connais tes vivacités, mais j'en connais les bornes inviolables. Si tu n'avais fait jamais de sacrifice à ce qui est honnête, tu n'en aurais point à faire aujourd'hui.

D'où vient cet air mécontent et cet œil attristé ? Pourquoi murmurer des lois que le devoir t'impose ? Laisse à ta Julie le soin de les adoucir ; t'es-tu jamais repenti d'avoir été docile à sa voix ? Près des coteaux fleuris d'où part la source de la Vevaise, il est un hameau solitaire qui sert quelquefois de repaire aux chasseurs, et ne devrait servir que d'asile aux amants. Autour de

l'habitation principale, dont M. d'Orbe dispose, sont épars assez loin quelques chalets (1), qui de leurs toits de chaume peuvent couvrir l'amour et le plaisir, amis de la sincérité rustique. Les fraîches et discrètes laitières savent garder pour autrui le secret dont elles ont besoin pour elles-mêmes. Les ruisseaux qui traversent les prairies sont bordés d'arbrisseaux et de bocages délicieux. Des bois épais offrent au-delà des asiles plus déserts et plus sombres.

> Al bel seggio riposto, ombroso e fosco,
> Ne mai pastori appressan, ne bifolci (2).

L'art ni la main des hommes n'y montrent nulle part leurs soins inquiétants;

(1) Sortes de maisons de bois où se font les fromages et diverses espèces de laitage dans la montagne.
(2) Jamais pâtre ni laboureur n'approcha des épais ombrages qui couvrent ces charmants asiles.
PETRARC.

on n'y voit partout que les tendres soins de la mère commune. C'est là, mon ami, qu'on n'est que sous ses auspices, et qu'on peut n'écouter que ses lois. Sur l'invitation de M. d'Orbe, Claire a déjà persuadé à son papa qu'il avait envie d'aller faire avec quelques amis une chasse de deux ou trois jours dans ce canton, et d'y mener les inséparables. Ces inséparables en ont d'autres, comme tu ne sais que trop bien. L'un, représentant le maître de la maison, en fera naturellement les honneurs; l'autre, avec moins d'éclat, pourra faire à sa Julie ceux d'un humble chalet; et ce chalet, consacré par l'amour, sera pour eux le temple de Gnide. Pour exécuter heureusement et sûrement ce charmant projet, il n'est question que de quelques arrangements qui se concerteront facilement entre nous, et qui feront partie eux-mêmes des plaisirs qu'ils doivent produire. Adieu, mon ami; je te quitte brusquement, de peur de surprise. Aussi bien, je sens que le cœur de ta Julie vole un peu trop tôt habiter le chalet.

P. S. Tout bien considéré, je pense que nous pouvons sans indiscrétion nous voir presque tous les jours : savoir chez ma cousine de deux jours l'un, et l'autre à la promenade.

LETTRE XXXVII.

DE JULIE.

Ils sont partis ce matin, ce tendre père et cette mère incomparable, en accablant des plus tendres caresses une fille chérie, et trop indigne de leurs bontés. Pour moi, je les embrassais avec un léger serrement de cœur, tandis qu'au dedans de lui-même ce cœur ingrat et dénaturé pétillait d'une odieuse joie. Hélas! qu'est devenu ce temps heureux où je menais incessamment sous leurs yeux une vie innocente et sage, où je n'étais bien que contre leur sein, et ne pouvais les quitter d'un seul pas sans déplaisir! Maintenant, coupable et craintive, je tremble en pensant à eux; je rougis en pensant à moi; tous mes bons sentiments se dépravent, et je me consume en vains et stériles regrets que n'anime pas même un vrai repentir. Ces amères réflexions m'ont rendu toute la tristesse que leurs adieux ne m'avaient pas d'abord donnée. Une secrète angoisse étouffait mon âme après le départ de ces chers parents. Tandis que Babi faisait les paquets, je suis entrée machinalement dans la chambre de ma mère; et voyant quelques-unes de ses hardes encore éparses, je les ai toutes baisées l'une après l'autre, en fondant en larmes. Cet état d'attendrissement m'a un peu soulagée, et j'ai trouvé quelque sorte de consolation à sentir que les doux mouvements de la nature ne sont pas tout-à-fait éteints dans mon cœur. Ah! tyran, tu veux en vain l'asservir tout entier, ce tendre et trop faible cœur; malgré toi, malgré tes prestiges, il lui reste au moins des sentiments légitimes; il respecte et chérit encore des droits plus sacrés que les tiens.

Pardonne, ô mon doux ami! ces mouvements involontaires, et ne crains pas que j'étende ces réflexions aussi loin que je le devrais. Le moment de nos jours peut-être où notre amour est le plus en liberté n'est pas, je le sais bien, celui des regrets : je ne veux ni te cacher mes peines, ni t'en accabler; il faut que tu les connaisses, non pour les porter, mais pour les adoucir. Dans le sein de qui les épancherais-je, si je n'osais les verser dans le tien? N'es-tu pas mon tendre consolateur? N'est-ce pas toi qui soutiens mon courage ébranlé? N'est-ce pas toi qui nourris dans mon âme le goût de la vertu, même après que je l'ai perdue? Sans toi, sans cette adorable amie dont la main compatissante essuya si souvent mes pleurs, combien de fois n'eussé-je pas déjà succombé sous le plus mortel abattement! Mais vos tendres soins me soutiennent, je n'ose m'avilir tant que vous m'estimez encore, et je me dis avec complaisance que vous ne m'aimeriez pas tant l'un et l'autre, si je n'étais digne que de mépris. Je vole dans les bras de cette chère cousine, ou plutôt de cette tendre sœur, déposer au fond de son cœur une importune tristesse. Toi, viens ce soir achever de rendre au mien la joie et la sérénité qu'il a perdues.

LETTRE XXXVIII.
A JULIE.

Non, Julie, il ne m'est pas possible de ne te voir chaque jour que comme je t'ai vue la veille : il faut que mon amour s'augmente et croisse incessamment avec tes charmes, et tu m'es une source inépuisable de sentiments nouveaux que je n'aurais pas même imaginés. Quelle soirée inconcevable ! Que de délices inconnues tu fis éprouver à mon cœur ! O tristesse enchanteresse ! ô langueur d'une âme attendrie, combien vous surpassez les turbulents plaisirs et la gaîté folâtre, et la joie emportée, et tous les transports qu'une ardeur sans mesure offre aux désirs effrénés des amants ! Paisible et pure jouissance qui n'as rien d'égal dans la volupté des sens, jamais ton pénétrant souvenir ne s'effacera de mon cœur ! Dieux ! quel ravissant spectacle, ou plutôt quelle extase, de voir deux beautés si touchantes s'embrasser tendrement, le visage de l'une se pencher sur le sein de l'autre, leurs douces larmes se confondre, et baigner ce sein charmant comme la rosée du ciel humecte un lis fraîchement éclos ! J'étais jaloux d'une amitié si tendre ; je lui trouvais je ne sais quoi de plus intéressant qu'à l'amour même, et je me voulais une sorte de mal de ne pouvoir t'offrir des consolations aussi chères, sans les troubler par l'agitation de mes transports. Non, rien, rien sur la terre n'est capable d'exciter un si voluptueux attendrissement que vos mutuelles caresses ; et le spectacle de deux amants eût offert à mes yeux une sensation moins délicieuse.

Ah ! qu'en ce moment j'eusse été amoureux de cette aimable cousine, si Julie n'eût pas existé ! Mais non, c'était Julie elle-même qui répandait son charme invincible sur tout ce qui l'environnait. Ta robe, ton ajustement, tes gants, ton éventail, ton ouvrage, tout ce qui frappait autour de toi mes regards enchantait mon cœur, et toi seule faisais tout l'enchantement. Arrête, ô ma douce amie ! à force d'augmenter mon ivresse, tu m'ôterais le plaisir de la sentir. Ce que tu me fais éprouver approche d'un vrai délire, et je crains d'en perdre enfin la raison. Laisse-moi du moins connaître un égarement qui fait mon bonheur ; laisse-moi goûter ce nouvel enthousiasme, plus sublime, plus vif que toutes les idées que j'avais de l'amour. Quoi ! tu peux te croire avilie ! quoi ! la passion l'ôte-t-elle aussi le sens ? Moi, je te trouve trop parfaite pour une mortelle. Je t'imaginerais d'une espèce plus pure, si ce feu dévorant qui pénètre ma substance ne m'unissait à la tienne, et ne me faisait sentir qu'elles sont la même. Non, personne au monde ne te connaît ; tu ne te connais pas toi-même ; mon cœur seul te connaît, te sent, et sait te mettre à ta place. Ma Julie ! ah ! quels hommages te seraient ravis si tu n'étais qu'adorée ! Ah ! si tu n'étais qu'un ange, combien tu perdrais de ton prix !

Dis-moi comment il se peut qu'une passion telle que la mienne puisse augmenter. Je l'ignore, mais je l'éprouve. Quoique tu me sois présente dans tous les temps, il y a quelques jours surtout que ton image, plus belle que jamais, me poursuit et me tourmente avec une activité à laquelle ni lieu ni temps ne me dérobe ; et je crois que tu me laissas avec elle dans ce châlet que tu quittas en finissant ta dernière lettre. Depuis qu'il est question de ce rendez-vous champêtre, je suis trois fois sorti de la ville ; chaque fois mes pieds m'ont porté des mêmes côtés, et chaque fois la perspective d'un séjour si désiré m'a paru plus agréable.

Non vide il mondo si leggiadri rami,
Ne mosse 'l vento mai si verdi frondi (1).

(1) Jamais œil d'homme ne vit des bocages aussi charmants, jamais zéphyr n'agita de plus verts feuillages. PÉTRARQ.

Je trouve la campagne plus riante, la verdure plus fraîche et plus vive, l'air plus pur, le ciel plus serein; le chant des oiseaux semble avoir plus de tendresse et de volupté; le murmure des eaux inspire une langueur plus amoureuse; la vigne en fleurs exhale au loin de plus doux parfums; un charme secret embellit tous les objets ou fascine mes sens; on dirait que la terre se pare, pour former à ton heureux amant un lit nuptial digne de la beauté qu'il adore et du feu qui le consume. O Julie! ô chère et précieuse moitié de mon âme! hâtons-nous d'ajouter à ces ornements du printemps la présence de deux amants fidèles. Portons le sentiment du plaisir dans des lieux qui n'en offrent qu'une vaine image; allons animer toute la nature, elle est morte sans les feux de l'amour. Quoi! trois jours d'attente! trois jours encore! Ivre d'amour, affamé de transports, j'attends ce moment tardif avec une douloureuse impatience. Ah! qu'on serait heureux si le ciel ôtait de la vie tous les ennuyeux intervalles qui séparent de pareils instants!

LETTRE XXXIX.

DE JULIE.

Tu n'as pas un sentiment, mon bon ami, que mon cœur ne partage; mais ne me parle plus de plaisir, tandis que des gens qui valent mieux que nous souffrent, gémissent, et que j'ai leur peine à me reprocher. Lis la lettre ci-jointe, et sois tranquille si tu le peux; pour moi, qui connais l'aimable et bonne fille qui l'a écrite, je n'ai pu la lire sans des larmes de remords et de pitié. Le regret de ma coupable négligence m'a pénétré l'âme, et je vois avec une amère confusion jusqu'où l'oubli du premier de mes devoirs m'a fait porter celui de tous les autres. J'avais promis de prendre soin de cette pauvre enfant; je la protégeais auprès de ma mère; je la tenais en quelque manière sous ma garde; et, pour n'avoir su me garder moi-même, je l'abandonne sans me souvenir d'elle, et l'expose à des dangers pires que ceux où j'ai succombé. Je frémis en songeant que deux jours plus tard c'en était fait peut-être de mon dépôt, et que l'indigence et la séduction perdaient une fille modeste et sage qui peut faire un jour une excellente mère de famille. O mon ami! comment y a-t-il dans le monde des hommes assez vils pour acheter de la misère un prix que le cœur seul doit payer, et recevoir d'une bouche affamée les tendres baisers de l'amour?

Dis-moi, pourrais-tu n'être pas touché de la piété filiale de ma Fanchon, de ses sentiments honnêtes, de son innocente naïveté? Ne l'es-tu pas de la rare tendresse de cet amant qui se vend lui-même pour soulager sa maîtresse? Ne seras-tu pas trop heureux de contribuer à former un nœud si bien assorti? Ah! si nous étions sans pitié pour les cœurs unis qu'on divise, de qui pourraient-ils jamais en attendre? Pour moi, j'ai résolu de réparer envers ceux-ci ma faute à quelque prix que ce soit, et de faire en sorte que ces deux jeunes gens soient unis par le mariage. J'espère que le ciel bénira cette entreprise, et qu'elle sera pour nous d'un bon augure. Je te propose et te conjure au nom de notre amitié de partir dès aujourd'hui, si tu le peux, ou tout au moins demain matin, pour Neufchâtel. Va négocier avec M. de Merveilleux le congé de cet honnête garçon; n'épargne ni les supplications ni l'argent : porte avec toi la lettre de ma Fanchon; il n'y a point de cœur sensible qu'elle ne doive attendrir. Enfin, quoi qu'il nous en coûte et de plaisir et d'argent, ne reviens qu'avec le congé absolu de Claude Anet, ou crois que l'amour ne me donnera de mes jours un moment de pure joie.

Je sens combien d'objections ton cœur doit avoir à me faire; doutes-tu que le mien ne les ait faites avant toi? Et je persiste; car il faut que ce mot de vertu ne soit qu'un vain nom, ou qu'elle exige des sacrifices. Mon ami, mon digne ami, un rendez-vous manqué peut revenir mille fois; quelques heures agréables s'éclipsent comme un éclair et ne sont plus; mais si le bonheur d'un couple honnête est dans tes mains, songe à l'avenir que tu vas te préparer. Crois-moi, l'occasion de faire des heureux est plus rare qu'on ne pense: la punition de l'avoir manquée est de ne la plus retrouver; et l'usage que nous ferons de celle-ci nous va laisser un sentiment éternel de contentement ou de repentir. Pardonne à mon zèle ces discours superflus; j'en dis trop à un honnête homme, et cent fois trop à mon ami. Je sais combien tu hais cette volupté cruelle qui nous endurcit aux maux d'autrui. Tu l'as dit mille fois toi-même: Malheur à qui ne sait pas sacrifier un jour de plaisir aux devoirs de l'humanité!

LETTRE XL.

DE FANCHON REGARD A JULIE.

Mademoiselle,

Pardonnez une pauvre fille au désespoir qui, ne sachant plus que devenir, ose encore avoir recours à vos bontés; car vous ne vous lassez point de con-

soler les affligés, et je suis si malheureuse, qu'il n'y a que vous et le bon Dieu que mes plaintes n'importunent pas. J'ai eu bien du chagrin de quitter l'apprentissage où vous m'aviez mise; mais, ayant eu le malheur de perdre ma mère cet hiver, il a fallu revenir auprès de mon pauvre père, que sa paralysie retient toujours dans son lit.

Je n'ai pas oublié le conseil que vous aviez donné à ma mère, de tâcher de m'établir avec un honnête homme qui prît soin de la famille. Claude Anet, que monsieur votre père avait ramené du service, est un brave garçon, rangé, qui sait un bon métier, et qui me veut du bien. Après tant de charité que vous avez eue pour nous, je n'osais plus vous être incommode, et c'est lui qui nous a fait vivre pendant tout l'hiver. Il devait m'épouser ce printemps; il avait mis son cœur à ce mariage. Mais on m'a tellement tourmentée pour payer trois ans de loyer échus à Pâques, que, ne sachant où prendre tant d'argent comptant, le pauvre jeune homme s'est engagé derechef, sans m'en rien dire, dans la compagnie de M. de Merveilleux, et m'a apporté l'argent de son engagement (1). M. de Merveilleux n'est plus à Neufchâtel que pour sept ou huit jours, et Claude Anet doit partir dans trois ou quatre pour suivre la recrue; ainsi, nous n'avons pas le temps ni le moyen de nous marier, et il me laisse sans aucune ressource. Si, par votre crédit ou celui de monsieur le baron, vous pouviez nous obtenir au moins un délai de cinq ou six semaines, on tâcherait, pendant ce temps-là, de prendre quelque arrangement pour nous marier ou pour rembourser ce pauvre garçon : mais je le connais bien; il ne voudra jamais reprendre l'argent qu'il m'a donné.

Il est venu ce matin un monsieur bien riche m'en offrir beaucoup davantage; mais Dieu m'a fait la grâce de refuser. Il a dit qu'il reviendrait demain matin savoir ma dernière résolution. Je lui ai dit de n'en pas prendre la peine, et qu'il la savait déjà. Que Dieu le conduise! il sera reçu demain comme aujourd'hui. Je pourrais bien aussi recourir à la bourse des pauvres; mais on est si méprisé, qu'il vaut mieux pâtir, et puis Claude Anet a trop de cœur pour vouloir d'une fille assistée.

Excusez la liberté que je prends, ma bonne demoiselle; je n'ai trouvé que vous seule à qui j'ose avouer ma peine, et j'ai le cœur si serré, qu'il faut finir cette lettre. Votre bien humble et affectionnée servante à vous servir.

Fanchon Regard.

LETTRE XLI.

RÉPONSE.

J'ai manqué de mémoire et toi de confiance, ma chère enfant : nous avons eu grand tort toutes deux, mais le mien est impardonnable. Je tâcherai du moins de le réparer. Babi, qui te porte cette lettre, est chargée de pourvoir au plus pressé. Elle retournera demain matin pour t'aider à congédier ce monsieur, s'il revient; et l'après-dînée nous irons te voir, ma cousine et moi; car je sais que tu ne peux pas quitter ton pauvre père, et je veux connaître par moi-même l'état de ton petit ménage.

Quant à Claude Anet, n'en sois point en peine : mon père est absent; mais, en attendant son retour, on fera ce qu'on pourra; et tu peux compter que je n'oublierai ni toi ni ce brave garçon. Adieu, mon enfant : que le bon Dieu te console! Tu as bien fait de n'avoir pas recours à la bourse publique; c'est ce qu'il ne faut jamais faire tant qu'il reste quelque chose dans celle des bonnes gens.

LETTRE XLII.

A JULIE.

Je reçois votre lettre, et je pars à l'instant : ce sera toute ma réponse. Ah, cruelle! que mon cœur en est loin de cette odieuse vertu que vous me supposez et que je déteste? Mais vous ordonnez, il faut obéir. Dussé-je en mourir cent fois, il faut être estimé de Julie.

LETTRE XLIII.

A JULIE.

J'arrivai hier matin à Neufchâtel; j'appris que M. de Merveilleux était à la

---

(1) Voyez le livre IV des *Confessions*, où Rousseau se loue beaucoup de M. de Merveilleux, officier dans les gardes suisses.

campagne, je courus l'y chercher; il était à la chasse, et je l'attendis jusqu'au soir. Quand je lui eus expliqué le sujet de mon voyage, et que je l'eus prié de mettre un prix au congé de Claude Anet, il me fit beaucoup de difficultés. Je crus les lever en offrant de moi-même une somme assez considérable, et l'augmentant à mesure qu'il résistait; mais, n'ayant pu rien obtenir, je fus obligé de me retirer, après m'être assuré de le retrouver ce matin, bien résolu de ne le plus quitter jusqu'à ce qu'à force d'argent, ou d'importunités, ou de quelque manière que ce pût être, j'eusse obtenu ce que j'étais venu lui demander. M'étant levé pour cela de très bonne heure, j'étais prêt à monter à cheval, quand je reçus, par un exprès, ce billet de M. de Merveilleux, avec le congé du jeune homme en bonne forme:

« Voilà, monsieur, le congé que vous êtes venu solliciter; je l'ai refusé à vos offres: je le donne à vos intentions charitables, et vous prie de croire que je ne mets point à prix une bonne action. »

Jugez, à la joie que vous donnera cet heureux succès, de celle que j'ai sentie en l'apprenant. Pourquoi faut-il qu'elle ne soit pas aussi parfaite qu'elle devait l'être! Je ne puis me dispenser d'aller remercier et rembourser M. de Merveilleux; et si cette visite retarde mon départ d'un jour, comme il est à craindre, n'ai-je pas droit de dire qu'il s'est montré généreux à mes dépens? N'importe, j'ai fait ce qui vous est agréable, je puis tout supporter à ce prix. Qu'on est heureux de pouvoir bien faire en servant ce qu'on aime, et réunir ainsi dans le même soin les charmes de l'amour et de la vertu! Je l'avoue, ô Julie! je partis le cœur plein d'impatience et de chagrin. Je vous reprochais d'être si sensible aux peines d'autrui et de compter pour rien les miennes, comme si j'étais le seul au monde qui n'eût rien mérité de vous. Je trouvais de la barbarie, après m'avoir leurré d'un si doux espoir, à me priver, sans nécessité, d'un bien dont vous m'aviez flatté vous-même. Tous ces murmures se sont évanouis; je sens renaître à leur place, au fond de mon âme, un contentement inconnu: j'éprouve déjà le dédommagement que vous m'avez promis, vous que l'habitude de bien faire a tant instruite du goût qu'on y trouve. Quel étrange empire est le vôtre, de pouvoir rendre les privations aussi douces que les plaisirs, et donner à ce qu'on fait pour vous le même charme qu'on trouvait à se contenter soi-même! Ah! je l'ai dit cent fois, tu es un ange du ciel, ma Julie! sans doute, avec tant d'autorité sur mon âme, la tienne est plus divine qu'humaine. Comment n'être pas éternellement à toi, puisque ton règne est céleste? et que servirait de cesser de t'aimer, s'il faut toujours qu'on t'adore?

P. S. Suivant mon calcul, nous avons encore au moins cinq ou six jours jusqu'au retour de la maman. Serait-il impossible, durant cet intervalle, de faire un pèlerinage au chalet?

LETTRE XLIV.

DE JULIE.

Ne murmure pas tant, mon ami, de ce retour précipité: il nous est plus avantageux qu'il ne semble; et quand nous aurions fait par adresse ce que nous avons fait par bienfaisance, nous n'aurions pas mieux réussi. Regarde ce qui serait arrivé si nous n'eussions suivi que nos fantaisies. Je serais allée à la campagne précisément la veille du retour de ma mère à la ville; j'aurais eu un exprès avant d'avoir pu ménager notre entrevue; il aurait fallu partir sur-le-champ, peut-être sans pouvoir t'avertir, te laisser dans des perplexités mortelles, et notre séparation se serait faite au moment qui la rendait le plus douloureuse. De plus, on aurait su que nous étions tous deux à la campagne; malgré nos précautions, peut-être eût-on su que nous y étions ensemble; du moins on l'aurait soupçonné, c'en était assez. L'indiscrète avidité du présent nous ôtait toute ressource pour l'avenir, et le remords d'une bonne œuvre dédaignée nous eût tourmentés toute la vie.

Compare à présent cet état à notre situation réelle. Premièrement, ton absence a produit un excellent effet. Mon Argus n'aura pas manqué de dire à ma mère qu'on t'avait peu vu chez ma cousine : elle sait ton voyage et le sujet ; c'est une raison de plus pour l'estimer. Et le moyen d'imaginer que des gens qui vivent en bonne intelligence prennent volontairement pour s'éloigner le seul moment de liberté qu'ils ont pour se voir ! Quelle ruse avons-nous employée pour écarter une trop juste défiance ? La seule, à mon avis, qui soit permise à d'honnêtes gens, celle de l'être à un point qu'on ne puisse croire, en sorte qu'on prenne un effort de vertu pour un acte d'indifférence. Mon ami, qu'un amour caché par de tels moyens doit être doux aux cœurs qui le goûtent ! Ajoute à cela le plaisir de réunir des amants désolés, et de rendre heureux deux jeunes gens si dignes de l'être. Tu l'as vue, ma Fanchon ; dis, n'est-elle pas charmante ? et ne mérite-t-elle pas bien tout ce que tu as fait pour elle ? N'est-elle pas trop jolie et trop malheureuse pour rester fille impunément ? Claude Anet, de son côté, dont le bon naturel a résisté par miracle à trois ans de service, en eût-il pu supporter encore autant sans devenir un vaurien comme tous les autres ? Au lieu de cela, ils s'aiment et seront unis ; ils sont pauvres et seront aidés ; ils sont honnêtes gens et pourront continuer de l'être ; car mon père a promis de prendre soin de leur établissement. Que de biens tu as procurés à eux et à nous par ta complaisance, sans parler du compte que je t'en dois tenir ! Tel est, mon ami, l'effet assuré des sacrifices qu'on fait à la vertu : s'ils coûtent souvent à faire, il est toujours doux de les avoir faits, et l'on n'a jamais vu personne se repentir d'une bonne action.

Je ne doute bien qu'à l'exemple de l'inséparable, tu m'appelleras aussi la *prêcheuse*, et il est vrai que je ne fais pas mieux ce que je dis que les gens du métier. Si mes sermons ne valent pas les leurs, au moins je vois avec plaisir qu'ils ne sont pas comme eux jetés au vent. Je ne m'en défends point, aimable ami ; je voudrais ajouter autant de vertus aux tiennes qu'un fol amour m'en a fait perdre, et, ne pouvant plus m'estimer moi-même, j'aime à m'estimer encore en toi. De ta part, il ne s'agit que d'aimer parfaitement, et tout viendra comme de lui-même. Avec quel plaisir tu dois voir augmenter sans cesse les dettes que l'amour s'oblige à payer !

Ma cousine a su les entretiens que tu as eus avec son père au sujet de M. d'Orbe ; elle y est aussi sensible que si nous pouvions, en offices de l'amitié, n'être pas toujours en reste avec elle. Mon Dieu ! mon ami, que je suis une heureuse fille ! que je suis aimée ! et que je trouve charmant de l'être ! Père, mère, amie, amant, j'ai beau chérir tout ce qui m'environne, je me trouve toujours ou prévenue ou surpassée. Il semble que tous les plus doux sentiments du monde viennent sans cesse chercher mon âme, et j'ai le regret de n'en avoir qu'une pour jouir de tout mon bonheur.

J'oubliais de t'annoncer une visite pour demain matin : c'est mylord Bomston qui vient de Genève, où il a passé sept ou huit mois. Il dit t'avoir vu à Sion à son retour d'Italie. Il te trouva fort triste, et parle au surplus de toi comme j'en pense. Il fit hier ton éloge si bien et si à propos devant mon père, qu'il m'a tout-à-fait disposée à faire le sien. En effet, j'ai trouvé du sens, du sel, du feu dans sa conversation. Sa voix s'élève, et son œil s'anime au récit des grandes actions, comme il arrive aux hommes capables d'en faire. Il parle aussi avec intérêt des choses de goût, entre autres de la musique italienne qu'il porte jusqu'au sublime ; je croyais entendre encore mon pauvre frère. Au surplus, il met plus d'énergie que de grâce dans ses discours, et je lui trouve même l'esprit un peu rêche (1). Adieu mon ami.

(1) Terme du pays pris ici métaphoriquement. Il signifie au propre une surface rude au toucher, et qui cause un frissonnement désagréable en y passant la main, comme celle d'une brosse fort serrée, ou du velours d'Utrecht.

LETTRE XLV.

A JULIE.

Je n'en étais encore qu'à la seconde lecture de ta lettre, quand mylord Edouard Bomston est entré. Ayant tant d'autres choses à te dire, comment aurais-je pensé, ma Julie, à te parler de lui? Quand on se suffit l'un à l'autre, s'avise-t-on de songer à un tiers? Je vais te rendre compte de ce que j'en sais, maintenant que tu parais le désirer.

Ayant passé le Simplon, il était venu jusqu'à Sion au-devant d'une chaise

qu'on devait lui amener de Genève à Brigue ; et le désœuvrement rendant les hommes assez liants, il me rechercha. Nous fîmes une connaissance aussi intime qu'un Anglais naturellement peu prévenant peut la faire avec un homme fort préoccupé qui cherche la solitude. Cependant nous sentîmes que nous nous convenions : il y a un certain unisson d'âme qui s'aperçoit au premier instant; et nous fûmes familiers au bout de huit jours, mais pour toute la vie, comme deux Français l'auraient été au bout de huit heures pour tout le temps qu'ils ne se seraient pas quittés. Il m'entretint de ses voyages, et, le sachant Anglais je crus qu'il m'allait parler d'édifices et de peintures. Bientôt je vis avec plaisir que les tableaux et les monuments ne lui avaient point fait négliger l'étude des mœurs et des hommes. Il me parla cependant des beaux-arts avec beaucoup de discernement, mais modérément et sans prétention. J'estimai qu'il en jugeait avec plus de sentiment que de science, et par les effets plus que par les règles, ce qui me confirma qu'il avait l'âme sensible. Pour la musique italienne, il m'en parut enthousiaste comme à toi; il m'en fit même entendre, car il mène un virtuose avec lui : son valet de chambre joue fort bien du violon, et lui-même passablement du violoncelle. Il me choisit plusieurs morceaux très pathétiques, à ce qu'il prétendait : mais, soit qu'un accent s nouveau pour moi demandât une oreille plus exercée, soit que le charme de la musique, si doux dans la mélancolie, s'efface dans une profonde tristesse, ces morceaux me firent peu de plaisir ; et j'en trouvai le chant agréable, à la vérité, mais bizarre et sans expression.

Il fut aussi question de moi, et mylord s'informa avec intérêt de ma situation. Je lui en dis tout ce qu'il en devait savoir. Il me proposa un voyage en Angleterre, avec des projets de fortune impossibles dans un pays où Julie n'était pas. Il me dit qu'il allait passer l'hiver à Genève, l'été à Lausanne, et qu'il viendrait à Vevai avant de retourner en Italie : il m'a tenu parole, et nous nous sommes revus avec un nouveau plaisir.

Quant à son caractère, je le crois vif et emporté, mais vertueux et ferme. Il se pique de philosophie, et de ces principes dont nous avons autrefois parlé. Mais au fond je le crois par tempérament ce qu'il pense être par méthode, et le vernis stoïque qu'il met à ses actions ne consiste qu'à parer de beaux raisonnements le parti que son cœur lui a fait prendre. J'ai cependant appris avec un peu de peine qu'il avait eu quelques affaires en Italie, et qu'il s'y était battu plusieurs fois.

Je ne sais ce que tu trouves de rêche dans ses manières ; véritablement elles ne sont pas prévenantes, mais je n'y sens rien de repoussant. Quoique son abord ne soit pas aussi ouvert que son cœur, et qu'il dédaigne les petites bienséances, il ne laisse pas, ce me semble, d'être d'un commerce agréable. S'il n'a pas cette politesse réservée et circonspecte qui se règle uniquement sur l'extérieur, et que nos jeunes officiers nous apportent de France, il a celle de l'humanité qui se pique moins de distinguer au premier coup d'œil les états et les rangs, et respecte en général tous les hommes. Te l'avouerai-je naïvement ? La privation des grâces est un défaut que les femmes ne pardonnent point, même au mérite ; et j'ai peur que Julie n'ait été femme une fois en sa vie.

Puisque je suis en train de sincérité, je te dirai encore, ma jolie prêcheuse, qu'il est inutile de vouloir donner le change à mes droits, et qu'un amour affamé ne se nourrit point de sermons. Songe, songe aux dédommagements promis et dus : car toute la morale que tu m'as débitée est fort bonne ; mais, quoi que tu puisses dire, le chalet valait encore mieux.

LETTRE XLVI.

DE JULIE.

Hé bien donc, mon ami, toujours le chalet ! l'histoire de ce chalet te pèse furieusement sur le cœur ; et je vois bien qu'à la mort ou à la vie il faut te faire raison du chalet. Mais des lieux où tu ne fus jamais te sont-ils si chers qu'on ne puisse t'en dédommager ailleurs ? et l'Amour, qui fit le palais d'Armide au fond d'un désert, ne saurait-il nous faire un chalet à la ville ?

Écoute : on va marier ma Fanchon ; mon père, qui ne hait pas les fêtes et l'appareil, veut lui faire une noce où nous serons tous : cette noce ne manquera pas d'être tumultueuse. Quelquefois le mystère a su tendre son voile au sein de la turbulente joie et du fracas des festins. Tu m'entends, mon ami : ne serait-il pas doux de retrouver dans l'effet de nos soins les plaisirs qu'ils nous ont coûtés ?

Tu t'animes, ce me semble, d'un zèle assez superflu sur l'apologie de mylord Edouard, dont je suis fort éloignée de mal penser. D'ailleurs, comment jugerais-je un homme que je n'ai vu qu'un après-midi ? et comment en pourrais-tu juger toi-même sur une connaissance de quelques jours ? Je n'en parle que par conjecture, et tu ne peux guère être plus avancé ; car les propositions qu'il t'a faites sont de ces offres vagues dont un air de puissance et la facilité de les éluder rendent souvent les étrangers prodigues. Mais je reconnais tes vivacités ordinaires, et combien tu as de penchant à te prévenir pour ou contre les gens presque à la première vue. Cependant nous examinerons à loisir les arrangements qu'il t'a proposés. Si l'amour favorise le projet qui m'occupe, il s'en présentera peut-être de meilleur pour nous. O mon bon ami! la patience est amère, mais son fruit est doux.

Pour revenir à ton Anglais, je t'ai dit qu'il me paraissait avoir l'âme grande et forte, et plus de lumières que d'agréments dans l'esprit. Tu dis à peu près la même chose; et puis, avec cet air de supériorité masculine qui n'abandonne point nos humbles adorateurs, tu me reproches d'avoir été de mon sexe une fois en ma vie; comme si jamais une femme devait cesser d'en être! Te souvient-il qu'en lisant ta République de Platon nous avons autrefois disputé sur ce point de la différence morale des sexes? Je persiste dans l'avis dont j'étais alors, et ne saurais imaginer un modèle commun de perfection pour deux êtres si différents. L'attaque et la défense, l'audace des hommes, la pudeur des femmes, ne sont point des conventions, comme le pensent tes philosophes, mais des institutions naturelles dont il est facile de rendre raison, et dont se déduisent aisément toutes les autres distinctions morales. D'ailleurs, la destination de la nature n'étant pas la même, les inclinations, les manières de voir et de sentir, doivent être dirigées de chaque côté selon ses vues. Il ne faut point les mêmes goûts ni la même constitution pour labourer la terre et pour allaiter des enfants. Une taille plus haute, une voix plus forte, et des traits plus marqués, semblent n'avoir aucun rapport nécessaire au sexe; mais les modifications extérieures annoncent l'intention de l'ouvrier dans les modifications de l'esprit. Une femme parfaite et un homme parfait ne doivent pas plus se ressembler d'âme que de visage. Ces vaines imitations de sexe sont le comble de la déraison; elles font rire le sage et fuir les amours. Enfin, je trouve qu'à moins d'avoir cinq pieds et demi de haut, une voix de basse, et de la barbe au menton, l'on ne doit point se mêler d'être homme.

Vois combien les amants sont maladroits en injures! Tu me reproches une faute que je n'ai pas commise, ou que tu commets aussi bien que moi, et l'attribues à un défaut dont je m'honore. Veux-tu que, te rendant sincérité pour sincérité, je te dise naïvement ce que je pense de la tienne? Je n'y trouve qu'un raffinement de flatterie, pour te justifier à toi-même, par cette franchise apparente, les éloges enthousiastes dont tu m'accables à tout propos. Mes prétendues perfections t'aveuglent au point que, pour démentir les reproches que tu te fais en secret de ta prévention, tu n'as pas l'esprit d'en trouver un solide à me faire.

Crois-moi, ne te charge point de me dire mes vérités, tu t'en acquitterais trop mal : les yeux de l'amour, tout perçants qu'ils sont, savent-ils voir des défauts? C'est à l'intègre amitié que ces soins appartiennent, et là-dessus ta disciple Claire est cent fois plus savante que toi. Oui, mon ami, loue-moi, admire-moi, trouve-moi belle, charmante, parfaite; tes éloges me plaisent sans me séduire, parce que je vois qu'ils sont le langage de l'erreur et non de la fausseté, et que tu te trompes toi-même, mais que tu ne veux pas me tromper. O que les illusions de l'amour sont aimables! ses flatteries sont en un sens des vérités : le jugement se tait, mais le cœur parle. L'amant qui loue en nous des perfections que nous n'avons pas les voit en effet telles qu'il les représente; il ne ment point en disant des mensonges; il flatte sans s'avilir, et l'on peut au moins l'estimer sans le croire.

J'ai entendu, non sans quelque battement de cœur, proposer d'avoir demain deux philosophes à souper : l'un est mylord Edouard; l'autre est un sage dont la gravité s'est quelquefois un peu dérangée aux pieds d'une jeune écolière; ne le connaîtriez-vous point? Exhortez-le, je vous prie, à tâcher de garder demain le décorum philosophique un peu mieux qu'à son ordinaire. J'aurai soin d'avertir aussi la petite personne de baisser les yeux, et d'être aux siens le moins jolie qu'il se pourra.

LETTRE XLVII.

A JULIE.

Ah mauvaise! est-ce là la circonspection que tu m'avais promise? est-ce ainsi que tu ménages mon cœur et voiles tes attraits! Que de contraventions à tes engagements! Premièrement ta parure, car tu n'en avais point, et tu sais bien que tu n'es jamais si dangereuse. Secondement, ton maintien si doux, si modeste, si propre à laisser remarquer à loisir toutes tes grâces. Ton parler plus rare, plus réfléchi, plus spirituel encore qu'à l'ordinaire, qui nous rendait tous plus attentifs, et faisait voler l'oreille et le cœur au-devant de chaque mot. Cet air que tu chantas à demi-voix, pour donner encore plus de douceur à ton chant, et qui, bien que français, plut à mylord Edouard même. Ton regard timide et tes yeux baissés, dont les éclairs inattendus me jetaient dans un trouble inévitable. Enfin, ce je ne sais quoi d'inexprimable, d'enchanteur, que tu semblais avoir répandu sur toute ta personne pour faire tourner la tête à tout le monde, sans paraître même y songer. Je ne sais, pour moi, comment tu t'y prends; mais, si telle est ta manière d'être jolie le moins qu'il est possible, je t'avertis que c'est l'être beaucoup plus qu'il ne faut pour avoir des sages autour de soi.

Je crains fort que le pauvre philosophe anglais n'ait un peu ressenti la même influence. Après avoir reconduit ta cousine, comme nous étions tous encore fort éveillés, il nous proposa d'aller chez lui faire de la musique et boire du punch. Tandis qu'on rassemblait ses gens, il ne cessa de nous parler de toi avec un feu qui me déplut, et je n'entendis pas ton éloge dans sa bouche avec autant de plaisir que tu avais entendu le mien. En général, j'avoue que je n'aime point que personne, excepté ta cousine, me parle de toi; il me semble que chaque mot m'ôte une partie de mon secret ou de mes plaisirs; et, quoi que l'on puisse dire, on y met un intérêt si suspect, ou l'on est si loin de ce que je sens, que je n'aime écouter là-dessus que moi-même.

Ce n'est pas que j'aie, comme toi, du penchant à la jalousie. Je connais mieux ton âme; j'ai des garants qui ne permettent pas même d'imaginer ton changement possible. Après tes assurances, je ne te dis plus rien des autres prétendants. Mais celui-ci, Julie!... des conditions sortables... les préjugés de ton père... Tu sais bien qu'il s'agit de ma vie, daigne donc me dire un mot là-dessus. Un mot de Julie, et je suis tranquille à jamais.

J'ai passé la nuit à entendre ou exécuter de la musique italienne; car il s'est trouvé des duo et il a fallu hasarder d'y faire ma partie. Je n'ose te parler encore de l'effet qu'elle a produit sur moi : j'ai peur que l'impression du souper d'hier ne se soit prolongée sur ce que j'entendais, et que je n'aie pris l'effet de tes séductions pour le charme de la musique. Pourquoi la même cause qui me la rendait ennuyeuse à Sion ne pourrait-elle pas ici me la rendre agréable dans une situation contraire? N'es-tu pas la première source de toutes les affections de mon âme! et suis-je à l'épreuve des prestiges de ta magie? Si la musique eût réellement produit cet enchantement, il eût agi sur tous ceux qui l'entendaient. Mais, tandis que ces chants me tenaient en extase, M. d'Orbe dormait tranquillement dans un fauteuil, et, au milieu de mes transports, il s'est contenté, pour tout éloge, de demander si ta cousine savait l'italien.

Tout ceci sera mieux éclairci demain; car nous avons pour ce soir un nouveau rendez-vous de musique. Mylord veut la rendre complète, et il a mandé de Lausanne un second violon qu'il dit être assez entendu. Je porterai de mon côté des scènes, des cantates françaises, et nous verrons.

En arrivant chez moi, j'étais d'un accablement que m'a donné le peu d'habitude de veiller et qui se perd en t'écrivant. Il faut pourtant tâcher de dormir quelques heures. Viens avec moi, ma douce amie; ne me quitte point pendant mon sommeil; mais, soit que ton image le trouble ou le favorise, soit qu'il m'offre ou non les noces de la Fanchon, un instant délicieux qui ne peut m'échapper et qu'il me prépare, c'est le sentiment de mon bonheur au réveil.

LETTRE XLVIII.

A JULIE.

Ah! ma Julie, qu'ai-je entendu? Quels sons touchants! quelle musique! quelle source délicieuse de sentiments et de plaisirs! Ne perds pas un moment; rassemble avec soin tes opéras, tes cantates, ta musique française, fais un grand feu bien ardent, jettes-y tout ce fatras, et l'attise avec soin, afin que tant de glace puisse y brûler et donner de la chaleur au moins une fois. Fais ce sacrifice propitiatoire au dieu du goût, pour expier ton crime et le mien d'avoir profané ta voix à cette lourde psalmodie, et d'avoir pris si longtemps pour le langage du cœur un bruit qui ne fait qu'étourdir l'oreille. O que ton digne frère avait raison! Dans quelle étrange erreur j'ai vécu jusqu'ici sur les productions de cet art charmant! je sentais leur peu d'effet, et l'attribuais à sa faiblesse. Je disais: « La musique n'est qu'un vain son, qui peut flatter l'oreille et n'agit qu'indirectement et légèrement sur l'âme : l'impression des accords est purement mécanique et physique; qu'a-t-elle à faire au sentiment? et pourquoi devrais-je espérer d'être plus vivement touché d'une belle harmonie que d'un bel accord de couleurs? » Je n'apercevais pas, dans les accents de la mélodie, appliqués à ceux de la langue, le lien puissant et secret des passions avec les sons : je ne voyais pas que l'imitation des tons divers dont les sentiments animent la voix parlante donne à son tour, à la voix chantante, le pouvoir d'agiter les cœurs, et que l'énergique tableau des mouvements de l'âme de celui qui se fait entendre est ce qui fait le vrai charme de ceux qui l'écoutent.

C'est ce que me fit remarquer le chanteur de mylord, qui, pour un musicien, ne laisse pas de parler assez bien de son art. « L'harmonie, me disait-il, n'est qu'un accessoire éloigné dans la musique imitative; il n'y a, dans l'harmonie proprement dite, aucun principe d'imitation. Elle assure, il est vrai, les intonations; elle porte témoignage de leur justesse; et, rendant les modulations plus sensibles, elle ajoute de l'énergie à l'expression et de la grâce au chant. Mais, c'est de la seule mélodie que sort cette puissance invincible des accents passionnés; c'est d'elle que dérive tout le pouvoir de la musique sur l'âme. Formez les plus savantes successions d'accords sans mélange de mélodie, vous serez ennuyés au bout d'un quart d'heure. De beaux chants sans aucune harmonie sont longtemps à l'épreuve de l'ennui. Que l'accent du sentiment anime les chants les plus simples, ils seront intéressants. Au contraire, une mélodie qui ne parle point chante toujours mal, et la seule harmonie n'a jamais rien su dire au cœur.

« C'est en ceci, continuait-il, que consiste l'erreur des Français sur les forces de la musique. N'ayant et ne pouvant avoir une mélodie à eux, dans une langue qui n'a point d'accent, et sur une poésie maniérée qui ne connut jamais la nature, ils n'imaginent d'effets que ceux de l'harmonie et des éclats de voix, qui ne rendent pas les sons plus mélodieux, mais plus bruyants; et ils sont si malheureux dans leurs prétentions, que cette harmonie même qu'ils cherchent leur échappe; à force de la vouloir charger, ils n'y mettent plus de choix, ils ne connaissent plus les choses d'effet, ils ne font plus que du remplissage; ils se gâtent l'oreille, et ne sont plus sensibles qu'au bruit : en sorte que la plus belle voix pour eux n'est que celle qui chante le plus fort. Aussi, faute d'un genre propre, n'ont-ils jamais fait que suivre pesamment, et de loin, nos modèles; et depuis leur célèbre Lulli, ou plutôt le nôtre, qui ne fit qu'imiter les opéra dont l'Italie était déjà pleine de son temps, on les a toujours vus, à la piste de trente ou quarante ans, copier, gâter nos vieux auteurs, et faire à peu près de notre musique comme les autres peuples font de leurs modes. Quand ils se vantent de leurs chansons, c'est leur propre condamnation qu'ils prononcent; s'ils savaient chanter des sentiments, ils ne chanteraient pas de l'esprit : mais parce que leur musique n'exprime rien, elle est plus propre aux chansons qu'aux opéras; et parce que la nôtre est toute passionnée, elle est plus propre aux opéras qu'aux chansons (1). »

Ensuite, m'ayant récité sans chant quelques scènes italiennes, il me fit sentir les rapports de la musique à la parole dans le récitatif, de la musique au sentiment dans les airs, et partout l'énergie que la mesure exacte et le choix des accords ajoutent à l'expression. Enfin, après avoir joint à la connaissance que j'ai de la langue la meilleure idée qu'il me fut possible de l'accent oratoire et pathétique, c'est-à-dire de l'art de parler à l'oreille et au cœur dans une langue sans articuler des mots, je me mis à écouter cette musique enchanteresse, et je sentis bientôt, aux émotions qu'elle me causait, que cet art avait un pouvoir supérieur à celui que j'avais imaginé. Je ne sais quelle sensation voluptueuse me gagnait insensiblement. Ce n'était plus une vaine suite de sons, comme dans nos récits. A chaque phrase, quelque image entrait dans mon cerveau ou quelque sentiment dans mon cœur; le plaisir ne s'arrêtait point à l'oreille, il pénétrait jusqu'à l'âme; l'exécution coulait sans efforts, avec une facilité charmante; tous les concertants semblaient animés du même esprit; le chanteur, maître de sa voix, en tirait sans gêne tout ce que le chant et les paroles demandaient de lui; et je trouvai surtout un grand soulagement à ne sentir ni ces lourdes cadences, ni ces pénibles efforts de voix, ni cette contrainte que donne, chez nous, au musicien le perpétuel combat du chant et de la mesure, qui, ne pouvant jamais s'accorder, ne lassent guère moins l'auditeur que l'exécutant.

Mais quand, après une suite d'airs agréables, on vint à ces grands morceaux d'expression qui savent exciter et peindre le désordre des passions violentes, je perdais à chaque instant l'idée de musique, de chant, d'imitation; je croyais entendre la voix de la douleur, de l'emportement, du désespoir; je croyais voir des mères éplorées, des amants trahis, des tyrans furieux; et, dans les agitations que j'étais forcé d'éprouver, j'avais peine à rester en place. Je connus alors pourquoi cette musique, qui m'avait autrefois ennuyé, m'échauffait maintenant jusqu'au transport; c'est que j'avais commencé de la concevoir, et que sitôt qu'elle pouvait agir elle agissait avec toute sa force. Non, Julie, on ne supporte point à demi de pareilles impressions : elles sont excessives ou nulles, jamais faibles ou médiocres; il faut rester insensible, ou se laisser émouvoir outre mesure; ou c'est le vain bruit d'une langue qu'on n'entend point, ou c'est une impétuosité de sentiment qui vous entraîne, et à laquelle il est impossible à l'âme de résister.

Je n'avais qu'un regret, mais il ne me quittait point; c'était qu'un autre que toi formât des sons dont j'étais si touché, et de voir sortir de la bouche d'un vil *castrato* les plus tendres expressions de l'amour. O ma Julie! n'est-ce pas à nous de revendiquer tout ce qui appartient au sentiment? Qui sentira, qui dira mieux que nous ce que doit dire et sentir une âme attendrie? Qui saura prononcer d'un ton plus charmant le *cor mio, l'idolo amato*? Ah! que le cœur prêtera d'énergie à l'art si jamais nous chantons ensemble un de ces duos charmants qui font couler des larmes si délicieuses! Je te conjure premièrement d'entendre un essai de cette musique, soit chez toi, soit chez l'inséparable. Mylord y conduira, quand tu voudras, tout son monde, et je suis sûr qu'avec un organe aussi sensible que le tien, et plus de connaissance que je n'en avais de la déclamation italienne, une seule séance suffira pour t'amener au point où je suis, et te faire partager mon enthousiasme. Je te

(1) Rousseau modifia plus tard cette opinion.

propose et te prie encore de profiter du séjour du virtuose pour prendre leçon de lui, comme j'ai commencé de faire dès ce matin. Sa manière d'enseigner est simple, nette, et concise en pratique plus qu'en discours; il ne dit pas ce qu'il faut faire, il le fait; et en ceci comme en bien d'autres choses, l'exemple vaut mieux que la règle. Je vois déjà qu'il n'est question que de s'asservir à la mesure, de la bien sentir, de phraser et ponctuer avec soin, de soutenir également des sons et non de les renfler, afin d'ôter de la voix les éclats et toute la prétintaille française, pour la rendre juste, expressive et flexible : la tienne, naturellement si légère et si douce, prendra facilement ce nouveau pli; tu trouveras bientôt dans ta sensibilité l'énergie et la vivacité de l'accent qui anime la musique italienne,

E 'l cantar che nell' anima si sente (1).

Laisse donc pour jamais cet ennuyeux et lamentable chant français, qui ressemble aux cris de la colique mieux qu'aux transports des passions. Apprends à former ces sons divins que le sentiment inspire, seuls dignes de ta voix, seuls dignes de ton cœur, et qui portent toujours avec eux le charme et le feu des caractères sensibles.

LETTRE XLIX.

DE JULIE.

Tu sais bien, mon ami, que je ne puis t'écrire qu'à la dérobée, et toujours en danger d'être surprise. Ainsi, dans l'impossibilité de faire de longues lettres, je me borne à répondre à ce qu'il y a de plus essentiel dans les tiennes, ou à suppléer à ce que je ne t'ai pu dire dans les conversations non moins furtives de bouche que par écrit. C'est ce que je ferai surtout aujourd'hui, que deux mots au sujet de mylord Edouard me font oublier le reste de ta lettre.

Mon ami, tu crains de me perdre, et me parles de chansons! belle manière à tracasserie entre amants qui s'entendraient moins. Vraiment tu n'es pas jaloux, on le voit bien; mais pour le coup je ne serai pas jalouse moi-même, car j'ai pénétré dans ton âme et ne sens que ta confiance où d'autres croiraient sentir ta froideur. O la douce et charmante sécurité que celle qui vient du sentiment d'une union parfaite! C'est par elle, je le sais, que tu tires de ton propre cœur le bon témoignage du mien; c'est par elle aussi que le mien te justifie; et je te croirais bien moins amoureux si je te voyais plus alarmé.

Je ne sais ni ne veux savoir si mylord Edouard a d'autres attentions pour moi que celles qu'ont tous les hommes pour les personnes de mon âge : ce n'est point de ses sentiments qu'il s'agit, mais de ceux de mon père et des miens; ils sont aussi d'accord sur son compte que sur celui des prétendus prétendants dont tu dis que tu ne dis rien. Si son exclusion et la leur suffisent à ton repos, sois tranquille. Quelque honneur que nous fît la recherche d'un homme de ce rang, jamais, du consentement du père ni de la fille, Julie d'Etange ne sera lady Bomston. Voilà sur quoi tu peux compter.

Ne va pas croire qu'il ait été pour cela question de mylord Edouard, je suis sûre que de nous quatre tu es le seul qui puisse même lui supposer du goût pour moi. Quoi qu'il en soit, je sais à cet égard la volonté de mon père sans qu'il en ait parlé ni à moi ni à personne, et je n'en serais pas mieux instruite quand il me l'aurait positivement déclarée. En voilà assez pour calmer tes craintes, c'est-à-dire autant que tu en dois savoir. Le reste serait pour toi de pure curiosité, et tu sais que j'ai résolu de ne la point satisfaire. Tu as beau me reprocher cette réserve et la prétendre hors de propos dans nos intérêts communs : si je l'avais toujours eue, elle me serait moins importante aujour-

---

(1) Et le chant qui se sent dans l'âme. Pétr.

d'hui. Sans le compte indiscret que je te rendis d'un discours de mon père, tu n'aurais point été le désoler à Meillerie; tu ne m'eusses point écrit la lettre qui m'a perdue; je vivrais innocente, et pourrais encore aspirer au bonheur. Juge, par ce que me coûte une seule indiscrétion, de la crainte que je dois avoir d'en commettre d'autres. Tu as trop d'emportement pour avoir de la prudence; tu pourrais plutôt vaincre tes passions que les déguiser. La moindre alarme te mettrait en fureur; à la moindre lueur favorable tu ne douterais plus de rien; on lirait tous nos secrets dans ton âme, et tu détruirais à force de zèle tout le succès de mes soins. Laisse-moi donc les soucis de l'amour, et n'en garde que les plaisirs; ce partage est-il si pénible? et ne sens-tu pas que tu ne peux rien à notre bonheur que de n'y point mettre obstacle?

Hélas! que me serviront désormais ces précautions tardives? Est-il temps d'affermir ses pas au fond du précipice, et de prévenir les maux dont on se sent accablé? Ah! misérable fille, c'est bien à toi de parler de bonheur! En peut-il jamais être où règnent la honte et le remords? Dieu! quel état cruel, de ne pouvoir ni supporter son crime, ni s'en repentir; d'être assiégé par mille frayeurs, abusé par mille espérances vaines, et de ne jouir pas même de l'horrible tranquillité du désespoir! Je suis désormais à la seule merci du sort. Ce n'est plus ni de force ni de vertu qu'il est question, mais de fortune et de prudence; et il ne s'agit pas d'éteindre un amour qui doit durer autant que ma vie, mais de le rendre innocent ou de mourir coupable. Considère cette situation, mon ami, et vois si tu peux te fier à mon zèle.

LETTRE L.

DE JULIE.

Je n'ai point voulu vous expliquer hier en vous quittant la cause de la tristesse que vous m'avez reprochée, parce que vous n'étiez pas en état de m'entendre. Malgré mon aversion pour les éclaircissements, je vous dois celui-ci, puisque je l'ai promis, et je m'en acquitte.

Je ne sais si vous vous souvenez des étranges discours que vous me tîntes hier au soir, et des manières dont vous les accompagnâtes: quant à moi, je ne les oublierai jamais assez tôt pour votre bonheur et pour mon repos, et malheureusement j'en suis trop indignée pour pouvoir les oublier aisément. De pareilles expressions avaient quelquefois frappé mon oreille en passant auprès du port; mais je ne croyais pas qu'elles pussent jamais sortir de la bouche d'un honnête homme; je suis très sûre au moins qu'elles n'entrèrent jamais dans le dictionnaire des amants, et j'étais bien éloignée de penser qu'elles pussent être d'usage entre vous et moi. Eh dieux! quel amour est le vôtre, s'il assaisonne ainsi ses plaisirs! Vous sortiez, il est vrai, d'un long repas, et je vois ce qu'il faut pardonner en ce pays aux excès qu'on y peut faire; c'est aussi pour cela que je vous en parle. Soyez certain qu'un tête-à-tête où vous m'auriez traitée ainsi de sang-froid eût été le dernier de notre vie.

Mais, ce qui m'alarme sur votre compte, c'est que souvent la conduite d'un homme échauffé de vin n'est que l'effet de ce qui se passe au fond de son cœur dans les autres temps. Croirai-je que, dans un état où l'on ne déguise rien, vous vous montrâtes tel que vous êtes? Que deviendrais-je si vous pensiez à jeun comme vous parliez hier au soir? Plutôt que de supporter un pareil mépris, j'aimerais mieux éteindre un feu si grossier, et perdre un amant qui, sachant si mal honorer sa maîtresse, mériterait si peu d'en être estimé. Dites-moi, vous qui chérissiez les sentiments honnêtes, seriez-vous tombé dans cette erreur cruelle, que l'amour heureux n'a plus de ménagement à garder avec la pudeur, et qu'on ne doit plus de respect à celle dont on n'a plus de rigueur à craindre? Ah! si vous aviez toujours pensé ainsi, vous auriez été moins à redouter, et je ne serais pas si malheureuse. Ne vous y trompez pas, mon ami, rien n'est si dangereux pour les vrais amants que les préjugés du monde; tant de gens parlent d'amour, et si peu savent aimer, que la plupart prennent pour ses pures et douces lois les viles maximes d'un commerce abject, qui, bientôt assouvi de lui-même, a recours aux monstres de l'imagination et se déprave pour se soutenir.

Je ne sais si je m'abuse; mais il me semble que le véritable amour est le plus chaste de tous les liens. C'est lui, c'est son feu divin qui sait épurer nos penchants naturels, en les concentrant dans un seul objet; c'est lui qui nous dérobe aux tentations, et qui fait qu'excepté cet objet unique un sexe n'est plus rien pour l'autre. Pour une femme ordinaire, tout homme est toujours un homme; mais pour celle dont le cœur aime, il n'y a point d'homme que son amant. Que dis-je? un amant n'est-il qu'un homme? Ah! qu'il est un être bien plus sublime! Il n'y a point d'homme pour celle qui aime : son amant est plus; tous les autres sont moins; elle et lui sont les seuls de leur espèce. Ils ne désirent pas, ils aiment. Le cœur ne suit point les sens, il les guide; il couvre leurs égarements d'un voile délicieux. Non, il n'y a rien d'obscène que la débauche et son grossier langage. Le véritable amour, toujours modeste, n'arrache point ses faveurs avec audace; il les dérobe avec timidité. Le mystère, le silence, la honte craintive, aiguisent et cachent ses doux transports. Sa flamme honore et purifie toutes ses caresses; la décence et l'honnêteté l'accompagnent au sein de la volupté même; et lui seul sait tout accorder aux désirs sans rien ôter à la pudeur. Ah! dites, vous qui connûtes les vrais plaisirs, comment une cynique effronterie pourrait-elle s'allier avec eux? comment ne bannirait-elle pas leur délire et tout leur charme, comment ne souillerait-elle pas cette image de perfection sous laquelle on se plaît à contempler l'objet aimé? Croyez-moi, mon ami, la débauche et l'amour ne sauraient loger ensemble, et ne peuvent pas même se compenser. Le cœur fait le vrai bonheur quand on s'aime, et rien n'y peut suppléer sitôt qu'on ne s'aime plus.

Mais quand vous seriez assez malheureux pour vous plaire à ce déshonnête langage, comment avez-vous pu vous résoudre à l'employer si mal à propos, et à prendre avec celle qui vous est chère un ton et des manières qu'un homme d'honneur doit même ignorer? Depuis quand est-il doux d'affliger ce qu'on aime? et quelle est cette volupté barbare qui se plaît à jouir du tourment d'autrui? Je n'ai pas oublié que j'ai perdu le droit d'être respectée; mais si je l'oubliais jamais, est-ce à vous de me le rappeler? est-ce à l'auteur de ma faute d'en aggraver la punition? Ce serait à lui plutôt à m'en consoler. Tout le monde a droit de me mépriser, hors vous. Vous me devez le prix de l'humiliation où vous m'avez réduite; et tant de pleurs versés sur ma faiblesse méritaient que vous me la fissiez moins cruellement sentir. Je ne suis ni prude ni précieuse. Hélas! que j'en suis loin, moi qui n'ai pas su même être sage! Vous le savez trop, ingrat, si ce tendre cœur sait rien refuser à l'amour. Mais au moins ce qu'il lui cède, il ne veut le céder qu'à lui; et vous m'avez trop bien appris son langage pour lui en pouvoir substituer un si différent. Des injures, des coups, m'outrageraient moins que de semblables caresses. Ou renoncez à Julie, ou sachez être estimé d'elle. Je vous l'ai déjà dit, je ne connais point d'amour sans pudeur; et s'il m'en coûtait de perdre le vôtre, il m'en coûterait encore plus de le conserver à ce prix.

Il me reste beaucoup de choses à dire sur le même sujet; mais il faut finir cette lettre, et je les renvoie à un autre temps. En attendant, remarquez un effet de vos fausses maximes sur l'usage immodéré du vin. Votre cœur n'est point coupable, j'en suis très sûre; et, sans savoir ce que vous faisiez, vous désoliez, comme à plaisir, ce cœur trop facile à s'alarmer, et pour qui rien n'est indifférent de ce qui lui vient de vous.

LETTRE LI.

RÉPONSE.

Il n'y a pas une ligne dans votre lettre qui ne me fasse glacer le sang : et j'ai peine à croire, après l'avoir relue vingt fois, que ce soit à moi qu'elle est adressée. Qui? moi? moi? j'aurais offensé Julie? j'aurais profané ses attraits? celle à qui chaque instant de ma vie j'offre des adorations eût été en butte à mes outrages? Non, je me serais percé le cœur mille fois avant qu'un projet si barbare en eût approché. Ah! que tu le connais mal, ce cœur qui t'idolâtre, ce cœur qui vole et se prosterne sous chacun de tes pas, ce cœur qui voudrait inventer pour toi de nouveaux hommages inconnus aux mortels; que tu le connais mal, ô Julie! si tu l'accuses de manquer envers toi à ce respect ordinaire et commun qu'un amant vulgaire aurait même pour sa maîtresse! Je ne crois être ni imprudent ni brutal, je hais les discours déshonnêtes, et n'entrerai de mes jours dans les lieux où l'on apprend à les tenir : mais, que je le redise après toi, que je renchérisse sur ta juste indignation; quand je serais le plus vil des mortels, quand j'aurais passé mes premiers ans dans la crapule, quand le goût des honteux plaisirs pourrait trouver place en un cœur où tu règnes, oh! dis-moi, Julie, ange du ciel! dis-moi comment je pourrais apporter devant toi l'effronterie qu'on ne peut avoir que devant celles qui l'aiment? Ah! non, il n'est pas possible. Un seul de tes regards eût contenu ma bouche et purifié mon cœur. L'amour eût couvert mes désirs emportés des charmes de ta modestie; il l'eût vaincue sans l'outrager; et, dans la douce union de nos âmes, leur seul délire eût produit les erreurs des sens. J'en appelle à ton propre témoignage. Dis si, dans toutes les fureurs d'une passion sans mesure, je cessai jamais d'en respecter le charmant objet. Si je reçus le prix que ma flamme avait mérité, dis si j'abusai de mon bonheur pour outrager ta douce honte. Si, d'une main timide, l'amour ardent et craintif attenta quelquefois à tes charmes, dis si jamais une témérité brutale osa les profaner. Quand un transport indiscret écarte un instant le voile qui les couvre, l'aimable pudeur n'y substitue-t-elle pas aussitôt le sien? Ce vêtement sacré t'abandonnerait-il un moment quand tu n'en aurais point d'autre? Incorruptible comme ton âme honnête, tous les feux de la mienne l'ont-ils jamais altérée? Cette union si touchante et si tendre ne suffit-elle pas à notre félicité? ne fait-elle pas seule tout le bonheur de nos jours? connaissons-nous au monde quelques plaisirs hors ceux que l'amour donne? en voudrions-nous connaître d'autres? Conçois-tu comment cet enchantement eût pu se détruire? Comment! j'aurais oublié dans un moment l'honnêteté, notre amour, mon honneur, et l'invincible respect que j'aurais toujours eu pour toi, quand même je ne t'aurais point adorée! Non, ne le crois pas; ce n'est point moi qui pus t'offenser; je n'en ai nul souvenir, et si j'eusse été coupable un instant, le remords me quitterait-il jamais? Non, Julie; un démon, jaloux d'un sort trop heureux pour un mortel, a pris ma figure pour le troubler, et m'a laissé mon cœur pour me rendre plus misérable.

J'abjure, je déteste un forfait que j'ai commis puisque tu m'en accuses, mais auquel ma volonté n'a point de part. Que je vais l'abhorrer, cette fatale intempérance qui me paraissait favorable aux épanchements du cœur, et qui peut démentir si cruellement le mien! J'en fais par toi l'irrévocable serment, dès aujourd'hui, je renonce pour ma vie au vin comme au plus mortel poison; jamais cette liqueur funeste ne troublera mes sens, jamais elle ne souillera mes lèvres, et son délire insensé ne me rendra plus coupable à mon insu. Si j'enfreins ce vœu solennel, amour, accable-moi du châtiment dont je serai digne : puisse à l'instant l'image de ma Julie sortir pour jamais de mon cœur, et l'abandonner à l'indifférence et au désespoir!

Ne pense pas que je veuille expier mon crime par une peine si légère; c'est une précaution et non pas un châtiment : j'attends de toi celui que j'ai mérité, je l'implore pour soulager mes regrets. Que l'amour offensé se venge et s'apaise; punis-moi sans me haïr, je souffrirai sans murmure. Sois juste et sévère; il le faut, j'y consens : mais si tu veux me laisser la vie, ôte-moi tout, hormis ton cœur.

LETTRE LII.

DE JULIE.

Comment, mon ami, renoncer au vin pour sa maîtresse! Voilà ce qu'on appelle un sacrifice! Oh! je défie qu'on trouve dans les quatre cantons un homme plus amoureux que toi! Ce n'est pas qu'il n'y ait parmi nos jeunes gens de petits messieurs francisés qui boivent de l'eau par air; mais tu seras le premier à qui l'amour en aura fait boire; c'est un exemple à citer dans les fastes galants de la Suisse. Je me suis même informée de tes déportements, et j'ai appris avec une extrême édification que, soupant hier chez M. de Vueillerans, tu laissas faire la ronde à six bouteilles après le repas, sans y toucher, et ne marchandais non plus les verres d'eau que les convives ceux de vin de la Côte. Cependant cette pénitence dure depuis trois jours que ma lettre est écrite, et trois jours font au moins six repas : or, à six repas observés par fidélité, l'on en peut ajouter six autres par crainte, et six par honte, et six par habitude, et six par obstination. Que de motifs peuvent prolonger des privations pénibles dont l'amour seul aurait la gloire. Daignerait-il se faire honneur de ce qui peut n'être pas à lui?

Voilà plus de mauvaises plaisanteries que tu ne m'as tenu de mauvais propos : il est temps d'enrayer. Tu es grave naturellement; je me suis aperçue qu'un badinage t'échauffe, comme une longue promenade échauffe un homme replet; mais je tire à peu près de toi la vengeance que Henri IV tira du duc de Mayenne, et ta souveraine veut imiter la clémence du meilleur des rois. Aussi bien je craindrais qu'à force de regrets et d'excuses tu ne te fisses à la fin un mérite d'une faute si bien réparée, et je veux me hâter de l'oublier, de peur que, si j'attendais trop longtemps, ce ne fût plus générosité, mais ingratitude.

A l'égard de ta résolution de renoncer au vin pour toujours, elle n'a pas autant d'éclat à mes yeux que tu pourrais croire; les passions vives ne songent guère à ces petits sacrifices, et l'amour ne se repaît point de galanterie. D'ailleurs, il y a quelquefois plus d'adresse que de courage à tirer avantage pour le moment présent d'un avenir incertain, et à se payer d'avance d'une abstinence éternelle à laquelle on renonce quand on veut. Eh! mon bon ami, dans tout ce qui flatte les sens, l'abus est-il donc inséparable de la jouissance? L'ivresse est-elle nécessairement attachée au goût du vin? et la philosophie serait-elle assez vaine ou assez cruelle pour n'offrir d'autre moyen d'user modérément des choses qui plaisent que de s'en priver tout-à-fait!

Si tu tiens ton engagement, tu t'ôtes un plaisir innocent, et risques ta santé en changeant de manière de vivre; si tu l'enfreins, l'amour est doublement offensé, et ton honneur même en souffre. J'use donc en cette occasion de mes droits; et non-seulement je te relève d'un vœu nul, comme fait sans congé, mais je te défends même de l'observer au-delà du terme que je vais te prescrire. Mardi nous aurons ici la musique de mylord Edouard. A la collation, je t'enverrai une coupe à demi pleine d'un nectar pur et bienfaisant. Je veux qu'elle soit bue en ma présence et à mon intention, après avoir fait de quelques gouttes une libation expiatoire aux Grâces. Ensuite mon pénitent reprendra dans ses repas l'usage sobre du vin tempéré par le cristal des fontaines; et, comme dit ton bon Plutarque, en calmant les ardeurs de Bacchus par le commerce des Nymphes.

A propos du concert de mardi, cet étourdi de Regianino ne s'est-il pas mis dans la tête que j'y pourrais déjà chanter un air italien et même un duo avec lui? Il voulait que je le chantasse avec toi pour mettre ensemble ses deux écoliers; mais il y a dans ce duo de certains *ben mio* dangereux à dire sous les yeux d'une mère quand le cœur est de la partie; il vaut mieux renvoyer cet essai au premier concert qui se fera chez l'inséparable. J'attribue la facilité avec laquelle j'ai pris le goût de cette musique à celui que mon frère m'avait donné pour la poésie italienne, et que j'ai si bien entretenu avec toi, que je sens aisément la cadence des vers, et qu'au dire de Regianino j'en prends assez bien l'accent. Je commence chaque leçon par lire quelques octaves du Tasse ou quelques scènes du Métastase; ensuite il me fait dire et accompagner du récitatif; et je crois continuer de parler ou de lire, ce qui sûrement ne m'arrivait pas dans le récitatif français. Après cela il faut soutenir en mesure des sons égaux et justes : exercice que les éclats auxquels j'étais accoutumée me rendent assez difficile. Enfin, nous passons aux airs; et il se trouve que la justesse et la flexibilité de la voix, l'expression pathétique, les sons renforcés, et tous les passages, sont un effet naturel de la douceur du chant et de la précision de la mesure; de sorte que ce qui me paraissait le plus difficile à apprendre n'a pas même besoin d'être enseigné. Le caractère de la mélodie a tant de rapport au ton de la langue, et une si grande pureté de modulation, qu'il ne faut qu'écouter la basse et savoir parler pour déchiffrer aisément le chant. Toutes les passions y ont des expressions aiguës et fortes; tout au contraire de l'accent traînant et pénible du chant français, le sien, toujours doux et facile, mais vif et touchant, dit beaucoup avec peu d'effort : enfin, je sens que cette musique agite l'âme et repose la poitrine; c'est précisément celle qu'il faut à mon cœur et à mes poumons. A mardi donc, mon aimable ami, mon maître, mon pénitent, mon apôtre : hélas! que ne m'es-tu point? pourquoi faut-il qu'un seul titre manque à tant de droits?

P. S. Sais-tu qu'il est question d'une jolie promenade sur l'eau, pareille à celle que nous fîmes il y a deux ans avec la pauvre Chaillot? Que mon rusé maître était timide alors! qu'il tremblait en me donnant la main pour sortir du bateau! Ah! l'hypocrite!... il a beaucoup changé.

LETTRE LIII.

DE JULIE.

Ainsi tout déconcerte nos projets, tout trompe notre attente, tout trahit des feux que le ciel eût dû couronner! Vils jouets d'une aveugle fortune, tristes victimes d'un moqueur espoir, toucherons-nous sans cesse au plaisir qui fuit, sans jamais l'atteindre? Cette noce trop vainement désirée devait se faire à Clarens; le mauvais temps nous contrarie, il faut la faire à la ville. Nous devions nous y ménager une entrevue; tous deux obsédés d'importuns, nous ne pouvons leur échapper en même temps, et le moment où l'un des deux se dérobe est celui où il est impossible à l'autre de le joindre! Enfin, un favorable instant se présente; la plus cruelle des mères vient nous l'arracher; et peu s'en faut que cet instant ne soit celui de la perte de deux infortunés qu'il devait rendre heureux! Loin de rebuter mon courage, tant d'obstacles l'ont irrité; je ne sais quelle nouvelle force m'anime, mais je me sens une hardiesse que je n'eus jamais; et, si tu l'oses partager ce soir, ce soir même peut acquitter mes promesses, et payer d'une seule fois toutes les dettes de l'amour.

Consulte-toi bien, mon ami, et vois jusqu'à quel point il t'est doux de vivre; car l'expédient que je te propose peut nous mener tous deux à la mort : si tu la crains, n'achève point cette lettre; mais si la pointe d'une épée n'effraie pas plus aujourd'hui ton cœur que ne l'effrayaient jadis les gouffres de Meillerie, le mien court le même risque et n'a pas balancé. Ecoute.

Babi, qui couche ordinairement dans ma chambre, est malade depuis trois jours; et, quoique je voulusse absolument la soigner, on l'a transportée ailleurs malgré moi : mais, comme elle est mieux, peut-être elle reviendra dès demain. Le lieu où l'on mange est loin de l'escalier qui conduit à l'appartement de ma mère et au mien : à l'heure du souper, toute la maison est déserte, hors la cuisine et la salle à manger. Enfin la nuit, dans cette saison, est déjà obscure à la même heure ; son voile peut dérober aisément dans la rue les passants aux spectateurs, et tu sais parfaitement les êtres de la maison.

Ceci suffit pour me faire entendre. Viens cette après-midi chez ma Fanchon, je t'expliquerai le reste et te donnerai les instructions nécessaires : que si je ne le puis, je les laisserai par écrit à l'ancien entrepôt de nos lettres, où, comme je t'en ai prévenu, tu trouveras déjà celle-ci ; car le sujet en est trop important pour l'oser confier à personne.

Oh ! comme je vois à présent palpiter ton cœur ! Comme j'y lis tes transports, et comme je les partage ! Non, mon doux ami ; non, nous ne quitterons point cette courte vie sans avoir un instant goûté le bonheur : mais songe pourtant que cet instant est environné des horreurs de la mort ; que l'abord est sujet à mille hasards, le séjour dangereux, la retraite d'un péril extrême ; que nous sommes perdus si nous sommes découverts, et qu'il faut que tout nous favorise pour pouvoir éviter de l'être. Ne nous abusons point : je connais trop mon père pour douter que je ne te visse à l'instant percer le cœur de sa main, si même il ne commençait par moi, car sûrement je ne serais pas plus épargnée : et crois-tu que je t'exposerais à ce risque si je n'étais sûre de le partager ?

Pense encore qu'il n'est point question de te fier à ton courage ; il n'y faut pas songer ; et je te défends même très expressément d'apporter aucune arme pour ta défense, pas même ton épée : aussi bien te serait-elle parfaitement inutile ; car, si nous sommes surpris, mon dessein est de me précipiter dans tes bras, de t'enlacer fortement dans les miens, et de recevoir ainsi le coup mortel pour n'avoir plus à me séparer de toi, plus heureuse à ma mort que je ne le fus de ma vie.

J'espère qu'un sort plus doux nous est réservé ; je sens au moins qu'il nous est dû ; et la fortune se lassera de nous être injuste. Viens donc, âme de mon cœur, vie de ma vie, viens te réunir à toi-même, viens sous les auspices du tendre amour recevoir le prix de ton obéissance et de tes sacrifices ; viens avouer, même au sein des plaisirs, que c'est de l'union des cœurs qu'ils tirent leur plus grand charme.

LETTRE LIV.

A JULIE.

J'arrive plein d'une émotion qui s'accroît en entrant dans cet asile. Julie ! me voici dans ton cabinet, me voici dans le sanctuaire de tout ce que mon cœur adore. Le flambeau de l'amour guidait mes pas, et j'ai passé sans être aperçu. Lieu charmant, lieu fortuné, qui jadis vis tant réprimer de regards tendres, tant étouffer de soupirs brûlants ; toi qui vis naître et nourrir mes premiers feux, pour la seconde fois tu les verras couronner ; témoin de ma constance immortelle, sois le témoin de mon bonheur, et voile à jamais les plaisirs du plus fidèle et du plus heureux des hommes.

Que ce mystérieux séjour est charmant ! Tout y flatte et nourrit l'ardeur qui me dévore. O Julie ! il est plein de toi, et la flamme de mes désirs s'y répand sur tous tes vestiges. Oui, tous mes sens y sont enivrés à la fois. Je ne sais quel parfum presque insensible, plus doux que la rose et plus léger que l'iris, s'exhale ici de toutes parts : j'y crois entendre le son flatteur de ta voix. Toutes les parties de ton habillement éparses présentent à mon ardente imagination celles de toi-même qu'elles recèlent. Cette coiffure légère que parent de grands cheveux blonds qu'elle feint de couvrir ; cet heureux fichu contre lequel une fois au moins je n'aurai point à murmurer; ce déshabillé élégant et simple qui marque si bien le goût de celle qui le porte; ces mules si mignonnes qu'un pied souple remplit sans peine; ce corps si délié qui touche et embrasse... Quelle taille enchanteresse!... au-devant deux légers contours... O spectacle de volupté!... la baleine a cédé à la force de l'impression... Empreintes délicieuses, que je vous baise mille fois! Dieux! dieux! que sera-ce quand..... Ah! je crois déjà sentir ce tendre cœur battre sous une heureuse main! Julie! ma charmante Julie! je te vois, je te sens partout, je te respire avec l'air que tu as respiré; tu pénètres toute ma substance. Que ton séjour est brûlant et douloureux pour moi! il est terrible à mon impatience. Oh! viens, vole, ou je suis perdu!

Quel bonheur d'avoir trouvé de l'encre et du papier! J'exprime ce que je sens pour en tempérer l'excès, je donne le change à mes transports en les décrivant.

Il me semble entendre du bruit : serait-ce ton barbare père? Je ne crois pas être lâche... Mais qu'en ce moment la mort me serait horrible! mon désespoir serait égal à l'ardeur qui me consume. Ciel, je te demande encore une heure de vie; et j'abandonne le reste de mon être à ta rigueur. O désirs! ô crainte! ô palpitations cruelles!... On ouvre!... on entre!... c'est elle! c'est elle! je l'entrevois, je l'ai vue; j'entends refermer la porte. Mon cœur, mon faible cœur, tu succombes à tant d'agitations. Ah! cherche des forces pour supporter la félicité qui t'accable!

LETTRE LV.

A JULIE.

Oh! mourons, ma douce amie! mourons, la bien-aimée de mon cœur! Que faire désormais d'une jeunesse insipide dont nous avons épuisé toutes les délices? Explique-moi, si tu le peux, ce que j'ai senti dans cette nuit inconcevable; donne-moi l'idée d'une vie ainsi passée, ou laisse-m'en quitter une qui n'a plus rien de ce que je viens d'éprouver avec toi. J'avais goûté le plaisir, et croyais concevoir le bonheur! Ah! je n'avais senti qu'un vain songe, et n'imaginais que le bonheur d'un enfant. Mes sens abusaient mon âme grossière; je ne cherchais qu'en eux le bien suprême, et j'ai trouvé que leurs plaisirs épuisés n'étaient que le commencement des miens. O chef-d'œuvre unique de la nature! divine Julie! possession délicieuse à laquelle tous les transports du plus ardent amour suffisent à peine! non, ce ne sont point ces transports que je regrette le plus : ah! non, retire s'il le faut ces faveurs enivrantes pour lesquelles je donnerais mille vies; mais rends-moi tout ce qui n'était point elles, et les effaçait mille fois. Rends-moi cette étroite union des âmes que tu m'avais annoncée et que tu m'as si bien fait goûter; rends-moi cet abattement si doux rempli par les effusions de nos cœurs; rends-moi ce sommeil enchanteur trouvé sur ton sein; rends-moi ce réveil plus délicieux encore, et ces soupirs entrecoupés, et ces douces larmes, et ces baisers qu'une voluptueuse langueur nous faisait lentement savourer, et ces gémissements si tendres durant lesquels tu pressais sur ton cœur ce cœur fait pour s'unir à lui.

Dis-moi, Julie, toi qui, d'après ta propre sensibilité, sais si bien juger de ce de d'autrui, crois-tu que ce que je sentais auparavant fût véritablement de l'amour? Mes sentiments, n'en doute pas, ont depuis hier changé de nature; ils ont pris je ne sais quoi de moins impétueux, mais de plus doux, de plus tendre et le plus charmant. Te souvient-il de cette heure entière que nous passâmes à parler paisiblement de notre amour et de cet avenir obscur et redoutable par qui le présent nous était encore plus sensible; de cette heure, hélas! trop courte, dont une légère empreinte de tristesse rendit les entretiens si touchants? J'étais tranquille, et pourtant j'étais près de toi; je t'adorais et ne désirais rien; je n'imaginais pas même une autre félicité que de sentir ainsi ton visage auprès du mien, ta respiration sur ma joue, et ton bras autour de mon cou. Quel calme dans tous mes sens! quelle volupté pure, continue, universelle! Le charme de la jouissance était dans l'âme; il n'en sortait plus; il durait toujours. Quelle différence des fureurs de l'amour à une situation si paisible! C'est la première fois de mes jours que je l'ai éprouvée auprès de toi; et cependant, juge du changement étrange que j'éprouve : c'est de toutes les heures de ma vie celle qui m'est la plus chère, et la seule que j'aurais voulu prolonger éternellement (1). Julie, dis-moi donc si je ne t'aimais point auparavant, ou si maintenant je ne t'aime plus.

Si je ne t'aime plus? Quel doute! Ai-je donc cessé d'exister? et ma vie n'est-elle pas plus dans ton cœur que dans le mien? Je sens, je sens que tu m'es mille fois plus chère que jamais, et j'ai trouvé dans mon abattement de nouvelles forces pour te chérir plus tendrement encore. J'ai pris pour toi des sentiments plus paisibles, il est vrai, mais plus affectueux et de plus de différentes espèces; sans s'affaiblir, ils se sont multipliés : les douceurs de l'amitié tempèrent les emportements de l'amour, et j'imagine à peine quelque sorte d'attachement qui ne m'unisse pas à toi. O ma charmante maîtresse! ô mon épouse, ma sœur, ma douce amie! que j'aurai peu dit pour ce que je sens après avoir épuisé tous les noms les plus chers au cœur de l'homme!

Il faut que je t'avoue un soupçon que j'ai conçu dans la honte et l'humiliation de moi-même; c'est que tu sais mieux aimer que moi. Oui, ma Julie, c'est bien toi qui fais ma vie et mon être; je t'adore bien de toutes les facultés de mon âme, mais la tienne est plus aimante, l'amour l'a plus profondément

---

(1) Femme trop facile, voulez-vous savoir si vous êtes aimée? examinez votre amant sortant de vos bras. O amour! si je regrette l'âge où l'on te goûte, ce n'est pas pour l'heure de la jouissance : c'est pour l'heure qui la suit.

pénétrée; on le voit, on le sent; c'est lui qui anime tes grâces, qui règne dans tes discours, qui donne à tes yeux cette douceur pénétrante, à ta voix ces accens si touchants; c'est lui qui, par ta seule présence, communique aux autres cœurs, sans qu'ils s'en aperçoivent, la tendre émotion du tien. Que je suis loin de cet état charmant qui se suffit à lui-même! je veux jouir, et tu veux aimer; j'ai des transports, et toi de la passion; tous mes emportements ne valent pas ta délicieuse langueur, et le sentiment dont ton cœur se nourrit est la seule félicité suprême. Ce n'est que d'hier seulement que j'ai goûté cette volupté si pure. Tu m'as laissé quelque chose de ce charme inconcevable qui est en toi, et je crois qu'avec ta douce haleine tu m'inspirais une âme nouvelle. Hâte-toi, je t'en conjure, d'achever ton ouvrage. Prends de la mienne tout ce qui m'en reste, et mets tout-à-fait la tienne à la place. Non, beauté d'ange, âme céleste, il n'y a que des sentiments comme les tiens qui puissent honorer tes attraits; toi seule es digne d'inspirer un parfait amour, toi seule es propre à le sentir. Ah! donne-moi ton cœur, ma Julie, pour t'aimer comme tu le mérites.

LETTRE LVI.

DE CLAIRE A JULIE.

J'ai, ma chère cousine, à te donner un avis qui t'importe. Hier au soir, ton ami eut avec mylord Edouard un démêlé qui peut devenir sérieux. Voici ce que m'en a dit M. d'Orbe, qui était présent, et qui, inquiet des suites de cette affaire, est venu ce matin m'en rendre compte.

Ils avaient tous deux soupé chez mylord; et après une heure ou deux de musique, ils se mirent à causer et à boire du punch. Ton ami n'en but qu'un seul verre mêlé d'eau; les deux autres ne furent pas si sobres; et, quoique M. d'Orbe ne convienne pas de s'être enivré, je me réserve à lui en dire mon avis dans un autre temps. La conversation tomba naturellement sur ton compte; car tu n'ignores pas que mylord n'aime à parler que de toi. Ton ami, à qui ces confidences déplaisent, les reçut avec si peu d'aménité, qu'enfin Edouard, échauffé de punch, et piqué de cette sécheresse, osa dire, en se plaignant de ta froideur, qu'elle n'était pas si générale qu'on pourrait croire, et que tel qui n'en disait mot n'était pas si mal traité que lui. A l'instant ton ami, dont tu connais la vivacité, releva ce discours avec un emportement insultant, qui lui attira un démenti, et ils sautèrent à leurs épées. Bomston, à demi-ivre, se donna en courant une entorse qui le força de s'asseoir. Sa jambe enfla sur-le-champ, et cela calma la querelle mieux que tous les soins que M. d'Orbe s'était donnés. Mais comme il était attentif à ce qui se passait, il vit ton ami s'approcher, en sortant, de l'oreille de mylord Edouard, et il entendit qu'il lui disait à demi-voix : « Sitôt que vous serez en état de sortir, faites-moi donner de vos nouvelles, ou j'aurai soin de m'en informer. — N'en prenez pas la peine, lui dit Edouard avec un souris moqueur, vous en aurez assez tôt. — Nous verrons! » reprit froidement ton ami, et il sortit. M. d'Orbe, en te remettant cette lettre, t'expliquera le tout plus en détail. C'est à ta prudence à te suggérer des moyens d'étouffer cette fâcheuse affaire, ou à me prescrire de mon côté ce que je dois faire pour y contribuer. En attendant, le porteur est à tes ordres, il fera tout ce que tu lui commanderas, et tu peux compter sur le secret.

Tu te perds, ma chère; il faut que mon amitié te le dise; l'engagement où tu vis ne peut rester longtemps caché dans une petite ville comme celle-ci; et c'est un miracle de bonheur que, depuis plus de deux ans qu'il a commencé, tu ne sois pas encore le sujet des discours publics. Tu le vas devenir, si tu n'y prends garde; tu le serais déjà, si tu étais moins aimée; mais il y a une répugnance si générale à mal parler de toi, que c'est un mauvais moyen de se faire fête et un très sûr de se faire haïr. Cependant tout a son terme : je tremble que celui du mystère ne soit venu pour ton amour, et il y a grande apparence que les soupçons de mylord Edouard lui viennent de quelques mauvais propos qu'il peut avoir entendus. Songes-y bien, ma chère enfant. Le guet dit, il y a quelque temps, avoir vu sortir de chez toi ton ami à cinq heures du matin. Heureusement celui-ci sut des premiers ce discours : il courut chez cet homme, et trouva le secret de le faire taire; mais qu'est-ce qu'un pareil silence, sinon le moyen d'accréditer des bruits sourdement répandus? La défiance de ta mère augmente aussi de jour en jour; tu sais combien de fois elle te l'a fait entendre : elle m'en a parlé à mon tour d'une manière assez dure; et si elle ne craignait la violence de ton père, il ne faut pas douter qu'elle ne lui en eût déjà parlé à lui-même; mais elle l'ose d'autant moins qu'il lui donnera toujours le principal tort d'une connaissance qui te vient d'elle.

Je ne puis trop te le répéter, songe à toi tandis qu'il en est temps encore; écarte ton ami avant qu'on en parle, préviens des soupçons naissants que son absence fera sûrement tomber : car enfin que peut-on croire qu'il fait ici? Peut-être dans six semaines, dans un mois, sera-t-il trop tard. Si le moindre mot venait aux oreilles de ton père, tremble de ce qui résulterait de l'indignation d'un vieux militaire entêté de l'honneur de sa maison, et de la pétulance d'un jeune homme emporté qui ne sait rien endurer. Mais il faut commencer par vider, de manière ou d'autre, l'affaire de mylord Edouard; car tu ne ferais qu'irriter ton ami, et t'attirer un juste refus, si tu lui parlais d'éloignement avant qu'elle fût terminée.

LETTRE LVII.

DE JULIE.

Mon ami, je me suis instruite avec soin de ce qui s'est passé entre vous et mylord Edouard; c'est sur l'exacte connaissance des faits que votre amie veut examiner avec vous comment vous devez vous conduire dans cette occasion, d'après les sentiments que vous professez, et dont je suppose que vous ne faites pas une vaine et fausse parade.

Je ne m'informe point si vous êtes versé dans l'art de l'escrime, ni si vous vous sentez en état de tenir tête à un homme qui a dans l'Europe la réputation de manier supérieurement les armes, et qui, s'étant battu cinq ou six fois en sa vie, a toujours tué, blessé ou désarmé son homme : je comprends que, dans le cas où vous êtes, on ne consulte pas son habileté, mais son courage, et que la bonne manière de se venger d'un brave qui vous insulte est de faire qu'il vous tue; passons sur une maxime si judicieuse. Vous me direz que votre honneur et le mien vous sont plus chers que la vie; voilà donc le principe sur lequel il faut raisonner.

Commençons par ce qui vous regarde. Pourriez-vous jamais me dire en quoi vous êtes personnellement offensé dans un discours où c'est de moi seule qu'il s'agissait? Si vous deviez, en cette occasion, prendre fait et cause pour moi, c'est ce que nous verrons tout à l'heure : en attendant, vous ne sauriez disconvenir que la querelle ne soit parfaitement étrangère à votre honneur particulier, à moins que vous ne preniez pour un affront le soupçon d'être aimé de moi. Vous avez été insulté, je l'avoue, mais après avoir commencé vous-même par une insulte atroce; et moi, dont la famille est pleine de militaires, et qui ai tant ouï débattre ces horribles questions, je n'ignore pas qu'un outrage en réponse à un autre ne l'efface point, et que le premier qu'on insulte demeure le seul offensé : c'est le même cas d'un combat imprévu, où l'agresseur est le seul criminel, et où celui qui tue ou blesse en se défendant n'est point coupable de meurtre.

Venons maintenant à moi. Accordons que j'étais outragée par le discours de mylord Edouard, quoiqu'il ne fît que me rendre justice : savez-vous ce que vous faites en me défendant avec tant de chaleur et d'indiscrétion ? vous aggravez son outrage, vous prouvez qu'il avait raison, vous sacrifiez mon honneur à un faux point d'honneur, vous diffamez votre maîtresse pour gagner tout au plus la réputation d'un bon spadassin. Montrez-moi, de grâce, quel rapport il y a entre votre manière de me justifier et ma justification réelle. Pensez-vous que prendre ma cause avec tant d'ardeur soit une grande preuve qu'il n'y a point de liaison entre nous, et qu'il suffise de faire voir que vous êtes brave pour montrer que vous n'êtes pas mon amant ? Soyez sûr que tous les propos de mylord Edouard me font moins de tort que votre conduite; c'est vous seul qui vous chargez, par cet éclat, de les publier et de les confirmer. Il pourra bien, quant à lui, éviter votre épée dans le combat, mais jamais ma réputation ni mes jours peut-être n'éviteront le coup mortel que vous leur portez.

Voilà des raisons trop solides pour que vous ayez rien qui le puisse être à y répliquer : mais vous combattrez, je le prévois, la raison par l'usage ; vous me direz qu'il est des fatalités qui nous entraînent malgré nous; que, dans quelque cas que ce soit, un démenti ne se souffre jamais, et que, quand une affaire a pris un certain tour, on ne peut plus éviter de se battre ou de se déshonorer. Voyons encore.

Vous souvient-il d'une distinction que vous me fîtes autrefois, dans une occasion importante, entre l'honneur réel et l'honneur apparent ? Dans laquelle des deux classes mettrons-nous celui dont il s'agit aujourd'hui? Pour moi, je ne vois pas comment cela peut même faire une question. Qu'y a-t-il de commun entre la gloire d'égorger un homme et le témoignage d'une âme droite ? et quelle prise peut avoir la vaine opinion d'autrui sur l'honneur véritable dont toutes les racines sont au fond du cœur? Quoi ! les vertus qu'on a réellement périssent-elles sous les mensonges d'un calomniateur ? les injures d'un homme ivre prouvent-elles qu'on les mérite? et l'honneur du sage serait-il à la merci du premier brutal qu'il peut rencontrer? Me direz-vous qu'un duel témoigne qu'on a du cœur, et que cela suffit pour effacer la honte ou le reproche de tous les autres vices? Je vous demanderai quel honneur peut dicter une pareille décision, et quelle raison peut la justifier. A ce compte, un fripon n'a qu'à se battre pour cesser d'être un fripon; les discours d'un menteur deviennent des vérités, sitôt qu'ils sont soutenus à la pointe de l'épée; et si l'on vous accusait d'avoir tué un homme, vous en iriez tuer un second pour prouver que cela n'est pas vrai. Ainsi, vertu, vice, honneur, infamie, vérité, mensonge, tout peut tirer son être de l'événement d'un combat; une salle d'armes est le siége de toute justice; il n'y a d'autre droit que la force, d'autre raison que le meurtre, toute la réparation due à ceux qu'on outrage est de les tuer, et toute offense est également bien lavée dans le sang de l'offenseur ou de l'offensé. Dites, si les loups savaient raisonner, auraient-ils d'autres maximes? Jugez vous-même, par le cas où vous êtes, si j'exagère leur absurdité. De quoi s'agit-il ici pour vous? d'un démenti reçu dans une occasion où vous mentiez en effet. Pensez-vous donc tuer la vérité avec celui que voulez punir de l'avoir dite? Songez-vous qu'en vous soumettant au sort d'un duel, vous appelez le ciel en témoignage d'une fausseté, et que vous osez dire à l'arbitre des combats: « Viens soutenir la cause injuste, et faire triompher le mensonge? » Ce blasphème n'a-t-il rien qui vous épouvante? Cette absurdité n'a-t-elle rien qui vous révolte? Eh Dieu! quel est ce misérable honneur qui ne craint pas le vice mais le reproche, et qui ne vous permet pas d'endurer d'un autre un démenti reçu d'avance de votre propre cœur?

Vous, qui voulez qu'on profite pour soi de ses lectures, profitez donc des vôtres; et cherchez si l'on vit un seul appel sur la terre quand elle était couverte de héros. Les plus vaillants hommes de l'antiquité songèrent-ils jamais à venger leurs injures personnelles par des combats particuliers? César envoya-t-il un cartel à Caton, ou Pompée à César, pour tant d'affronts réciproques? et le plus grand capitaine de la Grèce fut-il déshonoré pour s'être laissé menacer du bâton? D'autres temps, d'autres mœurs, je le sais; mais n'y en a-t-il que de bonnes? et n'oserait-on s'enquérir si les mœurs d'un temps sont celles qu'exige le solide honneur? Non, cet honneur n'est point variable; il ne dépend ni des temps, ni des lieux, ni des préjugés; il ne peut ni passer, ni renaître, il a sa source éternelle dans le cœur de l'homme juste et dans la règle inaltérable de ses devoirs. Si les peuples les plus éclairés, les plus braves, les plus vertueux de la terre, n'ont point connu le duel, je dis qu'il n'est pas une institution de l'honneur, mais une mode affreuse et barbare, digne de sa féroce origine. Reste à savoir si, quand il s'agit de sa vie ou de celle d'autrui, l'honnête homme se règle sur la mode, et s'il n'y a pas alors plus de vrai courage à la braver qu'à la suivre. Que ferait, à votre avis, celui qui s'y veut asservir, dans des lieux où règne un usage contraire? à Messine et à Naples, il irait attendre son homme au coin de la rue, et le poignarder par derrière. Cela s'appelle être brave en ce pays-là; et l'honneur n'y consiste pas à se faire tuer par son ennemi, mais à le tuer lui-même.

Gardez-vous donc de confondre le nom sacré de l'honneur avec ce préjugé féroce qui met toutes les vertus à la pointe de l'épée, et n'est propre qu'à faire de braves scélérats. Que cette méthode puisse fournir, si l'on veut, un supplément à la probité; partout où la probité règne, son supplément n'est-il pas inutile? et que penser de celui qui s'expose à la mort pour s'exempter d'être honnête homme? Ne voyez-vous pas que les crimes que la honte et l'honneur n'ont point empêchés sont couverts et multipliés par la fausse honte et la crainte du blâme? C'est elle qui rend l'homme hypocrite et menteur; c'est elle qui lui fait verser le sang d'un ami pour un mot indiscret qu'il devrait oublier, pour un reproche mérité qu'il ne peut souffrir; c'est elle qui transforme en furie infernale une fille abusée et craintive; c'est elle,

Dieu puissant! qui peut armer la main maternelle contre le tendre fruit... Je sens défaillir mon âme à cette idée horrible, et je rends grâces au moins à celui qui sonde les cœurs d'avoir éloigné du mien cet honneur affreux qui n'inspire que des forfaits et fait frémir la nature.

Rentrez donc en vous-même, et considérez s'il vous est permis d'attaquer de propos délibéré la vie d'un homme, et d'exposer la vôtre, pour satisfaire une barbare et dangereuse fantaisie qui n'a nul fondement raisonnable, et si le triste souvenir du sang versé dans une pareille occasion peut cesser de crier vengeance au fond du cœur de celui qui l'a fait couler. Connaissez-vous aucun crime égal à l'homicide volontaire? et si la base de toutes les vertus est l'humanité, que penserons-nous de l'homme sanguinaire et dépravé qui l'ose attaquer dans la vie de son semblable? Souvenez-vous de ce que vous m'avez dit vous-même contre le service étranger. Avez-vous oublié que le citoyen doit sa vie à la patrie et n'a pas le droit d'en disposer sans le congé des lois, à plus forte raison contre leur défense? O mon ami! si vous aimez sincèrement la vertu, apprenez à la servir à sa mode, et non à la mode des hommes. Je veux qu'il en puisse résulter quelque inconvénient : ce mot de vertu n'est-il donc pour vous qu'un vain nom? et ne serez-vous vertueux que quand il n'en coûtera rien de l'être?

Mais quels sont au fond ces inconvénients? Les murmures des gens oisifs, des méchants, qui cherchent à s'amuser des malheurs d'autrui, et voudraient avoir toujours quelque histoire nouvelle à raconter. Voilà vraiment un grand motif pour s'entre-égorger! si le philosophe et le sage se règlent dans les plus grandes affaires de la vie sur les discours insensés de la multitude, que sert tout cet appareil d'études, pour n'être au fond qu'un homme vulgaire? Vous n'osez donc sacrifier le ressentiment au devoir, à l'estime, à l'amitié, de peur qu'on ne vous accuse de craindre la mort? Pesez les choses, mon bon ami, et vous trouverez bien plus de lâcheté dans la crainte de ce reproche, que dans celle de la mort même. Le fanfaron, le poltron, veut à toute force passer pour brave;

> Ma verace valor, ben che negletto,
> E di se stesso a se freggio assai chiaro (1).

Celui qui feint d'envisager la mort sans effroi ment. Tout homme craint de mourir, c'est la grande loi des êtres sensibles, sans laquelle toute espèce mortelle serait bientôt détruite. Cette crainte est un simple mouvement de la nature : non-seulement indifférent, mais bon en lui-même et conforme à l'ordre : tout ce qui la rend honteuse et blâmable, c'est qu'elle peut nous empêcher de bien faire et de remplir nos devoirs. Si la lâcheté n'était jamais un obstacle à la vertu, elle cesserait d'être un vice. Quiconque est plus attaché à sa vie qu'à son devoir ne saurait être solidement vertueux, j'en conviens. Mais expliquez-moi, vous qui vous piquez de raison, quelle espèce de mérite on peut trouver à braver la mort pour commettre un crime.

Quand il serait vrai qu'on se fait mépriser en refusant de se battre, quel mépris est le plus à craindre, celui des autres en faisant bien, ou le sien propre en faisant mal? Croyez-moi, celui qui s'estime véritablement lui-même est peu sensible à l'injuste mépris d'autrui, et ne craint que d'en être digne; car le bon et l'honnête ne dépendent point du jugement des hommes, mais de la nature des choses; et quand toute la terre approuverait l'action que vous allez faire, elle n'en serait pas moins honteuse. Mais il est faux qu'à s'en abstenir par vertu l'on se fasse mépriser. L'homme droit, dont toute la vie est sans tache, et qui ne donna jamais aucun signe de lâcheté, refusera de souiller sa main d'un homicide, et n'en sera que plus honoré. Toujours prêt à servir sa patrie, à protéger le faible, à remplir les devoirs les plus dange-

(1) Mais la véritable valeur n'a pas besoin du témoignage d'autrui, et tire sa gloire d'elle-même.

reux, et à défendre, en toute rencontre juste et honnête, ce qui lui est cher, au prix de son sang, il met dans ses démarches cette inébranlable fermeté qu'on n'a point sans le vrai courage. Dans la sécurité de sa conscience, il marche la tête levée, il ne fuit ni ne cherche son ennemi ; on voit aisément qu'il craint moins de mourir que de mal faire, et qu'il redoute le crime et non le péril. Si les vils préjugés s'élèvent un instant contre lui, tous les jours de son honorable vie sont autant de témoins qui les récusent, et, dans une conduite si bien liée, on juge d'une action sur toutes les autres.

Mais savez-vous ce qui rend cette modération si pénible à un homme ordinaire? C'est la difficulté de la soutenir dignement; c'est la nécessité de ne commettre ensuite aucune action blâmable : car si la crainte de mal faire ne le retient pas dans ce dernier cas, pourquoi l'aurait-elle retenu dans l'autre, où l'on peut supposer un motif plus naturel ? On voit bien alors que ce refus ne vient pas de vertu, mais de lâcheté, et l'on se moque avec raison d'un scrupule qui ne vient que dans le péril. N'avez-vous point remarqué que les hommes si ombrageux et si prompts à provoquer les autres sont, pour la plupart, de très malhonnêtes gens qui, de peur qu'on n'ose leur montrer ouvertement le mépris qu'on a pour eux, s'efforcent de couvrir de quelques affaires d'honneur l'infamie de leur vie entière? Est-ce à vous d'imiter de tels hommes? Mettons encore à part les militaires de profession, qui vendent leur sang à prix d'argent; qui, voulant conserver leur place, calculent par leur intérêt ce qu'ils doivent à leur honneur, et savent à un écu près ce que vaut leur vie. Mon ami, laissez battre tous ces gens-là. Rien n'est moins honorable que cet honneur dont ils font si grand bruit; ce n'est qu'une mode insensée, une fausse imitation de vertu, qui se pare des plus grands crimes. L'honneur d'un homme comme vous n'est point au pouvoir d'un autre; il est en lui-même, et non dans l'opinion du peuple; il ne se défend ni par l'épée ni par le bouclier, mais par une vie intègre et irréprochable; et ce combat vaut bien l'autre en fait de courage.

C'est par ces principes que vous devez concilier les éloges que j'ai donnés dans tous les temps à la véritable valeur avec le mépris que j'eus toujours pour les faux braves. J'aime les gens de cœur, et ne puis souffrir les lâches; je romprais avec un amant poltron que la crainte ferait fuir le danger, et je pense comme toutes les femmes que le feu du courage anime celui de l'amour. Mais je veux que la valeur se montre dans les occasions légitimes, et qu'on ne se hâte pas d'en faire hors de propos une vaine parade, comme si l'on avait peur de ne la pas retrouver au besoin. Tel fait un effort et se présente une fois pour avoir droit de se cacher le reste de sa vie. Le vrai courage a plus de constance et moins d'empressement : il est toujours ce qu'il doit être ; il ne faut ni l'exciter ni le retenir; l'homme de bien le porte partout avec lui, au combat contre l'ennemi, dans un cercle en faveur des absents et de la vérité, dans son lit contre les attaques de la douleur et de la mort. La force de l'âme qui l'inspire est d'usage dans tous les temps; elle met toujours la vertu au-dessus des événements, et ne consiste pas à se battre, mais à ne rien craindre. Telle est, mon ami, la sorte de courage que j'ai souvent louée, et que j'aime à trouver en vous. Tout le reste n'est qu'étourderie, extravagance, férocité ; c'est une lâcheté de s'y soumettre; et je ne méprise pas moins celui qui cherche un péril inutile que celui qui fuit un péril qu'il doit affronter.

Je vous ai fait voir, si je ne me trompe, que, dans votre démêlé avec mylord Édouard, votre honneur n'est point intéressé; que vous compromettez le mien en recourant à la voie des armes; que cette voie n'est ni juste, ni raisonnable, ni permise; qu'elle ne peut s'accorder avec les sentiments dont vous faites profession; qu'elle ne convient qu'à de malhonnêtes gens, qui font servir la bravoure de supplément aux vertus qu'ils n'ont pas, ou aux officiers qui ne se battent point par honneur, mais par intérêt; qu'il y a plus de vrai courage à la dédaigner qu'à la prendre; que les inconvénients auxquels on s'expose en la rejetant sont inséparables de la pratique des vrais devoirs, et plus apparents que réels; qu'enfin les hommes les plus prompts à y recourir sont toujours ceux dont la probité est le plus suspecte. D'où je conclus que vous ne sauriez en cette occasion ni faire ni accepter un appel sans renoncer en même temps à la raison, à la vertu, à l'honneur, et à moi. Retournez mes raisonnements comme il vous plaira, entassez de votre part sophisme sur sophisme : il se trouvera toujours qu'un homme de courage n'est point un lâche; et qu'un homme de bien ne peut être un homme sans honneur. Or, je vous ai démontré, ce me semble, que l'homme de courage dédaigne le duel, et que l'homme de bien l'abhorre.

J'ai cru, mon ami, dans une matière aussi grave, devoir faire parler la raison seule, et vous présenter les choses exactement telles qu'elles sont. Si j'avais voulu les peindre telles que je les vois, et faire parler le sentiment et l'humanité, j'aurais pris un langage fort différent. Vous savez que mon père, dans sa jeunesse, eut le malheur de tuer un homme en duel : cet homme était son ami; ils se battirent à regret, l'insensé point d'honneur les y contraignit. Le coup mortel qui priva l'un de la vie ôta pour jamais le repos à l'autre. Le triste remords n'a pu depuis ce temps sortir de son cœur : souvent dans la solitude on l'entend pleurer et gémir; il croit sentir encore le fer, poussé par sa main cruelle, entrer dans le cœur de son ami; il voit dans l'ombre de la nuit son corps pâle et sanglant; il contemple en frémissant la plaie mortelle; il voudrait étancher le sang qui coule; l'effroi le saisit, il s'écrie; ce cadavre affreux ne cesse de le poursuivre. Depuis cinq ans qu'il a perdu le cher soutien de son nom et l'espoir de sa famille, il s'en reproche la mort comme un juste châtiment du ciel, qui vengea sur son fils unique le père infortuné qu'il priva du sien.

Je vous l'avoue, tout cela, joint à mon aversion naturelle pour la cruauté, m'inspire une telle horreur des duels, que je les regarde comme le dernier degré de brutalité où les hommes puissent parvenir. Celui qui va se battre de gaîté de cœur n'est à mes yeux qu'une bête féroce qui s'efforce d'en déchirer une autre; et, s'il reste le moindre sentiment naturel dans leur âme, je trouve celui qui périt moins à plaindre que le vainqueur. Voyez ces hommes accoutumés au sang, ils ne bravent les remords qu'en étouffant la voix de la nature; ils deviennent par degrés cruels, insensibles; ils se jouent de la vie des autres, et la punition d'avoir pu manquer d'humanité est de la perdre enfin tout-à-fait. Que sont-ils dans cet état? Réponds, veux-tu leur devenir semblable? Non, tu n'es point fait pour cet odieux abrutissement; redoute le premier pas qui peut t'y conduire : ton âme est encore innocente et saine, ne commence pas à la dépraver, au péril de ta vie, par un effort sans vertu, un crime sans plaisir, un point d'honneur sans raison.

Je ne t'ai rien dit de ta Julie; elle gagnera sans doute à laisser parler ton cœur. Un mot, un seul mot, et je te livre à lui. Tu m'as honoré quelquefois du tendre nom d'épouse; peut-être en ce moment dois-je porter celui de mère. Veux-tu me laisser veuve avant qu'un nœud sacré nous unisse?

P. S. J'emploie dans cette lettre une autorité à laquelle jamais homme sage n'a résisté. Si vous refusez de vous y rendre, je n'ai plus rien à vous dire; mais pensez-y bien auparavant. Prenez huit jours de réflexion pour méditer sur cet important sujet. Ce n'est pas au nom de la raison que je vous demande ce délai, c'est au mien. Souvenez-vous que j'use en cette occasion du droit que vous m'avez donné vous-même, et qu'il s'étend au moins jusque-là.

LETTRE LVIII.

DE JULIE A MYLORD ÉDOUARD.

Ce n'est point pour me plaindre de vous, mylord, que je vous écris : puisque vous m'outragez, il faut bien que j'aie avec vous des torts que j'ignore. Comment concevoir qu'un honnête homme voulût déshonorer sans sujet une famille estimable? Contentez donc votre vengeance, si vous la croyez légitime; cette lettre vous donne un moyen facile de perdre une malheureuse fille qui ne se consolera jamais de vous avoir offensé, et qui met à votre discrétion l'honneur que vous voulez lui ôter. Oui, mylord, vos imputations étaient justes: j'ai un amant aimé; il est maître de mon cœur et de ma personne; la mort seule pourra briser un nœud si doux. Cet amant est celui même que vous honoriez de votre amitié; il en est digne, puisqu'il vous aime et qu'il est vertueux. Cependant, il va périr de votre main; je sais qu'il faut du sang à l'honneur outragé; je sais que sa valeur même le perdra; je sais que, dans un combat si peu redoutable pour vous, son intrépide cœur ira sans crainte chercher le coup mortel. J'ai voulu retenir ce zèle inconsidéré; j'ai fait parler la raison. Hélas! en écrivant, j'en sentais l'inutilité; et, quelque respect que je porte à ses vertus, je n'en attends point de lui d'assez sublimes pour le détacher d'un faux point d'honneur. Jouissez d'avance du plaisir que vous aurez de percer le sein de votre ami : mais sachez, homme barbare, qu'au moins vous n'aurez pas celui de jouir de mes larmes, et de contempler mon désespoir. Non, j'en jure par l'amour qui gémit au fond de mon cœur, soyez témoin d'un serment qui ne sera point vain; je ne survivrai pas d'un jour à celui pour qui je respire; et vous aurez la gloire de mettre au tombeau, d'un seul coup, deux amants infortunés, qui n'eurent point envers vous de tort volontaire, et qui se plaisaient à vous honorer.

On dit, mylord, que vous avez l'âme belle et le cœur sensible : s'ils vous laissent goûter en paix une vengeance que je ne puis comprendre, et la douceur de faire des malheureux, puissent-ils, quand je ne serai plus, vous inspirer quelques soins pour un père et une mère inconsolables, que la perte du seul enfant qui leur reste va livrer à d'éternelles douleurs!

LETTRE LIX.

DE M. D'ORBE A JULIE.

Je me hâte, mademoiselle, selon vos ordres, de vous rendre compte de la commission dont vous m'avez chargé. Je viens de chez mylord Edouard, que j'ai trouvé souffrant encore de son entorse, et ne pouvant marcher dans sa chambre qu'à l'aide d'un bâton. Je lui ai remis votre lettre, qu'il a ouverte avec empressement; il m'a paru ému en la lisant : il a rêvé quelque temps, puis il l'a relue une seconde fois avec une agitation plus sensible. Voici ce qu'il m'a dit en la finissant : « Vous savez, monsieur, que les affaires d'honneur ont leurs règles dont on ne peut se départir : vous avez vu ce qui s'est passé dans celle-ci; il faut qu'elle soit vidée régulièrement. Prenez deux amis, et donnez-vous la peine de revenir ici demain matin avec eux; vous saurez alors ma résolution. » Je lui ai représenté que, l'affaire s'étant passée entre nous, il serait mieux qu'elle se terminât de même. « Je sais ce qui convient, m'a-t-il dit brusquement, et ferai ce qu'il faut. Amenez vos deux amis, ou je n'ai plus rien à vous dire. » Je suis sorti là-dessus, cherchant inutilement dans ma tête quel peut être son bizarre dessein. Quoi qu'il en soit, j'aurai l'honneur de vous voir ce soir, et j'exécuterai demain ce que vous me prescrirez. Si vous trouvez à propos que j'aille au rendez-vous avec mon cortége, je le composerai de gens dont je sois sûr à tout événement.

LETTRE LX.

A JULIE.

Calme tes alarmes, tendre et chère Julie; et, sur le récit de ce qui vient de se passer, connais et partage les sentiments que j'éprouve.

J'étais si rempli d'indignation quand je reçus ta lettre, qu'à peine pus-je la lire avec l'attention qu'elle méritait. J'avais beau ne la pouvoir réfuter, l'aveugle colère était la plus forte. « Tu peux avoir raison, disais-je en moi-même, mais ne me parle jamais de te laisser avilir. Dussé-je te perdre et mourir coupable, je ne souffrirai point qu'on manque au respect qui t'est dû; et, tant qu'il me restera un souffle de vie, tu seras honorée de tout ce qui t'approche comme tu l'es de mon cœur. » Je ne balançai pas pourtant sur les huit jours que tu me demandais; l'accident de mylord Édouard et mon vœu d'obéissance concouraient à rendre ce délai nécessaire. Résolu, selon tes ordres, d'employer cet intervalle à méditer sur le sujet de ta lettre, je m'occupais sans cesse à la relire et à y réfléchir, non pour changer de sentiment, mais pour justifier le mien.

J'avais repris ce matin cette lettre, trop sage et trop judicieuse à mon gré, et je la relisais avec inquiétude, quand on a frappé à la porte de ma chambre. Un moment après, j'ai vu entrer mylord Édouard sans épée, appuyé sur une canne; trois personnes le suivaient, parmi lesquelles j'ai reconnu M. d'Orbe. Surpris de cette visite imprévue, j'attendais en silence ce qu'elle devait produire, quand Édouard m'a prié de lui donner un moment d'audience, et de le laisser agir et parler sans l'interrompre. « Je vous en demande, a-t-il dit, votre parole; la présence de ces messieurs, qui sont de vos amis, doit vous répondre que vous ne l'engagez pas indiscrètement. » Je l'ai promis sans balancer. A peine avais-je achevé, que j'ai vu, avec l'étonnement que tu peux concevoir, mylord Édouard à genoux devant moi. Surpris d'une si étrange attitude, j'ai voulu sur-le-champ le relever; mais, après m'avoir rappelé ma promesse, il m'a parlé dans ces termes : « Je viens, monsieur, rétracter hautement les discours injurieux que l'ivresse m'a fait tenir en votre présence : leur injustice les rend plus offensants pour moi que pour vous, et je m'en dois l'authentique désaveu. Je me soumets à toute punition que vous voudrez m'imposer, et je ne croirai mon honneur rétabli que quand ma faute sera réparée. A quelque prix que ce soit, accordez-moi le pardon que je vous demande, et me rendez votre amitié. — Mylord, lui ai-je dit aussitôt, je reconnais maintenant votre âme grande et généreuse; et je sais bien distinguer en vous les discours que le cœur dicte de ceux que vous tenez quand vous n'êtes pas à vous-même: qu'ils soient à jamais oubliés. » A l'instant, je l'ai soutenu en se relevant, et nous nous sommes embrassés. Après cela, mylord, se tournant vers les spectateurs, leur a dit : « Messieurs, je vous remercie de votre complaisance. De braves gens comme vous, a-t-il ajouté d'un air fier et d'un ton animé, sentent que celui qui répare ainsi ses torts n'en sait endurer de personne. Vous pouvez publier ce que vous avez vu. » Ensuite, il nous a tous quatre invités à souper pour ce soir, et ces messieurs sont sortis.

A peine avons-nous été seuls qu'il est revenu m'embrasser d'une manière plus tendre et plus amicale; puis, me prenant la main et s'asseyant à côté de moi : « Heureux mortel, s'est-il écrié, jouissez d'un bonheur dont vous êtes digne. Le cœur de Julie est à vous; puissiez-vous tous deux... — Que dites-vous, mylord? ai-je interrompu; perdez-vous le sens? — Non, m'a-t-il dit en souriant. Mais peu s'en est fallu que je ne le perdisse, et c'en était fait de moi peut-être si celle qui m'ôtait la raison ne me l'eût rendue. » Alors, il m'a remis une lettre que j'ai été surpris de voir écrite d'une main qui n'en écrivit jamais à d'autre homme (1) qu'à moi. Quels mouvements j'ai sentis à sa lecture! Je voyais une amante incomparable vouloir se perdre pour me sauver, et je reconnaissais Julie. Mais quand je suis parvenu à cet endroit où elle jure de ne pas survivre au plus fortuné des hommes, j'ai frémi des dangers que j'avais courus, j'ai murmuré d'être trop aimé, et mes terreurs m'ont fait sentir que tu n'es qu'une mortelle. Ah! rends-moi le courage dont tu me prives :

---

(1) Il en faut, je pense, excepter son père.

j'en avais pour braver la mort qui ne menaçait que moi seul, je n'en ai point pour mourir tout entier.

Tandis que mon âme se livrait à ces réflexions amères, Édouard me tenait des discours, auxquels j'ai donné d'abord peu d'attention : cependant il me l'a rendue à force de me parler de toi ; car ce qu'il m'en disait plaisait à mon cœur et n'excitait plus ma jalousie. Il m'a paru pénétré de regret d'avoir troublé nos feux et ton repos. Tu es ce qu'il honore le plus au monde ; et, n'osant te porter les excuses qu'il m'a faites, il m'a prié de les recevoir en ton nom, et de te les faire agréer. « Je vous ai regardé, m'a-t-il dit, comme son représentant, et n'ai pu trop m'humilier devant ce qu'elle aime, ne pouvant, sans la compromettre, m'adresser à sa personne, ni même la nommer. » Il avoue avoir conçu pour toi les sentiments dont on ne peut se défendre en te voyant avec trop de soin ; mais c'était une tendre admiration plutôt que de l'amour. Ils ne lui ont jamais inspiré ni prétention ni espoir ; il les a tous sacrifiés aux nôtres à l'instant qu'ils lui ont été connus, et le mauvais propos qui lui est échappé était l'effet du punch et non de la jalousie. Il traite l'amour en philosophe qui croit son âme au-dessus des passions : pour moi, je suis trompé s'il n'en a déjà ressenti quelqu'une qui ne permet plus à d'autre de germer profondément. Il prend l'épuisement du cœur pour l'effort de la raison, et je sais bien qu'aimer Julie et renoncer à elle n'est pas une vertu d'homme.

Il a désiré de savoir en détail l'histoire de nos amours et les causes qui s'opposent au bonheur de ton ami ; j'ai cru qu'après ta lettre une demi-confidence était dangereuse et hors de propos ; je l'ai faite entière, et il m'a écouté avec une attention qui m'attestait sa sincérité. J'ai vu plus d'une fois ses yeux humides et son âme attendrie ; je remarquais surtout l'impression puissante que tous les triomphes de la vertu faisaient sur son âme, et je crois avoir acquis à Claude Anet un nouveau protecteur qui ne sera pas moins zélé que ton père. « Il n'y a, m'a-t-il dit, ni incidents ni aventures dans ce que vous m'avez raconté, et les catastrophes d'un roman m'attacheraient beaucoup moins ; tant les sentiments suppléent aux situations, et les procédés honnêtes aux actions éclatantes ! Vos deux âmes sont si extraordinaires, qu'on n'en peut juger sur les règles communes. Le bonheur n'est pour vous ni sur la même route, ni de la même espèce que celui des autres hommes : ils ne cherchent que la puissance et les regards d'autrui, il ne vous faut que la tendresse et la paix. Il s'est joint à votre amour une émulation de vertu qui vous élève ; et vous vaudriez moins l'un et l'autre si vous ne vous étiez point aimés. L'amour passera, osa-t-il ajouter (pardonnons-lui ce blasphème prononcé dans l'ignorance de son cœur) ; l'amour passera, dit-il, et les vertus resteront. » Ah ! puissent-elles durer autant que lui, ma Julie ! le ciel n'en demandera pas davantage.

Enfin je vois que la dureté philosophique et nationale n'altère point dans cet honnête Anglais l'humanité naturelle, et qu'il s'intéresse véritablement à nos peines. Si le crédit et la richesse nous pouvaient être utiles, je crois que nous aurions lieu de compter sur lui. Mais, hélas ! de quoi servent la puissance et l'argent pour rendre les cœurs heureux ?

Cet entretien, durant lequel nous ne comptions pas les heures, nous a menés jusqu'à celle du dîner. J'ai fait apporter un poulet, et après le dîner nous avons continué de causer. Il m'a parlé de sa démarche de ce matin, et je n'ai pu m'empêcher de témoigner quelque surprise d'un procédé si authentique et si peu mesuré : mais, outre la raison qu'il m'en avait déjà donnée, il a ajouté qu'une demi-satisfaction était indigne d'un homme de courage ; qu'il la fallait complète ou nulle, de peur qu'on ne s'avilît sans rien réparer, et qu'on ne fît attribuer à la crainte une démarche faite à contre-cœur et de mauvaise grâce. « D'ailleurs, a-t-il ajouté, ma réputation est faite, je puis être juste sans soupçon de lâcheté ; mais vous, qui êtes jeune et débutez dans le monde, il faut que vous sortiez si net de la première affaire, qu'elle ne tente personne de vous en susciter une seconde. Tout est plein de ces poltrons adroits qui cherchent, comme on dit, à tâter leur homme, c'est-à-dire à découvrir quelqu'un qui soit encore plus poltron qu'eux, et aux dépens duquel ils puissent se faire valoir. Je veux éviter à un homme d'honneur comme vous la nécessité de châtier sans gloire un de ces gens-là ; et j'aime mieux, s'ils ont besoin de leçon, qu'ils la reçoivent de moi que de vous ; car une affaire de plus n'ôte rien à celui qui en a déjà eu plusieurs ; mais en avoir une est toujours une sorte de tache, et l'amant de Julie en doit être exempt. »

Voilà l'abrégé de ma longue conversation avec mylord Edouard. J'ai cru nécessaire de t'en rendre compte, afin que tu me prescrives la manière dont je dois me comporter avec lui.

Maintenant, que tu dois être tranquillisée, chasse, je t'en conjure, les idées funestes qui t'occupent depuis quelques jours. Songe aux ménagements qu'exige l'incertitude de ton état actuel. Oh ! si bientôt tu pouvais tripler mon être ! si bientôt un gage adoré..... Espoir déjà trop déçu, viendrais-tu m'abuser encore ?..... Ô désirs, ô crainte, ô perplexités ! Charmante amie de mon cœur, vivons pour nous aimer, et que le ciel dispose du reste.

P. S. J'oubliais de te dire que mylord m'a remis ta lettre, et que je n'ai point fait difficulté de la recevoir, ne jugeant pas qu'un pareil dépôt doive rester entre les mains d'un tiers. Je te la rendrai à notre première entrevue ; car, quant à moi, je n'en ai plus affaire ; elle est trop bien écrite au fond de mon cœur pour que jamais j'aie besoin de la relire.

LETTRE LXI.

DE JULIE.

Amène demain mylord Edouard, que je me jette à ses pieds comme il s'est mis aux tiens. Quelle grandeur ! quelle générosité ! Oh ! que nous sommes petits devant lui ! Conserve ce précieux ami comme la prunelle de ton œil. Peut-être vaudrait-il moins s'il était plus tempérant : jamais homme sans défaut eut-il de grandes vertus ?

Mille angoisses de toute espèce m'avaient jetée dans l'abattement ; ta lettre est venue ranimer mon courage éteint ; en dissipant mes terreurs, elle m'a rendu mes peines plus supportables. Je me sens maintenant assez de force pour souffrir. Tu vis, tu m'aimes ; ton sang, le sang de ton ami n'ont point été répandus, et ton honneur est en sûreté : je ne suis donc pas tout-à-fait misérable.

Ne manque pas au rendez-vous de demain. Jamais je n'eus si grand besoin de te voir longtemps. Adieu, mon cher et unique ami. Tu n'as pas bien dit, ce me semble, vivons pour nous aimer. Ah ! il fallait dire, aimons-nous pour vivre.

LETTRE LXII.

DE CLAIRE A JULIE.

Faudra-t-il toujours, aimable cousine, ne remplir envers toi que les plus tristes devoirs de l'amitié ? Faudra-t-il toujours, dans l'amertume de mon cœur, affliger le tien par de cruels avis ? Hélas ! tous nos sentiments nous sont communs, tu le sais bien, et je ne saurais t'annoncer de nouvelles peines que je ne les aie déjà senties. Que ne puis-je te cacher ton infortune sans l'augmenter ? ou que la tendre amitié n'a-t-elle autant de charmes que l'amour ! Ah ! que j'effacerais promptement tous les chagrins que je te donne !

Hier, après le concert, ta mère, en s'en retournant, ayant accepté le bras de ton ami et toi celui de M. d'Orbe, nos deux pères restèrent avec mylord à parler de politique : sujet dont je suis si excédée que l'ennui me chassa dans ma chambre. Une demi-heure après, j'entendis nommer ton ami plusieurs fois avec assez de véhémence : je connus que la conversation avait changé d'objet, et je prêtai l'oreille. Je jugeai par la suite qu'Edouard avait osé proposer ton mariage avec ton ami, qu'il appelait hautement le sien, et auquel il offrait de faire, en cette qualité un établissement convenable. Ton père avait rejeté avec mépris cette proposition, et c'était là-dessus que les propos commençaient à s'échauffer. « Sachez, lui disait mylord, malgré vos préjugés, qu'il est de tous les hommes le plus digne d'elle et peut-être le plus propre à la rendre heureuse. Tous les dons qui ne dépendent pas des hommes, il les a reçus de la nature, et il y a ajouté tous les talents qui ont dépendu de lui. Il est jeune, grand, bien fait, robuste, adroit ; il a de l'éducation, du sens, des mœurs, du courage ; il a l'esprit orné, l'âme saine : que lui manque-t-il donc pour mériter votre aveu ? La fortune ? il l'aura. Le tiers de mon bien suffit pour en faire le plus riche particulier du pays de Vaud : j'en donnerai, s'il le faut, jusqu'à la moitié. La noblesse ? vaine prérogative dans un pays où elle est plus nuisible qu'utile. Mais il l'a encore, n'en doutez pas, non point écrite d'encre en de vieux parchemins, mais gravée au fond de son cœur en caractères ineffaçables. En un mot, si vous préférez la raison au préjugé, et si vous aimez mieux votre fille que vos titres, c'est à lui que vous la donnerez. »

Là-dessus ton père s'emporta vivement. Il traita la proposition d'absurde et de ridicule. « Quoi ! mylord, dit-il, un homme d'honneur comme vous peut-il seulement penser que le dernier rejeton d'une famille illustre aille éteindre ou dégrader son nom dans celui d'un quidam sans asile et réduit à vivre d'aumônes ? — Arrêtez, interrompit Edouard ; vous parlez de mon ami, songez que je prends pour moi tous les outrages qui lui sont faits en ma présence, et que les noms injurieux à un homme d'honneur le sont encore plus à celui qui les prononce. De tels quidams sont plus respectables que tous les hobereaux de l'Europe, et je vous défie de trouver aucun moyen plus honorable d'aller à la fortune que les hommages de l'estime et les dons de l'amitié. Si le gendre que je vous propose ne compte point, comme vous, une longue suite d'aïeux, toujours incertains, il sera le fondement et l'honneur de sa maison comme votre premier ancêtre le fut de la vôtre. Vous seriez-vous donc tenu pour déshonoré par l'alliance du chef de votre famille, et ce mépris ne rejaillirait-il pas sur vous-même ? Combien de grands noms retomberaient dans l'oubli, si l'on ne tenait compte que de ceux qui ont commencé par un homme estimable ! Jugeons du passé par le présent ; sur deux ou trois citoyens qui s'illustrent par des moyens honnêtes, mille coquins anoblissent tous les jours leur famille ; et que prouvera cette noblesse dont leurs descendants seront si fiers, sinon les vols et l'infamie de leur ancêtre (1) ? On voit, je l'avoue, beaucoup de malhonnêtes gens parmi les roturiers ; mais il y a toujours vingt à parier contre un qu'un gentilhomme descend d'un fripon. Laissons, si vous voulez, l'origine à part, et pesons le mérite et les services. Vous avez porté les armes chez un prince étranger, son père les a portées gratuitement pour la patrie. Si vous avez bien servi, vous avez été bien payé ; et, quelque honneur que vous ayez acquis à la guerre, cent roturiers en ont acquis encore plus que vous.

« De quoi s'honore donc, continua mylord Edouard, cette noblesse dont vous êtes si fier ? Que fait-elle pour la gloire de la patrie ou le bonheur du genre humain ? Mortelle ennemie des lois et de la liberté, qu'a-t-elle jamais produit dans la plupart des pays où elle brille, si ce n'est la force de la tyrannie et l'oppression des peuples ? Osez-vous, dans une république, vous honorer d'un

---

(1) Les lettres de noblesse sont rares en ce siècle, et même elles y ont été illustrées au moins une fois. Mais, quant à la noblesse qui s'acquiert à prix d'argent et qu'on achète avec des charges, tout ce que j'y vois de plus honorable est le privilége de n'être pas pendu.

— Ceci peut s'appliquer à Chevert, qui, simple soldat en 1708, parvint au rang de lieutenant-général, grand'croix de l'ordre de Saint-Louis. Mais peut-être aussi Rousseau avait-il en vue son ami Duclos, anobli en 1755.

état destructeur des vertus et de l'humanité, d'un état où l'on se vante de l'esclavage, et où l'on rougit d'être homme ? Lisez les annales de votre patrie (1) : en quoi votre ordre a-t-il bien mérité d'elle ? quels nobles comptez-vous parmi ses libérateurs ? Les *Furst*, les *Tell*, les *Stauffacher*, étaient-ils gentilshommes ? Quelle est donc cette gloire insensée dont vous faites tant de bruit ? Celle de servir un homme, et d'être à charge à l'état. »

Conçois, ma chère, ce que je souffrais de voir cet honnête homme nuire ainsi par une âpreté déplacée aux intérêts de l'ami qu'il voulait servir. En effet, ton père, irrité par tant d'invectives piquantes quoique générales, se mit à les repousser par des personnalités. Il dit nettement à mylord Edouard que jamais homme de sa condition n'avait tenu les propos qui venaient de lui échapper. « Ne plaidez point inutilement la cause d'autrui, ajouta-t-il d'un ton brusque ; tout grand seigneur que vous êtes, je doute que vous puissiez bien défendre la vôtre sur le sujet en question. Vous demandez ma fille pour votre ami prétendu, sans savoir si vous-même seriez bon pour elle ; et je connais assez la noblesse d'Angleterre pour avoir sur vos discours une médiocre opinion de la vôtre.

— Pardieu ! dit mylord, quoi que vous pensiez de moi, je serais bien fâché de n'avoir d'autre preuve de mon mérite que celui d'un homme mort depuis cinq cents ans. Si vous connaissez la noblesse d'Angleterre, vous savez qu'elle est la plus éclairée, la mieux instruite, la plus sage et la plus brave de l'Europe : avec cela, je n'ai pas besoin de chercher si elle est la plus antique ; car, quand on parle de ce qu'elle est, il n'est pas question de ce qu'elle fut. Nous ne sommes point, il est vrai, les esclaves du prince, mais ses amis ; ni les tyrans du peuple, mais ses chefs. Garants de la liberté, soutiens de la patrie et appuis du trône, nous formons un invincible équilibre entre le peuple et le roi. Notre premier devoir est envers la nation, le second envers celui qui la gouverne : ce n'est pas sa volonté, mais son droit que nous consultons. Ministres suprêmes des lois dans la chambre des pairs, quelquefois même législateurs, nous rendons également justice au peuple et au roi, et nous ne souffrons point que personne dise : Dieu et mon épée ! mais seulement, Dieu et mon droit !

« Voilà, monsieur, continua-t-il, quelle est cette noblesse respectable, ancienne autant qu'aucune autre, mais plus fière de son mérite que ses ancêtres, et dont vous parlez sans la connaître. Je ne suis point le dernier en rang dans cet ordre illustre, et crois, malgré vos prétentions, vous valoir à tous égards. J'ai une sœur à marier ; elle est noble, jeune, aimable, riche ; elle ne cède à Julie que par les qualités que vous comptez pour rien. Si quiconque a senti les charmes de votre fille pouvait tourner ailleurs ses yeux et son cœur, quel honneur je me ferais d'accepter avec rien, pour mon beau-frère, celui que je vous propose pour gendre avec la moitié de mon bien ! »

Je connus à la réplique de ton père que cette conversation ne faisait que l'aigrir ; et, quoique pénétrée d'admiration pour la générosité de mylord Edouard, je sentis qu'un homme aussi peu liant que lui n'était propre qu'à ruiner à jamais la négociation qu'il avait entreprise. Je me hâtai donc de rentrer avant que les choses allassent plus loin. Mon retour fit rompre cet entretien, et l'on se sépara le moment d'après assez froidement. Quant à mon père, je trouvai qu'il se comportait très bien dans ce démêlé. Il appuya d'abord avec intérêt la proposition ; mais voyant que ton père n'y voulait point entendre, et que la dispute commençait à s'animer, il se retourna, comme de raison, du parti de son beau-frère ; et, en interrompant à propos l'un et l'autre par des discours modérés, il les retint tous deux dans des bornes dont ils seraient vraisemblablement sortis s'ils fussent restés tête à tête. Après leur départ, il

---

(1) Il y a ici beaucoup d'inexactitude. Le pays de Vaud n'a jamais fait partie de la Suisse : c'est une conquête des Bernois, et ses habitants ne sont ni citoyens, ni libres, mais sujets.

me fit confidence de ce qui venait de se passer; et, comme je prévis où il allait en venir, je me hâtai de lui dire que les choses étant en cet état, il ne convenait plus que la personne en question te vît si souvent ici, et qu'il ne conviendrait pas même qu'il y vînt du tout, si ce n'était faire une espèce d'affront à M. d'Orbe dont il était l'ami; mais que je le prierais de l'amener plus rarement, ainsi que mylord Edouard. C'est, ma chère, tout ce que j'ai pu faire de mieux pour ne leur pas fermer tout-à-fait ma porte.

Ce n'est pas tout. La crise où je te vois me force à revenir sur mes avis précédents. L'affaire de mylord Edouard et de ton ami a fait par la ville tout l'éclat auquel on devait s'attendre. Quoique M. d'Orbe ait gardé le secret sur le fond de la querelle, trop d'indices le décèlent pour qu'il puisse rester caché. On soupçonne, on conjecture, on te nomme : le rapport du guet n'est pas si bien étouffé qu'on ne s'en souvienne, et tu n'ignores pas qu'aux yeux du public la vérité soupçonnée est bien près de l'évidence. Tout ce que je pus te dire pour ta consolation, c'est qu'en général en approuve ton choix, et qu'on verrait avec plaisir l'union d'un si charmant couple; ce qui me confirme que ton ami s'est bien comporté dans ce pays, et n'y est guère moins aimé que toi. Mais que fait la voix publique à ton inflexible père ? Tous ces bruits lui sont parvenus ou lui vont parvenir, et je frémis de l'effet qu'ils peuvent produire, si tu ne te hâtes de prévenir sa colère. Tu dois t'attendre de sa part à une explication terrible pour toi-même, et peut-être à pis encore pour ton ami : non que je pense qu'il veuille à son âge se mesurer avec un jeune homme qu'il ne croit pas digne de son épée; mais le pouvoir qu'il a dans la ville lui fournirait, s'il le voulait, mille moyens de lui faire un mauvais parti, et il est à craindre que sa fureur ne lui en inspire la volonté.

Je t'en conjure à genoux, ma douce amie, songe aux dangers qui t'environnent, et dont le risque augmente à chaque instant. Un bonheur inouï t'a préservée jusqu'à présent au milieu de tout cela; tandis qu'il en est temps encore, mets le sceau de la prudence au mystère de tes amours, et ne pousse pas à bout la fortune, de peur qu'elle n'enveloppe dans tes malheurs celui qui les aura causés. Crois-moi, mon ange, l'avenir est incertain; mille événements peuvent, avec le temps, offrir des ressources inespérées; mais, quant à présent, je te l'ai dit et le répète plus fortement, éloigne ton ami, ou tu es perdue.

LETTRE LXIII.

DE JULIE A CLAIRE.

Tout ce que tu avais prévu, ma chère, est arrivé. Hier, une heure après notre retour, mon père entra dans la chambre de ma mère, les yeux étincelants, le visage enflammé, dans un état, en un mot, où je ne l'avais jamais vu. Je compris d'abord qu'il venait d'avoir querelle, ou qu'il allait la chercher; et ma conscience agitée me fit trembler d'avance.

Il commença par apostropher vivement, mais en général, les mères de famille qui appellent indiscrètement chez elles des jeunes gens sans état et sans nom, dont le commerce n'attire que honte et déshonneur à celles qui les écoutent. Ensuite, voyant que cela ne suffisait pas pour arracher quelque réponse d'une femme intimidée, il cita sans ménagement en exemple ce qui s'était passé dans notre maison depuis qu'on y avait introduit un prétendu bel esprit, un diseur de riens, plus propre à corrompre une fille sage, qu'à lui donner aucune bonne instruction. Ma mère, qui vit qu'elle gagnerait peu de chose à se taire, l'arrêta sur ce mot de corruption, et lui demanda ce qu'il trouvait dans la conduite, ou dans la réputation de l'honnête homme dont il parlait, qui pût autoriser de pareils soupçons. « Je n'ai pas cru, ajouta-t-elle, que l'esprit et le mérite fussent des titres d'exclusion dans la société. A qui donc faudra-t-il ouvrir votre maison, si les talents et les mœurs n'en obtiennent par l'entrée? — A des gens sortables, madame, reprit-il en colère, qui puissent réparer l'honneur d'une fille quand ils l'ont offensée. — Non, dit-elle,

mais à des gens de bien qui ne l'offensent point. — Apprenez, dit-il, que c'est offenser l'honneur d'une maison que d'oser en solliciter l'alliance sans titre pour l'obtenir. — Loin de voir en cela, dit ma mère, une offense, je n'y vois, au contraire, qu'un témoignage d'estime. D'ailleurs, je ne sache point que

celui contre qui vous vous emportez ait rien fait de semblable à votre égard.
— Il l'a fait, madame, et fera pis encore si je n'y mets ordre ; mais je veillerai, n'en doutez pas, aux soins que vous remplissez si mal. »

Alors commença une dangereuse altercation qui m'apprit que les bruits de ville dont tu parles étaient ignorés de mes parents, mais durant laquelle ton indigne cousine eût voulu être à cent pieds sous terre. Imagine-toi la meilleure et la plus abusée des mères faisant l'éloge de sa coupable fille, et la louant, hélas! de toutes les vertus qu'elle a perdues, dans les termes les plus honorables, ou, pour mieux dire, les plus humiliants; figure-toi un père irrité, prodigue d'expressions offensantes, et qui, dans tout son emportement, n'en laisse pas échapper une qui marque le moindre doute sur la sagesse de celle que le remords déchire et que la honte écrase en sa présence. Oh! quel incroyable tourment d'une conscience avilie de se reprocher des crimes que la colère et l'indignation ne pourraient soupçonner! Quel poids accablant et insupportable que celui d'une fausse louange et d'une estime que le cœur rejette en secret! Je m'en sentais tellement oppressée, que, pour me délivrer d'un si cruel supplice, j'étais prête à tout avouer, si mon père m'en eût laissé le temps; mais l'impétuosité de son emportement lui faisait redire cent fois les mêmes choses, et changer à chaque instant de sujet. Il remarqua ma contenance basse, éperdue, humiliée, indice de mes remords. S'il n'en tira pas la conséquence de ma faute, il en tira celle de mon amour; et pour m'en faire plus de honte, il en outragea l'objet en des termes si odieux et si méprisants que je ne pus, malgré tous mes efforts, le laisser poursuivre sans l'interrompre.

Je ne sais, ma chère, où je trouvai tant de hardiesse, et quel moment d'égarement me fit oublier ainsi le devoir et la modestie; mais, si j'osai sortir un instant d'un silence respectueux, j'en portai, comme tu vas voir, assez rudement la peine. « Au nom du ciel, lui dis-je, daignez vous apaiser; jamais un homme digne de tant d'injures ne sera dangereux pour moi. » A l'instant mon père, qui crut sentir un reproche à travers ces mots, et dont la fureur n'attendait qu'un prétexte, s'élança sur ta pauvre amie : pour la première fois de ma vie, je reçus un soufflet qui ne fut pas le seul ; et se livrant à son transport avec une violence égale à celle qu'il lui avait coûtée, il me maltraita sans ménagement, quoique ma mère se fût jetée entre deux, m'eût couverte de son corps, et eût reçu quelques-uns des coups qui m'étaient portés. En reculant pour les éviter, je fis un faux pas, je tombai, et mon visage alla donner contre le pied d'une table qui me fit saigner.

Ici finit le triomphe de la colère, et commença celui de la nature. Ma chute, mon sang, mes larmes, celles de ma mère, l'émurent; il me releva avec un air d'inquiétude et d'empressement; et, m'ayant assise sur une chaise, ils recherchèrent tous deux avec soin si je n'étais point blessée. Je n'avais qu'une légère contusion au front et ne saignais que du nez. Cependant je vis, au changement d'air et de voix de mon père, qu'il était mécontent de ce qu'il venait de faire. Il ne revint point à moi par des caresses : la dignité paternelle ne souffrait pas un changement si brusque; mais il revint à ma mère avec de tendres excuses; et je voyais bien, aux regards qu'il jetait furtivement sur moi, que la moitié de tout cela m'était indirectement adressée. Non, ma chère, il n'y a point de confusion si touchante que celle d'un tendre père qui croit s'être mis dans son tort. Le cœur d'un père sent qu'il est fait pour pardonner, et non pour avoir besoin de pardon.

Il était l'heure du souper; on le fit retarder pour me donner le temps de me remettre, et mon père, ne voulant pas que les domestiques fussent témoins de mon désordre, m'alla chercher lui-même un verre d'eau, tandis que ma mère me bassinait le visage. Hélas! cette pauvre maman, déjà languissante et valétudinaire, elle se serait bien passée d'une pareille scène, et n'avait guère moins besoin de secours que moi.

A table, il ne me parla point; mais ce silence était de honte et non de dédain; il affectait de trouver bon chaque plat pour dire à ma mère de m'en servir; et ce qui me toucha le plus sensiblement, fut de m'apercevoir qu'il cherchait les occasions de me nommer sa fille, et non pas Julie, comme à l'ordinaire.

Après le souper, l'air se trouva si froid que ma mère fit faire du feu dans sa chambre. Elle s'assit à l'un des coins de la cheminée, et mon père à l'autre; j'allais prendre une chaise pour me placer entre eux, quand, m'arrêtant par la robe, et me tirant à lui sans rien dire, il m'assit sur ses genoux. Tout cela se fit si promptement et par une sorte de mouvement si involontaire, qu'il en eut une espèce de repentir le moment d'après. Cependant j'étais sur ses genoux, il ne pouvait plus s'en dédire; et, ce qu'il y avait de pis pour la contenance, il fallait me tenir embrassée dans cette gênante attitude. Tout cela se faisait en silence; mais je sentais de temps en temps ses bras se presser contre mes flancs avec un soupir assez mal étouffé. Je ne sais quelle mauvaise honte empêchait ses bras paternels de se livrer à ces douces étreintes; une certaine gravité qu'on n'osait quitter, une certaine confusion qu'on n'osait vaincre, mettaient entre un père et sa fille ce charmant embarras que la pudeur et l'amour donnent aux amants; tandis qu'une tendre mère, transportée d'aise, dévorait en secret un si doux spectacle. Je voyais, je sentais tout cela, mon ange, et ne pus tenir plus longtemps à l'attendrissement qui me gagnait. Je feignis de glisser : je jetai, pour me retenir, un bras au cou de mon père : je penchai mon visage sur son visage vénérable, et dans un instant il fut couvert de mes baisers et inondé de mes larmes ; je sentis à celles qui lui coulaient des yeux qu'il était lui-même soulagé d'une grande peine : ma mère vint partager nos transports. Douce et paisible innocence, tu manquas seule à mon cœur pour faire de cette scène de la nature le plus délicieux moment de ma vie!

Ce matin, la lassitude et le ressentiment de ma chute m'ayant retenue au lit un peu tard, mon père est entré dans ma chambre avant que je fusse levée ; il s'est assis à côté de mon lit en s'informant tendrement de ma santé ; il a pris une de mes mains dans les siennes, il s'est abaissé jusqu'à la baiser plusieurs fois en m'appelant sa chère fille, et me témoignait du regret de son emportement. Pour moi, je lui ai dit, et je pense, que je serais trop heureuse d'être battue tous les jours au même prix, et qu'il n'y a point de traitement si rude qu'une seule de ses caresses n'efface au fond de mon cœur.

Après cela, prenant un ton plus grave, il m'a remise sur le sujet d'hier, et m'a signifié sa volonté en termes honnêtes, mais précis. « Vous savez, m'a-t-il dit, à qui je vous destine : je vous l'ai déclaré dès mon arrivée, et ne changerai jamais d'intention sur ce point. Quant à l'homme dont m'a parlé mylord Edouard, quoique je ne lui dispute point le mérite que tout le monde lui trouve, je ne sais s'il a conçu de lui-même le ridicule espoir de s'allier à moi, ou si quelqu'un a pu le lui inspirer ; mais, quand je n'aurais personne en vue, et qu'il aurait toutes les guinées de l'Angleterre, soyez sûre que je n'accepterais jamais un tel gendre. Je vous défends de le voir et de lui parler de votre vie, et cela autant pour la sûreté de la sienne que pour votre honneur. Quoique je me sois toujours senti peu d'inclination pour lui, je le hais, surtout à présent, pour les excès qu'il m'a fait commettre, et ne lui pardonnerai jamais ma brutalité. »

A ces mots, il est sorti sans attendre ma réponse, et presque avec le même air de sévérité qu'il venait de se reprocher. Ah! ma cousine, quels monstres d'enfer sont ces préjugés qui dépravent les meilleurs cœurs, et font taire à chaque instant la nature!

Voilà, ma Claire, comment s'est passée l'explication que tu avais prévue, et dont je n'ai pu comprendre la cause jusqu'à ce que ta lettre me l'ait apprise. Je ne puis bien te dire quelle révolution s'est faite en moi, mais depuis ce moment je me trouve changée; il me semble que je tourne les yeux avec plus de regret sur l'heureux temps où je vivais tranquille et contente au sein de ma famille, et que je sens augmenter le sentiment de ma faute avec celui des biens qu'elle m'a fait perdre. Dis, cruelle, dis-le-moi, si tu l'oses, le temps de l'amour serait-il passé, et faut-il ne plus se revoir? Ah! sens-tu bien tout ce qu'il y a de sombre et d'horrible dans cette funeste idée? Cependant l'ordre de mon père est précis; le danger de mon amant est certain. Sais-tu ce qui résulte en moi de tant de mouvements opposés qui s'entre-détruisent? une sorte de stupidité qui me rend l'âme presque insensible, et ne me laisse l'usage ni des passions, ni de la raison. Le moment est critique, tu me l'as dit, et je le sens; cependant, je ne fus jamais moins en état de me conduire. J'ai voulu tenter vingt fois d'écrire à celui que j'aime, je suis prête à m'évanouir à chaque ligne, et n'en saurais tracer deux de suite. Il ne me reste que toi, ma douce amie: daigne penser, parler, agir pour moi; je remets mon sort en tes mains; quelque parti que tu prennes, je confirme d'avance tout ce que tu feras; je confie à ton amitié ce pouvoir funeste que l'amour m'a vendu si cher. Sépare-moi pour jamais de moi-même, donne-moi la mort s'il faut que je meure; mais ne me force pas à me percer le cœur de ma propre main.

O mon ange! ma protectrice! quel horrible emploi je te laisse! Auras-tu le courage de l'exercer? sauras-tu bien en adoucir la barbarie? Hélas! ce n'est pas mon cœur seul qu'il faut déchirer. Claire, tu le sais, tu le sais, comment je suis aimée! Je n'ai pas même la consolation d'être la plus à plaindre. De grâce, fais parler mon cœur par ta bouche; pénètre le tien de la tendre commisération de l'amour; console un infortuné; dis-lui cent fois... ah! dis-lui... Ne crois-tu pas, chère amie, que, malgré tous les préjugés, tous les obstacles, tous les revers, le ciel nous a faits l'un pour l'autre? Oui, oui, j'en suis sûre, il nous destine à être unis; il m'est impossible de perdre cette idée; il m'est impossible de renoncer à l'espoir qui la suit. Dis-lui qu'il se garde lui-même du découragement et du désespoir. Ne t'amuse point à lui demander en mon nom amour et fidélité, encore moins à lui en promettre autant de ma part: l'assurance n'en est-elle pas au fond de nos âmes? ne sentons-nous pas qu'elles sont indivisibles, et que nous n'en avons plus qu'une à nous deux? Dis-lui donc seulement qu'il espère, et que si le sort nous poursuit, il se fie au moins à l'amour : car je le sens, ma cousine, il guérira de manière ou d'autre les maux qu'il nous cause, et, quoi que le ciel ordonne de nous, nous ne vivrons pas longtemps séparés.

P. S. Après ma lettre écrite, j'ai passé dans la chambre de ma mère, et je m'y suis trouvée si mal, que je suis obligée de venir me remettre dans mon lit; je m'aperçois même... je crains... ah! ma chère, je crains bien que ma chute d'hier n'ait quelque suite plus funeste que je n'avais pensé. Ainsi, tout est fini pour moi; toutes mes espérances m'abandonnent en même temps.

LETTRE LXIV.

DE CLAIRE A M. D'ORBE.

Mon père m'a rapporté ce matin l'entretien qu'il eut hier avec vous. Je vois avec plaisir que tout s'achemine à ce qu'il vous plaît d'appeler votre bonheur. J'espère, vous le savez, d'y trouver aussi le mien; l'estime et l'amitié vous sont acquises, et tout ce que mon cœur peut nourrir de sentiments plus tendres est encore à vous. Mais ne vous y trompez pas : je suis en femme une espèce de monstre, et je ne sais par quelle bizarrerie de la nature l'amitié l'emporte en moi sur l'amour. Quand je vous dis que ma Julie m'est plus chère que vous, vous n'en faites que rire; et cependant rien n'est plus vrai. Julie le sent si bien, qu'elle est plus jalouse pour vous que vous-même, et que, tandis que vous paraissez content, elle trouve toujours que je ne vous aime pas assez.

Il y a plus, et je m'attache tellement à tout ce qui lui est cher, que son amant et vous êtes dans mon cœur en même degré, quoique de différentes manières. Je n'ai pour lui que de l'amitié, mais elle est plus vive; je crois sentir un peu d'amour pour vous, mais il est plus posé. Quoique tout cela pût paraître assez équivalent pour troubler la tranquillité d'un jaloux, je ne pense pas que la vôtre en soit fort altérée.

Que les pauvres enfants en sont loin, de cette douce tranquillité dont nous osons jouir! et que notre contentement a mauvaise grâce, tandis que nos amis sont au désespoir! C'en est fait, il faut qu'ils se quittent; voici l'instant, peut-être, de leur éternelle séparation; et la tristesse que nous leur reprochâmes le jour du concert était peut-être un pressentiment qu'ils se voyaient pour la dernière fois. Cependant, votre ami ne sait rien de son infortune: dans la sécurité de son cœur, il jouit encore du bonheur qu'il a perdu; au moment du désespoir, il goûte en idée une ombre de félicité; et, comme celui qu'enlève un trépas imprévu, le malheureux songe à vivre, et ne voit pas la mort qui va le saisir. Hélas! c'est de ma main qu'il doit recevoir ce coup terrible! O divine amitié, seule idole de mon cœur, viens l'animer de ta sainte cruauté. Donne-moi le courage d'être barbare, et de te servir dignement dans un si douloureux devoir.

Je compte sur vous en cette occasion, et j'y compterais même quand vous m'aimeriez moins; car je connais votre âme: je sais qu'elle n'a pas besoin du zèle de l'amour où parle celui de l'humanité. Il s'agit d'abord d'engager notre ami à venir chez moi demain dans la matinée. Gardez-vous, au surplus, de l'avertir de rien. Aujourd'hui l'on me laisse libre, et j'irai passer l'après-midi chez Julie; tâchez de trouver mylord Edouard, et de venir seul avec lui m'attendre à huit heures, afin de convenir ensemble de ce qu'il faudra faire pour résoudre au départ cet infortuné, et prévenir son désespoir.

J'espère beaucoup de son courage et de nos soins. J'espère encore plus de son amour. La volonté de Julie, le danger que courent sa vie et son honneur, sont des motifs auxquels il ne résistera pas. Quoi qu'il en soit, je vous déclare qu'il ne sera point question de noce entre nous que Julie ne soit tranquille, et que jamais les larmes de mon amie n'arroseront le nœud qui doit nous unir. Ainsi, monsieur, s'il est vrai que vous m'aimiez, votre intérêt s'accorde, en cette occasion, avec votre générosité, et ce n'est pas tellement ici l'affaire d'autrui, que ce ne soit aussi la vôtre.

LETTRE LXV.

DE CLAIRE A JULIE.

Tout est fait; et malgré ses imprudences, ma Julie est en sûreté. Les secrets de ton cœur sont ensevelis dans l'ombre du mystère. Tu es encore au sein de ta famille et de ton pays, chérie, honorée, jouissant d'une réputation sans tache, et d'une estime universelle. Considère en frémissant les dangers que la honte ou l'amour t'ont fait courir en faisant trop ou trop peu. Apprends à ne vouloir plus concilier des sentiments incompatibles, et bénis le ciel, trop aveugle amante ou fille trop craintive, d'un bonheur qui n'était réservé qu'à toi.

Je voulais éviter à ton triste cœur le détail de ce départ si cruel et si nécessaire. Tu l'as voulu, je l'ai promis; je tiendrai parole avec cette même franchise qui nous est commune, et qui ne mit jamais aucun avantage en balance avec la bonne foi. Lis donc, chère et déplorable amie, lis, puisqu'il le faut; mais prends courage, et tiens-toi ferme.

Toutes les mesures que j'avais prises et dont je te rendis compte hier ont été suivies de point en point. En rentrant chez moi, j'y trouvai M. d'Orbe et mylord Edouard. Je commençai par déclarer au dernier ce que nous savions de son héroïque générosité, et lui témoignai combien nous en étions toutes deux pénétrées. Ensuite je leur exposai les puissantes raisons que nous avions d'éloigner promptement ton ami, et les difficultés que je prévoyais à l'y résoudre. Mylord sentit parfaitement tout cela, et montra beaucoup de douleur de l'effet qu'avait produit son zèle inconsidéré. Ils convinrent qu'il était important de précipiter le départ de ton ami, et de saisir un moment de consentement pour prévenir de nouvelles irrésolutions, et l'arracher au continuel danger du séjour. Je voulais charger M. d'Orbe de faire à son insu les préparatifs convenables; mais mylord, regardant cette affaire comme la sienne, voulut en prendre le soin. Il me promit que sa chaise serait prête ce matin à onze heures; ajoutant qu'il l'accompagnerait aussi loin qu'il serait nécessaire, et proposa de l'emmener d'abord sous un autre prétexte, pour le déterminer plus à loisir. Cet expédient ne me parut pas assez franc pour nous et pour notre ami, et je ne voulus pas non plus l'exposer loin de nous au premier effet d'un désespoir qui pouvait plus aisément échapper aux yeux de mylord qu'aux miens. Je n'acceptai pas, par la même raison, la proposition qu'il fit de lui parler lui-même et d'obtenir son consentement. Je prévoyais que cette négociation serait délicate, et je n'en voulus charger que moi seule; car je connais plus sûrement les endroits sensibles de son cœur, et je sais qu'il règne toujours entre hommes une sécheresse qu'une femme sait mieux adoucir. Cependant je conçus que les soins de mylord ne nous seraient pas inutiles pour préparer les choses. Je vis tout l'effet que pouvaient produire sur un cœur vertueux les discours d'un homme sensible qui croit n'être qu'un philosophe, et quelle chaleur la voix d'un ami pouvait donner aux raisonnements d'un sage.

J'engageai donc mylord Edouard à passer avec lui la soirée, et, sans rien dire qui eût un rapport direct à sa situation, de disposer insensiblement son âme à la fermeté stoïque. « Vous qui savez si bien votre *Epictète*, lui dis-je, voici le cas ou jamais de l'employer utilement. Distinguez avec soin les biens apparents des biens réels, ceux qui sont en nous de ceux qui sont hors de nous. Dans un moment où l'épreuve se prépare au dehors, prouvez-lui qu'on ne reçoit jamais de mal que de soi-même, et que le sage, se portant partout avec lui, porte aussi partout son bonheur. » Je compris à sa réponse que cette légère ironie, qui ne pouvait le fâcher, suffisait pour exciter son zèle, et qu'il comptait fort m'envoyer le lendemain ton ami bien préparé. C'était tout ce que j'avais prétendu; car, quoiqu'au fond je ne fasse pas grand cas, non plus que toi, de toute cette philosophie parlière, je suis persuadée qu'un honnête homme a toujours quelque honte de changer de maxime du soir au matin, et de se dédire en son cœur, dès le lendemain, de tout ce que sa raison lui dictait la veille.

M. d'Orbe voulait être aussi de la partie, et passer la soirée avec eux, mais je le priai de n'en rien faire; il n'aurait fait que s'ennuyer, ou gêner l'entretien. L'intérêt que je prends à lui ne m'empêche pas de voir qu'il n'est point du vol des deux autres. Ce penser mâle des âmes fortes, qui leur donne un idiome si particulier, est une langue dont il n'a pas la grammaire. En le quittant, je songeai au punch; et, craignant les confidences anticipées, j'en glissai un mot en riant à mylord. « Rassurez-vous, me dit-il, je me livre aux habitudes quand je n'y vois aucun danger; mais je ne m'en suis jamais fait l'esclave; il s'agit ici de l'honneur de Julie, du destin, peut-être de la vie d'un homme et de mon ami. Je boirai du punch selon ma coutume, de peur de donner à l'entretien quelque air de préparation : mais ce punch sera de la limonade; et, comme il s'abstient d'en boire, il ne s'en apercevra point. » Ne trouves-tu pas, ma chère, qu'on doit être bien humilié d'avoir contracté des habitudes qui forcent à de pareilles précautions?

J'ai passé la nuit dans de grandes agitations qui n'étaient pas toutes pour ton compte. Les plaisirs innocents de notre première jeunesse, la douceur d'une ancienne familiarité, la société plus resserrée encore depuis une année, entre lui et moi, par la difficulté qu'il avait de te voir; tout portait dans mon âme l'amertume de cette séparation. Je sentais que j'allais perdre avec la moitié de toi-même une partie de ma propre existence. Je comptais les heures avec inquiétude; et, voyant poindre le jour, je n'ai pas vu naître sans effroi celui qui devait décider de ton sort. J'ai passé la matinée à méditer mes discours et à réfléchir sur l'impression qu'ils pouvaient faire. Enfin l'heure est venue, et j'ai vu entrer ton ami. Il avait l'air inquiet, et m'a demandé précipitamment de tes nouvelles; car, dès le lendemain de ta scène avec ton père, il avait su que tu étais malade, et mylord Édouard lui avait confirmé hier que tu n'étais pas sortie de ton lit. Pour éviter là-dessus les détails, je lui ai dit aussitôt que je t'avais laissée mieux hier au soir, et j'ai ajouté qu'il en apprendrait dans un moment davantage par le retour de Hanz que je venais de t'envoyer. Ma précaution n'a servi de rien; il m'a fait cent questions sur ton état; et, comme elles m'éloignaient de mon objet, j'ai fait des réponses succinctes, et me suis mise à le questionner à mon tour.

J'ai commencé par sonder la situation de son esprit. Je l'ai trouvé grave, méthodique, et prêt à peser le sentiment au poids de la raison. Grâces au ciel, ai-je dit en moi-même, voilà mon sage bien préparé; il ne s'agit plus que de le mettre à l'épreuve. Quoique l'usage ordinaire soit d'annoncer par degrés les tristes nouvelles, la connaissance que j'ai de son imagination fougueuse, qui, sur un mot, porte tout à l'extrême, m'a déterminée à suivre une route contraire, et j'ai mieux aimé l'accabler d'abord, pour lui ménager des adoucissements, que de multiplier inutilement ses douleurs, et les lui donner mille fois pour une. Prenant donc un ton plus sérieux, et le regardant fixement : « Mon ami, lui ai-je dit, connaissez-vous les bornes du courage et de la vertu dans une âme forte, et croyez-vous que renoncer à ce qu'on aime soit un effort au-dessus de l'humanité? » A l'instant il s'est levé comme un furieux : puis, frappant des mains et les portant à son front ainsi jointes : « Je vous entends, s'est-il écrié, Julie est morte! Julie est morte! a-t-il répété d'un ton qui m'a fait frémir : je le sens à vos soins trompeurs, à vos vains ménagements, qui ne font que rendre ma mort plus lente et plus cruelle. »

Quoique effrayée d'un mouvement si subit, j'en ai bientôt deviné la cause, et j'ai d'abord conçu comment les nouvelles de ta maladie, les moralités de mylord Édouard, le rendez-vous de ce matin, ses questions éludées, celles que je venais de lui faire, l'avaient pu jeter dans de fausses alarmes. Je voyais bien aussi quel parti je pouvais tirer de son erreur en l'y laissant quelques instants; mais je n'ai pu me résoudre à cette barbarie. L'idée de la mort de ce qu'on aime est si affreuse, qu'il n'y en a point qui ne soit douce à lui substituer, et je me suis hâtée de profiter de cet avantage. « Peut-être ne la verrez-vous plus, lui ai-je dit; mais elle vit et vous aime. Ah! si Julie était morte, Claire aurait-elle quelque chose à vous dire? Rendez grâces au ciel qui sauve à votre infortune des maux dont il pourrait vous accabler. » Il était si étonné, si saisi, si égaré, qu'après l'avoir fait rasseoir, j'ai eu le temps de lui détailler par ordre tout ce qu'il fallait qu'il sût; et j'ai fait valoir de mon mieux les procédés de mylord Édouard, afin de faire dans son cœur honnête quelque diversion à la douleur, par le charme de la reconnaissance.

« Voilà, mon cher, ai-je poursuivi, l'état actuel des choses. Julie est au bord de l'abîme, prête à s'y voir accabler du déshonneur public, de l'indignation de sa famille, des violences d'un père emporté, et de son propre désespoir. Le danger augmente incessamment : de la main de son père ou de la sienne, le poignard, à chaque instant de sa vie, est à deux doigts de son cœur. Il reste un seul moyen de prévenir tous ces maux, et ce moyen dépend de vous seul. Le sort de votre amante est entre vos mains. Voyez si vous avez le courage de la sauver en vous éloignant d'elle, puisque aussi bien il ne lui est plus permis de vous voir, ou si vous aimez mieux être l'auteur et le témoin de sa perte et de son opprobre. Après avoir tout fait pour vous, elle va voir ce que votre cœur peut faire pour elle. Est-il étonnant que sa santé succombe à ses peines? Vous êtes inquiet de sa vie : sachez que vous en êtes l'arbitre. »

Il m'écoutait sans m'interrompre; mais, sitôt qu'il a compris de quoi il s'agissait, j'ai vu disparaître ce geste animé, ce regard furieux, cet air effrayé, mais vif et bouillant, qu'il avait auparavant. Un voile sombre de tristesse et de consternation a couvert son visage; son œil morne et sa contenance effacée annonçaient l'abattement de son cœur : à peine avait-il la force d'ouvrir la bouche pour me répondre. « Il faut partir, m'a-t-il dit d'un ton qu'une autre aurait cru tranquille. Hé bien! je partirai. N'ai-je pas assez vécu? — Non, sans doute, ai-je repris aussitôt; il faut vivre pour celle qui vous aime : avez-vous oublié que ses jours dépendent des vôtres? — Il ne fallait donc pas les séparer, a-t-il à l'instant ajouté; elle l'a pu et le peut encore. » J'ai feint de ne pas entendre ces derniers mots, et je cherchais à le ranimer par quelques espérances auxquelles son âme demeurait fermée, quand Hanz est rentré, et m'a rapporté de bonnes nouvelles. Dans le moment de joie qu'il en a ressenti, il s'est écrié : « Ah! qu'elle vive, qu'elle soit heureuse... s'il est possible! Je ne veux que lui faire mes derniers adieux... et je pars. — Ignorez-vous, ai-je dit, qu'il ne lui est plus permis de vous voir? Hélas! vos adieux sont faits, et vous êtes déjà séparés. Votre sort sera moins cruel quand vous serez plus loin

d'elle; vous aurez du moins le plaisir de l'avoir mise en sûreté. Fuyez dès ce jour, dès cet instant; craignez qu'un si grand sacrifice ne soit trop tardif; tremblez de causer encore sa perte après vous être dévoué pour elle. — Quoi! m'a-t-il dit avec une espèce de fureur, je partirais sans la revoir! Quoi! je ne la verrais plus! Non, non : nous périrons tous deux, s'il le faut; la mort, je le sais bien, ne lui sera point dure avec moi : mais je la verrai, quoi qu'il arrive; je laisserai mon cœur et ma vie à ses pieds, avant de m'arracher à moi-même. » Il ne m'a pas été difficile de lui montrer la folie et la cruauté d'un pareil projet. Mais ce « quoi! je ne la verrais plus! » qui revenait sans cesse d'un ton plus douloureux, semblait chercher au moins des consolations pour l'avenir. « Pourquoi, lui ai-je dit, vous figurer vos maux pires qu'ils ne sont? Pourquoi renoncer à des espérances que Julie elle-même n'a pas perdues? Pensez-vous qu'elle pût se séparer ainsi de vous, si elle croyait que ce fût pour toujours? Non, mon ami, vous devez connaître son cœur. Vous devez savoir combien elle préfère son amour à sa vie. Je crains, je crains trop (j'ai ajouté ces mots, je te l'avoue), qu'elle ne le préfère bientôt à tout. Croyez donc qu'elle espère, puisqu'elle consent à vivre : croyez que les soins que la prudence lui dicte vous regardent plus qu'il ne semble, et qu'elle ne se respecte pas moins pour vous que pour elle-même. » Alors j'ai tiré la dernière lettre; et, lui montrant les tendres espérances de cette fille aveuglée qui croit n'avoir plus d'amour, j'ai ranimé les siennes à cette douce chaleur. Ce peu de lignes semblait distiller un baume salutaire sur sa blessure envenimée. J'ai vu ses regards s'adoucir et ses yeux s'humecter; j'ai vu l'attendrissement succéder par degrés au désespoir; mais ces derniers mots si touchants, tels que ton cœur les sait dire, « nous ne vivrons pas longtemps séparés, » l'ont fait fondre en larmes. « Non, Julie, non, ma Julie, a-t-il dit en élevant la voix et baisant la lettre, nous ne vivrons pas longtemps séparés; le ciel unira nos destins sur la terre, ou nos cœurs dans le séjour éternel. »

C'était là l'état où je l'avais souhaité. Sa sèche et sombre douleur m'inquiétait. Je ne l'aurais pas laissé partir dans cette situation d'esprit; mais sitôt que je l'ai vu pleurer, et que j'ai entendu ton nom chéri sortir de sa bouche avec douceur, je n'ai plus craint pour sa vie; car rien n'est moins tendre que le désespoir. Dans cet instant, il a tiré de l'émotion de son cœur une objection que je n'avais pas prévue. Il m'a parlé de l'état où tu soupçonnais d'être, jurant qu'il mourrait plutôt mille fois que de t'abandonner à tous les périls qui t'allaient menacer. Je n'ai eu garde de lui parler de ton accident; je lui ai dit simplement que ton attente avait encore été trompée, et qu'il n'y avait plus rien à espérer. « Ainsi, m'a-t-il dit en soupirant, il ne restera sur la terre aucun monument de mon bonheur; il a disparu comme un songe qui n'eut jamais de réalité. »

Il me restait à exécuter la dernière partie de la commission, et je n'ai pas cru qu'après l'union dans laquelle vous avez vécu, il fallût à cela ni préparatif ni mystère. Je n'aurais pas même évité un peu d'altercation sur ce léger sujet, pour éluder celle qui pourrait renaître sur celui de notre entretien. Je lui ai reproché sa négligence dans le soin de ses affaires. Je lui ai dit que tu craignais que de longtemps il ne fût plus soigneux, et qu'en attendant qu'il le devînt, tu lui ordonnais de se conserver pour toi, de pourvoir mieux à ses besoins, et de se charger à cet effet du léger supplément que j'avais à lui remettre de ta part. Il n'a ni paru humilié de cette proposition, ni prétendu en faire une affaire. Il m'a dit simplement que tu savais bien que rien ne lui venait de toi qu'il ne reçût avec transport; mais que ta précaution était superflue, et qu'une petite maison qu'il venait de vendre à Grandson (1), reste de son chétif patrimoine, lui avait produit plus d'argent qu'il n'en avait possédé de sa vie. « D'ailleurs, a-t-il ajouté, j'ai quelques talents dont je puis tirer partout des ressources. Je serai trop heureux de trouver dans leur exercice quelque diversion à mes maux; et depuis que j'ai vu de plus près l'usage que Julie fait de son superflu, je le regarde comme le trésor sacré de la veuve et de l'orphelin, dont l'humanité ne me permet pas de rien aliéner. » Je lui ai rappelé son voyage du Valais, ta lettre, et la précision de tes ordres. Les mêmes raisons subsistent..... « Les mêmes! a-t-il interrompu d'un ton d'indignation. La peine de mon refus était de ne la plus voir : qu'elle me laisse donc rester, et j'accepte. Si j'obéis, pourquoi me punit-elle? Si je refuse, que me fera-t-elle de pis?... Les mêmes! répétait-il avec impatience. Notre union commençait; elle est prête à finir; peut-être vais-je pour jamais me séparer d'elle; il n'y a plus rien de commun entre elle et moi; nous allons être étrangers l'un à l'autre. » Il a prononcé ces derniers mots avec un tel serrement de cœur, que j'ai tremblé de le voir retomber dans l'état d'où j'avais eu tant de peine à le tirer. « Vous êtes un enfant, ai-je affecté de lui dire d'un air riant; vous avez encore besoin d'un

---

(1) Je suis un peu en peine de savoir comment cet amant anonyme, qu'il sera dit ci-après n'avoir pas encore vingt-quatre ans, a pu vendre une maison, n'étant pas majeur. Ces lettres sont si pleines de semblables absurdités, que je n'en parlerai plus; il suffit d'en avoir averti.

tuteur, et je veux être le vôtre. Je vais garder ceci ; et pour en disposer à propos dans le commerce que nous allons avoir ensemble, je veux être instruite de toutes vos affaires. » Je tâchais de détourner ainsi ses idées funestes par celle d'une correspondance familière continuée entre nous ; et cette âme simple, qui ne cherche, pour ainsi dire, qu'à s'accrocher à ce qui l'environne, a pris aisément le change. Nous nous sommes ensuite ajustés pour les adresses de lettres ; et comme ces mesures ne pouvaient que lui être agréables, j'en ai prolongé le détail jusqu'à l'arrivée de M. d'Orbe, qui m'a fait signe que tout était prêt.

Ton ami a facilement compris de quoi il s'agissait ; il a instamment demandé à t'écrire, mais je me suis gardée de le permettre. Je prévoyais qu'un excès d'attendrissement lui relâcherait trop le cœur, et qu'à peine serait-il au milieu de sa lettre, qu'il n'y aurait plus moyen de le faire partir. «Tous les délais sont dangereux, lui ai-je dit ; hâtez vous d'arriver à la première station, d'où vous pourrez lui écrire à votre aise. » En disant cela, j'ai fait signe à M. d'Orbe ; je me suis avancée, et, le cœur gros de sanglots, j'ai collé mon visage sur le sien : je n'ai plus su ce qu'il devenait ; les larmes m'offusquaient la vue, ma tête commençait à se perdre, et il était temps que mon rôle finît.

Un moment après, je les ai entendus descendre précipitamment. Je suis sortie sur le palier pour les suivre des yeux. Ce dernier trait manquait à mon trouble. J'ai vu l'insensé se jeter à genoux au milieu de l'escalier, en baiser mille fois les marches, et D'Orbe pouvait à peine l'arracher de cette froide pierre qu'il pressait de son corps, de la tête et des bras, en poussant de longs gémissements. J'ai senti les miens près d'éclater malgré moi, et je suis brusquement rentrée, de peur de donner une scène à toute la maison.

A quelques instants de là, M. d'Orbe est revenu tenant son mouchoir sur ses yeux. « C'en est fait, m'a-t-il dit, ils sont en route. » En arrivant chez lui, votre ami a trouvé la chaise à sa porte. Mylord Edouard l'y attendait aussi ; il a couru au-devant de lui ; et le serrant contre sa poitrine : « Viens, homme infortuné, lui a-t-il dit d'un ton pénétré, viens verser tes douleurs dans ce cœur qui t'aime. Viens, tu sentiras peut-être qu'on n'a pas tout perdu sur la terre, quand on y retrouve un ami tel que moi. » A l'instant, il l'a porté d'un bras vigoureux dans la chaise, et ils sont partis en se tenant étroitement embrassés.

DEUXIÈME PARTIE [1]

LETTRE PREMIÈRE.

A JULIE.

J'ai pris et quitté cent fois la plume, j'hésite dès le premier mot, je ne sais quel ton je dois prendre, je ne sais par où commencer; et c'est à Julie que je veux écrire! Ah! malheureux! que suis-je devenu? Il n'est donc plus de temps où mille sentiments délicieux coulaient de ma plume comme un intarissable torrent! Ces doux moments de confiance et d'épanchement sont passés, nous ne sommes plus l'un à l'autre, nous ne sommes plus les mêmes, et je ne sais plus à qui j'écris. Daignerez-vous recevoir mes lettres? vos yeux daigneront-ils les parcourir? les trouverez-vous assez réservées, assez circonspectes? Oserai-je y garder encore une ancienne familiarité? Oserai-je parler d'un amour éteint ou méprisé? et ne suis-je pas plus reculé que le premier jour où je vous écrivis? Quelle différence, ô ciel! de ces jours si charmants et si doux, à mon effroyable misère! Hélas! je commençais d'exister, et je suis tombé dans l'anéantissement; l'espoir de vivre animait mon cœur; je n'ai plus devant moi que l'image de la mort; et trois ans d'intervalle ont fermé le cercle fortuné de mes jours. Ah! que ne les ai-je terminés avant de me survivre à moi-même! Que n'ai-je suivi mes pressentiments après ces rapides instants de délices où je ne voyais plus rien dans la vie qui fût digne de la prolonger! sans doute, il fallait la borner à ces trois ans, ou les ôter de sa durée; il valait mieux ne jamais goûter la félicité, que la goûter et la perdre. Si j'avais franchi ce fatal intervalle, si j'avais évité ce premier regard qui me fit une autre âme, je jouirais de ma raison, je remplirais les devoirs d'un homme, et sèmerais peut-être de quelques vertus mon insipide carrière. Un moment d'erreur a tout changé. Mon œil osa contempler ce qu'il ne fallait point voir; cette vue a produit enfin son effet inévitable. Après m'être égaré par degrés, je ne suis plus qu'un furieux dont le sens est aliéné, un lâche esclave sans force et sans courage, qui va traînant dans l'ignominie sa chaîne et son désespoir.

Vains rêves d'un esprit qui s'égare! Désirs faux et trompeurs, désavoués à l'instant par le cœur qui les a formés! Que sert d'imaginer à des maux réels de chimériques remèdes qu'on rejetterait quand ils nous seraient offerts? Ah! qui jamais connaîtra l'amour, l'aura vue, et pourra le croire, qu'il y ait quelque félicité possible que je voulusse acheter au prix de mes premiers feux? Non, non: que le ciel garde ses bienfaits, et me laisse, avec ma misère, le souvenir de mon bonheur passé. J'aime mieux les plaisirs qui sont dans ma mémoire et les regrets qui déchirent mon âme, que d'être à jamais heureux sans ma Julie. Viens, image adorée, remplir un cœur qui ne vit que par toi; suis-moi dans mon exil, console-moi dans mes peines, ranime et soutiens

---

[1] Je n'ai guère besoin, je crois, d'avertir que, dans cette seconde partie et dans la suivante, les deux amants ne font que déraisonner et battre la campagne; leurs pauvres têtes n'y sont plus.

mon espérance éteinte. Toujours ce cœur infortuné sera ton sanctuaire inviolable, d'où le sort ni les hommes ne pourront jamais l'arracher. Si je suis mort au bonheur, je ne le suis point à l'amour qui m'en rend digne. Cet amour est invincible comme le charme qui l'a fait naître; il est fondé sur la base inébranlable du mérite et des vertus; il ne peut périr dans une âme immortelle; il n'a plus besoin de l'appui de l'espérance, et le passé lui donne des forces pour un avenir éternel.

Mais toi, Julie, ô toi qui sus aimer une fois, comment ton tendre cœur a-t-il oublié de vivre? comment ce feu sacré s'est-il éteint dans ton âme pure? comment as-tu perdu le goût de ces plaisirs célestes que toi seule étais capable de sentir et de rendre? Tu me chasses sans pitié, tu me bannis avec opprobre, tu me livres à mon désespoir; et tu ne vois pas, dans l'erreur qui t'égare, qu'en me rendant misérable tu t'ôtes le bonheur de tes jours! Ah! Julie, crois-moi, tu chercheras vainement un autre cœur ami du tien : mille t'adoreront sans doute, le mien seul te savait aimer.

Réponds-moi maintenant, amante abusée ou trompeuse, que sont devenus ces projets formés avec tant de mystère? où sont ces vaines espérances dont tu leurras si souvent ma crédule simplicité? Où est cette union sainte et désirée, doux objet de tant d'ardents soupirs, et dont ta plume et ta bouche flattaient mes vœux? Hélas! sur la foi de tes promesses, j'osais aspirer à ce nom sacré d'époux, et me croyais déjà le plus heureux des hommes. Dis, cruelle, ne m'abusais-tu que pour rendre enfin ma douleur plus vive et mon humiliation plus profonde? Ai-je attiré mes malheurs par ma faute? Ai-je manqué d'obéissance, de docilité, de discrétion? M'as-tu vu désirer assez faiblement pour mériter d'être éconduit, ou préférer mes fougueux désirs à tes volontés suprêmes? J'ai tout fait pour te plaire, et tu m'abandonnes! tu te chargeais de mon bonheur, et tu m'as perdu! Ingrate, rends-moi compte du dépôt que je t'ai confié; rends-moi compte de moi-même, après avoir égaré mon cœur dans cette suprême félicité que tu m'as montrée et que tu m'enlèves. Anges du ciel, j'eusse méprisé votre sort : j'eusse été le plus heureux des êtres... Hélas! je ne suis plus rien, un instant m'a tout ôté. J'ai passé sans intervalle du comble des plaisirs aux regrets éternels : je touche encore au bonheur qui m'échappe... j'y touche encore, et le perds pour jamais! Ah! si je le pouvais croire! si les restes d'une espérance vaine ne soutenaient... O rochers de Meillerie, que mon œil égaré mesura tant de fois, que ne servîtes-vous mon désespoir! J'aurais moins regretté la vie quand je n'en avais pas senti le prix.

LETTRE II.

DE MYLORD ÉDOUARD A CLAIRE.

Nous arrivons à Besançon, et mon premier soin est de vous donner des nouvelles de notre voyage. Il s'est fait, sinon paisiblement, du moins sans accident, et votre ami est aussi sain de corps qu'on peut l'être avec un cœur aussi malade; il voudrait même affecter à l'extérieur une sorte de tranquillité. Il a honte de son état, et se contraint beaucoup devant moi; mais tout décèle ses secrètes agitations : et si je feins de m'y tromper, c'est pour le laisser aux prises avec lui-même, et occuper ainsi une partie des forces de son âme à réprimer l'effet de l'autre.

Il fut fort abattu la première journée; je la fis courte, voyant que la vitesse de notre marche irritait sa douleur. Il ne me parla point, ni moi à lui : les consolations indiscrètes ne font qu'aigrir les violentes afflictions. L'indifférence et la froideur trouvent aisément des paroles, mais la tristesse et le silence sont alors le vrai langage de l'amitié. Je commençai d'apercevoir hier les premières étincelles de la fureur qui va succéder infailliblement à cette léthargie. A la dînée, à peine y avait-il un quart d'heure que nous étions arrivés, qu'il m'aborda d'un air d'impatience. « Que tardons-nous à partir? me dit-il avec un souris amer; pourquoi restons-nous un moment si près d'elle? » Le soir il affecta de parler beaucoup, sans dire un mot de Julie: il recommençait des questions auxquelles j'avais répondu dix fois. Il voulut savoir si nous étions déjà sur les terres de France, et puis il demanda si nous arriverions bientôt à Vevai. La première chose qu'il fait à chaque station, c'est de commencer quelque lettre qu'il déchire ou chiffonne un moment après. J'ai sauvé du feu deux ou trois de ces brouillons, sur lesquels vous pourrez entrevoir l'état de son âme. Je crois pourtant qu'il est parvenu à écrire une lettre entière.

L'emportement qu'annoncent ces premiers symptômes est facile à prévoir; mais je ne saurais dire quel en sera l'effet et le terme; car cela dépend d'une combinaison du caractère de l'homme, du genre de sa passion, de circonstances qui peuvent naître, de mille choses que nulle prudence humaine ne peut déterminer. Pour moi, je puis répondre de ses fureurs, mais non pas de son désespoir; et, quoi qu'on fasse, tout homme est toujours maître de sa vie.

Je me flatte cependant qu'il respectera sa personne et mes soins, et je compte moins pour cela sur le zèle de l'amitié, qui n'y sera pas épargné, que sur le caractère de sa passion et sur celui de sa maîtresse. L'âme ne peut guère s'occuper fortement et longtemps d'un objet, sans contracter des dispositions qui s'y rapportent. L'extrême douceur de Julie doit tempérer l'âcreté du feu qu'elle inspire, et je ne doute pas non plus que l'amour d'un homme aussi vif ne lui donne à elle-même un peu plus d'activité qu'elle n'en aurait naturellement sans lui.

J'ose compter aussi sur son cœur; il est fait pour combattre et vaincre. Un amour pareil au sien n'est pas tant une faiblesse qu'une force mal employée. Une flamme ardente et malheureuse est capable d'absorber pour un temps, pour toujours peut-être, une partie de ses facultés: mais elle est elle-même une preuve de leur excellence et du parti qu'il en pourrait tirer pour cultiver la sagesse; car la sublime raison ne se soutient que par la même vigueur de l'âme qui fait les grandes passions, et l'on ne sert dignement la philosophie qu'avec le même feu qu'on sent pour une maîtresse.

Soyez-en sûre, aimable Claire, je ne m'intéresse pas moins que vous au sort de ce couple infortuné, non par un sentiment de commisération qui peut n'être qu'une faiblesse, mais par la considération de la justice et de l'ordre, qui veulent que chacun soit placé de la manière la plus avantageuse à lui-même et à la société. Ces deux belles âmes sortirent l'une pour l'autre des mains de la nature; c'est dans une douce union, c'est dans le sein du bonheur, que, libres de déployer leurs forces et d'exercer leurs vertus, elles eussent éclairé la terre de leurs exemples. Pourquoi faut-il qu'un insensé préjugé vienne changer les directions éternelles et bouleverser l'harmonie des êtres pensants? Pourquoi la vanité d'un père barbare cache-t-elle ainsi la lumière sous le boisseau, et fait-elle gémir dans les larmes des cœurs tendres et bienfaisants, nés pour essuyer celles d'autrui? Le lien conjugal n'est-il pas le plus libre ainsi que le plus sacré des engagements? Oui, toutes les lois qui le gênent sont injustes, tous les pères qui l'osent former ou rompre sont des tyrans. Ce chaste nœud de la nature n'est soumis ni au pouvoir souverain, ni à l'autorité paternelle, mais à la seule autorité du Père commun qui sait commander aux cœurs, et qui, leur ordonnant de s'unir, les peut contraindre à s'aimer (1).

Que signifie ce sacrifice des convenances de la nature aux convenances de

---

(1) Il y a des pays où cette convenance des conditions et de la fortune est tellement préférée à celle de la nature et des cœurs, qu'il suffit que la première ne s'y trouve pas pour empêcher ou rompre les plus heureux mariages, sans égard pour l'honneur perdu des infortunées qui sont tous les jours victimes de ces odieux préjugés. J'ai vu plaider au parlement de Paris une cause célèbre, où l'honneur du rang attaquait insolemment et publiquement l'honnêteté, le devoir, la foi conjugale, et où l'indigne père, qui gagna son procès, osa déshériter son fils pour n'avoir pas voulu être un mal-

l'opinion? La diversité de fortune et d'état s'éclipse et se confond dans le mariage, elle ne fait rien au bonheur; mais celle d'humeur et de caractère demeure, et c'est par elle qu'on est heureux ou malheureux. L'enfant qui n'a de règle que l'amour choisit mal, le père qui n'a de règle que l'opinion choisit plus mal encore. Qu'une fille manque de raison, d'expérience pour juger de la sagesse et des mœurs, un bon père doit y suppléer sans doute; son droit, son devoir même est de dire: « Ma fille, c'est un honnête homme, ou c'est un fripon; c'est un homme de sens, ou c'est un fou. » Voilà les convenances dont il doit connaître; le jugement de toutes les autres appartient à la fille. En criant qu'on troublerait ainsi l'ordre de la société, ces tyrans le troublent eux-mêmes. Que le rang se règle par le mérite, et l'union des cœurs par leur choix, voilà le véritable ordre social; ceux qui le règlent par la naissance ou par les richesses sont les vrais perturbateurs de cet ordre, ce sont ceux-là qu'il faut décrier ou punir.

Il est donc de la justice universelle que ces abus soient redressés; il est du devoir de l'homme de s'opposer à la violence, de concourir à l'ordre, et, s'il m'était possible d'unir ces deux amants en dépit d'un vieillard sans raison, ne doutez pas que je n'achevasse en cela l'ouvrage du ciel, sans m'embarrasser de l'approbation des hommes.

Vous êtes plus heureuse, aimable Claire; vous avez un père qui ne prétend point savoir mieux que vous en quoi consiste votre bonheur. Ce n'est peut-être ni par de grandes vues de sagesse, ni par une tendresse excessive qu'il vous rend ainsi maîtresse de votre sort; mais qu'importe la cause, si l'effet est le même; et si, dans la liberté qu'il vous laisse, l'indolence lui tient lieu de raison? Loin d'abuser de cette liberté, le choix que vous avez fait à vingt ans aurait l'approbation du plus sage père. Votre cœur, absorbé par une amitié qui n'eut jamais d'égale, a gardé peu de place aux feux de l'amour; vous leur substituez tout ce qui peut y suppléer dans le mariage: moins amante qu'amie, si vous n'êtes la plus tendre épouse, vous serez la plus vertueuse, et cette union qu'a formée la sagesse doit croître avec l'âge et durer autant qu'elle. L'impulsion du cœur est plus aveugle, mais elle est plus invincible: c'est le moyen de se perdre que de se mettre dans la nécessité de lui résister. Heureux ceux que l'amour assortit comme aurait fait la raison, et qui n'ont point d'obstacle à vaincre et de préjugés à combattre! Tels seraient nos deux amants, sans l'injuste résistance d'un père entêté. Tels malgré lui pourraient-ils être encore, si l'un des deux était bien conseillé.

L'exemple de Julie et le vôtre montrent également que c'est aux époux seuls à juger s'ils se conviennent. Si l'amour ne règne pas, la raison choisira seule; c'est le cas où vous êtes: si l'amour règne, la nature a déjà choisi; c'est celui de Julie. Telle est la loi sacrée de la nature, qu'il n'est pas permis à l'homme d'enfreindre, qu'il n'enfreint jamais impunément, et que la considération des états et des rangs ne peut abroger qu'il n'en coûte des malheurs et des crimes.

Quoique l'hiver s'avance et que j'aie à me rendre à Rome, je ne quitterai point l'ami que j'ai sous ma garde que je ne voie son âme dans un état de consistance sur lequel je puisse compter. C'est un dépôt qui m'est cher par son prix et parce que vous me l'avez confié. Si je ne puis faire qu'il soit heureux, je tâcherai de faire au moins qu'il soit sage et qu'il porte en homme les maux de l'humanité. J'ai résolu de passer ici une quinzaine de jours avec lui, durant lesquels j'espère que nous recevrons des nouvelles de Julie et des vôtres, et que vous m'aiderez toutes deux à mettre quelque appareil sur les blessures de

---

honnête homme. On ne saurait dire à quel point, dans ce pays si galant, les femmes sont tyrannisées par les lois. Faut-il s'étonner qu'elles s'en vengent si cruellement par leurs mœurs?

— Cette *cause célèbre* est celle des parents du sieur de La Bédoyère, avocat-général, plaidant contre leur fils en nullité de son mariage avec Agathe Sticotti, fille d'un acteur de la Comédie-Italienne, et actrice elle-même.

ce cœur malade, qui ne peut encore écouter la raison que par l'organe du sentiment.

Je joins ici une lettre pour votre amie : ne la confiez, je vous prie, à aucun commissionnaire, mais remettez-la vous-même.

FRAGMENTS JOINTS A LA LETTRE PRÉCÉDENTE.

I.

Pourquoi n'ai-je pu vous voir avant mon départ? Vous avez craint que je n'expirasse en vous quittant! Cœur pitoyable, rassurez-vous. Je me porte bien... je ne souffre pas... je vis encore... je pense à vous... je pense au temps où je vous fus cher... j'ai le cœur un peu serré... la voiture m'étourdit... je me trouve abattu... Je ne pourrai longtemps vous écrire aujourd'hui. Demain peut-être aurai-je plus de force... ou n'en aurai-je plus besoin...

II.

Où m'entraînent ces chevaux avec tant de vitesse? Où me conduit avec tant de zèle cet homme qui se dit mon ami? Est-ce loin de toi, Julie? Est-ce par ton ordre? Est-ce en des lieux où tu n'es pas? Ah! fille insensée!... je mesure des yeux le chemin que je parcours si rapidement. D'où viens-je? où vais-je? et pourquoi tant de diligence? Avez-vous peur, cruels! que je ne coure pas assez tôt à ma perte? O amitié! ô amour! est-ce là votre accord? sont-ce là vos bienfaits?...

III.

As-tu bien consulté ton cœur en me chassant avec tant de violence? As-tu pu, dis, Julie, as-tu pu renoncer pour jamais?... Non, non; ce tendre cœur m'aime, je le sais bien. Malgré le sort, malgré lui-même, il m'aimera jusqu'au tombeau... Je le vois, tu t'es laissé suggérer... (1) Quel repentir éternel tu te prépares!... Hélas! il sera trop tard. Quoi! tu pourrais oublier... Quoi! je t'aurais mal connue!... Ah! songe à toi, songe à moi, songe à..... Ecoute: il en est temps encore... Tu m'as chassé avec barbarie. Je fuis plus vite que le vent... Dis un mot, un seul mot, et je reviens plus prompt que l'éclair. Dis un mot, et pour jamais nous sommes unis : nous devons l'être... nous le serons... Ah! l'air emporte mes plaintes! et cependant je fuis! je vais vivre et mourir loin d'elle... Vivre loin d'elle!...

LETTRE III.

DE MYLORD ÉDOUARD A JULIE.

Votre cousine vous dira des nouvelles de votre ami. Je crois d'ailleurs qu'il vous écrit par cet ordinaire. Commencez par satisfaire là-dessus votre empressement, pour lire ensuite posément cette lettre, car je vous préviens que son sujet demande toute votre attention.

Je connais les hommes : j'ai vécu beaucoup en peu d'années; j'ai acquis une grande expérience à mes dépens, et c'est le chemin des passions qui m'a conduit à la philosophie. Mais de tout ce que j'ai observé jusqu'ici, je n'ai rien vu de si extraordinaire que vous et votre amant. Ce n'est pas que vous ayez ni l'un ni l'autre un caractère marqué dont on puisse, au premier coup d'œil, assigner les différences, et il se pourrait bien que cet embarras de vous défini-

---

(1) La suite montre que ses soupçons tombaient sur mylord Edouard, et que Claire les a pris pour elle.

vous fît prendre pour des âmes communes par un observateur superficiel. Mais c'est cela même qui vous distingue, qu'il est impossible de vous distinguer, et que les traits du modèle commun, dont quelqu'un manque toujours à chaque individu, brillent tous également dans les vôtres. Ainsi chaque épreuve d'une estampe a ses défauts particuliers qui lui servent de caractère ; et s'il en vient une qui soit parfaite, quoiqu'on la trouve belle au premier coup d'œil, il faut la considérer longtemps pour la reconnaître. La première fois que je vis votre amant, je fus frappé d'un sentiment nouveau qui n'a fait qu'augmenter de jour en jour, à mesure que la raison l'a justifié. A votre égard, ce fut tout autre chose encore, et ce sentiment fut si vif, que je me trompai sur sa nature. Ce n'était pas tant la différence des sexes qui produisait cette impression, qu'un

caractère encore plus marqué de perfection que le cœur sent, même indépendamment de l'amour. Je vois bien ce que vous seriez sans votre ami, je ne vois pas de même ce qu'il serait sans vous : beaucoup d'hommes peuvent lui ressembler, mais il n'y a qu'une Julie au monde. Après un tort que je ne me pardonnerai jamais, votre lettre vint m'éclairer sur mes vrais sentiments. Je connus que je n'étais point jaloux, ni par conséquent amoureux ; je connus que vous étiez trop aimable pour moi ; il vous faut les prémices d'une âme, et la mienne ne serait pas digne de vous.

Dès ce moment, je pris pour votre bonheur mutuel un tendre intérêt qui ne s'éteindra point. Croyant lever toutes les difficultés, je fis auprès de votre père une démarche indiscrète dont le mauvais succès n'est qu'une raison de plus pour exciter mon zèle. Daignez m'écouter, et je puis réparer encore tout le mal que je vous ai fait.

Sondez bien votre cœur, ô Julie ! et voyez s'il vous est possible d'éteindre le feu dont il est dévoré. Il fut un temps peut-être où vous pouviez en arrêter le progrès : mais si Julie, pure et chaste, a pourtant succombé, comment se relèvera-t-elle après sa chute ? comment résistera-t-elle à l'amour vainqueur, et armé de la dangereuse image de tous les plaisirs passés? Jeune amante, ne vous en imposez plus, et renoncez à la confiance qui vous a séduite : vous êtes perdue s'il faut combattre encore; vous serez avilie et vaincue, et le sentiment de votre honte étouffera par degrés toutes vos vertus. L'amour s'est insinué trop avant dans la substance de votre âme pour que vous puissiez jamais l'en chasser; il en renforce et pénètre tous les traits comme une eau forte et corrosive; vous n'en effacerez jamais la profonde impression sans effacer à la fois tous les sentiments exquis que vous reçûtes de la nature; et quand il ne vous restera plus d'amour, il ne vous restera plus rien d'estimable. Qu'avez-vous donc maintenant à faire, ne pouvant plus changer l'état de votre cœur? Une seule chose, Julie, c'est de le rendre légitime. Je vais vous proposer pour cela l'unique moyen qui vous reste : profitez-en tandis qu'il est temps encore; rendez à l'innocence et à la vertu cette sublime raison dont le ciel vous fit dépositaire, ou craignez d'avilir à jamais le plus précieux de ses dons.

J'ai dans le duché d'York une terre assez considérable, qui fut longtemps le séjour de mes ancêtres. Le château est ancien, mais bon et commode; les environs sont solitaires, mais agréables et variés. La rivière d'Ouse, qui passe au bout du parc, offre à la fois une perspective charmante à la vue et un débouché facile aux denrées. Le produit de la terre suffit pour l'honnête entretien du maître, et peut doubler sous ses yeux. L'odieux préjugé n'a point d'accès dans cette heureuse contrée; l'habitant paisible y conserve encore les mœurs simples des premiers temps; et l'on y trouve une image du Valais décrit avec des traits si touchants par la plume de votre ami. Cette terre est à vous, Julie, si vous daignez l'habiter avec lui; et c'est là que vous pourrez accomplir ensemble tous les tendres souhaits par où finit la lettre dont je parle.

Venez, modèle unique des vrais amants, venez couple aimable et fidèle, prendre possession d'un lieu fait pour servir d'asile à l'amour et à l'innocence; venez y serrer, à la face du ciel et des hommes, le doux nœud qui vous unit; venez honorer de l'exemple de vos vertus un pays où elles seront adorées, et des gens simples portés à les imiter. Puissiez-vous en ce lieu tranquille goûter à jamais, dans les sentiments qui vous unissent, le bonheur des âmes pures! puisse le ciel y bénir vos chastes feux d'une famille qui vous ressemble! puissiez-vous y prolonger vos jours dans une honorable vieillesse, et les terminer enfin paisiblement dans les bras de vos enfants! puissent nos neveux, en parcourant avec un charme secret ce monument de la félicité conjugale, dire un jour dans l'attendrissement de leur cœur : « Ce fut ici l'asile de l'innocence, ce fut ici la demeure des deux amants! »

Votre sort est en vos mains, Julie : pesez attentivement la proposition que je vous fais, et n'en examinez que le fond; car d'ailleurs je me charge d'assurer d'avance et irrévocablement votre ami de l'engagement que je prends. Je me charge aussi de la sûreté de votre départ, et de veiller avec lui à celle de votre personne jusqu'à votre arrivée : là, vous pourrez aussitôt vous marier publiquement sans obstacle; car parmi nous une fille nubile n'a nul besoin du consentement d'autrui pour disposer d'elle-même. Nos sages lois n'abrogent point celles de la nature; et s'il résulte de cet heureux accord quelques inconvénients, ils sont beaucoup moindres que ceux qu'il prévient. J'ai laissé à Vevai mon valet de chambre, homme de confiance, brave, prudent, et d'une fidélité à toute épreuve. Vous pourrez aisément vous concerter avec lui de bouche ou par écrit à l'aide de Regianino, sans que ce dernier sache de quoi il s'agit. Quand il sera temps, nous partirons pour vous aller joindre, et vous ne quitterez la maison paternelle que sous la conduite de votre époux.

Je vous laisse à vos réflexions; mais, je le répète, craignez l'erreur des préjugés et la séduction des scrupules, qui mènent souvent au vice par le chemin de l'honneur. Je prévois ce qui vous arrivera si vous rejetez mes offres. La tyrannie d'un père intraitable vous entraînera dans l'abîme que vous ne connaîtrez qu'après la chute. Votre extrême douceur dégénère quelquefois en timidité : vous serez sacrifiée à la chimère des conditions (1). Il faudra contracter un engagement désavoué par le cœur. L'approbation publique sera démentie incessamment par le cri de la conscience ; vous serez honorée et méprisable : il vaut mieux être oubliée et vertueuse.

P. S. Dans le doute de votre résolution, je vous écris à l'insu de notre ami, de peur qu'un refus de votre part ne vînt détruire en un instant tout l'effet de mes soins.

LETTRE IV.

DE JULIE A CLAIRE.

Oh! ma chère, dans quel trouble tu m'as laissée hier au soir! et quelle nuit j'ai passée en rêvant à cette fatale lettre! Non, jamais tentation plus dangereuse ne vint assaillir mon cœur ; jamais je n'éprouvai de pareilles agitations, et jamais je n'aperçus moins le moyen de les apaiser. Autrefois une certaine lumière de sagesse et de raison dirigeait ma volonté; dans toutes les occasions embarrassantes, je discutais d'abord le parti le plus honnête, et le prenais à l'instant. Maintenant, avilie et toujours vaincue, je ne fais que flotter entre les passions contraires : mon faible cœur n'a plus que le choix de ses fautes ; et tel est mon déplorable aveuglement, que si je viens par hasard à prendre le meilleur parti, la vertu ne m'aura point guidée, et je n'en aurai pas moins de remords. Tu sais quel époux mon père me destine; tu sais quels liens l'amour m'a donnés. Veux-je être vertueuse, l'obéissance et la foi m'imposent des devoirs opposés. Veux-je suivre le penchant de mon cœur; qui préférer d'un amant ou d'un père? Hélas! en écoutant l'amour ou la nature, je ne puis éviter de mettre l'un ou l'autre au désespoir ; en me sacrifiant au devoir, je ne puis éviter de commettre un crime; et quelque parti que je prenne, il faut que je meure à la fois malheureuse et coupable.

Ah! chère et tendre amie, toi qui fus toujours mon unique ressource, et qui m'as tant de fois sauvée de la mort et du désespoir, considère aujourd'hui l'horrible état de mon âme, et vois si jamais tes secourables soins me furent plus nécessaires. Tu sais si tes avis sont écoutés; tu sais si tes conseils sont suivis; tu viens de voir, au prix du bonheur de ma vie, si je sais déférer aux leçons de l'amitié. Prends donc pitié de l'accablement où tu m'as réduite; achève, puisque tu as commencé; supplée à mon courage abattu; pense pour celle qui ne pense plus que par toi. Enfin, tu lis dans ce cœur qui t'aime; tu le connais mieux que moi. Apprends-moi donc ce que je veux ; et choisis à ma place, quand je n'ai plus la force de vouloir, ni la raison de choisir.

Relis la lettre de ce généreux Anglais; relis-la mille fois, mon ange. Ah! laisse-toi toucher au tableau charmant du bonheur que l'amour, la paix, la vertu, peuvent me promettre encore! Douce et ravissante union des âmes, délices inexprimables même au sein des remords! dieux! que seriez-vous pour mon cœur au sein de la foi conjugale? Quoi! le bonheur et l'innocence seraient encore en mon pouvoir! Quoi! je pourrais expirer d'amour et de joie entre un époux adoré et les chers gages de sa tendresse!... Et j'hésite un seul moment! et je ne vole pas réparer ma faute dans les bras de celui qui me la fit commettre! et je ne suis pas déjà femme vertueuse et chaste mère de famille!... Oh! que les auteurs de mes jours ne peuvent-ils me voir sortir de mon avilissement! que ne peuvent-ils être témoins de la manière dont je saurai remplir à mon tour les devoirs sacrés qu'ils ont remplis envers moi!... Et les tiens, fille ingrate et dénaturée, qui les remplira près d'eux, tandis que tu les oublies? Est-ce en plongeant le poignard dans le sein d'une mère que tu te prépares à le devenir? Celle qui déshonore sa famille apprendra-t-elle

---

(1) La chimère des conditions! c'est un pair d'Angleterre qui parle ainsi! et tout ceci ne serait pas une fiction! Lecteur, qu'en dites-vous?

à ses enfants à l'honorer? Digne objet de l'aveugle tendresse d'un père et d'une mère idolâtres, abandonne-les au regret de t'avoir fait naître; couvre leurs vieux jours de douleur et d'opprobre... et jouis, si tu peux, d'un bonheur acquis à ce prix.

Mon Dieu! que d'horreurs m'environnent! quitter furtivement son pays, déshonorer sa famille, abandonner à la fois père, mère, amis, parents, et toi-même! et toi, ma douce amie! et toi, la bien-aimée de mon cœur! toi dont à peine, dès mon enfance, je puis rester éloignée un seul jour; te fuir, te quitter, te perdre, ne plus te voir!... Ah! non : que jamais... Que de tourments déchirent ta malheureuse amie! elle sent à la fois tous les maux dont elle a le choix, sans qu'aucun des biens qui lui resteront la console. Hélas! je m'égare. Tant de combats passent ma force et troublent ma raison; je perds à la fois le courage et le sens. Je n'ai plus d'espoir qu'en toi seule. Ou choisis ou laisse-moi mourir.

LETTRE V.

RÉPONSE.

Tes perplexités ne sont que trop bien fondées, ma chère Julie; je les ai prévues et n'ai pu les prévenir; je les sens et ne les puis apaiser; et ce que je vois de pire dans ton état, c'est que personne ne t'en peut tirer que toi-même. Quand il s'agit de prudence, l'amitié vient au secours d'une âme agitée; s'il faut choisir le bien ou le mal, la passion qui les méconnaît peut se taire devant un conseil désintéressé. Mais ici, quelque parti que tu prennes, la nature l'autorise et le condamne, la raison le blâme et l'approuve, le devoir se tait ou s'oppose à lui-même; les suites sont également à craindre de part et d'autre; tu ne peux ni rester indécise ni bien choisir; tu n'as que des peines à comparer, et ton cœur seul en est le juge. Pour moi, l'importance de la délibération m'épouvante, et son effet m'attriste. Quelque sort que tu préfères, il sera toujours peu digne de toi; et ne pouvant ni te montrer un parti qui te convienne, ni te conduire au vrai bonheur, je n'ai pas le courage de décider de ta destinée. Voici le premier refus que tu reçus jamais de ton amie; et je sens bien, par ce qu'il me coûte, que ce sera le dernier; mais je te trahirais en voulant te gouverner dans un cas où la raison même s'impose silence, et où la seule règle à suivre est d'écouter ton propre penchant.

Ne sois pas injuste envers moi, ma douce amie, et ne me juge point avant le temps. Je sais qu'il est des amitiés circonspectes qui, craignant de se compromettre, refusent des conseils dans les occasions difficiles, et dont la réserve augmente avec le péril des amis. Ah! tu vas connaître si ce cœur qui t'aime connaît ces timides précautions! souffre qu'au lieu de te parler de tes affaires, je te parle un instant des miennes.

N'as-tu jamais remarqué, mon ange, à quel point tout ce qui t'approche s'attache à toi? Qu'un père et une mère chérissent une fille unique, il n'y a pas, je le sais, de quoi s'en fort étonner; qu'un jeune homme ardent s'enflamme pour un objet aimable, cela n'est pas plus extraordinaire. Mais que à l'âge mûr, un homme aussi froid que M. de Wolmar s'attendrisse en te voyant pour la première fois de sa vie; que toute une famille t'idolâtre unanimement; que tu sois chère à mon père, cet homme si peu sensible, autant et plus peut-être que ses propres enfants; que les amis, les connaissances, les domestiques, les voisins et toute une ville entière, l'adorent de concert, et prennent à toi le plus tendre intérêt : voilà, ma chère, un concours moins vraisemblable, et qui n'aurait point lieu s'il n'avait en ta personne quelque cause particulière. Sais-tu bien quelle est cette cause? Ce n'est ni la beauté, ni ton esprit, ni ta grâce, ni rien de tout ce qu'on entend par le don de plaire; mais c'est cette âme tendre et cette douceur d'attachement qui n'a point d'égale; c'est le don d'aimer, mon enfant, qui te fait aimer. On peut résister à tout hors à la bienveillance; et il n'y a point de moyen plus sûr d'acquérir l'affection des autres, que de leur donner la sienne. Mille femmes sont plus belles que toi; plusieurs ont autant de grâces; toi seule as, avec les grâces, je ne sais quoi de plus séduisant qui ne plaît pas seulement, mais qui touche et qui fait voler tous les cœurs au-devant du tien. On sent que ce tendre cœur ne demande qu'à se donner, et le doux sentiment qu'il cherche le va chercher à son tour.

Tu vois, par exemple, avec surprise, l'incroyable affection de mylord Edouard pour ton ami; tu vois son zèle pour ton bonheur, tu reçois avec admiration ses offres généreuses; tu les attribues à la seule vertu : et ma Julie de s'attendrir! Erreur, abus, charmante cousine! A Dieu ne plaise que j'atténue les bienfaits de mylord Edouard, et que je déprise sa grande âme! Mais, crois-moi, ce zèle, tout pur qu'il est, serait moins ardent, si, dans la même circonstance, il s'adressait à d'autres personnes. C'est ton ascendant invincible et celui de ton ami, qui, sans même qu'il s'en aperçoive, le déterminent avec tant de force, et lui font faire par attachement ce qu'il croit ne faire que par honnêteté.

Voilà ce qui doit arriver à toutes les âmes d'une certaine trempe; elles transforment, pour ainsi dire, les autres en elles-mêmes; elles ont une sphère d'activité dans laquelle rien ne leur résiste : on ne peut les connaître sans les vouloir imiter, et de leur sublime élévation elles attirent à elles tout ce qui les environne. C'est pour cela, ma chère, que ni toi ni ton ami ne connaîtrez peut-être jamais les hommes; car vous les verrez bien plus comme vous les ferez, que comme ils seront d'eux-mêmes. Vous donnerez le ton à tous ceux qui vivront avec vous; ils vous fuiront ou vous deviendront semblables, et tout ce que vous aurez vu n'aura peut-être rien de pareil dans le reste du monde.

Venons maintenant à moi, cousine, à moi qu'un même sang, un même âge, et surtout une parfaite conformité de goûts et d'humeurs, avec des tempéraments contraires, unit à toi dès l'enfance.

> Congiunti eran gl' alberghi,
> Ma più congiunti i cuori;
> Conforme era l'etate,
> Ma 'l pensier più conforme (1).

Que penses-tu qu'ait produit sur celle qui a passé sa vie avec toi cette charmante influence qui se fait sentir à tout ce qui t'approche? Crois-tu qu'il puisse ne régner entre nous qu'une union commune? Mes yeux ne te rendent-ils pas la douce joie que je prends chaque jour dans les tiens en nous abordant? Ne lis-tu pas dans mon cœur attendri le plaisir de partager tes peines et de pleurer avec toi? Puis-je oublier que, dans les premiers transports d'un amour naissant, l'amitié ne te fut point importune, et que les murmures de ton amant ne purent t'engager à m'éloigner de toi, et à me dérober le spectacle de ta faiblesse? Ce moment fut critique, ma Julie; je sais ce que vaut dans ton cœur modeste le sacrifice d'une honte qui n'est pas réciproque. Jamais je n'eusse été ta confidente si j'eusse été ton amie à demi, et nos âmes se sont trop bien senties en s'unissant, pour que rien les puisse désormais séparer.

Qu'est-ce qui rend les amitiés si tièdes et si peu durables entre les femmes, je dis entre celles qui sauraient aimer? Ce sont les intérêts de l'amour, c'est l'empire de la beauté, c'est la jalousie des conquêtes : or, si rien de tout cela nous eût pu diviser, cette division serait déjà faite. Mais quand mon cœur serait moins inepte à l'amour, quand j'ignorerais que vos feux sont de nature

---

(1) Nos âmes étaient jointes ainsi que nos demeures, et nous avions la même conformité de goûts que d'âges. Tass. *Aminte.*

à ne s'éteindre qu'avec la vie, ton amant est mon ami, c'est-à-dire mon frère: et qui vit jamais finir par l'amour une véritable amitié? Pour M. d'Orbe, assurément il aura longtemps à se louer de tes sentiments, avant que je songe à m'en plaindre; et je ne suis pas plus tentée de le retenir par force, que toi de me l'arracher. Eh! mon enfant, plût au ciel qu'au prix de son attachement je te pusse guérir du tien! je le garde avec plaisir, je le céderais avec joie.

A l'égard des prétentions sur la figure, j'en puis avoir tant qu'il me plaira; tu n'es pas fille à me les disputer, et je suis bien sûre qu'il ne t'entra de tes jours dans l'esprit de savoir qui de nous deux est la plus jolie. Je n'ai pas été tout-à-fait si indifférente; je sais là-dessus à quoi m'en tenir, sans en avoir le moindre chagrin. Il me semble même que j'en suis plus fière que jalouse; car enfin les charmes de ton visage n'étant pas ceux qu'il faudrait au mien, ne m'ôtent rien de ce que j'ai, et je me trouve encore belle de ta beauté, aimable de tes grâces, ornée de tes talents; je me pare de toutes tes perfections, et c'est en toi que je place mon amour-propre le mieux entendu. Je n'aimerais pourtant guère à faire peur pour mon compte, mais je suis assez jolie pour le besoin que j'ai de l'être. Tout le reste m'est inutile, et je n'ai pas besoin d'être humble pour te céder.

Tu t'impatientes de savoir à quoi j'en veux venir. Le voici. Je ne puis te donner le conseil que tu me demandes, je t'en ai dit la raison; mais le parti que tu prendras pour toi, tu le prendras en même temps pour ton amie; et quel que soit ton destin, je suis déterminée à le partager. Si tu pars, je te suis; si tu restes, je reste: j'en ai formé l'inébranlable résolution; je le dois, rien ne m'en peut détourner. Ma fatale indulgence a causé ta perte; ton sort doit être le mien; et, puisque nous fûmes inséparables dès l'enfance, ma Julie, il faut l'être jusqu'au tombeau.

Tu trouveras, je le prévois, beaucoup d'étourderie dans ce projet, mais, au fond, il est plus sensé qu'il ne semble, et je n'ai pas les mêmes motifs d'irrésolution que toi. Premièrement, quant à ma famille, si je quitte un père facile, je quitte un père assez indifférent qui laisse faire à ses enfants tout ce qui leur plaît, plus par négligence que par tendresse: car tu sais que les affaires de l'Europe l'occupent beaucoup plus que les siennes, et que sa fille lui est bien moins chère que la Pragmatique. D'ailleurs, je ne suis pas comme toi fille unique; et avec les enfants qui lui resteront, à peine saura-t-il s'il lui en manque un.

J'abandonne un mariage prêt à conclure? *Manco male* (1), ma chère; c'est à M. d'Orbe, s'il m'aime, à s'en consoler. Pour moi, quoique j'estime son caractère, que je ne sois pas sans attachement pour sa personne, et que je regrette en lui un fort honnête homme, il ne m'est rien auprès de ma Julie. Dis-moi, mon enfant, l'âme a-t-elle un sexe? En vérité je ne le sens guère à la mienne. Je puis avoir des fantaisies, mais fort peu d'amour. Un mari peut m'être utile, mais il ne sera jamais pour moi qu'un mari; et de ceux-là, libre encore et passable comme je suis, j'en puis trouver un par tout le monde.

Prends bien garde, cousine, que, quoique je n'hésite point, ce n'est pas à dire que tu ne doives point hésiter, ni que je veuille t'insinuer de prendre le parti que je prendrai si tu pars. La différence est grande entre nous, et tes devoirs sont beaucoup plus rigoureux que les miens. Tu sais encore qu'une affection presque unique remplit mon cœur, et absorbe si bien tous les autres sentiments, qu'ils y sont comme anéantis. Une invincible et douce habitude m'attache à toi dès mon enfance; je n'aime parfaitement que toi seule, et si j'ai quelque lien à rompre en te suivant, je m'encouragerai par ton exemple. Je me dirai: j'imite Julie, et me croirai justifiée.

---

(1) Idiotisme italien qui répond à notre *qu'à cela ne tienne*; c'est le *moindre mal* qui en puisse arriver.

BILLET.

DE JULIE A CLAIRE.

Je t'entends, amie incomparable, et je te remercie. Au moins une fois j'aurai fait mon devoir, et ne serai pas en tout indigne de toi.

LETTRE VI.

DE JULIE A MYLORD ÉDOUARD.

Votre lettre, mylord, me pénètre d'attendrissement et d'admiration. L'ami que vous daignez protéger n'y sera pas moins sensible, quand il saura tout ce que vous avez voulu faire pour nous. Hélas! il n'y a que les infortunés qui sentent le prix des âmes bienfaisantes. Nous ne savons déjà qu'à trop de titres tout ce que vaut la vôtre, et vos vertus héroïques nous toucheront toujours, mais elles ne nous surprendront plus.

Qu'il me serait doux d'être heureuse sous les auspices d'un ami si généreux, et de tenir de ses bienfaits le bonheur que la fortune m'a refusé! Mais, mylord, je le vois avec désespoir, elle trompe vos bons desseins; mon sort cruel l'emporte sur votre zèle, et la douce image des biens que vous m'offrez ne sert qu'à m'en rendre la privation plus sensible. Vous donnez une retraite agréable et sûre à deux amants persécutés; vous y rendez leurs feux légitimes, leur union solennelle, et je sais que sous votre garde j'échapperais aisément aux poursuites d'une famille irritée. C'est beaucoup pour l'amour, est-ce assez pour la félicité? Non: si vous voulez que je sois paisible et contente, donnez-moi quelque asile plus sûr encore, où l'on puisse échapper à la honte et au repentir. Vous allez au-devant de nos besoins, et, par une générosité sans exemple, vous vous privez, pour notre entretien, d'une partie des biens destinés au vôtre. Plus riche, plus honorée de vos bienfaits que de mon patrimoine, je puis tout recouvrer près de vous, et vous daignerez me tenir lieu de père. Ah! mylord, serai-je digne d'en trouver un, après avoir abandonné celui que m'a donné la nature?

Voilà la source des reproches d'une conscience épouvantée, et des murmures secrets qui déchirent mon cœur. Il ne s'agit pas de savoir si j'ai droit de disposer de moi contre le gré des auteurs de mes jours, mais si j'en puis disposer sans les affliger mortellement, si je puis les fuir sans les mettre au désespoir. Hélas! il vaudrait autant consulter si j'ai droit de leur ôter la vie. Depuis quand la vertu pèse-t-elle ainsi les droits du sang et de la nature? Depuis quand un cœur sensible marque-t-il avec tant de soin les bornes de la reconnaissance? N'est-ce pas être déjà coupable, que de vouloir aller jusqu'au point où l'on commence à le devenir? et cherche-t-on si scrupuleusement le terme de ses devoirs, quand on n'est point tenté de le passer? Qui? moi? j'abandonnerais impitoyablement ceux par qui je respire, ceux qui me conservent la vie qu'ils m'ont donnée, et me la rendent chère; ceux qui n'ont d'autre espoir, d'autre plaisir qu'en moi seule; un père presque sexagénaire, une mère toujours languissante! moi leur unique enfant, je les laisserais sans assistance dans la solitude et les ennuis de la vieillesse, quand il est temps de leur rendre les tendres soins qu'ils m'ont prodigués! je livrerais leurs derniers jours à la honte, aux regrets, aux pleurs! la terreur, le cri de ma conscience agitée, me peindraient sans cesse mon père et ma mère expirant sans consolation, et maudissant la fille ingrate qui les délaisse et les déshonore! Non, mylord, la vertu que j'abandonnai m'abandonne à son tour, et ne dit plus rien à mon cœur: mais cette idée horrible me parle à sa place; elle me suivrait pour mon tourment à chaque instant de mes jours, et me rendrait misérable au sein du bonheur. Enfin, si tel est mon destin qu'il faille livrer le reste de ma vie au remords, celui-là seul est trop affreux pour le supporter ; j'aime mieux braver tous les autres.

Je ne puis répondre à vos raisons, je l'avoue, je n'ai que trop de penchant à les trouver bonnes. Mais, mylord, vous n'êtes pas marié ; ne sentez-vous point qu'il faut être père pour avoir droit de conseiller les enfants d'autrui ? Quant à moi, mon parti est pris ; mes parents me rendront malheureuse, je le sais bien ; mais il me sera moins cruel de gémir dans mon infortune, que d'avoir causé la leur, et je ne déserterai jamais la maison paternelle. Va donc, douce chimère d'une âme sensible, félicité si charmante et si désirée, va te perdre dans

la nuit des songes, tu n'auras plus de réalité pour moi. Et vous, ami trop généreux, oubliez vos aimables projets, et qu'il n'en reste de trace qu'au fond d'un cœur trop reconnaissant pour en perdre le souvenir. Si l'excès de nos maux ne décourage point votre grande âme, si vos généreuses bontés ne sont point épuisées, il vous reste de quoi les exercer avec gloire ; et celui que vous honorez du titre de votre ami peut, par vos soins, mériter de le devenir. Ne jugez pas de lui par l'état où vous le voyez : son égarement ne vient point de lâcheté, mais d'un génie ardent et fier qui se roidit contre la fortune. Il y a souvent plus de stupidité que de courage dans une constance apparente ; le vulgaire ne connaît point de violentes douleurs, et les grandes passions ne germent guère chez les hommes faibles. Hélas ! il a mis dans la sienne cette énergie de sentiments qui caractérise les âmes nobles, et c'est ce qui fait aujourd'hui ma honte et mon désespoir. Mylord, daignez le croire, s'il n'était qu'un homme ordinaire, Julie n'eût point péri.

Non, non, cette affection secrète qui prévint en vous une estime éclairée ne vous a point trompé. Il est digne de tout ce que vous avez fait pour lui sans le bien connaître ; vous ferez plus encore, s'il est possible, après l'avoir connu.

Oui, soyez son consolateur, son protecteur, son ami, son père; c'est à la fois pour vous et pour lui que je vous en conjure; il justifiera votre confiance, il honorera vos bienfaits; il pratiquera vos leçons, il imitera vos vertus, il apprendra de vous la sagesse. Ah! mylord, s'il devient entre vos mains tout ce qu'il peut être, que vous serez fier un jour de votre ouvrage!

LETTRE VII.

DE JULIE.

Et toi aussi, mon doux ami, et toi l'unique espoir de mon cœur, tu viens le percer encore quand il se meurt de tristesse! J'étais préparée aux coups de la fortune, de longs pressentiments me les avaient annoncés; je les aurais supportés avec patience: mais toi pour qui je les souffre!..... Ah! ceux qui me viennent de toi me sont seuls insupportables, et il m'est affreux de voir aggraver mes peines par celui qui devait me les rendre chères. Que de douces consolations je m'étais promises qui s'évanouissent avec ton courage! Combien de fois je me flattai que ta force animerait ma langueur, que ton mérite effacerait ma faute, que tes vertus relèveraient mon âme abattue! Combien de fois j'essuyai mes larmes en me disant, je souffre pour lui, mais il en est digne; je suis coupable, mais il est vertueux; mille ennuis m'assiègent, mais sa constance me soutient, et je trouve au fond de son cœur le dédommagement de toutes mes pertes! Vain espoir que la première épreuve a détruit! Où est maintenant cet amour sublime qui sait élever tous les sentiments et faire éclater la vertu? Où sont ces fières maximes? qu'est devenue cette imitation des grands hommes? où est ce philosophe que le malheur ne peut ébranler, et qui succombe au premier accident qui le sépare de sa maîtresse? Quel prétexte excusera désormais ma honte à mes propres yeux, quand je ne vois plus dans celui qui m'a séduite qu'un homme sans courage, amolli par les plaisirs, qu'un cœur lâche, abattu par les premiers revers, qu'un insensé qui renonce à la raison sitôt qu'il a besoin d'elle? O Dieu! dans ce comble d'humiliation, devais-je me voir réduite à rougir de mon choix autant que de ma faiblesse?

Regarde à quel point tu t'oublies: ton âme égarée et rampante s'abaisse jusqu'à la cruauté! tu m'oses faire des reproches! tu t'oses plaindre de moi!... de la Julie!... Barbare!... comment les remords n'ont-ils pas retenu ta main? comment les plus doux témoignages du plus tendre amour qui fut jamais t'ont-ils laissé le courage de m'outrager? Ah! si tu pouvais douter de mon cœur, que le tien serait méprisable!... Mais non, tu n'en doutes pas, tu n'en peux douter, j'en puis défier ta fureur; et dans cet instant même où je hais ton injustice, tu vois trop bien la source du premier mouvement de colère que j'éprouvai de ma vie.

Peux-tu t'en prendre à moi, si je me suis perdue par une aveugle confiance, et si mes desseins n'ont point réussi? Que tu rougirais de tes duretés si tu connaissais quel espoir m'avait séduite, quels projets j'osai former pour ton bonheur et le mien, et comment ils se sont évanouis avec toutes mes espérances! Quelque jour, j'ose m'en flatter encore, tu pourras en savoir davantage, et tes regrets me vengeront alors de tes reproches. Tu sais la défense de mon père; tu n'ignores pas les discours publics; j'en prévis les conséquences, je te les fis exposer, tu les sentis comme nous; et pour nous conserver l'un à l'autre, il fallut nous soumettre au sort qui nous séparait.

Je t'ai donc chassé, comme tu l'oses dire! Mais pour qui l'ai-je fait, amant sans délicatesse? Ingrat! c'est pour un cœur bien plus honnête qu'il ne croit l'être, et qui mourrait mille fois plutôt que de me voir avilie. Dis-moi, que deviendras-tu quand je serai livrée à l'opprobre? Espères-tu pouvoir supporter le spectacle de mon déshonneur? Viens, cruel, si tu le crois, viens recevoir le sacrifice de ma réputation avec autant de courage que je puis te l'offrir. Viens, ne crains pas d'être désavoué de celle à qui tu fus cher. Je suis prête à déclarer à la face du ciel et des hommes tout ce que nous avons senti l'un pour l'autre; je suis prête à te nommer hautement mon amant, à mourir dans tes bras d'amour et de honte; j'aime mieux que le monde entier connaisse ma tendresse que de t'en voir douter un moment, et tes reproches me sont plus amers que l'ignominie.

Finissons pour jamais ces plaintes mutuelles, je t'en conjure; elles me sont insupportables. O Dieu! comment peut-on se quereller quand on s'aime, et perdre à se tourmenter l'un l'autre des moments où l'on a si grand besoin de consolation! Non, mon ami, que sert de feindre un mécontentement qui n'est pas? Plaignons-nous du sort et non de l'amour. Jamais il ne forma d'union si parfaite; jamais il n'en forma de plus durable. Nos âmes trop bien confondues ne sauraient plus se séparer; et nous ne pouvons plus vivre éloignés l'un de l'autre, que comme deux parties d'un même tout. Comment peux-tu donc ne sentir que tes peines? comment ne sens-tu point celles de ton amie! comment n'entends-tu point dans ton sein ses tendres gémissements? Combien ils sont plus douloureux que les cris emportés! combien, si tu partageais mes maux, ils te seraient plus cruels que les tiens mêmes!

Tu trouves ton sort déplorable! Considère celui de ta Julie, et ne pleure que sur elle. Considère dans nos communes infortunes l'état de mon sexe et du tien, et juge qui de nous est le plus à plaindre. Dans la force des passions, affecter d'être insensible; en proie à mille peines, paraître joyeuse et contente; avoir l'air serein et l'âme agitée; dire toujours autrement qu'on ne pense; déguiser tout ce qu'on sent; être fausse par devoir, et mentir par modestie : voilà l'état habituel de toute fille de mon âge. On passe ainsi ses beaux jours sous la tyrannie des bienséances, qu'aggrave enfin celle des parents dans un lien mal assorti. Mais on gêne en vain nos inclinations; le cœur ne reçoit de lois que de lui-même : il échappe à l'esclavage; il se donne à son gré. Sous un joug de fer que le ciel n'impose pas, on n'asservit qu'un corps sans âme : la personne et la foi restent séparément engagées, et l'on force au crime une malheureuse victime en la forçant de manquer de part ou d'autre au devoir sacré de la fidélité. Il en est de plus sages? Ah! je le sais. Elle n'ont point aimé? Qu'elles sont heureuses! Elles résistent? J'ai voulu résister. Elles sont plus vertueuses? Aiment-elles mieux la vertu? Sans toi, sans toi seul, je l'aurais toujours aimée. Il est donc vrai que je ne l'aime plus?... Tu m'as perdue, et c'est moi qui te console? Mais moi, que vais-je devenir?... Que les consolations de l'amitié sont faibles où manquent celles de l'amour! Qui me consolera donc dans mes peines? Quel sort affreux j'envisage, moi qui, pour avoir vécu dans le crime, ne vois plus qu'un nouveau crime dans des nœuds abhorrés et peut-être inévitables? Où trouverai-je assez de larmes pour pleurer ma faute et mon amant, si je cède? Où trouverai-je assez de force pour résister, dans l'abattement où je suis? Je crois déjà voir les fureurs d'un père irrité. Je crois déjà sentir le cri de la nature émouvoir mes entrailles, où l'amour gémissant déchirer mon cœur. Privée de toi, je reste sans ressource, sans appui, sans espoir; le passé m'avilit, le présent m'afflige, l'avenir m'épouvante. J'ai cru tout faire pour notre bonheur, je n'ai fait que nous rendre plus misérables en nous préparant une séparation plus cruelle. Les vains plaisirs ne sont plus, les remords demeurent; et la honte qui m'humilie est sans dédommagement.

C'est à moi, c'est à moi d'être faible et malheureuse. Laisse-moi pleurer et souffrir; mes pleurs ne peuvent non plus tarir que que mes fautes se réparer, et le temps même qui guérit tout ne m'offre que de nouveaux sujets de larmes. Mais toi qui n'as nulle violence à craindre, que la honte n'avilit point, que rien ne force à déguiser bassement tes sentiments; toi qui ne sens que l'atteinte du malheur et jouis au moins de tes premières vertus, comment l'oses-tu dégrader au point de soupirer et gémir comme une femme, et de t'emporter comme un furieux? N'est-ce pas assez du mépris que j'ai mérité pour toi, sans l'augmenter en te rendant méprisable toi-même, et sans m'accabler à la fois de mon opprobre et du tien? Rappelle donc ta fermeté, sache supporter l'infortune, sois homme. Sois encore, si j'ose le dire, l'amant que Julie a choisi. Ah! si je ne suis plus digne d'animer ton courage, souviens-toi du moins de ce que je fus un jour; mérite que pour toi j'aie cessé de l'être; ne me déshonore pas deux fois.

Non, mon respectable ami, ce n'est point toi que je reconnais dans cette lettre efféminée que je veux à jamais oublier, et que je tiens déjà désavouée par toi-même. J'espère, toute avilie, toute confuse que je suis, j'ose espérer que mon souvenir n'inspire point des sentiments si bas, que mon image règne encore avec plus de gloire dans un cœur que je pus enflammer, et que je n'aurai point à me reprocher, avec ma faiblesse, la lâcheté de celui qui l'a causée.

Heureux dans ta disgrâce, tu trouves le plus précieux dédommagement qui soit connu des âmes sensibles. Le ciel, dans ton malheur, te donne un ami, et te laisse à douter si ce qu'il te rend ne vaut pas mieux que ce qu'il t'ôte. Admire et chéris cet homme trop généreux qui daigne, aux dépens de son repos, prendre soin de tes jours et de ta passion. Que tu serais ému si tu savais tout ce qu'il a voulu faire pour toi! Mais que sert d'animer ta reconnaissance en aigrissant tes douleurs? Tu n'as pas besoin de savoir à quel point il t'aime pour connaître tout ce qu'il vaut; et tu ne peux l'estimer comme il le mérite, sans l'aimer comme tu le dois.

LETTRE VIII.

DE CLAIRE.

Vous avez plus d'amour que de délicatesse, et savez mieux faire des sacrifices que les faire valoir. Y pensez-vous, d'écrire à Julie sur un ton de reproches dans l'état où elle est? et parce que vous souffrez, faut-il vous en prendre à elle, qui souffre encore plus? Je l'ai dit mille fois, je ne vis de ma vie un amant si grondeur que vous; toujours prêt à disputer sur tout, l'amour n'est pour vous qu'un état de guerre; ou, si quelquefois vous êtes docile, c'est pour vous plaindre ensuite de l'avoir été. Oh! que de pareils amants sont à craindre, et que je m'estime heureuse de n'en avoir jamais voulu que de ceux qu'on peut congédier quand on veut, sans qu'il en coûte une larme à personne!

Croyez-moi, changez de langage avec Julie si vous voulez qu'elle vive; c'en est trop pour elle de supporter à la fois sa peine et vos mécontentements. Apprenez une fois à ménager ce cœur trop sensible; vous lui devez les plus tendres consolations: craignez d'augmenter vos maux à force de vous en plaindre, ou du moins ne vous en plaignez qu'à moi qui suis l'unique auteur de votre éloignement. Oui, mon ami, vous avez deviné juste; je lui ai suggéré le parti qu'exigeait son honneur en péril, ou plutôt je l'ai forcée à le prendre en exagérant le danger; je vous ai déterminé vous-même, et chacun a rempli son devoir. J'ai plus fait encore; je l'ai détournée d'accepter les offres de mylord Edouard; je vous ai empêché d'être heureux, mais le bonheur de Julie m'est plus cher que le vôtre; je savais qu'elle ne pouvait être heureuse après avoir livré ses parents à la honte et au désespoir; et j'ai peine à comprendre, par rapport à vous-même, quel bonheur vous pourriez goûter aux dépens du sien.

Quoi qu'il en soit, voilà ma conduite et mes torts; et puisque vous vous plaisez à quereller ceux qui vous aiment, voilà de quoi vous en prendre à moi seule; si ce n'est pas cesser d'être ingrat, c'est au moins cesser d'être injuste. Pour moi, de quelque manière que vous en usiez, je serai toujours la même envers vous; vous me serez cher tant que Julie vous aimera, et je dirais davantage s'il était possible. Je ne me repens d'avoir ni favorisé ni combattu votre amour. Le pur zèle de l'amitié qui m'a toujours guidée me justifie également dans ce que j'ai fait pour et contre vous; et, si quelquefois je m'intéressai pour vos feux plus peut-être qu'il ne semblait me convenir, le témoignage de mon cœur suffit à mon repos; je ne rougirai jamais des services que j'ai pu rendre à mon amie, et ne me reproche que leur inutilité.

Je n'ai pas oublié ce que vous m'avez appris autrefois de la constance du sage dans les disgrâces, et je pourrais, ce me semble, vous en rappeler à propos quelques maximes; mais l'exemple de Julie m'apprend qu'une fille de mon âge est pour un philosophe du vôtre un aussi mauvais précepteur qu'un dangereux disciple; et il ne me conviendrait pas de donner des leçons à mon maître.

LETTRE IX.

DE MYLORD ÉDOUARD A JULIE.

Nous l'emportons, charmante Julie; une erreur de notre ami l'a ramené à la raison. La honte de s'être mis un moment dans son tort a dissipé toute sa

fureur, et l'a rendu si docile que nous en ferons désormais tout ce qu'il nous plaira. Je vois avec plaisir que la faute qu'il se reproche lui laisse plus de regret que de dépit; et je connais qu'il m'aime en ce qu'il est humble et confus en ma présence, mais non pas embarrassé ni contraint. Il sent trop bien son injustice pour que je m'en souvienne; et des torts ainsi reconnus font plus d'honneur à celui qui les répare qu'à celui qui les pardonne.

J'ai profité de cette révolution et de l'effet qu'elle a produit pour prendre avec lui quelques arrangements nécessaires avant de nous séparer; car je ne puis différer mon départ plus longtemps. Comme je compte revenir l'été prochain, nous sommes convenus qu'il irait m'attendre à Paris, et qu'ensuite nous irions ensemble en Angleterre. Londres est le seul théâtre digne des grands talents, et où leur carrière est le plus étendue (1). Les siens sont supérieurs à bien des égards; et je ne désespère pas de lui voir faire en peu de temps, à l'aide de quelques amis, un chemin digne de son mérite. Je vous expliquerai mes vues plus en détail à mon passage auprès de vous. En attendant, vous sentez qu'à force de succès on peut lever bien des difficultés, et qu'il y a des degrés de considération qui peuvent compenser la naissance, même dans l'esprit de votre père. C'est, ce me semble, le seul expédient qui reste à tenter pour votre bonheur et le sien, puisque le sort et les préjugés vous ont ôté tous les autres.

J'ai écrit à Regianino de venir me joindre en poste, pour profiter de lui pendant huit ou dix jours que je passe encore avec notre ami. Sa tristesse est trop profonde pour laisser place à beaucoup d'entretien. La musique remplira les vides du silence, le laissera rêver, et changera par degrés sa douleur en mélancolie. J'attends cet état pour le livrer à lui-même, je n'oserais m'y fier auparavant. Pour Regianino, je vous le rendrai en repassant, et ne le reprendrai qu'à mon retour d'Italie, temps où, sur les progrès que vous avez déjà faits toutes deux, je juge qu'il ne vous sera plus nécessaire. Quant à présent, sûrement il vous est inutile, et je ne vous prive de rien en vous l'ôtant pour quelques jours.

LETTRE X.

A CLAIRE.

Pourquoi faut-il que j'ouvre enfin les yeux sur moi? Que ne les ai-je fermés pour toujours, plutôt que de voir l'avilissement où je suis tombé; plutôt que de me trouver le dernier des hommes, après en avoir été le plus fortuné! Aimable et généreuse amie, qui fûtes si souvent mon refuge, j'ose encore verser ma honte et mes peines dans votre cœur compatissant : j'ose encore implorer vos consolations contre le sentiment de ma propre indignité; j'ose recourir à vous quand je suis abandonné de moi-même. Ciel! comment un homme aussi méprisable a-t-il pu jamais être aimé d'elle? ou comment un feu si divin n'a-t-il point épuré mon âme? Qu'elle doit maintenant rougir de son choix, celle que je ne suis plus digne de nommer! Qu'elle doit gémir de voir profaner son image dans un cœur si rampant et si bas! Qu'elle doit de dédains et de haine à celui qui put l'aimer et n'être qu'un lâche! Connaissez toutes mes erreurs, charmante cousine (2); connaissez mon crime et mon repentir; soyez mon juge, et que je meure; ou soyez mon intercesseur, et que l'objet qui fait mon sort daigne encore en être l'arbitre.

Je ne vous parlerai point de l'effet que produisit sur moi cette séparation imprévue; je ne vous dirai rien de ma douleur stupide et de mon insensé désespoir : vous n'en jugerez que trop par l'égarement inconcevable où l'un et l'autre m'ont entraîné. Plus je sentais l'horreur de mon état, moins j'imaginais qu'il fût possible de renoncer volontairement à Julie; et l'amertume de ce sentiment, jointe à l'étonnante générosité de mylord Edouard, me fit naître des soupçons que je ne me rappellerai jamais sans horreur, et que je ne puis oublier sans ingratitude envers l'ami qui me les pardonne.

En rapprochant dans mon délire toutes les circonstances de mon départ, j'y

(1) C'est avoir une étrange prévention pour son pays; car je n'entends pas dire qu'il y en ait au monde où, généralement parlant, les étrangers soient moins bien reçus, et trouvent plus d'obstacles à s'avancer qu'en Angleterre. Par le goût de la nation, ils n'y sont favorisés en rien; par la forme du gouvernement, ils n'y sauraient parvenir à rien. Mais convenons aussi que l'Anglais ne va guère demander aux autres l'hospitalité qu'il leur refuse chez lui. Dans quelle cour, hors celle de Londres, voit-on ramper lâchement ces fiers insulaires? Dans quel pays, hors le leur, vont-ils chercher à s'enrichir? Ils sont durs, il est vrai; cette dureté ne me déplaît pas, quand elle marche avec la justice. Je trouve beau qu'ils ne soient qu'Anglais, puisqu'ils n'ont pas besoin d'être hommes.

(2) A l'imitation de Julie, il l'appelait ma cousine; et, à l'imitation de Julie, Claire l'appelait mon ami.

crus reconnaître un dessein prémédité, et j'osai l'attribuer au plus vertueux des hommes. A peine ce doute affreux me fut-il entré dans l'esprit, que tout me sembla le confirmer. La conversation de mylord avec le baron d'Etange, le ton peu insinuant que je l'accusais d'y avoir affecté, la querelle qui en dériva, la défense de me voir, la résolution prise de me faire partir, la diligence et le secret des préparatifs, l'entretien qu'il eut avec moi la veille, enfin la rapidité avec laquelle je fus plutôt enlevé qu'emmené; tout me semblait prouver, de la part de mylord, un projet formé de m'écarter de Julie; et le retour que je savais qu'il devait faire auprès d'elle achevait, selon moi, de me déceler le but de ses soins. Je résolus pourtant de m'éclaircir encore mieux avant d'éclater; et dans ce dessein je me bornai à examiner les choses avec plus d'attention. Mais tout redoublait mes ridicules soupçons, et le zèle de l'humanité ne lui inspirait rien d'honnête en ma faveur dont mon aveugle jalousie ne tirât quelque indice de trahison. A Besançon, je sus qu'il avait écrit à Julie sans me communiquer sa lettre, sans m'en parler. Je me tins alors suffisamment convaincu, et je n'attendis que la réponse, dont j'espérais bien le trouver mécontent, pour avoir avec lui l'éclaircissement que je méditais.

Hier au soir, nous rentrâmes assez tard, et je sus qu'il y avait un paquet venu de Suisse, dont il ne me parla point en nous séparant. Je lui laissai le temps de l'ouvrir; je l'entendis de ma chambre murmurer en lisant quelques mots. Je prêtai l'oreille attentivement « Ah! Julie! disait-il en phrases interrompues, j'ai voulu vous rendre heureuse..... je respecte votre vertu..... mais je plains votre erreur. » A ces mots et d'autres semblables que je distinguai parfaitement, je ne fus plus maître de moi; je pris mon épée sous mon bras; j'ouvris ou plutôt j'enfonçai la porte; j'entrai comme un furieux. Non, je ne souillerai point ce papier ni vos regards des injures que me dicta la rage pour le porter à se battre avec moi sur-le-champ.

O ma cousine! c'est là surtout que je pus reconnaître l'empire de la véritable sagesse, même sur les hommes les plus sensibles, quand ils veulent écouter sa voix. D'abord, il ne put rien comprendre à mes discours, et il les prit pour un vrai délire : mais la trahison dont je l'accusais, les desseins secrets que je lui reprochais, cette lettre de Julie qu'il tenait encore, et dont je lui parlais sans cesse, lui firent connaître enfin le sujet de ma fureur. Il sourit; puis il me dit froidement : « Vous avez perdu la raison, et je ne me bats point contre un insensé. Ouvrez les yeux, aveugle que vous êtes, ajouta-t-il d'un ton plus doux; est-ce bien moi que vous accusez de vous trahir? » Je sentis dans l'accent de ce discours je ne sais quoi qui n'était pas d'un perfide; le son de sa voix me remua le cœur; je n'eus pas jeté les yeux sur les siens, que tous mes soupçons se dissipèrent, et je commençai de voir avec effroi mon extravagance.

Il s'aperçut à l'instant de ce changement; il me tendit la main. « Venez, me dit-il; si votre retour n'eût précédé ma justification, je ne vous aurais vu de ma vie. A présent que vous êtes raisonnable, lisez cette lettre, et connaissez une fois vos amis. » Je voulus refuser de la lire; mais l'ascendant que tant d'avantages lui donnaient sur moi le lui fit exiger d'un ton d'autorité que, malgré mes ombrages dissipés, mon désir secret n'appuyait que trop.

Imaginez en quel état je me trouvai après cette lecture, qui m'apprit les bienfaits inouïs de celui que j'osais calomnier avec tant d'indignité. Je me précipitai à ses pieds; et, le cœur chargé d'admiration, de regrets et de honte, je serrais ses genoux de toute ma force sans pouvoir proférer un seul mot. Il reçut mon repentir comme il avait reçu mes outrages; et n'exigea de moi, pour prix du pardon qu'il daigna m'accorder, que de ne m'opposer jamais au bien qu'il voudrait me faire. Ah! qu'il fasse désormais ce qu'il lui plaira : son âme sublime est au-dessus de celles des hommes, et il n'est pas plus permis de résister à ses bienfaits qu'à ceux de la Divinité.

Ensuite, il me remit les deux lettres qui s'adressaient à moi, lesquelles il n'avait pas voulu me donner avant d'avoir lu la sienne, et d'être instruit de la résolution de votre cousine. Je vis, en les lisant, quelle amante et quelle amie le ciel m'a données; je vis combien il a rassemblé de sentiments et de vertus autour de moi pour rendre mes remords plus amers et ma bassesse plus méprisable. Dites, quelle est donc cette mortelle unique dont le moindre empire est dans sa beauté, et qui, semblable aux puissances éternelles, se fait également adorer et par les biens et par les maux qu'elle fait? Hélas! elle m'a tout ravi, la cruelle, et je l'en aime davantage. Plus elle me rend malheureux, plus je la trouve parfaite. Il semble que tous les tourments qu'elle me cause soient pour elle un nouveau mérite auprès de moi. Le sacrifice qu'elle vient de faire aux sentiments de la nature me désole et m'enchante; il augmente à mes yeux le prix de celui qu'elle a fait à l'amour. Non, son cœur ne sait rien refuser qui ne fasse valoir ce qu'il accorde.

Et vous, digne et charmante cousine, vous, unique et parfait modèle d'amitié, qu'on citera seule entre toutes les femmes, et que les cœurs qui ne ressemblent pas au vôtre oseront traiter de chimère; ah! ne me parlez plus de philosophie : je méprise ce trompeur étalage qui ne consiste qu'en vains discours; ce fantôme qui n'est qu'une ombre, qui nous excite à menacer de loin les passions, et nous laisse comme un faux brave à leur approche. Daignez ne pas m'abandonner à mes égarements; daignez rendre vos anciennes bontés à cet infortuné qui ne les mérite plus, mais qui les désire plus ardemment et en a plus besoin que jamais; daignez me rappeler à moi-même, et que votre douce voix supplée en ce cœur malade à celle de la raison.

Non, je l'ose espérer, je ne suis point tombé dans un abaissement éternel. Je sens ranimer en moi ce feu pur et saint dont j'ai brûlé; l'exemple de tant de vertus ne sera point perdu pour celui qui en fut l'objet, qui les aime, les admire, et veut les imiter sans cesse. O chère amante dont je dois honorer le choix! ô mes amis dont je veux recouvrer l'estime! mon âme se réveille et reprend dans les vôtres sa force et sa vie. Le chaste amour et l'amitié sublime me rendront le courage qu'un lâche désespoir fut prêt à m'ôter; les purs sentiments de mon cœur me tiendront lieu de sagesse : je serai par vous tout ce que je dois être, et je vous forcerai d'oublier ma chute, si je puis m'en relever un instant. Je ne sais ni ne veux savoir quel sort le ciel me réserve : quel qu'il puisse être, je veux me rendre digne de celui dont j'ai joui. Cette immortelle image que je porte en moi me servira d'égide, et rendra mon âme invulnérable aux coups de la fortune. N'ai-je pas assez vécu pour mon bonheur? C'est maintenant pour sa gloire que je dois vivre. Ah! que ne puis-je étonner le monde de mes vertus, afin qu'on pût dire un jour en les admirant : Pouvait-il moins faire, il fut aimé de Julie!

P. S. Des nœuds abhorrés et *peut-être inévitables!* Que signifient ces mots? Ils sont dans sa lettre. Claire, je m'attends à tout; je suis résigné, prêt à supporter mon sort. Mais ces mots..... jamais, quoi qu'il arrive, je ne partirai d'ici que je n'aie eu l'explication de ces mots-là.

LETTRE XI.

DE JULIE.

Il est donc vrai que mon âme n'est pas fermée au plaisir, et qu'un sentiment de joie y peut pénétrer encore! Hélas! je croyais depuis ton départ n'être plus sensible qu'à la douleur; je croyais ne savoir que souffrir loin de toi, et je n'imaginais pas même des consolations à ton absence. Ta charmante lettre à ma cousine est venue me désabuser; je l'ai lue et baisée avec des larmes d'attendrissement; elle a répandu la fraîcheur d'une douce rosée sur mon cœur séché d'ennuis et flétri de tristesse; et j'ai senti, par la sérénité qui m'en est restée, que tu n'as pas moins d'ascendant de loin que de près sur les affections de ta Julie.

Mon ami, quel charme pour moi de te voir reprendre cette vigueur de sentiments qui convient au courage d'un homme! Je t'en estimerai davantage, et m'en mépriserai moins de n'avoir pas en tout avili la dignité d'un amour honnête, ni corrompu deux cœurs à la fois. Je te dirai plus, à présent que nous pouvons parler librement de nos affaires : ce qui aggravait mon désespoir était de voir que le tien nous ôtait la seule ressource qui pouvait nous rester dans l'usage de tes talents. Tu connais maintenant le digne ami que le ciel t'a donné; ce ne serait pas trop de ta vie entière pour mériter ses bienfaits; ce ne sera jamais assez pour réparer l'offense que tu viens de lui faire, et j'espère que tu n'auras plus besoin d'autre leçon pour contenir ton imagination fougueuse. C'est sous les auspices de cet homme respectable que tu vas entrer dans le monde; c'est à l'appui de son crédit, c'est guidé par son expérience que tu vas tenter de venger le mérite oublié des rigueurs de la fortune. Fais pour lui ce que tu ne ferais pas pour toi; tâche au moins d'honorer ses bontés en ne les rendant pas inutiles. Vois quelle riante perspective s'offre encore à toi ; vois quel succès tu dois espérer dans une carrière où tout concourt à favoriser ton zèle. Le ciel t'a prodigué ses dons; ton heureux naturel, cultivé par ton goût, t'a doué de tous les talents : à moins de vingt-quatre ans tu joins les grâces de ton âge à la maturité qui dédommage plus tard du progrès des ans;

Frutto senile in su 'l giovenil fiore (1).

L'étude n'a point émoussé ta vivacité ni appesanti ta personne : la fade galanterie n'a point rétréci ton esprit ni hébété ta raison. L'ardent amour, en t'inspirant tous les sentiments sublimes dont il est le père, t'a donné cette élévation d'idées et cette justesse de sens (2) qui en sont inséparables. A sa douce chaleur j'ai vu ton âme déployer ses brillantes facultés, comme une fleur s'ouvre aux rayons du soleil : tu as à la fois tout ce qui mène à la fortune et tout ce qui la fait mépriser. Il ne te manquait, pour obtenir les honneurs du monde, que d'y daigner prétendre, et j'espère qu'un objet plus cher à ton cœur te donnera pour eux le zèle dont ils ne sont pas dignes.

O mon doux ami, tu vas t'éloigner de moi!..... ô mon bien-aimé, tu vas fuir ta Julie! il le faut; il faut nous séparer si nous voulons nous revoir heureux un jour; et l'effet des soins que tu vas prendre est notre dernier espoir. Puisse une si chère idée t'animer, te consoler durant cette amère et longue séparation! puisse-t-elle te donner cette ardeur qui surmonte les obstacles et dompte la fortune! Hélas! le monde et les affaires seront pour toi des distractions continuelles, et feront une utile diversion aux peines de l'absence. Mais je vais rester abandonnée à moi seule, ou livrée aux persécutions; et tout me forcera de te regretter sans cesse. Heureuse au moins si de vaines alarmes n'aggravaient mes tourments réels, et si, avec mes propres maux, je ne sentais encore en moi tous ceux auxquels tu vas t'exposer!

Je frémis en songeant aux dangers de mille espèces que vont courir ta vie et tes mœurs. Je prends en toi toute la confiance qu'un homme peut inspirer : mais, puisque le sort nous sépare, ah! mon ami, pourquoi n'es-tu qu'un homme? Que de conseils te seraient nécessaires dans ce monde inconnu où tu vas t'engager! Ce n'est pas à moi, jeune, sans expérience, et qui ai moins d'étude et de réflexion que toi, qu'il appartient de te donner là-dessus des avis; c'est un soin que je laisse à mylord Edouard. Je me borne à te recommander deux choses, parce qu'elles tiennent plus au sentiment qu'à l'expérience, et que, si je connais peu le monde, je crois bien connaître ton cœur: n'abandonne jamais la vertu, et n'oublie jamais ta Julie.

Je ne te rappellerai point tous ces arguments subtils que tu m'as toi-même appris à mépriser, qui remplissent tant de livres et n'ont jamais fait un honnête

---

(1) Les fruits de l'automne sur la fleur du printemps.
(2) Justesse de sens inséparable de l'amour! Bonne Julie, elle ne brille pas ici dans le vôtre.

homme. Ah! ces tristes raisonneurs! quels doux ravissements leurs cœurs n'ont jamais sentis ni donnés! Laisse, mon ami, ces vains moralistes, et rentre au fond de ton âme : c'est là que tu retrouveras toujours la source de ce feu sacré qui nous embrasa tant de fois de l'amour des sublimes vertus; c'est là que tu verras ce simulacre éternel du vrai beau dont la contemplation nous anime d'un saint enthousiasme, et que nos passions souillent sans cesse sans pouvoir jamais l'effacer(1). Souviens-toi des larmes délicieuses qui coulaient de nos yeux, des palpitations qui suffoquaient nos cœurs agités, des transports qui nous élevaient au-dessus de nous-mêmes, au récit de ces vies héroïques qui rendent le vice inexcusable, et font l'honneur de l'humanité. Veux-tu savoir laquelle est vraiment désirable de la fortune et de la vertu? Songe à celle que le cœur préfère quand son choix est impartial. Songe où l'intérêt nous porte en lisant l'histoire. T'avisas-tu jamais de désirer les trésors de Crésus, ni la gloire de César, ni le pouvoir de Néron, ni les plaisirs d'Héliogabale? Pourquoi, s'ils étaient heureux, tes désirs ne te mettaient-ils pas à leur place? C'est qu'ils ne l'étaient point, et tu le sentais bien ; c'est qu'ils étaient vils et méprisables, et qu'un méchant heureux ne fait envie à personne. Quels hommes contemplais-tu donc avec le plus de plaisir? desquels adorais-tu les exemples? auxquels aurais-tu mieux aimé ressembler? Charme inconcevable de la beauté qui ne périt point! c'était l'Athénien buvant la ciguë, c'était Brutus mourant pour son pays, c'était Régulus au milieu des tourments, c'était Caton déchirant ses entrailles, c'étaient tous ces vertueux infortunés qui te faisaient envie, et tu sentais au fond de ton cœur la félicité réelle que couvraient leurs maux apparents. Ne crois pas que ce sentiment fût particulier à toi seul; il est celui de tous les hommes, et souvent même en dépit d'eux. Ce divin modèle que chacun de nous porte avec lui nous enchante malgré que nous en ayons; sitôt que la passion nous permet de le voir, nous lui voulons ressembler; et si le plus méchant des hommes pouvait être un autre que lui-même, il voudrait être un homme de bien.

Pardonne-moi ces transports, mon aimable ami; tu sais qu'ils me viennent de toi, et c'est à l'amour dont je les tiens à te les rendre. Je ne veux point t'enseigner ici tes propres maximes, mais t'en faire un moment l'application pour voir ce qu'elles ont à ton usage : car voici le temps de pratiquer tes propres leçons et de montrer comment on exécute ce que tu sais dire. S'il n'est pas question d'être un Caton ni un Régulus, chacun pourtant doit aimer son pays, être intègre et courageux, tenir sa foi, même aux dépens de sa vie. Les vertus privées sont souvent d'autant plus sublimes qu'elles n'aspirent point à l'approbation d'autrui, mais seulement au bon témoignage de soi-même; et la conscience du juste lui tient lieu des louanges de l'univers. Tu sentiras donc que la grandeur de l'homme appartient à tous les états, et que nul ne peut être heureux s'il ne jouit de sa propre estime; car si la véritable jouissance de l'âme est dans la contemplation du beau, comment le méchant peut-il l'aimer dans autrui sans être forcé de se haïr lui-même?

Je ne crains pas que les sens et les plaisirs grossiers te corrompent; ils sont des pièges peu dangereux pour un cœur sensible, et il lui en faut de plus délicats : mais je crains les maximes et les leçons du monde; je crains cette force terrible que doit avoir l'exemple universel et continuel du vice; je crains les sophismes adroits dont il se colore; je crains enfin que ton cœur même ne t'en impose, et ne te rende moins difficile sur les moyens d'acquérir une considération que tu saurais dédaigner si notre union n'en pouvait être le fruit.

Je t'avertis, mon ami, de ces dangers; ta sagesse fera le reste : car c'est beaucoup pour s'en garantir que d'avoir su les prévoir. Je n'ajouterai qu'une réflexion, qui l'emporte, à mon avis, sur la fausse raison du vice, sur les fières

---

(1) La véritable philosophie des amants est celle de Platon; durant le charme, ils n'en ont jamais d'autre. Un homme ému ne peut quitter ce philosophe ; un lecteur froid ne peut le souffrir.

erreurs des insensés, et qui doit suffire pour diriger au bien la vie de l'homme sage : c'est que la source du bonheur n'est tout entière ni dans l'objet désiré, ni dans le cœur qui le possède, mais dans le rapport de l'un et de l'autre, et que, comme tous les objets de nos désirs ne sont pas propres à produire la félicité, tous les états du cœur ne sont pas propres à la sentir. Si l'âme la plus pure ne suffit pas seule à son propre bonheur, il est plus sûr encore que toutes les délices de la terre ne sauraient faire celui d'un cœur dépravé ; car il y a des deux côtés une préparation nécessaire, un certain concours dont résulte ce précieux sentiment recherché de tout être sensible, et toujours ignoré du faux sage, qui s'arrête au plaisir du moment, faute de connaître un bonheur durable. Que servirait donc d'acquérir un de ces avantages aux dépens de l'autre, de gagner au dehors pour perdre encore plus au dedans, et de se procurer les moyens d'être heureux en perdant l'art de les employer ? Ne vaut-il pas mieux encore, si l'on ne peut avoir qu'un des deux, sacrifier celui que le sort peut nous rendre à celui qu'on ne recouvre point quand on l'a perdu ? Qui le doit mieux savoir que moi, qui n'ai fait qu'empoisonner les douceurs de ma vie en pensant y mettre le comble ? Laisse donc dire les méchants qui montrent leur fortune et cachent leur cœur ; et sois sûr que, s'il est un seul exemple du bonheur sur la terre, il se trouve dans un homme de bien. Tu reçus du ciel cet heureux penchant à tout ce qui est bon et honnête : n'écoute que tes propres désirs ; ne suis que tes inclinations naturelles ; songe surtout à nos premières amours : tant que ces moments purs et délicieux reviendront à ta mémoire, il n'est pas possible que tu cesses d'aimer ce qui te les rendit si doux, que le charme du beau moral s'efface dans ton âme, ni que tu veuilles jamais obtenir ta Julie par des moyens indignes de toi. Comment jouir d'un bien dont on aurait perdu le goût ? Non, pour pouvoir posséder ce qu'on aime, il faut garder le même cœur qui l'a aimé.

Me voici à mon second point ; car, comme tu vois, je n'ai pas oublié mon métier. Mon ami, l'on peut sans amour avoir les sentiments sublimes d'une âme forte ; mais un amour tel que le nôtre l'anime et la soutient tant qu'il brûle ; sitôt qu'il s'éteint, elle tombe en langueur, et un cœur usé n'est plus propre à rien. Dis-moi, que serions-nous si nous n'aimions plus ? Eh ! ne vaudrait-il pas mieux cesser d'être que d'exister sans rien sentir ? et pourrais-tu te résoudre à traîner sur la terre l'insipide vie d'un homme ordinaire, après avoir goûté tous les transports qui peuvent ravir une âme humaine ? Tu vas habiter de grandes villes, où ta figure et ton âge, encore plus que ton mérite, tendront mille embûches à ta fidélité ; l'insinuante coquetterie affectera le langage de la tendresse, et te plaira sans t'abuser : tu ne chercheras point l'amour, mais les plaisirs ; tu les goûteras séparés de lui, et ne les pourras reconnaître. Je ne sais si tu retrouveras ailleurs le cœur de Julie ; mais je te défie de jamais retrouver auprès d'une autre ce que tu sentis auprès d'elle. L'épuisement de ton âme t'annoncera le sort que je t'ai prédit ; la tristesse et l'ennui t'accableront au sein des amusements frivoles ; le souvenir de nos premières amours te poursuivra malgré toi ; mon image, cent fois plus belle que je ne fus jamais, viendra tout-à-coup te surprendre. A l'instant, le voile du dégoût couvrira tous les plaisirs, et mille regrets amers naîtront dans ton cœur. Mon bien-aimé, mon doux ami, ah ! si jamais tu m'oublies..... hélas ! je ne ferai qu'en mourir ; mais toi, tu vivras vil et malheureux, et je mourrai trop vengée.

Ne l'oublie donc jamais cette Julie qui fut à toi, et dont le cœur ne sera point à d'autres. Je ne puis rien te dire de plus, dans la dépendance où le ciel m'a placée. Mais, après t'avoir recommandé la fidélité, il est juste de te laisser de la mienne le seul gage qui soit en mon pouvoir. J'ai consulté, non mes devoirs, mon esprit égaré ne les connaît plus, mais mon cœur, dernière règle de qui n'en saurait plus suivre ; et voici le résultat de ses inspirations. Je ne t'épouserai jamais sans le consentement de mon père, mais je n'en épouserai jamais un autre sans ton consentement ; je t'en donne ma parole ; elle me sera sacrée, quoi qu'il arrive, et il n'y a point de force humaine qui puisse m'y faire manquer. Sois donc sans inquiétude sur ce que je puis devenir en ton absence. Va, mon aimable ami, chercher sous les auspices du tendre amour un sort digne de le couronner. Ma destinée est dans tes mains autant qu'il a dépendu de moi de l'y mettre, et jamais elle ne changera que de ton aveu.

LETTRE XII.

A JULIE.

> O qual fiamma di gloria, d'onore,
> Scorrer sento per tute le vene,
> Alma grande, parlando con te (1) !

Julie, laisse-moi respirer; tu fais bouillonner mon sang, tu me fais tressaillir, tu me fais palpiter; ta lettre brûle comme ton cœur du saint amour de la vertu, et tu portes au fond du mien son ardeur céleste. Mais pourquoi tant d'exhortations où il ne fallait que des ordres? Crois que, si je m'oublie au point d'avoir besoin de raisons pour bien faire, au moins ce n'est pas de ta part; ta seule volonté me suffit. Ignores-tu que je serai toujours ce qu'il te plaira, et que je ferais le mal même avant de pouvoir te désobéir? Oui, j'aurais brûlé le Capitole, si tu me l'avais commandé, parce que je t'aime plus que toutes choses. Mais sais-tu bien pourquoi je t'aime ainsi? Ah! fille incomparable, c'est parce que tu ne peux rien vouloir que d'honnête, et que l'amour de la vertu rend plus invincible celui que j'ai pour tes charmes.

Je pars, encouragé par l'engagement que tu viens de prendre, et dont tu pouvais t'épargner le détour; car promettre de n'être à personne sans mon consentement, n'est-ce pas promettre de n'être qu'à moi? Pour moi, je le dis plus librement, et je t'en donne aujourd'hui ma foi d'homme de bien, qui ne sera point violée. J'ignore, dans la carrière où je vais m'essayer pour te complaire, à quel sort la fortune m'appelle; mais jamais les nœuds de l'amour ni de l'hymen ne m'uniront à d'autres qu'à Julie d'Etange; je ne vis, je n'existe que pour elle, et mourrai libre ou son époux. Adieu; l'heure presse, et je pars à l'instant.

LETTRE XIII.

A JULIE.

J'arrivai hier soir à Paris, et celui qui ne pouvait vivre séparé de toi par deux rues en est maintenant à plus de cent lieues. O Julie! plains-moi, plains ton malheureux ami. Quand mon sang en longs ruisseaux aurait tracé cette route immense, elle m'eût paru moins longue, et je n'aurais pas senti défaillir mon âme avec plus de langueur. Ah! si du moins, je connaissais le moment qui doit nous rejoindre ainsi que l'espace qui nous sépare, je compenserais l'éloignement des lieux par le progrès du temps, je compterais dans chaque jour ôté de ma vie les pas qui m'auraient rapproché de toi. Mais cette carrière de douleurs est couverte des ténèbres de l'avenir; le terme qui doit la borner se dérobe à mes faibles yeux. O doute! ô supplice! Mon cœur inquiet te cherche et ne trouve rien. Le soleil se lève, et ne me rend plus l'espoir de te voir; il se couche, et je ne t'ai point vue : mes jours, vides de plaisirs et de joie, s'écoulent dans une longue nuit. J'ai beau vouloir ranimer en moi l'espérance éteinte, elle ne m'offre qu'une ressource incertaine et des consolations suspectes. Chère et tendre amie de mon cœur, hélas! à quels maux faut-il m'attendre, s'ils doivent égaler mon bonheur passé?

(1) O de quelle flamme d'honneur et de gloire je sens embraser tout mon sang, âme grande, en parlant avec toi!

Que cette tristesse ne t'alarme pas, je t'en conjure; elle est l'effet passager de la solitude et des réflexions du voyage. Ne crains point le retour de mes premières faiblesses : mon cœur est dans ta main, ma Julie; et puisque tu le soutiens, il ne se laissera plus abattre. Une des consolantes idées qui sont le fruit de ta dernière lettre, est que je me trouve à présent porté par une double force : et quand l'amour aurait anéanti la mienne, je ne laisserais pas d'y

gagner encore; car le courage qui me vient de toi me soutient beaucoup mieux que je n'aurais pu me soutenir moi-même. Je suis convaincu qu'il n'est pas bon que l'homme soit seul. Les âmes humaines veulent être accouplées pour valoir tout leur prix; et la force unie des amis, comme celle des lames d'un aimant artificiel, est incomparablement plus grande que la somme de leurs forces particulières. Divine amitié, c'est là ton triomphe. Mais qu'est-ce que la seule amitié auprès de cette union parfaite qui joint à toute l'énergie de l'amitié des liens cent fois plus sacrés? Où sont-ils ces hommes grossiers qui ne prennent les transports de l'amour que pour une fièvre des sens, pour un désir de la nature avilie? Qu'ils viennent, qu'ils observent, qu'ils sentent ce qui se passe au fond de mon cœur; qu'ils voient un amant malheureux éloigné de ce qu'il aime, incertain de le revoir jamais, sans espoir de recouvrer sa félicité perdue, mais pourtant animé de ces feux immortels qu'il prit dans tes yeux et qu'ont nourris tes sentiments sublimes; prêt à braver la fortune, à souffrir ses revers, à se voir même privé de toi, et à faire des vertus que tu lui as inspirées le digne ornement de cette empreinte adorable qui ne s'effacera jamais de son âme. Julie, eh! qu'aurais-je été sans toi? La froide raison m'eût éclairé peut-être; tiède admirateur du bien, je l'aurais du moins aimé dans autrui. Je ferai plus, je saurai le pratiquer avec zèle; et, pénétré de tes sages leçons, je ferai dire un jour à ceux qui nous auront connus : O quels hommes nous serions tous, si le monde était plein de Julies et de cœurs qui les sussent aimer!

En méditant en route sur ta dernière lettre, j'ai résolu de rassembler en un recueil toutes celles que tu m'as écrites, maintenant que je ne puis plus recevoir tes avis de bouche. Quoiqu'il n'y en ait pas une que je ne sache par cœur, et bien par cœur, tu peux m'en croire, j'aime pourtant à les relire sans cesse, ne fût-ce que pour revoir les traits de cette main chérie qui seule peut faire mon bonheur. Mais insensiblement le papier s'use, et, avant qu'elles soient déchirées, je veux les copier toutes dans un livre blanc que je viens de choisir exprès pour cela. Il est assez gros; mais je songe à l'avenir, et j'espère ne pas mourir assez jeune pour me borner à ce volume. Je destine les soirées à cette occupation charmante, et j'avancerai lentement pour la prolonger. Ce précieux recueil ne me quittera de mes jours; il sera mon manuel dans le monde où je vais entrer; il sera pour moi le contre-poison des maximes qu'on y respire; il me consolera dans mes maux; il préviendra ou corrigera mes fautes; il m'instruira durant ma jeunesse; il m'édifiera dans tous les temps; et ce seront, à mon avis, les premières lettres d'amour dont on aura tiré cet usage.

Quant à la dernière, que j'ai présentement sous les yeux, toute belle qu'elle me paraît, j'y trouve pourtant un article à retrancher. Jugement déjà fort étrange : mais ce qui doit l'être encore plus, c'est que cet article est précisément celui qui te regarde, et je te reproche d'avoir même songé à l'écrire. Que me parles-tu de fidélité, de constance! Autrefois tu connaissais mieux mon amour et ton pouvoir. Ah! Julie! inspires-tu des sentiments périssables? et quand je ne t'aurais rien promis, pourrais-je cesser jamais d'être à toi? Non, non; c'est du premier regard de tes yeux, du premier mot de ta bouche, du premier transport de mon cœur, que s'alluma dans lui cette flamme éternelle que rien ne peut plus éteindre. Ne t'eussé-je vue que ce premier instant, c'en était déjà fait, il était trop tard pour pouvoir jamais t'oublier. Et je t'oublierais maintenant! maintenant qu'enivré de mon bonheur passé, son seul souvenir suffit pour me le rendre encore! maintenant qu'oppressé du poids de tes charmes je ne respire qu'en eux! maintenant que ma première âme est disparue, et que je suis animé de celle que tu m'as donnée! maintenant, ô Julie! que je me dépite contre moi de t'exprimer si mal tout ce que je sens! Ah! que toutes les beautés de l'univers tentent de me séduire, en est-il d'autres que la tienne à mes yeux? Que tout conspire à l'arracher de mon cœur; qu'on le perce, qu'on le déchire, qu'on le brise ce fidèle miroir de Julie, sa pure image ne cessera de briller jusque dans le dernier fragment; rien n'est capable de l'y détruire. Non, la suprême puissance elle-même ne saurait aller jusque-là; elle peut anéantir mon âme, mais non pas faire qu'elle existe et cesse de t'adorer.

Mylord Edouard s'est chargé de te rendre compte à son passage de ce qui me regarde et de ses projets en ma faveur : mais je crains qu'il ne s'acquitte mal de cette promesse par rapport à ses arrangements présents. Apprends qu'il ose abuser du droit que lui donnent sur moi ses bienfaits, pour les étendre au-delà même de la bienséance. Je me vois, par une pension qu'il n'a pas tenu à lui de rendre irrévocable, en état de faire une figure fort au-dessus de ma naissance; et c'est peut-être ce que je serai forcé de faire à Londres pour suivre ses vues. Pour ici, où nulle affaire ne m'attache, je continuerai de vivre à ma manière, et ne serai point tenté d'employer en vaines dépenses l'excédant de mon entretien. Tu me l'as appris, ma Julie, les premiers besoins, ou du moins les plus sensibles, sont ceux d'un cœur bienfaisant; et tant que quelqu'un manque du nécessaire, quel honnête homme a du superflu?

LETTRE XIV.

A JULIE.

J'entre avec une secrète horreur dans ce vaste désert du monde (1). Ce chaos ne m'offre qu'une solitude affreuse, où règne un morne silence. Mon âme à la presse cherche à s'y répandre, et se trouve partout resserrée. Je ne suis jamais moins seul que quand je suis seul, disait un ancien (2) : moi, je ne suis seul que dans la foule, où je ne puis être ni à toi ni aux autres. Mon cœur voudrait parler, il sent qu'il n'est point écouté; il voudrait répondre, on ne lui dit rien qui puisse aller jusqu'à lui. Je n'entends point la langue du pays, et personne ici n'entend la mienne.

Ce n'est pas qu'on ne me fasse beaucoup d'accueil, d'amitiés, de prévenances, et que mille soins officieux n'y semblent voler au-devant de moi; mais c'est précisément de quoi je me plains. Le moyen d'être aussitôt l'ami de quelqu'un qu'on n'a jamais vu? L'honnête intérêt de l'humanité, l'épanchement simple et touchant d'une âme franche, ont un langage bien différent des fausses démonstrations de la politesse et des dehors trompeurs que l'usage du monde exige. J'ai grand'peur que celui qui, dès la première vue, me traite comme un ami de vingt ans, ne me traitât au bout de vingt ans comme un inconnu, si j'avais quelque important service à lui demander; et quand je vois des hommes si dissipés prendre un intérêt si tendre à tant de gens, je présumerais volontiers qu'ils n'en prennent à personne.

Il y a pourtant de la réalité à tout cela; car le Français est naturellement bon, ouvert, hospitalier, bienfaisant; mais il y a aussi mille manières de parler qu'il ne faut pas prendre à la lettre, mille offres apparentes qui ne sont faites que pour être refusées, mille espèces de pièges que la politesse tend à la bonne foi rustique. Je n'entendis jamais tant dire : Comptez sur moi dans l'occasion, disposez de mon crédit, de ma bourse, de ma maison, de mon équipage. Si tout cela était sincère et pris au mot, il n'y aurait pas de peuple moins attaché à la propriété; la communauté des biens serait ici presque établie; le plus riche offrant sans cesse, et le plus pauvre acceptant toujours, tout se mettrait naturellement de niveau, et Sparte même eût eu des partages moins égaux qu'ils ne seraient à Paris. Au lieu de cela, c'est peut-être la ville du monde où les fortunes sont le plus inégales, et où règnent à la fois la plus somptueuse opulence et la plus déplorable misère. Il n'en faut pas davantage pour comprendre ce que signifient cette apparente commisération qui semble toujours aller au-devant des besoins d'autrui et cette facile tendresse du cœur qui contracte en un moment des amitiés éternelles.

Au lieu de tous ces sentiments suspects et de cette confiance trompeuse, veux-je chercher des lumières et de l'instruction, c'en est ici l'aimable source; et l'on est d'abord enchanté du savoir et de la raison qu'on trouve dans les

(1) Sans prévenir le jugement du lecteur et celui de Julie sur ces relations, je crois pouvoir dire que si j'avais à les faire, et que je ne les fisse pas meilleures, je les ferais du moins fort différentes. J'ai été plusieurs fois sur le point de les ôter et d'en substituer de ma façon; enfin je les laisse, et je me vante de ce courage. Je me dis qu'un jeune homme de vingt-quatre ans, entrant dans le monde, ne doit pas le voir comme le voit un homme de cinquante, à qui l'expérience n'a que trop appris à le connaître. Je me dis encore que, sans y avoir fait un fort grand rôle, je ne suis pourtant pas plus dans le cas d'en pouvoir parler avec impartialité. Laissons donc ces lettres comme elles sont; que les lieux communs usés restent, que les observations triviales restent; c'est un petit mal que tout cela : mais il importe à l'ami de la vérité que, jusqu'à la fin de sa vie, ses passions ne souillent point ses écrits.

(2) Mot de Scipion l'Africain rapporté par Cicéron dans le traité *De Officiis*, III, 1.

entretiens, non-seulement des savants et des gens de lettres, mais des hommes de tous les états, et même des femmes : le ton de la conversation y est coulant et naturel; il n'est ni pesant ni frivole; il est savant sans pédanterie, gai sans tumulte, poli sans affectation, galant sans fadeur, badin sans équivoque. Ce ne sont ni des dissertations ni des épigrammes : on y raisonne sans argumenter; on y plaisante sans jeu de mots; on y associe avec art l'esprit et la raison, les maximes et les saillies, la satire aiguë, l'adroite flatterie et la morale austère; on y parle de tout, pour que chacun ait quelque chose à dire; on n'approfondit point les questions de peur d'ennuyer, on les propose comme en passant, on les traite avec rapidité; la précision mène à l'élégance; chacun dit son avis et l'appuie en peu de mots; nul n'attaque avec chaleur celui d'autrui, nul ne défend opiniâtrément le sien ; on discute pour s'éclairer, on s'arrête avant la dispute, chacun s'instruit, chacun s'amuse; tous s'en vont contents, et le sage même peut rapporter de ces entretiens des sujets dignes d'être médités en silence.

Mais au fond, que penses-tu qu'on apprenne dans ces conversations si charmantes ? A juger sainement des choses du monde? à bien user de la société ? à connaître au moins les gens avec qui l'on vit ? Rien de tout cela, ma Julie; on y apprend à plaider avec art la cause du mensonge, à ébranler à force de philosophie tous les principes de la vertu, à colorer de sophismes subtils ses passions et ses préjugés, et à donner à l'erreur un certain tour à la mode, selon les maximes du jour. Il n'est point nécessaire de connaître le caractère des gens, mais seulement leurs intérêts, pour deviner à peu près ce qu'ils diront de chaque chose. Quand un homme parle, c'est pour ainsi dire son habit et non pas lui qui a un sentiment; et il en changera sans façon tout aussi souvent que d'état. Donnez-lui tour à tour une longue perruque, un habit d'ordonnance et une croix pectorale; vous l'entendrez successivement prêcher avec le même zèle les lois, le despotisme et l'inquisition. Il y a une raison commune pour la robe, une autre pour la finance, une autre pour l'épée. Chacune prouve très bien que les deux autres sont mauvaises, conséquence facile à tirer pour les trois (1). Ainsi nul ne dit jamais ce qu'il pense, mais ce qu'il lui convient de faire penser à autrui; et le zèle apparent de la vérité n'est jamais en eux que le masque de l'intérêt.

Vous croiriez que les gens isolés qui vivent dans l'indépendance ont au moins un esprit à eux : point du tout; autres machines qui ne pensent point, et qu'on fait penser par ressorts. On n'a qu'à s'informer de leurs sociétés, de leurs coteries, de leurs amis, des femmes qu'ils voient, des auteurs qu'ils connaissent; là-dessus on peut d'avance établir leur sentiment futur sur un livre prêt à paraître et qu'ils n'ont point lu, sur une pièce prête à jouer et qu'ils n'ont point vue, sur tel ou tel auteur qu'ils ne connaissent point, sur tel ou tel système dont ils n'ont aucune idée; et, comme la pendule ne se monte ordinairement que pour vingt-quatre heures, tous ces gens-là s'en vont chaque soir apprendre dans leurs sociétés ce qu'ils penseront le lendemain.

Il y a ainsi un petit nombre d'hommes et de femmes qui pensent pour tous les autres, et pour lesquels tous les autres parlent et agissent; et comme chacun songe à son intérêt, personne au bien commun, et que les intérêts particuliers sont toujours opposés entre eux, c'est un choc perpétuel de brigues et de cabales, un flux et reflux de préjugés, d'opinions contraires, où les plus échauffés, animés par les autres, ne savent presque jamais de quoi il est question. Chaque coterie a ses règles, ses jugements, ses principes, qui ne sont

(1) On doit passer ce raisonnement à un Suisse qui voit son pays fort bien gouverné, sans qu'aucune des trois professions y soit établie. Quoi! l'état peut-il subsister sans défenseurs? Non, il faut des défenseurs à l'état, mais tous les citoyens doivent être soldats par devoir, aucun par métier. Les mêmes hommes, chez les Romains et chez les Grecs, étaient officiers au camp, magistrats à la ville, et jamais ces deux fonctions ne furent mieux remplies que quand on ne connaissait pas ces divers préjugés d'état qui les séparent et les déshonorent.

point admis ailleurs. L'honnête homme d'une maison est un fripon dans la maison voisine. Le bon, le mauvais, le beau, le laid, la vérité, la vertu, n'ont qu'une existence locale et circonscrite. Quiconque aime à se répandre et fréquente plusieurs sociétés doit être plus flexible qu'Alcibiade, changer de principes comme d'assemblées, modifier son esprit pour ainsi dire à chaque pas, et mesurer ses maximes à la toise : il faut qu'à chaque visite il quitte en entrant son âme, s'il en a une; qu'il en prenne une autre aux couleurs de la maison, comme un laquais prend un habit de livrée; qu'il la pose de même en sortant, et reprenne, s'il veut, la sienne jusqu'à nouvel échange.

Il y a plus : c'est que chacun se met sans cesse en contradiction avec lui-même, sans qu'on s'avise de le trouver mauvais. On a des principes pour la conversation et d'autres pour la pratique : leur opposition ne scandalise personne, et l'on est convenu qu'ils ne se ressembleraient point entre eux : on n'exige pas même d'un auteur, surtout d'un moraliste, qu'il parle comme ses livres, ni qu'il agisse comme il parle; ses écrits, ses discours, sa conduite, sont trois choses toutes différentes, qu'il n'est point obligé de concilier : en un mot, tout est absurde, et rien ne choque, parce qu'on y est accoutumé; et il y a même à cette inconséquence une sorte de bon air dont bien des gens se font honneur. En effet quoique tous prêchent avec zèle les maximes de leur profession, tous se piquent d'avoir le ton d'une autre. Le robin prend l'air cavalier; le financier fait le seigneur; l'évêque a le propos galant; l'homme de cour parle de philosophie; l'homme d'état de bel esprit : il n'y a pas jusqu'au simple artisan, qui, ne pouvant prendre un autre ton que le sien, se met en noir les dimanches pour avoir l'air d'un homme de palais. Les militaires seuls, dédaignant tous les autres états, gardent sans façon le ton du leur, et sont insupportables de bonne foi. Ce n'est pas que M. de Muralt (1) n'eût raison quand il donnait la préférence à leur société; mais ce qui était vrai de son temps ne l'est plus aujourd'hui. Le progrès de la littérature a changé en mieux le ton général; les militaires seuls n'en ont point voulu changer; et le leur, qui était le meilleur auparavant, est enfin devenu le pire (2).

Ainsi les hommes à qui l'on parle ne sont point ceux avec qui l'on converse; leurs sentiments ne partent point de leur cœur, leurs lumières ne sont point dans leur esprit, leurs discours ne représentent point leurs pensées; on n'aperçoit d'eux que leur figure; et l'on est dans une assemblée à peu près comme devant un tableau mouvant, où le spectateur paisible est le seul être mû par lui-même.

Telle est l'idée que je me suis formée de la grande société sur celle que j'ai vue à Paris. Cette idée est peut-être plus relative à ma situation particulière qu'au véritable état des choses, et se réformera sans doute sur de nouvelles lumières. D'ailleurs je ne fréquente que les sociétés où les amis de mylord Édouard m'ont introduit, et je suis convaincu qu'il faut descendre dans d'autres états pour connaître les véritables mœurs d'un pays; car celles des riches sont presque partout les mêmes. Je tâcherai de m'éclaircir mieux dans la suite. En attendant, juge si j'ai raison d'appeler cette foule un désert, et de m'effrayer d'une solitude où je ne trouve qu'une vaine apparence de sentiments et de vérité, qui change à chaque instant et se détruit elle-même, où je n'aperçois que larves et fantômes qui frappent l'œil un moment et disparaissent aussitôt qu'on les veut saisir. Jusqu'ici j'ai vu beaucoup de masques; quand verrai-je des visages d'hommes?

(1) Auteur des *Lettres sur les Français et les Anglais* (1726).
(2) Ce jugement, vrai ou faux, ne peut s'entendre que des subalternes, et de ceux qui ne vivent pas à Paris, car tout ce qu'il y a d'illustre dans le royaume est au service, et la cour même est toute militaire. Mais il y a une grande différence, pour les manières que l'on contracte, entre faire campagne en temps de guerre, et passer sa vie dans des garnison

LETTRE XV.

DE JULIE.

Oui, mon ami, nous serons unis malgré notre éloignement; nous serons heureux en dépit du sort. C'est l'union des cœurs qui fait leur véritable félicité;

leur attraction ne connaît point la loi des distances, et les nôtres se toucheraient aux deux bouts du monde. Je trouve comme toi que les amants ont mille moyens d'adoucir le sentiment de l'absence et de se rapprocher en un moment: quelquefois même on se voit plus souvent encore que quand on se voyait tous les jours; car sitôt qu'un des deux est seul, à l'instant tous deux sont ensemble. Si tu goûtes ce plaisir tous les soirs, je le goûte cent fois le jour; je vis plus solitaire; je suis environnée de tes vestiges, et je ne saurais fixer les yeux sur les objets qui m'entourent, sans te voir tout autour de moi.

> Qui cantò dolcemente' e qui s'assise;
> Qui si rivolse, e qui ritenne il passo;
> Qui co' begli occhi mi trafise il core;
> Qui disse una parola, e qui sorrise (1).

Mais toi, sais-tu t'arrêter à ces situations paisibles? sais-tu goûter un amour tranquille et tendre qui parle au cœur sans émouvoir les sens? et tes regrets sont-ils aujourd'hui plus sages que tes désirs ne l'étaient autrefois? Le ton de ta première lettre me fait trembler. Je redoute ces emportements trompeurs, d'autant plus dangereux que l'imagination qui les excite n'a point de bornes, et je crains que tu n'outrages ta Julie à force de l'aimer. Ah! tu ne sens pas, non ton cœur peu délicat ne sent pas combien l'amour s'offense d'un vain hommage; tu ne songes ni que ta vie est à moi, ni qu'on court souvent à la mort en croyant servir la nature. Homme sensuel, ne sauras-tu jamais aimer? Rappelle-toi, rappelle-toi ce sentiment si calme et si doux que tu connus une fois et que tu décrivis d'un ton si touchant et si tendre. S'il est le plus délicieux qu'ait jamais savouré l'amour heureux, il est le seul permis aux amants séparés, et quand on l'a pu goûter un moment, on n'en doit plus regretter d'autre. Je me souviens des réflexions que nous faisions, en lisant ton Plutarque, sur un goût dépravé qui outrage la nature. Quand ces tristes plaisirs n'auraient que d'être pas partagés, c'en serait assez, disions-nous, pour les rendre insipides et méprisables. Appliquons la même idée aux erreurs d'une imagination trop active, elle ne leur conviendra pas moins. Malheureux! de quoi jouis-tu quand tu es seul à jouir? Ces voluptés solitaires sont des voluptés mortes. O amour les tiennes sont vives; c'est l'union des âmes qui les anime, et le plaisir qu'on donne à ce qu'on aime fait valoir celui qu'il nous rend.

Dis-moi, je te prie, mon cher ami, en quelle langue ou plutôt en quel jargon est la relation de ta dernière lettre. Ne serait-ce point là par hasard du bel esprit? Si tu as dessein de t'en servir souvent avec moi, tu devrais bien m'en envoyer le dictionnaire. Qu'est-ce, je te prie, que le sentiment de l'habit d'un homme? qu'une âme qu'on prend comme un habit de livrée? que des maximes qu'il faut mesurer à la toise? Que veux-tu qu'une pauvre Suissesse entende à ces sublimes figures? Au lieu de prendre comme les autres des âmes aux couleurs des maisons, ne voudrais-tu point déjà donner à ton esprit la teinte de celui du pays? Prends garde, mon bon ami, j'ai peur qu'elle n'aille pas bien sur ce fond-là. A ton avis, les *traslati* du cavalier Marin, dont tu t'es si souvent moqué, approchèrent-ils jamais de ces métaphores? et si l'on peut faire opiner l'habit d'un homme dans une lettre, pourquoi ne ferait-on pas suer le feu (2) dans un sonnet?

Observer en trois semaines toutes les sociétés d'une grande ville, assigner le caractère des propos qu'on y tient, y distinguer exactement le vrai du faux, le réel de l'apparent, et ce qu'on y dit de ce qu'on y pense, voilà ce qu'on accuse les Français de faire quelquefois chez les autres peuples, mais ce qu'un étranger ne doit point faire chez eux; car ils valent bien la peine d'être étudiés posément. Je n'approuve pas non plus qu'on dise du mal du pays où l'on vit et où l'on est bien traité; j'aimerais mieux qu'on se laissât tromper par les

---

(1) C'est ici qu'il chanta d'un ton si doux; voilà le siège où il s'assit; ici il marchait; et là s'arrêta; ici, d'un regard tendre il me perça le cœur; ici il me dit un mot, et là je le vis sourire.
                                                                            PÉTRARQ.

(2) Sudate, o fochi, a preparar metalli.

apparences que de moraliser aux dépens de ses hôtes. Enfin je tiens pour suspect tout observateur qui se pique d'esprit : je crains toujours que sans y songer il ne sacrifie la vérité des choses à l'éclat des pensées, et ne fasse jouer sa phrase aux dépens de la justice.

Tu ne l'ignores pas, mon ami, l'esprit, dit notre Muralt, est la manie des Français : je te trouve du penchant à la même manie, avec cette différence qu'elle a chez eux de la grâce, et que de tous les peuples du monde, c'est à nous qu'elle sied le moins. Il y a de la recherche et du jeu dans plusieurs de tes lettres. Je ne parle point de ce tour vif et de ces expressions animées qu'inspire la force du sentiment ; je parle de cette gentillesse de style qui, n'étant pas naturelle, ne vient d'elle-même à personne, et marque la prétention de celui qui s'en sert. Eh Dieu ! des prétentions avec ce qu'on aime ! n'est-ce pas plutôt dans l'objet aimé qu'on les doit placer ? et n'est-on pas glorieux soi-même de tout le mérite qu'il a de plus que nous ? Non, si l'on anime les conversations indifférentes de quelques saillies qui passent comme des traits, ce n'est point entre deux amants que ce langage est de saison ; et le jargon fleuri de la galanterie est beaucoup plus éloigné du sentiment que le ton le plus simple qu'on puisse prendre. J'en appelle à toi-même. L'esprit eut-il jamais le temps de se montrer dans nos tête-à-tête ? et si le charme d'un entretien passionné l'écarte et l'empêche de paraître, comment des lettres, que l'absence remplit toujours d'un peu d'amertume, et où le cœur parle avec plus d'attendrissement, le pourraient-elles supporter ? Quoique toute grande passion soit sérieuse, et que l'excessive joie elle-même arrache des pleurs plutôt que des ris, je ne veux pas pour cela que l'amour soit toujours triste, mais je veux que sa gaîté soit simple, sans ornement, sans art, nue comme lui ; en un mot, qu'elle brille de ses propres grâces, et non de la parure du bel esprit.

L'inséparable, dans la chambre de laquelle je t'écris cette lettre, prétend que j'étais, en la commençant, dans cet état d'enjouement que l'amour inspire ou tolère ; mais je ne sais ce qu'il est devenu. A mesure que j'avançais, une certaine langueur s'emparait de mon âme, et me laissait à peine la force de t'écrire les injures que la mauvaise a voulu t'adresser ; car il est bon de t'avertir que la critique de ta critique est bien plus de sa façon que de la mienne, elle m'en a dicté surtout le premier article en riant comme une folle, et sans me permettre d'y rien changer. Elle dit que c'est pour t'apprendre à manquer de respect au Marini, qu'elle protége et que tu plaisantes.

Mais sais-tu bien ce qui nous met toutes deux de si bonne humeur ? C'est son prochain mariage. Le contrat fut passé hier au soir, et le jour est pris de lundi en huit. Si jamais amour fut gai, c'est assurément le sien ; on ne vit de la vie une fille si bouffonnement amoureuse. Ce bon M. d'Orbe, à qui de son côté la tête en tourne, est enchanté d'un accueil si folâtre. Moins difficile que tu n'étais autrefois, il se prête avec plaisir à la plaisanterie, et prend pour un chef-d'œuvre de l'amour l'art d'égayer sa maîtresse. Pour elle, on a beau la prêcher, lui représenter la bienséance, lui dire que si près du terme elle doit prendre un maintien plus sérieux, plus grave, et faire un peu mieux les honneurs de l'état qu'elle est prête à quitter ; elle traite tout cela de sottes simagrées ; elle soutient en face à M. d'Orbe que le jour de la cérémonie elle sera de la meilleure humeur du monde, et qu'on ne saurait aller trop gaîment à la noce. Mais la petite dissimulée ne dit pas tout : je lui ai trouvé ce matin les yeux rouges, et je parie bien que les pleurs de la nuit payent les ris de la journée. Elle va former de nouvelles chaînes qui relâcheront les doux liens de l'amitié ; elle va commencer une manière de vivre différente de celle qui lui fut chère ; elle était contente et tranquille, elle va courir les hasards auxquels le meilleur mariage expose ; et, quoi qu'elle en dise, comme une eau pure et calme commence à se troubler aux approches de l'orage, son cœur timide et chaste ne voit point sans quelque alarme le prochain changement de son sort.

O mon ami ! qu'ils sont heureux ! Ils s'aiment, ils vont s'épouser ; ils jouiront de leur amour sans obstacles, sans craintes, sans remords. Adieu, adieu; je n'en puis dire davantage.

P. S. Nous n'avons vu mylord Edouard qu'un moment, tant il était pressé de continuer sa route. Le cœur plein de ce que nous lui devons, je voulais lui montrer mes sentiments et les tiens, mais j'en ai eu une espèce de honte. En vérité, c'est faire injure à un homme comme lui de le remercier de rien.

LETTRE XVI.

A JULIE.

Que les passions impétueuses rendent les hommes enfants! Qu'un amour forcené se nourrit aisément de chimères! Qu'il est aisé de donner le change à des désirs extrêmes par les plus frivoles objets! J'ai reçu ta lettre avec les mêmes transports que m'aurait causés ta présence; et, dans l'emportement de ma joie, un vain papier me tenait lieu de toi. Un des plus grands maux de l'absence, et le seul auquel la raison ne peut rien, c'est l'inquiétude sur l'état actuel de ce qu'on aime. Sa santé, sa vie, son repos, son amour, tout échappe à qui craint de tout perdre; on n'est pas plus sûr du présent que de l'avenir, et tous les accidents possibles se réalisent sans cesse dans l'esprit d'un amant qui les redoute. Enfin, je respire, je vis; tu te portes bien, tu m'aimes : ou plutôt il y a dix jours que tout cela était vrai; mais qui me répondra d'aujourd'hui? O absence! ô tourment! ô bizarre et funeste état où l'on ne peut jouir que du moment passé, et où le présent n'est point encore!

Quand tu ne m'aurais pas parlé de l'inséparable, j'aurais reconnu sa malice dans la critique de ma relation, et sa rancune dans l'apologie du Marini; mais, s'il m'était permis de faire la mienne, je ne resterais pas sans réplique.

Premièrement, ma cousine (car c'est à elle qu'il faut répondre), quant au style, j'ai pris celui de la chose; j'ai tâché de vous donner à la fois l'idée et l'exemple du ton des conversations à la mode; et, suivant un ancien précepte, je vous ai écrit à peu près comme on parle en certaines sociétés. D'ailleurs, ce n'est pas l'usage des figures, mais leur choix, que je blâme dans le cavalier Marin. Pour peu qu'on ait de chaleur dans l'esprit, on a besoin de métaphores et d'expressions figurées pour se faire entendre. Vos lettres mêmes en sont pleines sans que vous y songiez, et je soutiens qu'il n'y a qu'un géomètre et un sot qui puisse parler sans figures. En effet, un même jugement n'est-il pas susceptible de cent degrés de force? Et comment déterminer celui de ces degrés qu'il doit avoir, sinon par le tour qu'on lui donne? Mes propres phrases me font rire, je l'avoue, et je les trouve absurdes, grâces au soin que vous avez pris de les isoler; mais laissez-les où je les ai mises, vous les trouverez claires et mêmes énergiques. Si ces yeux éveillés que vous savez si bien faire parler étaient séparés l'un de l'autre, et de votre visage, cousine, que pensez-vous qu'ils diraient avec tout leur feu? Ma foi, rien du tout, pas même à M. d'Orbe.

La première chose qui se présente à observer dans un pays où l'on arrive, n'est-ce pas le ton général de la société? Hé bien! c'est aussi la première observation que j'ai faite dans celui-ci, et je vous ai parlé de ce qu'on dit à Paris, et non pas de ce qu'on y fait. Si j'ai remarqué du contraste entre les discours, les sentiments et les actions des honnêtes gens, c'est que ce contraste saute aux yeux au premier instant. Quand je vois les mêmes hommes changer de maximes selon les coteries, molinistes dans l'une, jansénistes dans l'autre, vils courtisans chez un ministre, frondeurs mutins chez un mécontent; quand je vois un homme doré décrier le luxe, un financier les impôts, un prélat le déréglement; quand j'entends une femme de la cour parler de modestie, un grand seigneur de vertu, un auteur de simplicité, un abbé de religion, et que ces absurdités ne choquent personne, ne dois-je pas conclure à l'instant qu'on ne se soucie pas plus ici d'entendre la vérité que de la dire, et que, loin de vou-loir persuader les autres quand on leur parle, on ne cherche pas même à leur faire penser qu'on croit ce qu'on leur dit?

Mais c'est assez plaisanter avec la cousine. Je laisse un ton qui nous est étranger à tous trois, et j'espère que tu ne me verras pas plus prendre le goût de la satire que celui du bel esprit. C'est à toi, Julie, qu'il faut à présent répondre ; car je sais distinguer la critique badine des reproches sérieux.

Je ne conçois pas comment vous avez pu prendre toutes deux le change sur mon objet. Ce ne sont point les Français que je me suis proposé d'observer : car si le caractère des nations ne peut se déterminer que par leurs différences, comment moi, qui n'en connais encore aucune autre, entreprendrais-je de peindre celle-ci ? Je ne serais pas non plus si maladroit que de choisir la capitale pour le lieu de mes observations. Je n'ignore pas que les capitales diffèrent moins entre elles que les peuples, et que les caractères nationaux s'y effacent et se confondent en grande partie, tant à cause de l'influence commune des cours qui se ressemblent toutes, que par l'effet commun d'une société nombreuse et resserrée, qui est le même à peu près sur tous les hommes, et l'emporte à la fin sur le caractère original.

Si je voulais étudier un peuple, c'est dans les provinces reculées, où les habitants ont encore leurs inclinations naturelles, que j'irais les observer. Je parcourrais lentement et avec soin plusieurs de ces provinces, les plus éloignées les unes des autres ; toutes les différences que j'observerais entre elles me donneraient le génie particulier de chacune ; tout ce qu'elles auraient de commun, et que n'auraient pas les autres peuples, formerait le génie national ; et ce qui se trouverait partout appartiendrait en général à l'homme. Mais je n'ai ni ce vaste projet, ni l'expérience nécessaire pour le suivre. Mon objet est de connaître l'homme, et ma méthode de l'étudier dans ses diverses relations. Je ne l'ai vu jusqu'ici qu'en petite société, épars et presque isolé sur la terre. Je vais maintenant le considérer entassé par multitudes dans les mêmes lieux, et je commencerai à juger par là des vrais effets de la société : car s'il est constant qu'elle rende les hommes meilleurs, plus elle est nombreuse et rapprochée, mieux ils doivent valoir ; et les mœurs, par exemple, seront beaucoup plus pures à Paris que dans le Valais : que si l'on trouvait le contraire, il faudrait tirer une conséquence opposée.

Cette méthode pourrait, j'en conviens, me mener encore à la connaissance des peuples, mais par une voie si longue et si détournée, que je ne serais peut-être de ma vie en état de prononcer sur aucun d'eux. Il faut que je commence par tout observer dans le premier où je me trouve, que j'assigne ensuite les différences, à mesure que je parcourrai les autres pays ; que je compare la France à chacun d'eux, comme on décrit l'olivier sur un saule, ou le palmier sur un sapin, et que j'attende à juger du premier peuple observé que j'aie observé tous les autres.

Veuillez donc, ma charmante prêcheuse, distinguer ici l'observation philosophique de la satire nationale. Ce ne sont point les Parisiens que j'étudie, mais les habitants d'une grande ville ; et je ne sais si ce que j'en vois ne convient pas à Rome et à Londres tout aussi bien qu'à Paris. Les règles de la morale ne dépendent point des usages des peuples ; ainsi, malgré les préjugés dominants, je sens fort bien ce qui est mal en soi ; mais ce mal, j'ignore s'il faut l'attribuer aux Français ou à l'homme, et s'il est l'ouvrage de la coutume ou de la nature. Le tableau du vice offense en tous lieux un œil impartial, et l'on n'est pas plus blâmable de le reprendre dans un pays où il règne, quoiqu'on y soit, que de relever les défauts de l'humanité, quoiqu'on vive avec les hommes. Ne suis-je pas à présent moi-même un habitant de Paris ? Peut-être, sans le savoir, ai-je déjà contribué pour ma part au désordre que j'y remarque ; peut-être un trop long séjour y corromprait-il ma volonté même ; peut-être, au bout d'un an, ne serais-je plus qu'un bourgeois, si, pour être digne de toi, je ne gardais l'âme d'un homme libre et les mœurs d'un citoyen. Laisse-moi donc te peindre sans contrainte des objets auxquels je rougisse de ressembler, et m'animer au pur zèle de la vérité par le tableau de la flatterie et du mensonge.

Si j'étais le maître de mes occupations et de mon sort, je saurais, n'en doute pas, choisir d'autres sujets de lettres; et tu n'étais pas mécontente de celles que je t'écrivais de Meillerie et du Valais: mais, chère amie, pour avoir la force de supporter le fracas du monde où je suis contraint de vivre, il faut bien au moins que je me console à te le décrire, et que l'idée de te préparer des relations m'excite à en chercher les sujets. Autrement le découragement va m'atteindre à chaque pas, et il faudra que j'abandonne tout si tu ne veux rien voir avec moi. Pense que, pour vivre d'une manière si peu conforme à mon goût, je fais un effort qui n'est pas indigne de sa cause; et pour juger quels soins me peuvent mener à toi, souffre que je te parle quelquefois des maximes qu'il faut connaître, et des obstacles qu'il faut surmonter.

Malgré ma lenteur, malgré mes distractions inévitables, mon recueil était fini quand ta lettre est arrivée heureusement pour le prolonger; et j'admire, en le voyant si court, combien de choses ton cœur m'a su dire en si peu d'espace. Non, je soutiens qu'il n'y a point de lecture aussi délicieuse, même pour qui ne te connaîtrait pas, s'il avait une âme semblable aux nôtres. Mais comment ne pas te connaître en lisant tes lettres? comment prêter un ton si touchant et des sentiments si tendres à une autre figure que la tienne? A chaque phrase ne voit-on pas le doux regard de tes yeux? à chaque mot n'entend-on pas ta voix charmante? Quelle autre que Julie a jamais aimé, pensé, parlé, agi, écrit comme elle? Ne sois donc pas surprise si tes lettres, qui te peignent si bien, font quelquefois sur ton idolâtre amant le même effet que ta présence. En les relisant, je perds la raison, ma tête s'égare dans un délire continuel, un feu dévorant me consume, mon sang s'allume et pétille, une fureur me fait tressaillir. Je crois te voir, te toucher, te presser contre mon sein.... Objet adoré, fille enchanteresse, source de délices et de volupté, comment, en te voyant, ne pas voir les houris faites pour les bienheureux?.... Ah! viens.... Je la sens.... elle m'échappe, et je n'embrasse qu'une ombre.... Il est vrai, chère amie, tu es trop belle, et tu fus trop tendre pour mon faible cœur; il ne peut oublier ni ta beauté, ni tes caresses: tes charmes triomphent de l'absence, ils me poursuivent partout, ils me font craindre la solitude; et c'est le comble de ma misère de n'oser m'occuper toujours de toi.

Ils seront donc unis malgré les obstacles, ou plutôt ils le sont au moment que j'écris! Aimables et dignes époux! puisse le ciel les combler du bonheur que mérite leur sage et paisible amour, l'innocence de leurs mœurs, l'honnêteté de leurs âmes! puisse-t-il leur donner ce bonheur précieux dont il est si avare envers les cœurs faits pour le goûter: qu'ils seront heureux s'il leur accorde, hélas! tout ce qu'il nous ôte! Mais pourtant ne sens-tu pas quelque sorte de consolation dans nos maux? ne serait-ce pas que l'excès de notre misère n'est point non plus sans dédommagement, et que, s'ils ont des plaisirs dont nous sommes privés, nous en avons aussi qu'ils ne peuvent connaître? Oui, ma douce amie, malgré l'absence, les privations, les alarmes, malgré le désespoir même, les puissants élancements de deux cœurs l'un vers l'autre ont toujours une volupté secrète ignorée des âmes tranquilles. C'est un des miracles de l'amour de nous faire trouver du plaisir à souffrir; et nous regarderions comme le pire des malheurs un état d'indifférence et d'oubli qui nous ôterait tout le sentiment de nos peines. Plaignons donc notre sort, ô Julie! mais n'envions celui de personne. Il n'y a point peut-être, à tout prendre, d'existence préférable à la nôtre; et comme la Divinité tire tout son bonheur d'elle-même, les cœurs qu'échauffe un feu céleste trouvent dans leurs propres sentiments une sorte de jouissance pure et délicieuse, indépendante de la fortune et du reste de l'univers.

LETTRE XVII.

A JULIE.

Enfin me voilà tout-à-fait dans le torrent. Mon recueil fini, j'ai commencé de fréquenter les spectacles et de souper en ville. Je passe ma journée entière dans le monde, je prête mes oreilles et mes yeux à tout ce qui les frappe; et, n'apercevant rien qui te ressemble, je me recueille au milieu du bruit, et converse en secret avec toi. Ce n'est pas que cette vie bruyante et tumultueuse n'ait aussi quelque sorte d'attraits, et que la prodigieuse diversité d'objets n'offre de certains agrémens à de nouveaux débarqués; mais, pour les sentir, il faut avoir le cœur vide et l'esprit frivole; l'amour et la raison semblent s'unir pour m'en dégoûter; comme tout n'est que vaine apparence, et que tout change à chaque instant, je n'ai le temps d'être ému de rien, ni celui de rien examiner.

Ainsi je commence à voir les difficultés de l'étude du monde, et je ne sais pas même quelle place il faut occuper pour le bien connaître. Le philosophe en est trop loin, l'homme du monde en est trop près. L'un voit trop pour pouvoir réfléchir, l'autre trop peu pour juger du tableau total. Chaque objet qui frappe le philosophe, il le considère à part; et n'en pouvant discerner ni les liaisons ni les rapports avec d'autres objets qui sont hors de sa portée, il ne les voit jamais à sa place, et n'en sent ni la raison ni les vrais effets. L'homme du monde voit tout, et n'a le temps de penser à rien : la mobilité des objets ne lui permet que de les apercevoir, et non de les observer; ils s'effacent mutuellement avec rapidité, et il ne lui reste du tout que des impressions confuses qui ressemblent au chaos.

On ne peut pas non plus voir et méditer alternativement, parce que le spectacle exige une continuité d'attention qui interrompt la réflexion. Un homme qui voudrait diviser son temps par intervalles entre le monde et la solitude, toujours agité dans sa retraite et toujours étranger dans le monde, ne serait bien nulle part. Il n'y aurait d'autre moyen que de partager sa vie entière en deux grands espaces : l'un pour voir, l'autre pour réfléchir; mais cela même est presque impossible; car la raison n'est pas un meuble qu'on pose et qu'on reprenne à son gré, et quiconque a pu vivre dix ans sans penser ne pensera de sa vie.

Je trouve aussi que c'est une folie de vouloir étudier le monde en simple spectateur. Celui qui ne prétend qu'observer n'observe rien, parce qu'étant inutile dans les affaires, et importun dans les plaisirs, il n'est admis nulle part. On ne voit agir les autres qu'autant qu'on agit soi-même; dans l'école du monde comme dans celle de l'amour, il faut commencer par pratiquer ce qu'on veut apprendre.

Quel parti prendrai-je donc, moi étranger, qui ne puis avoir aucune affaire en ce pays, et que la différence de religion empêcherait seule d'y pouvoir aspirer à rien? Je suis réduit à m'abaisser pour m'instruire, et, ne pouvant jamais être un homme utile, à tâcher de me rendre un homme amusant. Je m'exerce, autant qu'il est possible, à devenir poli sans fausseté, complaisant sans bassesse, et à prendre si bien ce qu'il y a de bon dans la société, que j'y puisse être souffert sans en adopter les vices. Tout homme oisif qui veut voir le monde doit au moins en prendre les manières jusqu'à certain point; car de quel droit exigerait-on d'être admis parmi les gens à qui l'on n'est bon à rien, et à qui l'on n'aurait pas l'art de plaire? Mais aussi quand il a trouvé cet art, on ne lui en demande pas davantage, surtout s'il est étranger. Il peut se dispenser de prendre part aux cabales, aux intrigues, aux démêlés; s'il se comporte honnêtement envers chacun, s'il ne donne à certaines femmes ni exclusion ni préférence, s'il garde le secret de chaque société où il est reçu, s'il n'étale point les ridicules d'une maison dans une autre, s'il évite les confidences, s'il se refuse aux tracasseries, s'il garde partout une certaine dignité, il pourra voir paisiblement le monde, conserver ses mœurs, sa probité, sa franchise même, pourvu qu'elle vienne d'un esprit de liberté et non d'un esprit de parti. Voilà ce que j'ai tâché de faire par l'avis de quelques gens éclairés que j'ai choisis pour guides parmi les connaissances que m'a données mylord Édouard. J'ai donc commencé d'être admis dans des sociétés moins nombreuses et plus choisies. Je ne m'étais trouvé, jusqu'à présent, qu'à des dîners réglés où l'on ne voit de femmes que la maîtresse de la maison, où tous les désœuvrés de Paris sont reçus pour peu qu'on les connaisse, où chacun paye comme il peut son dîner en esprit ou en flatterie, et dont le ton bruyant et confus ne diffère pas beaucoup de celui des tables d'auberges.

Je suis maintenant initié à des mystères plus secrets. J'assiste à des soupers priés, où la porte est fermée à tout survenant; et où l'on est sûr de ne trouver que des gens qui conviennent tous, sinon les uns aux autres, au moins à ceux qui les reçoivent. C'est là que les femmes s'observent moins, et qu'on peut commencer à les étudier; c'est là que règnent plus paisiblement des propos plus fins et plus satiriques; c'est là qu'au lieu des nouvelles publiques, des spectacles, des promotions, des morts, des mariages, dont on a parlé le matin, on passe discrètement en revue les anecdotes de Paris, qu'on dévoile tous les événements secrets de la chronique scandaleuse, qu'on rend le bien et le mal également plaisants et ridicules, et que, peignant avec art et selon l'intérêt particulier les caractères des personnages, chaque interlocuteur, sans y penser, peint encore beaucoup mieux le sien; c'est là qu'un reste de circonspection fait inventer devant les laquais un certain langage entortillé, sous lequel, feignant de rendre la satire plus obscure, on la rend seulement plus amère; c'est là, en un mot, qu'on affile avec soin le poignard, sous le prétexte de faire moins de mal, mais en effet pour l'enfoncer plus avant.

Cependant, à considérer ces propos selon nos idées, on aurait tort de les appeler satiriques, car ils sont bien plus railleurs que mordants, et tombent moins sur le vice que sur le ridicule. En général, la satire a peu de cours dans les grandes villes, où ce qui n'est que mal est si simple, que ce n'est pas la peine d'en parler. Que reste-t-il à blâmer où la vertu n'est plus estimée? et de quoi médirait-on quand on ne trouve plus de mal à rien? A Paris surtout, où l'on ne saisit les choses que par le côté plaisant, tout ce qui doit allumer la colère et l'indignation est toujours mal reçu s'il n'est mis en chanson ou en épigramme. Les jolies femmes n'aiment point à se fâcher; aussi ne se fâchent-elles de rien : elles aiment à rire; et, comme il n'y a pas le mot pour rire au crime, les fripons sont d'honnêtes gens comme tout le monde. Mais malheur à qui prête le flanc au ridicule! sa caustique empreinte est ineffaçable; il ne déchire pas seulement les mœurs, la vertu : il marque jusqu'au vice même; il fait calomnier les méchants. Mais revenons à nos soupers.

Ce qui m'a le plus frappé dans ces sociétés d'élite, c'est de voir six personnes choisies exprès pour s'entretenir agréablement ensemble, et parmi lesquelles règnent même le plus souvent des liaisons secrètes, ne pouvoir rester une heure entre elles six, sans y faire intervenir la moitié de Paris; comme si leurs cœurs n'avaient rien à se dire, et qu'il n'y eût là personne qui méritât de les intéresser. Te souvient-il, ma Julie, comment, en soupant chez ta cousine ou chez toi, nous savions, en dépit de la contrainte et du mystère, faire tomber l'entretien sur des sujets qui eussent du rapport à nous, et comment, à chaque réflexion touchante, à chaque allusion subtile, un regard plus vif qu'un éclair, un soupir plutôt deviné qu'aperçu en portait le doux sentiment d'un cœur à l'autre?

Si la conversation se tourne par hasard sur les convives, c'est communément dans un certain jargon de société, dont il faut avoir la clef pour l'entendre. A l'aide de ce chiffre, on se fait réciproquement et selon le goût du temps mille mauvaises plaisanteries, durant lesquelles le plus sot n'est pas celui où brille le moins; tandis qu'un tiers mal instruit est réduit à l'ennui et au silence, ou à rire de ce qu'il n'entend point. Voilà, hors le tête-à-tête, qui m'est et me sera toujours inconnu, tout ce qu'il y a de tendre et d'affectueux dans les liaisons de ce pays.

Au milieu de tout cela, qu'un homme de poids avance un propos grave, ou agite une question sérieuse, aussitôt l'attention commune se fixe à ce nouvel objet; hommes, femmes, vieillards, jeunes gens, tout se prête à le considérer par toutes ses faces, et l'on est étonné du sens et de la raison qui sortent comme à l'envi de toutes ces têtes folâtres (1). Un point de morale ne serait pas mieux discuté dans une société de philosophes que dans celle d'une jolie femme de Paris; les conclusions y seraient même souvent moins sévères : car le philosophe qui veut agir comme il parle, y regarde à deux fois; mais ici, où toute la morale est un pur verbiage, on peut être austère sans conséquence, et l'on ne serait pas fâché, pour rabattre un peu l'orgueil philosophique, de mettre la vertu si haut que le sage même n'y pût atteindre. Au reste, hommes et femmes, tous, instruits par l'expérience du monde, et surtout par leur conscience, se réunissent pour penser de leur espèce aussi mal qu'il est possible, toujours philosophant tristement, toujours dégradant par vanité la nature humaine, toujours cherchant dans quelque vice la cause de tout ce qui se fait de bien, toujours, d'après leur propre cœur, médisant du cœur de l'homme.

Malgré cette avilissante doctrine, un des sujets favoris de ces paisibles entretiens, c'est le sentiment; mot par lequel il ne faut pas entendre un épanchement affectueux dans le sein de l'amour ou de l'amitié, cela serait d'une fadeur à mourir; c'est le sentiment mis en grandes maximes générales, et quintessencié par tout ce que la métaphysique a de plus subtil. Je puis dire n'avoir de ma vie ouï tant parler du sentiment, ni si peu compris ce qu'on en disait. Ce sont des raffinements inconcevables. O Julie! nos cœurs grossiers n'ont jamais rien su de toutes ces belles maximes; et j'ai peur qu'il n'en soit du sentiment chez les gens du monde comme d'Homère chez les pédants, qui lui forgent mille beautés chimériques, faute d'apercevoir les véritables. Ils dépensent ainsi tout leur sentiment en esprit; et il s'en exhale tant dans le discours, qu'il n'en reste plus pour la pratique. Heureusement la bienséance y supplée, et l'on fait par usage à peu près les mêmes choses qu'on ferait par sensibilité, du moins tant qu'il n'en coûte que des formules et quelques gênes passagères, qu'on s'impose pour bien faire parler de soi; car quand les sacrifices vont jusqu'à gêner trop longtemps ou à coûter trop cher, adieu le sentiment; la bienséance n'en exige pas jusque-là. A cela près, on ne saurait croire à quel point tout est compassé, mesuré, pesé, dans ce qu'ils appellent des procédés; tout ce qui n'est plus dans les sentiments, ils l'ont mis en règle, et tout est règle parmi eux. Ce peuple imitateur serait plein d'originaux, qu'il serait impossible d'en rien savoir; car nul homme n'ose être lui-même. « Il faut faire comme les autres » : c'est la première maxime de la sagesse du pays. « Cela se fait, cela ne se fait pas » : voilà la décision suprême.

Cette apparente régularité donne aux usages communs l'air du monde le plus comique, même dans les choses les plus sérieuses. On sait à point nommé quand il faut envoyer savoir des nouvelles; quand il faut se faire écrire, c'est-à-dire faire une visite qu'on ne fait pas; quand il faut la faire soi-même; quand il est permis d'être chez soi; quand on doit n'y pas être quoiqu'on y soit; quelles offres l'un doit faire, quelles offres l'autre doit rejeter; quel degré de

(1) Pourvu toutefois qu'une plaisanterie imprévue ne vienne pas déranger cette gravité; car alors chacun renchérit; tout part à l'instant, et il n'y a plus moyen de reprendre le ton sérieux. Je me rappelle un certain paquet de gimblettes qui troubla si plaisamment une représentation de la foire. Les acteurs dérangés n'étaient que des animaux. Mais que de choses sont gimblettes pour beaucoup d'hommes! On sait qui Fontenelle a voulu peindre dans l'histoire des Tirinthiens (peuple de rieurs) (*Dialogues des morts*).

tristesse on doit prendre à telle ou telle mort (1); combien de temps on doit pleurer à la campagne; le jour où l'on peut revenir se consoler à la ville; l'heure et la minute où l'affliction permet de donner le bal ou d'aller au spectacle. Tout le monde y fait à la fois la même chose dans la même circonstance; tout va par temps comme les mouvements d'un régiment en bataille : vous diriez que ce sont autant de marionnettes clouées sur la même planche ou tirées par le même fil.

Or, comme il n'est pas possible que tous ces gens qui font exactement la même chose soient exactement affectés de même, il est clair qu'il faut les pénétrer par d'autres moyens pour les connaître; il est clair que tout ce jargon n'est qu'un vain formulaire, et sert moins à juger des mœurs, que du ton qui règne à Paris. On apprend ainsi les propos qu'on y tient, mais rien de ce qui peut servir à les apprécier. J'en dis autant de la plupart des écrits nouveaux; j'en dis autant de la scène même, qui depuis Molière est bien plus un lieu où se débitent de jolies conversations, que la représentation de la vie civile. Il y a ici trois théâtres, sur deux desquels on représente des êtres chimériques; savoir, sur l'un, des arlequins, des pantalons, des scaramouches; sur l'autre, des dieux, des diables, des sorciers. Sur le troisième on représente ces pièces immortelles dont la lecture nous faisait tant de plaisir, et d'autres plus nouvelles qui paraissent de temps en temps sur la scène. Plusieurs de ces pièces sont tragiques, mais peu touchantes; et si l'on y trouve quelques sentiments naturels et quelque vrai rapport au cœur humain, elles n'offrent aucune sorte d'instruction sur les mœurs particulières du peuple qu'elles amusent.

L'institution de la tragédie avait, chez ses inventeurs, un fondement de religion qui suffisait pour l'autoriser. D'ailleurs, elle offrait aux Grecs un spectacle instructif et agréable dans les malheurs des Perses leurs ennemis, dans les crimes et les folies des rois dont ce peuple s'était délivré. Qu'on représente à Berne, à Zurich, à La Haye, l'ancienne tyrannie de la maison d'Autriche; l'amour de la patrie et de la liberté nous rendra ces pièces intéressantes : mais qu'on me dise de quel usage sont ici les tragédies de Corneille, et ce qu'importe au peuple de Paris Pompée ou Sertorius. Les tragédies grecques roulaient sur des événements réels ou réputés tels par les spectateurs, et fondés sur des traditions historiques. Mais que fait une flamme héroïque et pure, dans l'âme des grands? Ne dirait-on pas que les combats de l'amour et de la vertu leur donnent souvent de mauvaises nuits, et que le cœur a beaucoup à faire dans les mariages des rois? Juge de la vraisemblance et de l'utilité de tant de pièces, qui roulent toutes sur ce chimérique sujet!

Quant à la comédie, il est certain qu'elle doit représenter au naturel les mœurs du peuple pour lequel elle est faite, afin qu'il s'y corrige de ses vices et de ses défauts, comme on ôte devant un miroir les taches de son visage. Térence et Plaute se trompèrent dans leur objet; mais avant eux Aristophane et Ménandre avaient exposé aux Athéniens les mœurs athéniennes; et, depuis, le seul Molière peignit plus naïvement encore celles des Français du siècle dernier à leurs propres yeux. Le tableau a changé; mais il n'est plus revenu de peintre. Maintenant on copie au théâtre les conversations d'une centaine de maisons de Paris. Hors de cela, on n'y apprend rien des mœurs des Français. Il y a dans cette grande ville cinq ou six cent mille âmes dont il n'est jamais question sur la scène. Molière osa peindre des bourgeois et des artisans aussi bien que des marquis; Socrate faisait parler des cochers, menuisiers, cordonniers, maçons (2). Mais les auteurs d'aujourd'hui, qui sont des gens d'un autre air, se croiraient déshonorés s'ils savaient ce qui se passe au comptoir d'un

---

(1) S'affliger à la mort de quelqu'un est un sentiment d'humanité et un témoignage de bon naturel, mais non pas un devoir de vertu, ce quelqu'un fût-il même notre père. Quiconque, en pareil cas, n'a point d'affliction dans le cœur, n'en doit point montrer au dehors; car il est beaucoup plus essentiel de fuir la fausseté que de s'asservir aux bienséances.

(2) Remarque de Montaigne : « Il n'a jamais eu la bouche que cochers, menuisiers, savetiers et

marchand ou dans la boutique d'un ouvrier; il ne leur faut que des interlocuteurs illustres, et ils cherchent dans le rang de leurs personnages l'élévation qu'ils ne peuvent tirer de leur génie. Les spectateurs eux-mêmes sont devenus si délicats, qu'ils craindraient de se compromettre à la comédie comme en visite; et ne daigneraient pas aller voir en représentation des gens de moindre condition qu'eux. Ils sont comme les seuls habitants de la terre; tout le reste n'est rien à leurs yeux. Avoir un carrosse, un suisse, un maître-d'hôtel, c'est être comme tout le monde. Pour être comme tout le monde, il faut être comme très peu de gens. Ceux qui vont à pied ne sont pas du monde; ce sont des bourgeois, des hommes du peuple, des gens de l'autre monde, et l'on dirait qu'un carrosse n'est pas tant nécessaire pour se conduire que pour exister. Il y a comme cela une poignée d'impertinents qui ne comptent qu'eux dans tout l'univers, et ne valent guère la peine qu'on les compte, si ce n'est pour le mal qu'ils font. C'est pour eux uniquement que sont faits les spectacles. Ils s'y montrent à la fois comme représentés au milieu du théâtre, et comme représentants aux deux côtés; ils sont personnages sur la scène, et comédiens sur les bancs. C'est ainsi que la sphère du monde et des auteurs se rétrécit; c'est ainsi que la scène moderne ne quitte plus son ennuyeuse dignité. On n'y sait plus montrer les hommes qu'en habit doré. Vous diriez que la France n'est peuplée que de comtes et de chevaliers; et plus le peuple y est misérable et gueux, plus le tableau du peuple y est brillant et magnifique. Cela fait qu'en peignant le ridicule des états qui servent d'exemple aux autres, on le répand plutôt que de l'éteindre, et que le peuple, toujours singe et imitateur des riches, va moins au théâtre pour rire de leurs folies que pour les étudier et devenir encore plus fou qu'eux en les imitant. Voilà de quoi fut cause Molière lui-même : il corrigea la cour en infectant la ville; et ses ridicules marquis furent le premier modèle des petits maîtres bourgeois qui leur succédèrent.

En général, il y a beaucoup de discours et peu d'action sur la scène française : peut-être est-ce qu'en effet le Français parle encore plus qu'il n'agit, ou du moins qu'il donne un bien plus grand prix à ce qu'on dit qu'à ce qu'on fait. Quelqu'un disait, en sortant d'une pièce de Denys-le-Tyran : « Je n'ai rien vu, mais j'ai entendu force paroles (1). » Voilà ce qu'on peut dire en sortant des pièces françaises. Racine et Corneille, avec tout leur génie, ne sont eux-mêmes que des parleurs; et leur successeur est le premier qui, à l'imitation des Anglais, ait osé mettre quelquefois la scène en représentation. Communément tout se passe en beaux dialogues bien agencés, bien ronflants, où l'on voit d'abord que le premier soin de chaque interlocuteur est toujours celui de briller. Presque tout s'énonce en maximes générales. Quelque agités qu'ils puissent être, ils songent toujours plus au public qu'à eux-mêmes; une sentence leur coûte moins qu'un sentiment : les pièces de Racine et de Molière (2) exceptées, le *je* est presque aussi scrupuleusement banni de la scène française que des écrits de Port-Royal; et les passions humaines, aussi modestes que l'humilité chrétienne, n'y parlent jamais que par *on*. Il y a encore une certaine dignité maniérée dans le geste et dans le propos, qui ne permet jamais à la passion de parler exactement son langage, ni à l'auteur de revêtir son personnage et de se transporter au lieu de la scène, mais le tient toujours enchaîné sur le théâtre et sous les yeux des spectateurs. Aussi les situations les plus vives ne lui font-elles jamais oublier un bel arrangement de phrases ni des at-

---

massons... Sous une si vile forme, nous n'eussions jamais choisi la noblesse et splendeur de ses conceptions admirables, nous... qui n'appercevons la richesse qu'en montre et en pompe. Nostre monde n'est formé qu'à l'ostentation. » (Liv. III, ch. 12.)

(1) Plutarque, *Comment il faut ouir*, ch. 7.

(2) Il ne faut point associer en ceci Molière à Racine ; car le premier est, comme tous les autres, plein de maximes et de sentences, surtout dans ses pièces en vers; mais chez Racine tout est sentiment : il a su faire parler chacun pour soi, et c'est en cela qu'il est vraiment unique parmi les auteurs dramatiques de sa nation.

titudes élégantes; et si le désespoir lui plonge un poignard dans le cœur, non content d'observer la décence en tombant, comme Polyxène, il ne tombe point; la décence le maintient debout après sa mort, et tous ceux qui viennent d'expirer s'en retournent l'instant d'après sur leurs jambes.

Tout cela vient de ce que le Français ne cherche point sur la scène le naturel et l'illusion, et n'y veut que de l'esprit et des pensées; il fait cas de l'agrément et non de l'imitation, et ne se soucie pas d'être séduit pourvu qu'on l'amuse. Personne ne va au spectacle pour le plaisir du spectacle, mais pour voir l'assemblée, pour en être vu, pour ramasser de quoi fournir au caquet après la pièce : et l'on ne songe à ce qu'on voit que pour savoir ce qu'on en dira. L'acteur pour eux est toujours l'acteur, jamais le personnage qu'il représente. Cet homme qui parle en maître du monde n'est point Auguste, c'est Baron; la veuve de Pompée est Adrienne; Alzire est Mlle Gaussin; et ce fier sauvage est Grandval. Les comédiens, de leur côté, négligent entièrement l'illusion, dont ils voient que personne ne se soucie. Ils placent les héros de l'antiquité entre six rangs de jeunes Parisiens; ils calquent les modes françaises sur l'habit romain; on voit Cornélie en pleurs avec deux doigts de rouge, Caton poudré à blanc, et Brutus en panier. Tout cela ne choque personne et ne fait rien au succès des pièces : comme on ne voit que l'acteur dans le personnage, on ne voit non plus que l'auteur dans le drame; et si le costume est négligé, cela se pardonne aisément; car on sait bien que Corneille n'était pas tailleur, ni Crébillon perruquier.

Ainsi, de quelque sens qu'on envisage les choses, tout n'est ici que babil, jargon, propos sans conséquence. Sur la scène comme dans le monde, on a beau écouter ce qui se dit, on n'apprend rien de ce qui se fait : et qu'a-t-on besoin de l'apprendre? sitôt qu'un homme a parlé, s'informe-t-on de sa conduite? n'a-t-il pas tout fait? n'est-il pas jugé? L'honnête homme d'ici n'est point celui qui fait de bonnes actions, mais celui qui dit de belles choses; et un seul propos inconsidéré, lâché sans réflexion, peut faire à celui qui le tient un tort irréparable que n'effaceraient pas quarante ans d'intégrité. En un mot, bien que les œuvres des hommes ne ressemblent guère à leurs discours, je vois qu'on ne les peint que par leurs discours, sans égard à leurs œuvres; je vois aussi que dans une grande ville la société paraît plus douce, plus facile, plus sûre même que parmi des gens moins étudiés : mais les hommes y sont-ils en effet plus humains, plus modérés, plus justes? Je n'en sais rien. Ce ne sont encore là que des apparences; et sous ces dehors si ouverts et si agréables, les cœurs sont peut-être plus cachés, plus enfoncés en dedans que les nôtres. Etranger, isolé, sans affaires, sans liaisons, sans plaisirs, et ne voulant m'en rapporter qu'à moi, le moyen de pouvoir prononcer?

Cependant je commence à sentir l'ivresse où cette vie agitée et tumultueuse plonge ceux qui la mènent, et je tombe dans un étourdissement semblable à celui d'un homme aux yeux duquel on fait passer rapidement une multitude d'objets. Aucun de ceux qui me frappent n'attache mon cœur, mais tous ensemble en troublent et suspendent les affections, au point d'en oublier quelques instants ce que je suis et à qui je suis. Chaque jour en sortant de chez moi j'enferme mes sentiments sous la clef, pour en prendre d'autres qui se prêtent aux frivoles objets qui m'attendent. Insensiblement je juge et raisonne comme j'entends juger et raisonner tout le monde. Si quelquefois j'essaie de secouer les préjugés et de voir les choses comme elles sont, à l'instant je suis écrasé d'un certain verbiage qui ressemble beaucoup à du raisonnement. On me prouve avec évidence qu'il n'y a que le demi-philosophe qui regarde à la réalité des choses; que le vrai sage ne les considère que par les apparences; qu'il doit prendre les préjugés pour principes, les bienséances pour lois, et que la plus sublime sagesse consiste à vivre comme les fous.

Forcé de changer ainsi l'ordre de mes affections morales, forcé de donner un prix à des chimères, et d'imposer silence à la nature et à la raison, je vois ainsi défigurer ce divin modèle que je porte au dedans de moi, et qui servait à la fois d'objet à mes désirs et de règle à mes actions; je flotte de caprice en caprice; et mes goûts étant sans cesse asservis à l'opinion, je ne puis être sûr un seul jour de ce que j'aimerai le lendemain.

Confus, humilié, consterné de sentir dégrader en moi la nature de l'homme, et de me voir ravalé si bas de cette grandeur intérieure où nos cœurs enflammés s'élevaient réciproquement, je reviens le soir, pénétré d'une secrète tristesse, accablé d'un dégoût mortel, et le cœur vide et gonflé comme un ballon rempli d'air. O amour! ô purs sentiments que je tiens de lui!... avec quel charme je rentre en moi-même, avec quel transport j'y retrouve encore mes premières affections et ma première dignité! Combien je m'applaudis d'y revoir briller dans tout son éclat l'image de la vertu, d'y contempler la tienne, ô Julie! assise sur un trône de gloire et dissipant d'un souffle tous ces prestiges! Je sens respirer mon âme oppressée, je crois avoir recouvré mon existence et ma vie, et je reprends avec mon amour tous les sentiments sublimes qui le rendent digne de son objet.

LETTRE XVIII.

DE JULIE.

Je viens, mon bon ami, de jouir d'un des plus doux spectacles qui puissent jamais charmer mes yeux. La plus sage, la plus aimable des filles est enfin devenue la plus digne et la meilleure des femmes. L'honnête homme dont elle a comblé les vœux, plein d'estime et d'amour pour elle, ne respire que pour la chérir, l'adorer, la rendre heureuse; et je goûte le charme inexprimable d'être témoin du bonheur de mon amie, c'est-à-dire de le partager. Tu n'y seras pas moins sensible, j'en suis bien sûre, toi qu'elle aima toujours si tendrement, toi qui lui fus cher presque dès son enfance, et à qui tant de bienfaits l'ont dû rendre encore plus chère. Oui, tous les sentiments qu'elle éprouve se font sentir à nos cœurs comme au sien. S'ils sont des plaisirs pour elle, ils sont pour nous des consolations; et tel est le prix de l'amitié qui nous joint, que la félicité d'un des trois suffit pour adoucir les maux des deux autres.

Ne nous dissimulons pas pourtant que cette amie incomparable va nous échapper en partie.

La voilà dans un nouvel ordre de choses: la voilà sujette à de nouveaux engagements, à de nouveaux devoirs; et son cœur, qui n'était qu'à nous, se doit maintenant à d'autres affections auxquelles il faut que l'amitié cède le premier rang. Il y a plus, mon ami, nous devons de notre part devenir plus scrupuleux sur les témoignages de son zèle; nous ne devons pas seulement consulter son attachement pour nous et le besoin que nous avons d'elle, mais ce qui convient à son nouvel état, et ce qui peut agréer ou déplaire à son mari. Nous n'avons pas besoin de chercher ce qu'exigerait en pareil cas la vertu; les lois seules de l'amitié suffisent. Celui qui, pour son intérêt particulier, pourrait compromettre un ami, mériterait-il d'en avoir? Quand elle était fille, elle était libre, elle n'avait à répondre de ses démarches qu'à elle-même, et l'honnêteté de ses intentions suffisait pour la justifier à ses propres yeux. Elle nous regardait comme deux époux destinés l'un à l'autre, et son cœur sensible et pur alliant la plus chaste pudeur pour elle-même à la plus tendre compassion pour sa coupable amie, elle couvrait ma faute sans la partager. Mais à présent tout est changé; elle doit compte de sa conduite à un autre; elle n'a pas seulement engagé sa foi, elle a aliéné sa liberté. Dépositaire en même temps de l'honneur de deux personnes, il ne lui suffit pas d'être honnête, il faut encore qu'elle soit honorée; il ne lui suffit pas de ne rien faire que de bien, il faut encore qu'elle ne fasse rien qui ne soit approuvé. Une femme vertueuse ne doit pas seulement mériter l'estime de son mari, mais l'obtenir; s'il la blâme, elle est blâmable; et, fût-elle innocente, elle a tort sitôt qu'elle est soupçonnée, car les apparences mêmes sont au nombre de ses devoirs.

Je ne vois pas clairement si toutes ces raisons sont bonnes, tu en seras le juge; mais un certain sentiment intérieur m'avertit qu'il n'est pas bien que ma cousine continue d'être ma confidente, ni qu'elle me le dise la première. Je me suis souvent trouvée en faute sur mes raisonnements, jamais sur les mouvements secrets qui me les inspirent, et cela fait que j'ai plus de confiance à mon instinct qu'à ma raison.

Sur ce principe, j'ai déjà pris un prétexte pour retirer tes lettres, que la crainte d'une surprise me faisait tenir chez elle. Elle me les a rendues avec un serrement de cœur que le mien m'a fait apercevoir, et qui m'a trop confirmé que j'avais fait ce qu'il fallait faire. Nous n'avons point eu d'explication, mais nos regards en tenaient lieu; elle m'a embrassée en pleurant; nous sentions, sans nous rien dire, combien le tendre langage de l'amitié a peu besoin du secours des paroles.

A l'égard de l'adresse à substituer à la sienne, j'avais songé d'abord à celle de Fanchon Anet, et c'est bien la voie la plus sûre que nous pourrions choisir; mais si cette jeune femme est dans un rang plus bas que ma cousine, est-ce une raison d'avoir moins d'égards pour elle en ce qui concerne l'honnêteté? n'est-il pas à craindre, au contraire, que des sentiments moins élevés ne lui rendent mon exemple plus dangereux, que ce qui n'était pour l'une que l'effort d'une amitié sublime ne soit pour l'autre un commencement de corruption, et qu'en abusant de sa reconnaissance je ne force la vertu même à servir d'instrument au vice? Ah! n'est-ce pas assez pour moi d'être coupable, sans me donner des complices, et sans aggraver mes fautes du poids de celles d'autrui? N'y pensons point, mon ami: j'ai imaginé un autre expédient, beaucoup moins sûr, à la vérité, mais aussi moins répréhensible, en ce qu'il ne compromet personne et ne nous donne aucun confident; c'est de m'écrire sous un nom en l'air, comme, par exemple, M. du Bosquet, et de mettre une enveloppe adressée à Regianino, que j'aurai soin de prévenir. Ainsi, Regianino lui-même ne saura rien; il n'aura tout au plus que des soupçons, qu'il n'oserait vérifier, car mylord Edouard, de qui dépend sa fortune, m'a répondu de lui. Tandis que notre correspondance continuera par cette voie, je verrai si l'on peut reprendre celle qui nous servit durant le voyage du Valais, ou quelque autre qui soit permanente et sûre.

Quand je ne connaîtrais pas l'état de ton cœur, je m'apercevrais, par l'humeur qui règne dans tes relations, que la vie que tu mènes n'est pas de ton goût. Les lettres de M. de Muralt, dont on s'est plaint en France, étaient moins sévères que les tiennes; comme un enfant qui se dépite contre ses maîtres, tu te venges d'être obligé d'étudier le monde sur les premiers qui te l'apprennent. Ce qui me surprend le plus est que la chose qui commence par te révolter est celle qui prévient tous les étrangers, savoir, l'accueil des Français et le ton général de leur société, quoique de ton propre aveu tu doives personnellement t'en louer. Je n'ai pas oublié la distinction de Paris en particulier et d'une grande ville en général; mais je vois qu'ignorant ce qui convient à l'un ou à l'autre, tu fais ta critique à bon compte, avant de savoir si c'est une médisance ou une observation. Quoi qu'il en soit, j'aime la nation française, et ce n'est pas m'obliger que d'en mal parler. Je dois aux bons livres qui nous viennent d'elle la plupart des instructions que nous avons prises ensemble. Si notre pays n'est plus barbare, à qui en avons-nous l'obligation? Les deux plus grands, les deux plus vertueux des modernes, Catinat, Fénelon, étaient tous deux Français; Henri IV, le roi que j'aime, le bon roi, l'était. Si la France n'est pas le pays des hommes libres, elle est celui des hommes vrais; et cette liberté vaut bien l'autre aux yeux du sage. Hospitaliers, protecteurs de l'étranger, les Français lui passent même la vérité qui les blesse; et l'on se ferait lapider à Londres si l'on y osait dire des Anglais la moitié du mal que les Français laissent dire d'eux à Paris. Mon père, qui a passé sa vie en France, ne parle qu'avec transport de ce bon et aimable peuple. S'il y a versé son sang au service du prince, le prince ne l'a point oublié dans sa retraite, et l'honore encore de ses bienfaits; ainsi je me regarde comme intéressée à la gloire d'un pays où mon père a trouvé la sienne. Mon ami, si chaque peuple a ses bonnes et ses mauvaises qualités, honore au moins la vérité qui loue, aussi bien que la vérité qui blâme.

Je te dirai plus, pourquoi perdrais-tu en visites oisives le temps qui te reste à passer aux lieux où tu es? Paris est-il moins que Londres le théâtre des talents? et les étrangers y font-ils moins aisément leur chemin? Crois-moi, tous les Anglais ne sont pas des lords Edouards, et tous les Français ne ressemblent pas à ces beaux diseurs qui te déplaisent si fort. Tente, essaie, fais quelques épreuves, ne fût-ce que pour approfondir les mœurs, et juger à l'œuvre ces gens qui parlent si bien. Le père de ma cousine dit que tu connais la constitution de l'empire et les intérêts des princes. Mylord Edouard trouve aussi que tu n'as pas mal étudié les principes de la politique et les divers systèmes de gouvernement. J'ai dans la tête que le pays du monde où le mérite est le plus honoré est celui qui te convient le mieux, et que tu n'as besoin que d'être connu pour être employé. Quant à la religion, pourquoi la tienne te nuirait-elle plus qu'à un autre? La raison n'est-elle pas le préservatif de l'intolérance et du fanatisme? Est-on plus bigot en France qu'en Allemagne? et qui t'empêcherait de pouvoir faire à Paris le même chemin que M. de Saint-Saphorin a fait à Vienne (1)? Si tu considères le but, les plus prompts essais ne doivent-ils pas accélérer les succès? Si tu compares les moyens, n'est-il pas plus honnête encore de s'avancer par ses talents que par ses amis? Si tu songes... Ah! cette mer!... un plus long trajet.... J'aimerais mieux l'Angleterre, si Paris était au-delà.

A propos de cette grande ville, oserais-je relever une affectation que je remarque dans tes lettres! Toi qui me parlais des Valaisanes avec tant de plaisir, pourquoi ne me dis-tu rien des Parisiennes? Ces femmes galantes et célèbres valent-elles moins la peine d'être dépeintes que quelques montagnardes simples et grossières? Crains-tu peut-être de me donner de l'inquiétude par le tableau des plus séduisantes personnes de l'univers? Désabuse-toi, mon ami; ce que tu peux faire de pis pour mon repos est de ne me point parler d'elles, et, quoi que tu m'en puisses dire, ton silence à leur égard m'est beaucoup plus suspect que tes éloges.

Je serais bien aise aussi d'avoir un petit mot sur l'Opéra de Paris, dont on dit ici des merveilles (2); car enfin la musique peut être mauvaise, et le spectacle avoir ses beautés: s'il n'en a pas, c'est un sujet pour ta médisance, et du moins n'offenseras personne.

Je ne sais si c'est la peine de te dire qu'à l'occasion de la noce, il m'est encore venu ces jours passés deux épouseurs comme par rendez-vous : l'un d'Yverdun, gîtant, chassant de château en château; l'autre du pays allemand, par le coche de Berne. Le premier est une manière de petit-maître, parlant assez résolument pour faire trouver ses reparties spirituelles à ceux qui n'en écoutent que le ton; l'autre est un grand nigaud timide, non de cette aimable timidité qui vient de la crainte de déplaire, mais de l'embarras d'un sot qui ne sait que dire, et du malaise d'un libertin qui ne se sent pas à sa place auprès d'une honnête fille. Sachant très positivement les intentions de mon

(1) La famille Saint-Saphorin est vaudoise. On en cite plusieurs personnages qui se sont distingués dans le service militaire.

(2) J'aurais bien mauvaise opinion de ceux qui, connaissant le caractère et la situation de Julie, ne devineraient pas à l'instant que cette curiosité ne vient point d'elle. On verra bientôt que son amant n'y a pas été trompé; s'il l'eût été, il ne l'aurait pas aimée.

père au sujet de ces deux messieurs, j'use avec plaisir de la liberté qu'il me laisse de les traiter à ma fantaisie, et je ne crois pas que cette fantaisie laisse durer longtemps celle qui les amène. Je les hais d'oser attaquer un cœur où

tu règnes, sans armes pour te le disputer : s'ils en avaient, je les haïrais davantage encore; mais où les prendraient-ils, eux, et d'autres, et tout l'univers? Non, non; sois tranquille, mon aimable ami : quand je retrouverais un mérite égal au tien, quand il se présenterait un autre toi-même, encore le premier venu serait-il le seul écouté. Ne t'inquiète donc point de ces deux espèces dont je daigne à peine te parler. Quel plaisir j'aurais à leur mesurer deux doses de dégoût si parfaitement égales, qu'ils prissent la résolution de partir ensemble comme ils sont venus, et que je pusse t'apprendre à la fois le départ de tous deux!

M. de Crouzas vient de nous donner une réfutation des Epitres de Pope, que j'ai lue avec ennui. Je ne sais pas au vrai lequel des deux auteurs a raison; mais je sais bien que le livre de M. de Crouzas ne fera jamais faire une bonne action, et qu'il n'y a rien de bon qu'on ne soit tenté de faire en quittant celui de Pope. Je n'ai point, pour moi, d'autre manière de juger de mes lectures que de sonder les dispositions où elles laissent mon âme, et j'imagine à peine quelle sorte de bonté peut avoir un livre qui ne porte point ses lecteurs au bien (1).

Adieu, mon trop cher ami : je ne voudrais pas finir sitôt; mais on m'attend, on m'appelle. Je te quitte à regret, car je suis gaie, et j'aime à partager avec toi mes plaisirs : ce qui les anime et les redouble est que ma mère se trouve mieux depuis quelques jours; elle s'est senti assez de force pour assister au mariage, et servir de mère à sa nièce, ou plutôt à sa seconde fille. La pauvre Claire en a pleuré de joie. Juge de moi, qui, méritant si peu de la conserver, tremble toujours de la perdre. En vérité, elle fait les honneurs de la fête avec autant de grâce que dans sa plus parfaite santé; il semble même qu'un reste de langueur rende sa naïve politesse encore plus touchante. Non, jamais cette incomparable mère ne fut si bonne, si charmante, si digne d'être adorée..... Sais-tu qu'elle a demandé plusieurs fois de tes nouvelles à M. d'Orbe? Quoiqu'elle ne me parle point de toi, je n'ignore pas qu'elle t'aime, et que, si jamais elle était écoutée, ton bonheur et le mien seraient son premier ouvrage. Ah! si ton cœur sait être sensible, qu'il a besoin de l'être! et qu'il a de dettes à payer!

LETTRE XIX.

A JULIE.

Tiens, ma Julie, gronde-moi, querelle-moi, bats-moi; je souffrirai tout, mais je n'en continuerai pas moins à te dire ce que je pense. Qui sera le dépositaire de tous mes sentiments, si ce n'est toi, qui les éclaires? et avec qui mon cœur se permettrait-il de parler, si tu refusais de l'entendre? Quand je te rends compte de mes observations et de mes jugements, c'est pour que tu les corriges, non pour que tu les approuves; et plus je puis commettre d'erreurs, plus je dois me presser de t'en instruire. Si je blâme les abus qui me frappent dans cette grande ville, je ne m'en excuserai point sur ce que je t'en parle en confidence; car je ne dis jamais rien d'un tiers que je ne sois prêt à lui dire en face; et, dans tout ce que j'écris des Parisiens, je ne fais que répéter ce que je leur dis tous les jours à eux-mêmes. Ils ne m'en savent point mauvais gré; ils conviennent de beaucoup de choses. Ils se plaignaient de notre Muralt, je le crois bien; on voit, on sent combien il les hait, jusque dans les éloges qu'il leur donne; et je suis bien trompé si, même dans ma critique, on n'aperçoit le contraire. L'estime et la reconnaissance que m'inspirent leurs bontés ne font qu'augmenter ma franchise : elle peut n'être pas inutile à quelques-uns; et, à la manière dont tous supportent la vérité dans ma bouche, j'ose croire que nous sommes dignes, eux de l'entendre, et moi de la dire. C'est en cela, ma Julie, que la vérité qui blâme est plus honorable que la vérité qui loue, car la louange ne sert qu'à corrompre ceux qui la goûtent, et les plus indignes en sont toujours les plus affamés : mais la censure est utile, et le mérite seul sait

(1) Si le lecteur approuve cette règle, et qu'il s'en serve pour juger ce recueil, l'éditeur n'appellera pas de son jugement.

la supporter. Je te le dis du fond de mon cœur, j'honore le Français comme le seul peuple qui aime véritablement les hommes, et qui soit bienfaisant par caractère; mais c'est pour cela même que j'en suis moins disposé à lui accorder cette admiration générale à laquelle il prétend même pour les défauts qu'i avoue. Si les Français n'avaient point de vertus, je n'en dirais rien; s'ils n'avaient point de vices, ils ne seraient pas hommes : ils ont trop de côtés louables pour être toujours loués.

Quant aux tentatives dont tu me parles, elles me sont impraticables, parce qu'il faudrait employer, pour les faire, des moyens qui ne me conviennent pas et que tu m'as interdits toi-même. L'austérité républicaine n'est pas de mise en ce pays; il y faut des vertus plus flexibles, et qui sachent mieux se plier aux intérêts des amis ou des protecteurs. Le mérite est honoré, j'en conviens; mais ici les talents qui mènent à la réputation ne sont point ceux qui mènent à la fortune; et quand j'aurais le malheur de posséder ces derniers, Julie se résoudrait-elle à devenir la femme d'un parvenu? En Angleterre, c'est tout autre chose; et, quoique les mœurs y vaillent peut-être encore moins qu'en France, cela n'empêche pas qu'on n'y puisse parvenir par des chemins plus honnêtes, parce que, le peuple ayant plus de part au gouvernement, l'estime publique y est un plus grand moyen de crédit. Tu n'ignores pas que le projet de mylord Edouard est d'employer cette voie en ma faveur, et le mien, de justifier son zèle. Le lieu de la terre où je suis le plus loin de toi est celui où je ne puis rien faire qui m'en rapproche. O Julie! s'il est difficile d'obtenir ta main, il l'est bien plus de la mériter; et voilà la noble tâche que l'amour m'impose.

Tu m'ôtes d'une grande peine en me donnant de meilleures nouvelles de ta mère : je t'en voyais déjà si inquiète avant mon départ, que je n'osai te dire ce que j'en pensais; mais je la trouvais maigrie, changée, et je redoutais quelque maladie dangereuse. Conserve-la-moi, parce qu'elle m'est chère, parce que mon cœur l'honore, parce que ses bontés font mon unique espérance, et surtout parce qu'elle est mère de ma Julie.

Je te dirai sur les deux épouseurs, que je n'aime point ce mot, même par plaisanterie : du reste, le ton dont tu me parles d'eux m'empêche de les craindre, et je ne hais plus ces infortunés puisque tu crois les haïr. Mais j'admire ta simplicité de penser connaître la haine : ne vois-tu pas que c'est l'amour dépité que tu prends pour elle? Ainsi murmure la blanche colombe dont on poursuit le bien-aimé. Va, Julie, va fille incomparable; quand tu pourras haïr quelque chose, je pourrai cesser de t'aimer.

P. S. Que je te plains d'être obsédée par ces deux importuns! Pour l'amour de toi-même, hâte-toi de les renvoyer.

LETTRE XX.

DE JULIE.

Mon ami, j'ai remis à M. d'Orbe un paquet qu'il s'est chargé de t'envoyer à l'adresse de M. Silvestre, chez qui tu pourras le retirer; mais je t'avertis d'attendre pour l'ouvrir que tu sois seul et dans ta chambre : tu trouveras dans ce paquet un petit meuble à ton usage.

C'est une espèce d'amulette que les amants portent volontiers. La manière de s'en servir est bizarre; il faut la contempler tous les matins un quart d'heure jusqu'à ce qu'on se sente pénétré d'un certain attendrissement; alors on l'applique sur ses yeux, sur sa bouche et sur son cœur : cela sert, dit-on, de préservatif durant la journée contre le mauvais air du pays galant. On attribue encore à ces sortes de talismans une vertu électrique très singulière, mais qui n'agit qu'entre les amants fidèles; c'est de communiquer à l'un l'impression des baisers de l'autre à plus de cent lieues de là. Je ne garantis pas le succès de l'expérience; je sais seulement qu'il ne tient qu'à toi de la faire.

Tranquillise-toi sur les deux galants ou prétendants, ou comme tu voudras les appeler; car désormais le nom ne fait plus rien à la chose. Ils sont partis : qu'ils aillent en paix : depuis que je ne les vois plus, je ne les hais plus.

LETTRE XXI.

A JULIE.

Tu l'as voulu, Julie; il faut donc te les dépeindre ces aimables Parisiennes! Orgueilleuse! cet hommage manquait à tes charmes. Avec toute ta feinte jalousie, avec ta modestie et ton amour, je vois plus de vanité que de crainte cachée sous cette curiosité. Quoi qu'il en soit, je serai vrai : je puis l'être; je le serais de meilleur cœur si j'avais davantage à louer. Que ne sont-elles cent fois plus charmantes! que n'ont-elles assez d'attraits pour rendre un nouvel honneur aux tiens!

Tu te plaignais de mon silence! Eh mon Dieu! que t'aurais-je dit? En lisant cette lettre, tu sentiras pourquoi j'aimais à te parler des Valaisanes, tes voisines, et pourquoi je ne te parlais point des femmes de ce pays. C'est que les unes me rappelaient à toi sans cesse, et que les autres... Lis, et puis tu me jugeras. Au reste, peu de gens pensent comme moi des dames françaises, si même je ne suis sur leur compte tout-à-fait seul de mon avis. C'est sur quoi l'équité m'oblige à te prévenir, afin que tu saches que je te les représente, non peut-être comme elles sont, mais comme je les vois. Malgré cela, si je suis injuste envers elles, tu ne manqueras pas de me censurer encore; et tu seras plus injuste que moi, car tout le tort en est à toi seule.

Commençons par l'extérieur : c'est à quoi s'en tiennent la plupart des observateurs. Si je les imitais en cela, les femmes de ce pays auraient trop à s'en plaindre : elles ont un extérieur de caractère aussi bien que de visage; et comme l'un ne leur est guère plus favorable que l'autre, on leur fait tort en ne les jugeant que par là. Elles sont tout au plus passables de figure, et généralement plutôt mal que bien : je laisse à part les exceptions. Menues plutôt que bien faites, elles n'ont pas la taille fine; aussi s'attachent-elles volontiers aux modes qui la déguisent : en quoi je trouve assez simples les femmes des autres pays de vouloir bien imiter des modes faites pour cacher des défauts qu'elles n'ont pas.

Leur démarche est aisée et commune; leur port n'a rien d'affecté, parce qu'elles n'aiment point à se gêner; mais elles ont naturellement une certaine *disinvoltura* (1) qui n'est pas dépourvue de grâce, et qu'elles se piquent souvent de pousser jusqu'à l'étourderie. Elles ont le teint médiocrement blanc, et sont communément un peu maigres, ce qui ne contribue pas à leur embellir la peau. A l'égard de la gorge, c'est l'autre extrémité des Valaisanes. Avec des corps fortement serrés, elles tâchent d'en imposer sur la consistance; il y a d'autres moyens d'en imposer sur la couleur. Quoique je n'aie aperçu ces objets que de fort loin, l'inspection en est si libre, qu'il reste peu de chose à deviner. Ces dames paraissent mal entendre en cela leurs intérêts; car, pour peu que le visage soit agréable, l'imagination du spectateur les servirait au surplus beaucoup mieux que ses yeux; et, suivant le philosophe gascon, la faim entière est bien plus âpre que celle qu'on a déjà rassasiée, au moins par un sens (2).

Leurs traits sont réguliers; mais, si elles ne sont pas belles, elles ont de la physionomie qui supplée à la beauté, et l'éclipse quelquefois. Leurs yeux vifs

---

(1) Air libre et dégagé, aisance dans les manières.
(2) Montaigne, livre III, chap. 5.

et brillants ne sont pourtant ni pénétrants ni doux. Quoiqu'elles prétendent les animer à force de rouge, l'expression qu'elles leur donnent par ce moyen tient plus du feu de la colère que de celui de l'amour : naturellement ils n'ont que de la gaîté; ou s'ils semblent quelquefois demander un sentiment tendre, ils ne le promettent jamais (1).

Elles se mettent si bien, ou du moins elles en ont tellement la réputation qu'elles servent en cela, comme en tout, de modèle au reste de l'Europe. En effet, on ne peut employer avec plus de goût un habillement plus bizarre. Elles sont, de toutes les femmes, les moins asservies à leurs propres modes.

La mode domine les provinciales; mais les Parisiennes dominent la mode, et la savent plier chacune à son avantage. Les premières sont comme des copistes ignorants et serviles qui copient jusqu'aux fautes d'orthographe; les autres sont des auteurs qui copient en maîtres, et savent rétablir les mauvaises leçons.

Leur parure est plus recherchée que magnifique; il y règne plus d'élégance que de richesse. La rapidité des modes qui vieillit tout d'une année à l'autre, la propreté qui leur fait aimer à changer souvent d'ajustement, les préservent d'une somptuosité ridicule : elles n'en dépensent pas moins, mais leur dépense est mieux entendue; au lieu d'habits râpés et superbes comme en Italie, on voit ici des habits plus simples et toujours frais. Les deux sexes ont, à cet égard, la même modération, la même délicatesse; et ce goût me fait grand plaisir : j'aime fort à ne voir ni galons, ni taches. Il n'y a point de peuple

(1) Parlons pour nous, mon cher philosophe : pourquoi d'autres ne seraient-ils pas plus heureux? Il n'y a qu'une coquette qui promette à tout le monde ce qu'elle ne doit tenir qu'à un seul.

excepté le nôtre, où les femmes surtout portent moins de dorure. On voit les mêmes étoffes dans tous les états, et l'on aurait peine à distinguer une duchesse d'une bourgeoise, si la première n'avait l'art de trouver des distinctions que l'autre n'oserait imiter. Or ceci semble avoir sa difficulté; car quelque mode qu'on prenne à la cour, cette mode est suivie à l'instant à la ville; et il n'en est pas des bourgeoises de Paris comme des provinciales et des étrangères, qui ne sont jamais qu'à la mode qui n'est plus. Il n'en est pas encore comme dans les autres pays, où les plus grands étant aussi les plus riches, leurs femmes se distinguent par un luxe que les autres ne peuvent égaler. Si les femmes de la cour prenaient ici cette voie, elles seraient bientôt effacées par celles des financiers.

Qu'ont-elles donc fait? Elles ont choisi des moyens plus sûrs, plus adroits, et qui marquent plus de réflexion. Elles savent que des idées de pudeur et de modestie sont profondément gravées dans l'esprit du peuple. C'est là ce qui leur a suggéré des modes inimitables. Elles ont vu que le peuple avait en horreur le rouge, qu'il s'obstine à nommer grossièrement du fard; elles se sont appliqué quatre doigts, non de fard, mais de rouge; car, le mot changé, la chose n'est plus la même. Elles ont vu qu'une gorge découverte est en scandale au public; elles ont largement échancré leurs corps. Elles ont vu..... oh! bien des choses, que ma Julie, toute demoiselle qu'elle est, ne verra sûrement jamais. Elles ont mis dans leurs manières le même esprit qui dirige leur ajustement. Cette pudeur charmante qui distingue, honore et embellit ton sexe, leur a paru vile et roturière; elles ont animé leur geste et leur propos d'une noble impudence; et il n'y a point d'honnête homme à qui leur regard assuré ne fasse baisser les yeux. C'est ainsi que, cessant d'être femmes, de peur d'être confondues avec les autres femmes, elles préfèrent leur rang à leur sexe, et imitent les filles de joie, afin de n'être pas imitées.

J'ignore jusqu'où va cette imitation de leur part, mais je sais qu'elles n'ont pu tout-à-fait éviter celle qu'elles voulaient prévenir. Quant au rouge et aux corps échancrés, ils ont fait tout le progrès qu'ils pouvaient faire. Les femmes de la ville ont mieux aimé renoncer à leurs couleurs naturelles et aux charmes que pouvait leur prêter l'*amoroso pensier* des amants, que de rester mises comme des bourgeoises; et si cet exemple n'a point gagné les moindres états, c'est qu'une femme à pied dans un pareil équipage, n'est pas trop en sûreté contre les insultes de la populace. Ces insultes sont le cri de la pudeur révoltée; et, dans cette occasion comme en beaucoup d'autres, la brutalité du peuple, plus honnête que la bienséance des gens polis, retient peut-être ici cent mille femmes dans les bornes de la modestie: c'est précisément ce qu'ont prétendu les adroites inventrices de ces modes.

Quant au maintien soldatesque et au ton grenadier, il frappe moins, attendu qu'il est plus universel, et il n'est guère sensible qu'aux nouveaux débarqués. Depuis le faubourg Saint-Germain jusqu'aux halles, il y a peu de femmes à Paris dont l'abord, le regard, ne soit d'une hardiesse à déconcerter quiconque n'a rien vu de semblable en son pays; et de la surprise où jettent ces nouvelles manières, naît cet air gauche qu'on reproche aux étrangers. C'est encore pis sitôt qu'elles ouvrent la bouche. Ce n'est point la voix douce et mignarde de nos Vaudoises; c'est un certain accent dur, aigre, interrogatif, impérieux, moqueur, et plus fort que celui d'un homme. S'il reste dans leur ton quelque grâce de leur sexe, leur manière intrépide et curieuse de fixer les gens achève de l'éclipser. Il semble qu'elles se plaisent à jouir de l'embarras qu'elles donnent à ceux qui les voient pour la première fois : mais il est à croire que cet embarras leur plairait moins si elles en démêlaient mieux la cause.

Cependant, soit prévention de ma part en faveur de la beauté, soit instinct de la sienne à se faire valoir, les belles femmes me paraissent en général un peu plus modestes, et je trouve plus de décence dans leur maintien. Cette réserve ne leur coûte guère; elles sentent bien leurs avantages, elles savent qu'elles n'ont pas besoin d'agaceries pour nous attirer. Peut-être aussi que l'impudence est plus sensible et choquante jointe à la laideur; et il est sûr qu'on couvrirait plutôt de soufflets que de baisers un laid visage effronté, au lieu qu'avec la modestie il peut exciter une tendre compassion qui mène quelquefois à l'amour. Mais, quoique en général on remarque ici quelque chose de plus doux dans le maintien des jolies personnes, il y a encore tant de minauderies dans leurs manières, et elles sont toujours si visiblement occupées d'elles-mêmes, qu'on n'est jamais exposé dans ce pays à la tentation qu'avait quelquefois M. de Muralt auprès des Anglaises, de dire à une femme qu'elle est belle, pour avoir le plaisir de le lui apprendre.

La gaîté naturelle à la nation, ni le désir d'imiter les grands airs, ne sont pas les seules causes de cette liberté de propos et de maintien qu'on remarque ici dans les femmes. Elle paraît avoir une racine plus profonde dans les mœurs, par le mélange indiscret et continuel des deux sexes, qui fait contracter à chacun d'eux l'air, le langage et les manières de l'autre. Nos Suissesses aiment assez à se rassembler entre elles (1), elles y vivent dans une douce familiarité; et quoique apparemment elles ne haïssent pas le commerce des hommes, il est certain que la présence de ceux-ci jette une espèce de contrainte dans cette petite gynécocratie. A Paris, c'est tout le contraire; les femmes n'aiment à vivre qu'avec les hommes, elles ne sont à leur aise qu'avec eux. Dans chaque société, la maîtresse de la maison est presque toujours seule au milieu d'un cercle d'hommes. On a peine à concevoir d'où tant d'hommes peuvent se répandre partout; mais Paris est plein d'aventuriers et de célibataires qui passent leur vie à courir de maison en maison; et les hommes semblent, comme les espèces, se multiplier par la circulation. C'est donc là qu'une femme apprend à parler, agir et penser comme eux, et eux comme elle. C'est là qu'unique objet de leurs petites galanteries, elle jouit paisiblement de ces insultants hommages auxquels on ne daigne pas même donner un air de bonne foi. Qu'importe! sérieusement ou par plaisanterie, on s'occupe d'elle, et c'est tout ce qu'elle veut. Qu'une autre femme survienne, à l'instant le ton de cérémonie succède à la familiarité, les grands airs commencent, l'attention des hommes se partage, et l'on se tient mutuellement dans une secrète gêne dont on ne sort plus qu'en se séparant.

Les femmes de Paris aiment à voir les spectacles, c'est-à-dire à y être vues; mais leur embarras, chaque fois qu'elles y veulent aller, est de trouver une compagne; car l'usage ne permet à aucune femme d'y aller seule en grande loge, pas même avec son mari, pas même avec un autre homme. On ne saurait dire combien, dans ce pays si sociable, ces parties sont difficiles à former; de dix qu'on en projette, il en manque neuf : le désir d'aller au spectacle les fait lier, l'ennui d'y aller ensemble les fait rompre. Je crois que les femmes pourraient abroger aisément cet usage inepte; car où est la raison de ne pouvoir se montrer seule en en public? Mais c'est peut-être ce défaut de raison qui le conserve. Il est bon de tourner autant qu'on peut les bienséances sur les choses où il serait inutile d'en manquer. Que gagnerait une femme au droit d'aller sans compagne à l'Opéra? Ne vaut-il pas mieux réserver ce droit pour recevoir en particulier ses amis?

Il est sûr que mille liaisons secrètes doivent être le fruit de leur manière de vivre éparses et isolées parmi tant d'hommes. Tout le monde en convient aujourd'hui, et l'expérience a détruit l'absurde maxime de vaincre les tentations en les multipliant. On ne dit donc plus que cet usage est plus honnête, mais qu'il est plus agréable : et c'est ce que je ne crois pas plus vrai; car quel amour peut régner où la pudeur est en dérision? et quel charme peut avoir une vie privée à la fois d'amour et d'honnêteté? Aussi, comme le grand fléau

---

(1) Tout cela est fort changé. Par les circonstances, ces lettres ne semblent écrites que depuis quelque vingtaine d'années; aux mœurs, au style, on les croirait de l'autre siècle.

de tous ces gens si dissipés est l'ennui, les femmes se soucient-elles moins d'être aimées qu'amusées : la galanterie et les soins valent mieux que l'amour auprès d'elles; et, pourvu qu'on soit assidu, peu leur importe qu'on soit passionné. Les mots mêmes d'amour et d'amant sont bannis de l'intime société des deux sexes, et relégués avec ceux de *chaîne* et de *flamme* dans les romans qu'on ne lit plus.

Il semble que tout l'ordre des sentiments naturels soit ici renversé. Le cœur n'y forme aucune chaîne : il n'est point permis aux filles d'en avoir un ; ce droit est réservé aux seules femmes mariées, et n'exclut du choix personne que leurs maris. Il vaudrait mieux qu'une mère eût vingt amants que sa fille un seul. L'adultère n'y révolte point, on n'y trouve rien de contraire à la bienséance; les romans les plus décents, ceux que tout le monde lit pour s'instruire, en sont pleins; et le désordre n'est plus blâmable sitôt qu'il est joint à l'infidélité. O Julie! telle femme qui n'a pas craint de souiller cent fois le lit conjugal oserait d'une bouche impure accuser nos chastes amours, et condamner l'union de deux cœurs sincères qui ne surent jamais manquer de foi. On dirait que le mariage n'est pas à Paris de la même nature que partout ailleurs. C'est un sacrement, à ce qu'ils prétendent, et ce sacrement n'a pas la force des moindres contrats civils : il semble n'être que l'accord de deux personnes libres qui conviennent de demeurer ensemble, de porter le même nom, de reconnaître les mêmes enfants, mais qui n'ont, au surplus, aucune sorte de droit l'une sur l'autre; et un mari qui s'aviserait de contrôler ici la mauvaise conduite de sa femme n'exciterait pas moins de murmures que celui qui souffrirait chez nous le désordre public de la sienne. Les femmes, de leur côté, n'usent pas de rigueur envers leurs maris, et l'on ne voit pas encore qu'elles les fassent punir d'imiter leurs infidélités. Au reste, comment attendre de part ou d'autre un effet plus honnête d'un lien où le cœur n'a point été consulté ? Qui n'épouse que la fortune ou l'état ne doit rien à la personne.

L'amour même, l'amour a perdu ses droits et n'est pas moins dénaturé que le mariage. Si les époux sont ici des garçons et des filles qui demeurent ensemble pour vivre avec plus de liberté, les amants sont des gens indifférents qui se voient par amusement, par air, par habitude, ou par le besoin du moment : le cœur n'a que faire à ces liaisons, on n'y consulte que la commodité et certaines convenances extérieures. C'est, si l'on veut, se connaître, vivre ensemble, s'arranger, se voir, moins encore s'il est possible. Une liaison de galanterie dure un peu plus qu'une visite; c'est un recueil de jolis entretiens et de jolies lettres pleines de portraits, de maximes, de philosophie, et de bel esprit. A l'égard du physique, il n'exige pas tant de mystère; on a très sensément trouvé qu'il fallait régler sur l'instant des désirs la facilité de les satisfaire : la première venue, le premier venu, l'amant ou un autre, un homme est toujours un homme, tous sont presque également bons : et il y a du moins à cela de la conséquence, car pourquoi serait-on plus fidèle à l'amant qu'au mari? Et puis, à certain âge, tous les hommes sont à peu près le même homme, toutes les femmes la même femme; toutes ces poupées sortent de chez la même marchande de modes, et il n'y a guère d'autre choix à faire que ce qui tombe le plus commodément sous la main.

Comme je ne sais rien de ceci par moi-même, on m'en a parlé sur un ton si extraordinaire, qu'il ne m'a pas été possible de bien entendre ce qu'on m'en a dit. Tout ce que j'en ai conçu, c'est que, chez la plupart des femmes, l'amant est comme un des gens de la maison : s'il ne fait pas son devoir, on le congédie et l'on en prend un autre; s'il trouve mieux ailleurs, ou s'ennuie du métier, il quitte, et l'on en prend un autre. Il y a, dit-on, des femmes assez capricieuses pour essayer même du maître de la maison, car enfin c'est encore une espèce d'homme. Cette fantaisie ne dure pas; quand elle est passée, on le chasse et l'on en prend un autre, ou, s'il s'obstine, on le garde et l'on en prend un autre.

« Mais, disais-je à celui qui m'expliquait ces étranges usages, comment une femme vit-elle ensuite avec tous ces autres-là qui ont ainsi pris ou reçu leur congé?—Bon! reprit-il, elle n'y vit point. On ne se voit plus, on ne se connaît plus. Si jamais la fantaisie prenait de renouer, on aurait une nouvelle connaissance à faire, et ce serait beaucoup qu'on se souvînt de s'être vus. — Je vous entends, lui dis-je; mais j'ai beau réduire ces exagérations, je ne conçois pas comment, après une union si tendre, on peut se voir de sang-froid, comment on ne tressaille pas une fois à sa rencontre.—Vous me faites rire, interrompit-il, avec vos tressaillements; vous voudriez donc que nos femmes ne fissent autre chose que tomber en syncope? »

Supprime une partie de ce tableau, trop chargé sans doute; place Julie à côté du reste, et souviens-toi de mon cœur : je n'ai rien de plus à te dire.

Il faut cependant l'avouer, plusieurs de ces impressions désagréables s'effacent par l'habitude. Si le mal se présente avant le bien, il ne l'empêche pas de se montrer à son tour; les charmes de l'esprit et du naturel font valoir ceux de la personne. La première répugnance vaincue devient bientôt un sentiment contraire. C'est l'autre point de vue du tableau, et la justice ne permet pas de ne l'exposer que par le côté désavantageux.

C'est le premier inconvénient des grandes villes que les hommes y deviennent autres que ce qu'ils sont, et que la société leur donne pour ainsi dire un être différent du leur. Cela est vrai, surtout à Paris, et surtout à l'égard des femmes, qui tirent des regards d'autrui la seule existence dont elles se soucient. En abordant une dame dans une assemblée, au lieu d'une Parisienne que vous croyez voir, vous ne voyez qu'un simulacre de la mode. Sa hauteur, son ampleur, sa démarche, sa taille, sa gorge, ses couleurs, son air, son regard, ses propos, ses manières, rien de tout cela n'est à elle; et si vous la voyiez dans son état naturel, vous ne pourriez la reconnaître. Or cet échange est rarement favorable à celles qui le font, et en général il n'y a guère à gagner à tout ce qu'on substitue à la nature. Mais on ne l'efface jamais entièrement; elle s'échappe toujours par quelque endroit, et c'est dans une certaine adresse à la saisir que consiste l'art d'observer. Cet art n'est pas difficile vis-à-vis des femmes de ce pays; car, comme elles ont plus de naturel qu'elles ne croient en avoir, pour peu qu'on les fréquente assidûment, pour peu qu'on les détache de cette éternelle représentation qu'il leur plaît si fort, on les voit bientôt comme elles sont; et c'est alors que toute l'aversion qu'elles ont d'abord inspirée se change en estime et en amitié.

Voilà ce que j'eus occasion d'observer la semaine dernière dans une partie de campagne où quelques femmes nous avaient assez étourdiment invités, moi et quelques autres nouveaux débarqués, sans trop s'assurer que nous leur convenions, ou peut-être pour avoir le plaisir d'y rire de nous à leur aise. Cela ne manqua pas d'arriver le premier jour. Elles nous accablèrent d'abord de traits plaisants et fins, qui, tombant toujours sans rejaillir, épuisèrent bientôt leurs carquois. Alors elles s'exécutèrent de bonne grâce; et, ne pouvant nous amener à leur ton, elles furent réduites à prendre le nôtre. Je ne sais si elles se trouvèrent bien de cet échange, pour moi je m'en trouvai à merveille; je vis avec surprise que je m'éclairais plus avec elles que je n'aurais fait avec beaucoup d'hommes. Leur esprit ornait si bien le bon sens, que je regrettais ce qu'elles en avaient mis à le défigurer; et je déplorais, en jugeant mieux des femmes de ce pays, que tant d'aimables personnes ne manquassent de raison que parce qu'elles ne voulaient pas en avoir. Je vis aussi que les grâces familières et naturelles effaçaient insensiblement les airs apprêtés de la ville; car, sans y songer, on prend des manières assortissantes aux choses qu'on dit, et il n'y a pas moyen de mettre à des discours sensés les grimaces de la coquetterie. Je les trouvai plus jolies depuis qu'elles ne cherchaient plus tant à l'être, et je sentis qu'elles n'avaient besoin pour plaire que de ne se pas déguiser. J'osai soupçonner sur ce fondement que Paris, ce précieux siège du goût, est peut-être le lieu du monde où il y en a le moins, puisque tous les soins qu'on y prend pour plaire défigurent la véritable beauté.

Nous restâmes ainsi quatre ou cinq jours ensemble, contents les uns des autres et de nous-mêmes. Au lieu de passer en revue Paris et ses folies, nous l'oubliâmes. Tout notre soin se bornait à jouir entre nous d'une société agréable et douce. Nous n'eûmes besoin ni de satires ni de plaisanteries pour nous mettre de bonne humeur; et nos ris n'étaient pas de raillerie, mais de gaîté, comme ceux de ta cousine.

Une autre chose acheva de me faire changer d'avis sur leur compte. Souvent, au milieu de nos entretiens les plus animés, on venait dire un mot à l'oreille de la maîtresse de la maison. Elle sortait, allait s'enfermer pour écrire, et ne rentrait de longtemps. Il était aisé d'attribuer ces éclipses à

quelque correspondance de cœur, ou de celles qu'on appelle ainsi. Une autre femme en glissa légèrement un mot qui fut assez mal reçu; ce qui me fit juger que si l'absente manquait d'amants, elle avait au moins des amis. Cependant la curiosité m'ayant donné quelque attention, quelle fut ma surprise en apprenant que ces prétendus grisons de Paris étaient des paysans de la paroisse qui venaient, dans leurs calamités, implorer la protection de leur dame! l'un surchargé de tailles à la décharge d'un plus riche; l'autre enrôlé dans la milice sans égard pour son âge et pour ses enfants (1); l'autre écrasé d'un puissant voisin par un procès injuste; l'autre ruiné par la grêle, et dont on exigeait le bail à la rigueur! Enfin, tous avaient quelque grâce à demander, tous étaient patiemment écoutés, on n'en rebutait aucun, et le temps attribué aux billets doux était employé à écrire en faveur de ces malheureux. Je ne saurais te dire avec quel étonnement j'appris et le plaisir que prenait une femme si jeune

(1) On a vu cela dans l'autre guerre, mais non dans celle-ci, que je sache. On épargne les hommes mariés, et l'on en fait ainsi marier beaucoup.

et si dissipée à remplir ces aimables devoirs, et combien peu elle y mettait d'ostentation. Comment ! disais-je tout attendri, quand ce serait Julie, elle ne ferait pas autrement. Dès cet instant je ne l'ai plus regardée qu'avec respect, et tous ses défauts sont effacés à mes yeux.

Sitôt que mes recherches se sont tournées de ce côté, j'ai appris mille choses à l'avantage de ces mêmes femmes que j'avais d'abord trouvées si insupportables. Tous les étrangers conviennent unanimement qu'en écartant les propos à la mode, il n'y a point de pays au monde où les femmes soient plus éclairées, parlent en général plus sensément, plus judicieusement, et sachent donner au besoin de meilleurs conseils. Otons le jargon de la galanterie et du bel esprit, quel parti tirerons-nous de la conversation d'une Espagnole, d'une Italienne, d'une Allemande ? Aucun ; et tu sais, Julie, ce qu'il en est communément de nos Suissesses. Mais qu'on ose passer pour peu galant, et tirer les Françaises de cette forteresse, dont à la vérité elles n'aiment guère à sortir, on trouve encore à qui parler en rase campagne, et l'on croit combattre avec un homme, tant elles savent s'armer de raison et faire de nécessité vertu. Quant au bon caractère, je ne citerai point le zèle avec lequel elles servent leurs amis ; car il peut régner en cela une certaine chaleur d'amour-propre qui soit de tous les pays ; mais quoique ordinairement elles n'aiment qu'elles-mêmes, une longue habitude, quand elles ont assez de constance pour l'acquérir, leur tient lieu d'un sentiment assez vif : celles qui peuvent supporter un attachement de dix ans le gardent ordinairement toute leur vie ; et elles aiment leurs vieux amis plus tendrement, plus sûrement au moins que leurs jeunes amants.

Une remarque assez commune, qui semble être à la charge des femmes, est qu'elles font tout en ce pays, et par conséquent plus de mal que de bien ; mais ce qui les justifie, est qu'elles font le mal poussées par les hommes, et le bien de leur propre mouvement. Ceci ne contredit point ce que je disais ci-devant, que le cœur n'entre pour rien dans le commerce des deux sexes ; car la galanterie française a donné aux femmes un pouvoir universel, qui n'a besoin d'aucun tendre sentiment pour se soutenir. Tout dépend d'elles ; rien ne se fait que par elles ou pour elles ; l'Olympe et le Parnasse, la gloire et la fortune, sont également sous leurs lois. Les livres n'ont de prix, les auteurs n'ont d'estime, qu'autant qu'il plaît aux femmes de leur en accorder ; elles décident souverainement des plus hautes connaissances, ainsi que des plus agréables. Poésie, littérature, histoire, philosophie, politique même, on voit d'abord au style de tous les livres qu'ils sont écrits pour amuser de jolies femmes ; et l'on vient de mettre la Bible en histoires galantes (1). Dans les affaires, elles ont, pour obtenir ce qu'elles demandent, un ascendant naturel jusque sur leurs maris, non parce qu'ils sont leurs maris, mais parce qu'ils sont hommes, et qu'il est convenu qu'un homme ne refusera rien à aucune femme, fût-ce même la sienne.

Au reste, cette autorité ne suppose ni attachement ni estime ; mais seulement de la politesse et de l'usage du monde ; car d'ailleurs il n'est pas moins essentiel à la galanterie française de mépriser les femmes que de les servir. Ce mépris est une sorte de titre qui leur en impose ; c'est un témoignage qu'on a vécu assez avec elles pour les connaître. Quiconque les respecterait passerait à leurs yeux pour un novice, un paladin, un homme qui n'a connu les femmes que dans les romans. Elles se jugent avec tant d'équité, que les honorer serait être indigne de leur plaire ; et la première qualité de l'homme à bonnes fortunes est d'être souverainement impertinent.

Quoi qu'il en soit, elles ont beau se piquer de méchanceté, elles sont bonnes en dépit d'elles ; et voici à quoi surtout leur bonté de cœur est utile. En tout pays les gens chargés de beaucoup d'affaires sont toujours repoussants et sans commisération ; et Paris étant le centre des affaires du plus grand peuple

---

(1) L'*Histoire du peuple de Dieu*, du P. Berruyer.

de l'Europe, ceux qui les font sont aussi les plus durs des hommes. C'est donc aux femmes qu'on s'adresse pour avoir des grâces ; elles sont le recours des malheureux ; elles ne ferment point l'oreille à leurs plaintes, elles les écoutent, les consolent et les servent. Au milieu de la vie frivole qu'elles mènent, elles savent dérober des moments à leurs plaisirs pour les donner à leur bon naturel ; et si quelques-unes font un infâme commerce des services qu'elles rendent, des milliers d'autres s'occupent tous les jours gratuitement à secourir le pauvre de leur bourse, et l'opprimé de leur crédit. Il est vrai que leurs soins sont souvent indiscrets, et qu'elles nuisent sans scrupule au malheureux qu'elles ne connaissent pas, pour servir le malheureux qu'elles connaissent : mais comment connaître tout le monde dans un si grand pays ? et que peut faire de plus la bonté d'âme séparée de la véritable vertu, dont le plus sublime effort n'est pas tant de faire le bien que de ne jamais mal faire ? A cela près, il est certain qu'elles ont du penchant au bien, qu'elles en font beaucoup, qu'elles le font de bon cœur, que ce sont elles seules qui conservent dans Paris le peu d'humanité qu'on y voit régner encore, et que sans elles on verrait les hommes avides et insatiables s'y dévorer comme des loups.

Voilà ce que je n'aurais point appris si je m'en étais tenu aux peintures des faiseurs de romans et de comédies, lesquels voient plutôt dans les femmes des ridicules qu'ils partagent que les bonnes qualités qu'ils n'ont pas, ou qui peignent des chefs-d'œuvre de vertu qu'elles se dispensent d'imiter en les traitant de chimères, au lieu de les encourager au bien en louant celui qu'elles font réellement. Les romans sont peut-être la dernière instruction qu'il reste à donner à un peuple assez corrompu pour que toute autre lui soit inutile : je voudrais qu'alors la composition de ces sortes de livres ne fût permise qu'à des gens honnêtes, mais sensibles, dont le cœur se peignît dans leurs écrits ; à des auteurs qui ne fussent pas au-dessus des faiblesses de l'humanité, qui ne montrassent pas tout d'un coup la vertu dans le ciel hors de la portée des hommes, mais qui la leur fissent aimer en la peignant d'abord moins austère, et puis du sein du vice les y sussent conduire insensiblement.

Je t'en ai prévenue, je ne suis en rien de l'opinion commune sur le compte des femmes de ce pays. On leur trouve unanimement l'abord le plus enchanteur, les grâces les plus séduisantes, la coquetterie la plus raffinée, le sublime de la galanterie, et l'art de plaire au souverain degré. Moi, je trouve leur abord choquant, leur coquetterie repoussante, leurs manières sans modestie. J'imagine que le cœur doit se fermer à toutes leurs avances ; et l'on ne me persuadera jamais qu'elles puissent un moment parler de l'amour sans se montrer également incapables d'en inspirer et d'en ressentir.

D'un autre côté, la renommée apprend à se défier de leur caractère ; elle les peint frivoles, rusées, artificieuses, étourdies, volages, parlant bien, mais ne pensant point, sentant encore moins, et dépensant ainsi tout leur mérite en vain babil. Tout cela me paraît à moi leur être extérieur comme leurs paniers et leur rouge. Ce sont des vices de parade qu'il faut avoir à Paris, et qui, dans le fond, couvrent en elles du sens, de la raison, de l'humanité, du bon naturel. Elles sont moins indiscrètes, moins tracassières que chez nous, moins peut-être que partout ailleurs. Elles sont plus solidement instruites, et leur instruction profite mieux à leur jugement. En un mot, si elles me déplaisent par tout ce qui caractérise leur sexe qu'elles ont défiguré, je les estime par des rapports avec le nôtre qui nous font honneur ; et je trouve qu'elles seraient cent fois plutôt des hommes de mérite que d'aimables femmes (1).

Conclusion : si Julie n'eût point existé, si mon cœur eût pu souffrir quelque

---

(1) Je me garderai de prononcer sur cette lettre ; mais je doute qu'un jugement qui donne libéralement à celles qu'il regarde des qualités qu'elles méprisent, et qui leur refuse les seules dont elles font cas, soit fort propre à être bien reçu d'elles.

autre attachement que celui pour lequel il était né, je n'aurais jamais pris à Paris ma femme, encore moins ma maîtresse; mais je m'y serais fait volontiers une amie; et ce trésor m'eût consolé peut-être de n'y pas trouver les deux autres.

LETTRE XXII.

A JULIE.

Depuis ta lettre reçue, je suis allé tous les jours chez M. Silvestre demander le petit paquet. Il n'était toujours point venu; et dévoré d'une mortelle impatience, j'ai fait le voyage sept fois inutilement. Enfin, la huitième j'ai reçu le paquet. A peine l'ai-je eu dans les mains, que, sans payer le port, sans m'en informer, sans rien dire à personne, je suis sorti comme un étourdi, et ne voyant que le moment de rentrer chez moi, j'enfilais avec tant de précipitation des rues que je ne connaissais point, qu'au bout d'une demi-heure, cherchant la rue de Tournon, où je loge, je me suis trouvé dans le Marais, à l'autre extrémité de Paris. J'ai été obligé de prendre un fiacre pour revenir plus promptement; c'est la première fois que cela m'est arrivé le matin pour mes affaires : je ne m'en sers même qu'à regret l'après-midi pour quelques visites; car j'ai deux jambes fort bonnes dont je serais bien fâché qu'un peu plus d'aisance dans ma fortune me fît négliger l'usage.

J'étais fort embarrassé dans mon fiacre avec mon paquet; je ne voulais l'ouvrir que chez moi, c'était ton ordre. D'ailleurs, une sorte de volupté qui me laisse oublier la commodité dans les choses communes, me la fait rechercher avec soin dans les vrais plaisirs. Je n'y puis souffrir aucune sorte de distraction, et je veux avoir du temps et mes aises pour savourer tout ce qui me vient de toi. Je tenais donc ce paquet avec une inquiète curiosité dont je n'étais pas le maître; je m'efforçais de palper à travers les enveloppes ce qu'il pouvait contenir, et l'on eût dit qu'il me brûlait les mains à voir les mouvements continuels qu'il faisait de l'une à l'autre. Ce n'est pas qu'à son volume, à son poids, au ton de ta lettre, je n'eusse quelque soupçon de la vérité; mais le moyen de concevoir comment tu pouvais avoir trouvé l'artiste et l'occasion ? Voilà ce que je ne conçois pas encore; c'est un miracle de l'amour; plus il passe ma raison, plus il enchante mon cœur; et l'un des plaisirs qu'il me donne est celui de n'y rien comprendre.

J'arrive enfin, je vole, je m'enferme dans ma chambre, je m'assieds hors d'haleine, je porte une main tremblante sur le cachet. O première influence du talisman! j'ai senti palpiter mon cœur à chaque papier que j'ôtais, et je me suis bientôt trouvé tellement oppressé que j'ai été forcé de respirer un moment sur la dernière enveloppe... Julie!... ô ma Julie!... le voile est déchiré... je te vois... je vois tes divins attraits! ma bouche et mon cœur leur rendent le premier hommage, mes genoux fléchissent... Charmes adorés, encore une fois vous aurez enchanté mes yeux! Qu'il est prompt, qu'il est puissant, le magique effet de ces traits chéris! Non, il ne faut point, comme tu prétends, un quart d'heure pour le sentir; une minute, un instant suffit pour arracher de mon sein mille ardents soupirs, et me rappeler avec ton image celle de mon bonheur passé. Pourquoi faut-il que la joie de posséder un si précieux trésor soit mêlée d'une si cruelle amertume ? Avec quelle violence il me rappelle des temps qui ne sont plus! Je crois, en le voyant, te revoir encore; je crois me retrouver à ces moments délicieux dont le souvenir fait maintenant le malheur de ma vie, et que le ciel m'a donnés et ravis dans sa colère. Hélas! un instant me désabuse; toute la douleur de l'absence se ranime et s'aigrit en m'ôtant l'erreur qui l'a suspendue, et je suis comme ces malheureux dont on n'interrompt les tourments que pour les leur rendre plus sensibles. Dieux! quels torrents de flammes mes avides regards puisent dans cet objet inattendu! ô comme il ranime au fond de mon cœur tous les mouvements impétueux que ta présence y faisait naître ! O Julie ! s'il était vrai qu'il pût transmettre à tes sens le délire et l'illusion des miens !... Mais pourquoi ne le ferait-il pas ? pourquoi des impressions que l'âme porte avec tant d'activité n'iraient-elles pas aussi loin qu'elle ? Ah ! chère amante ! où que tu sois, quoi que tu fasses au moment où j'écris cette lettre, au moment où ton portrait reçoit tout ce que ton idolâtre amant adresse à ta personne, ne sens-tu pas ton charmant visage inondé des pleurs de l'amour et de la tristesse ? ne sens-tu pas tes yeux, tes joues, ta bouche, ton sein, pressés, comprimés, accablés de mes ardents baisers ? ne te sens-tu pas embraser tout entière du feu de mes lèvres brûlantes ?... Ciel ! qu'entends-je ? Quelqu'un vient... Ah ! serrons, cachons mon trésor... un importun !... Maudit soit le cruel qui vient troubler des transports si doux !... Puisse-t-il ne jamais aimer... ou vivre loin de ce qu'il aime !

LETTRE XXIII.

DE L'AMANT DE JULIE A MADAME D'ORBE.

C'est à vous, charmante cousine, qu'il faut rendre compte de l'Opéra ; car bien que vous ne m'en parliez point dans vos lettres, et que Julie vous ait gardé le secret, je vois d'où lui vient cette curiosité. J'y fus une fois pour contenter la mienne ; j'y suis retourné pour vous deux autres fois. Tenez-m'en quitte, je vous prie, après cette lettre. J'y puis retourner encore, y bâiller, y souffrir, y périr pour votre service ; mais y rester éveillé et attentif, cela ne m'est pas possible.

Avant de vous dire ce que je pense de ce fameux théâtre, que je vous rende compte de ce qu'on en dit ici ; le jugement des connaisseurs pourra redresser le mien si je m'abuse.

L'Opéra de Paris passe, à Paris, pour le spectacle le plus pompeux, le plus voluptueux, le plus admirable qu'inventa jamais l'art humain. C'est, dit-on, le plus superbe monument de la magnificence de Louis XIV. Il n'est pas si libre à chacun que vous le pensez de dire son avis sur ce grave sujet. Ici l'on peut disputer de tout, hors de la musique et de l'Opéra ; il y a du danger à manquer de dissimulation sur ce seul point. La musique française se maintient par une inquisition très sévère ; et la première chose qu'on insinue par forme de leçon à tous les étrangers qui viennent dans ce pays, c'est que tous les étrangers conviennent qu'il n'y a rien de si beau dans le reste du monde que l'Opéra de Paris. En effet, la vérité est que les plus discrets s'en taisent, et n'osent en rire qu'entre eux.

Il faut convenir pourtant qu'on y représente à grands frais, non-seulement toutes les merveilles de la nature, mais beaucoup d'autres merveilles bien plus grandes que personne n'a jamais vues ; et sûrement Pope a voulu désigner ce bizarre théâtre par celui où il dit qu'on voit pêle-mêle des dieux, des lutins, des monstres, des rois, des bergers, des fées, de la fureur, de la joie, un feu, une gigue, une bataille et un bal.

Cet assemblage si magnifique et si bien ordonné est regardé comme s'il contenait en effet toutes les choses qu'il représente. En voyant paraître un temple, on est saisi d'un saint respect ; et pour peu que la déesse en soit jolie, le parterre est à moitié païen. On n'est pas si difficile ici qu'à la Comédie française. Ces mêmes spectateurs, qui ne peuvent revêtir un comédien de son personnage, ne peuvent, à l'Opéra, séparer un acteur du sien. Il semble que les esprits se roidissent contre une illusion raisonnable, et ne s'y prêtent qu'autant qu'elle est absurde et grossière ; ou peut-être que des dieux leur coûtent moins à concevoir que des héros. Jupiter étant d'une autre nature que nous, on en peut penser ce qu'on veut : mais Caton était un homme ; et combien d'hommes ont droit de croire que Caton ait pu exister ?

L'Opéra n'est donc point ici, comme ailleurs, une troupe de gens payés pour se donner en spectacle au public; ce sont, il est vrai, des gens que le public paye et qui se donnent en spectacle; mais tout cela change de nature, attendu que c'est une Académie royale de Musique, une espèce de cour souveraine qui juge sans appel dans sa propre cause, et ne se pique pas autrement de justice ni de fidélité (1). Voilà, cousine, comment, dans certains pays, l'essence des choses tient aux mots, et comment des noms honnêtes suffisent pour honorer ce qui l'est le moins.

Les membres de cette noble Académie ne dérogent point; en revanche, ils sont excommuniés, ce qui est précisément le contraire de l'usage des autres pays : mais, peut-être, ayant eu le choix, aiment-ils mieux être nobles et damnés, que roturiers et bénis. J'ai vu sur le théâtre un chevalier moderne (2) aussi fier de son métier qu'autrefois l'infortuné Labérius fut humilié du sien (3), quoiqu'il le fît par force et ne récitât que ses propres ouvrages. Aussi l'ancien Labérius ne put-il reprendre sa place au cirque parmi les chevaliers romains, tandis que le nouveau en trouve tous les jours une sur les bancs de la Comédie française parmi la première noblesse du pays; et jamais on n'entendit parler à Rome avec tant de respect de la majesté du peuple romain qu'on parle à Paris de la majesté de l'Opéra.

Voilà ce que j'ai pu recueillir des discours d'autrui sur ce brillant spectacle: que je vous dise à présent ce que j'y ai vu moi-même.

Figurez-vous une gaîne large d'une quinzaine de pieds et longue à proportion; cette gaîne est le théâtre. Aux deux côtés, on place par intervalles des feuilles de paravent, sur lesquelles sont grossièrement peints les objets que la scène doit représenter. Le fond est un grand rideau peint de même, et presque toujours percé ou déchiré, ce qui représente des gouffres dans la terre ou des trous dans le ciel, selon la perspective. Chaque personne qui passe derrière le théâtre et touche le rideau produit en l'ébranlant une sorte de tremblement de terre assez plaisant à voir. Le ciel est représenté par certaines guenilles bleuâtres, suspendues à des bâtons ou à des cordes, comme l'étendage d'une blanchisseuse. Le soleil, car on l'y voit quelquefois, est un flambeau dans une lanterne. Les chars des dieux et des déesses sont composés de quatre solives encadrées et suspendues à une grosse corde en forme d'escarpolette; entre ces solives est une planche en travers sur laquelle le dieu s'assied, et sur le devant pend un morceau de grosse toile barbouillée, qui sert de nuage à ce magnifique char. On voit vers le bas de la machine l'illumination de deux ou trois chandelles puantes et mal mouchées, qui, tandis que le personnage se démène et crie en branlant dans son escarpolette, l'enfument tout à son aise : encens digne de la divinité.

Comme les chars sont la partie la plus considérable des machines de l'Opéra,

(1) Dit en mots plus ouverts, cela n'en serait que plus vrai; mais ici je suis partie, et je dois me taire. Partout où l'on est moins soumis aux lois qu'aux hommes, on doit savoir endurer l'injustice.

(2) De Chassé, basse-taille célèbre, et aussi bon acteur que chanteur habile. Il débuta en 1721, et quitta le théâtre en 1757.

(3) Forcé par le tyran de monter sur le théâtre, il déplora son sort par des vers très touchants, et très capables d'allumer l'indignation de tout honnête homme contre ce César si vanté. « Après avoir, dit-il, vécu soixante ans avec honneur, j'ai quitté ce matin mon foyer chevalier romain. J'y rentrerai ce soir vil histrion. Hélas! j'ai vécu trop d'un jour. O fortune! s'il fallait me déshonorer une fois, que ne m'y forçais-tu quand la jeunesse et la vigueur me laissaient au moins une figure agréable? mais maintenant, quel triste objet viens-je exposer aux rebuts du peuple romain! une voix éteinte, un corps infirme, un cadavre, un sépulcre animé, qui n'a plus rien de moi que mon nom. » Le prologue entier qu'il récita dans cette occasion, l'injustice que lui fit César, piqué de la noble liberté avec laquelle il vengeait son honneur flétri, l'affront qu'il reçut au cirque, la bassesse qu'eut Cicéron d'insulter à son opprobre, la réponse fine et piquante que lui fit Labérius, tout cela nous a été conservé par Aulu-Gelle, et c'est à mon gré le morceau le plus curieux et le plus intéressant de son fade recueil.

— Aulu-Gelle n'a pu être cité ici que par erreur. Le prologue de Labérius se trouve dans Macrobe (*Saturnal.*, lib. II, cap. 7).

sur celle-là vous pouvez juger des autres. La mer agitée est composée de longues lanternes angulaires de toile ou de carton bleu, qu'on enfile à des broches parallèles, et qu'on fait tourner par des polissons. Le tonnerre est une lourde charrette qu'on promène sur le cintre, et qui n'est pas le moins touchant instrument de cette agréable musique. Les éclairs se font avec des pincées de poix résine qu'on projette sur un flambeau; la foudre est un pétard au bout d'une fusée.

Le théâtre est garni de petites trappes carrées, qui, s'ouvrant au besoin, annoncent que les démons vont sortir de la cave. Quand ils doivent s'élever dans les airs, on leur substitue adroitement de petits démons de toile brune empaillée, ou quelquefois de vrais ramoneurs qui branlent en l'air suspendus à des cordes, jusqu'à ce qu'ils se perdent majestueusement dans les guenilles dont j'ai parlé. Mais ce qu'il y a de réellement tragique, c'est quand les cordes sont mal conduites ou viennent à se rompre, car alors les esprits infernaux et les dieux immortels tombent, s'estropient, se tuent quelquefois. Ajoutez à tout cela les monstres qui rendent certaines scènes fort pathétiques, tels que des dragons, des lézards, des tortues, des crocodiles, de gros crapauds qui se promènent d'un air menaçant sur le théâtre, et font voir à l'Opéra les Tentations de saint Antoine. Chacune de ces figures est animée par un lourdaud de Savoyard qui n'a pas l'esprit de faire la bête.

Voilà, ma cousine, en quoi consiste à peu près l'auguste appareil de l'Opéra, autant que j'ai pu l'observer du parterre à l'aide de ma lorgnette : car il ne faut pas vous imaginer que ces moyens soient fort cachés et produisent un effet imposant; je vous dis en ceci que ce que j'ai aperçu de moi-même, et ce que peut apercevoir comme moi tout spectateur non préoccupé. On assure pourtant qu'il y a une prodigieuse quantité de machines employées à faire mouvoir tout cela; on m'a offert plusieurs fois de me les montrer; mais je n'ai jamais été curieux de voir comment on fait de petites choses avec de grands efforts.

Le nombre des gens occupés au service de l'Opéra est inconcevable. L'orchestre et les chœurs composent ensemble près de cent personnes : il y a des multitudes de danseurs; tous les rôles sont doubles et triples (1), c'est-à-dire qu'il y a toujours un ou deux acteurs subalternes prêts à remplacer l'acteur principal, et payés pour ne rien faire jusqu'à ce qu'il lui plaise de ne rien faire à son tour; ce qui ne tarde jamais beaucoup d'arriver. Après quelques représentations, les premiers acteurs, qui sont d'importants personnages, n'honorent plus le public de leur présence; ils abandonnent la place à leurs substituts, et aux substituts de leurs substituts. On reçoit toujours le même argent à la porte, mais on ne donne plus le même spectacle. Chacun prend son billet comme à une loterie, sans savoir quel lot il aura : et, quel qu'il soit, personne n'oserait se plaindre; car, afin que vous le sachiez, les nobles membres de cette Académie ne doivent aucun respect au public; c'est le public qui leur en doit.

Je ne vous parlerai point de cette musique; vous la connaissez. Mais ce dont vous ne sauriez avoir d'idée, ce sont les cris affreux, les longs mugissements dont retentit le théâtre durant la représentation. On voit les actrices, presque en convulsion, arracher avec violence ces glapissements de leurs poumons, les poings fermés contre la poitrine, la tête en arrière, le visage enflammé, les vaisseaux gonflés, l'estomac pantelant : on ne sait lequel est le plus désagréablement affecté, de l'œil ou de l'oreille; leurs efforts font autant souffrir ceux qui les regardent, que leurs chants ceux qui les écoutent; et ce qu'il y a de plus inconcevable est que ces hurlements sont presque la seule chose qu'applaudissent les spectateurs. A leurs battements de mains, on les prendrait pour des sourds charmés de saisir par-ci par-là quelques sons per-

---

(1) On ne sait ce que c'est que des doubles en Italie, le public ne les souffrirait pas : aussi le spectacle est-il à beaucoup meilleur marché, il en coûterait trop pour être mal servi.

çants, et qui veulent engager les acteurs à les redoubler. Pour moi, je suis persuadé qu'on applaudit les cris d'une actrice à l'Opéra comme les tours de force d'un bateleur à la foire : la sensation est déplaisante et pénible, on souffre tandis qu'ils durent; mais on est si aise de les voir finir sans accident qu'on en marque volontiers sa joie. Concevez que cette manière de chanter est employée pour exprimer ce que Quinault a jamais dit de plus galant et de plus tendre. Imaginez les Muses, les Grâces, les Amours, Vénus même, s'exprimant avec cette délicatesse, et jugez de l'effet! Pour les diables, passe encore; cette musique a quelque chose d'infernal qui ne leur messied pas. Aussi les magies, les évocations, et toutes les fêtes du sabbat, sont-elles toujours ce qu'on admire le plus à l'Opéra français.

A ces beaux sons, aussi justes qu'ils sont doux, se marient très dignement ceux de l'orchestre. Figurez-vous un charivari sans fin d'instruments sans mélodie, un ronron traînant et perpétuel de basses : chose la plus lugubre, la plus assommante que j'aie entendue de ma vie, et que je n'ai jamais pu supporter une demi-heure sans gagner un violent mal de tête. Tout cela forme une espèce de psalmodie à laquelle il n'y a pour l'ordinaire ni chant ni mesure. Mais quand par hasard il se trouve quelque air un peu sautillant, c'est un trépignement universel; vous entendez tout le parterre en mouvement suivre à grand'peine et à grand bruit un certain homme de l'orchestre (1). Charmés de sentir un moment cette cadence qu'ils sentent si peu, ils se tourmentent l'oreille, la voix, les bras, les pieds, et tout le corps, pour courir après la mesure (2), toujours prête à leur échapper; au lieu que l'Allemand et l'Italien, qui en sont intimement affectés, la sentent et la suivent sans aucun effort, et n'ont jamais besoin de la battre. Du moins, Regianino m'a-t-il souvent dit que dans les opéras d'Italie, où elle si sensible et si vive, on n'entend, on ne voit jamais dans l'orchestre ni parmi les spectateurs le moindre mouvement qui la marque. Mais tout annonce en ce pays la dureté de l'organe musical; les voix y sont rudes et sans douceur, les inflexions âpres et fortes, les sons forcés et traînants; nulle cadence, nul accent mélodieux dans les airs du peuple : les instruments militaires, les fifres de l'infanterie, les trompettes de la cavalerie, tous les cors, tous les hautbois, les chanteurs des rues, les violons de guinguette, tout cela est d'un faux à choquer l'oreille la moins délicate. Tous les talents ne sont pas donnés aux mêmes hommes; et en général le Français paraît être de tous les peuples de l'Europe celui qui a le moins d'aptitude à la musique. Mylord Edouard prétend que les Anglais en ont aussi peu; mais la différence est que ceux-ci le savent et ne s'en soucient guère, au lieu que les Français renonceraient à mille justes droits, et passeraient condamnation sur toute autre chose, plutôt que de convenir qu'ils ne sont pas les premiers musiciens du monde. Il y en a même qui regarderaient volontiers la musique à Paris comme une affaire d'état, peut-être parce que c'en fut une à Sparte de couper deux cordes à la lyre de Timothée : à cela vous sentez qu'on a rien à dire. Quoi qu'il en soit, l'Opéra de Paris pourrait être une fort belle institution politique, qu'il n'en plairait pas davantage aux gens de goût. Revenons à ma description.

Les ballets, dont il me reste à vous parler, sont la partie la plus brillante de cet Opéra; et, considérés séparément, ils font un spectacle agréable, magnifique, et vraiment théâtral; mais ils servent comme partie constitutive de la pièce, et c'est en cette qualité qu'il les faut considérer. Vous connaissez les opéras de Quinault; vous savez comment les divertissements y sont employés : c'est à peu près de même, ou encore pis, chez ses successeurs. Dans chaque acte, l'action est ordinairement coupée au moment le plus intéressant par une

---

(1) Le Bûcheron.
(2) Je trouve qu'on n'a pas mal comparé les airs légers de la musique française à la course d'une vache qui galope, ou d'une oie grasse qui veut voler.

fête qu'on donne aux acteurs assis, et que le parterre voit debout. Il arrive de là que les personnages de la pièce sont absolument oubliés, ou bien que les spectateurs regardent les acteurs qui regardent autre chose. La manière d'amener ces fêtes est simple : si le prince est joyeux, on prend part à sa joie, et l'on danse ; s'il est triste, on veut l'égayer, et l'on danse. J'ignore si c'est la mode à la cour de donner le bal aux rois quand ils sont de mauvaise humeur : ce que je sais par rapport à ceux-ci, c'est qu'on ne peut trop admirer leur constance stoïque à voir des gavottes ou écouter des chansons, tandis qu'on décide quelquefois derrière le théâtre de leur couronne ou de leur sort. Mais il y a bien d'autres sujets de danses ; les plus graves actions de la vie se font en dansant. Les prêtres dansent, les soldats dansent, les dieux dansent, les diables dansent ; on danse jusque dans les enterrements, et tout danse à propos de tout.

La danse est donc le quatrième des beaux-arts employés dans la consitution de la scène lyrique : mais les trois autres concourent à l'imitation ; et celui-là qu'imite-t-il ? Rien. Il est donc hors d'œuvre quand il n'est employé que comme danse ; car que font des menuets, des rigaudons, des chaconnes, dans une tragédie ? Je dis plus, il n'y serait pas moins déplacé s'il imitait quelque chose, parce que, de toutes les unités, il n'y en a point de plus indispensable que celle du langage ; et un opéra où l'action se passerait moitié en chant, moitié en danse, serait plus ridicule encore que celui où l'on parlerait moitié français, moitié italien.

Non contents d'introduire la danse comme partie essentielle de la scène lyrique, ils se sont même efforcés d'en faire quelquefois le sujet principal, et ils ont des opéras appelés ballets qui remplissent si mal leur titre, que la danse n'y est pas moins déplacée que dans tous les autres. La plupart de ces ballets forment autant de sujets séparés que d'actes, et ces sujets sont liés entre eux par de certaines relations métaphysiques dont le spectateur ne se douterait jamais si l'auteur n'avait soin de l'en avertir dans un prologue. Les saisons, les âges, les sens, les éléments ; je demande quel rapport ont tous ces titres à la danse, et ce qu'ils peuvent offrir en ce genre à l'imagination. Quelques-uns même sont purement allégoriques, comme le carnaval et la folie ; et ce sont les plus insupportables de tous, parce que, avec beaucoup d'esprit et de finesse, ils n'ont ni sentiments, ni tableaux, ni situations, ni chaleur, ni intérêt, ni rien de tout ce qui peut donner prise à la musique, flatter le cœur, et nourrir l'illusion. Dans ces prétendus ballets, l'action se passe toujours en chant, la danse interrompt toujours l'action, ou ne s'y trouve que par occasion, et n'imite rien. Tout ce qu'il arrive, c'est que, ces ballets ayant encore moins d'intérêt que les tragédies, cette interruption y est moins remarquée ; s'ils étaient moins froids, on en serait plus choqué : mais un défaut couvre l'autre, et l'art des auteurs, pour empêcher que la danse ne lasse, est de faire en sorte que la pièce ennuie.

Ceci me mène insensiblement à des recherches sur la véritable constitution du drame lyrique, trop étendues pour entrer dans cette lettre, et qui me jetteraient loin de mon sujet : j'en ai fait une petite dissertation à part que vous trouverez ci-joint (1), et dont vous pourrez causer avec Regianino. Il me reste à vous dire sur l'Opéra français, que le plus grand défaut que j'y crois remarquer est un faux goût de magnificence, par lequel on a voulu mettre en représentation le merveilleux, qui, n'étant fait que pour être imaginé, est aussi bien placé dans un poème épique que ridiculement sur un théâtre. J'aurais eu peine à croire, si je ne l'avais vu, qu'il se trouvât des artistes assez imbéciles pour vouloir imiter le char du soleil, et des spectateurs assez enfants pour aller voir cette imitation. La Bruyère ne concevait pas comment un spectacle aussi superbe que l'Opéra pouvait l'ennuyer à si grands frais. Je le conçois bien,

---

(1) Cette dissertation existe dans le *Dictionnaire de musique.* Voyez l'article *Opéra.*

moi, qui ne suis pas un La Bruyère; et je soutiens que, pour tout homme qui n'est pas dépourvu du goût des beaux-arts, la musique française, la danse et le merveilleux mêlés ensemble, feront toujours de l'Opéra de Paris le plus ennuyeux spectacle qui puisse exister. Après tout, peut-être n'en faut-il pas aux Français de plus parfaits, au moins quant à l'exécution; non qu'ils ne soient très en état de connaître la bonne, mais parce qu'en ceci le mal les amuse plus que le bien. Ils aiment mieux railler qu'applaudir, le plaisir de la critique les dédommage de l'ennui du spectacle; et il leur est plus agréable de s'en moquer quand ils n'y sont plus, que de s'y plaire tandis qu'ils y sont.

LETTRE XXIV.

DE JULIE.

Oui, oui, je le vois bien, l'heureuse Julie t'est toujours chère. Ce même feu qui brillait jadis dans tes yeux se fait sentir dans ta dernière lettre : j'y retrouve toute l'ardeur qui m'anime, et la mienne s'en irrite encore. Oui, mon ami, le sort a beau nous séparer, pressons nos cœurs l'un contre l'autre, conservons par la communication leur chaleur naturelle contre le froid de l'absence et du désespoir, et que tout ce qui devrait relâcher notre attachement ne serve qu'à le resserrer sans cesse.

Mais admire ma simplicité; depuis que j'ai reçu cette lettre, j'éprouve quelque chose des charmants effets dont elle parle; et ce badinage du talisman, quoique inventé par moi-même, ne laisse pas de me séduire et de me paraître une vérité. Cent fois le jour, quand je suis seule, un tressaillement me saisit comme si je te sentais près de moi. Je m'imagine que tu tiens mon portrait, et je suis si folle que je crois sentir l'impression des caresses que tu lui fais et des baisers que je lui donne; ma bouche croit les recevoir, mon tendre cœur croit les goûter. Ô douces illusions! ô chimères! dernières ressources des malheureux! Ah! s'il se peut, tenez-nous lieu de réalité! Vous êtes quelque chose encore à ceux pour qui le bonheur n'est plus rien.

Quant à la manière dont je m'y suis prise pour avoir ce portrait, c'est bien un soin de l'amour; mais crois que s'il était vrai qu'il fît des miracles, ce n'est pas celui-là qu'il aurait choisi. Voici le mot de l'énigme. Nous eûmes, il y a quelque temps, ici, un peintre en miniature venant d'Italie; il avait des lettres de mylord Édouard, qui peut-être en les lui donnant avait en vue ce qui est arrivé. M. d'Orbe voulut profiter de cette occasion pour avoir le portrait de ma cousine; je voulus l'avoir aussi. Elle et ma mère voulurent avoir le mien, et à ma prière le peintre en fit secrètement une seconde copie. Ensuite, sans m'embarrasser de copie ni d'original, je choisis subtilement le plus ressemblant des trois pour te l'envoyer. C'est une friponnerie dont je ne me suis pas fait un grand scrupule; car un peu de ressemblance de plus ou de moins n'importe guère à ma mère et à ma cousine; mais les hommages que tu rendrais à une autre figure que la mienne seraient une espèce d'infidélité d'autant plus dangereuse que mon portrait serait mieux que moi; et je ne veux point, comme que ce soit, que tu prennes du goût pour des charmes que je n'ai pas. Au reste, il n'a pas dépendu de moi d'être un peu plus soigneusement vêtue; mais on ne m'a pas écoutée, et mon père lui-même a voulu que le portrait demeurât tel qu'il est. Je te prie au moins de croire, qu'excepté la coiffure, cet ajustement n'a point été pris sur le mien, que le peintre a tout fait de sa grâce, et qu'il a orné ma personne des ouvrages de son imagination.

LETTRE XXV.

A JULIE.

Il faut, chère Julie, que je te parle encore de ton portrait; non plus dans ce premier enchantement auquel tu fus si sensible, mais au contraire avec le regret d'un homme abusé par un faux espoir, et que rien ne peut dédommager de ce qu'il a perdu. Ton portrait a de la grâce et de la beauté, même de la tienne; il est assez ressemblant, et peint par un habile homme: mais pour en être content, il faudrait ne te pas connaître.

La première chose que je lui reproche est de te ressembler et de n'être pas toi, d'avoir ta figure et d'être insensible. Vainement le peintre a cru rendre exactement tes yeux et tes traits; il n'a point rendu ce doux sentiment qui les vivifie, et sans lequel, tout charmants qu'ils sont, ils ne seraient rien. C'est dans ton cœur, ma Julie, qu'est le fard de ton visage, et celui-là ne s'imite point. Ceci tient, je l'avoue, à l'insuffisance de l'art; mais c'est au moins la faute de l'artiste de n'avoir pas été exact en tout ce qui dépendait de lui. Par exemple, il a placé la racine des cheveux trop loin des tempes, ce qui donne au front un contour moins agréable, et moins de finesse au regard. Il a oublié les rameaux de pourpre que font en cet endroit deux ou trois petites veines sous la peau, à peu près comme dans ces fleurs d'iris que nous considérions un jour au jardin de Clarens. Le coloris des joues est trop près des yeux, et ne se fond pas délicieusement en couleur de rose vers le bas du visage comme sur le modèle; on dirait que c'est du rouge artificiel plaqué comme le carmin des femmes de ce pays. Ce défaut n'est pas peu de chose, car il te rend l'œil moins doux et l'air plus hardi.

Mais, dis-moi, qu'a-t-il fait de ces nichées d'amours qui se cachent aux deux coins de ta bouche, et que dans mes jours fortunés j'osais réchauffer quelquefois de la mienne? Il n'a point donné leur grâce à ces coins, il n'a pas mis à cette bouche ce tour agréable et sérieux qui change tout-à-coup à ton moindre sourire, et porte au cœur je ne sais quel enchantement inconnu, je ne sais quel soudain ravissement que rien ne peut exprimer. Il est vrai que ton portrait ne peut passer du sérieux au sourire. Ah! c'est précisément de quoi je me plains: pour pouvoir exprimer tous tes charmes, il faudrait te peindre dans tous les instants de ta vie.

Passons au peintre d'avoir omis quelques beautés; mais en quoi il n'a pas fait moins de tort à ton visage, c'est d'avoir omis les défauts. Il n'a point fait cette tache presque imperceptible que tu as sous l'œil droit, ni celle qui est au cou du côté gauche. Il n'a point mis... ô dieux! cet homme était-il de bronze?... il a oublié la petite cicatrice qui t'est restée sous la lèvre. Il t'a fait les cheveux et les sourcils de la même couleur, ce qui n'est pas : les sourcils sont plus châtains, et les cheveux plus cendrés :

> Bionda testa, occhi azurri, e bruno ciglio (1).

Il a fait le bas du visage exactement ovale. Il n'a pas remarqué cette légère sinuosité qui, séparant le menton des joues, rend leur contour moins régulier et plus gracieux. Voilà les défauts les plus sensibles. Il en a omis beaucoup d'autres, et je lui en sais fort mauvais gré; car ce n'est pas seulement de tes beautés que je suis amoureux, mais de toi tout entière telle que tu es. Si tu ne veux pas que le pinceau te prête rien, moi je ne veux pas qu'il t'ôte rien; et mon cœur se soucie aussi peu des attraits que tu n'as pas, qu'il est jaloux de ce qui tient leur place.

Quant à l'ajustement, je le passerai d'autant moins que, parée ou négligée, je t'ai toujours vue mise avec beaucoup plus de goût que tu ne l'es dans ton portrait. La coiffure est trop chargée : on me dira qu'il n'y a que des fleurs; hé bien! ces fleurs sont de trop. Te souviens-tu de ce bal où tu portais ton habit à la valaisane, et où ta cousine dit que je dansais en philosophe? tu n'avais pour toute coiffure qu'une longue tresse de tes cheveux roulée autour de ta tête et rattachée avec une aiguille d'or, à la manière des villageoises de

---

(1) Blonde chevelure, yeux bleus, et sourcils bruns. — MARINI.

Berne. Non, le soleil, orné de tous ses rayons, n'a pas l'éclat dont tu frappais les yeux et les cœurs, et sûrement quiconque te vit ce jour-là ne t'oubliera de sa vie. C'est ainsi, ma Julie, que tu dois être coiffée; c'est l'or de tes cheveux qui doit parer ton visage, et non cette rose qui les cache et que ton teint flétrit. Dis à la cousine, car je reconnais ses soins et son choix, que ces fleurs dont elle a couvert et profané ta chevelure, ne sont pas de meilleur goût que celles qu'elle recueille dans l'*Adone* (1), et qu'on peut leur passer de suppléer à la beauté, mais non de la cacher.

A l'égard du buste, il est singulier qu'un amant soit là-dessus plus sévère qu'un père; mais en effet, je ne t'y trouve pas vêtue avec assez de soin. Le portrait de Julie doit être modeste comme elle. Amour! ces secrets n'appartiennent qu'à toi. Tu dis que le peintre a tout tiré de son imagination. Je le crois, je le crois! Ah! s'il eût aperçu le moindre de ces charmes voilés, ses yeux l'eussent dévoré, mais sa main n'eût point tenté de les peindre : pourquoi faut-il que son art téméraire ait tenté de les imaginer? Ce n'est pas seulement un défaut de bienséance, je soutiens que c'est encore un défaut de goût. Oui, ton visage est trop chaste pour supporter le désordre de ton sein; on voit que l'un de ces deux objets doit empêcher l'autre de paraître : il n'y a que le délire de l'amour qui puisse les accorder; et, quand sa main ardente ose dévoiler celui que la pudeur couvre, l'ivresse et le trouble de tes yeux dit alors que tu l'oublies, et non que tu l'exposes.

Voilà la critique qu'une attention continuelle m'a fait faire de ton portrait. J'ai conçu là-dessus le dessein de le réformer selon mes idées; je les ai communiquées à un peintre habile; et, sur ce qu'il a déjà fait, j'espère te voir bientôt plus semblable à toi-même. De peur de gâter le portrait, nous essayons les changements sur une copie que je lui en ai fait faire, et il ne les transporte sur l'original que quand nous sommes bien sûrs de leur effet. Quoique je dessine assez médiocrement, cet artiste ne peut se lasser d'admirer la subtilité de mes observations; il ne comprend pas combien celui qui me les dicte est un maître plus savant que lui. Je lui parais aussi quelquefois fort bizarre : il dit que je suis le premier amant qui s'avise de cacher des objets qu'on n'expose jamais assez au gré des autres; et quand je lui réponds que c'est pour mieux te voir tout entière que je t'habille avec tant de soin, il me regarde comme un fou. Ah! que ton portrait serait bien plus touchant, si je pouvais inventer des moyens d'y montrer ton âme avec ton visage, et d'y peindre à la fois ta modestie et tes attraits! Je te jure, ma Julie, qu'ils gagneront beaucoup à cette réforme. On n'y voyait que ceux qu'avait supposés le peintre, et le spectateur ému les supposera tels qu'ils sont. Je ne sais quel enchantement secret règne dans ta personne, mais tout ce qui la touche semble y participer; il ne faut qu'apercevoir un coin de ta robe pour adorer celle qui la porte. On sent, en regardant ton ajustement, que c'est partout le voile des grâces qui couvre la beauté; et le goût de ta modeste parure semble annoncer au cœur tous les charmes qu'elle recèle.

LETTRE XXVI.

A JULIE.

Julie, ô Julie! ô toi qu'un temps j'osais appeler mienne, et dont je profane aujourd'hui le nom! la plume échappe à ma main tremblante; mes larmes inondent le papier; j'ai peine à former les premiers traits d'une lettre qu'il ne fallait jamais écrire; je ne puis ni me taire ni parler. Viens, honorable et chère image, viens épurer et raffermir un cœur avili par la honte et brisé par le repentir. Soutiens mon courage qui s'éteint, donne à mes remords la force d'avouer le crime involontaire que ton absence m'a laissé commettre.

(1) Poëme du cavalier Marini.

Que tu vas avoir de mépris pour un coupable! mais bien moins que je n'en ai moi-même. Quelque abject que j'aille être à tes yeux, je le suis cent fois plus aux miens propres; car, en me voyant tel que je suis, ce qui m'humilie

le plus encore, c'est de te voir, de te sentir, au fond de mon cœur, dans un lieu désormais si peu digne de toi, et de songer que les souvenirs des plus vrais plaisirs de l'amour n'a pu garantir mes sens d'un piége sans appas et d'un crime sans charmes.

Tel est l'excès de ma confusion, qu'en recourant à ta clémence, je crains même de souiller tes regards sur ces lignes par l'aveu de mon forfait. Pardonne, âme pure et chaste, un récit que j'épargnerais à ta modestie s'il n'était un moyen d'expier mes égarements. Je suis indigne de tes bontés, je le sais; je suis vil, bas, méprisable; mais au moins je ne serai ni faux ni trompeur, et j'aime mieux que tu m'ôtes ton cœur et la vie que de t'abuser un seul moment. De peur d'être tenté de chercher des excuses qui ne me rendraient que plus criminel, je me bornerai à te faire un détail exact de ce qui m'est arrivé. Il sera aussi sincère que mon regret; c'est tout ce que je me permettrai de dire en ma faveur.

J'avais fait connaissance avec quelques officiers aux gardes et autres jeunes gens de nos compatriotes, auxquels je trouvais un mérite naturel, que j'avais regret de voir gâter par l'imitation de je ne sais quels faux airs qui ne sont pas faits pour eux. Ils se moquaient à leur tour de me voir conserver dans Paris la simplicité des antiques mœurs helvétiques. Ils prirent mes maximes et mes manières pour des leçons indirectes dont ils furent choqués, et résolurent de me faire changer de ton à quelque prix que ce fût. Après plusieurs tentatives qui ne réussirent point, ils en firent une mieux concertée qui n'eut que trop de succès. Hier matin ils vinrent me proposer d'aller souper chez la femme d'un colonel, qu'ils me nommèrent, et qui, sur le bruit de ma sagesse, avait, disaient-ils, envie de faire connaissance avec moi. Assez sot pour donner dans ce persiflage, je leur représentai qu'il serait mieux d'aller premièrement lui faire visite; mais ils se moquèrent de mon scrupule, me disant que la franchise suisse ne comportait pas tant de façon, et que ces manières cérémonieuses ne serviraient qu'à lui donner mauvaise opinion de moi. A neuf heures, nous nous rendîmes donc chez la dame. Elle vint nous recevoir sur l'escalier, ce que je n'avais encore observé nulle part. En entrant, je vis à des bras de cheminée de vieilles bougies qu'on venait d'allumer, et partout un certain air d'apprêt qui ne me plut point. La maîtresse de la maison me parut jolie, quoiqu'un peu passée; d'autres femmes à peu près du même âge et d'une semblable figure étaient avec elle : leur parure, assez brillante, avait plus d'éclat que de goût; mais j'ai déjà remarqué que c'est un point sur lequel on ne peut guère juger en ce pays de l'état d'une femme.

Les premiers compliments se passèrent à peu près comme partout; l'usage du monde apprend à les abréger ou à les tourner vers l'enjouement avant qu'ils ennuient. Il n'en fut pas tout-à-fait de même sitôt que la conversation devint générale et sérieuse. Je crus trouver à ces dames un air contraint et gêné, comme si ce ton ne leur eût pas été familier; et, pour la première fois depuis que j'étais à Paris, je vis des femmes embarrassées à soutenir un entretien raisonnable. Pour trouver une matière aisée, elles se jetèrent sur leurs affaires de famille; et, comme je n'en connaissais pas une, chacune dit de la sienne ce qu'elle voulut. Jamais je n'avais tant ouï parler de monsieur le colonel; ce qui m'étonnait dans un pays où l'usage est d'appeler les gens par leurs noms plus que par leurs titres, et où ceux qui ont celui-là en portent ordinairement d'autres.

Cette fausse dignité fit bientôt place à des manières plus naturelles. On se mit à causer tout bas; et, reprenant sans y penser un ton de familiarité peu décente, on chuchotait, on souriait en me regardant, tandis que la dame de la maison me questionnait sur l'état de mon cœur d'un certain ton qui n'était guère propre à le gagner. On servit; et la liberté de la table, qui semble confondre tous les états, mais qui met chacun à sa place sans qu'il y songe, acheva de m'apprendre en quel lieu j'étais. Il était trop tard pour m'en dédire. Tirant donc ma sûreté de ma répugnance, je consacrai cette soirée à ma fonction d'observateur, et résolus d'employer à connaître cet ordre de femmes la seule occasion que j'en aurais de ma vie. Je tirai peu de fruit de mes remarques; elles avaient si peu d'idée de leur état présent, si peu de prévoyance pour l'avenir, et, hors du jargon de leur métier, elles étaient si stupides à tous égards, que le mépris effaça bientôt la pitié que j'avais d'abord d'elles. En parlant du plaisir même, je vis qu'elles étaient incapables d'en ressentir. Elles me parurent d'une violente avidité pour tout ce qui pouvait tenter leur avarice : à cela près, je n'entendis sortir de leur bouche aucun mot qui partît du cœur. J'admirai comment d'honnêtes gens pouvaient supporter une société si dégoûtante. C'eût été leur imposer une peine cruelle, à mon avis, que de les condamner au genre de vie qu'ils choisissaient eux-mêmes.

Cependant le souper se prolongeait et devenait bruyant. Au défaut de l'amour, le vin échauffait les convives. Les discours n'étaient pas tendres, mais déshonnêtes, et les femmes tâchaient d'exciter, par le désordre de leur ajustement, les désirs qui l'auraient dû causer. D'abord, tout cela ne fit sur moi qu'un effet contraire, et tous leurs efforts pour me séduire ne servaient qu'à me rebuter. Douce pudeur, disais-je en moi-même, suprême volupté de l'amour, que de charmes perd une femme au moment qu'elle renonce à toi! combien, si elles connaissaient ton empire, elles mettraient de soins à te conserver, sinon par honnêteté, du moins par coquetterie! mais on ne joue point la pudeur, il n'y a pas d'artifice plus ridicule que celui qui la veut imiter. Quelle différence, pensais-je encore, de la grossière impudence de ces créatures et de leurs équivoques licencieuses à ces regards timides et passionnés, à ces propos pleins de modestie, de grâce et de sentiment, dont..... Je n'osais achever; je rougissais de ces indignes comparaisons..... Je me reprochais comme autant de crimes les charmants souvenirs qui me poursuivaient malgré moi... En quels lieux osais-je penser à celle...... Hélas! ne pouvant écarter de mon cœur une trop chère image, je m'efforçais de la voiler.

Le bruit, les propos que j'entendais, les objets qui frappaient mes yeux, m'échauffèrent insensiblement : mes deux voisines ne cessaient de me faire des agaceries, qui furent enfin poussées trop loin pour me laisser de sang-froid. Je sentis que ma tête s'embarrassait : j'avais toujours bu mon vin fort trempé, j'y mis plus d'eau encore, et enfin je m'avisai de la boire pure. Alors seulement je m'aperçus que cette eau prétendue était du vin blanc, et que j'avais été trompé tout le long du repas. Je ne fis point des plaintes qui ne m'auraient attiré que des railleries. Je cessai de boire. Il n'était plus temps; le mal était fait. L'ivresse ne tarda pas à m'ôter le peu de connaissance qui me restait. Je fus surpris, en revenant à moi, de me trouver dans un cabinet reculé, entre les bras d'une de ces créatures, et j'eus au même instant le désespoir de me sentir aussi coupable que je pouvais l'être..... (1).

J'ai fini ce récit affreux : qu'il ne souille plus tes regards ni ma mémoire. O toi dont j'attends mon jugement, j'implore ta rigueur, je la mérite. Quel que soit mon châtiment, il me sera moins cruel que le souvenir de mon crime.

LETTRE XXVII.

DE JULIE.

Rassurez-vous sur la crainte de m'avoir irritée; votre lettre m'a donné plus de douleur que de colère. Ce n'est pas moi, c'est vous que vous avez offensé par un désordre auquel le cœur n'eut point de part. Je n'en suis que plus affligée : j'aimerais mieux vous voir m'outrager que vous avilir, et le mal que vous vous faites est le seul que je ne puis vous pardonner.

A ne regarder que la faute dont vous rougissez, vous vous trouvez bien plus coupable que vous ne l'êtes, et je ne vois guère en cette occasion que de l'imprudence à vous reprocher : mais ceci vient de plus loin et tient à une plus

---

(1) On peut comparer ce récit avec celui d'une pareille aventure que fait Rousseau au livre VIII des *Confessions* (tome I, page 184).

profonde racine, que vous n'apercevez pas, et qu'il faut que l'amitié vous découvre.

Votre première erreur est d'avoir pris une mauvaise route en entrant dans le monde : plus vous avancez, plus vous vous égarez ; et je vois en frémissant que vous êtes perdu si vous ne revenez sur vos pas. Vous vous laissez conduire insensiblement dans le piége que j'avais craint. Les grossières amorces du vice ne pouvaient d'abord vous séduire ; mais la mauvaise compagnie a commencé par abuser votre raison pour corrompre votre vertu, et fait déjà sur vos mœurs le premier essai de ses maximes.

Quoique vous ne m'ayez rien dit en particulier des habitudes que vous vous êtes faites à Paris, il est aisé de juger de vos sociétés par vos lettres, et de ceux qui vous montrent les objets par votre manière de les voir. Je ne vous ai point caché combien j'étais peu contente de vos relations : vous avez continué sur le même ton, et mon déplaisir n'a fait qu'augmenter. En vérité, l'on prendrait ces lettres pour les sarcasmes d'un petit-maître (1) plutôt que pour les relations d'un philosophe, et l'on a peine à les croire de la même main que celles que vous m'écriviez autrefois. Quoi ! vous pensez étudier les hommes dans les petites manières de quelques coteries de précieuses ou de gens désœuvrés ; et ce vernis extérieur et changeant, qui devait à peine frapper vos yeux, fait le fond de toutes vos remarques ! Était-ce la peine de recueillir avec tant de soin des usages et des bienséances qui n'existeront plus dans dix ans d'ici, tandis que les ressorts éternels du cœur humain, le jeu secret et durable des passions échappent à vos recherches ? Prenons votre lettre sur les femmes qu'y trouverai-je qui puisse m'apprendre à les connaître ? Quelque description de leur parure, dont tout le monde est instruit ; quelques observations malignes sur leur manière de se mettre et de se présenter, quelque idée du désordre d'un petit nombre, injustement généralisée : comme si tous les sentiments honnêtes étaient éteints à Paris, et que toutes les femmes y allassent en carrosse et aux premières loges ! M'avez-vous rien dit qui m'instruise solidement de leurs goûts, de leurs maximes, de leur vrai caractère ? et n'est-il pas bien étrange qu'en parlant des femmes d'un pays, un homme sage ait oublié ce qui regarde les soins domestiques et l'éducation des enfants (2) ? La seule chose qui semble être de vous dans toute cette lettre, c'est le plaisir avec lequel vous louez leur bon naturel, et qui fait honneur au vôtre ; encore n'avez-vous fait en cela que rendre justice au sexe en général : et dans quel pays du monde la douceur et la commisération ne sont-elles pas l'aimable partage des femmes ?

Quelle différence de tableau si vous m'eussiez peint ce que vous aviez vu plutôt que ce qu'on vous avait dit, ou du moins que vous n'eussiez consulté que des gens sensés ! Faut-il que vous, qui avez tant pris de soins à conserver votre jugement, alliez le perdre comme de propos délibéré dans le commerce d'une jeunesse inconsidérée, qui ne cherche, dans la société des sages, qu'à les séduire, et non pas à les imiter ! Vous regardez à de fausses convenances d'âge qui ne vous vont point, et vous oubliez celles de lumières et de raison qui vous sont essentielles. Malgré tout votre emportement, vous êtes le plus facile des hommes ; et, malgré la maturité de votre esprit, vous vous laissez tellement conduire par ceux avec qui vous vivez, que vous ne sauriez fréquenter des gens de votre âge sans en descendre et redevenir enfant. Ainsi vous vous

(1) Douce Julie, à combien de titres vous allez vous faire siffler ! Eh quoi ! vous n'avez pas même le ton du jour. Vous ne savez pas qu'il y a des *petites-maîtresses*, mais qu'il n'y a plus de *petits-maîtres* ! Bon Dieu ! que savez-vous donc ?

(2) Et pourquoi ne l'aurait-il pas oublié ? est-ce que ces soins les regardent ? Eh ! que deviendraient le monde et l'état ? Auteurs illustres, brillants académiciens, que deviendriez-vous tous, si les femmes allaient quitter le gouvernement de la littérature et des affaires, pour prendre celui de leur ménage ?

dégradez en pensant vous assortir, et c'est vous mettre au-dessous de vous-même que de ne pas choisir des amis plus sages que vous.

Je ne vous reproche point d'avoir été conduit sans le savoir dans une maison déshonnête ; mais je vous reproche d'y avoir été conduit par de jeunes officiers que vous ne deviez pas connaître, ou du moins auxquels vous ne deviez pas laisser diriger vos amusements. Quant au projet de les ramener à vos principes, j'y trouve plus de zèle que de prudence ; si vous êtes trop sérieux pour être leur camarade, vous êtes trop jeune pour être leur Mentor, et vous ne devez vous mêler de réformer autrui que quand vous n'aurez plus rien à faire en vous-même.

Une seconde faute plus grave encore et beaucoup moins pardonnable, est d'avoir pu passer volontairement la soirée dans un lieu si peu digne de vous, et de n'avoir pas fui dès le premier instant où vous avez connu dans quelle maison vous étiez. Vos excuses là-dessus sont pitoyables : « Il était trop tard pour s'en dédire ! » comme s'il y avait quelque espèce de bienséance en de pareils lieux, ou que la bienséance dût jamais l'emporter sur la vertu, et qu'il fût jamais trop tard pour s'empêcher de mal faire ! Quant à la sécurité que vous tiriez de votre répugnance, je n'en dirai rien, l'événement vous a montré combien elle était fondée. Parlez plus franchement à celle qui sait lire dans votre cœur ; c'est la honte qui vous retint. Vous craignîtes qu'on ne se moquât de vous en sortant ; un moment de huée vous fit peur, et vous aimâtes mieux vous exposer aux remords qu'à la raillerie. Savez-vous bien quelle maxime vous suivîtes en cette occasion ? celle qui la première introduit le vice dans une âme bien née, étouffe la voix de la conscience par la clameur publique, et réprime l'audace de bien faire par la crainte du blâme. Tel vaincrait les tentations qui succombe aux mauvais exemples ; tel rougit d'être modeste et devient effronté par honte ; et cette mauvaise honte corrompt plus de cœurs honnêtes que les mauvaises inclinations. Voilà surtout de quoi vous avez à préserver le vôtre ; car, quoi que vous fassiez, la crainte du ridicule que vous méprisez vous domine pourtant malgré vous. Vous braveriez plutôt cent périls qu'une raillerie, et l'on ne vit jamais tant de timidité jointe à une âme aussi intrépide.

Sans vous étaler contre ce défaut des préceptes de morale que vous savez mieux que moi, je me contenterai de vous proposer un moyen pour vous en garantir, plus facile et plus sûr peut-être que tous les raisonnements de la philosophie ; c'est de faire dans votre esprit une légère transposition de temps, et d'anticiper sur l'avenir de quelques minutes. Si, dans ce malheureux souper, vous vous fussiez fortifié contre un instant de moquerie de la part des convives par l'idée de l'état où votre âme allait être sitôt que vous seriez dans la rue ; si vous vous fussiez représenté le contentement intérieur d'échapper aux piéges du vice, l'avantage de prendre d'abord cette habitude de vaincre qui en facilite le pouvoir, le plaisir que vous eût donné la conscience de votre victoire, celui de me la décrire, celui que j'en aurais reçu moi-même, est-il croyable que tout cela ne l'eût pas emporté sur une répugnance d'un instant, à laquelle vous n'eussiez jamais cédé si vous en aviez envisagé les suites ? Encore, qu'est-ce que cette répugnance qui met un prix aux railleries de gens dont l'estime n'en peut avoir aucun ? infailliblement cette réflexion vous eût sauvé, pour un moment de mauvaise honte, une honte beaucoup plus juste, plus durable, les regrets, le danger ; et pour ne vous rien dissimuler, votre amie eût versé quelques larmes de moins.

Vous voulûtes, dites-vous, mettre à profit cette soirée pour votre fonction d'observateur. Quel soin ! quel emploi ! que vos excuses me font rougir de vous ! Ne serez-vous point aussi curieux d'observer un jour les voleurs dans leurs cavernes, et de voir comment ils s'y prennent pour dévaliser les passants ? Ignorez-vous qu'il y a des objets si odieux qu'il n'est pas même permis à l'homme d'honneur de les voir, et que l'indignation de la vertu ne peut supporter le spectacle du vice ? Le sage observe le désordre public qu'il ne peut arrêter; il l'observe, et montre sur son visage attristé la douleur qu'il lui cause; mais, quant aux désordres particuliers, il s'y oppose, ou détourne les yeux de peur qu'ils ne s'autorisent de sa présence. D'ailleurs, était-il besoin de voir de pareilles sociétés pour juger de ce qui s'y passe et des discours qu'on y tient? Pour moi, sur leur seul objet plus que sur le peu que vous m'en avez dit, je devine aisément tout le reste; et l'idée des plaisirs qu'on y trouve me fait connaître assez les gens qui les cherchent.

Je ne sais si votre commode philosophie adopte déjà les maximes qu'on dit établies dans les grandes villes pour tolérer de semblables lieux; mais j'espère au moins que vous n'êtes pas de ceux qui se méprisent assez pour s'en permettre l'usage, sous prétexte de je ne sais quelle chimérique nécessité qui n'est connue que des gens de mauvaise vie : comme si les deux sexes étaient, sur ce point, d'une nature différente, et que, dans l'absence ou le célibat, il fallût à l'honnête homme des ressources dont l'honnête femme n'a pas besoin! Si cette erreur ne vous mène pas chez des prostituées, j'ai bien peur qu'elle ne continue à vous égarer vous-même. Ah! si vous voulez être méprisable, soyez-le au moins sans prétexte, et n'ajoutez point le mensonge à la crapule. Tous ces prétendus besoins n'ont point leur source dans la nature, mais dans la volontaire dépravation des sens. Les illusions même de l'amour se purifient dans un cœur chaste, et ne corrompent qu'un cœur déjà corrompu : au contraire, la pureté se soutient par elle-même; les désirs toujours réprimés s'accoutument à ne plus renaître, et les tentations ne se multiplient que par l'habitude d'y succomber. L'amitié m'a fait surmonter deux fois ma répugnance à traiter un pareil sujet : celle-ci sera la dernière; car à quel titre espérerais-je obtenir de vous ce que vous aurez refusé à l'honnêteté, à l'amour et à la raison?

Je reviens au point important par lequel j'ai commencé cette lettre. A vingt-un ans, vous m'écriviez du Valais des descriptions graves et judicieuses; à vingt-cinq, vous m'envoyez de Paris des colifichets de lettres, où le sens et la raison sont partout sacrifiés à un certain tour plaisant, fort éloigné de votre caractère. Je ne sais comment vous avez fait; mais, depuis que vous vivez dans le séjour des talents, les vôtres paraissent diminués; vous aviez gagné chez les paysans, et vous perdez parmi les beaux esprits. Ce n'est pas la faute du pays où vous vivez, mais des connaissances que vous y avez faites; car il n'y a rien qui demande tant de choix que le mélange de l'excellent et du pire. Si vous voulez étudier le monde, fréquentez les gens sensés qui le connaissent par une longue expérience et de paisibles observations, non de jeunes étourdis qui n'en voient que la superficie, et des ridicules qu'ils font eux-mêmes. Paris est plein de savants accoutumés à réfléchir, et à qui ce grand théâtre en offre tous les jours le sujet. Vous ne me ferez point croire que ces hommes graves et studieux vont courant comme vous de maison en maison, de coterie en coterie, pour amuser les femmes et les jeunes gens, et mettre toute la philosophie en babil. Ils ont trop de dignité pour avilir ainsi leur état, prostituer leurs talents, et soutenir, par leur exemple, des mœurs qu'ils devraient corriger. Quand la plupart le feraient, sûrement plusieurs ne le font point, et c'est ceux-là que vous devez rechercher.

N'est-il pas singulier encore que vous donniez vous-même dans le défaut que vous reprochez aux modernes auteurs comiques; que Paris ne soit plein pour vous que de gens de condition; que ceux de votre état soient les seuls dont vous ne parliez point? comme si les vains préjugés de la noblesse ne vous coûtaient pas assez cher pour les haïr, et que vous crussiez vous dégrader en fréquentant d'honnêtes bourgeois, qui sont peut-être l'ordre le plus respectable du pays où vous êtes! Vous avez beau vous excuser sur les connaissances de mylord Edouard; avec celles-là, vous en eussiez bientôt fait d'autres dans un ordre inférieur. Tant de gens veulent monter, qu'il est toujours aisé de descendre; et, de votre propre aveu, c'est le seul moyen de connaître les véritables mœurs d'un peuple, que d'étudier sa vie privée dans les états les plus nombreux; car s'arrêter aux gens qui représentent toujours, c'est ne voir que des comédiens.

Je voudrais que votre curiosité allât plus loin encore. Pourquoi, dans une ville si riche, le bas peuple est-il si misérable, tandis que la misère extrême est si rare parmi nous, où l'on ne voit point de millionnaires? cette question, ce me semble, est bien digne de vos recherches; mais ce n'est pas chez les gens avec qui vous vivez que vous devez vous attendre à la résoudre. C'est dans les appartements dorés qu'un écolier va prendre les airs du monde; mais le sage en apprend les mystères dans la chaumière du pauvre. C'est là qu'on voit sensiblement les obscures manœuvres du vice, qu'il couvre de paroles fardées au milieu d'un cercle : c'est là qu'on s'instruit par quelles iniquités secrètes le puissant et le riche arrachent un reste de pain noir à l'opprimé qu'ils feignent de plaindre en public. Ah! si j'en crois nos vieux militaires, que de choses vous apprendriez dans les greniers d'un cinquième étage, qu'on ensevelit sous un profond secret dans les hôtels du faubourg Saint-Germain! et que tant de beaux parleurs seraient confus, avec leurs feintes maximes d'humanité, si tous les malheureux qu'ils ont faits se présentaient pour les démentir !

Je sais qu'on n'aime pas le spectacle de la misère qu'on ne peut soulager, et que le riche même détourne les yeux du pauvre qu'il refuse de secourir; mais ce n'est pas d'argent seulement qu'ont besoin les infortunés, et il n'y a que les paresseux de bien faire qui ne sachent faire du bien que la bourse à la main. Les consolations, les conseils, les soins, les amis, la protection, sont autant de ressources que la commisération vous laisse, au défaut des richesses, pour le soulagement de l'indigent. Souvent les opprimés ne le sont que parce qu'ils manquent d'organe pour faire entendre leurs plaintes. Il ne s'agit quelquefois que d'un mot qu'ils ne peuvent dire, d'une raison qu'ils ne savent point exposer, de la porte d'un grand qu'ils ne peuvent franchir. L'intrépide appui de la vertu désintéressée suffit pour lever une infinité d'obstacles, et l'éloquence d'un homme de bien peut effrayer la tyrannie au milieu de toute sa puissance.

Si vous voulez donc être homme en effet, apprenez à redescendre. L'humanité coule comme une eau pure et salutaire, et va fertiliser les lieux bas; elle cherche toujours le niveau; elle laisse à sec ces roches arides qui menacent la campagne, et ne donnent qu'une ombre nuisible ou des éclats pour écraser leurs voisins.

Voilà, mon ami, comment on tire parti du présent en s'instruisant pour l'avenir, et comment la bonté met d'avance à profit les leçons de la sagesse, afin que, quand les lumières acquises nous resteraient inutiles, on n'ait pas pour cela perdu le temps employé à les acquérir. Qui doit vivre parmi des gens en place ne saurait prendre trop de préservatifs contre leurs maximes empoisonnées, et il n'y a que l'exercice continuel de la bienfaisance qui garantisse les meilleurs cœurs de la contagion des ambitieux. Essayez, croyez-moi, de ce nouveau genre d'études; il est plus digne de vous que ceux que vous avez embrassés; et comme l'esprit s'étrécit à mesure que l'âme se corrompt, vous sentirez bientôt, au contraire, combien l'exercice des sublimes vertus élève et nourrit le génie, combien un tendre intérêt au malheur d'autrui sert mieux à en trouver la source, et à nous éloigner en tout sens des vices qui les ont produits.

Je vous devais toute la franchise de l'amitié dans la situation critique où vous me paraissez être, de peur qu'un second pas vers le désordre ne vous y plongeât enfin sans retour, avant que vous eussiez le temps de vous reconnaître. Maintenant, je ne puis vous cacher, mon ami, combien votre prompte et sincère confession m'a touchée, car je sens combien vous a coûté la honte de cet aveu, et par conséquent combien celle de votre faute vous pesait sur le cœur. Une erreur involontaire se pardonne et s'oublie aisément. Quant à l'avenir, retenez bien cette maxime dont je ne me départirai point : Qui peut s'abuser deux fois en pareil cas ne s'est pas même abusé la première.

Adieu, mon ami : veille avec soin sur ta santé, je t'en conjure, et songe qu'il ne doit rester aucune trace d'un crime que j'ai pardonné.

P. S. Je viens de voir entre les mains de M. d'Orbe des copies de plusieurs de vos lettres à mylord Edouard, qui m'obligent à rétracter une partie de mes censures sur les matières et le style de vos observations. Celles-ci traitent, j'en conviens de sujets importants, et me paraissent pleines de réflexions graves et judicieuses. Mais en revanche, il est clair que vous nous dédaignez beaucoup, ma cousine et moi, ou que vous faites bien peu de cas de notre estime, en ne nous envoyant que des relations si propres à l'altérer, tandis que vous en faites pour votre ami de beaucoup meilleures. C'est, ce me semble, assez mal honorer vos leçons, que de juger vos écolières indignes d'admirer vos talents; et vous devriez feindre, au moins par vanité, de nous croire capables de vous entendre.

J'avoue que la politique n'est guère du ressort des femmes; et mon oncle nous en a tant ennuyées, que je comprends comment vous avez pu craindre d'en faire autant. Ce n'est pas non plus, à vous parler franchement, l'étude à laquelle je donnerais la préférence; son utilité est trop loin de moi pour me toucher beaucoup, et ses lumières sont trop sublimes pour frapper vivement mes yeux. Obligée d'aimer le gouvernement sous lequel le ciel m'a fait naître, je me soucie peu de savoir s'il en est de meilleurs. De quoi me servirait ce les connaître, avec si peu de pouvoir pour les établir? et pourquoi contristerais-je mon âme à considérer de si grands maux où je ne peux rien, tant que j'en vois d'autres autour de moi qu'il m'est permis de soulager? Mais je vous aime; et l'intérêt que je ne prends pas au sujet, je le prends à l'auteur qui les traite. Je recueille avec une tendre admiration toutes les preuves de votre génie; et, fière d'un mérite si digne de mon cœur, je ne demande à l'amour qu'autant d'esprit qu'il m'en faut sentir le vôtre. Ne me refusez donc pas le plaisir de connaître et d'aimer tout ce que vous faites de bien. Voulez-vous me donner l'humiliation de croire que, si le ciel unissait nos destinées, vous ne jugeriez pas votre compagne digne de penser avec vous?

LETTRE XXVIII.

DE JULIE.

Tout est perdu! tout est découvert! Je ne trouve plus tes lettres dans le lieu où je les avais cachées. Elles y étaient encore hier soir. Elles n'ont pu être enlevées que d'aujourd'hui. Ma mère seule peut les avoir surprises. Si mon père les voit, c'est fait de ma vie! Eh! que servirait qu'il ne les vît pas, s'il faut renoncer?... Ah, Dieu! ma mère m'envoie appeler. Où fuir? Comment soutenir ses regards? Que ne puis-je me cacher au sein de la terre!... Tout mon corps tremble, et je suis hors d'état de faire un pas... La honte, l'humiliation, les cuisants reproches... j'ai tout mérité, je supporterai tout. Mais la douleur, les larmes d'une mère éplorée... ô mon cœur, quels déchirements!... Elle m'attend, je ne puis tarder davantage... Elle voudra savoir... il faudra tout dire... Regianino sera congédié. Ne m'écris plus jusqu'à nouvel avis... Qui sait si jamais...? Je pourrais... Quoi! mentir!... mentir à ma mère!... Ah! s'il faut nous sauver par le mensonge, adieu : nous sommes perdus!

TROISIÈME PARTIE

LETTRE PREMIÈRE.
DE MADAME D'ORBE.

Que de maux vous causez à ceux qui vous aiment! Que de pleurs vous avez déjà fait couler dans une famille infortunée dont vous seul troublez le repos! Craignez d'ajouter le deuil à nos larmes; craignez que la mort d'une mère affligée ne soit le dernier effet du poison que vous versez dans le cœur de sa fille, et qu'un amour désordonné ne devienne enfin pour vous-même la source d'un remords éternel. L'amitié m'a fait supporter vos erreurs, tant qu'une ombre d'espoir pouvait les nourrir; mais comment tolérer une vaine constance que l'honneur et la raison condamnent, et qui, ne pouvant plus causer que des malheurs et des peines, ne mérite que le nom d'obstination?

Vous savez de quelle manière le secret de vos feux, dérobé si longtemps aux soupçons de ma tante, lui fut dévoilé par vos lettres. Quelque sensible que soit un tel coup à cette mère tendre et vertueuse, moins irritée contre vous que contre elle-même, elle ne s'en prend qu'à son aveugle négligence; elle déplore sa fatale illusion : sa plus cruelle peine est d'avoir pu trop estimer sa fille, et sa douleur est pour Julie un châtiment cent fois pire que ses reproches.

L'accablement de cette pauvre cousine ne saurait s'imaginer. Il faut le voir pour le comprendre. Son cœur semble étouffé par l'affliction, et l'excès des sentiments qui l'oppressent lui donne un air de stupidité plus effrayante que les cris aigus. Elle se tient jour et nuit à genoux au chevet de sa mère, l'air morne, l'œil fixé en terre, gardant un profond silence, la servant avec plus d'attention et de vivacité que jamais, puis retombant à l'instant dans un état d'anéantissement qui la ferait prendre pour une autre personne. Il est très clair que c'est la maladie de la mère qui soutient les forces de la fille; et si l'ardeur de la servir n'animait son zèle, ses yeux éteints, sa pâleur, son extrême abattement, me feraient craindre qu'elle n'eût grand besoin pour elle-même de tous les soins qu'elle lui rend. Ma tante s'en aperçoit aussi; et je vois, à l'inquiétude avec laquelle elle me recommande en particulier la santé de sa fille, combien le cœur combat de part et d'autre contre la gêne qu'elles s'imposent, et combien on doit vous haïr de troubler une union si charmante.

Cette contrainte augmente encore par le soin de la dérober aux yeux d'un père emporté, auquel une mère tremblante pour les jours de sa fille veut cacher ce dangereux secret. On se fait une loi de garder en sa présence l'ancienne familiarité; mais si la tendresse maternelle profite avec plaisir de ce prétexte, une fille confuse n'ose livrer son cœur à des caresses qu'elle croit feintes, et qui lui sont d'autant plus cruelles qu'elles lui seraient douces si elle osait y compter. En recevant celles de son père, elle regarde sa mère d'un air si tendre et si humilié, qu'on voit son cœur lui dire par ses yeux : « Ah! que ne suis-je digne encore d'en recevoir autant de vous! »

Madame d'Etange m'a prise plusieurs fois à part; et j'ai connu facilement à la douceur de ses réprimandes et au ton dont elle m'a parlé de vous, que Julie a fait de grands efforts pour calmer envers nous sa trop juste indignation, et qu'elle n'a rien épargné pour nous justifier l'un et l'autre à ses dépens. Vos lettres mêmes portent, avec le caractère d'un amour excessif, une sorte d'excuse qui ne lui a pas échappé; elle vous reproche moins l'abus de sa confiance qu'à elle-même sa simplicité à vous l'accorder. Elle vous estime assez pour croire qu'aucun autre homme à votre place n'eût mieux résisté que vous; elle s'en prend de vos fautes à la vertu même. Elle conçoit maintenant, dit-elle, ce que c'est qu'une probité trop vantée, qui n'empêche point un honnête homme amoureux de corrompre, s'il peut, une fille sage, et de déshonorer sans scrupule toute une famille pour satisfaire un moment de fureur. Mais que sert de revenir sur le passé? Il s'agit de cacher sous un voile éternel cet odieux mystère, d'en effacer, s'il se peut, jusqu'au moindre vestige, et de seconder la bonté du ciel qui n'en a point laissé de témoignage sensible. Le secret est concentré entre six personnes sûres. Le repos de tout ce que vous avez aimé, les jours d'une mère au désespoir, l'honneur d'une maison respectable, votre propre vertu, tout dépend de vous encore; tout vous prescrit votre devoir : vous pouvez réparer le mal que vous avez fait; vous pouvez vous rendre digne de Julie, et justifier sa faute en renonçant à elle; et si votre cœur ne m'a point trompée, il n'y a plus que la grandeur d'un tel sacrifice qui puisse répondre à celle de l'amour qui l'exige. Fondée sur l'estime que j'eus toujours pour vos sentiments, et sur ce que la plus tendre union qui fut jamais lui doit ajouter de force, j'ai promis en votre nom tout ce que vous devez tenir : osez me démentir si j'ai trop présumé de vous, ou soyez aujourd'hui ce que vous devez être. Il faut immoler votre maîtresse ou votre amour l'un à l'autre, et vous montrer le plus lâche ou le plus vertueux des hommes.

Cette mère infortunée a voulu vous écrire; elle avait même commencé. Ô Dieu! que de coups de poignard vous eussent portés ses plaintes amères! Que ses touchants reproches vous eussent déchiré le cœur! Que ses humbles prières vous eussent pénétré de honte! J'ai mis en pièces cette lettre accablante que vous n'eussiez jamais supportée : je n'ai pu souffrir ce comble d'horreur de voir une mère humiliée devant le séducteur de sa fille : vous êtes digne au moins qu'on n'emploie pas avec vous de pareils moyens, faits pour fléchir des monstres, et pour faire mourir de douleur un homme sensible.

Si c'était ici le premier effort que l'amour vous eût demandé, je pourrais douter du succès et balancer sur l'estime qui vous est due : mais le sacrifice que vous avez fait à l'honneur de Julie en quittant ce pays m'est garant de celui que vous allez faire à son repos en rompant un commerce inutile. Les premiers actes de vertu sont toujours les plus pénibles, et vous ne perdrez point le prix d'un effort qui vous a tant coûté, en vous obstinant à soutenir une vaine correspondance dont les risques sont terribles pour votre amante, les dédommagements nuls pour tous les deux, et qui ne fait que prolonger sans fruit les tourments de l'un et de l'autre. N'en doutez plus, cette Julie qui vous fut si chère ne doit rien être à celui qu'elle a tant aimé : vous vous dissimulez en vain vos malheurs; vous la perdîtes au moment que vous vous séparâtes d'elle, ou plutôt le ciel vous l'avait ôtée, même avant qu'elle se donnât à vous; car son père la promit dès son retour, et vous savez trop que la parole de cet homme inflexible est irrévocable. De quelque manière que vous vous comportiez, l'invincible sort s'oppose à vos vœux, et vous ne la posséderez jamais. L'unique choix qui vous reste à faire est de la précipiter dans un abîme de malheurs et d'opprobres, ou d'honorer en elle ce que vous avez adoré, et de lui rendre, au lieu du bonheur perdu, la sagesse, la paix, la sûreté du moins dont vos fatales liaisons la privent.

Que vous seriez attristé, que vous vous consumeriez en regrets, si vous pouviez contempler l'état actuel de cette malheureuse amie, et l'avilissement où la réduisent le remords et la honte! Que son lustre est terni! que ses grâces sont languissantes! que tous ses sentiments si charmants et si doux se fondent tristement dans le seul qui les absorbe! L'amitié même en est attiédie; à peine partage-t-elle encore le plaisir que je goûte à la voir; et son cœur malade ne sait plus rien sentir que l'amour et la douleur. Hélas! qu'est devenu ce caractère aimant et sensible, ce goût si pur des choses honnêtes, cet intérêt si tendre aux peines et aux plaisirs d'autrui? Elle est encore, je l'avoue, douce, généreuse, compatissante; l'aimable habitude de bien faire ne saurait s'effacer en elle; mais ce n'est plus qu'une habitude aveugle, un goût sans réflexion. Elle fait toutes les mêmes choses, mais elle ne les fait plus avec le même zèle; ces sentiments sublimes se sont affaiblis, cette flamme divine s'est amortie, cet ange n'est plus qu'une femme ordinaire. Ah! quelle âme vous avez ôtée à la vertu!

LETTRE II.

DE L'AMANT DE JULIE A MADAME D'ETANCE.

Pénétré d'une douleur qui doit durer autant que moi, je me jette à vos pieds, madame, non pour vous marquer mon repentir qui ne dépend pas de mon cœur, mais pour expier un crime involontaire en renonçant à tout ce qui pouvait faire la douceur de ma vie. Comme jamais sentiments humains n'approchèrent de ceux que m'inspira votre adorable fille, il n'y eut jamais de sacrifice égal à celui que je viens de faire à la plus respectable des mères : mais Julie m'a trop appris comment il faut immoler le bonheur au devoir; elle m'en a trop courageusement donné l'exemple, pour qu'au moins une fois je ne sache pas l'imiter. Si mon sang suffisait pour guérir vos peines, je le verserais en silence et me plaindrais de ne vous donner qu'une si faible preuve de mon zèle : mais briser le plus doux, le plus pur, le plus sacré lien qui jamais ait uni deux cœurs, ah! c'est un effort que l'univers entier ne m'eût pas fait faire, et qu'il n'appartenait qu'à vous d'obtenir.

Oui, je promets de vivre loin d'elle aussi longtemps que vous l'exigerez; je m'abstiendrai de la voir et de lui écrire : j'en jure par vos jours précieux, si nécessaires à la conservation des siens. Je me soumets, non sans effroi, mais sans murmure, à tout ce que vous daignerez ordonner d'elle et de moi. Je dirai beaucoup plus encore; son bonheur peut me consoler de ma misère, et je mourrai content si vous lui donnez un époux digne d'elle. Ah! qu'on le trouve, et qu'il m'ose dire : Je saurai mieux l'aimer que toi! Madame, il aura vainement tout ce qui me manque; s'il n'a mon cœur, il n'aura rien pour Julie : mais je n'ai que ce cœur honnête et tendre. Hélas! je n'ai rien non plus. L'amour, qui rapproche tout, n'élève point la personne; il n'élève que les sentiments. Ah! si j'eusse osé n'écouter que les miens pour vous, combien de fois, en vous parlant, ma bouche eût prononcé le doux nom de mère!

Daignez vous confier à des serments qui ne sont point vains, et à un homme qui n'est point trompeur. Si je pus un jour abuser de votre estime, je m'abusai le premier moi-même. Mon cœur, sans expérience, ne connut le danger que quand il n'était plus temps de fuir, et je n'avais point encore appris de votre fille cet art cruel de vaincre l'amour par lui-même, qu'elle m'a depuis si bien enseigné. Bannissez vos craintes, je vous en conjure. Y a-t-il quelqu'un au monde à qui son repos, sa félicité, son honneur, soient plus chers qu'à moi? Non, ma parole et mon cœur vous sont garants de l'engagement que je prends au nom de mon illustre ami comme au mien. Nulle indiscrétion ne sera commise, soyez-en sûre; et je rendrai le dernier soupir sans qu'on sache quelle douleur termina mes jours. Calmez donc celle qui vous consume, et dont la mienne s'aigrit encore; essuyez des pleurs qui m'arrachent l'âme; rétablissez votre santé, rendez à la plus tendre fille qui fut jamais, le bonheur auquel elle a renoncé pour vous; soyez vous-même heureuse par elle; vivez enfin, pour lui faire aimer la vie. Ah! malgré les erreurs de l'amour, être mère de Julie est encore un sort assez beau pour se féliciter de vivre.

LETTRE III.

DE L'AMANT DE JULIE A MADAME D'ORBE

en lui envoyant la lettre précédente.

Tenez, cruelle, voilà ma réponse. En la lisant, fondez en larmes si vous connaissez mon cœur, et si le vôtre est sensible encore; mais surtout ne m'accablez plus de cette estime impitoyable que vous me vendez si cher, et dont vous faites le tourment de ma vie.

Votre main barbare a donc osé les rompre, ces doux nœuds formés sous vos yeux presque dès l'enfance, et que votre amitié semblait partager avec tant de plaisir! Je suis donc aussi malheureux que vous le voulez et que je puis l'être! Ah! connaissez-vous tout le mal que vous faites? Sentez-vous bien que vous m'arrachez l'âme, que ce que vous m'ôtez est sans dédommagement, et qu'il vaut mieux cent fois mourir que ne plus vivre l'un pour l'autre? Que me parlez-vous du bonheur de Julie? En peut-il être sans le consentement du cœur? Que me parlez-vous du danger de sa mère? Ah! qu'est-ce que la vie d'une mère, la mienne, la vôtre, la sienne même, qu'est-ce que l'existence du monde entier auprès du sentiment délicieux qui nous unissait? Insensée et farouche vertu! j'obéis à ta voix sans mérite; je t'abhorre en faisant tout pour toi. Que sont tes vaines consolations contre les vives douleurs de l'âme? Va, triste idole des malheureux, tu ne fais qu'augmenter leur misère en leur ôtant les ressources que la fortune leur laisse. J'obéirai pourtant; oui, cruelle, j'obéirai: je deviendrai, s'il se peut, insensible et féroce comme vous. J'oublierai tout ce qui me fut cher au monde. Je ne veux plus entendre prononcer, ni le nom de Julie, ni le vôtre. Je ne veux plus m'en rappeler l'insupportable souvenir. Un dépit, une rage inflexible m'aigrit contre tant de revers. Une dure opiniâtreté me tiendra lieu de courage: il m'en a trop coûté d'être sensible; il vaut mieux renoncer à l'humanité.

LETTRE IV.

DE MADAME D'ORBE A L'AMANT DE JULIE.

Vous m'avez écrit une lettre désolante; mais il y a tant d'amour et de vertu dans votre conduite, qu'elle efface l'amertume de vos plaintes: vous êtes trop généreux pour qu'on ait le courage de vous quereller. Quelque emportement qu'on laisse paraître, quand on sait ainsi s'immoler à ce qu'on aime, on mérite plus de louanges que de reproches; et, malgré vos injures, vous ne me fûtes jamais si cher que depuis que je connais si bien tout ce que vous valez.

Rendez grâce à cette vertu que vous croyez haïr, et qui fait plus pour vous que votre amour même. Il n'y a pas jusqu'à ma tante que vous n'ayez séduite par un sacrifice dont elle sent tout le prix. Elle n'a pu lire votre lettre sans attendrissement; elle a même eu la faiblesse de la laisser voir à sa fille; et l'effort qu'a fait la pauvre Julie pour contenir, à cette lecture, ses soupirs et ses pleurs, l'a fait tomber évanouie.

Cette tendre mère, que vos lettres avaient déjà puissamment émue, commence à connaître, par tout ce qu'elle voit, combien vos deux cœurs sont hors de la règle commune, et combien votre amour porte un caractère naturel de sympathie, que le temps ni les efforts humains ne sauraient effacer. Elle, qui a si grand besoin de consolation, consolerait volontiers sa fille, si la bienséance ne la retenait; et je la vois trop près d'en devenir la confidente pour qu'elle ne me pardonne pas de l'avoir été. Elle s'échappa hier jusqu'à dire en sa présence,

un peu indiscrètement (1) peut-être : « Ah! s'il ne dépendait que de moi... »
Quoiqu'elle se retînt et n'achevât pas, je vis, au baiser ardent que Julie impri-

mait sur sa main, qu'elle ne l'avait que trop entendue. Je sais même qu'elle a
voulu plusieurs fois parler à son inflexible époux ; mais, soit danger d'exposer

(1) Claire, êtes-vous ici moins indiscrète ? est-ce la dernière fois que vous le serez ?

sa fille aux fureurs d'un père irrité, soit crainte pour elle-même, sa timidité l'a toujours retenue; et son affaiblissement, ses maux augmentent si sensiblement, que j'ai peur de la voir hors d'état d'exécuter sa résolution avant qu'elle l'ait bien formée.

Quoi qu'il en soit, malgré les fautes dont vous êtes cause, cette honnêteté de cœur qui se fait sentir dans votre amour mutuel lui a donné une telle opinion de vous, qu'elle se fie à la parole de tous deux sur l'interruption de votre correspondance, et qu'elle n'a pris aucune précaution pour veiller de plus près sur sa fille. Effectivement, si Julie ne répondait pas à sa confiance, elle ne serait plus digne de ses soins; et il faudrait vous étouffer l'un et l'autre, si vous étiez capables de tromper encore la meilleure des mères, et d'abuser de l'estime qu'elle a pour vous.

Je ne cherche point à rallumer dans votre cœur une espérance que je n'ai pas moi-même; mais je veux vous montrer, comme il est vrai, que le parti le plus honnête est aussi le plus sage, et que, s'il peut rester quelque ressource à votre amour, elle est dans le sacrifice que l'honneur et la raison vous imposent. Mère, parents, amis, tout est maintenant pour vous, hors un père, qu'on gagnera par cette voie, ou que rien ne saurait gagner. Quelque imprécation qu'ait pu vous dicter un moment de désespoir, vous nous avez prouvé cent fois qu'il n'est point de route plus sûre pour aller au bonheur que celle de la vertu. Si l'on y parvient, il est plus pur, plus solide et plus doux par elle; si on le manque, elle seule peut en dédommager. Reprenez donc courage; soyez homme, et soyez encore vous-même. Si j'ai bien connu votre cœur, la manière la plus cruelle pour vous de perdre Julie serait d'être indigne de l'obtenir.

LETTRE V.

DE JULIE A SON AMANT.

Elle n'est plus. Mes yeux ont vu fermer les siens pour jamais; ma bouche a reçu son dernier soupir; mon nom fut le dernier mot qu'elle prononça; son dernier regard fut tourné sur moi. Non, ce n'était pas la vie qu'elle semblait quitter, j'avais trop peu su la lui rendre chère; c'était à moi seule qu'elle s'arrachait. Elle me voyait sans guide et sans espérance, accablée de mes malheurs et de mes fautes: mourir ne fut rien pour elle, et son cœur n'a gémi que d'abandonner sa fille dans cet état. Elle n'eut que trop de raison. Qu'avait-elle à regretter sur la terre? Qu'est-ce qui pouvait ici-bas valoir à ses yeux le prix immortel de sa patience et de ses vertus qui l'attendait dans le ciel? Que lui restait-il à faire au monde, sinon d'y pleurer mon opprobre? Ame pure et chaste, digne épouse, et mère incomparable, tu vis maintenant au séjour de la gloire et de la félicité; tu vis! et moi, livrée au repentir et au désespoir, privée à jamais de tes soins, de tes conseils, de tes douces caresses, je suis morte au bonheur, à la paix, à l'innocence: je ne sens plus que ta perte; je ne vois plus que ma honte; ma vie n'est plus que peine et douleur. Ma mère, ma tendre mère, hélas! je suis bien plus morte que toi!

Mon Dieu! quel transport égare une infortunée et lui fait oublier ses résolutions? Où viens-je verser mes pleurs et pousser mes gémissements? C'est le cruel qui les a causés que j'en rends le dépositaire! C'est avec celui qui fait les malheurs de ma vie que j'ose les déplorer! Oui, oui, barbare, partagez les tourments que vous me faites souffrir. Vous par qui je plongeai le couteau dans le sein maternel, gémissez des maux qui me viennent de vous, et sentez avec moi l'horreur d'un parricide qui fut votre ouvrage. A quels yeux oserais-je paraître aussi méprisable que je le suis? Devant qui m'avilirais-je au gré de mes remords? Quel autre que le complice de mon crime pourrait assez le connaître? C'est mon plus insupportable supplice de n'être accusée que par mon cœur, et de voir attribuer au bon naturel les larmes impures qu'un cuisant repentir m'arrache. Je vis, je vis en frémissant la douleur empoisonner, hâter les derniers jours de ma triste mère. En vain sa pitié pour moi l'empêcha d'en convenir; en vain elle affectait d'attribuer le progrès de son mal à la cause qui l'avait produit; en vain ma cousine, gagnée, a tenu le même langage : rien n'a pu tromper mon cœur déchiré de regret; et, pour mon tourment éternel, je garderai jusqu'au tombeau l'affreuse idée d'avoir abrégé la vie de celle à qui je la dois.

O vous que le ciel suscita dans sa colère pour me rendre malheureuse et coupable, pour la dernière fois, recevez dans votre sein des larmes dont vous êtes l'auteur. Je ne viens plus, comme autrefois, partager avec vous des peines qui devaient nous être communes. Ce sont les soupirs d'un dernier adieu qui s'échappent malgré moi. C'en est fait, l'empire de l'amour est éteint dans une âme livrée au seul désespoir. Je consacre le reste de mes jours à pleurer la meilleure des mères; je saurai lui sacrifier des sentiments qui lui ont coûté la vie; je serais trop heureuse qu'il m'en coûtât assez de les vaincre, pour expier tout ce qu'ils lui ont fait souffrir. Ah! si son esprit immortel pénètre au fond de mon cœur, il sait bien que la victime que je lui sacrifie n'est pas tout-à-fait indigne d'elle. Partagez un effort que vous m'avez rendu nécessaire. S'il vous reste quelque respect pour la mémoire d'un nœud si cher et si funeste, c'est par lui que je vous conjure de me fuir à jamais, de ne plus m'écrire, de ne plus aigrir mes remords, de me laisser oublier, s'il se peut, ce que nous fûmes l'un à l'autre. Que mes yeux ne vous voient plus; que je n'entende plus prononcer votre nom; que votre souvenir ne vienne plus agiter mon cœur. J'ose parler encore au nom d'un amour qui ne doit plus être; à tant de sujets de douleur n'ajoutez pas celui de voir son dernier vœu méprisé. Adieu donc pour la dernière fois, unique et cher... Ah! fille insensée!... Adieu pour jamais.

LETTRE VI.

DE L'AMANT DE JULIE A MADAME D'ORBE.

Enfin le voile est déchiré; cette longue illusion s'est évanouie; cet espoir si doux s'est éteint : il ne me reste pour aliment d'une flamme éternelle qu'un souvenir amer et délicieux qui soutient ma vie et nourrit mes tourments du vain sentiment d'un bonheur qui n'est plus.

Est-il donc vrai que j'ai goûté la félicité suprême? Suis-je bien le même être qui fut heureux un jour? Qui peut sentir ce que je souffre, n'est-il pas né pour toujours souffrir? Qui put jouir des biens que j'ai perdus, peut-il les perdre et vivre encore? et des sentiments si contraires peuvent-ils germer dans un même cœur! Jours de plaisir et de gloire, non, vous n'étiez pas d'un mortel; vous étiez trop beaux pour devoir être périssables. Une douce extase absorbait toute votre durée, et la rassemblait en un point comme celle de de l'éternité. Il n'y avait pour moi ni passé, ni avenir, et je goûtais à la fois les délices de mille siècles. Hélas! vous avez disparu comme un éclair. Cette éternité de bonheur ne fut qu'un instant de ma vie. Le temps a repris sa lenteur dans les moments de mon désespoir, et l'ennui mesure par longues années le reste infortuné de mes jours.

Pour achever de me les rendre insupportables, plus les afflictions m'accablent, plus tout ce qui m'était cher semble se détacher de moi. Madame, il se peut que vous m'aimiez encore; mais d'autres soins vous appellent, d'autres devoirs vous occupent. Mes plaintes, que vous écoutiez avec intérêt, sont maintenant indiscrètes. Julie! Julie elle-même se décourage et m'abandonne. Les tristes remords ont chassé l'amour. Tout est changé pour moi : mon cœur seul est toujours le même, et mon sort en est plus affreux.

Mais qu'importe ce que je suis et ce que je dois être? Julie souffre : est-il temps de songer à moi? Ah! ce sont ses peines qui rendent les miennes plus amères Oui, j'aimerais mieux qu'elle cessât de m'aimer et qu'elle fût heureuse... Cesser de m'aimer!... l'espère-t-elle?... Jamais, jamais. Elle a beau me défendre de la voir et de lui écrire. Ce n'est pas le tourment qu'elle s'ôte, hélas! c'est le consolateur. La perte d'une tendre mère la doit-elle priver d'un plus tendre ami? croit-elle soulager ses maux en les multipliant? O amour! est-ce à tes dépens qu'on peut venger la nature!

Non, non; c'est en vain qu'elle prétend m'oublier. Son tendre cœur pourra-t-il se séparer du mien? Ne le retiens-je pas en dépit d'elle? Oublie-t-on des sentiments tels que nous les avons éprouvés? et peut-on s'en souvenir sans les éprouver encore? L'amour vainqueur fit le malheur de sa vie; l'amour vaincu ne la rendra que plus à plaindre. Elle passera ses jours dans la douleur, tourmentée à la fois de vains regrets et de vains désirs, sans pouvoir jamais contenter ni l'amour, ni la vertu.

Ne croyez pas pourtant qu'en plaignant ses erreurs, je me dispense de les respecter. Après tant de sacrifices, il est trop tard pour apprendre à désobéir. Puisqu'elle commande, il suffit; elle n'entendra plus parler de moi. Jugez si mon sort est affreux. Mon plus grand désespoir n'est pas de renoncer à elle. Ah! c'est dans son cœur que sont mes douleurs les plus vives, et je suis plus malheureux de son infortune que de la mienne. Vous qu'elle aime plus que toute chose, et qui seule, après moi, la savez dignement aimer, Claire, aimable Claire, vous êtes l'unique bien qui lui reste. Il est assez précieux pour lui rendre supportable la perte de tous les autres. Dédommagez-la des consolations qui lui sont ôtées et de celles qu'elle refuse; qu'une sainte amitié supplée à la fois auprès d'elle à la tendresse d'une mère, à celle d'un amant, aux charmes de tous les sentiments qui devaient la rendre heureuse. Qu'elle le soit, s'il est possible, à quelque prix que ce puisse être. Qu'elle recouvre la paix et le repos dont je l'ai privée; je sentirai moins les tourments qu'elle m'a laissés. Puisque je ne suis plus rien à mes propres yeux, puisque c'est mon sort de passer ma vie à mourir pour elle, qu'elle me regarde comme n'étant plus, j'y consens, si cette idée la rend plus tranquille. Puisse-t-elle retrouver près de vous ses premières vertus, son premier bonheur! puisse-t-elle être encore par vos soins tout ce qu'elle eût été sans moi.

Hélas! elle était fille, et n'a plus de mère! Voilà la perte qui ne se répare point, et dont on ne se console jamais quand on a pu se la reprocher. Sa conscience agitée lui redemande cette mère tendre et chérie; et, dans une douleur si cruelle, l'horrible remords se joint à son affliction. O Julie! ce sentiment affreux devait-il être connu de toi? Vous qui fûtes témoin de la maladie et des derniers moments de cette mère infortunée, je vous supplie, je vous conjure, dites-moi ce que j'en dois croire. Déchirez-moi le cœur, si je suis coupable. Si la douleur de nos fautes l'a fait descendre au tombeau, nous sommes deux monstres indignes de vivre; c'est un crime de songer à des liens si funestes, c'en est un de voir le jour. Non, j'ose le croire, un feu si pur n'a point produit de si noirs effets. L'amour nous inspira des sentiments trop nobles pour en tirer les forfaits des âmes dénaturées. Le ciel, le ciel serait-il injuste? et celle qui sut immoler son bonheur aux auteurs de ses jours méritait-elle de leur coûter la vie?

LETTRE VII.

RÉPONSE.

Comment pourrait-on vous aimer moins en vous estimant chaque jour davantage! comment perdrais-je mes anciens sentiments pour vous, tandis que vous en méritez chaque jour de nouveaux? Non, mon cher et digne ami, tout ce que nous fûmes les uns aux autres dès notre première jeunesse, nous le serons le reste de nos jours; et, si notre mutuel attachement n'augmente plus, c'est qu'il ne peut plus augmenter. Toute la différence est que je vous aimais comme mon frère, et qu'à présent je vous aime comme mon enfant; car, quoique nous soyons toutes deux plus jeunes que vous, et même vos disciples, je vous regarde un peu comme le nôtre. En nous apprenant à penser, vous avez appris de nous à être plus sensible; et, quoi qu'en dise votre philosophe anglais, cette éducation vaut bien l'autre : si c'est la raison qui fait l'homme, c'est le sentiment qui le conduit.

Savez-vous pourquoi je parais avoir changé de conduite envers vous? Ce n'est pas, croyez-moi, que mon cœur ne soit toujours le même, c'est que votre état est changé. Je favorisai vos feux tant qu'il leur restait un rayon d'espérance; depuis qu'en vous obstinant d'aspirer à Julie vous ne pouvez plus que la rendre malheureuse, ce serait vous nuire que de vous complaire. J'aime mieux vous savoir moins à plaindre, et vous rendre plus mécontent. Quand le bonheur commun devient impossible, chercher le sien dans celui de ce qu'on aime, n'est-ce pas tout ce qui reste à faire à l'amour sans espoir?

Vous faites plus que sentir cela, mon généreux ami, vous l'exécutez dans le plus douloureux sacrifice qu'ait jamais fait un amant fidèle. En renonçant à Julie, vous achetez son repos aux dépens du vôtre, et c'est à vous que vous renoncez pour elle.

J'ose à peine vous dire les bizarres idées qui me viennent là-dessus; mais elles sont consolantes, et cela m'enhardit. Premièrement, je crois que le véritable amour a cet avantage aussi bien que la vertu, qu'il dédommage de tout ce qu'on lui sacrifie, et qu'on jouit en quelque sorte des privations qu'on s'impose, par le sentiment même de ce qu'il en coûte et du motif qui nous y porte. Vous vous témoignerez que Julie a été aimée de vous comme elle méritait de l'être, et vous l'en aimerez davantage, et vous en serez plus heureux. Cet amour-propre exquis qui sait payer toutes les vertus pénibles mêlera son charme à celui de l'amour. Vous vous direz : Je sais aimer, avec un plaisir plus durable et plus délicat que vous n'en goûteriez à dire : Je possède ce que j'aime. Car celui-ci s'use à force d'en jouir, mais l'autre demeure toujours, et vous en jouiriez encore quand même vous n'aimeriez plus.

Outre cela, s'il est vrai, comme Julie et vous me l'avez tant dit, que l'amour soit le plus délicieux sentiment qui puisse entrer dans le cœur humain, tout ce qui le prolonge et le fixe, même au prix de mille douleurs, est encore un bien. Si l'amour est un désir qui s'irrite par les obstacles, comme vous le disiez encore, il n'est pas bon qu'il soit content; il vaut mieux qu'il dure et soit malheureux, que de s'éteindre au sein des plaisirs. Vos feux, je l'avoue, ont soutenu l'épreuve de la possession, celle du temps, celle de l'absence et des peines de toute espèce; ils ont vaincu tous les obstacles, hors le plus puissant de tous, qui est de n'en avoir plus à vaincre, et de se nourrir uniquement d'eux-mêmes. L'univers n'a jamais vu de passion soutenir cette épreuve; quel droit avez-vous d'espérer que la vôtre l'eût soutenue? Le temps eût joint au dégoût d'une longue possession le progrès de l'âge et le déclin de la beauté : il semble se fixer en votre faveur par votre séparation; vous serez toujours l'un pour l'autre à la fleur des ans; vous vous verrez sans cesse tels que vous vous vîtes en vous quittant; et vos cœurs, unis jusqu'au tombeau, prolongeront dans une illusion charmante votre jeunesse avec vos amours.

Si vous n'eussiez point été heureux, une insurmontable inquiétude pourrait vous tourmenter, votre cœur regretterait, en soupirant, les biens dont il était digne; votre ardente imagination vous demanderait sans cesse ceux que vous n'auriez pas obtenus. Mais l'amour n'a point de délices dont il ne vous ait comblé, et, pour parler comme vous, vous avez épuisé durant une année les plaisirs d'une vie entière. Souvenez-vous de cette lettre si passionnée, écrite le lendemain d'un rendez-vous téméraire; je l'ai lue avec une émotion qui m'était inconnue : on n'y voit pas l'état permanent d'une âme attendrie, mais le dernier délire d'un cœur brûlant d'amour et ivre de volupté; vous jugeâtes vous-même qu'on n'éprouvait point de pareils transports deux fois en la vie, et qu'il fallait mourir après les avoir sentis. Mon ami, ce fut là le comble; et, quoi que la fortune et l'amour eussent fait pour vous, vos feux et votre bonheur ne pouvaient plus que décliner. Cet instant fut aussi le commencement de vos disgrâces, et votre amante vous fut ôtée au moment que vous n'aviez plus de sentiments nouveaux à goûter auprès d'elle : comme si le sort eût voulu garantir votre cœur d'un épuisement inévitable, et vous laisser, dans le souvenir de vos plaisirs passés un plaisir plus doux que tous ceux dont vous pourriez jouir encore.

Consolez-vous donc de la perte d'un bien qui vous eût toujours échappé, et vous eût ravi de plus celui qui vous reste. Le bonheur et l'amour se seraient évanouis à la fois; vous avez au moins conservé le sentiment : on n'est point sans plaisirs quand on aime encore. L'image de l'amour éteint effraie plus un cœur tendre que celle de l'amour malheureux, et le dégoût de ce qu'on possède est un état cent fois pire que le regret de ce qu'on a perdu.

Si les reproches que ma désolée cousine se fait sur la mort de sa mère étaient fondés, ce cruel souvenir empoisonnerait, je l'avoue, celui de vos amours, et une si funeste idée devrait à jamais les éteindre; mais n'en croyez pas à ses douleurs, elles la trompent, ou plutôt le chimérique motif dont elle aime à les aggraver n'est qu'un prétexte pour en justifier l'excès. Cette âme tendre craint toujours de ne pas s'affliger assez, et c'est une sorte de plaisir pour elle d'ajouter au sentiment de ses peines tout ce qui peut les aigrir. Elle s'en impose, soyez-en sûr; elle n'est pas sincère avec elle-même. Ah, si elle croyait bien sincèrement avoir abrégé les jours de sa mère, son cœur en pourrait-il supporter l'affreux remords? Non, non, mon ami, elle ne la pleurerait pas, elle l'aurait suivie. La maladie de Mme d'Etange est bien connue; c'était une hydropisie de poitrine dont elle ne pouvait revenir, et l'on désespérait de sa vie avant même qu'elle eût découvert votre correspondance. Ce fut un violent chagrin pour elle; mais que de plaisirs réparèrent le mal qu'il pouvait lui faire! Qu'il fut consolant pour cette tendre mère de voir, en gémissant des fautes de sa fille, par combien de vertus elles étaient rachetées, et d'être forcée d'admirer son âme en pleurant sa faiblesse! Qu'il lui fut doux de sentir combien elle en était chérie! Quel zèle infatigable! quels soins continuels! quelle assiduité sans relâche! quel désespoir de l'avoir affligée! que de regrets! que de larmes! que de touchantes caresses! quelle inépuisable sensibilité! C'était dans les yeux de la fille qu'on lisait tout ce que souffrait la mère; c'était elle qui la servait les jours, qui la veillait les nuits; c'était de sa main qu'elle recevait tous les secours. Vous eussiez cru voir une autre Julie; sa délicatesse naturelle avait disparu, elle était forte et robuste, les soins les plus pénibles ne lui coûtaient rien, et son âme semblait lui donner un nouveau corps. Elle faisait tout et paraissait ne rien faire; elle était partout et ne bougeait d'auprès d'elle : on la trouvait sans cesse à genoux devant son lit, la bouche collée sur sa main, gémissant ou de sa faute ou du mal de sa mère, et confondant ces deux sentiments pour s'en affliger davantage. Je n'ai vu personne entrer les derniers jours dans la chambre de ma tante sans être ému jusqu'aux larmes du plus attendrissant de tous les spectacles. On voyait l'effort que faisaient ces deux cœurs pour se réunir plus étroitement au moment d'une funeste séparation; on voyait que le seul regret de se quitter occupait la mère et la fille, et que vivre ou mourir n'eût été rien pour elles si elles avaient pu rester ou partir ensemble.

Bien loin d'adopter les noires idées de Julie, soyez sûr que tout ce qu'on peut espérer des secours humains et des consolations du cœur a concouru de sa part à retarder le progrès de la maladie de sa mère, et qu'infailliblement sa tendresse et ses soins nous l'ont conservée plus longtemps que nous n'eussions pu faire sans elle. Ma tante elle-même m'a dit cent fois que ses derniers jours étaient les plus doux moments de sa vie, et que le bonheur de sa fille était la seule chose qui manquait au sien.

S'il faut attribuer sa perte au chagrin, ce chagrin vient de plus loin, et c'est à son époux seul qu'il faut s'en prendre. Longtemps inconstant et volage, il prodigua les feux de sa jeunesse à mille objets moins dignes de plaire que sa vertueuse compagne; et quand l'âge le lui eut ramené, il conserva près d'elle cette rudesse inflexible dont les maris infidèles ont accoutumé d'aggraver leurs torts. Ma pauvre cousine s'en est ressentie; un vain entêtement de noblesse et cette raideur de caractère que rien n'amollit ont fait vos malheurs et les siens. Sa mère, qui eut toujours du penchant pour vous, et qui pénétra son amour quand il était trop tard pour l'éteindre, porta longtemps en secret la douleur de ne pouvoir vaincre le goût de sa fille ni l'obstination de son époux, et d'être la première cause d'un mal qu'elle ne pouvait plus guérir. Quand vos lettres surprises lui eurent appris jusqu'où vous aviez abusé de sa confiance, elle craignit de tout perdre en voulant tout sauver, et d'exposer les jours de sa fille pour rétablir son honneur. Elle sonda plusieurs fois son mari sans succès; elle voulut plusieurs fois hasarder une confidence entière et lui montrer toute l'étendue de son devoir : la frayeur et sa timidité la retinrent toujours. Elle hésita tant qu'elle put parler; lorsqu'elle le voulut, il n'était plus temps; les forces lui manquèrent; elle mourut avec le fatal secret : et moi qui connais l'humeur de cet homme sévère, sans savoir jusqu'où les sentiments de la nature auraient pu la tempérer, je respire en voyant au moins les jours de Julie en sûreté.

Elle n'ignore rien de tout cela; mais vous dirai-je ce que je pense de ses remords apparents? L'amour est plus ingénieux qu'elle. Pénétrée du regret de sa mère, elle voudrait vous oublier; et malgré qu'elle en ait, il trouble sa conscience pour la forcer de penser à vous. Il veut que ses pleurs aient du rapport à ce qu'elle aime. Elle n'oserait plus s'en occuper directement; il la force de s'en occuper encore, au moins par son repentir. Il abuse avec tant d'art, qu'elle aime mieux souffrir davantage et que vous entriez dans le sujet de ses peines. Votre cœur n'entend pas peut-être ces détours du sien; mais ils n'en sont pas moins naturels : car votre amour à tous deux, quoique égal en force, n'est pas semblable en effets; le vôtre est bouillant et vif, le sien est doux et tendre; vos sentiments s'exhalent au dehors avec véhémence, les siens retournent sur elle-même, et, pénétrant la substance de son âme, l'altèrent et la changent insensiblement. L'amour anime et soutient votre cœur, il affaisse et abat le sien; tous les ressorts en sont relâchés, sa force est nulle, son courage est éteint, sa vertu n'est plus rien. Tant d'héroïques facultés ne sont pas anéanties, mais suspendues; un moment de crise peut leur rendre toute leur vigueur, ou les effacer sans retour. Si elle fait encore un pas vers le découragement, elle est perdue; mais si cette âme excellente se relève un instant, elle sera plus grande, plus forte, plus vertueuse que jamais, et il ne sera plus question de rechute. Croyez-moi, mon aimable ami, dans cet état périlleux, sachez respecter ce que vous aimâtes. Tout ce qui vient de vous, fût-ce contre vous-même, ne lui peut être que mortel. Si vous vous obstinez auprès d'elle, vous pourrez triompher aisément; mais vous croirez en vain posséder la même Julie, vous ne la retrouverez plus.

LETTRE VIII.

DE MYLORD ÉDOUARD A L'AMANT DE JULIE.

J'avais acquis des droits sur ton cœur; tu m'étais nécessaire, et j'étais prêt à t'aller joindre. Que t'importent mes droits, mes besoins, mon empressement? Je suis oublié de toi; tu ne daignes plus m'écrire. J'apprends ta vie solitaire et farouche; je pénètre tes desseins secrets. Tu t'ennuies de vivre.

Meurs donc, jeune insensé; meurs, homme à la fois féroce et lâche; mais sache, en mourant, que tu laisses dans l'âme d'un honnête homme à qui tu fus cher, la douleur de n'avoir servi qu'un ingrat.

LETTRE IX.

RÉPONSE.

Venez, mylord : je croyais ne pouvoir plus goûter de plaisir sur la terre; mais nous nous reverrons. Il n'est pas vrai que vous puissiez me confondre avec les ingrats, votre cœur n'est pas fait pour en trouver, ni le mien pour l'être.

BILLET DE JULIE.

Il est temps de renoncer aux erreurs de la jeunesse et d'abandonner un trompeur espoir : je ne serai jamais à vous. Rendez-moi donc la liberté que je vous ai engagée et dont mon père veut disposer, ou mettez le comble à mes malheurs par un refus qui nous perdra tous deux sans vous être d'aucun usage.

JULIE D'ÉTANGE.

LETTRE X.

DU BARON D'ÉTANGE,

dans laquelle était le précédent billet.

S'il peut rester dans l'âme d'un suborneur quelque sentiment d'honneur et d'humanité, répondez à ce billet d'une malheureuse dont vous avez corrompu le cœur, et qui ne serait plus si j'osais soupçonner qu'elle eût porté plus loin l'oubli d'elle-même. Je m'étonnerai peu que la même philosophie qui lui apprit à se jeter à la tête du premier venu, lui apprenne encore à désobéir à son père. Pensez-y cependant. J'aime à prendre en toute occasion les voies de la douceur et de l'honnêteté quand j'espère qu'elles peuvent suffire; mais, si j'en veux bien user avec vous, ne croyez pas que j'ignore comment se venge l'honneur d'un gentilhomme offensé par un homme qui ne l'est pas.

LETTRE XI.

RÉPONSE.

Épargnez-vous, monsieur, des menaces vaines qui ne m'effraient point, et d'injustes reproches qui ne peuvent m'humilier. Sachez qu'entre deux personnes de même âge il n'y a d'autre suborneur que l'amour, et qu'il ne vous appartiendra jamais d'avilir un homme que votre fille honora de son estime.

Quel sacrifice osez-vous m'imposer, et à quel titre l'exigez-vous? Est-ce à l'auteur de tous mes maux qu'il faut immoler mon dernier espoir? Je veux respecter le père de Julie; mais qu'il daigne être le mien s'il faut que j'apprenne à lui obéir. Non, non, monsieur, quelque opinion que vous ayez de vos procédés, ils ne m'obligent point à renoncer pour vous à des droits si chers et si bien mérités de mon cœur. Vous faites le malheur de ma vie. Je ne vous dois que de la haine, et vous n'avez rien à prétendre de moi. Julie a parlé; voilà mon consentement. Ah! qu'elle soit toujours obéie! Un autre la possédera; mais j'en serai plus digne d'elle.

Si votre fille eût daigné me consulter sur les bornes de votre autorité, ne doutez pas que je ne lui eusse appris à résister à vos prétentions injustes. Quel que soit l'empire dont vous abusez, mes droits sont plus sacrés que les vôtres; la chaîne qui nous lie est la borne du pouvoir paternel, même devant les tribunaux humains; et quand vous osez réclamer la nature, c'est vous seul qui bravez ses lois.

N'alléguez pas non plus cet honneur si bizarre et si délicat que vous parlez de venger; nul ne l'offense que vous-même. Respectez le choix de Julie, et votre honneur est en sûreté; car mon cœur vous honore malgré vos outrages; et, malgré les maximes gothiques, l'alliance d'un honnête homme n'en déshonora jamais un autre. Si ma présomption vous offense, attaquez ma vie, je ne la défendrai jamais contre vous. Au surplus, je me soucie fort peu de savoir en quoi consiste l'honneur d'un gentilhomme; mais, quant à celui d'un homme de bien, il m'appartient, je sais le défendre, et le conserverai pur et sans tache jusqu'au dernier soupir.

Allez, père barbare et peu digne d'un nom si doux, méditez d'affreux parricides, tandis qu'une fille tendre et soumise immole son bonheur à vos préjugés. Vos regrets me vengeront un jour des maux que vous me faites, et vous sentirez trop tard que votre haine aveugle et dénaturée ne vous fut pas moins funeste qu'à moi. Je serai malheureux, sans doute; mais si jamais la voix du sang s'élève au fond de votre cœur, combien vous le serez plus encore d'avoir sacrifié à des chimères l'unique fruit de vos entrailles, unique au monde, en beauté, en mérite, en vertus, et pour qui le ciel, prodigue de ses dons, n'oublia rien qu'un meilleur père.

BILLET

INCLUS DANS LA PRÉCÉDENTE LETTRE.

Je rends à Julie d'Etange le droit de disposer d'elle-même, et de donner sa main sans consulter son cœur.

S. P.

LETTRE XII.

DE JULIE.

Je voulais vous décrire la scène qui vient de se passer, et qui a produit le billet que vous avez dû recevoir; mais mon père a pris ses mesures si justes qu'elle n'a fini qu'un moment avant le départ du courrier. Sa lettre est sans doute arrivée à temps à la poste; il n'en peut être de même de celle-ci: votre résolution sera prise et votre réponse partie avant qu'elle vous parvienne; ainsi tout détail serait désormais inutile. J'ai fait mon devoir; vous ferez le vôtre: mais le sort nous accable, l'honneur nous trahit; nous serons séparés à jamais, et, pour comble d'horreur, je vais passer dans les..... Hélas! j'ai pu vivre dans les tiens! O devoir! à quoi sers-tu? O providence!... il faut gémir et se taire.

La plume échappe de ma main. J'étais incommodée depuis quelques jours; l'entretien de ce matin m'a prodigieusement agitée... la tête et le cœur me font mal... je me sens défaillir... le ciel aurait-il pitié de mes peines?... Je ne puis me soutenir..... je suis forcée à me mettre au lit, et me console dans l'espoir de n'en point relever. Adieu, mes uniques amours; adieu, pour la dernière fois, cher et tendre ami de Julie. Ah! si je ne dois plus vivre pour toi, n'ai-je pas déjà cessé de vivre?

LETTRE XIII.

DE JULIE A MADAME D'ORBE.

Il est donc vrai, chère et cruelle amie, que tu me rappelles à la vie et à mes douleurs? J'ai vu l'instant heureux où j'allais rejoindre la plus tendre des mères; tes soins inhumains m'ont enchaînée pour la pleurer plus longtemps, et quand le désir de la suivre m'arrache à la terre, le regret de te quitter m'y retient. Si je me console de vivre, c'est par l'espoir de n'avoir pas échappé tout entière à la mort. Ils ne sont plus ces agréments de mon visage que mon cœur a payés si cher; la maladie dont je sors m'en a délivrée. Cette heureuse perte ralentira l'ardeur grossière d'un homme assez dépourvu de délicatesse pour m'oser épouser sans mon aveu. Ne trouvant plus en moi ce qui lui plut, il se souciera peu du reste. Sans manquer de parole à mon père, sans offenser l'ami dont il tient la vie, je saurai rebuter cet importun : ma bouche gardera le silence, mais mon aspect parlera pour moi. Son dégoût me garantira de sa tyrannie, et il me trouvera trop laide pour daigner me rendre malheureuse.

Ah! chère cousine, tu connus un cœur plus constant et plus tendre qui ne se fût pas ainsi rebuté. Son goût ne se bornait pas aux traits et à la figure; c'était moi qu'il aimait et non pas mon visage; c'était par tout notre être que nous étions unis l'un à l'autre; et tant que Julie eût été la même, la beauté pouvait fuir, l'amour fut toujours demeuré. Cependant il a pu consentir..... l'ingrat!..... Il l'a dû puisque j'ai pu l'exiger. Qui est-ce qui retient par leur parole ceux qui veulent retirer leur cœur? Ai-je donc voulu retirer le mien?... l'ai-je fait? Ô Dieu! faut-il que tout me rappelle incessamment un temps qui n'est plus, et des feux qui ne doivent plus être! J'ai beau vouloir arracher de mon cœur cette image chérie; je l'y sens trop fortement attachée : je le déchire sans le dégager, et mes efforts pour en effacer un si doux souvenir ne font que l'y graver davantage.

Oserai-je te dire un délire de ma fièvre, qui, loin de s'éteindre avec elle, me tourmente encore plus depuis ma guérison? Oui, connais et plains l'égarement d'esprit de ta malheureuse amie, et rends grâces au ciel d'avoir préservé ton cœur de l'horrible passion qui le donne. Dans un des moments où j'étais le plus mal, je crus, durant l'ardeur du redoublement, voir à côté de mon lit cet infortuné, non tel qu'il charmait jadis mes regards durant le court bonheur de ma vie, mais pâle, défait, mal en ordre, et le désespoir dans les yeux. Il était à genoux; il prit une de mes mains, et sans se dégoûter de l'état où elle était, sans craindre la communication d'un venin si terrible, il la couvrait de baisers et de larmes. A son aspect, j'éprouvai cette vive et délicieuse émotion que me donnait quelquefois sa présence inattendue. Je voulus m'élancer vers lui; on me retint; tu l'arrachas de ma présence; et ce qui me toucha plus vivement, ce furent ses gémissements que je crus entendre à mesure qu'il s'éloignait.

Je ne puis te représenter l'effet étonnant que ce rêve a produit sur moi. Ma fièvre a été longue et violente; j'ai perdu la connaissance durant plusieurs jours; j'ai souvent rêvé à lui dans mes transports; mais aucun de ces rêves n'a laissé dans mon imagination des impressions aussi profondes que celle de ce dernier. Elle est telle qu'il m'est impossible de l'effacer de ma mémoire et de mes sens. A chaque minute, à chaque instant, il me semble le voir dans la même attitude; son air, son habillement, son geste, son triste regard, frappent encore mes yeux : je crois sentir ses lèvres se presser sur ma main, je la sens mouiller de ses larmes; les sons de sa voix plaintive me font tressaillir; je le vois entraîner loin de moi, je fais effort pour le retenir encore : tout me retrace une scène imaginaire avec plus de force que les événements qui me sont réellement arrivés.

J'ai longtemps hésité à te faire cette confidence; la honte m'empêche de te la faire de bouche; mais mon agitation, loin de se calmer, ne fait qu'augmenter de jour en jour, et je ne puis plus résister au besoin de t'avouer ma folie. Ah! qu'elle s'empare de moi tout entière! Que ne puis-je achever de perdre ainsi la raison, puisque le peu qui m'en reste ne sert plus qu'à me tourmenter.

Je reviens à mon rêve. Ma cousine, raille-moi, si tu veux, de ma simplicité, mais il y a dans cette vision, je ne sais quoi de mystérieux qui la distingue du délire ordinaire. Est-ce un pressentiment de la mort du meilleur des hommes? est-ce un avertissement qu'il n'est déjà plus? le ciel daigne-t-il me guider au moins une fois, et m'invite-t-il à suivre celui qu'il me fit aimer? Hélas! l'ordre de mourir sera pour moi le premier de ses bienfaits.

J'ai beau me rappeler tous ces vains discours dont la philosophie amuse les gens qui ne sentent rien; ils ne m'en imposent plus, et je sens que je les méprise. On ne voit point les esprits, je le veux croire; mais deux âmes si étroitement unies ne sauraient-elles avoir entre elles une communication immédiate, indépendante du corps et des sens? L'impression directe que l'une reçoit de l'autre ne peut-elle pas la transmettre au cerveau, et recevoir de lui par contre-coup les sensations qu'elle lui a données?... Pauvre Julie, que d'extravagances! Que les passions nous rendent crédules! et qu'un cœur vivement touché se détache avec peine des erreurs mêmes qu'il aperçoit!

LETTRE XIV.

RÉPONSE.

Ah! fille trop malheureuse et trop sensible, n'es-tu donc née que pour souffrir? Je voudrais en vain t'épargner des douleurs; tu sembles les chercher sans cesse, et ton ascendant est plus fort que tous mes soins. A tant de vrais sujets de peine n'ajoute pas au moins des chimères; et, puisque ma discrétion t'est plus nuisible qu'utile, sors d'une erreur qui te tourmente: peut-être la triste vérité te sera-t-elle encore moins cruelle. Apprends donc que ton rêve n'est point un rêve, que ce n'est point l'ombre de ton ami que tu as vue, mais sa personne, et que cette touchante scène, incessamment présente à ton imagination, s'est passée réellement dans ta chambre le surlendemain du jour où tu fus le plus mal.

La veille je t'avais quittée assez tard, et M. d'Orbe, qui voulut me relever auprès de toi cette nuit-là, était prêt à sortir, quand tout-à-coup nous vîmes entrer brusquement et se précipiter à nos pieds ce pauvre malheureux dans un état à faire pitié. Il avait pris la poste à la réception de ta dernière lettre. Courant jour et nuit, il fit la route en trois jours, et ne s'arrêta qu'à la dernière poste en attendant la nuit pour entrer en ville. Je te l'avoue à ma honte, je fus moins prompte que M. d'Orbe à lui sauter au cou: sans savoir encore la raison de son voyage, j'en prévoyais la conséquence.

Tant de souvenirs amers, ton danger, le sien, le désordre où je le voyais, tout empoisonnait une si douce surprise, et j'étais trop saisie pour lui faire beaucoup de caresses. Je l'embrassai pourtant avec un serrement de cœur qu'il partageait, et qui se fit sentir réciproquement par de muettes étreintes, plus éloquentes que les cris et les pleurs. Son premier mot fut: « Que fait-elle? Ah! que fait-elle? Donnez-moi la vie ou la mort. » Je compris alors qu'il était instruit de ta maladie; et, croyant qu'il n'en ignorait pas non plus l'espèce, j'en parlai sans autre précaution que d'atténuer le danger. Sitôt qu'il sut que c'était la petite-vérole, il fit un cri et se trouva mal. La fatigue et l'insomnie, jointes à l'inquiétude d'esprit, l'avaient jeté dans un tel abattement qu'on fut longtemps à le faire revenir. A peine pouvait-il parler; on le fit coucher.

Vaincu par la nature, il dormit douze heures de suite, mais avec tant d'agitation, qu'un pareil sommeil devait plus épuiser que réparer ses forces. Le lendemain, nouvel embarras; il voulait te voir absolument. Je lui opposai le danger de te causer une révolution; il offrit d'attendre qu'il n'y eût plus de risque, mais son séjour même en était un terrible. J'essayai de le lui faire sentir; il me coupa durement la parole. « Gardez votre barbare éloquence, me dit-il d'un ton d'indignation; c'est trop l'exercer à ma ruine. N'espérez pas me chasser encore comme vous fîtes à mon exil: je viendrais cent fois du bout du monde pour la voir un seul instant. Mais je jure par l'auteur de mon être, ajouta-t-il impétueusement, que je ne partirai point d'ici sans l'avoir vue. Éprouvons une fois si je vous rendrai pitoyable, ou si vous me rendrez parjure. »

Son parti étais pris. M. d'Orbe fut d'avis de chercher les moyens de le satis-

faire pour le pouvoir renvoyer avant que son retour fût découvert : car il n'était connu dans la maison que du seul Hanz dont j'étais sûre, et nous l'avions appelé devant nos gens d'un autre nom que le sien (1). Je lui promis

(1) On voit dans la quatrième partie que ce nom substitué était celui de Saint-Preux.

qu'il te verrait la nuit suivante, à condition qu'il ne resterait qu'un instant, qu'il ne te parlerait point; et qu'il repartirait le lendemain avant le jour : j'en exigeai sa parole. Alors je fus tranquille; je laissai mon mari avec lui, et je retournai près de toi.

Je te trouvai sensiblement mieux, l'éruption était achevée : le médecin me rendit le courage et l'espoir. Je me concertai d'avance avec Babi; et le redoublement, quoique moindre, t'ayant encore embarrassé la tête, je pris ce temps pour écarter tout le monde et faire dire à mon mari d'amener son hôte, jugeant qu'avant la fin de l'accès tu serais moins en état de le reconnaître. Nous eûmes toutes les peines du monde à renvoyer ton désolé père, qui chaque nuit s'obstinait à vouloir rester. Enfin, je lui dis, en colère, qu'il n'épargnerait la peine de personne, que j'étais également résolue à veiller, et qu'il savait bien, tout père qu'il était, que sa tendresse n'était pas plus vigilante que la mienne. Il partit à regret; nous restâmes seules. M. d'Orbe arriva sur les onze heures, et me dit qu'il avait laissé ton ami dans la rue : je l'allai chercher; je le pris par la main : il tremblait comme la feuille. En passant dans l'antichambre, les forces lui manquèrent; il respirait avec peine, et fut contraint de s'asseoir.

Alors démêlant quelques objets à la faible lueur d'une lumière éloignée : « Oui, dit-il avec un profond soupir, je reconnais les mêmes lieux. Une fois en ma vie je les ai traversés... à la même heure... avec le même mystère... j'étais tremblant comme aujourd'hui... le cœur me palpitait de même... O téméraire ! j'étais mortel, et j'osais goûter !... Que vais-je voir maintenant dans ce même asile où tout respirait la volupté dont mon âme était enivrée, dans ce même objet qui faisait et partageait mes transports? l'image du trépas, un appareil de douleur, la vertu malheureuse, et la beauté mourante ! »

Chère cousine, j'épargne à ton pauvre cœur le détail de cette attendrissante scène. Il te vit, et se tut; il l'avait promis : mais quel silence ! Il se jeta à genoux; il baisait tes rideaux en sanglotant; il élevait les mains et les yeux; il poussait de sourds gémissements; il avait peine à contenir sa douleur et ses cris. Sans le voir, tu sortis machinalement une de tes mains; il s'en saisit avec une espèce de fureur; les baisers de feu qu'il appliquait sur cette main malade t'éveillèrent mieux que le bruit et la voix de tout ce qui t'environnait. Je vis que tu l'avais reconnu; et, malgré sa résistance et ses plaintes, je l'arrachai de la chambre à l'instant, espérant éluder l'idée d'une si courte apparition par le prétexte du délire. Mais, voyant ensuite que tu ne m'en disais rien, je crus que tu l'avais oubliée; je défendis à Babi de t'en parler, et je sais qu'elle m'a tenu parole. Vaine prudence que l'amour a déconcertée, et qui n'a fait que laisser fermenter un souvenir qu'il n'est plus temps d'effacer !

Il partit comme il l'avait promis, et je lui fis jurer qu'il ne s'arrêterait pas au voisinage. Mais, ma chère, ce n'est pas tout; il faut achever de te dire ce qu'aussi bien tu ne pourrais ignorer longtemps. Mylord Edouard passa deux jours après; il se pressa pour l'atteindre : il le joignit à Dijon, et le trouva malade. L'infortuné avait gagné la petite-vérole : il m'avait caché qu'il ne l'avait point eue, et je l'avais mené sans précaution. Ne pouvant guérir ton mal, il le voulut partager. En me rappelant la manière dont il baisait ta main, je ne puis douter qu'il ne se soit inoculé volontairement. On ne pouvait être plus mal préparé; mais c'était l'inoculation de l'amour, elle fut heureuse. Ce père de la vie l'a conservée au plus tendre amant qui fut jamais : il est guéri; et, suivant la dernière lettre de mylord Edouard, ils doivent être actuellement repartis pour Paris.

Voilà, trop aimable cousine, de quoi bannir les terreurs funèbres qui t'alarmaient sans sujet. Depuis longtemps tu as renoncé à la personne de ton ami, et sa vie est en sûreté. Ne songe donc qu'à conserver la tienne, et à t'acquitter de bonne grâce du sacrifice que ton cœur a promis à l'amour paternel. Cesse enfin d'être le jouet d'un vain espoir, et de te repaître de chimères. Tu te presses beaucoup d'être fière de ta laideur; sois plus humble, crois-moi, tu n'as encore que trop sujet de l'être. Tu as essuyé une cruelle atteinte, mais ton visage a été épargné. Ce que tu prends pour des cicatrices ne sont que des rougeurs qui seront bientôt effacées. Je fus plus maltraitée que cela, et cependant tu vois que je ne suis pas trop mal encore. Mon ange, tu resteras jolie en dépit de toi; et l'indifférent Wolmar, que trois ans d'absence n'ont pu guérir d'un amour conçu dans huit jours, s'en guérira-t-il en te voyant à toute heure? Oh! si ta seule ressource est de déplaire, que ton sort est désespéré!

LETTRE XV.

DE JULIE.

C'en est trop, c'en est trop. Ami, tu as vaincu. Je ne suis point à l'épreuve de tant d'amour; ma résistance est épuisée. J'ai fait usage de toutes mes forces; ma conscience m'en rend le consolant témoignage. Que le ciel ne me demande point compte de plus qu'il ne m'a donné. Ce triste cœur que tu achetas tant de fois, et qui coûta si cher au tien, t'appartient sans réserve; il fut à toi du premier moment où mes yeux te virent; il te restera jusqu'à mon dernier soupir. Tu l'as trop bien mérité pour le perdre, et je suis lasse de servir aux dépens de la justice une chimérique vertu.

Oui, tendre et généreux amant, ta Julie sera toujours tienne, elle t'aimera toujours: il le faut, je le veux, je le dois. Je te rends l'empire que l'amour t'a donné; il ne te sera plus ôté. C'est en vain qu'une voix mensongère murmure au fond de mon âme, elle ne m'abusera plus. Que sont les vains devoirs qu'elle m'oppose, contre ceux d'aimer à jamais ce que le ciel m'a fait aimer? Le plus sacré de tous n'est-il pas envers toi? n'est-ce pas à toi seul que j'ai tout promis? le premier vœu de mon cœur ne fut-il pas de ne t'oublier jamais? et ton inviolable fidélité n'est-elle pas un nouveau lien pour la mienne? Ah! dans le transport d'amour qui me rend à toi, mon seul regret est d'avoir combattu des sentiments si chers et si légitimes. Nature, ô douce nature! reprends tous tes droits; j'abjure les barbares vertus qui t'anéantissent. Les penchants que tu m'as donnés seront-ils plus trompeurs qu'une raison qui m'égara tant de fois?

Respecte ces tendres penchants, mon aimable ami; tu leur dois trop pour les haïr; mais souffres-en le cher et doux partage; souffre que les droits du sang et de l'amitié ne soient pas éteints par ceux de l'amour. Ne pense point que pour te suivre j'abandonne jamais la maison paternelle; n'espère point que je me refuse aux liens que m'impose une autorité sacrée: la cruelle perte de l'un des auteurs de mes jours m'a trop appris à craindre d'affliger l'autre. Non, celle dont il attend désormais toute sa consolation ne contristera point son âme accablée d'ennuis; je n'aurai point donné la mort à tout ce qui me donna la vie. Non, non; je connais mon crime et ne puis le haïr. Devoir, honneur, vertu, tout cela ne me dit plus rien: mais pourtant je ne suis point un monstre; je suis faible et non dénaturée. Mon parti est pris, je ne veux désoler aucun de ceux que j'aime. Qu'un père esclave de sa parole et jaloux d'un vain titre dispose de ma main qu'il a promise; que l'amour seul dispose de mon cœur; que mes pleurs ne cessent de couler dans le sein d'une tendre amie. Que je sois vile et malheureuse; mais que tout ce qui m'est cher soit heureux et content s'il est possible. Formez tous trois ma seule existence, et que votre bonheur me fasse oublier ma misère et mon désespoir.

LETTRE XVI.

RÉPONSE

Nous renaissons, ma Julie; tous les vrais sentiments de nos âmes reprennent leur cours. La nature nous a conservé l'être, et l'amour nous rend à la vie. En doutais-tu ? L'osas-tu croire, de pouvoir m'ôter ton cœur ? Va, je le connais mieux que toi, ce cœur que le ciel a fait pour le mien. Je les sens joints par une existence commune qu'ils ne peuvent perdre qu'à la mort. Dépend-il de nous de les séparer, ni même de le vouloir ? tiennent-ils l'un à l'autre par des nœuds que les hommes aient formés et qu'ils puissent rompre ? Non, non, Julie; si le sort cruel nous refuse le doux nom d'époux, rien ne peut nous ôter celui d'amants fidèles; il fera la consolation de nos tristes jours, et nous l'emporterons au tombeau.

Ainsi nous recommençons de vivre pour recommencer de souffrir, et le sentiment de notre existence n'est pour nous qu'un sentiment de douleur. Infortunés ! que sommes-nous devenus ? Comment avons-nous cessé d'être ce que nous fûmes ? Où est cet enchantement de bonheur suprême ? Où sont ces ravissements exquis dont les vertus animaient nos feux ? Il ne reste de nous que notre amour; l'amour seul reste, et ses charmes se sont éclipsés. Fille trop soumise, amante sans courage, tous nos maux nous viennent de tes erreurs. Hélas ! un cœur moins pur t'aurait bien moins égarée ! Oui, c'est l'honnêteté du tien qui nous perd; les sentiments droits qui le remplissent en ont chassé la sagesse. Tu as voulu concilier la tendresse filiale avec l'indomptable amour; en te livrant à la fois à tous tes penchants, tu les confonds au lieu de les accorder, et deviens coupable à force de vertus. O Julie, quel est ton inconcevable empire ! Par quel étrange pouvoir tu fascines ma raison ! même en me faisant rougir de nos feux, tu te fais encore estimer par tes fautes; tu me forces de t'admirer en partageant tes remords... Des remords !... était-ce à toi d'en sentir ?... toi que j'aimai... toi que je ne puis cesser d'adorer... Le crime pourrait-il approcher de ton cœur ?... Cruelle ! en me le rendant ce cœur qui m'appartient, rends-le moi tel qu'il me fut donné.

Que m'as-tu dit ? qu'oses-tu me faire entendre ?... Toi, passer dans les bras d'un autre !... un autre te posséder !... N'être plus à moi !... ou, pour comble d'horreur, n'être pas à moi seul ! Moi, j'éprouverais cet affreux supplice !... je te verrais survivre à toi-même !... Non ; j'aime mieux te perdre que te partager.... Que le ciel ne me donna-t-il un courage digne des transports qui m'agitent !.... avant que ta main se fût avilie dans ce nœud funeste abhorré par l'amour et réprouvé par l'honneur, j'irais de la mienne te plonger un poignard dans le sein ; j'épuiserais ton chaste cœur d'un sang que n'aurait point souillé l'infidélité. A ce pur sang, je mêlerais celui qui brûle dans mes veines d'un feu que rien ne peut éteindre; je tomberais dans tes bras ; je rendrais sur tes lèvres mon dernier soupir.... je recevrais le tien..... Julie expirante !..... ces yeux si doux, éteints par les horreurs de la mort !.... ce sein, ce trône de l'amour, déchiré par ma main, versant à gros bouillons le sang et la vie !..... Non, vis et souffre, porte la peine de ma lâcheté. Non ; je voudrais que tu ne fusses plus; mais je ne puis t'aimer assez pour te poignarder.

O si tu connaissais l'état de ce cœur serré de détresse ! jamais il ne brûla d'un feu si sacré; jamais ton innocence et ta vertu ne lui furent si chères. Je suis amant, je sais aimer, je le sens; mais je ne suis qu'un homme, et il est au-dessus de la force humaine de renoncer à la suprême félicité. Une nuit, une seule nuit a changé pour jamais toute mon âme. Ote-moi ce dangereux souvenir, et je suis vertueux. Mais cette nuit fatale règne au fond de mon cœur et va couvrir de son ombre le reste de ma vie. Ah ! Julie ! objet adoré ! s'il faut être à jamais misérables, encore une heure de bonheur, et des regrets éternels !

Ecoute celui qui t'aime. Pourquoi voudrions-nous être plus sages nous seuls que tout le reste des hommes, et suivre avec une simplicité d'enfants de chimériques vertus dont tout le monde parle et que personne ne pratique ? Quoi ! serons-nous meilleurs moralistes que ces foules de savants dont Londres et Paris sont peuplés, qui tous se raillent de la fidélité conjugale et regardent l'adultère comme un jeu! Les exemples n'en sont point scandaleux; il n'est pas même permis d'y trouver à redire; et tous les honnêtes gens se riraient ici de celui qui, par respect pour le mariage, résisterait au penchant de son cœur. « En effet, disent-ils, un tort qui n'est que dans l'opinion n'est-il pas nul quand il est secret! Quel mal reçoit un mari d'une infidélité qu'il ignore? De quelle complaisance une femme ne rachète-t-elle pas ses fautes (1)? quelle douceur n'emploie-t-elle pas à prévenir ou guérir ses soupçons? Privé d'un bien imaginaire, il vit réellement plus heureux; et ce prétendu crime dont on fait tant de bruit n'est qu'un lien de plus dans la société. »

A Dieu ne plaise, ô chère amie de mon cœur, que je veuille rassurer le tien par ces honteuses maximes! je les abhorre sans savoir les combattre, et ma conscience y répond mieux que ma raison. Non que je me fasse fort d'un courage que je hais, ni que je voulusse d'une vertu si coûteuse : mais je me crois moins coupable en me reprochant mes fautes qu'en m'efforçant de les justifier; et je regarde comme le comble du crime d'en vouloir ôter les remords.

Je ne sais ce que j'écris : je me sens l'âme dans un état affreux, pire que celui même où j'étais avant d'avoir reçu ta lettre. L'espoir que tu me rends est triste et sombre; il éteint cette lueur si pure qui nous guida tant de fois; tes attraits s'en ternissent et ne deviennent que plus touchants : je te vois tendre et malheureuse; mon cœur est inondé des pleurs qui coulent de tes yeux, et je me reproche avec amertume un bonheur que je ne puis plus goûter qu'aux dépens du tien.

Je sens pourtant qu'une ardeur secrète m'anime encore et me rend le courage que veulent m'ôter les remords. Chère amie, ah! sais-tu de combien de pertes un amour pareil au mien peut te dédommager? Sais-tu jusqu'à quel point un amant qui ne respire que pour toi peut te faire aimer la vie? Conçois-tu bien que c'est pour toi seule que je veux vivre, agir, penser, sentir désormais? Non, source délicieuse de mon être, je n'aurai plus d'âme que ton âme, je ne serai plus rien qu'une partie de toi-même, et tu trouveras au fond de mon cœur une si douce existence que tu ne sentiras point ce que la tienne aura perdu de ses charmes. Hé bien! nous serons coupables, mais nous aimerons toujours la vertu : loin d'oser excuser nos fautes, nous en gémirons, nous les pleurerons ensemble, nous les rachèterons, s'il est possible, à force d'être bienfaisants et bons. Julie! ô Julie! que ferais-tu? que peux-tu faire! Tu ne peux échapper à mon cœur; n'a-t-il pas épousé le tien?

Ces vains projets de fortune qui m'ont si grossièrement abusé sont oubliés depuis longtemps. Je vais m'occuper uniquement des soins que je dois à mylord Édouard : il veut m'entraîner en Angleterre; il prétend que je puis l'y servir. Hé bien! je l'y suivrai : mais je me déroberai tous les ans; je me rendrai secrètement près de toi. Si je ne puis te parler, au moins je t'aurai vue; j'aurai du moins baisé tes pas; un regard de tes yeux m'aura donné dix mois de vie. Forcé de repartir, en m'éloignant de celle que j'aime je compterai pour me consoler les pas qui doivent m'en rapprocher. Ces fréquents voyages donneront le change à ton malheureux amant; il croira déjà jouir de ta vue en partant pour t'aller voir; le souvenir de ses transports l'enchantera durant son retour; malgré le sort cruel, ses tristes ans ne seront pas tout-à-fait perdus; il n'y en aura point qui ne soient marqués par des plaisirs, et les courts moments qu'il passera près de toi se multiplieront sur sa vie entière.

---

(1) Et où le bon Suisse avait-il vu cela? Il y a longtemps que les femmes galantes l'ont pris sur un plus haut ton. Elles commencent par établir fièrement leurs amants dans la maison, et si l'on daigne y souffrir le mari, c'est autant qu'il se comporte envers eux avec le respect qu'il leur doit. Une femme qui se cacherait d'un mauvais commerce ferait croire qu'elle en a honte, et serait déshonorée; pas une honnête femme ne voudrait la voir.

LETTRE XVII.

DE MADAME D'ORBE A L'AMANT DE JULIE.

Votre amante n'est plus; mais j'ai retrouvé mon amie, et vous en avez acquis une dont le cœur peut vous rendre beaucoup plus que vous n'avez perdu. Julie est mariée, et digne de rendre heureux l'honnête homme qui vient d'unir son sort au sien. Après tant d'imprudences, rendez grâces au ciel qui vous a sauvés tous deux, elle de l'ignominie, et vous du regret de l'avoir déshonorée. Respectez son nouvel état, ne lui écrivez point, elle vous en prie. Attendez qu'elle vous écrive; c'est ce qu'elle fera dans peu. Voici le temps où je vais connaître si vous méritez l'estime que j'eus pour vous, et si votre cœur est sensible à une amitié pure et sans intérêt.

LETTRE XVIII.

DE JULIE A SON AMI.

Vous êtes depuis si longtemps le dépositaire de tous les secrets de mon cœur, qu'il ne saurait plus perdre une si douce habitude. Dans la plus importante occasion de ma vie, il veut s'épancher avec vous : ouvrez-lui le vôtre, mon aimable ami; recueillez dans votre sein les longs discours de l'amitié : si quelquefois elle rend diffus l'ami qui parle, elle rend toujours patient l'ami qui écoute.

Liée au sort de son époux, ou plutôt aux volontés d'un père, par une chaîne indissoluble, j'entre dans une nouvelle carrière qui ne doit finir qu'à la mort. En la commençant, jetons un moment les yeux sur celle que je quitte; il ne nous sera pas pénible de rappeler un temps si cher; peut-être y trouverai-je des leçons pour bien user de celui qui me reste; peut-être y trouverez-vous des lumières pour expliquer ce que ma conduite eut toujours d'obscur à vos yeux. Au moins, en considérant ce que nous fûmes l'un à l'autre, nos cœurs n'en sentiront que mieux ce qu'ils se doivent jusqu'à la fin de nos jours.

Il y a six ans à peu près que je vous vis pour la première fois: vous étiez jeune, bien fait, aimable : d'autres jeunes gens m'ont paru plus beaux et mieux faits que vous; aucun ne m'a donné la moindre émotion, et mon cœur fut à vous dès la première vue (1). Je crus voir sur votre visage les traits de l'âme qu'il fallait à la mienne. Il me sembla que mes sens ne servaient que d'organe à des sentiments plus nobles; et j'aimai dans vous moins ce que j'y voyais que ce que je croyais sentir en moi-même. Il n'y a pas deux mois que je pensais encore ne m'être pas trompée : l'aveugle amour, me disais-je, avait raison; nous étions faits l'un pour l'autre; je serais à lui si l'ordre humain n'eût troublé les rapports de la nature; et s'il était permis à quelqu'un d'être heureux, nous aurions dû l'être ensemble.

Mes sentiments nous furent communs : ils m'auraient abusée si je les eusse éprouvés seule. L'amour que j'ai connu ne peut naître que d'une convenance réciproque et d'un accord des âmes. On n'aime point si l'on n'est aimé, du moins on n'aime pas longtemps. Ces passions sans retour, qui font, dit-on, tant de malheureux, ne sont fondées que sur les sens : si quelques-unes pénètrent jusqu'à l'âme, c'est par des rapports faux dont on est bientôt détrompé. L'amour sensuel ne peut se passer de la possession, et s'éteint par elle. Le véritable amour ne peut se passer du cœur, et dure autant que les rapports

---

(1) M. Richardson se moque beaucoup de ces attachements nés de la première vue, et fondés sur des conformités indéfinissables. C'est fort bien fait de s'en moquer; mais comme il n'en existe pourtant que trop de cette espèce, au lieu de s'amuser à les nier, ne ferait-on pas mieux de nous apprendre à les vaincre?

qui l'ont fait naître (1). Tel fut le nôtre en commençant : tel il sera, j'espère, jusqu'à la fin de nos jours, quand nous l'aurons mieux ordonné. Je vis, je sentis que j'étais aimée et que je devais l'être : la bouche était muette, le regard était contraint, mais le cœur se faisait entendre. Nous éprouvâmes bientôt entre nous ce je ne sais quoi qui rend le silence éloquent, qui fait parler des yeux baissés, qui donne une timidité téméraire, qui montre les désirs par la crainte, et dit tout ce qu'il n'ose exprimer.

Je sentis mon cœur, et me jugeai perdue à votre premier mot. J'aperçus la gêne de votre réserve; j'approuvai ce respect, je vous en aimai davantage : je cherchais à vous dédommager d'un silence pénible et nécessaire sans qu'il en coûtât à mon innocence; je forçai mon naturel; j'imitai ma cousine, je devins badine et folâtre comme elle, pour prévenir des explications trop graves et faire passer mille tendres caresses à la faveur de ce feint enjouement. Je voulais vous rendre si doux votre état présent, que la crainte d'en changer augmentât votre retenue. Tout cela me réussit mal : on ne sort point de son naturel impunément. Insensée que j'étais! j'accélérai ma perte au lieu de la prévenir, j'employai du poison pour palliatif; et ce qui devait vous faire taire fut précisément ce qui vous fit parler. J'eus beau, par une froideur affectée, vous tenir éloigné dans le tête-à-tête, cette contrainte même me trahit : vous écrivîtes; au lieu de jeter au feu votre première lettre ou de la porter à ma mère, j'osai l'ouvrir : ce fut là mon crime, et tout le reste fut forcé. Je voulus m'empêcher de répondre à ces lettres funestes que je ne pouvais m'empêcher de lire. Cet affreux combat altéra ma santé : je vis l'abîme où j'allais me précipiter : j'eus horreur de moi-même, et ne pus me résoudre à vous laisser partir. Je tombai dans une sorte de désespoir; j'aurais mieux aimé que vous ne fussiez plus que de n'être point à moi : j'en vins jusqu'à souhaiter votre mort, jusqu'à vous la demander. Le ciel a vu mon cœur : cet effort doit acheter quelques fautes.

Vous voyant prêt à m'obéir, il fallut parler. J'avais reçu de la Chaillot des leçons qui ne me firent que mieux connaître les dangers de cet aveu. L'amour qui me l'arrachait m'apprit à en éluder l'effet. Vous fûtes mon dernier refuge; j'eus assez de confiance en vous pour vous armer contre ma faiblesse; je vous crus digne de me sauver de moi-même, et je vous rendis justice. En vous voyant respecter un dépôt si cher, je connus que ma passion ne m'aveuglait point sur les vertus qu'elle me faisait trouver en vous. Je m'y livrais avec d'autant plus de sécurité, qu'il me sembla que nos cœurs se suffisaient l'un à l'autre. Sûre de ne trouver au fond du mien que des sentiments honnêtes, je goûtais sans précaution les charmes d'une douce familiarité. Hélas! je ne voyais pas que le mal s'invétérait par ma négligence, et que l'habitude était plus dangereuse que l'amour. Touchée de votre retenue, je crus pouvoir sans risque modérer la mienne; dans l'innocence de mes désirs, je pensais encourager en vous la vertu même par les tendres caresses de l'amitié. J'appris dans le bosquet de Clarens que j'avais trop compté sur moi, et qu'il ne faut rien accorder aux sens quand on veut leur refuser quelque chose. Un instant, un seul instant, embrasa les miens d'un feu que rien ne put éteindre; et si ma volonté résistait encore, dès lors mon cœur fut corrompu.

Vous partagiez mon égarement : votre lettre me fit trembler. Le péril était double : pour me garantir de vous et de moi, il fallut vous éloigner. Ce fut le dernier effort d'une vertu mourante. En fuyant, vous achevâtes de vaincre; et sitôt que je ne vous vis plus, ma langueur m'ôta le peu de force qui me restait pour vous résister.

Mon père, en quittant le service, avait amené chez lui M. de Wolmar la vie qu'il lui devait, et une liaison de vingt ans, lui rendaient cet ami si cher qu'il ne pouvait se séparer de lui. M. de Wolmar avançait en âge; et, quoique

---

(1) Quand ces rapports sont chimériques, il dure autant que l'illusion qui nous les fait imaginer.

riche et de grande naissance, ne trouvait point de femme qui lui convînt. Mon père lui avait parlé de sa fille en homme qui souhaitait de se faire un gendre de son ami : il fut question de la voir, et c'est dans ce dessein qu'ils firent le voyage ensemble. Mon destin voulut que je plusse à M. de Wolmar, qui n'avait jamais rien aimé. Ils se donnèrent secrètement leur parole; et M. de Wolmar, ayant beaucoup d'affaires à régler dans une cour du Nord où étaient sa famille et sa fortune, il en demanda le temps, et partit sur cet engagement mutuel. Après son départ, mon père nous déclara, à ma mère et à moi, qu'il me l'avait destiné pour époux, et m'ordonna d'un ton qui ne laissait point de réplique à ma timidité de me disposer à recevoir sa main. Ma mère, qui n'avait que trop remarqué le penchant de mon cœur, et qui se sentait pour vous une inclination naturelle, essaya plusieurs fois d'ébranler cette résolution : sans oser vous proposer, elle parlait de manière à donner à mon père de la considération pour vous et le désir de vous connaître : mais la qualité qui vous manquait le rendit insensible à toutes celles que vous possédiez; et s'il convenait que la naissance ne les pouvait remplacer, il prétendait qu'elle seule pouvait les faire valoir.

L'impossibilité d'être heureuse irrita des feux qu'elle eût dû éteindre. Une flatteuse illusion me soutenait dans mes peines; je perdis avec elle la force de les supporter. Tant qu'il me fût resté quelque espoir d'être à vous, peut-être aurais-je triomphé de moi; il m'en eût moins coûté de vous résister toute ma vie que de renoncer à vous pour jamais; et la seule idée d'un combat éternel m'ôta le courage de vaincre.

La tristesse et l'amour consumaient mon cœur, je tombai dans un abattement dont mes lettres se sentirent. Celle que vous m'écrivîtes de Meillerie y mit le comble; à mes propres douleurs se joignit le sentiment de votre désespoir. Hélas! c'est toujours l'âme la plus faible qui porte les peines de toutes deux. Le parti que vous m'osiez proposer mit le comble à mes perplexités. L'infortune de mes jours était assurée, l'inévitable choix qui me restait à faire était d'y joindre celle de mes parents ou la vôtre. Je ne pus supporter cette horrible alternative : les forces de la nature ont un terme; tant d'agitations épuisèrent les miennes. Je souhaitai d'être délivrée de la vie. Le ciel parut avoir pitié de moi; mais la cruelle mort m'épargna pour me perdre. Je vous vis, je fus guérie, et je péris.

Si je ne trouvai point le bonheur dans mes fautes, je n'avais jamais espéré l'y trouver. Je sentais que mon cœur était fait pour la vertu, et qu'il ne pouvait être heureux sans elle; je succombai par faiblesse et non par erreur; je n'eus pas même l'excuse de l'aveuglement. Il ne me restait aucun espoir; je ne pouvais plus qu'être infortunée. L'innocence et l'amour m'étaient également nécessaires; ne pouvant les conserver ensemble, et voyant votre égarement, je ne consultai que vous dans mon choix, et me perdis pour vous sauver.

Mais il n'est pas si facile qu'on pense de renoncer à la vertu : elle tourmente longtemps ceux qui l'abandonnent, et ses charmes, qui font les délices des âmes pures, font le premier supplice du méchant, qui les aime encore et n'en saurait plus jouir. Coupable et non dépravée, je ne pus échapper aux remords qui m'attendaient; l'honnêteté me fut chère, même après l'avoir perdue; ma honte, pour être secrète, ne m'en fut pas moins amère, et quand tout l'univers en eût été témoin, je ne l'aurais pas mieux sentie. Je me consolais dans ma douleur comme un blessé qui craint la gangrène, et en qui le sentiment de son mal soutient l'espoir d'en guérir.

Cependant, cet état d'opprobre m'était odieux. A force de vouloir étouffer le reproche sans renoncer au crime, il m'arriva ce qu'il arrive à toute âme honnête qui s'égare et qui se plaît dans son égarement. Une illusion nouvelle vint adoucir l'amertume du repentir; j'espérai tirer de ma faute un moyen de la réparer, et j'osai former le projet de contraindre mon père à nous unir. Le premier fruit de notre amour devait serrer ce doux lien : je le demandais au ciel comme le gage de mon retour à la vertu et de notre bonheur commun; je le désirais comme une autre à ma place aurait pu le craindre : le tendre amour, tempérant par son prestige le murmure de la conscience, me consolait

de ma faiblesse par l'effet que j'en attendais, et faisait d'une si chère attente le charme et l'espoir de ma vie.

Sitôt que j'aurais porté des marques sensibles de mon état, j'avais résolu d'en faire, en présence de toute ma famille, une déclaration publique à M. Perret (1). Je suis timide, il est vrai; je sentais tout ce qu'il m'en devait

(1) Pasteur du lieu.

coûter : mais l'honneur même animait mon courage, et j'aimais mieux supporter une fois la confusion que j'avais méritée, que de nourrir une honte éternelle au fond de mon cœur. Je savais que mon père me donnerait la mort ou mon amant; cette alternative n'avait rien d'effrayant pour moi; et, de manière ou d'autre, j'envisageais dans cette démarche la fin de tous mes malheurs.

Tel était, mon bon ami, le mystère que je voulus vous dérober, et que vous cherchiez à pénétrer avec une si curieuse inquiétude. Mille raisons me forçaient à cette réserve avec un homme aussi emporté que vous, sans compter qu'il ne fallait pas armer d'un nouveau prétexte votre indiscrète importunité. Il était à propos surtout de vous éloigner durant une si périlleuse scène, et je savais bien que vous n'auriez jamais consenti à m'abandonner dans un danger pareil s'il vous eût été connu.

Hélas! je fus encore abusée par une si douce espérance. Le ciel rejeta des projets conçus dans le crime : je ne méritais pas l'honneur d'être mère; mon attente resta toujours vaine, et il me fut refusé d'expier ma faute aux dépens de ma réputation. Dans le désespoir que j'en conçus, l'imprudent rendez-vous qui mettait votre vie en danger fut une témérité que mon fol amour me voilait d'une si douce excuse : je m'en prenais à moi du mauvais succès de mes vœux, et mon cœur, abusé par ses désirs, ne voyait dans l'ardeur de les contenter que le soin de les rendre un jour légitimes.

Je les crus un instant accomplis : cette erreur fut la source du plus cuisant de mes regrets; et l'amour exaucé par la nature n'en fut que plus cruellement trahi par la destinée. Vous avez su (1) quel accident détruisit, avec le germe que je portais dans mon sein, le dernier fondement de mes espérances. Ce malheur m'arriva précisément dans le temps de notre séparation, comme si le ciel eût voulu m'accabler alors de tous les maux que j'avais mérités, et couper à la fois tous les liens qui pouvaient nous unir.

Votre départ fut la fin de mes erreurs ainsi que de mes plaisirs; je reconnus, mais trop tard, les chimères qui m'avaient abusée. Je me vis aussi méprisable que je l'étais devenue, et aussi malheureuse que je devais toujours l'être, avec un amour sans innocence et des désirs sans espoir qu'il m'était impossible d'éteindre. Tourmentée de mille vains regrets, je renonçai à des réflexions aussi douloureuses qu'inutiles : je ne valais plus la peine que je songeasse à moi-même, je consacrai ma vie à m'occuper de vous. Je n'avais plus d'honneur que le vôtre, plus d'espérance qu'en votre bonheur; et les sentiments qui me venaient de vous étaient les seuls dont je crusse pouvoir être encore émue.

L'amour ne m'aveuglait point sur vos défauts, mais il me les rendait chers; et telle était son illusion, que je vous aurais moins aimé si vous aviez été plus parfait. Je connaissais votre cœur, vos emportements; je savais qu'avec plus de courage que moi vous aviez moins de patience, et que les maux dont mon âme était accablée mettraient la vôtre au désespoir : c'est par cette raison que je vous cachai toujours avec soin les engagements de mon père; et, à notre séparation, voulant profiter du zèle de mylord Edouard pour votre fortune et vous en inspirer un pareil à vous-même, je vous flattai d'un espoir que je n'avais pas. Je fis plus : connaissant le danger qui nous menaçait, je pris la seule précaution qui pouvait nous en garantir; et, vous engageant avec ma parole ma liberté autant qu'il m'était possible, je tâchai d'inspirer à vous de la confiance, à moi de la fermeté, par une promesse que je n'osasse enfreindre et qui pût vous tranquilliser. C'était un devoir puéril, j'en conviens, et cependant je ne m'en serais jamais départie. La vertu est si nécessaire à nos cœurs, que, quand on a une fois abandonné la véritable, on s'en fait ensuite une à sa mode, et l'on y tient plus fortement peut-être, parce qu'elle est de notre choix.

(1) Ceci suppose d'abord d'autres lettres que nous n'avons pas.

Je ne vous dirai point combien j'éprouvai d'agitations depuis votre éloignement : la pire de toutes était la crainte d'être oubliée. Le séjour où vous étiez me faisait trembler ; votre manière d'y vivre augmentait mon effroi ; je croyais déjà vous voir avilir jusqu'à n'être plus qu'un homme à bonnes fortunes. Cette ignominie m'était plus cruelle que tous mes maux ; j'aurais mieux aimé vous savoir malheureux que méprisable ; après tant de peines auxquelles j'étais accoutumée, votre déshonneur était la seule que je ne pouvais supporter.

Je fus rassurée sur des craintes que le ton de vos lettres commençait à confirmer ; et je le fus par un moyen qui eût pu mettre le comble aux alarmes d'une autre. Je parle du désordre où vous vous laissâtes entraîner, et dont le prompt et libre aveu fut de toutes les épreuves de votre franchise celle qui m'a le plus touchée. Je vous connaissais trop pour ignorer ce qu'un pareil aveu devait vous coûter, quand même j'aurais cessé de vous être chère ; je vis que l'amour, vainqueur de la honte, avait pu seul vous l'arracher. Je jugeai qu'un cœur si sincère était incapable d'une infidélité cachée ; je trouvai moins de tort dans votre faute que de mérite à la confesser, et, me rappelant vos anciens engagements, je me guéris pour jamais de la jalousie.

Mon ami, je n'en fus pas plus heureuse ; pour un tourment de moins, sans cesse il en renaissait mille autres, et je ne connus jamais mieux combien il est insensé de chercher dans l'égarement de son cœur un repos qu'on ne trouve que dans la sagesse. Depuis longtemps je pleurais en secret la meilleure des mères, qu'une langueur consumait insensiblement. Babi, à qui le fatal effet de ma chute m'avait forcée à me confier, me trahit et lui découvrit nos amours et mes fautes. A peine eus-je retiré vos lettres de chez ma cousine, qu'elles furent surprises. Le témoignage était convaincant ; la tristesse acheva d'ôter à ma mère le peu de forces que son mal lui avait laissées. Je faillis expirer de regret à ses pieds. Loin de m'exposer à la mort que je méritais, elle voila ma honte, et se contenta d'en gémir : vous-même, qui l'aviez si cruellement abusée, ne pûtes lui devenir odieux. Je fus témoin de l'effet que produisit votre lettre sur son cœur tendre et compatissant. Hélas ! elle désirait votre bonheur et le mien. Elle tenta plus d'une fois... Que sert de rappeler une espérance à jamais éteinte ? Le ciel en avait autrement ordonné. Elle finit ses tristes jours dans la douleur de n'avoir pu fléchir un époux sévère, et de laisser une fille si peu digne d'elle.

Accablée d'une si cruelle perte, mon âme n'eut plus de force que pour la sentir ; la voix de la nature gémissante étouffa les murmures de l'amour. Je pris dans une espèce d'horreur la cause de tant de maux ; je voulus étouffer enfin l'odieuse passion qui me les avait attirés, et renoncer à vous pour jamais. Il le fallait, sans doute ; n'avais-je pas assez de quoi pleurer le reste de ma vie, sans chercher incessamment de nouveaux sujets de larmes ? Tout semblait favoriser ma résolution. Si la tristesse attendrit l'âme, une profonde affliction l'endurcit. Le souvenir de ma mère mourante effaçait le vôtre ; nous étions éloignés ; l'espoir m'avait abandonnée. Jamais mon incomparable amie ne fut si sublime ni si digne d'occuper seule tout mon cœur ; sa vertu, sa raison, son amitié, ses tendres caresses, semblaient l'avoir purifié : je vous crus oublié, je me crus guérie. Il était trop tard ; ce que j'avais pris pour la froideur d'un amour éteint n'était que l'abattement du désespoir.

Comme un malade qui cesse de souffrir en tombant en faiblesse se ranime à de plus vives douleurs, je sentis bientôt renaître toutes les miennes quand mon père m'eut annoncé le prochain retour de M. de Wolmar. Ce fut alors que l'invincible amour me rendit des forces que je croyais n'avoir plus. Pour la première fois de ma vie, j'osai résister en face à mon père ; je lui protestai nettement que jamais M. de Wolmar ne me serait rien, que j'étais déterminée à mourir fille, qu'il était maître de ma vie, mais non pas de mon cœur, et que rien ne me ferait changer de volonté. Je ne vous parlerai ni de sa colère ni des traitements que j'eus à souffrir. Je fus inébranlable : ma timidité surmontée m'avait portée à l'autre extrémité ; et si j'avais le ton moins impérieux que mon père, je l'avais tout aussi résolu.

Il vit que j'avais pris mon parti, et qu'il ne gagnerait rien sur moi par autorité. Un instant je me crus délivrée de ses persécutions ; mais que devins-je quand tout-à-coup je vis à mes pieds le plus sévère des pères attendri et fondant en larmes ? Sans me permettre de me relever, il me serrait les genoux, et, fixant ses yeux mouillés sur les miens, il me dit, d'une voix touchante, que j'entends encore au dedans de moi : « Ma fille, respecte les cheveux blancs de ton malheureux père ; ne le fais pas descendre avec douleur au tombeau, comme celle qui te porta dans son sein : ah ! veux-tu donner la mort à toute ta famille ? »

Concevez mon saisissement. Cette attitude, ce ton, ce geste, ce discours, cette affreuse idée, me bouleversèrent au point que je me laissai aller demi-morte entre ses bras, et ce ne fut qu'après bien des sanglots dont j'étais oppressée, que je pus lui répondre d'une voix altérée et faible : « O mon père ! j'avais des armes contre vos menaces, je n'en ai point contre vos pleurs ; c'est vous qui ferez mourir votre fille. »

Nous étions tous deux tellement agités que nous ne pûmes de longtemps nous remettre. Cependant, en repassant en moi-même ses derniers mots, je conçus qu'il était plus instruit que je n'avais cru, et, résolue de me prévaloir contre lui de ses propres connaissances, je me préparais à lui faire, au péril de ma vie, un aveu trop longtemps différé, quand, m'arrêtant avec vivacité, comme s'il eût prévu et craint ce que j'allais lui dire, il me parla ainsi :

« Je sais quelle fantaisie indigne d'une fille bien née vous nourrissez au fond de votre cœur : il est temps de sacrifier au devoir et à l'honnêteté une passion honteuse qui vous déshonore et que vous ne satisferez jamais qu'aux dépens de ma vie. Ecoutez une fois ce que l'honneur d'un père et le vôtre exigent de vous, et jugez-vous-même.

« M. de Wolmar est un homme d'une grande naissance, distingué par toutes les qualités qui peuvent la soutenir, qui jouit de la considération publique, et qui la mérite. Je lui dois la vie ; vous savez les engagements que j'ai pris avec lui. Ce qu'il faut vous apprendre encore, c'est qu'étant allé dans son pays pour mettre ordre à ses affaires, il s'est trouvé enveloppé dans la dernière révolution, qu'il y a perdu ses biens, qu'il n'a lui-même échappé à l'exil en Sibérie que par un bonheur singulier, et qu'il revient avec le triste débris de sa fortune, sur la parole de son ami qui n'en manqua jamais à personne. Prescrivez-moi maintenant la réception qu'il faut lui faire à son retour. Lui dirai-je : Monsieur, je vous promis ma fille tandis que vous étiez riche ; mais à présent que vous n'avez plus rien, je me rétracte, et ma fille ne veut point de vous ? Si ce n'est pas ainsi que j'énonce mon refus, c'est ainsi qu'on l'interprétera : vos amours allégués seront pris pour un prétexte, ou ne seront pour moi qu'un affront de plus ; et nous passerons, vous pour une fille perdue, moi pour un malhonnête homme qui sacrifie son devoir et sa foi à un vil intérêt, et joint l'ingratitude à l'infidélité. Ma fille, il est trop tard pour finir dans l'opprobre une vie sans tache, et soixante ans d'honneur ne s'abandonnent pas en un quart d'heure.

« Voyez donc, continua-t-il, combien tout ce que vous pouvez me dire est à présent hors de propos ; voyez si des préférences que la pudeur désavoue, et quelque feu passager de jeunesse, peuvent jamais être mis en balance avec le devoir d'une fille et l'honneur compromis d'un père. S'il n'était question pour l'un des deux que d'immoler son bonheur à l'autre, ma tendresse vous disputerait un si doux sacrifice ; mais, mon enfant, l'honneur a parlé, et, dans le sang dont tu sors, c'est toujours lui qui décide. »

Je ne manquais pas de bonnes réponses à ce discours ; mais les préjugés de mon père lui donnent des principes si différents des miens, que des raisons qui me semblaient sans réplique ne l'auraient pas même ébranlé. D'ailleurs, ne sachant ni d'où lui venaient les lumières qu'il paraissait avoir acquises sur ma conduite, ni jusqu'où elles pouvaient aller, craignant, à son affectation de m'interrompre, qu'il n'eût déjà pris son parti sur ce que j'avais à lui dire, et, plus que tout cela, retenue par une honte que je n'ai jamais pu vaincre, j'aimai mieux employer une excuse qui me parut plus sûre, parce qu'elle était plus selon sa manière de penser. Je lui déclarai sans détour l'engagement que j'avais pris avec vous; je protestai que je ne vous manquerais point de parole, et que, quoi qu'il pût arriver, je ne me marierais jamais sans votre consentement.

En effet, je m'aperçus avec joie que mon scrupule ne lui déplaisait pas : il me fit de vifs reproches sur ma promesse, mais il n'y objecta rien; tant un gentilhomme plein d'honneur a naturellement une haute idée de la foi des engagements, et regarde la parole comme une chose toujours sacrée. Au lieu donc de s'amuser à disputer sur la nullité de cette promesse, dont je ne serais jamais convenue, il m'obligea d'écrire un billet, auquel il joignit une lettre qu'il fit partir sur-le-champ. Avec quelle agitation n'attendis-je point votre réponse! combien je fis de vœux pour vous trouver moins de délicatesse que vous ne deviez en avoir! Mais je vous connaissais trop pour douter de votre obéissance, et je savais que, plus le sacrifice exigé de vous serait pénible, plus vous seriez prompt à vous l'imposer. La réponse vint; elle me fut cachée durant ma maladie; après mon rétablissement, mes craintes furent confirmées, et il ne me resta plus d'excuses. Au moins mon père me déclara qu'il n'en recevrait plus; et avec l'ascendant que le terrible mot qu'il m'avait dit lui donnait sur mes volontés, il me fit jurer que je ne dirais rien à M. de Wolmar qui pût le détourner de m'épouser. « Car, ajouta-t-il, cela lui paraîtrait un jeu concerté entre nous, et, à quelque prix que ce soit, il faut que ce mariage s'achève, ou que je meure de douleur. »

Vous le savez, mon ami, ma santé, si robuste contre la fatigue et les injures de l'air, ne peut résister aux intempéries des passions, et c'est dans mon trop sensible cœur qu'est la source de tous les maux et de mon corps et de mon âme. Soit que de longs chagrins eussent corrompu mon sang, soit que la nature eût pris ce temps pour l'épurer d'un levain funeste, je me sentis fort incommodée à la fin de cet entretien. En sortant de la chambre de mon père, je m'efforçai pour vous écrire un mot, et me trouvai si mal qu'en me mettant au lit j'espérai ne m'en plus relever. Tout le reste vous est trop connu; mon imprudence attira la vôtre. Vous vîntes; je vous vis, et crus n'avoir fait qu'un de ces rêves qui vous offraient si souvent à moi durant mon délire. Mais quand j'appris que vous étiez venu, que je vous avais vu réellement, et que, voulant partager le mal dont vous ne pouviez me guérir, vous l'aviez pris à dessein, je ne pus supporter cette dernière épreuve; et voyant un si tendre amour survivre à l'espérance, le mien, que j'avais pris tant de peine à contenir, ne connut plus de frein, et se ranima bientôt avec plus d'ardeur que jamais. Je vis qu'il fallait aimer malgré moi; je sentis qu'il fallait être coupable; que je ne pouvais résister ni à mon père ni à mon amant, et que je n'accorderais jamais les droits de l'amour et du sang qu'aux dépens de l'honnêteté. Ainsi tous mes bons sentiments achevèrent de s'éteindre, toutes mes facultés s'altérèrent, le crime perdit son horreur à mes yeux; je me sentis tout autre au dedans de moi; enfin, les transports effrénés d'une passion rendue furieuse par les obstacles, me jetèrent dans le plus affreux désespoir qui puisse accabler une âme; j'osai désespérer de la vertu. Votre lettre, plus propre à réveiller les remords qu'à les prévenir, acheva de m'égarer. Mon cœur était si corrompu que ma raison ne put résister aux discours de vos philosophes; des horreurs dont l'idée n'avait jamais souillé mon esprit osèrent s'y présenter. La volonté les combattait encore, mais l'imagination s'accoutumait à les voir; et si je ne portais pas d'avance le crime au fond de mon cœur, je n'y portais plus ces résolutions généreuses qui, seules, peuvent lui résister.

J'ai peine à poursuivre : arrêtons un moment. Rappelez-vous ces temps de bonheur et d'innocence où ce feu si vif et si doux dont nous étions animés épurait tous nos sentiments, où sa sainte ardeur (1) nous rendait la pudeur plus chère et l'honnêteté plus aimable, où les désirs mêmes ne semblaient naître que pour nous donner l'honneur de les vaincre et d'en être plus dignes l'un de l'autre. Relisez nos premières lettres, songez à ces moments si courts et trop peu goûtés où l'amour se parait à nos yeux de tous les charmes de la

vertu, et où nous nous aimions trop pour former entre nous des liens désavoués par elle.

Qu'étions-nous ? et que sommes-nous devenus ? Deux tendres amants passèrent ensemble une année entière dans le plus rigoureux silence : leurs soupirs n'osaient s'exhaler, mais leurs cœurs s'entendaient ; ils croyaient souffrir, et ils étaient heureux. A force de s'entendre, ils se parlèrent ; mais, contents de savoir triompher d'eux-mêmes et de s'en rendre mutuellement l'honorable témoignage, ils passèrent une autre année dans une réserve non moins sévère ; ils se disaient leurs peines, et ils étaient heureux. Ces longs combats furent mal soutenus ; un instant de faiblesse les égara ; ils s'oublièrent dans les plaisirs : mais s'ils cessèrent d'être chastes, au moins ils étaient fidèles, au moins le ciel et la nature autorisaient les nœuds qu'ils avaient formés, au

(1) Sainte ardeur ! Julie ! ah ! Julie, quel mot pour une femme aussi bien guérie que vous croyez l'être !

moins la vertu leur était toujours chère, ils l'aimaient encore et la savaient encore honorer; ils s'étaient moins corrompus qu'avilis. Moins dignes d'être heureux, ils l'étaient pourtant encore.

Que font maintenant ces amants si tendres, qui brûlaient d'une flamme si pure, qui sentaient si bien le prix de l'honnêteté? Qui l'apprendra sans gémir sur eux? Les voilà livrés au crime; l'idée même de souiller le lit conjugal ne leur fait plus d'horreur... Ils méditent des adultères! Quoi! sont-ils bien les mêmes? leurs âmes n'ont-elles point changé? Comment cette ravissante image, que le méchant n'aperçut jamais, peut-elle s'effacer des cœurs où elle a brillé? comment l'attrait de la vertu ne dégoûte-t-il pas pour toujours du vice ceux qui l'ont une fois connue? Combien de siècles ont pu produire ce changement étrange? quelle longueur de temps put détruire un si charmant souvenir, et faire perdre le vrai sentiment du bonheur à qui l'a pu savourer une fois? Ah! si le premier désordre est pénible et lent, que tous les autres sont prompts et faciles! Prestige des passions, tu fascines ainsi la raison, tu trompes la sagesse et changes la nature avant qu'on s'en aperçoive! On s'égare un seul moment de la vie, on se détourne d'un seul pas de la droite route; aussitôt une pente inévitable nous entraîne et nous perd; on tombe enfin dans le gouffre, et l'on se réveille, épouvanté de se trouver couvert de crimes avec un cœur né pour la vertu. Mon bon ami, laissons retomber ce voile: avons-nous besoin de voir le précipice affreux qu'il nous cache pour éviter d'en approcher? Je reprends mon récit.

M. de Wolmar arriva, et ne se rebuta pas du changement de mon visage. Mon père ne me laissa pas respirer. Le deuil de ma mère allait finir, et ma douleur était à l'épreuve du temps. Je ne pouvais alléguer ni l'un ni l'autre pour éluder ma promesse; il fallut l'accomplir. Le jour qui devait m'ôter pour jamais à vous et à moi me parut le dernier de ma vie. J'aurais vu les apprêts de ma sépulture avec moins d'effroi que ceux de mon mariage. Plus j'approchais du moment fatal, moins je pouvais déraciner de mon cœur mes premières affections; elles s'irritaient par mes efforts pour les éteindre. Enfin, je me lassai de combattre inutilement. Dans l'instant même où j'étais prête à jurer à un autre une éternelle fidélité, mon cœur vous jurait encore un amour éternel, et je fus menée au temple comme une victime impure qui souille le sacrifice où l'on va l'immoler.

Arrivée à l'église, je sentis en entrant une sorte d'émotion que je n'avais jamais éprouvée. Je ne sais quelle terreur vint saisir mon âme dans ce lieu simple et auguste, tout rempli de la majesté de celui qu'on y sert. Une frayeur soudaine me fit frissonner; tremblante et prête à tomber en défaillance, j'eus peine à me traîner jusqu'au pied de la chaire. Loin de me remettre, je sentis mon trouble augmenter durant la cérémonie; et s'il me laissait apercevoir les objets, c'était pour en être épouvantée. Le jour sombre de l'édifice, le profond silence des spectateurs, leur maintien modeste et recueilli, le cortège de tous mes parents, l'imposant aspect de mon vénéré père, tout donnait à ce qui s'allait passer un air de solennité qui m'excitait à l'attention et au respect, et qui m'eût fait frémir à la seule idée d'un parjure. Je crus voir l'organe de la Providence et entendre la voix de Dieu dans le ministre prononçant gravement la sainte liturgie. La pureté, la dignité, la sainteté du mariage, si vivement exposées dans les paroles de l'Écriture; ses chastes et sublimes devoirs, si importants au bonheur, à l'ordre, à la paix, à la durée du genre humain, si doux à remplir pour eux-mêmes: tout cela me fit une telle impression, que je crus sentir intérieurement une révolution subite. Une puissance inconnue sembla corriger tout-à-coup le désordre de mes affections, et les rétablir selon la loi du devoir et de la nature. L'œil éternel qui voit tout, disais-je en moi-même, lit maintenant au fond de mon cœur; il compare ma volonté cachée à la réponse de ma bouche: le ciel et la terre sont témoins de l'engagement sacré que je prends; ils le seront encore de ma fidélité à l'observer. Quel droit peut respecter parmi les hommes quiconque ose violer le premier de tous?

Un coup d'œil jeté par hasard sur monsieur et madame d'Orbe, que je vis à côté l'un de l'autre, et fixant sur moi des yeux attendris, m'émut plus puissamment encore que n'avaient fait tous les autres objets. Aimable et vertueux couple, pour moins connaître l'amour, en êtes-vous moins unis? Le devoir et l'honnêteté vous lient: tendres amis, époux fidèles, sans brûler de ce feu dévorant qui consume l'âme, vous vous aimez d'un sentiment pur et doux qui la nourrit, que la sagesse autorise et que la raison dirige; vous n'en êtes que plus solidement heureux. Ah! puissé-je, dans un lien pareil, recouvrer la même innocence et jouir du même bonheur! Si je ne l'ai pas mérité comme vous, je m'en rendrai digne à votre exemple. Ces sentiments réveillèrent mon espérance et mon courage. J'envisageai le saint nœud que j'allais former comme un nouvel état qui devait purifier mon âme et la rendre à tous ses devoirs. Quand le pasteur me demanda si je promettais obéissance et fidélité parfaite à celui que j'acceptais pour époux, ma bouche et mon cœur le promirent. Je le tiendrai jusqu'à la mort.

De retour au logis, je soupirais après une heure de solitude et de recueillement. Je l'obtins, non sans peine; et, quelque empressement que j'eusse d'en profiter, je ne m'examinai d'abord qu'avec répugnance, craignant de n'avoir éprouvé qu'une fermentation passagère en changeant de condition, et de me retrouver aussi peu digne épouse que j'avais été fille peu sage. L'épreuve était sûre, mais dangereuse: je commençai par songer à vous. Je me rendais le témoignage que nul tendre souvenir n'avait profané l'engagement solennel que je venais de prendre. Je ne pouvais concevoir par quel prodige votre opiniâtre image m'avait pu laisser si longtemps en paix avec tant de sujets de me la rappeler: je me serais défiée de l'indifférence et de l'oubli comme d'un état trompeur qui m'était trop peu naturel pour être durable. Cette illusion n'était guère à craindre: je sentis que je vous aimais autant et plus peut-être que je n'avais jamais fait; mais je le sentis sans rougir. Je vis que je n'avais pas besoin, pour penser à vous, d'oublier que j'étais la femme d'un autre. En me disant combien vous m'étiez cher, mon cœur était ému; mais ma conscience et mes sens étaient tranquilles, et je connus dès ce moment que j'étais réellement changée. Quel torrent de pure joie vint alors inonder mon âme! Quel sentiment de paix, effacé depuis si longtemps, vint ranimer ce cœur flétri par l'ignominie, et répandre dans tout mon être une sérénité nouvelle! Je crus me sentir renaître; je crus recommencer une autre vie. Douce et consolante vertu, je la recommence pour toi; c'est toi qui me la rendras chère; c'est à toi que je la veux consacrer. Ah! j'ai trop appris ce qu'il en coûte à te perdre, pour t'abandonner une seconde fois!

Dans le ravissement d'un changement si grand, si prompt, si inespéré, j'osai considérer l'état où j'étais la veille; je frémis de l'indigne abaissement où m'avait réduite l'oubli de moi-même, et de tous les dangers que j'avais courus depuis mon premier égarement. Quelle heureuse révolution me venait de montrer l'horreur du crime qui m'avait tentée, et réveillait en moi le goût de la sagesse! Par quel rare bonheur avais-je été plus fidèle à l'amour qu'à l'honneur qui me fut si cher? Par quelle faveur du sort votre inconstance ou la mienne ne m'avait-elle point livrée à de nouvelles inclinations? Comment eussé-je opposé à un autre amant une résistance que le premier avait déjà vaincue, et une honte accoutumée à céder aux désirs? Aurais-je plus respecté les droits d'un amour éteint que je n'avais respecté ceux de la vertu, jouissant encore de tout leur empire? Quelle sûreté avais-je eue de n'aimer que vous seul au monde, si ce n'est un sentiment intérieur que croient avoir tous les amants, qui se jurent une constance éternelle, et se parjurent innocemment toutes les fois qu'il plaît au ciel de changer leur cœur? Chaque défaite eût ainsi préparé la suivante; l'habitude du vice en eût effacé l'horreur à mes yeux. Entraînée du déshonneur à l'infamie sans trouver de prise pour m'arrêter, d'une amante abusée, je devenais une fille perdue, l'opprobre de mon sexe et le désespoir de ma famille. Qui m'a garantie d'un effet si naturel de ma première faute? qui m'a retenue après le premier pas? qui m'a conservé ma réputation et l'estime de ceux qui me sont chers? qui m'a mise sous la sauvegarde d'un époux vertueux, sage, aimable par son caractère et même par sa personne, et rempli pour moi d'un respect et d'un attachement si peu mérités? qui me permet enfin d'aspirer encore au titre d'honnête femme, et me rend le courage d'en être digne? Je le vois, je le sens; la main secourable qui m'a conduite à travers les ténèbres est celle qui lève à mes yeux le voile de l'erreur, et me rend à moi malgré moi-même. La voix secrète qui ne cessait de murmurer au fond de mon cœur s'élève et tonne avec plus de force au moment où j'étais prête à périr. L'auteur de toute vérité n'a point souffert que je sortisse de sa présence coupable d'un vil parjure; et, prévenant mon crime par mes remords, il m'a montré l'abîme où j'allais me précipiter. Providence éternelle, qui fais ramper l'insecte et rouler les cieux, tu veilles sur la moindre de tes œuvres! tu me rappelles au bien que tu m'as fait aimer! Daigne accepter d'un cœur épuré par tes soins l'hommage que toi seule rends digne de t'être offert.

À l'instant, pénétrée d'un vif sentiment du danger dont j'étais délivrée et de l'état d'honneur et de sûreté où je me sentais rétablie, je me prosternai contre terre, j'élevai vers le ciel mes mains suppliantes. j'invoquai l'être dont il est le trône, et qui soutient ou détruit quand il lui plaît, par nos propres forces, la liberté qu'il nous donne. « Je veux, lui dis-je, le bien que tu veux, et dont toi seul es la source. Je veux aimer l'époux que tu m'as donné. Je veux être fidèle, parce que c'est le premier devoir qui lie la famille et toute la société. Je veux être chaste, parce que c'est la première vertu qui nourrit toutes les autres. Je veux tout ce qui se rapporte à l'ordre de la nature que tu as établie, et aux règles de la raison que je tiens de toi. Je remets mon cœur sous ta garde, et mes désirs en ta main. Rends toutes mes actions conformes à ma volonté constante, qui est la tienne; et ne permets plus que l'erreur d'un moment l'emporte sur le choix de toute ma vie. »

Après cette courte prière, la première que j'eusse faite avec un vrai zèle, je me sentis tellement affermie dans mes résolutions, il me parut si facile et si doux de les suivre, que je vis clairement où je devais chercher désormais la force dont j'avais besoin pour résister à mon propre cœur, et que je ne pouvais trouver en moi-même. Je tirai de cette seule découverte une confiance nouvelle, et je déplorai le triste aveuglement qui me l'avait fait manquer si longtemps. Je n'avais jamais été tout-à-fait sans religion : mais peut-être vaudrait-il mieux n'en point avoir du tout que d'en avoir une extérieure et maniérée, qui, sans toucher le cœur, rassure la conscience, de se borner à des formules, et de croire exactement en Dieu à certaines heures pour n'y plus penser le reste du temps. Scrupuleusement attachée au culte public, je n'en savais rien tirer pour la pratique de ma vie. Je me sentais bien née, et ne livrais à mes penchants; j'aimais à réfléchir, et me fiais à ma raison : ne pouvant accorder l'esprit de l'Évangile avec celui du monde, ni la foi avec les œuvres, j'avais pris un milieu qui contentait ma vaine sagesse; j'avais des maximes pour croire et d'autres pour agir; j'oubliais dans un lieu ce que j'avais pensé dans l'autre; j'étais dévote à l'église et philosophe au logis. Hélas! je n'étais rien nulle part, mes prières n'étaient que des mots, mes raisonnements des sophismes, et je suivais pour toute lumière la fausse lueur des feux errants qui me guidaient pour me perdre.

Je ne puis vous dire combien ce principe intérieur qui m'avait manqué jusqu'ici m'a donné de mépris pour ceux qui m'ont si mal conduite. Quelle était, je vous prie, leur raison première? et sur quelle base étaient-ils fondés? Un heureux instinct me porte au bien; une violente passion s'élève; elle a sa racine dans le même instinct; que ferai-je pour la détruire? De la considération de l'ordre, je tire la beauté de la vertu, et sa bonté de l'utilité commune. Mais que fait tout cela contre mon intérêt particulier? et lequel au fond m'importe le plus, de mon bonheur aux dépens du reste des hommes, ou du bonheur des autres aux dépens du mien? Si la crainte de la honte ou du châtiment m'empêche de mal faire pour mon profit, je n'ai qu'à mal faire en secret, la vertu n'a plus rien à me dire; et si je suis surprise en faute, on punira, comme à Sparte, non le délit, mais la maladresse. Enfin, que le caractère et l'amour du beau soient empreints par la nature au fond de mon âme, j'aurai ma règle aussi longtemps qu'ils ne seront point défigurés. Mais comment m'assurer de conserver toujours dans sa pureté cette effigie intérieure qui n'a point, parmi les êtres sensibles, de modèle auquel on puisse la comparer? Ne sait-on pas que les affections désordonnées corrompent le jugement ainsi que la volonté, et que la conscience s'altère et se modifie insensiblement dans chaque siècle, dans chaque peuple, dans chaque individu, selon l'inconstance et la variété des préjugés?

Adorez l'Être éternel, mon digne et sage ami; d'un souffle vous détruirez ces fantômes de raison qui n'ont qu'une vaine apparence, et fuient comme une ombre devant l'immuable vérité. Rien n'existe que par celui qui est; c'est lui qui donne un but à la justice, une base à la vertu, un prix à cette courte vie employée à lui plaire; c'est lui qui ne cesse de crier aux coupables que leurs crimes secrets ont été vus, et qui sait dire au juste oublié : « Tes vertus ont un témoin; c'est lui, c'est sa substance inaltérable qui est le vrai modèle des perfections dont nous portons tous une image en nous-mêmes. Nos passions ont beau la défigurer, tous ses traits liés à l'essence infinie se représentent toujours à la raison, et lui servent à rétablir ce que l'imposture et l'erreur en ont altéré. » Ces distinctions me semblent faciles, le sens commun suffit pour les faire. Tout ce qu'on ne peut séparer de l'idée de cette essence est Dieu; tout le reste est l'ouvrage des hommes. C'est à la contemplation de ce divin modèle que l'âme s'épure et s'élève, qu'elle apprend à mépriser ses inclinations basses et à surmonter ses vils penchants. Un cœur pénétré de ces sublimes vérités se refuse aux petites passions des hommes; cette grandeur infinie le dégoûte de leur orgueil; le charme de la méditation l'arrache aux désirs terrestres; et quand l'être immense dont il s'occupe n'existerait pas, il serait encore bon qu'il s'en occupât sans cesse pour être plus maître de lui-même, plus fort, plus heureux et plus sage.

Cherchez-vous un exemple sensible des vains sophismes d'une raison qui ne s'appuie que sur elle-même? Considérons de sang froid les discours de vos philosophes, dignes apologistes du crime, qui ne séduisirent jamais que des cœurs déjà corrompus. Ne dirait-on pas qu'en s'attaquant directement au plus saint et au plus solennel des engagements, ces dangereux raisonneurs ont résolu d'anéantir d'un seul coup toute la société humaine, qui n'est fondée que sur la foi des conventions? Mais voyez, je vous prie, comment ils disculpent un adultère secret. « C'est, disent-ils, qu'il n'en résulte aucun mal, pas même pour l'époux qui l'ignore. » Comme s'il suffisait, pour autoriser le parjure et l'infidélité, qu'ils ne nuisissent pas à autrui! comme si ce n'était pas assez, pour abhorrer le crime, du mal qu'il a fait à ceux qui le commettent? Quoi donc! ce n'est pas un mal de manquer de foi, d'anéantir autant qu'il est en soi la force du serment et des contrats les plus inviolables? Ce n'est pas un mal de se forcer soi-même à devenir fourbe et menteur? Ce n'est pas un mal de former des liens qui vous font désirer le mal et la mort d'autrui, la mort de celui même qu'on doit le plus aimer et avec qui l'on a juré de vivre? Ce n'est pas un mal qu'un état dont mille autres crimes sont toujours le fruit? Un bien qui produirait tant de maux serait par cela seul un mal lui-même.

L'un des deux penserait-il être innocent, parce qu'il est libre peut-être de son côté et ne manque de foi à personne? Il se trompe grossièrement. Ce n'est pas seulement l'intérêt des époux, mais la cause commune de tous les hommes, que la pureté du mariage ne soit point altérée. Chaque fois que deux époux s'unissent par un nœud solennel, il intervient un engagement tacite de tout le genre humain de respecter ce lien sacré, d'honorer en eux l'union conjugale; et c'est, ce me semble, une raison très forte contre les mariages clandestins, qui, n'offrant nul signe de cette union, exposent des cœurs innocents à brûler d'une flamme adultère. Le public est en quelque sorte garant d'une convention passée en sa présence; et l'on peut dire que l'honneur d'une femme pudique est sous la protection spéciale de tous les gens de bien. Ainsi, quiconque ose la corrompre pèche, premièrement parce qu'il la fait pécher, et qu'on partage toujours les crimes qu'on fait commettre; il pèche encore directement lui-même, parce qu'il viole la foi publique et sacrée du mariage, sans lequel rien ne peut subsister dans l'ordre légitime des choses humaines.

« Le crime est secret, disent-ils, et il n'en résulte aucun mal pour personne. » Si ces philosophes croient l'existence de Dieu, et l'immortalité de l'âme, peuvent-ils appeler un crime secret celui qui a pour témoin le premier offensé et le seul vrai juge? étrange secret que celui qu'on dérobe à tous les yeux, hors ceux à qui l'on a le plus d'intérêt à le cacher! Quand même ils ne reconnaîtraient pas la présence de la Divinité, comment osent-ils soutenir qu'ils ne font de mal à personne? comment prouvent-ils qu'il est indifférent à un père d'avoir des héritiers qui ne soient pas de son sang, d'être chargé peut-être de plus d'enfants qu'il n'en aurait eu, et forcé de partager ses biens aux gages de son déshonneur sans sentir pour eux des entrailles de père? Supposons ces raisonneurs matérialistes; on n'en est que mieux fondé à leur opposer la douce voix de la nature, qui réclame au fond de tous les cœurs contre une orgueilleuse philosophie, et qu'on n'attaqua jamais par de bonnes raisons. En effet, si le corps seul produit la pensée, et que le sentiment dépende uniquement des organes, deux êtres formés d'un même sang ne doivent-ils pas avoir entre eux une plus étroite analogie, un attachement plus fort l'un pour l'autre, et se ressembler d'âme comme de visage, ce qui est une grande raison de s'aimer?

N'est-ce donc faire aucun mal, à votre avis, que d'anéantir ou troubler par un sang étranger cette union naturelle, et d'altérer dans son principe l'affection mutuelle qui doit lier entre eux tous les membres d'une famille? Y a-t-il au monde un honnête homme qui n'eût horreur de changer l'enfant d'une autre en nourrice? et le crime est-il moindre de le changer dans le sein de la mère?

Si je considère mon sexe en particulier, que de maux j'aperçois dans le désordre qu'ils prétendent ne faire aucun mal! ne fût-ce que l'avilissement d'une femme coupable à qui la perte de l'honneur ôte bientôt toutes les autres vertus. Que d'indices trop sûrs pour un tendre époux d'une intelligence qu'ils pensent justifier par le secret, ne fût-ce que de n'être plus aimé de sa femme! Que fera-t-elle avec ses soins artificieux, que mieux prouver son indifférence? Est-ce l'œil de l'amour qu'on abuse par de feintes caresses? et quel supplice, auprès d'un objet chéri, de sentir que la main nous embrasse et que le cœur nous repousse! Je veux que la fortune seconde une prudence qu'elle a si souvent trompée; je compte un moment pour rien la témérité de confier sa prétendue innocence et le repos d'autrui à des précautions que le ciel se plaît à confondre : que de faussetés, que de mensonges, que de fourberies pour couvrir un mauvais commerce, pour tromper un mari, pour corrompre des domestiques, pour en imposer au public! Quel scandale pour des complices! quel exemple pour des enfants! que devient leur éducation parmi tant de soins pour satisfaire impunément de coupables feux? Que devient la paix de la maison et l'union des chefs? Quoi! dans tout cela l'époux n'est point lésé! Mais qui le dédommagera donc d'un cœur qui lui était dû? qui lui pourra rendre une femme estimable? qui lui donnera le repos et la sûreté? qui le guérira de ses justes soupçons? qui fera confier un père au sentiment de la nature en embrassant son propre enfant?

A l'égard des liaisons prétendues que l'adultère et l'infidélité peuvent former entre les familles, c'est moins une raison sérieuse qu'une plaisanterie absurde et brutale, qui ne mérite pour toute réponse que le mépris et l'indignation. Les trahisons, les querelles, les combats, les meurtres, les empoisonnements dont ce désordre a couvert la terre dans tous les temps, montrent assez ce qu'on doit attendre pour le repos et l'union des hommes d'un attachement formé par le crime. S'il résulte quelque sorte de société de ce vil et méprisable commerce, elle est semblable à celle des brigands, qu'il faut détruire et anéantir pour assurer les sociétés légitimes.

J'ai tâché de suspendre l'indignation que m'inspirent ces maximes pour les discuter paisiblement avec vous. Plus je les trouve insensées, moins je dois dédaigner de les réfuter, pour me faire honte à moi-même de les avoir peut-être écoutées avec trop peu d'éloignement. Vous voyez combien elles supportent mal l'examen de la saine raison. Mais où chercher la saine raison, sinon dans celui qui en est la source? et que penser de ceux qui consacrent à perdre les hommes ce flambeau divin qu'il leur donna pour les guider? Défions-nous d'une philosophie en paroles; défions-nous d'une fausse vertu qui sape toutes les vertus, et s'applique à justifier tous les vices pour s'autoriser à les avoir tous. Le meilleur moyen de trouver ce qui est bien est de le chercher sincèrement; et l'on ne peut longtemps le chercher ainsi sans remonter à l'auteur de tout bien. C'est ce qu'il me semble avoir fait depuis que je m'occupe à rectifier mes sentiments et ma raison; c'est ce que vous ferez mieux que moi quand vous voudrez suivre la même route. Il m'est consolant de songer que vous avez souvent nourri mon esprit des grandes idées de la religion; et vous, dont le cœur n'eut rien de caché pour moi, ne m'en eussiez pas ainsi parlé si vous aviez eu d'autres sentiments. Il me semble même que ces conversations avaient pour nous des charmes. La présence de l'Être suprême ne nous fut jamais importune : elle nous donnait plus d'espoir que d'épouvante; elle n'effraya jamais que l'âme du méchant; nous aimions à l'avoir pour témoin de nos entretiens, à nous élever conjointement jusqu'à lui. Si quelquefois nous étions humiliés par la honte, nous nous disions, en déplorant nos faiblesses : « Au moins il voit le fond de nos cœurs. » Et nous en étions plus tranquilles.

Si cette sécurité nous égara, c'est au principe sur lequel elle était fondée à nous ramener. N'est-il pas indigne d'un homme de ne pouvoir jamais s'accorder avec lui-même, d'avoir une règle pour ses actions, une autre pour ses sentiments, de penser comme s'il était sans corps, d'agir comme s'il était sans âme, et de ne jamais approprier à soi tout entier rien de ce qu'il fait en toute sa vie? Pour moi, je trouve qu'on est bien fort avec nos anciennes maximes quand on ne les borne pas à de vaines spéculations. La faiblesse est de l'homme, et le Dieu clément qui le fit la lui pardonnera sans doute; mais le crime est du méchant, et ne restera point impuni devant l'auteur de toute justice. Un incrédule, d'ailleurs heureusement né, se livre aux vertus qu'il aime; il fait le bien par goût et non par choix. Si tous ses désirs sont droits, il les suit sans contrainte : il les suivrait de même s'ils ne l'étaient pas; car pourquoi se gênerait-il? Mais celui qui reconnaît et sert le père commun des hommes se croit une plus haute destination; l'ardeur de la remplir anime son zèle, et, suivant une règle plus sûre que ses penchants, il sait faire le bien qui lui coûte, et sacrifier les désirs de son cœur à la loi du devoir. Tel est, mon ami, le sacrifice héroïque auquel nous sommes tous deux appelés. L'amour qui nous unissait eût fait le charme de notre vie. Il survécut à l'espérance; il brava le temps et l'éloignement; il supporta toutes les épreuves. Un sentiment si parfait ne devait point périr de lui-même; il était digne de n'être immolé qu'à la vertu.

Je vous dirai plus : tout est changé entre nous; il faut nécessairement que votre cœur change. Julie de Wolmar n'est plus votre ancienne Julie; la révolution de vos sentiments pour elle est inévitable, et il ne vous reste que le choix de faire honneur de ce changement au vice ou à la vertu. J'ai dans la mémoire un passage d'un auteur que vous ne récuserez pas : « L'amour, dit-il, est privé de son plus grand charme quand l'honnêteté l'abandonne. Pour en sentir tout le prix, il faut que le cœur s'y complaise et qu'il nous élève en élevant l'objet aimé. Otez l'idée de la perfection, vous ôtez l'enthousiasme; ôtez l'estime, et l'amour n'est plus rien. Comment une femme honorera-t-elle un homme qu'elle doit mépriser! comment pourra-t-il honorer lui-même celle qui n'a pas craint de s'abandonner à un vil corrupteur? Ainsi bientôt ils se mépriseront mutuellement. L'amour, ce sentiment céleste, ne sera plus pour eux qu'un honteux commerce. Ils auront perdu l'honneur, et n'auront point trouvé la félicité (1). » Voilà notre leçon, mon ami, c'est vous qui l'avez dictée. Jamais nos cœurs s'aimèrent-ils plus délicieusement, et jamais l'honnêteté leur fut-elle aussi chère que dans le temps heureux où cette lettre fut écrite? Voyez donc à quoi nous mèneraient aujourd'hui de coupables feux nourris aux dépens des plus doux transports qui ravissent l'âme! L'horreur du vice, qui nous est si naturelle à tous deux, s'étendrait bientôt sur le complice de nos fautes; nous nous haïrions pour nous être trop aimés, et l'amour s'éteindrait dans les remords. Ne vaut-il pas mieux épurer un sentiment si cher pour le rendre durable? Ne vaut-il pas mieux en conserver au moins ce qui peut s'accorder avec l'innocence? N'est-ce pas conserver tout ce qu'il eut de plus charmant? Oui, mon bon et digne ami, pour nous aimer toujours il faut renoncer l'un à l'autre. Oublions tout le reste, et soyez l'amant de mon âme. Cette idée est si douce qu'elle console de tout.

Voilà le fidèle tableau de ma vie, et l'histoire naïve de tout ce qui s'est passé dans mon cœur. Je vous aime toujours, n'en doutez pas. Le sentiment qui m'attache à vous est si tendre et si vif encore, qu'une autre en serait peut-être alarmée; pour moi, j'en connus un trop différent pour me défier de celui-ci. Je sens qu'il a changé de nature; et du moins en cela mes fautes passées fondent ma sécurité présente. Je sais que l'exacte bienséance et la vertu de parade exigeraient davantage encore, et ne seraient pas contentes que vous ne fussiez tout-à-fait oublié. Je crois avoir une règle plus sûre, et je m'y tiens. J'écoute en secret ma conscience; elle ne me reproche rien, et jamais elle ne trompe une âme qui la consulte sincèrement. Si cela ne suffit pas pour me justifier dans le monde, cela suffit pour ma propre tranquillité. Comment s'est fait cet heureux changement? Je l'ignore. Ce que je sais, c'est que je l'ai vivement désiré. Dieu seul a fait le reste. Je penserais qu'une âme une fois corrompue l'est pour toujours, et ne revient plus au bien d'elle-même, à moins que quelque révolution subite, quelque brusque changement de fortune et de situation ne change tout-à-coup ses rapports, et, par un violent ébranlement, ne l'aide à retrouver une bonne assiette. Toutes ses habitudes étant rompues et toutes ses passions modifiées, dans ce bouleversement général, on reprend quelquefois son caractère primitif, et l'on devient comme un nouvel être sorti récemment des mains de la nature. Alors le souvenir de sa précédente bassesse peut servir de préservatif contre une rechute. Hier on était abject et faible, aujourd'hui l'on est fort et magnanime. En se contemplant de si près dans deux états si différents, on en sent mieux le prix de celui où l'on est remonté, et l'on en devient plus attentif à s'y soutenir. Mon mariage m'a fait éprouver quelque chose de semblable à ce que je tâche de vous expliquer. Ce lien si redouté me délivre d'une servitude beaucoup plus redoutable, et mon époux m'en devient plus cher pour m'avoir rendue à moi-même.

Nous étions trop unis vous et moi pour qu'en changeant d'espèce notre

(1) Voyez la première partie, lettre XXIV.

union se détruise. Si vous perdez une tendre amante, vous gagnez une fidèle amie; et, quoi que nous en ayons pu dire durant nos illusions, je doute que ce changement vous soit désavantageux. Tirez-en le même parti que moi, je vous en conjure, pour devenir meilleur et plus sage, et pour épurer par des mœurs chrétiennes les leçons de la philosophie. Je ne serai jamais heureuse que vous ne soyez heureux aussi, et je sens plus que jamais qu'il n'y a point de bonheur sans la vertu. Si vous m'aimez véritablement, donnez-moi la douce consolation de voir que nos cœurs ne s'accordent pas moins dans leur retour au bien qu'ils s'accordèrent dans leur égarement.

Je ne crois pas avoir besoin d'apologie pour cette longue lettre. Si vous m'étiez moins cher, elle serait plus courte. Avant de la finir, il me reste une grâce à vous demander. Un cruel fardeau me pèse sur le cœur. Ma conduite passée est ignorée de M. de Wolmar; mais une sincérité sans réserve fait partie de la fidélité que je lui dois. J'aurais déjà cent fois tout avoué, vous seul m'avez retenue. Quoique je connaisse la sagesse et la modération de M. de Wolmar, c'est toujours vous compromettre que de vous nommer, et je n'ai point voulu le faire sans votre consentement. Serait-ce vous déplaire que de vous le demander? aurais-je trop présumé de vous ou de moi en me flattant de l'obtenir? Songez, je vous supplie, que cette réserve ne saurait être innocente, qu'elle m'est chaque jour plus cruelle, et que, jusqu'à la réception de votre réponse, je n'aurai pas un instant de tranquillité.

LETTRE XIX.

RÉPONSE.

Et vous ne seriez plus ma Julie? Ah! ne dites pas cela, digne et respectable

femme; vous l'êtes plus que jamais. Vous êtes celle qui méritez les hommages de tout l'univers; vous êtes celle que j'adorai en commençant d'être sensible à la véritable beauté; vous êtes celle que je ne cesserai d'adorer, même après ma mort, s'il reste encore en mon âme quelque souvenir des attraits vraiment célestes qui l'enchantèrent durant ma vie. Cet effort de courage qui vous ramène à toute votre vertu ne vous rend que plus semblable à vous-même. Non, non, quelque supplice que j'éprouve à le sentir et le dire, jamais vous ne fûtes mieux ma Julie qu'au moment que vous renoncez à moi. Hélas! c'est en vous perdant que je vous ai retrouvée. Mais moi dont le cœur frémit au seul projet de vous imiter, moi tourmenté d'une passion criminelle que je ne puis ni supporter ni vaincre, suis-je celui que je pensais être? Etais-je digne de vous plaire? Quel droit avais-je de vous importuner de mes plaintes et de mon désespoir? C'était bien à moi d'oser soupirer pour vous! et qu'étais-je pour vous aimer?

Insensé! comme si je n'éprouvais pas assez d'humiliations sans en rechercher de nouvelles! Pourquoi compter des différences que l'amour fit disparaître? Il m'élevait, il m'égalait à vous; sa flamme me soutenait; nos cœurs s'étaient confondus; tous leurs sentiments nous étaient communs, et les miens partageaient la grandeur des vôtres. Me voilà donc retombé dans toute ma bassesse! Doux espoir qui nourrissais mon âme et m'abusas si longtemps, te voilà donc éteint sans retour! Elle ne sera point à moi! Je la perds pour toujours! Elle fait le bonheur d'un autre!... O rage! ô tourment de l'enfer!... Infidèle! ah! devais-tu jamais?... Pardon, pardon, madame; ayez pitié de mes fureurs. O Dieu! vous l'avez trop bien dit, elle n'est plus..... elle n'est plus, cette tendre Julie à qui je pouvais montrer tous les mouvements de mon cœur! Quoi! je me trouvais malheureux, et je pouvais me plaindre!... elle pouvait m'écouter! J'étais malheureux!... que suis-je donc aujourd'hui?... Non, je ne vous ferai plus rougir de vous ni de moi. C'en est fait, il faut renoncer l'un à l'autre; il faut nous quitter : la vertu même en a dicté l'arrêt, votre main l'a pu tracer. Oublions-nous... oubliez-moi du moins. Je l'ai résolu, je le jure; je ne vous parlerai plus de moi.

Oserais-je vous parler de vous encore, et conserver le seul intérêt qui me reste au monde, celui de votre bonheur? En m'exposant l'état de votre âme, vous ne m'avez rien dit de votre sort. Ah! pour prix d'un sacrifice qui doit être senti de vous, daignez me tirer de ce doute insupportable. Julie, êtes-vous heureuse? Si vous l'êtes, donnez-moi dans mon désespoir la seule consolation dont je sois susceptible; si vous ne l'êtes pas, par pitié daignez me le dire, j'en serai moins longtemps malheureux.

Plus je réfléchis sur l'aveu que vous méditez, moins j'y puis consentir; et le même motif qui m'ôta toujours le courage de vous faire un refus me doit rendre inexorable sur celui-ci. Le sujet est de la dernière importance, et je vous exhorte à bien peser mes raisons. Premièrement, il me semble que votre extrême délicatesse vous jette à cet égard dans l'erreur, et je ne vois point sur quel fondement la plus austère vertu pourrait exiger une pareille confession. Nul engagement au monde ne peut avoir un effet rétroactif. On ne saurait s'obliger pour le passé, ni promettre ce qu'on n'a plus le pouvoir de tenir : pourquoi devrait-on compte à celui à qui l'on s'engage de l'usage antérieur qu'on a fait de sa liberté et d'une fidélité qu'on ne lui a point promise? Ne vous y trompez pas, Julie; ce n'est pas à votre époux, c'est à votre ami que vous avez manqué de foi. Avant la tyrannie de votre père, le ciel et la nature nous avaient unis l'un à l'autre. Vous avez fait en formant d'autres nœuds un crime que l'amour ni l'honneur peut-être ne pardonnent point, et c'est à moi seul de réclamer le bien que M. de Wolmar m'a ravi.

S'il est des cas où le devoir puisse exiger un pareil aveu, c'est quand le danger d'une rechute oblige une femme prudente à prendre des précautions pour s'en garantir. Mais votre lettre m'a plus éclairé que vous ne pensez sur vos vrais sentiments. En la lisant, j'ai senti dans mon propre cœur combien le vôtre eût abhorré de près, même au sein de l'amour, un engagement criminel dont l'éloignement nous ôtait l'horreur.

Dès là que le devoir et l'honnêteté n'exigent pas cette confidence, la sagesse et la raison la défendent; car c'est risquer sans nécessité ce qu'il y a de plus précieux dans le mariage, l'attachement d'un époux, la mutuelle confiance, la paix de la maison. Avez-vous assez réfléchi sur une pareille démarche? Connaissez-vous assez votre mari pour être sûre de l'effet qu'elle produira sur lui? Savez-vous combien il y a d'hommes au monde auxquels il n'en faudrait pas davantage pour concevoir une jalousie effrénée, un mépris invincible, et peut-être attenter aux jours d'une femme? Il faut, pour ce délicat examen, avoir égard aux temps, aux lieux, aux caractères. Dans le pays où je suis, de pareilles confidences sont sans aucun danger, et ceux qui traitent si légèrement la foi conjugale ne sont pas gens à faire une si grande affaire des fautes qui précédèrent l'engagement. Sans parler des raisons qui rendent quelquefois ces aveux indispensables, et qui n'ont pas eu lieu pour vous, je connais des femmes assez médiocrement estimables qui se sont fait à peu de risques un mérite de cette sincérité, peut-être pour obtenir à ce prix une confiance dont elles pussent abuser au besoin. Mais dans des lieux où la sainteté du mariage est plus respectée, dans des lieux où ce lien sacré forme une union solide, et où les maris ont un véritable attachement pour leurs femmes, ils leur demandent un compte plus sévère d'elles-mêmes; ils veulent que leurs cœurs n'aient connu que pour eux un sentiment tendre; usurpant un droit qu'ils n'ont pas, ils exigent qu'elles soient à eux seuls avant de leur appartenir, et ne pardonnent pas plus l'abus de la liberté qu'une infidélité réelle.

Croyez-moi, vertueuse Julie, défiez-vous d'un zèle sans fruit et sans nécessité. Gardez un secret dangereux que rien ne vous oblige à révéler, dont la communication peut vous perdre et n'est d'aucun usage à votre époux. S'il n'en est pas digne, pourquoi voulez-vous donner un prétexte à ses torts envers vous? Que savez-vous si votre vertu, qui vous a soutenue contre les attaques de votre cœur, vous soutiendrait encore contre des chagrins domestiques toujours renaissants? N'empirez point volontairement vos maux, de peur qu'ils ne deviennent plus forts que votre courage, et que vous ne retombiez à force de scrupules dans un état pire que celui dont vous avez eu peine à sortir. La sagesse est la base de toute vertu : consultez-la, je vous en conjure, dans la plus importante occasion de votre vie; et si ce fatal secret vous pèse si cruellement, attendez du moins pour vous en décharger que le temps, les années, vous donnent une connaissance plus parfaite de votre époux, et ajoutent dans son cœur, à l'effet de votre beauté, l'effet plus sûr encore des charmes de votre caractère et la douce habitude de les sentir. Enfin, quand ces raisons, toutes solides qu'elles sont, ne vous persuaderaient pas, ne fermez point l'oreille à la voix qui vous les expose. O Julie! écoutez un homme capable de quelque vertu, et qui mérite au moins de vous quelque sacrifice par celui qu'il vous fait aujourd'hui.

Il faut finir cette lettre. Je ne pourrais, je le sens, m'empêcher d'y reprendre un ton que vous ne devez plus entendre. Julie, il faut vous quitter! si jeune encore, il faut déjà renoncer au bonheur! O temps qui ne dois plus revenir! temps passé pour toujours, source de regrets éternels! plaisirs, transports, douces extases, moments délicieux, ravissements célestes! mes amours, mes uniques amours, honneur et charme de ma vie! adieu pour jamais.

LETTRE XX.

DE JULIE.

Vous me demandez si je suis heureuse. Cette question me touche, et en la faisant vous m'aidez à y répondre; car, bien loin de chercher l'oubli dont vous parlez, j'avoue que je ne saurais être heureuse si vous cessiez de m'aimer : mais je le suis à tous égards, et rien ne manque à mon bonheur que le vôtre. Si j'ai évité dans ma lettre précédente de parler de M. de Wolmar, je l'ai fait par ménagement pour vous. Je connaissais trop votre sensibilité pour ne pas craindre d'aigrir vos peines; mais votre inquiétude sur mon sort m'obligeant à vous parler de celui dont il dépend, je ne puis vous en parler que d'une manière digne de lui, comme il convient à son épouse et à une amie de la vérité.

M. de Wolmar a près de cinquante ans; sa vie unie, réglée, et le calme des passions, lui ont conservé une constitution si saine et un air si frais, qu'il paraît à peine en avoir quarante; et il n'a rien d'un âge avancé que l'expérience et la sagesse. Sa physionomie est noble et prévenante, son abord simple et ouvert; ses manières sont plus honnêtes qu'empressées; il parle peu et d'un grand sens, mais sans affecter ni précision ni sentences. Il est le même pour tout le monde, ne cherche et ne fuit personne, et n'a jamais d'autres préférences que celles de la raison.

Malgré sa froideur naturelle, son cœur, secondant les intentions de mon père, crut sentir que je lui convenais, et pour la première fois de sa vie il prit un attachement. Ce goût modéré, mais durable, s'est si bien réglé sur les bienséances, et s'est maintenu dans une telle égalité, qu'il n'a pas eu besoin de changer de ton en changeant d'état, et que, sans blesser la gravité conjugale, il conserve avec moi depuis son mariage les mêmes manières qu'il avait auparavant. Je ne l'ai jamais vu ni gai ni triste, mais toujours content; jamais il ne me parle de lui, rarement de moi; il ne me cherche pas, mais il n'est pas fâché que je le cherche, et me quitte peu volontiers. Il ne rit point, il est sérieux sans donner envie de l'être; au contraire, son abord serein semble m'inviter à l'enjouement; et comme les plaisirs que je goûte sont les seuls auxquels il paraît sensible, une des attentions que je lui dois est de chercher à m'amuser. En un mot, il veut que je sois heureuse : il ne me le dit pas, mais je le vois; et vouloir le bonheur de sa femme, n'est-ce pas l'avoir obtenu ?

Avec quelque soin que j'aie pu l'observer, je n'ai su lui trouver de passion d'aucune espèce que celle qu'il a pour moi. Encore cette passion est-elle si égale et si tempérée, qu'on dirait qu'il n'aime qu'autant qu'il veut aimer, et qu'il ne le veut qu'autant que la raison le permet. Il est réellement ce que mylord Édouard croit être; en quoi je le trouve bien supérieur à tous nous autres gens à sentiment, qui nous admirons tant nous-mêmes; car le cœur nous trompe en mille manières, et n'agit que par un principe toujours suspect : mais la raison n'a d'autre fin que ce qui est bien; ses règles sont sûres, claires, faciles dans la conduite de la vie; et jamais elle ne s'égare que dans d'inutiles spéculations qui ne sont pas faites pour elle.

Le plus grand goût de M. de Wolmar est d'observer. Il aime à juger des caractères des hommes et des actions qu'il voit faire. Il en juge avec une profonde sagesse et la plus parfaite impartialité. Si un ennemi lui faisait du mal, il en discuterait les motifs et les moyens aussi paisiblement que s'il s'agissait d'une chose indifférente. Je ne sais comment il a entendu parler de vous, mais il m'en a parlé plusieurs fois lui-même avec beaucoup d'estime, et je le connais incapable de déguisement. J'ai cru remarquer quelquefois qu'il m'observait durant ces entretiens; mais il y a grande apparence que cette prétendue remarque n'est que le secret reproche d'une conscience alarmée. Quoi qu'il en soit, j'ai fait en cela mon devoir; la crainte ni la honte ne m'ont point inspiré de réserve injuste, et je vous ai rendu justice auprès de lui, comme je la lui rends auprès de vous.

J'oubliais de vous parler de nos revenus et de leur administration. Le débris des biens de M. de Wolmar, joint à celui de mon père qui ne s'est réservé qu'une pension, lui fait une fortune honnête et modérée, dont il use noblement et sagement, en maintenant chez lui, non l'incommode et vain appareil du luxe, mais l'abondance, les véritables commodités de la vie (1), et le nécessaire chez ses voisins indigents. L'ordre qu'il a mis dans sa maison est l'image de celui qui règne au fond de son âme, et semble imiter dans un petit ménage l'ordre établi dans le gouvernement du monde? On n'y voit ni cette inflexible régularité qui donne plus de gêne que d'avantage, et n'est supportable qu'à celui qui l'impose, ni cette confusion mal entendue qui, pour trop avoir, ôte l'usage de tout. On y reconnaît toujours la main du maître, et l'on ne la sent jamais; il a si bien ordonné le premier arrangement qu'à présent tout va tout seul, et qu'on jouit à la fois de la règle et de la liberté.

Voilà, mon bon ami, une idée abrégée, mais fidèle, du caractère de

M. de Wolmar, autant que je l'ai pu connaître depuis que je vis avec lui. Tel il m'a paru le premier jour, tel il me paraît le dernier sans aucune altération; ce qui me fait espérer que je l'ai bien vu, et qu'il ne me reste plus rien à découvrir; car je n'imagine pas qu'il pût se montrer autrement sans y perdre.

Sur ce tableau vous pouvez d'avance vous répondre à vous-même; et il

(1) Il n'y a pas d'association plus commune que celle du faste et de la lésine. On prend sur la nature, sur les vrais plaisirs, sur le besoin même, tout ce qu'on donne à l'opinion. Tel homme orne son palais aux dépens de sa cuisine; tel autre aime mieux une belle vaisselle qu'un bon dîner; tel autre fait un repas d'appareil, et meurt de faim tout le reste de l'année. Quand je vois un buffet de vermeil, je m'attends à du vin qui m'empoisonne. Combien de fois, dans des maisons de campagne, en respirant le frais au matin, l'aspect d'un beau jardin vous tente! On se lève de bonne heure, on se promène, on gagne de l'appétit, on veut déjeuner: l'officier est sorti, ou les provisions manquent, ou madame n'a pas donné ses ordres, ou l'on vous fait ennuyer d'attendre. Quelquefois on vous prévient, on vient magnifiquement vous offrir de tout, à condition que vous n'accepterez rien. Il faut rester à jeun jusqu'à trois heures, ou déjeuner avec des tulipes. Je me souviens de m'être promené dans un très beau parc, dont on disait que la maîtresse aimait beaucoup le café et n'en prenait jamais, attendu qu'il coûtait quatre sous la tasse; mais elle donnait de grand cœur mille écus à son jardinier. Je crois que j'aimerais mieux avoir des charmilles moins bien taillées, et prendre du café plus souvent.

faudrait me mépriser beaucoup pour ne pas me croire heureuse avec tant de sujet de l'être (1). Ce qui m'a longtemps abusée, et qui peut-être vous abuse encore, c'est la pensée que l'amour est nécessaire pour former un heureux mariage. Mon ami, c'est une erreur; l'honnêteté, la vertu, de certaines convenances, moins de conditions et d'âges que de caractères et d'humeurs, suffisent entre deux époux; ce qui n'empêche point qu'il ne résulte de cette union un attachement très tendre, qui, pour n'être pas précisément de l'amour, n'en est pas moins doux, et n'en est que plus durable. L'amour est accompagné d'une inquiétude continuelle de jalousie ou de privation, peu convenable au mariage, qui est un état de jouissance et de paix. On ne s'épouse point pour penser uniquement l'un à l'autre, mais pour remplir conjointement les devoirs de la vie civile, gouverner prudemment la maison, bien élever ses enfants. Les amants ne voient jamais qu'eux, ne s'occupent incessamment que d'eux, et la seule chose qu'ils sachent faire est de s'aimer. Ce n'est pas assez pour des époux qui ont tant d'autres soins à remplir. Il n'y a point de passion qui nous fasse une si forte illusion que l'amour : on prend sa violence pour un signe de sa durée; le cœur surchargé d'un sentiment si doux l'étend pour ainsi dire sur l'avenir; et tant que cet amour dure, on croit qu'il ne finira point. Mais, au contraire, c'est son ardeur même qui le consume; il s'use avec la jeunesse, il s'efface avec la beauté, il s'éteint sous les glaces de l'âge; et depuis que le monde existe, on n'a jamais vu deux amants en cheveux blancs soupirer l'un pour l'autre. On doit donc compter qu'on cessera de s'adorer tôt ou tard; alors, l'idole qu'on servait détruite, on se voit réciproquement tels qu'on est. On cherche avec étonnement l'objet qu'on aima; ne le trouvant plus, on se dépite contre celui qui reste, et souvent l'imagination le défigure autant qu'elle l'avait paré. « Il y a peu de gens, dit La Rochefoucauld (2), qui ne soient honteux de s'être aimés quand ils ne s'aiment plus. » Combien alors il est à craindre que l'ennui ne succède à des sentiments trop vifs; que leur déclin, sans s'arrêter à l'indifférence, ne passe jusqu'au dégoût; qu'on ne se trouve enfin tout-à-fait rassasiés l'un de l'autre, et que pour s'être trop aimés amants on n'en vienne à se haïr époux! Mon cher ami, vous m'avez toujours paru bien aimable, beaucoup trop pour mon innocence et pour mon repos; mais je ne vous ai jamais vu qu'amoureux : que sais-je ce que vous seriez devenu cessant de l'être? L'amour éteint vous eût toujours laissé la vertu, je l'avoue; mais en est-ce assez pour être heureux dans un lien que le cœur doit serrer? et combien d'hommes vertueux ne laissent pas d'être des maris insupportables! Sur tout cela vous en pouvez dire autant de moi.

Pour M. de Wolmar, nulle illusion ne nous prévient l'un pour l'autre; nous nous voyons tels que nous sommes; le sentiment qui nous joint n'est point l'aveugle transport des cœurs passionnés, mais l'immuable et constant attachement de deux personnes honnêtes et raisonnables, qui, destinées à passer ensemble le reste de leurs jours, sont contentes de leur sort et tâchent de se le rendre doux l'une à l'autre. Il semble que quand on nous eût formés exprès pour nous unir, on n'aurait pu réussir mieux. S'il avait le cœur aussi tendre que moi, il serait impossible que tant de sensibilité de part et d'autre ne se heurtât quelquefois, et qu'il n'en résultât des querelles. Si j'étais aussi tranquille que lui, trop de froideur régnerait entre nous, et rendrait la société moins agréable et moins douce. S'il ne m'aimait point, nous vivrions mal ensemble : s'il m'eût trop aimée, il m'eût été importun. Chacun des deux est précisément ce qu'il faut à l'autre; il m'éclaire, et je l'anime; nous en valons mieux réunis, et il semble que nous soyons destinés à ne faire entre nous

---

(1) Apparemment qu'elle n'avait pas découvert encore le fatal secret qui la tourmenta si fort dans la suite, ou qu'elle ne voulait pas alors le confier à son ami.

(2) Je serais bien surpris que Julie eût lu et cité La Rochefoucauld en toute autre occasion : jamais son triste livre ne sera goûté des bonnes gens. — La maxime en question se trouve dans les *Réflexions morales*, n. 177.

qu'une seule âme, dont il est l'entendement et moi la volonté. Il n'y a pas jusqu'à son âge un peu avancé qui ne tourne au commun avantage : car, avec la passion dont j'étais tourmentée, il est certain que, s'il eût été plus jeune, je l'aurais épousé avec plus de peine encore, et cet excès de répugnance eût peut-être empêché l'heureuse révolution qui s'est faite en moi.

Mon ami, le ciel éclaire la bonne intention des pères, et récompense la docilité des enfants. A Dieu ne plaise que je veuille insulter à vos déplaisirs ! Le seul désir de vous rassurer pleinement sur mon sort me fait ajouter ce que je vais vous dire. Quand, avec les sentiments que j'eus ci-devant pour vous, et les connaissances que j'ai maintenant, je serais libre encore et maîtresse de me choisir un mari, je prends à témoin de ma sincérité ce Dieu qui daigne m'éclairer et qui lit au fond de mon cœur, ce n'est pas vous que je choisirais, c'est M. de Wolmar.

Il importe peut-être à votre entière guérison que j'achève de vous dire ce qui me reste sur le cœur. M. de Wolmar est plus âgé que moi. Si, pour me punir de mes fautes, le ciel m'ôtait le digne époux que j'ai si peu mérité, ma ferme résolution est de n'en prendre jamais un autre. S'il n'a pas eu le bonheur de trouver une fille chaste, il laissera du moins une chaste veuve. Vous me connaissez trop bien pour croire qu'après vous avoir fait cette déclaration je sois femme à m'en rétracter jamais (1).

Ce que j'ai dit pour lever vos doutes peut servir encore à résoudre en partie vos objections contre l'aveu que je crois devoir faire à mon mari. Il est trop sage pour me punir d'une démarche humiliante que le repentir seul peut m'arracher, et je ne suis pas plus capable d'user de la ruse des dames dont vous parlez qu'il l'est de m'en soupçonner. Quant à la raison sur laquelle vous prétendez que cet aveu n'est pas nécessaire, elle est certainement un sophisme; car quoiqu'on ne soit tenue à rien envers un époux qu'on n'a pas encore, cela n'autorise point à se donner à lui pour autre chose que ce qu'on est. Je l'avais senti, même avant de me marier; et si le serment extorqué par mon père m'empêcha de faire à cet égard mon devoir, je n'en fus que plus coupable, puisque c'est un crime de faire un serment injuste, et un second de le tenir. Mais j'avais une autre raison que mon cœur n'osait s'avouer, et qui me rendait beaucoup plus coupable encore. Grâces au ciel, elle ne subsiste plus.

Une considération plus légitime et d'un plus grand poids est le danger de troubler inutilement le repos d'un honnête homme qui tire son bonheur de l'estime qu'il a pour sa femme. Il est sûr qu'il ne dépend plus de lui de rompre le nœud qui nous unit, ni de moi d'en avoir été plus digne. Ainsi je risque, par une confidence indiscrète, de l'affliger à pure perte, sans tirer d'autre avantage de ma sincérité que de décharger mon cœur d'un secret funeste qui me pèse cruellement. J'en serai plus tranquille, je le sens, après le lui avoir déclaré; mais lui, peut-être le sera-t-il moins; et ce serait bien mal réparer mes torts que de préférer mon repos au sien.

(1) Nos situations diverses déterminent et changent malgré nous toutes les affections de nos cœurs : nous serons vicieux et méchants tant que nous aurons intérêt à l'être, et malheureusement les chaînes dont nous sommes chargés multiplient cet intérêt autour de nous. L'effort de corriger le désordre de nos désirs est presque toujours vain, et rarement il est vrai. Ce qu'il faut changer, c'est moins nos désirs que les situations qui les produisent. Si nous voulons devenir bons, ôtons les rapports qui nous empêchent de l'être, il n'y a point d'autre moyen. Je ne voudrais pas pour tout au monde avoir droit à la succession d'autrui, surtout de personnes qui devraient m'être chères ; car que sais-je quel horrible vœu l'indigence pourrait m'arracher ? Sur ce principe, examinez bien la résolution de Julie, et la déclaration qu'elle en fait à son ami : pesez cette résolution dans toutes ses circonstances, et vous verrez comment un cœur droit en doute de lui-même sait s'ôter au besoin tout intérêt contraire au devoir. Dès ce moment, Julie, malgré l'amour qui lui reste, met ses sens du parti de sa vertu ; elle se force, pour ainsi dire, d'aimer Wolmar comme son unique époux, comme le seul homme avec lequel elle habitera de sa vie ; elle change l'intérêt secret qu'elle avait à sa perte en intérêt à le conserver. Ou je ne connais rien au cœur humain, ou c'est à cette seule résolution si critiquée que tient le triomphe de la vertu dans tout le reste de la vie de Julie, et l'attachement sincère et constant qu'elle a jusqu'à la fin pour son mari.

Que ferai-je donc dans le doute où je suis? En attendant que le ciel m'éclaire mieux sur mes devoirs, je suivrai le conseil de votre amitié; je garderai le silence, je tairai mes fautes à mon époux, et je tâcherai de les effacer par une conduite qui puisse un jour en mériter le pardon.

Pour commencer une réforme aussi nécessaire, trouvez bon, mon ami, que nous cessions désormais tout commerce entre nous. Si M. de Wolmar avait reçu ma confession, il déciderait jusqu'à quel point nous pouvons nourrir les sentiments de l'amitié qui nous lie, et nous en donner les innocents témoignages; mais puisque je n'ose le consulter là-dessus, j'ai trop appris à mes dépens combien nous peuvent égarer les habitudes les plus légitimes en apparence. Il est temps de devenir sage. Malgré la sécurité de mon cœur, je ne veux plus être juge en ma propre cause, ni me livrer, étant femme, à la même présomption qui me perdit étant fille. Voici la dernière lettre que vous recevrez de moi : je vous supplie aussi de ne plus m'écrire. Cependant comme je ne cesserai jamais de prendre à vous le plus tendre intérêt, et que ce sentiment est aussi pur que le jour qui m'éclaire, je serai bien aise de savoir quelquefois de vos nouvelles, et de vous voir parvenir au bonheur que vous méritez. Vous pourrez de temps à autre écrire à madame d'Orbe, dans les occasions où vous aurez quelque événement intéressant à nous apprendre. J'espère que l'honnêteté de votre âme se peindra toujours dans vos lettres. D'ailleurs ma cousine est vertueuse et assez sage pour ne me communiquer que ce qu'il me conviendra de voir, et pour supprimer cette correspondance si vous étiez capable d'en abuser.

Adieu, mon cher et bon ami : si je croyais que la fortune pût vous rendre heureux, je vous dirais : Courez à la fortune; mais peut-être avez-vous raison de la dédaigner avec tant de trésors pour vous passer d'elle; j'aime mieux vous dire : Courez à la félicité, c'est la fortune du sage. Nous avons toujours senti qu'il n'y en avait point sans la vertu; mais prenez garde que ce mot de vertu trop abstrait n'ait plus d'éclat que de solidité, et ne soit un nom de parade qui sert plus à éblouir les autres qu'à nous contenter nous-mêmes. Je frémis quand je songe que des gens qui portaient l'adultère au fond de leur cœur osaient parler de vertu. Savez-vous bien ce que signifiait pour nous un terme si respectable et si profané, tandis que nous étions engagés dans un commerce criminel? c'était cet amour forcené dont nous étions embrasés l'un et l'autre qui déguisait ses transports sous ce saint enthousiasme, pour nous les rendre encore plus chers et nous abuser plus longtemps. Nous étions faits, j'ose le croire, pour suivre et chérir la véritable vertu; mais nous nous trompions en la cherchant, et ne suivions qu'un vain fantôme. Il est temps que l'illusion cesse, il est temps de revenir d'un trop long égarement. Mon ami, ce retour ne vous sera pas difficile : vous avez votre guide en vous-même; vous l'avez pu négliger, mais vous ne l'avez jamais rebuté. Votre âme est saine, elle s'attache à tout ce qui est bien; et si quelquefois il lui échappe, c'est qu'elle n'a pas usé de toute sa force pour s'y tenir. Rentrez au fond de votre conscience, et cherchez si vous n'y retrouveriez point quelque principe oublié qui servirait à mieux ordonner toutes vos actions, à les lier plus solidement entre elles et avec un objet commun. Ce n'est pas assez, croyez-moi, que la vertu soit la base de votre conduite, si vous n'établissez cette base même sur un fondement inébranlable. Souvenez-vous de ces Indiens qui font porter le monde sur un grand éléphant, et puis l'éléphant sur une tortue; et quand on leur demande sur quoi porte la tortue, ils ne savent plus que dire.

Je vous conjure de faire quelque attention aux discours de votre amie, et de choisir pour aller au bonheur une route plus sûre que celle qui nous a si longtemps égarés. Je ne cesserai de demander au ciel, pour vous et pour moi, cette félicité pure, et ne serai contente qu'après l'avoir obtenue pour tous les deux. Ah! si jamais nos cœurs se rappellent malgré nous les erreurs de notre jeunesse, faisons au moins que le retour qu'elles auront produit en autorise le souvenir, et que nous puissions dire avec cet ancien : « Hélas ! nous périssions si nous n'eussions péri (1) ! »

Ici finissent les sermons de la prêcheuse : elle aura désormais assez à faire à se prêcher elle-même. Adieu, mon aimable ami; adieu pour toujours; ainsi l'ordonne l'inflexible devoir : mais croyez que le cœur de Julie ne sait point oublier ce qui lui fut cher... Mon Dieu ! que fais-je?... Vous le verrez trop à l'état de ce papier. Ah! n'est-il pas permis de s'attendrir en disant à son ami le dernier adieu?

LETTRE XXI.

DE L'AMANT DE JULIE A MYLORD ÉDOUARD.

Oui, mylord, il est vrai, mon âme est oppressée du poids de la vie; depuis longtemps elle m'est à charge : j'ai perdu tout ce qui pouvait me la rendre chère, il ne m'en reste que les ennuis. Mais on dit qu'il ne m'est pas permis d'en disposer sans l'ordre de celui qui me l'a donnée. Je sais aussi qu'elle vous appartient à plus d'un titre; vos soins me l'ont sauvée deux fois, et vos bienfaits me la conservent sans cesse : je n'en disposerai jamais que je ne sois sûr de le pouvoir faire sans crime, ni tant qu'il me restera la moindre espérance de la pouvoir employer pour vous.

Vous disiez que je vous étais nécessaire : pourquoi me trompiez-vous? Depuis que nous sommes à Londres, loin que vous songiez à m'occuper de vous, vous ne vous occupez que de moi. Que vous prenez de soins superflus! Mylord, vous le savez, je hais le crime encore plus que la vie; j'adore l'Etre éternel. Je vous dois tout, je vous aime, je ne tiens qu'à vous sur la terre : l'amitié, le devoir y peuvent enchaîner un infortuné; des prétextes et des sophismes ne l'y retiendront point. Eclairez ma raison, parlez à mon cœur; je suis prêt à vous entendre; mais souvenez-vous que ce n'est point le désespoir qu'on abuse.

Vous voulez qu'on raisonne : hé bien! raisonnons. Vous voulez qu'on proportionne la délibération à l'importance de la question qu'on agite; j'y consens. Cherchons la vérité paisiblement, tranquillement; discutons la proposition générale comme s'il s'agissait d'un autre. Robeck fit l'apologie de la mort volontaire avant de se la donner. Je ne veux pas faire un livre à son exemple, et je ne suis pas fort content du sien, mais j'espère imiter son sang-froid dans cette discussion (2).

J'ai longtemps médité sur ce grave sujet; vous devez le savoir, car vous connaissez mon sort, et je vis encore. Plus j'y réfléchis, plus je trouve que la question se réduit à cette proposition fondamentale : Chercher son bien et fuir son mal en ce qui n'offense point autrui, c'est le droit de la nature. Quand notre vie est un mal pour nous et n'est un bien pour personne, il est donc permis de s'en délivrer. S'il y a dans le monde une maxime évidente et certaine, je pense que c'est celle-là; et si l'on venait à bout de la renverser, il n'y a point d'action humaine dont on ne pût faire un crime.

Que disent là-dessus nos sophistes? Premièrement ils regardent la vie comme une chose qui n'est pas à nous, parce qu'elle nous a été donnée : mais c'est précisément parce qu'elle nous a été donnée qu'elle est à nous. Dieu ne leur a-t-il pas donné deux bras? cependant, quand ils craignent la gangrène, ils s'en font couper un, et tous les deux s'il le faut. La parité est exacte pour qui croit à l'immortalité de l'âme; car si je sacrifie mon bras à la conservation d'une chose plus précieuse, qui est mon corps, je sacrifie mon corps à la conser-

(1) Thémistocle dans Plutarque, *Dicts notables des rois et grands capitaines*, § 40.
(2) Jean Robeck, né à Calmar en 1672, fut successivement jésuite et missionnaire. En 1735, il distribua tous ses biens, puis on le trouva noyé dans le Wéser. Il laissa une dissertation latine sur le suicide.

vation d'une chose plus précieuse, qui est mon bien-être. Si tous les dons que le ciel nous a faits sont naturellement des biens pour nous, ils ne sont que trop sujets à changer de nature; et il y ajouta la raison pour nous apprendre à les discerner. Si cette règle ne nous autorisait pas à choisir les uns et rejeter les autres, quel serait son usage parmi les hommes?

Cette objection si peu solide, ils la retournent de mille manières. Ils regardent l'homme vivant sur la terre comme un soldat mis en faction. Dieu, disent-ils, t'a placé dans ce monde, pourquoi en sors-tu sans son congé? Mais toi-même, il t'a placé dans ta ville, pourquoi en sors-tu sans son congé? Le congé n'est-il pas dans le mal-être? En quelque lieu qu'il me place, soit dans un corps, soit sur la terre, c'est pour y rester autant que j'y suis bien, et pour en sortir dès que j'y suis mal. Voilà la voix de la nature et la voix de Dieu. Il faut attendre l'ordre, j'en conviens; mais quand je meurs naturellement, Dieu ne m'ordonne pas de quitter la vie, il me l'ôte; c'est en me la rendant insupportable qu'il m'ordonne de la quitter. Dans le premier cas, je résiste de toute ma force; dans le second, j'ai le mérite d'obéir.

Concevez-vous qu'il y ait des gens assez injustes pour taxer la mort volontaire de rébellion contre la Providence, comme si l'on voulait se soustraire à ses lois? Ce n'est point pour s'y soustraire qu'on cesse de vivre, c'est pour les exécuter. Quoi! Dieu n'a-t-il de pouvoir que sur mon corps? est-il quelque lieu dans l'univers où quelque être existant ne soit pas sous sa main? et agira-t-il moins immédiatement sur moi quand ma substance épurée sera plus une et plus semblable à la sienne? Non, sa justice et sa bonté font mon espoir; et, si je croyais que la mort pût me soustraire à sa puissance, je ne voudrais plus mourir.

C'est un des sophismes du Phédon, rempli d'ailleurs de vérités sublimes: « Si ton esclave se tuait, dit Socrate à Cébès, ne le punirais-tu pas s'il t'était possible, pour t'avoir privé injustement de ton bien? » Bon Socrate, que nous dites-vous? N'appartient-on plus à Dieu quand on est mort? Ce n'est point cela du tout; mais il fallait dire: « Si tu charges ton esclave d'un vêtement qui le gêne dans le service qu'il te doit, le puniras-tu d'avoir quitté cet habit pour mieux faire son service? » La grande erreur est de donner trop d'importance à la vie; comme si notre être en dépendait, et qu'après la mort on ne fût plus rien. Notre vie n'est rien aux yeux de Dieu, elle n'est rien aux yeux de la raison, elle ne doit rien être aux nôtres; et, quand nous laissons notre corps, nous ne faisons que poser un vêtement incommode. Est-ce là peine d'en faire un si grand bruit? Mylord, ces déclamateurs ne sont point de bonne foi; absurdes et cruels dans leurs raisonnements, ils aggravent le prétendu crime, comme si l'on s'ôtait l'existence; et le punissent, comme si l'on existait toujours.

Quant au Phédon, qui leur a fourni le seul argument spécieux qu'ils aient jamais employé, cette question n'y est traitée que très légèrement et comme en passant. Socrate, condamné par un jugement inique à perdre la vie dans quelques heures, n'avait pas besoin d'examiner bien attentivement s'il lui était permis d'en disposer. En supposant qu'il ait tenu réellement les discours que Platon lui fait tenir, croyez-moi, mylord, il les eût médités avec plus de soin dans l'occasion de les mettre en pratique; et la preuve qu'on ne peut tirer de cet immortel ouvrage aucune bonne objection contre le droit de disposer de sa propre vie, c'est que Caton le lut par deux fois tout entier la nuit même qu'il quitta la terre.

Ces mêmes sophistes demandent si jamais la vie peut être un mal. En considérant cette foule d'erreurs, de tourments et de vices dont elle est remplie, on serait bien plus tenté de demander si jamais elle fut un bien. Le crime assiège sans cesse l'homme le plus vertueux; chaque instant qu'il vit, il est prêt à devenir la proie du méchant, ou méchant lui-même. Combattre et souffrir, voilà son sort dans ce monde; mal faire et souffrir, voilà celui du malhonnête homme. Dans tout le reste, ils diffèrent entre eux; ils n'ont rien en commun que les misères de la vie. S'il vous fallait des autorités et des faits, je vous citerais des oracles, des réponses de sages, des actes de vertu récompensés par la mort. Laissons tout cela, mylord : c'est à vous que je parle, et je vous demande quelle est ici-bas la principale occupation du sage, si ce n'est de se concentrer pour ainsi dire au fond de son âme, et de s'efforcer d'être mort durant sa vie. Le seul moyen qu'ait trouvé la raison pour nous soustraire aux maux de l'humanité n'est-il pas de nous détacher des objets terrestres et de tout ce qu'il y a de mortel en nous, de nous recueillir au dedans de nous-mêmes, de nous élever aux sublimes contemplations? et si nos passions et nos erreurs font nos infortunes, avec quelle ardeur devons-nous soupirer après un état qui nous délivre des unes et des autres! Que font ces hommes sensuels qui multiplient si indiscrètement leurs douleurs par leurs voluptés? ils anéantissent pour ainsi dire leur existence à force de l'étendre sur la terre; ils aggravent le poids de leurs chaînes par le nombre de leurs attachements; ils n'ont point de jouissances qui ne leur préparent mille amères privations : plus ils sentent, et plus ils souffrent; plus ils s'enfoncent dans la vie, et plus ils sont malheureux.

Mais qu'en général ce soit, si l'on veut, un bien pour l'homme de ramper tristement sur la terre, j'y consens : je ne prétends pas que tout le genre humain doive s'immoler d'un commun accord, ni faire un vaste tombeau du monde. Il est, il est des infortunés trop privilégiés pour suivre la route commune, et pour qui le désespoir et les amères douleurs sont le passeport de la nature : c'est à ceux-là qu'il serait aussi insensé de croire que leur vie est un bien, qu'il l'était au sophiste Possidonius tourmenté de la goutte de nier qu'elle fût un mal. Tant qu'il nous est bon de vivre, nous le désirons fortement, et il n'y a que le sentiment des maux extrêmes qui puisse vaincre en nous ce désir : car nous avons tous reçu de la nature une très grande horreur de la mort, et cette horreur déguise à nos yeux les misères de la condition humaine. On supporte longtemps une vie pénible et douloureuse avant de se résoudre à la quitter; mais quand une fois l'ennui de vivre l'emporte sur l'horreur de mourir, alors la vie est évidemment un grand mal, et l'on ne peut s'en délivrer trop tôt. Ainsi, quoiqu'on ne puisse exactement assigner le point où elle cesse d'être un bien, on sait très certainement au moins quelle est un mal longtemps avant de nous le paraître; et chez tout homme sensé le droit d'y renoncer en précède toujours de beaucoup la tentation.

Ce n'est pas tout : après avoir nié que la vie puisse être un mal pour nous ôter le droit de nous en défaire, ils disent ensuite qu'elle est un mal pour nous reprocher de ne la pouvoir endurer. Selon eux, c'est une lâcheté de se soustraire à ses douleurs et à ses peines, et il n'y a jamais que des poltrons qui se donnent la mort. O Rome, conquérante du monde, quelle troupe de poltrons t'en donna l'empire! Qu'Arrie, Eponine, Lucrèce, soient dans le nombre, elles étaient femmes; mais Brutus, mais Cassius, et toi qui partageais avec les dieux les respects de la terre étonnée, grand et divin Caton, toi dont l'image auguste et sacrée animait les Romains d'un saint zèle et faisait frémir les tyrans, tes fiers admirateurs ne pensaient pas qu'un jour, dans le coin poudreux d'un collége, de vils rhéteurs prouveraient que tu ne fus qu'un lâche pour avoir refusé au crime heureux l'hommage de la vertu dans les fers. Force et grandeur des écrivains modernes, que vous êtes sublimes, et qu'ils sont intrépides la plume à la main! Mais dites-moi, brave et vaillant héros, qui vous sauvez si courageusement d'un combat pour supporter plus longtemps la peine de vivre, quand un tison brûlant vient à tomber sur cette éloquente main, pourquoi la retirez-vous si vite? Quoi! vous avez la lâcheté de n'oser soutenir l'ardeur du feu! Rien, dites-vous, ne m'oblige à supporter le tison; et moi, qui m'oblige à supporter la vie! La génération d'un homme a-t-elle coûté plus à la Providence que celle d'un fétu ? et l'une et l'autre n'est-elle pas également son ouvrage ?

Sans doute, il y a du courage à souffrir avec constance les maux qu'on ne peut éviter ; mais il n'y a qu'un insensé qui souffre volontairement ceux dont il peut s'exempter sans mal faire, et c'est souvent un très grand mal d'endurer un mal sans nécessité. Celui qui ne sait pas se délivrer d'une mort douloureuse par une prompte mort ressemble à celui qui aime mieux laisser envenimer une plaie que de la livrer au fer salutaire d'un chirurgien. Viens, respectable Parisot (1), coupe-moi cette jambe qui me ferait périr : je te verrai faire sans sourciller, et me laisserai traiter de lâche par le brave qui voit tomber la sienne en pourriture faute d'oser soutenir la même opération.

J'avoue qu'il est des devoirs envers autrui qui ne permettent pas à tout homme de disposer de lui-même ; mais en revanche combien en est-il qui l'ordonnent ! Qu'un magistrat à qui tient le salut de la patrie, qu'un père de famille qui doit la subsistance à ses enfants, qu'un débiteur insolvable qui ruinerait ses créanciers, se dévouent à leur devoir, quoi qu'il arrive ; que mille autres relations civiles et domestiques forcent un honnête homme infortuné de supporter le malheur de vivre pour éviter le malheur plus grand d'être injuste, est-il permis pour cela, dans des cas tout différents, de conserver aux dépens d'une foule de misérables une vie qui n'est utile qu'à celui qui n'ose mourir ? « Tue-moi, mon enfant, dit le sauvage décrépit à son fils qui le porte et fléchit sous le poids ; les ennemis sont là ; va combattre avec tes frères, va sauver tes enfants, et n'expose pas ton père à tomber vif entre les mains de ceux dont il mangea les parents. » Quand la faim, les maux, la misère, ennemis domestiques pire que les sauvages, permettraient à un malheureux estropié de consommer dans son lit le pain d'une famille qui peut à peine en gagner pour elle, celui qui ne tient à rien, celui que le ciel réduit à vivre seul sur la terre, celui dont la malheureuse existence ne peut produire aucun bien, pourquoi n'aurait-il pas au moins le droit de quitter un séjour où ses plaintes sont importunes et ses maux sans utilité ?

Pesez ces considérations, mylord, rassemblez toutes ces raisons, et vous trouverez qu'elles se réduisent au plus simple des droits de la nature qu'un homme sensé ne mit jamais en question. En effet, pourquoi serait-il permis de se guérir de la goutte et non de la vie ? L'une et l'autre ne nous vient-elle pas de la même main ? S'il est pénible de mourir, qu'est-ce à dire ? les drogues font-elles plaisir à prendre ? Combien de gens préfèrent la mort à la médecine ! Preuve que la nature répugne à l'une et à l'autre. Qu'on me montre donc comment il est plus permis de se délivrer d'un mal passager en faisant des remèdes, que d'un mal incurable en s'ôtant la vie, et comment on est moins coupable d'user de quinquina pour la fièvre que d'opium pour la pierre. Si nous regardons à l'objet, l'un et l'autre est de nous délivrer du mal-être ; si nous regardons au moyen, l'un et l'autre est également naturel ; si nous regardons à la répugnance, il y en a également des deux côtés ; si nous regardons à la volonté du maître, quel mal veut-on combattre qu'il ne nous ait pas envoyé ? A quelle douleur veut-on se soustraire qui ne nous vienne pas de sa main ? Quelle est la borne où finit sa puissance et où l'on peut légitimement résister ? Ne nous est-il donc permis de changer l'état d'aucune chose, parce que tout ce qui est est comme il a voulu ? Faut-il ne rien faire en ce monde de peur d'enfreindre ses lois ? et, quoi que nous fassions, pouvons-nous jamais les enfreindre ? Non, mylord, la vocation de l'homme est plus grande et plus noble ; Dieu ne l'a point animé pour rester immobile dans un quiétisme éternel ; mais il lui a donné la liberté pour faire le bien, la conscience pour le vouloir, et la raison pour le choisir ; il l'a constitué seul juge de ses propres

---

(1) Chirurgien de Lyon, homme d'honneur, bon citoyen, ami tendre et généreux, négligé, mais non pas oublié de tel qui fut honoré de ses bienfaits. — Voyez les *Confessions*, liv. vii.

actions; il a écrit dans son cœur : « Fais ce qui t'est salutaire et n'est nuisible à personne. » Si je sens qu'il m'est bon de mourir, je résiste à son ordre en m'opiniâtrant à vivre; car, en me rendant la mort désirable, il me prescrit de la chercher.

Bomston, j'en appelle à votre sagesse et à votre candeur, quelles maximes plus certaines la raison peut-elle déduire de la religion sur la mort volontaire? Si les chrétiens en ont établi d'opposées, ils ne les ont tirées ni des principes de leur religion, ni de sa règle unique, qui est l'Ecriture, mais seulement des philosophes païens. Lactance et Augustin, qui, les premiers, avancèrent cette nouvelle doctrine dont Jésus-Christ ni les apôtres n'avaient pas dit un mot, ne s'appuyèrent que sur le raisonnement du Phédon, que j'ai déjà combattu; de sorte que les fidèles, qui croient suivre en cela l'autorité de l'Evangile, ne suivent que celle de Platon. En effet, où verra-t-on dans la Bible entière une loi contre le suicide, ou même une simple improbation? et n'est-il pas bien étrange que, dans les exemples de gens qui se sont donné la mort, on n'y trouve pas un seul mot de blâme contre aucun de ces exemples? Il y a plus, celui de Samson est autorisé par un prodige qui le venge de ses ennemis. Ce miracle se serait-il fait pour justifier un crime? et cet homme, qui perdit sa force pour s'être laissé séduire par une femme, l'eût-il recouvrée pour commettre un forfait authentique? comme si Dieu lui-même eût voulu tromper les hommes!

« Tu ne tueras point, » dit le Décalogue. Que s'ensuit-il de là? Si ce commandement doit être pris à la lettre, il ne faut tuer ni les malfaiteurs ni les ennemis; et Moïse, qui fit tant mourir de gens, entendait fort mal son propre précepte. S'il y a quelques exceptions, la première est certainement en faveur de la mort volontaire, parce qu'elle est exempte de violence et d'injustice, les deux seules considérations qui puissent rendre l'homicide criminel, et que la nature y a mis d'ailleurs un suffisant obstacle. « Mais, disent-ils encore, souffrez patiemment les maux que Dieu vous envoie; faites-vous un mérite de vos peines. » Appliquer ainsi les maximes du christianisme, que c'est mal en saisir l'esprit! L'homme est sujet à mille maux, sa vie est un tissu de misères, et il ne semble naître que pour souffrir. De ces maux, ceux qu'il peut éviter, la raison veut qu'il les évite; et la religion, qui n'est jamais contraire à la raison, l'approuve. Mais que leur somme est petite auprès de ceux qu'il est forcé de souffrir malgré lui! C'est de ceux-ci qu'un Dieu clément permet aux hommes de se faire un mérite; il accepte en hommage volontaire le tribut forcé qu'il nous impose, et marque au profit de l'autre vie la résignation dans celle-ci. La véritable pénitence de l'homme lui est imposée par la nature : s'il endure patiemment tout ce qu'il est contraint d'endurer, il a fait à cet égard tout ce que Dieu lui demande; et si quelqu'un montre assez d'orgueil pour vouloir faire davantage, c'est un fou qu'il faut enfermer, ou un fourbe qu'il faut punir. Fuyons donc sans scrupule tous les maux que nous pouvons fuir, il ne nous en restera que trop à souffrir encore. Délivrons-nous sans remords de la vie même, aussitôt qu'elle est un mal pour nous, puisqu'il dépend de nous de le faire, et qu'en cela nous n'offensons ni Dieu ni les hommes. S'il faut un sacrifice à l'Etre suprême, n'est-ce rien que de mourir? Offrons à Dieu la mort qu'il nous impose par la voix de la raison, et versons paisiblement dans son sein notre âme qu'il redemande.

Tels sont les préceptes généraux que le bon sens dicte à tous les hommes, et que la religion autorise (1). Revenons à nous. Vous avez daigné m'ouvrir

---

(1) L'étrange lettre pour la délibération dont il s'agit! Raisonne-t-on si paisiblement sur une question pareille quand on l'examine pour soi? la lettre est-elle fabriquée, ou l'auteur ne veut-il qu'être réfuté? Ce qui peut tenir en doute, c'est l'exemple de Robeck qu'il cite, et qui semble autoriser le sien. Robeck délibéra si posément, qu'il eut la patience de faire un livre, un gros livre, bien long, bien pesant, bien froid; et quand il eut établi, selon lui, qu'il était permis de se donner la mort, il se la donna avec la même tranquillité. Défions-nous des préjugés de siècle et de nation.

votre cœur; je connais vos peines, vous ne souffrez pas moins que moi; vos maux sont sans remède ainsi que les miens, et d'autant plus sans remède que les lois de l'honneur sont plus immuables que celles de la fortune. Vous les supportez, je l'avoue, avec fermeté. La vertu vous soutient; un pas de plus, elle vous dégage. Vous me pressez de souffrir; mylord, j'ose vous presser de terminer vos souffrances, et je vous laisse à juger qui de nous est le plus cher à l'autre.

Que tardons-nous à faire un pas qu'il faut toujours faire? Attendrons-nous que la vieillessee et les ans nous attachent bassement à la vie après nous en avoir ôté les charmes, et que nous traînions avec effort, ignominie et douleur, un corps infirme et cassé? Nous sommes dans l'âge où la vigueur de l'âme se dégage aisément de ses entraves, et où l'homme sait encore mourir; plus tard, il se laisse en gémissant arracher la vie. Profitons d'un temps où l'ennui de vivre nous rend la mort désirable; craignons qu'elle ne vienne avec ses horreurs au moment où nous n'en voudrons plus. Je m'en souviens, il fut un instant où je ne demandais qu'une heure au ciel, et où je serais mort désespéré si je ne l'eusse obtenue. Ah! qu'on a de peine à briser les nœuds qui lient nos cœurs à la terre! et qu'il est sage de la quitter aussitôt qu'ils sont rompus! Je le sens, mylord, nous sommes dignes tous deux d'une habitation plus pure : la vertu nous la montre, et le sort nous invite à la chercher. Que l'amitié qui nous joint nous unisse encore à notre dernière heure. Oh! quelle volupté pour deux vrais amis de finir leurs jours volontairement dans les bras l'un de l'autre, de confondre leurs derniers soupirs, d'exhaler à la fois les deux moitiés de leur âme! Quelle douleur, quel regret peut empoisonner leurs derniers instants? Que quittent-ils en sortant du monde? ils s'en vont ensemble; ils ne quittent rien.

LETTRE XXII.

RÉPONSE.

Jeune homme, un aveugle transport t'égare : sois plus discret, ne conseille point en demandant conseil : j'ai connu d'autres maux que les tiens. J'ai l'âme ferme; je suis Anglais. Je sais mourir; car je sais vivre, souffrir en homme. J'ai vu la mort de près, et la regarde avec trop d'indifférence pour l'aller chercher. Parlons de toi.

Il est vrai, tu m'étais nécessaire; mon âme avait besoin de la tienne; tes soins pouvaient m'être utiles; ta raison pouvait m'éclairer dans la plus importante affaire de ma vie : si je ne m'en sers point, à qui t'en prends-tu? Où est-elle? qu'est-elle devenue? que peux-tu faire? à quoi es-tu bon dans l'état où te voilà? quels services puis-je espérer de toi? Une douleur insensée te rend stupide et impitoyable : tu n'es pas un homme, tu n'es rien; et si je ne regardais à ce que tu peux être, tel que tu es, je ne vois rien dans le monde au-dessous de toi.

Je n'en veux pour preuve que ta lettre même. Autrefois je trouvais en toi du sens, de la vérité; tes sentiments étaient droits, tu pensais juste, et je ne t'aimais pas seulement par goût, mais par choix, comme un moyen de plus pour moi de cultiver la sagesse. Qu'ai-je trouvé maintenant dans les raisonnements de cette lettre dont tu parais si content? Un misérable et perpétuel sophisme, qui, dans l'égarement de ta raison, marque celui de ton cœur, et que je ne daignerais pas même relever si je n'avais pitié de ton délire.

Quand ce n'est pas la mode de se tuer, on n'imagine que des enragés qui se tuent; tous les actes de courage sont autant de chimères pour les âmes faibles; chacun ne juge des autres que par soi : cependant combien n'avons-nous pas d'exemples attestés d'hommes sages en tout autre point, qui, sans remords, sans fureur, sans désespoir, renoncent à la vie uniquement parce qu'elle leur est à charge, et meurent plus tranquillement qu'ils n'ont vécu!

Pour renverser tout cela d'un mot, je ne veux te demander qu'une seule chose : Toi qui crois Dieu existant, l'âme immortelle, et la liberté de l'homme, tu ne penses pas, sans doute, qu'un être intelligent reçoive un corps et soit placé sur la terre au hasard, seulement pour vivre, souffrir et mourir ? Il y a bien peut-être à la vie humaine un but, une fin, un objet moral ? Je te prie de me répondre clairement sur ce point ; après quoi nous reprendrons pied à pied ta lettre, et tu rougiras de l'avoir écrite.

Mais laissons les maximes générales, dont on fait souvent beaucoup de bruit sans jamais en suivre aucune ; car il se trouve toujours dans l'application quelque condition particulière qui change tellement l'état des choses, que chacun se croit dispensé d'obéir à la règle qu'il prescrit aux autres ; et l'on sait bien que tout homme qui pose des maximes générales entend qu'elles obligent tout le monde, excepté lui. Encore un coup, parlons de toi.

Il t'est donc permis, selon toi, de cesser de vivre ? La preuve en est singulière, c'est que tu as envie de mourir. Voilà certes un argument fort commode pour les scélérats : ils doivent t'être bien obligés des armes que tu leur fournis ; il n'y aura plus de forfaits qu'ils ne justifient par la tentation de les commettre ; et dès que la violence de la passion l'emportera sur l'horreur du crime, dans le désir de mal faire, ils en trouveront aussi le droit.

Il t'est donc permis de cesser de vivre ? Je voudrais bien savoir si tu as commencé. Quoi ! fus-tu placé sur la terre pour n'y rien faire ? Le ciel ne t'imposa-t-il point avec la vie une tâche pour la remplir ? Si tu as fait ta journée avant le soir, repose-toi le reste du jour, tu le peux ; mais voyons ton ouvrage. Quelle réponse tiens-tu prête au juge suprême qui te demandera compte de ton temps ? Parle, que lui diras-tu ? J'ai séduit une fille honnête ; j'abandonne un ami dans ses chagrins. Malheureux ! trouve-moi ce juste qui se vante d'avoir assez vécu, que j'apprenne de lui comment il faut avoir porté la vie pour être en droit de la quitter.

Tu comptes les maux de l'humanité ; tu ne rougis pas d'épuiser des lieux communs cent fois rebattus, et tu dis : La vie est un mal. Mais regarde, cherche dans l'ordre des choses si tu y trouves quelques biens qui ne soient point mêlés de maux. Est-ce donc à dire qu'il n'y ait aucun bien dans l'univers ? et peux-tu confondre ce qui est mal par sa nature avec ce qui ne souffre le mal que par accident ? Tu l'as dit toi-même, la vie passive de l'homme n'est rien, et ne regarde qu'un corps dont il sera bientôt délivré ; mais sa vie active et morale, qui doit influer sur tout son être, consiste dans l'exercice de sa volonté. La vie est un mal pour le méchant qui prospère, et un bien pour l'honnête homme infortuné ; car ce n'est pas une modification passagère, mais son rapport avec son objet, qui la rend bonne ou mauvaise. Quelles sont enfin ces douleurs si cruelles qui te forcent de la quitter ? Penses-tu que je n'aie pas démêlé sous ta feinte impartialité, dans le dénombrement des maux de cette vie, la honte de parler des tiens ? Crois-moi, n'abandonne pas à la fois toutes tes vertus ; garde au moins ton ancienne franchise, et dis ouvertement à ton ami : « J'ai perdu l'espoir de corrompre une honnête femme, me voilà forcé d'être homme de bien ; j'aime mieux mourir. »

Tu t'ennuies de vivre, et tu dis : La vie est un mal. Tôt ou tard tu seras consolé, et tu diras : La vie est un bien. Tu diras plus vrai sans mieux raisonner ; car rien n'aura changé que toi. Change donc dès aujourd'hui ; et puisque c'est dans la mauvaise disposition de ton âme qu'est tout le mal, corrige tes affections déréglées, et ne brûle pas ta maison pour n'avoir pas la peine de la ranger.

Je souffre, me dis-tu ; dépend-il de moi de ne pas souffrir ? D'abord c'est changer l'état de la question ; car il ne s'agit pas de savoir si tu souffres, mais si c'est un mal pour toi de vivre. Passons. Tu souffres, tu dois chercher à ne plus souffrir. Voyons s'il est besoin de mourir pour cela.

Considère un moment le progrès naturel des maux de l'âme, directement opposé au progrès des maux du corps, comme les deux substances sont opposées par leur nature. Ceux-ci s'invétèrent, s'empirent en vieillissant, et détruisent enfin cette machine mortelle. Les autres, au contraire, altérations externes et passagères d'un être immortel et simple, s'effacent insensiblement et le laissent dans sa forme originelle, que rien ne saurait changer. La tristesse, l'ennui, les regrets, le désespoir, sont des douleurs peu durables qui ne s'enracinent jamais dans l'âme; et l'expérience dément toujours ce sentiment d'amertume qui nous fait regarder nos peines comme éternelles. Je dirai plus: je ne puis croire que les vices qui nous corrompent nous soient plus inhérents que nos chagrins; non-seulement je pense qu'ils périssent avec le corps qui les occasionne, mais je ne doute pas qu'une plus longue vie ne pût suffire pour corriger les hommes, et que plusieurs siècles de jeunesse ne nous apprissent qu'il n'y a rien de meilleur que la vertu.

Quoi qu'il en soit, puisque la plupart de nos maux physiques ne font qu'augmenter sans cesse; de violentes douleurs du corps, quand elles sont incurables, peuvent autoriser un homme à disposer de lui; car toutes ses facultés étant aliénées par la douleur, et le mal étant sans remède, il n'a plus l'usage ni de sa volonté ni de sa raison; il cesse d'être homme avant de mourir, et ne fait, en s'ôtant la vie, qu'achever de quitter un corps qui l'embarrasse et où son âme n'est déjà plus.

Mais il n'en est pas ainsi des douleurs de l'âme, qui, pour vives qu'elles soient, portent toujours leur remède avec elles. En effet, qu'est-ce qui rend un mal quelconque intolérable? c'est sa durée. Les opérations de la chirurgie sont communément beaucoup plus cruelles que les souffrances qu'elles guérissent; mais la douleur du mal est permanente, celle de l'opération passagère, et l'on préfère celle-ci. Qu'est-il donc besoin d'opération pour des douleurs qu'éteint leur propre durée, qui, seule, les rendrait insupportables? Est-il raisonnable d'appliquer d'aussi violents remèdes aux maux qui s'effacent d'eux-mêmes? Pour qui fait cas de la constance et n'estime les ans que le peu qu'ils valent, de deux moyens de se délivrer des mêmes souffrances, lequel doit être préféré de la mort ou du temps? Attends, et tu seras guéri. Que demandes-tu davantage?

Ah! c'est ce qui redouble mes peines de songer qu'elles finiront? Vain sophisme de la douleur; bon mot sans raison, sans justesse, et peut-être sans bonne foi. Quel absurde motif de désespoir que l'espoir de terminer sa misère (1)! Même en supposant ce bizarre sentiment, qui n'aimerait mieux aigrir un moment la douleur présente par l'assurance de la voir finir, comme on scarifie une plaie pour la faire cicatriser? et quand la douleur aurait un charme qui nous ferait aimer à souffrir, s'en priver en s'ôtant la vie, n'est-ce pas faire à l'instant même tout ce qu'on craint de l'avenir?

Penses-y bien, jeune homme: que sont dix, vingt, trente ans pour un être immortel? La peine et le plaisir passent comme une ombre; la vie s'écoule en un instant; elle n'est rien par elle-même, son prix dépend de son emploi. Le bien seul qu'on a fait demeure, et c'est par lui qu'elle est quelque chose.

Ne dis donc plus que c'est un mal pour toi de vivre, puisqu'il dépend de toi seul que ce soit un bien, et que si c'est un mal d'avoir vécu, c'est une raison de plus pour vivre encore. Ne dis pas non plus qu'il t'est permis de mourir, car autant vaudrait dire qu'il t'est permis de n'être pas homme, qu'il t'est permis de te révolter contre l'auteur de ton être, et de tromper ta destination. Mais, en ajoutant que ta mort ne fait de mal à personne, songes-tu que c'est à ton ami que tu l'oses dire?

Ta mort ne fait de mal à personne! J'entends, mourir à nos dépens ne

(1) Non, mylord, on ne termine pas ainsi sa misère, on y met le comble; on rompt les derniers nœuds qui nous attachaient au bonheur. En regrettant ce qui nous fut cher, on tient encore à l'objet de sa douleur par sa douleur même, et cet état est moins affreux que de ne tenir plus à rien.

t'importe guère, tu comptes pour rien nos regrets. Je ne te parle plus des droits de l'amitié que tu méprises : n'en est-il point de plus chers encore (1) qui t'obligent à te conserver ? S'il est une personne au monde qui t'ait assez aimé pour ne vouloir pas te survivre, et à qui ton bonheur manque pour être heureuse, penses-tu ne lui rien devoir ? Tes funestes projets exécutés ne troubleront-ils point la paix d'une âme rendue avec tant de peine à sa première innocence ? Ne crains-tu point de rouvrir dans ce cœur trop tendre des blessures mal refermées ! Ne crains-tu point que ta perte n'en entraîne une autre encore plus cruelle, en ôtant au monde et à la vertu leur plus digne ornement ? et si elle te survit, ne crains-tu point d'exciter dans son sein le remords, plus pesant à supporter que la vie ? Ingrat ami, amant sans délicatesse,

seras-tu toujours occupé de toi-même ? Ne songeras-tu jamais qu'à tes peines ? N'es-tu point sensible au bonheur de ce qui te fut cher ? et ne saurais-tu vivre pour celle qui voulut mourir avec toi ?

Tu parles des devoirs du magistrat et du père de famille, et parce qu'ils ne te sont pas imposés, tu te crois affranchi de tout : et la société à qui tu dois ta conservation, tes talents, tes lumières; la patrie à qui tu appartiens, les malheureux qui ont besoin de toi, ne leur dois-tu rien ? O l'exact dénombrement que tu fais ! parmi les devoirs que tu comptes, tu n'oublies que ceux d'homme et de citoyen. Où est ce vertueux patriote qui refuse de vendre son sang à un prince étranger parce qu'il ne doit le verser que pour son pays, et qui veut maintenant le répandre en désespéré contre l'expresse défense des lois ? Les lois, les lois, jeune homme ! le sage les méprise-t-il ? Socrate innocent, par respect pour elles, ne voulut pas sortir de prison : tu ne balances point à les violer pour sortir injustement de la vie, et tu demandes : Quel mal fais-je ?

Tu veux t'autoriser par des exemples; tu m'oses nommer des Romains !

(1) Des droits plus chers que ceux de l'amitié ! et c'est un sage qui le dit ! Mais ce prétendu sage était amoureux lui-même.

Toi, des Romains ! il t'appartient bien d'oser prononcer ces noms illustres ! Dis-moi, Brutus mourut-il en amant désespéré ? et Caton déchira-t-il ses entrailles pour sa maîtresse ? Homme petit et faible, qu'y a-t-il entre Caton et toi ? Montre-moi la mesure commune de cette âme sublime et de la tienne. Téméraire, ah ! tais-toi. Je crains de profaner son nom par son apologie. A ce nom saint et auguste, tout ami de la vertu doit mettre le front dans la poussière, et honorer en silence la mémoire du plus grand des hommes.

Que tes exemples sont mal choisis ! et que tu juges bassement des Romains si tu penses qu'ils se crussent en droit de s'ôter la vie aussitôt qu'elle leur était à charge ! regarde les beaux temps de la république, et cherche si tu y verras un seul citoyen vertueux se délivrer ainsi du poids de ses devoirs, même après les plus cruelles infortunes. Régulus, retournant à Carthage, prévint-il par sa mort les tourments qui l'attendaient ? Que n'eût point donné Posthumius pour que cette ressource lui fût permise aux Fourches Caudines ! Quel effort de courage le sénat même n'admira-t-il pas dans le consul Varron pour avoir pu survivre à sa défaite ! Par quelle raison tant de généraux se laissèrent-ils volontairement livrer aux ennemis, eux à qui l'ignominie était si cruelle, et à qui il en coûtait si peu de mourir ? C'est qu'ils devaient à la patrie leur sang, leur vie et leurs derniers soupirs, et que la honte ni les revers ne les pouvaient détourner de ce devoir sacré. Mais quand les lois furent anéanties, et que l'état fut en proie à des tyrans, les citoyens reprirent leur liberté naturelle et leurs droits sur eux-mêmes. Quand Rome ne fut plus, il fut permis à des Romains de cesser d'être : ils avaient rempli leurs fonctions sur la terre ; ils n'avaient plus de patrie ; ils étaient en droit de disposer d'eux, et de se rendre à eux-mêmes la liberté qu'ils ne pouvaient plus rendre à leur pays. Après avoir employé leur vie à servir Rome expirante et à combattre pour les lois, ils moururent vertueux et grands comme ils avaient vécu ; et leur mort fut encore un tribut à la gloire du nom romain, afin qu'on ne vît dans aucun d'eux le spectacle indigne de vrais citoyens servant un usurpateur.

Mais toi, qui es-tu ? qu'as-tu fait ? Crois-tu t'excuser sur ton obscurité ? ta faiblesse t'exempte-t-elle de tes devoirs ? et pour n'avoir ni nom ni rang dans ta patrie, en es-tu moins soumis à ses lois ? Il te sied bien d'oser parler de mourir, tandis que tu dois l'usage de ta vie à tes semblables ! Apprends qu'une mort telle que tu la médites est honteuse et furtive ; c'est un vol fait au genre humain. Avant de le quitter, rends-lui ce qu'il a fait pour toi. Mais je ne tiens à rien... je suis inutile au monde... Philosophe d'un jour ! ignores-tu que tu ne saurais faire un pas sur la terre sans y trouver quelque devoir à remplir, et que tout homme est utile à l'humanité par cela seul qu'il existe.

Ecoute-moi, jeune insensé : tu m'es cher, j'ai pitié de tes erreurs. S'il te reste au fond du cœur le moindre sentiment de vertu, viens, que je t'apprenne à aimer la vie. Chaque fois que tu seras tenté d'en sortir, dis en toi-même : « Que je fasse encore une bonne action avant que de mourir. » Puis va chercher quelque indigent à secourir, quelque infortuné à consoler, quelque opprimé à défendre. Rapproche de moi les malheureux que mon abord intimide, ne crains d'abuser ni de ma bourse ni de mon crédit ; prends, épuise mes biens, fais-moi riche. Si cette considération te retient aujourd'hui, elle te retiendra encore demain, après-demain, toute ta vie. Si elle ne te retient pas meurs : tu n'es qu'un méchant.

LETTRE XXIII.

DE MYLORD ÉDOUARD A L'AMANT DE JULIE.

Je ne pourrai, mon cher, vous embrasser aujourd'hui comme je l'avais espéré, et l'on me retient encore pour deux jours à Kensington. Le train de la cour est qu'on y travaille beaucoup sans rien faire, et que toutes les affaires s'y succèdent sans s'achever. Celle qui m'arrête ici depuis huit jours ne demandait pas deux heures : mais comme la plus importante affaire des ministres est d'avoir toujours l'air affairé, ils perdent plus de temps à me remettre qu'ils n'en auraient mis à m'expédier. Mon impatience, un peu trop visible, n'abrége pas ces délais. Vous savez que la cour ne me convient guère; elle m'est encore plus insupportable depuis que nous vivons ensemble, et j'aime cent fois mieux partager votre mélancolie que l'ennui des valets qui peuplent ce pays.

Cependant, en causant avec ces empressés fainéants, il m'est venu une idée qui vous regarde, et sur laquelle je n'attends que votre aveu pour disposer de vous. Je vois qu'en combattant vos peines vous souffrez à la fois du mal et de la résistance. Si vous voulez vivre et guérir, c'est moins parce que l'honneur et la raison l'exigent, que pour complaire à vos amis. Mon cher, ce n'est pas assez : il faut reprendre le goût de la vie pour en bien remplir les devoirs; et avec tant d'indifférence pour toute chose, on ne réussit jamais à rien. Nous avons beau faire l'un et l'autre, la raison seule ne vous rendra pas la raison. Il faut qu'une multitude d'objets nouveaux et frappants vous arrachent une partie de l'attention que votre cœur ne donne qu'à celui qui l'occupe. Il faut, pour vous rendre à vous-même, que vous sortiez d'au dedans de vous, et ce n'est que dans l'agitation d'une vie active que vous pouvez retrouver le repos.

Il se présente pour cette épreuve une occasion qui n'est pas à dédaigner; il est question d'une entreprise grande, belle, et telle que bien des âges n'en voient pas de semblables. Il dépend de vous d'en être témoin et d'y concourir. Vous verrez le plus grand spectacle qui puisse frapper les yeux des hommes; votre goût pour l'observation trouvera de quoi se contenter. Vos fonctions seront honorables; elles n'exigeront, avec les talents que vous possédez, que du courage et de la santé. Vous y trouverez plus de péril que de gêne; elles ne vous en conviendront que mieux. Enfin votre engagement ne sera pas fort long. Je ne puis vous en dire aujourd'hui davantage, parce que ce projet, sur le point d'éclore, est pourtant encore un secret dont je ne suis pas le maître. J'ajouterai seulement que si vous négligez cette heureuse et rare occasion, vous ne la retrouverez probablement jamais, et la regretterez peut-être toute votre vie.

J'ai donné ordre à mon coureur, qui vous porte cette lettre, de vous chercher où que vous soyez, et de ne point revenir sans votre réponse; car elle presse, et je dois donner la mienne avant de partir d'ici.

LETTRE XXIV.

RÉPONSE.

Faites, mylord; ordonnez de moi : vous ne serez désavoué sur rien. En attendant que je mérite de vous servir, au moins que je vous obéisse.

LETTRE XXV.

DE MYLORD ÉDOUARD A L'AMANT DE JULIE.

Puisque vous approuvez l'idée qui m'est venue, je ne veux pas tarder un moment à vous marquer que tout vient d'être conclu, et à vous expliquer de quoi il s'agit, selon la permission que j'en ai reçue en répondant de vous.

Vous savez qu'on vient d'armer à Plymouth une escadre de cinq vaisseaux de guerre, et qu'elle est prête à mettre à la voile. Celui qui doit la commander est M. George Anson, habile et vaillant officier, mon ancien ami. Elle est destinée pour la mer du Sud, où elle doit se rendre par le détroit de Le Maire, et en revenir par les Indes orientales. Ainsi vous voyez qu'il n'est pas question de moins que du tour du monde; expédition qu'on estime devoir durer environ trois ans. J'aurais pu vous faire inscrire comme volontaire; mais, pour vous donner plus de considération dans l'équipage, j'y ai fait ajouter un titre, et vous êtes couché sur l'état en qualité d'ingénieur des troupes de débarquement : ce qui vous convient d'autant mieux que le génie étant votre première destination, je sais que vous l'avez appris dès votre enfance.

Je compte retourner demain à Londres (1), et vous présenter à M. Anson dans deux jours. En attendant, songez à votre équipage, et à vous pourvoir d'instruments et de livres; car l'embarquement est prêt, et l'on n'attend plus que l'ordre du départ. Mon cher ami, j'espère que Dieu vous ramènera sain de corps et de cœur de ce long voyage, et qu'à votre retour nous nous rejoindrons pour ne nous séparer jamais.

LETTRE XXVI.

DE L'AMANT DE JULIE A MADAME D'ORBE.

Je pars, chère et charmante cousine, pour faire le tour du globe; je vais chercher dans un autre hémisphère la paix dont je n'ai pu jouir dans celui-ci. Insensé que je suis! je vais errer dans l'univers sans trouver un lieu pour y

reposer mon cœur; je vais chercher un asile au monde où je puisse être loin de vous! Mais il faut respecter les volontés d'un ami, d'un bienfaiteur, d'un père. Sans espérer de guérir, il faut au moins le vouloir, puisque Julie et la vertu l'ordonnent. Dans trois heures je vais être à la merci des flots; dans trois jours je ne verrai plus l'Europe; dans trois mois je serai dans des mers inconnues où règnent d'éternels orages; dans trois ans peut-être..... Qu'il serait affreux de ne vous plus voir! Hélas! le plus grand péril est au fond de

(1) Je n'entends pas trop bien ceci. Kensington n'étant qu'à un quart de lieue de Londres, les seigneurs qui vont à la cour n'y couchent pas ; cependant voilà mylord Edouard forcé d'y passer je ne sais combien de jours.

mon cœur : car, quoi qu'il en soit de mon sort, je l'ai résolu, je le jure, vous me verrez digne de paraître à vos yeux, ou vous de me reverrez jamais.

Mylord Édouard, qui retourne à Rome, vous remettra cette lettre en passant, et vous fera le détail de ce qui me regarde. Vous connaissez son âme, et vous devinerez aisément ce qu'il ne vous dira pas. Vous connûtes la mienne, jugez aussi de ce que je ne vous dis pas moi-même. Ah! mylord, vos yeux les reverront!

Votre amie a donc ainsi que vous le bonheur d'être mère! Elle devait donc l'être?.... Ciel inexorable!.... O ma mère! pourquoi vous donna-t-il un fils dans sa colère?

Il faut finir, je le sens. Adieu, charmantes cousines. Adieu, beautés incomparables. Adieu, pures et célestes âmes. Adieu, tendres et inséparables amies, femmes uniques sur la terre. Chacune de vous est le seul objet digne du cœur de l'autre. Faites mutuellement votre bonheur. Daignez vous rappeler quelquefois la mémoire d'un infortuné qui n'existait que pour partager entre vous tous les sentiments de son âme, et qui cessa de vivre au moment qu'il s'éloigna de vous. Si jamais..... J'entends le signal et les cris des matelots; je vois fraîchir le vent et déployer les voiles : il faut monter à bord, il faut partir. Mer vaste, mer immense, qui dois peut-être m'engloutir dans ton sein, puissé-je retrouver sur tes flots le calme qui fuit mon cœur agité!

QUATRIÈME PARTIE

LETTRE PREMIÈRE.

DE MADAME DE WOLMAR A MADAME D'ORBE.

Que tu tardes longtemps à revenir ! Toutes ces allées et venues ne m'accommodent point. Que d'heures se perdent à te rendre où tu devrais toujours être, et, qui pis est, à t'en éloigner ! L'idée de se voir pour si peu de temps gâte tout le plaisir d'être ensemble. Ne sens-tu pas qu'être ainsi alternativement chez toi et chez moi, c'est n'être bien nulle part ? et n'imagines-tu point quelque moyen de faire que tu sois en même temps chez l'une et chez l'autre ?

Que faisons-nous, chère cousine ? Que d'instants précieux nous laissons perdre, quand il ne nous en reste plus à prodiguer ! Les années se multiplient, la jeunesse commence à fuir, la vie s'écoule ; le bonheur passager qu'elle offre est entre nos mains, et nous négligeons d'en jouir ! Te souvient-il du temps où nous étions encore filles, de ces premiers temps si charmants et si doux qu'on ne retrouve plus dans un autre âge, et que le cœur oublie avec tant de peine. Combien de fois, forcées de nous séparer pour peu de jours, et même pour peu d'heures, nous disions en nous embrassant tristement : Ah ! si jamais nous disposons de nous, on ne nous verra plus séparées ! Nous en disposons maintenant, et nous passons la moitié de l'année éloignées l'une de l'autre. Quoi ! nous aimerions-nous moins ? Chère et tendre amie, nous le sentons toutes deux, combien le temps, l'habitude et tes bienfaits ont rendu notre attachement plus fort et plus indissoluble. Pour moi, ton absence me paraît de jour en jour plus insupportable, et je ne puis plus vivre un instant sans toi. Ce progrès de notre amitié est plus naturel qu'il ne semble ; il a sa raison dans notre situation ainsi que dans nos caractères. A mesure qu'on avance en âge, tous les sentiments se concentrent ; on perd tous les jours quelque chose de ce qui nous fut cher, et l'on ne le remplace plus. On meurt ainsi par degrés, jusqu'à ce que, n'aimant enfin que soi-même, on ait cessé de sentir et de vivre avant de cesser d'exister. Mais un cœur sensible se défend de toute sa force contre cette mort anticipée ; quand le froid commence aux extrémités, il rassemble autour de lui toute sa chaleur naturelle ; plus il perd, plus il s'attache à ce qui lui reste, et il tient, pour ainsi dire, au dernier objet par les liens de tous les autres.

Voilà ce qu'il me semble éprouver déjà, quoique jeune encore. Ah ! ma chère, mon pauvre cœur a tant aimé ! il s'est épuisé de si bonne heure, qu'il vieillit avant le temps ; et tant d'affections diverses l'ont tellement absorbé, qu'il n'y reste plus de place pour les attachements nouveaux. Tu m'as vue successivement fille, amie, amante, épouse et mère. Tu sais si tous ces titres m'ont été chers ! Quelques-uns de ces liens sont détruits, d'autres sont relâchés. Ma mère, ma tendre mère n'est plus ; il ne me reste que des pleurs à donner à sa mémoire, et je ne goûte qu'à moitié le plus doux sentiment de la nature. L'amour est éteint, il l'est pour jamais, et c'est encore une place qui ne sera point remplie. Nous avons perdu ton digne et bon mari, que j'aimais comme la chère moitié de toi-même, et qui méritait si bien ta tendresse et mon amitié. Si mes fils étaient plus grands, l'amour maternel remplirait tous ces vides : mais cet amour, ainsi que tous les autres, a besoin de communication ; et quel retour peut attendre une mère d'un enfant de quatre ou cinq ans? Nos enfants nous sont chers longtemps avant qu'ils puissent le sentir et nous aimer à leur tour ; et cependant on a si grand besoin de dire combien on les aime à quelqu'un qui nous entende! Mon mari m'entend, mais il ne me répond pas assez à ma fantaisie ; la tête ne lui en tourne pas comme à moi : sa tendresse pour eux est trop raisonnable ; j'en veux une plus vive et qui ressemble mieux à la mienne. Il me faut une amie, une mère qui soit aussi folle que moi de mes enfants et des siens. En un mot, la maternité me rend l'amitié plus nécessaire encore, par le plaisir de parler sans cesse de mes enfants sans donner de l'ennui. Je sens que je jouis doublement des caresses de mon petit Marcellin quand je te les vois partager. Quand j'embrasse ta fille, je crois te presser contre mon sein. Nous l'avons dit cent fois ; en voyant tous nos petits bambins jouer ensemble, nos cœurs unis les confondent, et nous ne savons plus à laquelle appartient chacun des trois.

Ce n'est pas tout : j'ai de fortes raisons pour te souhaiter sans cesse auprès de moi, et ton absence m'est cruelle à plus d'un égard. Songe à mon éloignement pour toute dissimulation, et à cette continuelle réserve où je vis depuis près de six ans avec l'homme du monde qui m'est le plus cher. Mon odieux secret me pèse de plus en plus, et semble chaque jour devenir plus indispensable. Plus l'honnêteté veut que je le révèle, plus la prudence m'oblige à le garder. Conçois-tu quel état affreux c'est pour une femme de porter la défiance, le mensonge et la crainte jusque dans les bras d'un époux, de n'oser ouvrir son cœur à celui qui le possède, et de lui cacher la moitié de sa vie pour assurer le repos de l'autre? A qui, grand Dieu ! faut-il déguiser mes plus secrètes pensées, et céler l'intérieur d'une âme dont il aurait lieu d'être si content? A M. de Wolmar, à mon mari, au plus digne époux dont le ciel eût pu récompenser la vertu d'une fille chaste ! Pour l'avoir trompé une fois, il faut le tromper tous les jours, et me sentir sans cesse indigne de toutes ses bontés pour moi. Mon cœur n'ose accepter aucun témoignage de son estime ; ses plus tendres caresses me font rougir, et toutes les marques de respect et de considération qu'il me donne se changent, dans ma conscience, en opprobres et en signes de mépris. Il est bien dur d'avoir à se dire sans cesse : C'est une autre que moi qu'il honore. Ah! s'il me connaissait, il ne me traiterait pas ainsi. Non, je ne puis supporter cet état affreux ; je ne suis jamais seule avec cet homme respectable que je ne sois prête à tomber à genoux devant lui, à lui confesser ma faute, et à mourir de douleur et de honte à ses pieds.

Cependant les raisons qui m'ont retenue dès le commencement prennent chaque jour de nouvelles forces, et je n'ai pas un motif de parler qui ne soit une raison de me taire. En considérant l'état paisible et doux de ma famille, je ne pense point sans effroi qu'un seul mot y peut causer un désordre irréparable. Après six ans passés dans une si parfaite union, irai-je troubler le repos d'un mari si sage et si bon, qui n'a d'autre volonté que celle de son heureuse épouse, ni d'autre plaisir que de voir régner dans sa maison l'ordre et la paix? Contristerai-je, par des troubles domestiques, les vieux jours d'un père que je vois si content, si charmé du bonheur de sa fille et de son ami? Exposerai-je ces chers enfants, ces enfants aimables et qui promettent tant, à n'avoir qu'une éducation négligée ou scandaleuse, à se voir les tristes victimes de la discorde de leurs parents, entre un père enflammé d'une juste indignation, agité par la jalousie, et une mère infortunée et coupable, toujours noyée dans les pleurs? Je connais M. de Wolmar estimant sa femme ; que sais-je ce qu'il sera ne l'estimant plus? Peut-être n'est-il si modéré que parce que la passion qui dominerait dans son caractère n'a pas encore eu lieu de se développer. Peut-être sera-t-il aussi violent dans l'emportement de la colère qu'il est doux et tranquille tant qu'il n'a nul sujet de s'irriter.

Si je dois tant d'égards à tout ce qui m'environne, ne m'en dois-je point aussi quelques-uns à moi-même? Six ans d'une vie honnête et régulière n'effacent-ils rien des des erreurs de la jeunesse? et faut-il m'exposer encore à la peine d'une faute que je pleure depuis si longtemps? Je te l'avoue, ma cousine, je ne tourne point sans répugnance mes yeux sur le passé; il m'humilie jusqu'au découragement, et je suis trop sensible à la honte pour en supporter l'idée sans retomber dans une sorte de désespoir. Le temps qui s'est écoulé depuis mon mariage est celui qu'il faut que j'envisage pour me rassurer. Mon état présent m'inspire une confiance que d'importuns souvenirs voudraient m'ôter. J'aime à nourrir mon cœur des sentiments d'honneur que je crois retrouver en moi. Le rang d'épouse et de mère m'élève l'âme et me soutient contre les remords d'un autre état. Quand je vois mes enfants autour de moi, il me semble que tout y respire la vertu, ils chassent de mon esprit l'idée même de mes anciennes fautes. Leur innocence est la sauvegarde de la mienne; ils m'en deviennent plus chers en me rendant meilleure; et j'ai tant d'horreur pour tout ce qui blesse l'honnêteté, que j'ai peine à me croire la même qui put l'oublier autrefois. Je me sens si loin de ce que j'étais, si sûre de ce que je suis, qu'il s'en faut peu que je ne regarde ce que j'aurais à dire comme un aveu qui m'est étranger et que je ne suis plus obligée de faire.

Voilà l'état d'incertitude et d'anxiété dans lequel je flotte sans cesse en ton absence. Sais-tu ce qui arrivera de tout cela quelque jour? Mon père va bientôt partir pour Berne, résolu de n'en revenir qu'après avoir vu la fin de ce long procès dont il ne veut pas nous laisser l'embarras, et ne se fiant pas trop non plus, je pense, à notre zèle à le poursuivre. Dans l'intervalle de son départ à son retour, je resterai seule avec mon mari, et je sens qu'il sera presque impossible que mon fatal secret ne m'échappe. Quand nous avons du monde, tu sais que M. de Wolmar quitte souvent la compagnie et fait volontiers seul des promenades aux environs : il cause avec les paysans; il s'informe de leur situation; il examine l'état de leurs terres; il les aide au besoin de sa bourse et de ses conseils. Mais quand nous sommes seuls, il ne se promène qu'avec moi; il quitte peu sa femme et ses enfants, et se prête à leurs petits jeux avec une simplicité si charmante, qu'alors je sens pour lui quelque chose de plus tendre encore qu'à l'ordinaire. Ces moments d'attendrissement sont d'autant plus périlleux pour la réserve, qu'il me fournit lui-même les occasions d'en manquer, et qu'il m'a cent fois tenu des propos qui semblaient m'exciter à la confiance. Tôt ou tard il faudra que je lui ouvre mon cœur, je le sens; mais, puisque tu veux que ce soit de concert entre nous, et avec toutes les précautions que la prudence autorise, reviens, et fais de moins longues absences, ou je ne réponds plus de rien.

Ma douce amie, il faut achever; et ce qui reste importe assez pour me coûter le plus à dire. Tu ne m'es pas seulement nécessaire quand je suis avec mes enfants ou avec mon mari, mais surtout quand je suis seule avec la pauvre Julie; et la solitude m'est dangereuse précisément parce qu'elle m'est douce, et que souvent je la cherche sans y songer. Ce n'est pas, tu le sais, que mon cœur se ressente encore de ses anciennes blessures; non, il est guéri, je le sens, j'en suis très sûre : j'ose me croire vertueuse. Ce n'est point le présent que je crains, c'est le passé qui me tourmente. Il est des souvenirs aussi redoutables que le sentiment actuel; on s'attendrit par réminiscence, on a honte de se sentir pleurer, et l'on n'en pleure que davantage. Ces larmes sont de pitié, de regret, de repentir; l'amour n'y a plus de part; il ne m'est plus rien : mais je pleure les maux qu'il a causés; je pleure le sort d'un homme estimable que des feux indiscrètement nourris ont privé du repos et peut-être de la vie. Hélas! sans doute, il a péri dans ce long et périlleux voyage que le désespoir lui a fait entreprendre. S'il vivait, du bout du monde il nous eût donné de ses nouvelles; près de quatre ans se sont écoulés depuis son départ. On dit que l'escadre sur laquelle il est a souffert mille désastres, qu'elle a perdu les trois quarts de ses équipages, que plusieurs vaisseaux sont submergés, qu'on ne sait ce qu'est devenu le reste. Il n'est plus, il n'est plus; un secret pressentiment me l'annonce. L'infortuné n'aura pas été plus épargné

que tant d'autres : la mer, les maladies, la tristesse bien plus cruelle, auront abrégé ses jours. Ainsi s'éteint tout ce qui brille un moment sur la terre. Il manquait aux tourments de ma conscience d'avoir à me reprocher la mort d'un honnête homme. Ah! ma chère, quelle âme c'était que la sienne!.... comme il savait aimer!... Il méritait de vivre.... Il aura présenté devant le souverain juge une âme faible, mais saine et aimant la vertu... Je m'efforce en vain de chasser ces tristes idées, à chaque instant elles reviennent malgré moi. Pour les bannir, ou pour les régler, ton amie a besoin de tes soins; et puisque je ne puis oublier cet infortuné, j'aime mieux en causer avec toi que d'y penser toute seule.

Regarde, que de raisons augmentent le besoin continuel que j'ai de t'avoir avec moi! Plus sage et plus heureuse, si les mêmes raisons te manquent, ton cœur en sent-il moins le même besoin? S'il est bien vrai que tu ne veuilles point te remarier, ayant si peu de contentement de ta famille, quelle maison te peut mieux convenir que celle-ci? Pour moi, je souffre à te savoir dans la tienne; car, malgré ta dissimulation, je connais ta manière d'y vivre, et ne suis point dupe de l'air folâtre que tu viens étaler à Clarens. Tu m'as bien reproché des défauts en ma vie; mais j'en ai un très grand à te reprocher à mon tour; c'est que ta douleur est toujours concentrée et solitaire. Tu te caches pour t'affliger, comme si tu rougissais de pleurer devant ton amie. Claire, je n'aime pas cela. Je ne suis point injuste comme toi; je ne blâme point tes regrets, je ne veux pas qu'au bout de deux ans, de dix, ni de toute ta vie, tu cesses d'honorer la mémoire d'un si tendre époux; mais je te blâme, après avoir passé les plus beaux jours à pleurer avec ta Julie, de lui dérober la douceur de pleurer à son tour avec toi, et de laver par de plus dignes larmes la honte de celles qu'elle versa dans ton sein. Si tu es fâchée de t'affliger, ah! tu ne connais pas la véritable affliction. Si tu y prends une sorte de plaisir, pourquoi ne veux-tu pas que je le partage? Ignores-tu que la communication des cœurs imprime à la tristesse je ne sais quoi de doux et de touchant que n'a pas le contentement? et l'amitié n'a-t-elle pas été spécialement donnée aux malheureux pour le soulagement de leurs maux et la consolation de leurs peines?

Voilà, ma chère, des considérations que tu devrais faire, et auxquelles il faut ajouter qu'en te proposant de venir demeurer avec moi, je ne te parle pas moins au nom de mon mari qu'au mien. Il m'a paru plusieurs fois surpris, presque scandalisé, que deux amies telles que nous n'habitassent pas ensemble; il assure de l'avoir dit à toi-même, et il n'est pas homme à parler inconsidérément. Je ne sais quel parti tu prendras sur mes représentations; j'ai lieu d'espérer qu'il sera tel que je le désire. Quoi qu'il en soit, le mien est pris, et je n'en changerai pas. Je n'ai point oublié le temps où tu voulais me suivre en Angleterre. Amie incomparable, c'est à présent mon tour. Tu connais mon aversion pour la ville, mon goût pour la campagne, pour les travaux rustiques, et l'attachement que trois ans de séjour m'ont donné pour ma maison de Clarens. Tu n'ignores pas non plus quel embarras c'est de déménager avec toute une famille, et combien ce serait abuser de la complaisance de mon père de le transplanter si souvent. Hé bien! si tu ne veux pas quitter ton ménage et venir gouverner le mien, je suis résolue à prendre une maison à Lausanne, où nous irons tous demeurer avec toi. Arrange-toi là-dessus : tout le veut, mon cœur, mon devoir, mon bonheur, mon honneur conservé, ma raison recouvrée, mon état, mon mari, mes enfants, moi-même; je te dois tout; tout ce que j'ai de bien me vient de toi, je ne vois rien qui ne m'y rappelle, et sans toi je ne suis rien. Viens donc, ma bien-aimée, mon ange tutélaire, viens conserver ton ouvrage, viens jouir de tes bienfaits. N'ayons plus qu'une famille, comme nous n'avons qu'une âme pour la chérir; tu veilleras sur l'éducation de mes fils, je veillerai sur celle de ta fille : nous nous partagerons les devoirs de mère, et nous en doublerons les plaisirs. Nous élèverons nos cœurs ensemble à celui qui purifia le mien par tes soins; et n'ayant plus rien à désirer en ce moment, nous attendrons en paix l'autre vie dans le sein de l'innocence et de l'amitié.

LETTRE II.

RÉPONSE DE MADAME D'ORBE A MADAME DE WOLMAR.

Mon Dieu! cousine, que ta lettre m'a donné de plaisir! Charmante prêcheuse! charmante en vérité, mais prêcheuse pourtant... pérorant à ravir. Des œuvres, peu de nouvelles. L'architecte athénien... ce beau diseur... tu sais bien... dans ton vieux Plutarque... Pompeuses descriptions, superbe temple!... Quant il a tout dit, l'autre revient; un homme uni, l'air simple, grave et posé... comme qui dirait ta cousine Claire... D'une voix creuse, lente et même un peu nasale... « Ce qu'il a dit, je le ferai. » Il se tait, et les mains de battre. Adieu l'homme aux phrases (1). Mon enfant, nous sommes ces deux architectes; le temple dont il s'agit est celui de l'amitié.

Résumons un peu les belles choses tu m'as dites. Premièrement que nous nous aimions, et puis, que je t'étais nécessaire; et puis, que tu me l'étais aussi; et puis, qu'étant libres de passer nos jours ensemble, il les y fallait passer. Et tu as trouvé tout cela toute seule! Sans mentir, tu es une éloquente personne! O bien! que je t'apprenne à quoi je m'occupais de mon côté tandis que tu méditais cette sublime lettre. Après cela, tu jugeras toi-même lequel vaut le mieux de ce que tu dis ou de ce que je fais.

A peine eus-je perdu mon mari, que tu remplis le vide qu'il avait laissé dans mon cœur. De son vivant, il en partageait avec toi les affections; dès qu'il ne fut plus, je ne fus qu'à toi seule; et selon ta remarque sur l'accord de la tendresse maternelle et de l'amitié, ma fille même n'était pour nous qu'un lien de plus. Non-seulement je résolus dès lors de passer le reste de ma vie avec toi, mais je formai un projet plus étendu. Pour que nos deux familles n'en fissent qu'une, je me proposai, supposant tous les rapports convenables, d'unir un jour ma fille à ton fils aîné; et ce nom de mari, trouvé par plaisanterie, me parut d'heureux augure pour le lui donner un jour tout de bon.

Dans ce dessein, je cherchai d'abord à lever les embarras d'une succession embrouillée; et, me trouvant assez de bien pour sacrifier quelque chose à la liquidation du reste, je ne songeais qu'à mettre le partage de ma fille en effets assurés et à l'abri de tout procès. Tu sais que j'ai des fantaisies sur bien des choses : ma folie dans celle-ci était de te surprendre. Je m'étais mis en tête d'entrer un beau matin dans ta chambre, tenant d'une main mon enfant, de l'autre un portefeuille, et de te présenter l'un et l'autre avec un beau compliment pour déposer en tes mains la mère, la fille et leur bien, c'est-à-dire la dot de celle-ci. « Gouverne-la, voulais-je te dire, comme il convient aux intérêts de ton fils; car c'est désormais son affaire et la tienne; pour moi, je ne m'en mêle plus. »

Remplie de cette charmante idée, il fallut m'en ouvrir à quelqu'un qui m'aidât à l'exécuter. Or, devine qui je choisis pour cette confidence. Un certain M. de Wolmar : ne le connaîtrais-tu point? — Mon mari, cousine? — Oui, ton mari, cousine. Ce même homme à qui tu as tant de peine à cacher un secret qu'il lui importe de ne pas savoir, est celui qui t'en a su taire un qu'il t'eût été si doux d'apprendre. C'était là le vrai sujet de tous ces entretiens mystérieux dont tu nous faisais si comiquement la guerre. Tu vois comme ils sont dissimulés ces maris. N'est-il pas bien plaisant que ce soient eux qui nous accusent de dissimulation? J'exigeais du tien davantage encore. Je voyais fort bien que tu méditais le même projet que moi, mais plus en dedans, et comme celle qui n'exhale ses sentiments qu'à mesure qu'on s'y livre. Cherchant donc à te ménager une surprise plus agréable, je voulais que, quand tu lui proposerais notre réunion, il ne parût pas fort approuver cet

---

(1) Ce trait, rapporté par Plutarque, *Instructions pour ceux qui manient affaires d'estat* (ch. 4), a été reproduit par Montaigne (*Essais*, liv. 1, ch. 25).

empressement, et se montrât un peu froid à consentir. Il me fit là-dessus une réponse que j'ai retenue et que tu dois bien retenir; car je doute que, depuis qu'il y a des maris au monde, aucun d'eux en ait fait une pareille. La voici : « Petite cousine, je connais Julie... je la connais bien... mieux qu'elle ne croit peut-être. Son cœur est trop honnête pour qu'on doive résister à rien de ce qu'elle désire, et trop sensible pour qu'on le puisse sans l'affliger. Depuis cinq ans que nous sommes unis, je ne crois pas qu'elle ait reçu de moi le moindre chagrin; j'espère mourir sans lui en avoir jamais fait aucun. » Cousine, songes-y bien : voilà quel est le mari dont tu médites sans cesse de troubler indiscrètement le repos.

Pour moi, j'eus moins de délicatesse, ou plus de confiance en ta douceur, et j'éloignai si naturellement les discours auxquels ton cœur te ramenait souvent, que, ne pouvant taxer le mien de s'attiédir pour toi, tu t'allas mettre dans la tête que j'attendais de secondes noces, et que je t'aimais mieux que toute autre chose, hormis un mari. Car, vois-tu, ma pauvre enfant, tu n'as pas un secret mouvement qui m'échappe; je te devine, je te pénètre, je perce jusqu'au plus profond de ton âme; et c'est pour cela que je t'ai toujours adorée. Ce soupçon, qui te faisait si heureusement prendre le change, m'a paru excellent à nourrir. Je me suis mise à faire la veuve coquette assez bien pour t'y tromper toi-même : c'est un rôle pour lequel le talent me manque moins que l'inclination. J'ai adroitement employé cet air agaçant que je ne sais pas mal prendre, et avec lequel je me suis quelquefois amusée à persifler plus d'un jeune fat. Tu en as été tout-à-fait la dupe, et m'as crue prête à chercher un successeur à l'homme du monde auquel il était le moins aisé d'en trouver. Mais je suis trop franche pour pouvoir me contrefaire longtemps, et tu t'es bientôt rassurée. Cependant je veux te rassurer encore mieux en t'expliquant mes vrais sentiments sur ce point.

Je te l'ai dit cent fois étant fille, je n'étais point faite pour être femme. S'il eût dépendu de moi, je ne me serais point mariée; mais dans notre sexe, on n'achète la liberté que par l'esclavage, et il faut commencer par être servante pour devenir sa maîtresse un jour. Quoique mon père ne me gênât pas, j'avais des chagrins dans ma famille. Pour m'en délivrer, j'épousai donc M. d'Orbe. Il était si honnête homme et m'aimait si tendrement, que je l'aimai sincèrement à mon tour. L'expérience me donna du mariage une idée plus avantageuse que celle que j'en avais conçue, et détruisit les impressions que m'en avait laissées la Chaillot. M. d'Orbe me rendit heureuse et ne s'en repentit pas. Avec un autre, j'aurais toujours rempli mes devoirs, mais je l'aurais désolé, et je sens qu'il fallait un aussi bon mari pour faire de moi une bonne femme. Imaginerais-tu que c'est de cela même que j'avais à me plaindre? Mon enfant, nous nous aimions trop, nous n'étions point gais. Une amitié plus légère eût été plus folâtre; je l'aurais préférée, et je crois que j'aurais mieux aimé vivre moins contente et pouvoir rire plus souvent.

A cela se joignirent les sujets particuliers d'inquiétude que me donnait ta situation. Je n'ai pas besoin de te rappeler les dangers que t'a fait courir une passion mal réglée : je les vis en frémissant. Si tu n'avais risqué que ta vie, peut-être un reste de gaîté ne m'eût-il pas tout-à-fait abandonnée; mais la tristesse et l'effroi pénétrèrent mon âme, et jusqu'à ce que je t'aie vue mariée, je n'ai pas eu un moment de pure joie. Tu connus ma douleur, tu la sentis : elle a beaucoup fait sur ton bon cœur; et je ne cesserai de bénir ces heureuses larmes qui sont peut-être la cause de ton retour au bien.

Voilà comment s'est passé tout le temps que j'ai vécu avec mon mari. Juge si, depuis que Dieu me l'a ôté, je pourrais espérer d'en retrouver un autre qui fût autant selon mon cœur, et si je suis tentée de le chercher. Non, cousine, le mariage est un état trop grave; sa dignité ne va point avec mon humeur, elle m'attriste et me sied mal, sans compter que toute gêne m'est insupportable. Pense, toi qui me connais, ce que peut être à mes yeux un lien dans lequel je n'ai pas ri durant sept ans sept petites fois à mon aise. Je ne veux pas faire comme toi la matrone à vingt-huit ans. Je me trouve une petite veuve assez piquante, assez mariable encore; et je crois que, si j'étais homme, je m'accommoderais assez de moi. Mais me remarier, cousine ! Écoute ; je pleure bien sincèrement mon pauvre mari ; j'aurais donné la moitié de ma vie pour passer l'autre avec lui ; et pourtant, s'il pouvait revenir, je ne le reprendrais, je crois, lui-même que parce que je l'avais déjà pris.

Je viens de t'exposer mes véritables intentions. Si je n'ai pu les exécuter encore malgré les soins de M. de Wolmar, c'est que les difficultés semblent croître avec mon zèle à les surmonter. Mais mon zèle sera le plus fort, et avant que l'été se passe, j'espère me réunir à toi pour le reste de nos jours.

Il reste à me justifier du reproche de te cacher mes peines et d'aimer à pleurer loin de toi : je ne le nie pas, c'est à quoi j'emploie ici le meilleur temps que j'y passe. Je n'entre jamais dans ma maison sans y retrouver des vestiges de celui qui me la rendait chère. Je n'y fais pas un pas, je n'y fixe pas un objet, sans apercevoir quelque signe de sa tendresse et de la bonté de son cœur ; voudrais-tu que le mien n'en fût pas ému ? Quand je suis ici, je ne sens que la perte que j'ai faite ; quand je suis près de toi, je ne vois que ce qui m'est resté. Peux-tu me faire un crime de ton pouvoir sur mon humeur ? Si je pleure en ton absence et si je ris près de toi, d'où vient cette différence ? Petite ingrate ! c'est que tu me consoles de tout, et que je ne sais plus m'affliger de rien quand je te possède.

Tu as dit bien des choses en faveur de notre ancienne amitié : mais je ne te pardonne pas d'oublier celle qui me fait le plus d'honneur ; c'est de te chérir quoique tu m'éclipses. Ma Julie, tu es faite pour régner. Ton empire est le plus absolu que je connaisse : il s'étend jusque sur les volontés, et je l'éprouve plus que personne. Comment cela se fait-il, cousine ? Nous aimons toutes deux la vertu ; l'honnêteté nous est également chère ; nos talents sont les mêmes ; j'ai presque autant d'esprit que toi, et ne suis guère moins jolie. Je sais fort bien tout cela ; et malgré tout cela tu m'en imposes, tu me subjugues, tu m'atterres, ton génie écrase le mien, et je ne suis rien devant toi. Lors même que tu vivais dans des liaisons que tu te reprochais, et que, n'ayant point imité ta faute, j'aurais dû prendre l'ascendant à mon tour, il ne te demeurait pas moins. Ta faiblesse, que je blâmais, me semblait presque une vertu ; je ne pouvais m'empêcher d'admirer en toi ce que j'aurais repris dans une autre. Enfin, dans ce temps-là même, je ne t'abordais point sans un certain mouvement de respect involontaire ; et il est sûr que toute ta douceur, toute la familiarité de ton commerce était nécessaire pour me rendre ton amie : naturellement, je devais être ta servante. Explique, si tu peux, cette énigme ; quant à moi, je n'y entends rien.

Mais si fait pourtant, je l'entends un peu, et je crois même l'avoir autrefois expliquée ; c'est que ton cœur vivifie tous ceux qui l'environnent, et leur donne pour ainsi dire un nouvel être dont ils sont forcés de lui faire hommage, puisqu'ils ne l'auraient point eu sans lui. Je t'ai rendu d'importants services, j'en conviens : tu m'en fais souvenir si souvent, qu'il n'y a pas moyen de l'oublier. Je ne le nie point, sans moi tu étais perdue. Mais qu'ai-je fait que te rendre ce que j'avais reçu de toi ? Est-il possible de te voir longtemps sans se sentir pénétrer l'âme des charmes de la vertu et des douceurs de l'amitié ? Ne sais-tu pas que tout ce qui t'approche est par toi-même armé pour ta défense, et que je n'ai par-dessus les autres que l'avantage des gardes de Sésostris, d'être de ton âge et de ton sexe, et d'avoir été élevée avec toi ? Quoi qu'il en soit, Claire se console de valoir moins que Julie, en ce que sans Julie elle vaudrait bien moins encore ; et puis, à te dire la vérité, je crois que nous avions grand besoin l'une de l'autre, et que chacune des deux y perdrait beaucoup si le sort nous eût séparées.

Ce qui me fâche le plus dans les affaires qui me retiennent encore ici, c'est le risque de ton secret toujours prêt à s'échapper de ta bouche. Considère, je t'en conjure, que ce qui te porte à le garder est une raison forte et solide, et que ce qui te porte à le révéler n'est qu'un sentiment aveugle. Nos soupçons même que ce secret n'en est plus un pour celui qu'il intéresse nous sont une raison de plus pour ne le lui déclarer qu'avec la plus grande circonspection. Peut-être la réserve de ton mari est-elle un exemple et une leçon pour nous; car, en de pareilles matières, il y a souvent une grande différence entre ce qu'on feint d'ignorer et ce qu'on est forcé de savoir. Attends donc, je l'exige, que nous en délibérions encore une fois. Si tes pressentiments étaient fondés et que ton déplorable ami ne fût plus, le meilleur parti qui resterait à prendre serait de laisser son histoire et tes malheurs ensevelis avec lui. S'il vit, comme je l'espère, le cas peut devenir différent; mais encore faut-il que ce cas se présente. En tout état de cause, crois-tu ne devoir aucun égard aux derniers conseils d'un infortuné dont tous les maux sont ton ouvrage?

A l'égard des dangers de la solitude, je conçois et j'approuve tes alarmes, quoique je les sache très mal fondées. Tes fautes passées te rendent craintive; j'en augure d'autant mieux du présent, et tu le serais bien moins s'il te restait plus de sujet de l'être : mais je ne puis te passer ton effroi sur le sort de notre pauvre ami. A présent que tes affections ont changé d'espèce, crois qu'il ne m'est pas moins cher qu'à toi. Cependant j'ai des pressentiments tout contraires aux tiens, et mieux d'accord avec la raison. Mylord Edouard a reçu deux fois de ses nouvelles, et m'a écrit à la seconde qu'il était dans la mer du Sud, ayant déjà passé les dangers dont tu parles. Tu sais cela aussi bien que moi, et tu t'affliges comme si tu n'en savais rien. Mais ce que tu ne sais pas et qu'il faut t'apprendre, c'est que le vaisseau sur lequel il est a été vu, il y a deux mois, à la hauteur des Canaries, faisant voile en Europe. Voilà ce qu'on écrit de Hollande à mon père, et dont il n'a pas manqué de me faire part, selon sa coutume de m'instruire des affaires publiques beaucoup plus exactement que des siennes. Le cœur me dit à moi que nous ne serons pas longtemps sans recevoir des nouvelles de notre philosophe, et que tu en seras pour tes larmes, à moins qu'après l'avoir pleuré mort tu ne pleures de ce qu'il est en vie. Mais, Dieu merci, tu n'en es plus là.

  Deh! fosse or qui quel miser pur un poco,
  Ch' é già di piangere e di viver lasso (1)!

Voilà ce que j'avais à te répondre. Celle qui t'aime t'offre et partage la douce espérance d'une éternelle réunion. Tu vois que tu n'en as pas formé le projet ni seule ni la première, et que l'exécution en est plus avancée que tu ne pensais. Prends donc patience encore cet été, ma douce amie : il vaut mieux tarder à se rejoindre que d'avoir encore à se séparer.

Hé bien! belle madame, ai-je tenu parole, et mon triomphe est-il complet? Allons, qu'on se mette à genoux, qu'on baise avec respect cette lettre, et qu'on reconnaisse humblement qu'au moins une fois dans la vie Julie de Wolmar a été vaincue en amitié (2).

LETTRE III.

DE L'AMANT DE JULIE A MADAME D'ORBE.

Ma cousine, ma bienfaitrice, mon amie, j'arrive des extrémités de la terre, et j'en rapporte un cœur tout plein de vous. J'ai passé quatre fois la ligne;

---

(1) Eh! que n'est-il un moment ici, ce pauvre malheureux déjà las de souffrir et de vivre! — PETR.
(2) Que cette bonne Suissesse est heureuse d'être gaie sans esprit, sans naïveté, sans finesse! Elle ne se doute pas des apprêts qu'il faut parmi nous pour faire passer la bonne humeur. Elle ne sait pas qu'on n'a point cette bonne humeur pour soi, mais pour les autres, et qu'on ne rit pas pour rire, mais pour être applaudi.

j'ai parcouru les deux hémisphères; j'ai vu les quatre parties du monde; j'en ai mis les quatre parties entre nous; j'ai fait le tour entier du globe, et n'ai pu vous échapper un moment. On a beau fuir ce qui nous est cher, son image, plus vite que la mer et les vents, nous suit au bout de l'univers, et partout où l'on se porte, avec soi l'on y porte ce qui nous fait vivre. J'ai beaucoup souffert; j'ai vu souffrir davantage. Que d'infortunés j'ai vus mourir! Hélas! ils mettaient un si grand prix à la vie! et moi je leur ai survécu!... Peut-être étais-je en effet moins à plaindre; les misères de mes compagnons m'étaient plus sensibles que les miennes; je les voyais tout entiers à leurs peines; ils devaient souffrir plus que moi. Je me disais : Je suis mal ici, mais il est un coin sur la terre où je suis heureux et paisible, et je me dédommageais au bord du lac de Genève de ce que j'endurais sur l'océan. J'ai le bonheur, en arrivant, de voir confirmer mes espérances; mylord Edouard m'apprend que vous jouissez toutes deux de la paix et de la santé, et que, si vous en particulier avez perdu le doux titre d'épouse, il vous reste ceux d'amie et de mère, qui doivent suffire à votre bonheur.

Je suis trop pressé de vous envoyer cette lettre, pour vous faire à présent un détail de mon voyage; j'ose espérer d'en avoir bientôt une occasion plus commode. Je me contente ici de vous en donner une légère idée, plus pour exciter que pour satisfaire votre curiosité. J'ai mis près de quatre ans au trajet immense dont je viens de vous parler, et suis revenu dans le même vaisseau sur lequel j'étais parti, le seul que le commandant ait ramené de son escadre.

J'ai vu d'abord l'Amérique méridionale, ce vaste continent que le manque de fer a soumis aux Européens, et dont ils ont fait un désert pour s'en assurer l'empire. J'ai vu les côtes du Brésil, où Lisbonne et Londres puisent leurs trésors, et dont les peuples misérables foulent aux pieds l'or et les diamants sans oser y porter la main. J'ai traversé paisiblement les mers orageuses qui sont sous le cercle antarctique; j'ai trouvé dans la mer Pacifique les plus effroyables tempêtes,

> E in mar dubbioso, sotto ignoto polo
> Provai l'onde fallaci, e'l vento infido (1).

J'ai vu de loin le séjour de ces prétendus géants (2) qui ne sont grands qu'en courage, et dont l'indépendance est plus assurée par une vie simple et frugale que par une haute stature. J'ai séjourné trois fois dans une île déserte et délicieuse, douce et touchante image de l'antique beauté de la nature, et qui semble être confinée au bout du monde pour y servir d'asile à l'innocence et à l'amour persécutés : mais l'avide Européen suit son humeur farouche en empêchant l'Indien paisible de l'habiter, et se rend justice en ne l'habitant pas lui-même.

J'ai vu, sur les rives du Mexique et du Pérou, le même spectacle que dans le Brésil : j'en ai vu les rares et infortunés habitants, tristes restes de deux puissants peuples, accablés de fers, d'opprobre et de misères, au milieu de leurs riches métaux, reprocher au ciel en pleurant les trésors qu'il leur a prodigués. J'ai vu l'incendie affreux d'une ville entière sans résistance et sans défenseurs. Tel est le droit de la guerre parmi les peuples savants, humains et polis de l'Europe; on ne se borne pas à faire à son ennemi tout le mal dont on peut tirer du profit, mais on compte pour un profit tout le mal qu'on peut lui faire à pure perte. J'ai côtoyé presque toute la partie occidentale de l'Amérique, non sans être frappé d'admiration en voyant quinze cents lieues de côtes et la plus grande mer du monde sous l'empire d'une seule puissance qui tient pour ainsi dire en sa main les clefs d'un hémisphère du globe.

(1) Et sur des mers suspectes, sous un pôle inconnu, j'éprouvai la trahison de l'onde et l'infidélité des vents.
(2) Les Patagons.

Après avoir traversé la grande mer, j'ai trouvé dans l'autre continent un nouveau spectacle. J'ai vu la plus nombreuse et la plus illustre nation de l'univers soumise à une poignée de brigands (1) : j'ai vu de près ce peuple célèbre, et n'ai plus été surpris de le trouver esclave. Autant de fois conquis qu'attaqué, il fut toujours en proie au premier venu et le sera jusqu'à la fin des siècles. Je l'ai trouvé digne de son sort, n'ayant pas même le courage d'en gémir. Lettré, lâche, hypocrite et charlatan ; parlant beaucoup sans rien dire, plein d'esprit sans aucun génie, abondant en signes et stérile en idées ; poli, complimenteur, adroit, fourbe et fripon ; qui met tous les devoirs en étiquettes, toute la morale en simagrées, et ne connaît d'autre humanité que les salutations et les révérences. J'ai surgi dans une seconde île déserte, plus inconnue, plus charmante encore que la première, et où le plus cruel accident faillit à nous confiner pour jamais. Je fus le seul peut-être qu'un exil si doux n'épouvanta point. Ne suis-je pas désormais partout en exil ? J'ai vu dans ce lieu de délices et d'effroi ce que peut tenter l'industrie humaine pour tirer l'homme civilisé d'une solitude où rien ne lui manque, et le replonger dans un gouffre de nouveaux besoins.

J'ai vu dans le vaste océan, où il devrait être si doux à des hommes d'en rencontrer d'autres, deux grands vaisseaux se chercher, se trouver, s'attaquer, se battre avec fureur, comme si cet espace immense eût été trop petit pour chacun d'eux. Je les ai vus vomir l'un contre l'autre le fer et les flammes. Dans un combat assez court, j'ai vu l'image de l'enfer ; j'ai entendu les cris de joie des vainqueurs couvrir les plaintes des blessés et les gémissements des mourants. J'ai reçu en rougissant ma part d'un immense butin : je l'ai reçu, mais en dépôt ; et s'il fut pris sur des malheureux, c'est à des malheureux qu'il sera rendu.

J'ai vu l'Europe transportée à l'extrémité de l'Afrique, par les soins de ce peuple avare, patient et laborieux, qui a vaincu par le temps et la constance des difficultés que tout l'héroïsme des autres peuples n'a jamais pu surmonter (2). J'ai vu ces vastes et malheureuses contrées qui ne semblent destinées qu'à couvrir la terre de troupeaux d'esclaves. A leur vil aspect j'ai détourné les yeux de dédain, d'horreur et de pitié ; et, voyant la quatrième partie de mes semblables changée en bêtes pour le service des autres, j'ai gémi d'être homme.

Enfin j'ai vu dans mes compagnons de voyage un peuple intrépide et fier, dont l'exemple et la liberté rétablissaient à mes yeux l'honneur de mon espèce, pour lequel la douleur et la mort ne sont rien, et qui ne craint au monde que la faim et l'ennui. J'ai vu dans leur chef un capitaine, un soldat, un pilote, un sage, un grand homme, et, pour dire encore plus peut-être, le digne ami d'Edouard Bomston : mais ce que je n'ai point vu dans le monde entier, c'est quelqu'un qui ressemble à Claire d'Orbe, à Julie d'Etange, et qui puisse consoler de leur perte un cœur qui sut les aimer.

Comment vous parler de ma guérison ? C'est de vous que je dois apprendre à la connaître. Reviens-je plus libre et plus sage que je ne suis parti ? J'ose le croire et ne puis l'affirmer. La même image règne toujours dans mon cœur ; vous savez s'il est possible qu'elle s'en efface : mais son empire est plus digne d'elle ; et si je ne me fais pas illusion, elle règne dans ce cœur infortuné comme dans le vôtre. Oui, ma cousine, il me semble que sa vertu m'a subjugué, que je ne suis pour elle que le meilleur et le plus tendre ami qui fut jamais, que je ne fais plus que l'adorer comme vous l'adorez vous-même ; ou plutôt il me semble que mes sentiments ne se sont pas affaiblis, mais rectifiés ; et, avec quelque soin que je m'examine, je les trouve aussi purs que l'objet qui les

---

(1) La Chine, conquise par les Tartares.
(2) Il s'agit de la colonie du cap de Bonne-Espérance fondée par les Hollandais, et aujourd'hui au pouvoir de l'Angleterre.

inspire. Que puis-je vous dire de plus jusqu'à l'épreuve qui peut m'apprendre à juger de moi? Je suis sincère et vrai : je veux être ce que je dois être : mais comment répondre de mon cœur avec tant de raisons de m'en défier? Suis-je le maître du passé? Peux-je empêcher que mille feux ne m'aient autrefois dévoré? Comment distinguerai-je par la seule imagination ce qui est de ce qui fut? et comment me représenterai-je amie celle que je ne vis jamais qu'amante? Quoi que vous pensiez peut-être du motif secret de mon empressement, il est honnête et raisonnable; il mérite que vous l'approuviez. Je réponds d'avance au moins de mes intentions. Souffrez que je vous voie, et m'examinez vous-même; ou laissez-moi voir Julie, et je saurai ce que je suis.

Je dois accompagner mylord Édouard en Italie. Je passerai près de vous; et je ne vous verrais point! Pensez-vous que cela se puisse? Eh! si vous aviez la barbarie de l'exiger, vous mériteriez de n'être pas obéie. Mais pourquoi l'exigeriez-vous? N'êtes-vous pas cette même Claire, aussi bonne et compatissante que vertueuse et sage, qui daigna m'aimer dès sa plus tendre jeunesse, et qui doit m'aimer bien plus encore aujourd'hui que je lui dois tout (1)? Non, non, chère et charmante amie, un si cruel refus ne serait ni de vous ni fait pour moi; il ne mettra point le comble à ma misère. Encore une fois, encore une fois en ma vie, je déposerai mon cœur à vos pieds. Je vous verrai, vous y consentirez. Je la verrai, elle y consentira. Vous connaissez trop bien toutes deux mon respect pour elle. Vous savez si je suis homme à m'offrir à ses yeux en me sentant indigne d'y paraître. Elle a déploré si longtemps l'ouvrage de ses charmes! ah! qu'elle voie une fois l'ouvrage de sa vertu!

P. S. Mylord Édouard est retenu pour quelque temps encore ici par des affaires : s'il m'est permis de vous voir, pourquoi ne prendrais-je pas les devants pour être plus tôt auprès de vous?

(1) Que lui doit-il donc tant, à elle qui a fait les malheurs de sa vie? Malheureux questionneur! il lui doit l'honneur, la vertu, le repos de celle qu'il aime; il lui doit tout.

LETTRE IV.

DE M. DE WOLMAR A L'AMANT DE JULIE.

Quoique nous ne nous connaissions pas encore, je suis chargé de vous écrire. La plus sage et la plus chérie des femmes vient d'ouvrir son cœur à son heureux époux. Il vous croit digne d'avoir été aimé d'elle, et il vous offre sa maison. L'innocence et la paix y règnent; vous y trouverez l'amitié, l'hospitalité, l'estime, la confiance. Consultez votre cœur; et s'il n'y a rien là qui vous effraye, venez sans crainte. Vous ne partirez point d'ici sans y laisser un ami.

WOLMAR.

P. S. Venez, mon ami, nous vous attendons avec empressement. Je n'aurai pas la douleur que vous nous deviez un refus.

JULIE.

LETTRE V.

DE MADAME D'ORBE A L'AMANT DE JULIE.

Dans cette lettre était incluse la précédente.

Bien arrivé ! cent fois bien arrivé, cher Saint-Preux ; car je prétends que ce nom (1) vous demeure, au moins dans notre société. C'est, je crois, vous dire assez qu'on n'entend pas vous en exclure, à moins que cette exclusion ne vienne de vous. En voyant par la lettre ci-jointe que j'ai fait plus que vous ne me demandiez, apprenez à prendre un peu plus de confiance en vos amis, et à ne plus reprocher à leur cœur des chagrins qu'ils partagent quand la raison les force à vous en donner. M. de Wolmar veut vous voir; il vous offre sa maison, son amitié, ses conseils : il n'en fallait pas tant pour calmer toutes mes craintes sur votre voyage, et je m'offenserais moi-même si je pouvais un moment me défier de vous. Il fait plus : il prétend vous guérir, et dit que ni Julie, ni lui, ni vous, ni moi, ne pouvons être parfaitement heureux sans cela. Quoique j'attende beaucoup de sa sagesse, et plus de votre vertu, j'ignore quel sera le succès de cette entreprise. Ce que je sais bien, c'est qu'avec la femme qu'il a, le soin qu'il veut prendre est une pure générosité pour vous.

Venez donc, mon aimable ami, dans la sécurité d'un cœur honnête, satisfaire l'empressement que nous avons tous de vous embrasser et de vous voir paisible et content ; venez dans votre pays et parmi vos amis vous délasser de vos voyages, et oublier tous les maux que vous avez soufferts. La dernière fois que vous me vîtes, j'étais une grave matrone, et mon amie était à l'extrémité; mais à présent qu'elle se porte bien, et que je suis redevenue fille, me voilà tout aussi folle et presque aussi jolie qu'avant mon mariage. Ce qu'il y a du moins de bien sûr, c'est que je n'ai point changé pour vous, et que vous feriez bien des fois le tour du monde avant d'y trouver quelqu'un qui vous aimât comme moi.

LETTRE VI.

DE SAINT-PREUX A MYLORD ÉDOUARD.

Je me lève au milieu de la nuit pour vous écrire. Je ne saurais trouver un moment de repos. Mon cœur agité, transporté, ne peut se contenir au dedans de moi; il a besoin de s'épancher. Vous qui l'avez si souvent garanti du dés-

---

(1) C'est celui qu'elle lui avait donné devant ses gens à son précédent voyage. Voyez troisième partie, lettre XIV.

espoir, soyez le cher dépositaire des premiers plaisirs qu'il ait goûtés depuis si longtemps.

Je l'ai vue, mylord! mes yeux l'ont vue! J'ai entendu sa voix; ses mains ont touché les miennes; elle m'a reconnu, elle a marqué de la joie à me voir; elle m'a appelé son ami, son cher ami; elle m'a reçu dans sa maison; plus heureux que je ne fus de ma vie, je loge avec elle sous un même toit, et maintenant que je vous écris, je suis à trente pas d'elle.

Mes idées sont trop vives pour se succéder; elles se présentent toutes ensemble; elles se nuisent mutuellement. Je vais m'arrêter et reprendre haleine pour tâcher de mettre quelque ordre dans mon récit.

A peine, après une si longue absence, m'étais-je livré près de vous aux premiers transports de mon cœur en embrassant mon ami, mon libérateur et mon père, que vous songeâtes au voyage d'Italie. Vous me le fîtes désirer dans l'espoir de m'y soulager enfin du fardeau de mon inutilité pour vous. Ne pouvant terminer si tôt les affaires qui vous retenaient à Londres, vous me proposâtes de partir le premier pour avoir plus de temps à vous attendre ici. Je demandai la permission d'y venir; je l'obtins, je partis; et quoique Julie s'offrît d'avance à mes regards, en songeant que j'allais m'approcher d'elle, je sentis du regret à m'éloigner de vous. Mylord, nous sommes quittes, ce seul sentiment vous a tout payé.

Il ne faut pas vous dire que, durant toute la route, je n'étais occupé que de l'objet de mon voyage; mais une chose à remarquer, c'est que je commençai de voir sous un autre point de vue ce même objet qui n'était jamais sorti de mon cœur. Jusque-là je m'étais toujours rappelé Julie brillante comme autrefois des charmes de sa première jeunesse; j'avais toujours vu ses beaux yeux animés du feu qu'elle m'inspirait; ses traits chéris n'offraient à mes regards que des garants de mon bonheur; son amour et le mien se mêlaient tellement avec sa figure que je ne pouvais les en séparer. Maintenant j'allais voir Julie mariée, Julie mère, Julie indifférente. Je m'inquiétais des changements que huit ans d'intervalle avaient pu faire à sa beauté. Elle avait eu la petite-vérole; elle s'en trouvait changée : à quel point le pouvait-elle être? Mon imagination me refusait opiniâtrément des taches sur ce charmant visage; et sitôt que j'en voyais un marqué de petite-vérole, ce n'était plus celui de Julie. Je pensais encore à l'entrevue que nous allions avoir, à la réception qu'elle m'allait faire. Ce premier abord se présentait à mon esprit sous mille tableaux différents, et ce moment qui devait passer si vite revenait pour moi mille fois le jour.

Quand j'aperçus la cime des monts, le cœur me battit fortement, en me disant : Elle est là. La même chose venait de m'arriver en mer à la vue des côtes de l'Europe. La même chose m'était arrivée autrefois à Meillerie, en découvrant la maison du baron d'Etange. Le monde n'est jamais divisé pour moi qu'en deux régions : celle où elle est, et celle où elle n'est pas. La première s'étend quand je m'éloigne, et se resserre à mesure que j'approche, comme un lieu où je ne dois jamais arriver. Elle est à présent bornée aux murs de sa chambre. Hélas! ce lieu seul est habité; tout le reste de l'univers est vide.

Plus j'approchais de la Suisse, plus je me sentais ému. L'instant où des hauteurs du Jura je découvris le lac de Genève fut un instant d'extase et de ravissement. La vue de mon pays, de ce pays si chéri, où des torrents de plaisirs avaient inondé mon cœur; l'air des Alpes, si salutaire et si pur; le doux air de la patrie, plus suave que les parfums de l'Orient; cette terre riche et fertile, ce paysage unique, le plus beau dont l'œil humain fut jamais frappé; ce séjour charmant auquel je n'avais rien trouvé d'égal dans le tour du monde; l'aspect d'un peuple heureux et libre, la douceur de la saison, la sérénité du climat, mille souvenirs délicieux qui réveillaient tous les sentiments que j'avais goûtés; tout cela me jetait dans des transports que je ne puis décrire, et semblait me rendre à la fois la jouissance de ma vie entière.

En descendant vers la côte, je sentis une impression nouvelle dont je n'avais aucune idée : c'était un certain mouvement d'effroi qui me resserrait le cœur et me troublait malgré moi. Cet effroi, dont je ne pouvais démêler la cause, croissait à mesure que j'approchais de la ville : il ralentissait mon empressement d'arriver, et fit enfin de tels progrès que je m'inquiétais autant de ma diligence que j'avais fait jusque-là de ma lenteur. En entrant à Vevai, la sensation que j'éprouvai ne fut rien moins qu'agréable : je fus saisi d'une violente palpitation qui m'empêchait de respirer ; je parlais d'une voix altérée et tremblante. J'eus peine à me faire entendre en demandant M. de Wolmar ; car je n'osai jamais nommer sa femme. On me dit qu'il demeurait à Clarens. Cette nouvelle m'ôta de dessus la poitrine un poids de cinq cents livres ; et prenant les deux lieues qui me restaient à faire pour un répit, je me réjouis de ce qui m'eût désolé dans un autre temps ; mais j'appris avec un vrai chagrin que Mme d'Orbe était à Lausanne. J'entrai dans une auberge pour reprendre les forces qui me manquaient : il me fut impossible d'avaler un seul morceau ; je suffoquais en buvant, et ne pouvais vider un verre qu'à plusieurs reprises. Ma terreur redoubla quand je vis mettre les chevaux pour repartir. Je crois que j'aurais donné tout au monde pour voir briser une roue en chemin. Je ne voyais plus Julie : mon imagination troublée ne me présentait que des objets confus ; mon âme était dans un tumulte universel. Je connaissais la douleur et le désespoir ; je les aurais préférés à cet horrible état. Enfin je puis dire n'avoir de ma vie éprouvé d'agitation plus cruelle que celle où je me trouvai durant ce court trajet, et je suis convaincu que je ne l'aurais pu supporter une journée entière.

En arrivant je fis arrêter à la grille, et, me sentant hors d'état de faire un pas, j'envoyai le postillon dire qu'un étranger demandait à parler à M. de Wolmar. Il était à la promenade avec sa femme. On les avertit, et ils vinrent par un autre côté, tandis que, les yeux fichés sur l'avenue, j'attendais dans des transes mortelles d'y voir paraître quelqu'un.

A peine Julie m'eut-elle aperçu qu'elle me reconnut. A l'instant, me voir, s'écrier, courir, s'élancer dans mes bras, ne fut pour elle qu'une même chose. A ce son de voix, je me sens tressaillir ; je me retourne, je la vois, je la sens. O mylord ! ô mon ami !... je ne puis parler... Adieu crainte, adieu terreur, effroi, respect humain. Son regard, son cri, son geste, me rendent en un moment la confiance, le courage et les forces. Je puise dans ses bras la chaleur et la vie, je pétille de joie en la serrant dans les miens. Un transport sacré nous tient dans un long silence étroitement embrassés, et ce n'est qu'après un si doux saisissement que nos voix commencent à se confondre et nos yeux à mêler leurs pleurs. M. de Wolmar était là ; je le savais, je le voyais : mais qu'aurais-je pu voir ? Non, quand l'univers entier se fût réuni contre moi, quand l'appareil des tourments m'eût environné, je n'aurais pas dérobé mon cœur à la moindre de ces caresses, tendres prémices d'une amitié pure et sainte que nous emporterons dans le ciel !

Cette première impétuosité suspendue, Mme de Wolmar me prit par la main, et, se retournant vers son mari, lui dit avec une certaine grâce d'innocence et de candeur dont je me sentis pénétré : « Quoiqu'il soit mon ancien ami, je ne vous le présente pas, je le reçois de vous, et ce n'est qu'honoré de votre amitié qu'il aura désormais la mienne. — Si les nouveaux amis ont moins d'ardeur que les anciens, me dit-il en m'embrassant, ils seront anciens à leur tour, et ne céderont point aux autres. » Je reçus ses embrassements, mais mon cœur venait de s'épuiser, et je ne fis que les recevoir.

Après cette courte scène, j'observai du coin de l'œil qu'on avait détaché ma malle et remisé ma chaise. Julie me prit sous le bras, et je m'avançai avec eux vers la maison, presque oppressé d'aise de voir qu'on y prenait possession de moi.

Ce fut alors qu'en contemplant plus paisiblement ce visage adoré que j'avais

cru trouver enlaidi, je vis avec une surprise amère et douce qu'elle était réellement plus belle et plus brillante que jamais. Ses traits charmants se sont mieux formés encore ; elle a pris un peu plus d'embonpoint qui ne fait qu'ajouter à son éblouissante blancheur. La petite-vérole n'a laissé sur ses joues que quelques légères traces presque imperceptibles. Au lieu de cette pudeur souffrante qui lui faisait autrefois sans cesse, baisser les yeux, on voit la sécurité de la vertu s'allier dans son chaste regard à la douceur et à la sensibilité; sa contenance non moins modeste, est moins timide; un air plus libre et des grâces plus franches ont succédé à ces manières contraintes, mêlées de tendresse et de honte; et si le sentiment de sa faute la rendait alors plus touchante, celui de sa pureté la rend aujourd'hui plus céleste.

A peine étions-nous dans le salon qu'elle disparut, et rentra le moment d'après. Elle n'était pas seule. Qui pensez-vous qu'elle amenait avec elle? Mylord, c'étaient ses enfants! ses deux enfants plus beaux que le jour, et portant déjà sur leur physionomie enfantine le charme et l'attrait de leur mère! Que devins-je à cet aspect? cela ne peut ni se dire ni se comprendre; il faut le sentir. Mille mouvements contraires m'assaillirent à la fois; mille cruels et délicieux souvenirs vinrent partager mon cœur. O spectacle! ô regrets! Je me sentais déchirer de douleur et transporter de joie. Je voyais pour ainsi dire multiplier celle qui me fut si chère. Hélas! je voyais au même instant la trop vive preuve qu'elle ne m'était plus rien, et mes pertes semblaient se multiplier avec elle.

Elle me les amena par la main. « Tenez, me dit-elle d'un ton qui me perça l'âme, voilà les enfants de votre amie; ils seront vos amis un jour; soyez le leur dès aujourd'hui. » Aussitôt ces deux petites créatures s'empressèrent autour de moi, me prirent les mains, et, m'accablant de leurs innocentes caresses, tournèrent vers l'attendrissement toute mon émotion. Je les pris dans mes bras l'un et l'autre; et les pressant contre ce cœur agité : « Chers et aimables enfants, dis-je avec un soupir, vous avez à remplir une grande tâche. Puissiez-vous ressembler à ceux de qui vous tenez la vie! puissiez-vous imiter leurs vertus, et faire un jour par les vôtres la consolation de leurs amis infortunés! » Mme de Wolmar enchantée me sauta au cou une seconde fois, et semblait me vouloir payer par ses caresses de celles que je faisais à ses deux fils. Mais quelle différence du premier embrassement à celui-là! Je l'éprouvais avec surprise. C'était une mère de famille que j'embrassais; je la voyais environnée de son époux et de ses enfants; ce cortège m'en imposait. Je trouvais sur son visage un air de dignité qui ne m'avait pas frappé d'abord; je me sentais forcé de lui porter une nouvelle sorte de respect; sa familiarité m'était presque à charge; quelque belle qu'elle me parût, j'aurais baisé le bord de sa robe de meilleur cœur que sa joue : dès cet instant, en un mot, je connus qu'elle ou moi n'étions plus les mêmes, et je commençai tout de bon à bien augurer de moi.

M. de Wolmar, me prenant par la main, me conduisit ensuite au logement qui m'était destiné. « Voilà, me dit-il en y entrant, votre appartement : il n'est point celui d'un étranger; il ne sera plus celui d'un autre; et désormais il restera vide, ou occupé par vous. » Jugez si ce compliment me fut agréable; mais je ne le méritais pas encore assez pour l'écouter sans confusion. M. de Wolmar me sauva l'embarras d'une réponse. Il m'invita à faire un tour de jardin. Là il fit si bien que je me trouvai plus à mon aise; et prenant le ton d'un homme instruit de mes anciennes erreurs, mais plein de confiance dans ma droiture, il me parla comme un père à son enfant, et me mit, à force d'estime, dans l'impossibilité de la démentir. Non, mylord, il ne s'est pas trompé; je n'oublierai point que j'ai la sienne et la vôtre à justifier. Mais pourquoi faut-il que mon cœur se resserre à ses bienfaits? Pourquoi faut-il qu'un homme que je dois aimer soit le mari de Julie?

Cette journée semblait destinée à tous les genres d'épreuves que je pouvais subir. Revenus auprès de Mme de Wolmar, son mari fut appelé pour quelque ordre à donner, et je restai seul avec elle.

Je me trouvai alors dans un nouvel embarras, le plus pénible et le moins prévu de tous. Que lui dire? comment débuter? Oserais-je rappeler nos anciennes liaisons et des temps si présents à ma mémoire? Laisserais-je penser que je les eusse oubliés ou que je ne m'en souciasse plus? Quel supplice de traiter en étrangère celle qu'on porte au fond de son cœur! Quelle infamie d'abuser de l'hospitalité pour lui tenir des discours qu'elle ne doit plus entendre! Dans ces perplexités je perdais toute contenance; le feu me montait au visage; je n'osais ni parler, ni lever les yeux, ni faire le moindre geste; et je crois que je serais resté dans cet état violent jusqu'au retour de son mari, si elle ne m'en eût tiré. Pour elle, il ne parut pas que ce tête-à-tête l'eût gênée en rien. Elle conserva le même maintien et les mêmes manières qu'elle avait auparavant; elle continua de me parler sur le même ton; seulement je crus voir qu'elle essayait d'y mettre encore plus de gaîté et de liberté, jointe à un regard, non timide ni tendre, mais doux et affectueux, comme pour m'encourager à me rassurer et à sortir d'une contrainte qu'elle ne pouvait manquer d'apercevoir.

Elle me parla de mes longs voyages : elle voulait en savoir les détails, ceux surtout des dangers que j'avais courus, des maux que j'avais endurés; car elle n'ignorait pas, disait-elle, que son amitié m'en devait le dédommagement. « Ah! Julie, lui dis-je avec tristesse, il n'y a qu'un moment que je suis avec vous; voulez-vous déjà me renvoyer aux Indes? — Non pas, dit-elle en riant; mais j'y veux aller à mon tour. »

Je lui dis que je vous avais donné une relation de mon voyage, dont je lui apportais une copie. Alors elle me demanda de vos nouvelles avec empressement. Je lui parlai de vous, et ne pus le faire sans lui retracer les peines que j'avais souffertes et celles que je vous avais données. Elle en fut touchée : elle commença d'un ton plus sérieux à entrer dans sa propre justification, et à me montrer qu'elle avait dû faire tout ce qu'elle avait fait. M. de Wolmar rentra au milieu de son discours; et ce qui me confondit, c'est qu'elle le continua en sa présence exactement comme s'il n'y eût pas été. Il ne put s'empêcher de sourire en démêlant mon étonnement. Après qu'elle eut fini, il me dit : « Vous voyez un exemple de la franchise qui règne ici. Si vous voulez sincèrement être vertueux, apprenez à l'imiter : c'est la seule prière et la seule leçon que j'aie à vous faire. Le premier pas vers le vice est de mettre du mystère aux actions innocentes; et quiconque aime à se cacher a tôt ou tard raison de se cacher. Un seul précepte de morale peut tenir lieu de tous les autres, c'est celui-ci : Ne fais ni ne dis jamais rien que tu ne veuilles que tout le monde voie et entende; et, pour moi, j'ai toujours regardé comme le plus estimable des hommes ce Romain (1) qui voulait que sa maison fût construite de manière qu'on vît tout ce qui s'y faisait.

« J'ai, continua-t-il, deux partis à vous proposer. Choisissez librement celui qui vous conviendra le mieux, mais choisissez l'un ou l'autre. » Alors prenant la main de sa femme et la mienne, il me dit en la serrant : « Notre amitié commence, en voici le cher lien; qu'elle soit indissoluble. Embrassez votre sœur et votre amie; traitez-la toujours comme telle; plus vous serez familier avec elle, mieux je penserai de vous. Mais vivez dans le tête-à-tête comme si j'étais présent, ou devant moi comme si je n'y étais pas; voilà tout ce que je vous demande. Si vous préférez le dernier parti, vous le pouvez sans inquiétude; car, comme je me réserve le droit de vous avertir de tout ce qui me déplaira, tant que je ne dirai rien vous serez sûr de ne m'avoir point déplu. »

Il y avait deux heures que ce discours m'aurait fort embarrassé; mais M. de Wolmar commençait à prendre une si grande autorité sur moi que j'y étais déjà presque accoutumé. Nous recommençâmes à causer paisiblement tous trois, et chaque fois que je parlais à Julie, je ne manquais point de l'appeler *madame*. « Parlez-moi franchement, dit enfin son mari en m'interrompant, dans l'entretien de tout à l'heure disiez-vous *madame*? — Non, dis-je

---

(1) Livius Drusus, tribun du peuple.

un peu déconcerté; mais la bienséance...... — La bienséance, reprit-il, n'est que le masque du vice; où la vertu règne elle est inutile; je n'en veux point. Appelez ma femme *Julie* en ma présence, ou *madame* en particulier, cela m'est indifférent. » Je commençai de connaître alors à quel homme j'avais affaire, et je résolus bien de tenir toujours mon cœur en état d'être vu de lui.

Mon corps épuisé de fatigue avait grand besoin de nourriture, et mon esprit de repos; je trouvai l'un et l'autre à table. Après tant d'années d'absence et de douleurs, après de si longues courses, je me disais dans une sorte de ravissement : Je suis avec Julie, je la vois, je lui parle; je suis à table avec elle, elle me voit sans inquiétude, elle me reçoit sans crainte, rien ne trouble le plaisir que nous avons d'être ensemble. Douce et précieuse innocence, je n'avais point goûté tes charmes, et ce n'est que d'aujourd'hui que je commence d'exister sans souffrir!

Le soir, en me retirant, je passai devant la chambre des maîtres de la maison; je les y vis entrer ensemble : je gagnai tristement la mienne, et ce moment ne fut pas pour moi le plus agréable de la journée.

Voilà, mylord, comment s'est passée cette première entrevue, désirée si passionnément et si cruellement redoutée. J'ai tâché de me recueillir depuis que je suis seul, je me suis efforcé de sonder mon cœur; mais l'agitation de la journée précédente s'y prolonge encore, et il m'est impossible de juger sitôt de mon véritable état. Tout ce que je sais très certainement, c'est que, si mes sentiments pour elle n'ont pas changé d'espèce, ils ont au moins bien changé de forme, que j'aspire toujours à voir un tiers entre nous, et que je crains autant le tête-à-tête que je le désirais autrefois.

Je compte aller dans deux ou trois jours à Lausanne. Je n'ai vu Julie encore qu'à demi quand je n'ai pas vu sa cousine, cette aimable et chère amie à qui je dois tant, qui partagera sans cesse avec vous mon amitié, mes soins, ma reconnaissance, et tous les sentiments dont mon cœur est resté le maître. A mon retour je ne tarderai pas à vous en dire davantage. J'ai besoin de vos avis, et je veux m'observer de près. Je sais mon devoir et le remplirai. Quelque doux qu'il me soit d'habiter cette maison, je l'ai résolu, je le jure, si je m'aperçois jamais que je m'y plais trop, j'en sortirai dans l'instant.

LETTRE VII.

DE MADAME DE WOLMAR A MADAME D'ORBE.

Si tu nous avais accordé le délai que nous te demandions, tu aurais eu le plaisir avant ton départ d'embrasser ton protégé. Il arriva avant-hier, et voulait t'aller voir aujourd'hui; mais une espèce de courbature, fruit de la fatigue et du voyage, le retient dans sa chambre, et il a été saigné (1) ce matin. D'ailleurs, j'avais bien résolu, pour te punir, de ne le pas laisser partir sitôt; et tu n'as qu'à le venir voir ici, ou je te promets que tu ne le verras de longtemps. Vraiment cela serait bien imaginé, qu'il vît séparément les inséparables!

En vérité, ma cousine, je ne sais quelles vaines terreurs m'avaient fasciné l'esprit sur ce voyage, et j'ai honte de m'y être opposée avec tant d'obstination. Plus je craignais de le revoir, plus je serais fâchée aujourd'hui de ne l'avoir pas vu; car sa présence a détruit des craintes qui m'inquiétaient encore, et qui pouvaient devenir légitimes à force de m'occuper de lui. Loin que l'attachement que je sens pour lui m'effraye, je crois que s'il m'était moins cher je me défierais plus de moi; mais je l'aime aussi tendrement que jamais, sans l'aimer de la même manière. C'est de la comparaison de ce que j'éprouve à sa vue, et de ce que j'éprouvais jadis, que je tire la sécurité de mon état

---

(1) Pourquoi saigné? est-ce aussi la mode en Suisse.

présent ; et dans des sentiments si divers, la différence se fait sentir à proportion de leur vivacité.

Quant à lui, quoique je l'aie reconnu du premier instant, je l'ai trouvé fort changé ; et, ce qu'autrefois je n'aurais guère imaginé possible, à bien des égards il me paraît changé en mieux. Le premier jour, il donna quelques signes d'embarras, et j'eus moi-même bien de la peine à lui cacher le mien ; mais il ne tarda pas à prendre le ton ferme et l'air ouvert qui convient à son caractère. Je l'avais toujours vu timide et craintif ; la frayeur de me déplaire, et peut-être la secrète honte d'un rôle peu digne d'un honnête homme, lui donnaient devant moi je ne sais quelle contenance servile et basse dont tu t'es plus d'une fois moquée avec raison. Au lieu de la soumission d'un esclave, il a maintenant le respect d'un ami qui sait honorer ce qu'il estime ; il tient avec assurance des propos honnêtes ; il n'a pas peur que ses maximes de vertu contrarient ses intérêts ; il ne craint ni de se faire tort, ni de me faire affront, en louant les choses louables ; et l'on sent dans tout ce qu'il dit la confiance d'un homme droit et sûr de lui-même, qui tire de son propre cœur l'approbation qu'il ne cherchait autrefois que dans mes regards. Je trouve aussi que l'usage du monde et l'expérience lui ont ôté ce ton dogmatique et tranchant qu'on prend dans le cabinet ; qu'il est moins prompt à juger les hommes depuis qu'il en a beaucoup observé, moins pressé d'établir des propositions universelles depuis qu'il a tant vu d'exceptions, et qu'en général l'amour de la vérité l'a guéri de l'esprit de système : de sorte qu'il est devenu moins brillant et plus raisonnable, et qu'on s'instruit beaucoup mieux avec lui depuis qu'il n'est plus si savant.

Sa figure est changée aussi, et n'est pas moins bien ; sa démarche est plus assurée ; sa contenance est plus libre, son port est plus fier : il a rapporté de ses campagnes un certain air martial qui lui sied d'autant mieux, que son geste, vif et prompt quand il s'anime, est d'ailleurs plus grave et plus posé qu'autrefois. C'est un marin dont l'attitude est flegmatique et froide, et le parler bouillant et impétueux. A trente ans passés, son visage est celui de l'homme dans sa perfection, et joint au feu de la jeunesse la majesté de l'âge mûr. Son teint n'est pas reconnaissable ; il est noir comme un More, et de plus fort marqué de la petite-vérole. Ma chère, il te faut tout dire : ces marques me font quelque peine à regarder, et je me surprends souvent à les regarder malgré moi.

Je crois m'apercevoir que si je l'examine, il n'est pas moins attentif à m'examiner. Après une si longue absence, il est naturel de se considérer mutuellement avec une sorte de curiosité ; mais si cette curiosité semble tenir de l'ancien empressement, quelle différence dans la manière aussi bien que dans le motif ! Si nos regards se rencontrent moins souvent, nous nous regardons avec plus de liberté. Il semble que nous ayons une convention tacite pour nous considérer alternativement. Chacun sent pour ainsi dire quand c'est le tour de l'autre, et détourne les yeux à son tour. Peut-on revoir sans plaisir, quoique l'émotion n'y soit plus, ce qu'on aima si tendrement autrefois, et qu'on aime si purement aujourd'hui ? Qui sait si l'amour-propre ne cherche point à justifier les erreurs passées ? Qui sait si chacun des deux, quand la passion cesse de l'aveugler, n'aime point encore à se dire : Je n'avais pas trop mal choisi ? Quoi qu'il en soit, je te le répète sans honte, je conserve pour lui des sentiments très doux, qui dureront autant que ma vie. Loin de me reprocher ces sentiments, je m'en applaudis ; je rougirais de ne les avoir pas comme d'un vice de caractère et de la marque d'un mauvais cœur. Quant à lui, j'ose croire qu'après la vertu je suis ce qu'il aime le mieux au monde. Je sens qu'il s'honore de mon estime ; je m'honore à mon tour de la sienne, et mériterai de la conserver. Ah ! si tu voyais avec quelle tendresse il caresse mes enfants, si tu savais quel plaisir il prend à parler de toi, cousine, tu connaîtrais que je lui suis encore chère.

Ce qui redouble ma confiance dans l'opinion que nous avons toutes deux de lui, c'est que M. de Wolmar la partage, et qu'il en pense par lui-même, depuis qu'il l'a vu, tout le bien que nous lui en avions dit. Il m'en a beaucoup parlé ces deux soirs, en se félicitant du parti qu'il a pris, et me faisant la guerre de ma résistance. « Non, me disait-il hier, nous ne laisserons point un si honnête homme en doute sur lui-même; nous lui apprendrons à mieux compter sur sa vertu; et peut-être un jour jouirons-nous avec plus d'avantage que vous ne pensez du fruit des soins que nous allons prendre. Quant à présent, je commence déjà par vous dire que son caractère me plaît, et que je l'estime surtout par un côté dont il ne se doute guère, savoir la froideur qu'il a vis-à-vis de moi. Moins il me témoigne d'amitié, plus il m'en inspire; je ne saurais vous dire combien je craignais d'en être caressé. C'était la première épreuve que je lui destinais. Il doit s'en présenter une seconde (1), sur laquelle je l'observerai, après quoi je ne l'observerai plus. — Pour celle-ci, lui dis-je, elle ne prouve autre chose que la franchise de son caractère; car jamais il ne put se résoudre autrefois à prendre un air soumis et complaisant avec mon père, quoiqu'il y eût un si grand intérêt et que je l'en eusse instamment prié. Je vis avec douleur qu'il s'ôtait cette unique ressource, et ne pus lui savoir mauvais gré de ne pouvoir être faux en rien. — Le cas est bien différent, reprit mon mari, il y a entre votre père et lui une antipathie naturelle fondée sur l'opposition de leurs maximes. Quant à moi, qui n'ai ni systèmes ni préjugés, je suis sûr qu'il ne me hait point naturellement. Aucun homme ne me hait; un homme sans passion ne peut inspirer d'aversion à personne; mais je lui ai ravi son bien, il ne me le pardonnera pas de sitôt. Il ne m'en aimera que plus tendrement quand il sera parfaitement convaincu que le mal que je lui ai fait ne m'empêche pas de le voir de bon œil. S'il me caressait à présent, il serait un fourbe; s'il ne me caressait jamais, il serait un monstre. »

Voilà, ma Claire, à quoi nous en sommes; et je commence à croire que le ciel bénira la droiture de nos cœurs et les intentions bienfaisantes de mon mari. Mais je suis bien bonne d'entrer dans tous ces détails : tu ne mérites pas que j'aie tant de plaisir à m'entretenir avec toi; j'ai résolu de ne te plus rien dire; et si tu veux en savoir davantage, viens l'apprendre.

P. S. Il faut pourtant que je te dise encore ce qui vient de se passer au sujet de cette lettre. Tu sais avec quelle indulgence M. de Wolmar reçut l'aveu tardif que ce retour imprévu me força de lui faire. Tu vis avec quelle douceur il sut essuyer mes pleurs et dissiper ma honte. Soit que je ne lui eusse rien appris, comme tu l'as assez raisonnablement conjecturé, soit qu'en effet il fût touché d'une démarche qui ne pouvait être dictée que par le repentir, non-seulement il a continué de vivre avec moi comme auparavant, mais il semble avoir redoublé de soins, de confiance, d'estime, et vouloir me dédommager à force d'égards de la confusion que cet aveu m'a coûtée. Ma cousine, tu connais mon cœur; juge de l'impression qu'y fait une pareille conduite !

Sitôt que je le vis résolu à laisser venir notre ancien maître, je résolus de mon côté de prendre contre moi la meilleure précaution que je pusse employer; ce fut de choisir mon mari même pour mon confident, de n'avoir aucun entretien particulier qui ne lui fût rapporté, et de n'écrire aucune lettre qui ne lui fût montrée. Je m'imposai même d'écrire chaque lettre comme s'il ne la devait point voir, et de la lui montrer ensuite. Tu trouveras un article dans celle-ci qui m'est venu de cette manière; et si je n'ai pu m'empêcher, en l'écrivant, de songer qu'il le verrait, je me rends le témoignage que cela ne m'y a pas fait changer un mot : mais quand j'ai voulu lui porter ma lettre, il s'est moqué de moi, et n'a pas eu la complaisance de la lire.

(1) La lettre où il était question de cette seconde épreuve a été supprimée; mais j'aurai soin d'en parler dans l'occasion.

Je t'avoue que j'ai été un peu piquée de ce refus, comme s'il s'était défié de ma bonne foi. Ce mouvement ne lui a pas échappé : le plus franc et le plus généreux des hommes m'a bientôt rassurée. « Avouez, m'a-t-il dit, que dans cette lettre vous avez moins parlé de moi qu'à l'ordinaire. » J'en suis convenue. Etait-il séant d'en beaucoup parler pour lui montrer ce que j'en aurais dit? « Hé bien! a-t-il repris en souriant, j'aime mieux que vous parliez de moi davantage, et ne point savoir ce que vous en direz. » Puis il a poursuivi d'un ton plus sérieux : « Le mariage est un état trop austère et trop grave pour supporter toutes les petites ouvertures de cœur qu'admet la tendre amitié. Ce dernier lien tempère quelquefois à propos l'extrême sévérité de l'autre, et il est bon qu'une femme honnête et sage puisse chercher auprès d'une fidèle amie les consolations, les lumières et les conseils qu'elle n'oserait demander à son mari sur certaines matières. Quoique vous ne disiez jamais rien entre vous dont vous n'aimassiez à m'instruire, gardez-vous de vous en faire une loi, de peur que ce devoir ne devienne une gêne, et que vos confidences n'en soient moins douces en devenant plus étendues. Croyez-moi, les épanchements de l'amitié se retiennent devant un témoin quel qu'il soit. Il y a mille secrets que trois amis doivent savoir et qu'ils ne peuvent se dire que deux à deux. Vous communiquez bien les mêmes choses à votre amie et à votre époux, mais non pas de la même manière; et si vous voulez tout confondre, il arrivera que vos lettres seront écrites plus à moi qu'à elle, et que vous ne serez à votre aise ni avec l'un, ni avec l'autre. C'est pour mon intérêt autant que pour le vôtre que je vous parle ainsi. Ne voyez-vous pas que vous craignez déjà la juste honte de me louer en ma présence? Pourquoi voulez-vous nous ôter, à vous, le plaisir de dire à votre amie combien votre mari vous est cher, à moi, celui de penser que dans vos plus secrets entretiens vous aimez à parler bien de lui? Julie! Julie! a-t-il ajouté en me serrant la main, et me regardant avec bonté, vous abaisserez-vous à des précautions si peu dignes de ce que vous êtes, et n'apprendrez-vous jamais à vous estimer votre prix? »

Ma chère amie, j'aurais peine à dire comment s'y prend cet homme incomparable, mais je ne sais plus rougir de moi devant lui. Malgré que j'en aie, il m'élève au-dessus de moi-même, et je sens qu'à force de confiance il m'apprend à la mériter.

LETTRE VIII.

RÉPONSE DE MADAME D'ORBE A MADAME DE WOLMAR.

Comment! cousine, notre voyageur est arrivé, et je ne l'ai pas vu encore à mes pieds chargé des dépouilles de l'Amérique! Ce n'est pas lui, je t'en avertis, que j'accuse de ce délai, car je sais qu'il lui dure autant qu'à moi; mais je vois qu'il n'a pas aussi bien oublié que tu dis son ancien métier d'esclave, et je me plains moins de sa négligence que de ta tyrannie. Je te trouve aussi fort bonne de vouloir qu'une prude grave et formaliste comme moi fasse les avances, et que, toute affaire cessante, je coure baiser un visage noir et crotu (1), qui a passé quatre fois sous le soleil et vu le pays des épices! Mais tu me fais rire surtout quand tu te presses de gronder de peur que je ne gronde la première. Je voudrais bien savoir de quoi tu te mêles. C'est mon métier de quereller, j'y prends plaisir, je m'en acquitte à merveille, et cela me va très bien; mais toi, tu y es gauche on ne peut davantage, et ce n'est point du tout ton fait. En revanche, si tu savais combien tu as de grâce à avoir tort, combien ton air confus et ton air suppliant te rendent charmante, au lieu de gronder tu passerais ta vie à demander pardon, sinon par devoir, au moins par coquetterie.

(1) Marqué de petite-vérole. Terme du pays.

Quant à présent, demande-moi pardon de toutes manières. Le beau projet que celui de prendre son mari pour son confident, et l'obligeante précaution pour une aussi sainte amitié que la nôtre! Amie injuste et femme pusillanime! à qui te fieras-tu de ta vertu sur la terre, si tu te défies de tes sentiments et des miens? Peux-tu, sans nous offenser toutes deux, craindre ton cœur et mon indulgence dans les nœuds sacrés où tu vis? J'ai peine à comprendre comment la seule idée d'admettre un tiers dans les secrets caquetages de deux femmes ne t'a pas révoltée. Pour moi, j'aime fort à babiller à mon aise avec toi; mais si je savais que l'œil d'un homme eût jamais fureté mes lettres, je n'aurais plus de plaisir à t'écrire; insensiblement la froideur s'introduirait entre nous avec la réserve, et nous ne nous aimerions plus que comme deux autres femmes. Regarde à quoi nous exposait ta sotte défiance, si ton mari n'eût été plus sage que toi.

Il a très prudemment fait de ne vouloir point lire ta lettre. Il en eût peut-être été moins content que tu n'espérais, et moins que je ne suis moi-même, à qui l'état où je t'ai vue apprend à mieux juger de celui où je te vois. Tous ces sages contemplatifs qui ont passé leur vie à l'étude du cœur humain en savent moins sur les vrais signes de l'amour que la plus bornée des femmes sensibles. M. de Wolmar aurait d'abord remarqué que ta lettre entière est employée à parler de notre ami, et n'aurait point vu l'apostille où tu n'en dis pas un mot. Si tu avais écrit cette apostille il y a dix ans, mon enfant, je ne sais comment tu aurais fait, mais l'ami y serait toujours rentré par quelque coin, d'autant plus que le mari ne la devait point voir.

M. de Wolmar aurait encore observé l'attention que tu as mise à examiner son hôte, et le plaisir que tu prends à le décrire; mais il mangerait Aristote et Platon avant de savoir qu'on regarde son amant et qu'on ne l'examine pas. Tout examen exige un sang-froid qu'on n'a jamais en voyant ce qu'on aime.

Enfin, il s'imaginerait que tous ces changements que tu as observés seraient échappés à une autre; et moi j'ai bien peur au contraire d'en trouver qui te seront échappés. Quelque différent que ton hôte soit de ce qu'il était, il changerait davantage encore, que, si ton cœur n'avait point changé, tu le verrais toujours le même. Quoi qu'il en soit, tu détournes les yeux quand il te regarde : c'est encore un fort bon signe. Tu les détournes, cousine! Tu ne les baisses donc plus? car sûrement tu n'as pas pris un mot pour l'autre. Crois-tu que notre sage eût aussi remarqué cela?

Une autre chose très capable d'inquiéter un mari, c'est je ne sais quoi de touchant et d'affectueux qui reste dans ton langage au sujet de ce qui te fut cher. En te lisant, en t'entendant parler, on a besoin de te bien connaître pour ne pas se tromper à tes sentiments; on a besoin de savoir que c'est seulement d'un ami que tu parles, ou que tu parles ainsi de tous tes amis : mais quant à cela, c'est un effet naturel de ton caractère, que ton mari connaît trop bien pour s'en alarmer. Le moyen que dans un cœur si tendre la pure amitié n'ait pas encore un peu l'air de l'amour? Ecoute, cousine : tout ce que je te dis là doit bien te donner du courage, mais non pas de la témérité. Tes progrès sont sensibles, et c'est beaucoup. Je ne comptais que sur ta vertu, et je commence à compter aussi sur ta raison : je regarde à présent ta guérison sinon comme parfaite, au moins comme facile, et tu en as précisément assez fait pour te rendre inexcusable si tu n'achèves pas.

Avant d'être à ton apostille j'avais déjà remarqué le petit article que tu as eu la franchise de ne pas supprimer ou modifier en songeant qu'il serait vu de ton mari. Je suis sûre qu'en le lisant il eût, s'il se pouvait, redoublé pour toi d'estime; mais il n'en eût pas été plus content de l'article. En général ta lettre était très propre à lui donner beaucoup de confiance en ta conduite, et beaucoup d'inquiétude sur ton penchant. Je t'avoue que ces marques de petite-vérole, que tu regardes tant, me font peur, et jamais l'amour ne s'avisa d'un plus dangereux fard. Je sais que ceci ne serait rien pour une autre; mais, cousine, souviens-t'en toujours, celle que la jeunesse et la figure d'un amant n'avaient pu séduire se perdit en pensant aux maux qu'il avait soufferts pour elle. Sans doute le ciel a voulu qu'il lui restât des marques de cette maladie pour exercer ta vertu, et qu'il ne t'en restât pas pour exercer la sienne.

Je reviens au principal sujet de ta lettre : tu sais qu'à celle de notre ami j'ai volé ; le cas était grave. Mais à présent, si tu savais dans quel embarras m'a mise cette courte absence et combien j'ai d'affaires à la fois, tu sentirais l'impossibilité où je suis de quitter derechef ma maison sans m'y donner de nouvelles entraves et me mettre dans la nécessité d'y passer encore cet hiver, ce qui n'est pas mon compte ni le tien. Ne vaut-il pas mieux nous priver de nous voir deux ou trois jours à la hâte, et nous rejoindre six mois plus tôt ? Je pense aussi qu'il ne sera pas inutile que je cause en particulier et un peu à loisir avec notre philosophe, soit pour sonder et raffermir son cœur, soit pour lui donner quelques avis utiles sur la manière dont il doit se conduire avec ton mari, et même avec toi ; car je n'imagine pas que tu puisses lui parler bien librement là-dessus, et je vois par ta lettre même qu'il a besoin de conseils. Nous avons pris une si grande habitude de le gouverner, que nous sommes un peu responsables de lui à notre propre conscience ; et jusqu'à ce que sa raison soit entièrement libre nous y devons suppléer. Pour moi, c'est un soin que je prendrai toujours avec plaisir ; car il a eu pour mes avis des déférences coûteuses que je n'oublierai jamais, et il n'y a point d'homme au monde, depuis que le mien n'est plus, que j'estime et que j'aime autant que lui. Je lui réserve aussi pour son compte le plaisir de me rendre ici quelques services. J'ai beaucoup de papiers mal en ordre qu'il m'aidera à débrouiller, et quelques affaires épineuses où j'aurai besoin à mon tour de ses lumières et de ses soins. Au reste, je compte ne le garder que cinq ou six jours tout au plus, et peut-être te le renverrai-je dès le lendemain ; car j'ai trop de vanité pour attendre que l'impatience de s'en retourner le prenne, et l'œil trop bon pour m'y tromper.

Ne manque donc pas, sitôt qu'il sera remis, de me l'envoyer, c'est-à-dire de le laisser venir, ou je n'entendrai pas raillerie. Tu sais bien que si je ris quand je pleure et n'en suis pas moins affligée, je ris aussi quand je gronde et n'en suis pas moins en colère. Si tu es bien sage, et que tu fasses les choses de bonne grâce, je te promets de t'envoyer avec lui un joli petit présent qui te fera plaisir, et très grand plaisir ; mais si tu me fais languir, je t'avertis que tu n'auras rien.

P. S. A propos, dis-moi, notre marin fume-t-il ? jure-t-il ? boit-il de l'eau-de-vie ? porte-t-il un grand sabre ? a-t-il bien la mine d'un flibustier ? Mon Dieu ! que je suis curieuse de voir l'air qu'on a quand on revient des antipodes !

LETTRE IX.

DE MADAME D'ORBE A MADAME DE WOLMAR.

Tiens, cousine, voilà ton esclave que je te renvoie. J'en ai fait le mien durant ces huit jours, et il a porté ses fers de si bon cœur, qu'on voit qu'il est tout fait pour servir. Rends-moi grâces de ne l'avoir pas gardé huit autres jours encore ; car, ne t'en déplaise, si j'avais attendu qu'il fût prêt à s'ennuyer avec moi, j'aurais pu ne pas le renvoyer si tôt. Je l'ai donc gardé sans scrupule : mais j'ai eu celui de n'oser le loger dans ma maison. Je me suis senti quelquefois cette fierté d'âme qui dédaigne les serviles bienséances et sied si bien à la vertu. J'ai été plus timide en cette occasion, sans savoir pourquoi ; et tout ce qu'il y a de plus sûr, c'est que je serais plus portée à me reprocher cette réserve qu'à m'en applaudir.

Mais toi, sais-tu bien pourquoi notre ami s'endurait si paisiblement ici ? Premièrement, il était avec moi, et je prétends que c'est déjà beaucoup pour prendre patience. Il m'épargnait des tracas et me rendait service dans mes affaires; un ami ne s'ennuie point à cela. Une troisième chose que tu as déjà devinée, quoique tu n'en fasses pas semblant, c'est qu'il me parlait de toi; et, si nous ôtions le temps qu'a duré cette causerie de celui qu'il a passé ici, tu verrais qu'il m'en est fort peu resté pour mon compte. Mais quelle bizarre fantaisie de s'éloigner de toi pour avoir le plaisir d'en parler? Pas si bizarre qu'on dirait bien. Il est contraint en ta présence, il faut qu'il s'observe incessamment, la moindre indiscrétion deviendrait un crime, et, dans ces moments dangereux, le seul devoir se laisse entendre aux cœurs honnêtes; mais loin de ce qui nous fut cher on se permet d'y songer encore. Si l'on étouffe un sentiment devenu coupable, pourquoi se reprocherait-on de l'avoir eu tandis qu'il ne l'était point? Le doux souvenir d'un bonheur qui fut légitime peut-il jamais être criminel? Voilà, je pense, un raisonnement qui t'irait mal, mais qu'après tout il peut se permettre. Il a recommencé, pour ainsi dire, la carrière de ses anciennes amours; sa première jeunesse s'est écoulée une seconde fois dans nos entretiens; il me renouvelait toutes ses confidences; il rappelait ces temps heureux où il lui était permis de t'aimer; il peignait à mon cœur les charmes d'une flamme innocente..... Sans doute il les embellissait.

Il m'a peu parlé de son état présent par rapport à toi, et ce qu'il m'en a dit tient plus du respect et de l'admiration que de l'amour; en sorte que je le vois retourner beaucoup plus rassuré sur son cœur que quand il est arrivé. Ce n'est pas qu'aussitôt qu'il est question de toi l'on n'aperçoive au fond de ce cœur trop sensible un certain attendrissement que l'amitié seule, non moins touchante, marque pourtant d'un autre ton: mais j'ai remarqué depuis longtemps que personne ne peut ni te voir ni penser à toi de sang-froid; et si l'on joint au sentiment universel que ta vue inspire le sentiment plus doux qu'un souvenir ineffaçable a dû lui laisser, on trouvera qu'il est difficile et peut-être impossible qu'avec la vertu la plus austère il soit autre chose que ce qu'il est. Je l'ai bien questionné, bien observé, bien suivi; je l'ai examiné autant qu'il m'a été possible: je ne puis bien lire dans son âme, il n'y lit pas mieux lui-même; mais je puis te répondre au moins qu'il est pénétré de la force de ses devoirs et des tiens, et que l'idée de Julie méprisable et corrompue lui ferait plus d'horreur à concevoir que celle de son propre anéantissement. Cousine, je n'ai qu'un conseil à te donner, et je te prie d'y faire attention: évite les détails sur le passé, et je te réponds de l'avenir.

Quant à la restitution dont tu me parles, il n'y faut plus songer. Après avoir épuisé toutes les raisons imaginables, je l'ai prié, pressé, conjuré, boudé, baisé, je lui ai pris les deux mains, je me serais mise à genoux s'il m'eût laissé faire: il ne m'a pas même écoutée; il a poussé l'humeur et l'opiniâtreté jusqu'à jurer qu'il consentirait plutôt à ne te plus voir qu'à se dessaisir de ton portrait. Enfin, dans un transport d'indignation, me le faisant toucher attaché sur son cœur: « Le voilà, m'a-t-il dit d'un ton si ému qu'il en respirait à peine, le voilà ce portrait, le seul bien qui me reste, et qu'on m'envie encore! soyez sûre qu'il ne me sera jamais arraché qu'avec la vie. » Crois-moi, cousine, soyons sages et laissons-lui le portrait. Que t'importe, au fond, qu'il lui demeure? tant pis pour lui s'il s'obstine à le garder.

Après avoir bien épanché et soulagé son cœur, il m'a paru assez tranquille pour que je pusse lui parler de ses affaires. J'ai trouvé que le temps et la raison ne l'avaient point fait changer de système, et qu'il bornait toute son ambition à passer sa vie attaché à mylord Edouard. Je n'ai pu qu'approuver un projet si honnête, si convenable à son caractère, et si digne de la reconnaissance qu'il doit à des bienfaits sans exemple. Il m'a dit que tu avais été du même avis, mais que M. de Wolmar avait gardé le silence. Il me vient dans la tête une idée: à la conduite assez singulière de ton mari et à d'autres indices, je soupçonne qu'il a sur notre ami quelque vue secrète qu'il ne dit pas. Laissons-le faire et fions-nous à sa sagesse: la manière dont il s'y prend prouve assez que, si ma conjecture est juste, il ne médite rien que d'avantageux à celui pour lequel il prend tant de soins.

Tu n'as pas mal décrit sa figure et ses manières, et c'est un signe assez favorable que tu l'aies observé plus exactement que je n'aurais cru; mais ne trouves-tu pas que ses longues peines et l'habitude de les sentir ont rendu sa physionomie encore plus intéressante qu'elle n'était autrefois? Malgré ce que tu m'en avais écrit, je craignais de lui voir cette politesse maniérée, ces façons singeresses, qu'on ne manque jamais de contracter à Paris, et qui, dans la foule des riens dont on y remplit une journée oisive, se piquent d'avoir une forme plutôt qu'une autre. Soit que ce vernis ne prenne pas sur certaines âmes, soit que l'air de la mer l'ait entièrement effacé, je n'en ai pas aperçu la moindre trace, et, dans tout l'empressement qu'il m'a témoigné, je n'ai vu que le désir de contenter son cœur. Il m'a parlé de mon pauvre mari; mais il aimait mieux le pleurer avec moi que me consoler, et ne m'a point débité là-dessus de maximes galantes. Il a caressé ma fille; mais, au lieu de partager mon admiration pour elle, il m'a reproché comme toi ses défauts, et s'est plaint que je la gâtais. Il s'est livré avec zèle à mes affaires et n'a presque été de mon avis sur rien. Au surplus, le grand air m'aurait arraché les yeux qu'il ne se serait pas avisé d'aller fermer un rideau; je me serais fatiguée à passer d'une chambre à l'autre qu'un pan de son habit, galamment étendu sur sa main, ne serait pas venu à mon secours. Mon éventail resta hier une grande seconde à terre sans qu'il s'élançât du bout de la chambre comme pour le retirer du feu. Les matins, avant de venir me voir, il n'a pas envoyé une seule fois savoir de mes nouvelles. A la promenade il n'affecte point d'avoir son chapeau cloué sur sa tête, pour montrer qu'il sait les bons airs (1). A table je lui ai demandé souvent sa tabatière, qu'il n'appelle pas sa boîte; toujours il me l'a présentée avec la main, jamais sur une assiette, comme un laquais; il n'a pas manqué de boire à ma santé deux fois au moins par repas; et je parie que s'il nous restait cet hiver, nous le verrions assis avec nous autour du feu se chauffer en vieux bourgeois. Tu ris, cousine; mais montre-moi un des nôtres, fraîchement venu de Paris, qui ait conservé cette bonhomie. Au reste, il me semble que tu dois trouver notre philosophe empiré dans un seul point : c'est qu'il s'occupe un peu plus des gens qui lui parlent, ce qui ne peut se faire qu'à ton préjudice, sans aller pourtant, je pense, jusqu'à le raccommoder avec Mme Belon. Pour moi, je le trouve mieux en ce qu'il est plus grave et plus sérieux que jamais. Ma mignonne, garde-le-moi bien soigneusement jusqu'à mon arrivée : il est précisément comme il me le faut pour avoir le plaisir de le désoler tout le long du jour.

Admire ma discrétion : je ne t'ai rien dit encore du présent que je t'envoie et qui t'en promet bientôt un autre; mais tu l'as reçu avant que d'ouvrir ma lettre; et toi qui sais combien j'en suis idolâtre et combien j'ai raison de l'être, toi dont l'avarice était si en peine de ce présent, tu conviendras que je tiens plus que je n'avais promis. Ah! la pauvre petite! au moment où tu lis ceci elle est déjà dans tes bras : elle est plus heureuse que sa mère; mais dans deux mois je serai plus heureuse qu'elle, car je sentirai mieux mon bonheur. Hélas! chère cousine, ne m'as-tu pas déjà tout entière? Où tu es, où est ma fille, que manque-t-il encore de moi? La voilà cette aimable enfant, reçois-la comme tienne; je te la cède, je te la donne; je résigne en tes mains le pouvoir maternel; corrige mes fautes, charge-toi des soins dont je m'acquitte si mal à ton gré; sois dès aujourd'hui la mère de celle qui doit être ta bru, et, pour me la rendre plus chère encore, fais-en, s'il se peut, une autre Julie. Elle te

---

(1) A Paris on se pique surtout de rendre la société commode et facile, et c'est dans une foule de règles de cette importance qu'on y fait consister cette facilité. Tout est usages et lois dans la bonne compagnie. Tous ces usages naissent et passent comme un éclair. Le savoir-vivre consiste à se tenir toujours au guet, à les saisir au passage, à les affecter, à montrer qu'on sait celui du jour; le tout pour être simple.

ressemble déjà de visage; à son humeur j'augure qu'elle sera grave et prêcheuse : quand tu auras corrigé les caprices qu'on m'accuse d'avoir fomentés, tu verras que ma fille se donnera les airs d'être ma cousine; mais, plus heureuse, elle aura moins de pleurs à verser et moins de combats à rendre. Si le ciel lui eût conservé le meilleur des pères, qu'il eût été loin de gêner ses inclinations ! et que nous serons loin de les gêner nous-mêmes ! Avec quel charme je les vois déjà s'accorder avec nos projets ! Sais-tu bien qu'elle ne peut déjà plus se passer de son petit mali, et que c'est en partie pour cela que je te la renvoie? J'eus hier avec elle une conversation dont notre ami se mourait de rire. Premièrement, elle n'a pas le moindre regret de me quitter, moi qui suis toute la journée sa très humble servante et ne puis résister à rien de ce qu'elle veut; et toi qu'elle craint et qui lui dis non vingt fois le jour, tu es la petite maman par excellence, qu'on va chercher avec joie et dont on aime mieux les refus que tous mes bonbons. Quand je lui annonçai que j'allais te l'envoyer, elle eut les transports que tu peux penser : mais, pour l'embarrasser, j'ajoutai que tu m'enverrais à sa place le petit mali, et ce ne fut plus son compte. Elle me demanda tout interdite ce que j'en voulais faire : je répondis que je voulais le prendre pour moi; elle fit la mine. « Henriette, ne veux-tu pas bien me le céder, ton petit mali? — Non, dit-elle assez sèchement. — Non? Mais si je ne veux pas te le céder non plus, qui nous accordera? — Maman, ce sera la petite maman. — J'aurai donc la préférence; car tu sais qu'elle veut tout ce que je veux. — Oh! la petite maman ne veut jamais que la raison. — Comment, mademoiselle, n'est-ce pas la même chose? » La rusée se mit à sourire. « Mais encore, continuai-je, par quelle raison ne me donnerait-elle pas le petit mali? — Parce qu'il ne vous convient pas. — Et pourquoi ne me conviendrait-il pas? » Autre sourire aussi malin que le premier. « Parle franchement : est-ce que tu me trouves trop vieille pour lui? — Non, maman, mais il est trop jeune pour vous... » Cousine, une enfant de sept ans!... En vérité, si la tête ne m'en tournait pas, il faudrait qu'elle m'eût déjà tourné.

Je m'amusai à la provoquer encore. « Ma chère Henriette, lui dis-je en prenant mon sérieux, je t'assure qu'il ne te convient pas non plus. — Pourquoi donc? s'écria-t-elle d'un air alarmé. — C'est qu'il est trop étourdi pour toi. — Oh! maman, n'est-ce que cela? je le rendrai sage. — Et si par malheur il te rendait folle? — Ah! ma bonne maman, que j'aimerais à vous ressembler! — Me ressembler, impertinente? — Oui, maman : vous dites toute la journée que vous êtes folle de moi; hé bien! moi, je serai folle de lui : voilà tout. »

Je sais que tu n'approuves pas ce joli caquet, et que tu sauras bientôt le modérer : je ne veux pas non plus le justifier, quoiqu'il m'enchante, mais te montrer seulement que ta fille aime déjà bien son petit mali, et que s'il a deux ans de moins qu'elle, elle ne sera pas indigne de l'autorité que lui donne le droit d'aînesse. Aussi bien je vois, par l'opposition de ton exemple et du mien à celui de ta pauvre mère, que, quand la femme gouverne, la maison n'en va pas plus mal. Adieu, ma bien-aimée; adieu, ma chère inséparable : compte que le temps approche, et que les vendanges ne se feront pas sans moi.

LETTRE X.

DE SAINT-PREUX A MYLORD ÉDOUARD.

Que de plaisirs trop tard connus je goûte depuis trois semaines ! La douce chose de couler ses jours dans le sein d'une tranquille amitié, à l'abri de l'orage des passions impétueuses ! Mylord, que c'est un spectacle agréable et touchant que celui d'une maison simple et bien réglée où règnent l'ordre, la paix, l'innocence; où l'on voit réuni sans appareil, sans éclat, tout ce qui répond à la véritable destination de l'homme ! La campagne, la retraite, le repos, la saison, la vaste plaine d'eau qui s'offre à mes yeux, le sauvage aspect des montagnes, tout me rappelle ici ma délicieuse île de Tinian. Je crois voir accomplir les vœux ardents que j'y formai tant de fois. J'y mène une vie de mon goût, j'y trouve une société selon mon cœur. Il ne me manque en ce lieu que deux personnes pour que tout mon bonheur y soit rassemblé, et j'ai l'espoir de les y voir bientôt.

En attendant que vous et Mme d'Orbe veniez mettre le comble aux plaisirs

si doux et si purs que j'apprends à goûter où je suis, je veux vous en donner une idée par le détail d'une économie domestique qui annonce la félicité des maîtres de la maison, et la fait partager à ceux qui l'habitent. J'espère, sur le projet qui vous occupe, que mes réflexions pourront un jour avoir leur usage, et cet espoir sert encore à les exciter.

Je ne vous décrirai point la maison de Clarens : vous la connaissez ; vous savez si elle est charmante, si elle m'offre des souvenirs intéressants, si elle doit m'être chère et par ce qu'elle me montre et par ce qu'elle me rappelle. Mme de Wolmar en préfère avec raison le séjour à celui d'Étange, château magnifique et grand, mais vieux, triste, incommode, et qui n'offre dans ses environs rien de comparable à ce qu'on voit autour de Clarens.

Depuis que les maîtres de cette maison y ont fixé leur demeure, ils en ont mis à leur usage tout ce qui ne servait qu'à l'ornement : ce n'est plus une maison faite pour être vue, mais pour être habitée. Ils ont bouché de longues enfilades pour changer des portes mal situées ; ils ont coupé de trop grandes pièces pour avoir des logements mieux distribués ; à des meubles anciens et riches, ils en ont substitué de simples et de commodes. Tout y est agréable et riant, tout y respire l'abondance et la propreté, rien n'y sent la richesse et le luxe; il n'y a pas une chambre où l'on ne se reconnaisse à la campagne, et où l'on ne retrouve toutes les commodités de la ville. Les mêmes changements se font remarquer au dehors : la basse-cour a été agrandie aux dépens des remises. A la place d'un vieux billard délabré l'on a fait un beau pressoir, et une laiterie où logeaient des paons criards dont on s'est défait. Le potager était trop petit pour la cuisine : on en a fait du parterre un second, mais si propre et si bien entendu, que ce parterre ainsi travesti plaît à l'œil plus qu'auparavant. Aux tristes ifs qui couvraient les murs ont été substitués de bons espaliers. Au lieu de l'inutile marronnier d'Inde, de jeunes mûriers noirs commencent à ombrager la cour; et l'on a planté deux rangs de noyers jusqu'au chemin, à la place des vieux tilleuls qui bordaient l'avenue. Partout on a substitué l'utile à l'agréable, et l'agréable y a presque toujours gagné. Quant à moi, du moins, je trouve que le bruit de la basse-cour, le chant des coqs, le mugissement du bétail, l'attelage des chariots, les repas des champs, le retour des ouvriers, et tout l'appareil de l'économie rustique, donnent à cette maison un air plus champêtre, plus vivant, plus animé, plus gai, je ne sais quoi qui sent la joie et le bien-être, qu'elle n'avait pas dans sa morne dignité.

Leurs terres ne sont pas affermées, mais cultivées par leurs soins; et cette culture fait une grande partie de leurs occupations, de leurs biens et de leurs plaisirs. La baronnie d'Étange n'a que des prés, des champs et du bois; mais le produit de Clarens est en vignes, qui font un objet considérable; et comme la différence de la culture y produit un effet plus sensible que dans les blés, c'est encore une raison d'économie pour avoir préféré ce dernier séjour. Cependant ils vont presque tous les ans faire les moissons à leur terre, et M. de Wolmar y va seul assez fréquemment. Ils ont pour maxime de tirer de la culture tout ce qu'elle peut donner, non pour faire un plus grand gain, mais pour nourrir plus d'hommes. M. de Wolmar prétend que la terre produit à proportion du nombre des bras qui la cultivent : mieux cultivée, elle rend davantage; cette surabondance de production donne de quoi la cultiver mieux encore; plus on y met d'hommes et de bétail, plus elle fournit d'excédant à leur entretien. « On ne sait, dit-il, où peut s'arrêter cette augmentation continuelle et réciproque de produit et de cultivateurs. Au contraire, les terrains négligés perdent leur fertilité : moins un pays produit d'hommes, moins il produit de denrées; c'est le défaut d'habitants qui l'empêche de nourrir le peu qu'il en a, et dans toute contrée qui se dépeuple, on doit, tôt ou tard, mourir de faim. »

Ayant donc beaucoup de terres et les cultivant toutes avec beaucoup de soin, il leur faut, outre les domestiques de la basse-cour, un grand nombre d'ouvriers à la journée; ce qui leur procure le plaisir de faire subsister beaucoup de gens sans s'incommoder. Dans le choix de ces journaliers, ils préfèrent toujours ceux du pays, et les voisins aux étrangers et aux inconnus. Si l'on perd quelque chose à ne pas prendre toujours les plus robustes, on le regagne bien par l'affection que cette préférence inspire à ceux qu'on choisit, par l'avantage de les avoir sans cesse autour de soi, et de pouvoir compter sur eux dans tous les temps, quoiqu'on ne les paye qu'une partie de l'année.

Avec tous ces ouvriers on fait toujours deux prix : l'un est le prix de rigueur et de droit, le prix courant du pays, qu'on s'oblige à leur payer pour les avoir employés; l'autre, un peu plus fort, est un prix de bénéficence, qu'on ne leur paye qu'autant qu'on est content d'eux; et il arrive presque toujours que ce qu'ils font pour qu'on le soit vaut mieux que le surplus qu'on leur donne; car M. de Wolmar est intègre et sévère, et ne laisse jamais dégénérer en coutume et en abus les institutions de faveur et de grâce. Ces ouvriers ont des surveillants qui les animent et les observent. Ces surveillants sont les gens de la basse-cour, qui travaillent eux-mêmes, et sont intéressés au travail des autres par un petit denier qu'on leur accorde, outre leurs gages, sur tout ce qu'on recueille par leurs soins. De plus, M. de Wolmar les visite lui-même presque tous les jours, souvent plusieurs fois le jour, et sa femme aime à être de ces promenades. Enfin, dans le temps des grands travaux, Julie donne toutes les semaines vingt batz (1) de gratification à celui de tous les travailleurs, journaliers ou valets, indifféremment, qui, durant ces huit jours, a été le plus diligent au jugement du maître. Tous ces moyens d'émulation qui paraissent dispendieux, employés avec prudence et justice, rendent insensiblement tout le monde laborieux, diligent, et rapportent enfin plus qu'ils ne coûtent : mais comme on n'en voit le profit qu'avec de la constance et du temps, peu de gens savent et veulent s'en servir.

Cependant un moyen plus efficace encore, le seul auquel des vues économiques ne font point songer, et qui est plus propre à Mme de Wolmar, c'est de gagner l'affection de ces bonnes gens en leur accordant la sienne. Elle ne croit point s'acquitter avec de l'argent des peines que l'on prend pour elle, et pense devoir des services à quiconque lui en a rendu ; ouvriers, domestiques, tous ceux qui l'ont servie, ne fût-ce que pour un seul jour, deviennent tous ses enfants ; elle prend part à leurs plaisirs, à leurs chagrins, à leur sort ; elle s'informe de leurs affaires, leurs intérêts sont les siens ; elle se charge de mille soins pour eux ; elle leur donne des conseils ; elle accommode leurs différends, et ne leur marque pas l'affabilité de son caractère par des paroles emmiellées et sans effet, mais par des services véritables et par de continuels actes de bonté. Eux, de leur côté, quittent tout à son moindre signe ; ils volent quand elle parle ; son seul regard anime leur zèle ; en sa présence ils sont contents ; en son absence ils parlent d'elle et s'animent à la servir. Ses charmes et ses discours font beaucoup ; sa douceur, ses vertus font davantage. Ah ! mylord, l'adorable et puissant empire que celui de la beauté bienfaisante !

Quant au service personnel des maîtres, ils ont dans la maison huit domestiques, trois femmes et cinq hommes, sans compter le valet de chambre du baron ni les gens de la basse-cour. Il n'arrive guère qu'on soit mal servi par peu de domestiques ; mais on dirait, au zèle de ceux-ci, que chacun, outre son service, se croit chargé de celui des sept autres, et, à leur accord, que tout se fait par un seul. On ne les voit jamais oisifs et désœuvrés jouer dans une antichambre ou polissonner dans la cour, mais toujours occupés à quelque travail utile : ils aident à la basse-cour, au cellier, à la cuisine ; le jardinier n'a point d'autres garçons qu'eux ; et ce qu'il y a de plus agréable, c'est qu'on leur voit faire tout cela gaîment et avec plaisir.

On s'y prend de bonne heure pour les avoir tels qu'on les veut : on n'a point ici la maxime que j'ai vue régner à Paris et à Londres, de choisir des domestiques tout formés, c'est-à-dire des coquins déjà tout faits, de ces coureurs de conditions, qui, dans chaque maison qu'ils parcourent, prennent à la fois les défauts des valets et des maîtres, et se font un métier de servir tout le monde sans jamais s'attacher à personne. Il ne peut régner ni honnêteté, ni fidélité, ni zèle, au milieu de pareilles gens ; et ce ramassis de canaille ruine le maître et corrompt les enfants dans toutes les maisons opulentes. Ici c'est une affaire importante que le choix des domestiques ; on ne les regarde point seulement comme des mercenaires dont on n'exige qu'un service exact, mais comme des membres de la famille, dont le mauvais choix est capable de la désoler. La première chose qu'on leur demande est d'être honnêtes gens ; la seconde, d'aimer leur maître ; la troisième, de le servir à son gré ; mais, pour peu qu'un maître soit raisonnable et un domestique intelligent, la troisième suit toujours les deux autres. On ne les tire donc point de la ville, mais de la campagne. C'est ici leur premier service, et ce sera sûrement le dernier pour tous ceux qui vaudront quelque chose. On les prend dans quelque famille

(1) Petite monnaie du pays qui vaut quatre kreutzer, environ 15 centimes.

nombreuse et surchargée d'enfants, dont les pères et mères viennent les offrir eux-mêmes. On les choisit jeunes, bien faits, de bonne santé, et d'une physionomie agréable. M. de Wolmar les interroge, les examine, puis les présente à sa femme. S'ils agréent à tous deux, ils sont reçus, d'abord à l'épreuve, ensuite au nombre des gens, c'est-à-dire des enfants de la maison ; et l'on passe quelques jours à leur apprendre avec beaucoup de patience et de soin ce qu'ils ont à faire. Le service est si simple, si égal, si uniforme, les maîtres ont si peu de fantaisie et d'humeur, et leurs domestiques les affectionnent si promptement, que cela est bientôt appris. Leur condition est douce ; ils sentent un bien-être qu'ils n'avaient pas chez eux ; mais on ne les laisse point amollir par l'oisiveté, mère des vices. On ne souffre point qu'ils deviennent des messieurs et s'enorgueillissent de la servitude ; ils continuent de travailler comme ils faisaient dans la maison paternelle : ils n'ont fait, pour ainsi dire, que changer de père et de mère, et en gagner de plus opulents. De cette sorte ils ne prennent point en dédain leur ancienne vie rustique. Si jamais ils sortaient d'ici, il n'y en a pas un qui ne reprît plus volontiers son état de paysan que de supporter une autre condition. Enfin, je n'ai jamais vu de maison où chacun fît mieux son service et s'imaginât moins de servir.

C'est ainsi qu'en formant et dressant ses propres domestiques, on n'a point à se faire cette objection si commune et si peu sensée : Je les aurai formés pour d'autres ! Formez-les comme il faut, pourrait-on répondre, et jamais ils ne serviront à d'autres. Si vous ne songez qu'à vous en les formant, en vous quittant ils font fort bien de ne songer qu'à eux ; mais occupez-vous d'eux un peu davantage, et ils vous demeureront attachés. Il n'y a que l'intention qui oblige ; et celui qui profite d'un bien que je ne veux faire qu'à moi ne me doit aucune reconnaissance.

Pour prévenir doublement le même inconvénient, M. et Mme de Wolmar emploient encore un autre moyen qui me paraît fort bien entendu. En commençant leur établissement, ils ont cherché quel nombre de domestiques ils pouvaient entretenir dans une maison montée à peu près selon leur état, et ils ont trouvé que ce nombre allait à quinze ou seize : pour être mieux servis, ils l'ont réduit à la moitié ; de sorte qu'avec moins d'appareil leur service est beaucoup plus exact. Pour être mieux servis encore, ils ont intéressé les mêmes gens à les servir longtemps. Un domestique, en entrant chez eux, reçoit le gage ordinaire ; mais ce gage augmente tous les ans d'un vingtième ; au bout de vingt ans, il serait ainsi plus que doublé, et l'entretien des domestiques serait à peu près alors en raison du moyen des maîtres : mais il ne faut pas être un grand algébriste pour voir que les frais de cette augmentation sont plus apparents que réels, qu'ils auront peu de doubles gages à payer, et que, quand ils les paieraient à tous, l'avantage d'avoir été bien servis durant vingt ans compenserait et au-delà ce surcroît de dépense. Vous sentez bien, mylord, que c'est un expédient sûr pour augmenter incessamment le soin des domestiques et se les attacher à mesure qu'on s'attache à eux. Il n'y a pas seulement de la prudence, il y a même de l'équité dans un pareil établissement. Est-il juste qu'un nouveau venu, sans affection, et qui n'est peut-être qu'un mauvais sujet, reçoive en entrant le même salaire qu'on donne à un ancien serviteur, dont le zèle et la fidélité sont éprouvés par de longs services, et qui d'ailleurs approche en vieillissant du temps où il sera hors d'état de gagner sa vie ? Au reste, cette dernière raison n'est pas ici de mise, et vous pouvez bien croire que des maîtres aussi humains ne négligent pas des devoirs que remplissent par ostentation beaucoup de maîtres sans charité, et n'abandonnent pas ceux de leurs gens à qui les infirmités ou la vieillesse ôtent les moyens de servir.

J'ai dans l'instant même un exemple assez frappant de cette attention. Le baron d'Étange, voulant récompenser les longs services de son valet de chambre par une retraite honorable, a eu le crédit d'obtenir pour lui de leurs excellences un emploi lucratif et sans peine. Julie vient de recevoir là-dessus de ce vieux domestique une lettre à tirer des larmes, dans laquelle il la supplie de le faire dispenser d'accepter cet emploi : « Je suis âgé, lui dit-il; j'ai perdu toute ma famille; je n'ai plus d'autres parents que mes maîtres : tout mon espoir est de finir paisiblement mes jours dans la maison où je les ai passés... Madame, en vous tenant dans mes bras à votre naissance, je demandais à Dieu de tenir de même un jour vos enfants : il m'en a fait la grâce; ne me refusez pas celle de les voir croître et prospérer comme vous..... Moi qui suis accoutumé à vivre dans une maison de paix, où en retrouverai-je une semblable pour y reposer ma vieillesse?..... Ayez la charité d'écrire en ma faveur à M. le baron. S'il est mécontent de moi, qu'il me chasse et ne me donne point d'emploi; mais si je l'ai fidèlement servi durant quarante ans, qu'il me laisse achever mes jours à son service et au vôtre; il ne saurait mieux me récompenser. » Il ne faut pas demander si Julie a écrit. Je vois qu'elle serait aussi fâchée de perdre ce bon homme qu'il le serait de la quitter. Ai-je tort, mylord, de comparer des maîtres si chéris à des pères, et leurs domestiques à leurs enfants? Vous voyez que c'est ainsi qu'ils se regardent eux-mêmes.

Il n'y a pas d'exemple dans cette maison qu'un domestique ait demandé son congé; il est même rare qu'on menace quelqu'un de le lui donner. Cette menace effraie à proportion de ce que le service est agréable et doux; les meilleurs sujets en sont toujours les plus alarmés, et l'on n'a jamais besoin d'en venir à l'exécution qu'avec ceux qui sont peu regrettables. Il y a encore une règle à cela. Quand M. de Wolmar a dit : « Je vous chasse, » on peut implorer l'intercession de madame, l'obtenir quelquefois, et rentrer en grâce à sa prière; mais un congé qu'elle donne est irrévocable, et il n'y a plus de grâce à espérer. Cet accord est très bien entendu pour tempérer à la fois l'excès de confiance qu'on pourrait prendre en la douceur de la femme, et la crainte extrême que causerait l'inflexibilité du mari. Ce mot ne laisse pas pourtant d'être extrêmement redouté de la part d'un maître équitable et sans colère; car, outre qu'on n'est pas sûr d'obtenir grâce, et qu'elle n'est jamais accordée deux fois au même, on perd par ce mot seul son droit d'ancienneté, et l'on recommence, en rentrant, un nouveau service : ce qui prévient l'insolence des vieux domestiques et augmente leur circonspection à mesure qu'ils ont plus à perdre.

Les trois femmes sont : la femme de chambre, la gouvernante des enfants et la cuisinière. Celle-ci est une paysanne fort propre et fort entendue, à qui Mme de Wolmar a appris la cuisine; car dans ce pays simple encore (1), les jeunes personnes de tout état apprennent à faire elles-mêmes tous les travaux que feront un jour dans leur maison les femmes qui seront à leur service, afin de savoir les conduire au besoin et de ne s'en pas laisser imposer par elles. La femme de chambre n'est plus Babi; on l'a renvoyée à Etange, où elle est née : on lui a remis le soin du château, et une inspection sur la recette, qui la rend en quelque manière le contrôleur de l'économe. Il y avait longtemps que M. de Wolmar pressait sa femme de faire cet arrangement sans pouvoir la résoudre à éloigner d'elle un ancien domestique de sa mère, quoiqu'elle eût plus d'un sujet de s'en plaindre. Enfin, depuis les dernières explications, elle y a consenti, et Babi est partie. Cette femme est intelligente et fidèle, mais indiscrète et babillarde. Je soupçonne qu'elle a trahi plus d'une fois les secrets de sa maîtresse, que M. de Wolmar ne l'ignore pas, et que, pour prévenir la même indiscrétion vis-à-vis de quelque étranger, cet homme sage a su l'employer de manière à profiter de ses bonnes qualités sans s'exposer aux mauvaises. Celle qui l'a remplacée est cette même Fanchon Regard dont vous m'entendiez parler autrefois, avec tant de plaisir. Malgré l'augure de Julie, ses bienfaits, ceux de son père et les vôtres, cette jeune femme si honnête et

(1) Simple! il a donc beaucoup changé.

si sage n'a pas été heureuse dans son établissement. Claude Anet, qui avait si bien supporté sa misère, n'a pu soutenir un état plus doux. En se voyant dans l'aisance, il a négligé son métier; et s'étant tout-à-fait dérangé, il s'est enfui du pays, laissant sa femme avec un enfant qu'elle a perdu depuis ce temps-là. Julie, après l'avoir retirée chez elle, lui a appris tous les ouvrages d'une femme de chambre; et je ne fus jamais plus agréablement surpris que de la trouver en fonction le jour de mon arrivée. M. de Wolmar en fait un très grand cas, et tous deux lui ont confié le soin de veiller tant sur leurs enfants que sur celle qui les gouverne. Celle-ci est aussi une villageoise simple et crédule, mais attentive, patiente et docile; de sorte qu'on n'a rien oublié pour que les vices des villes ne pénétrassent point dans une maison dont les maîtres ne les ont ni ne les souffrent.

Quoique tous les domestiques n'aient qu'une même table, il y a d'ailleurs peu de communication entre les deux sexes; on regarde ici cet article comme très important. On n'y est point de l'avis de ces maîtres indifférents à tout, hors à leur intérêt, qui ne veulent qu'être bien servis, sans s'embarrasser au surplus de ce que font leurs gens : on pense au contraire que ceux qui ne veulent qu'être bien servis ne sauraient l'être longtemps. Les liaisons trop intimes entre les deux sexes ne produisent jamais que du mal. C'est des conciliabules qui se tiennent chez les femmes de chambre que sortent la plupart des désordres d'un ménage. S'il s'en trouve une qui plaise au maître-d'hôtel, il ne manque pas de la séduire aux dépens du maître. L'accord des hommes entre eux ni des femmes entre elles n'est pas assez sûr pour tirer à conséquence. Mais c'est toujours entre hommes et femmes que s'établissent ces secrets monopoles qui ruinent à la longue les familles les plus opulentes. On veille donc à la sagesse et à la modestie des femmes, non-seulement par des raisons de bonnes mœurs et d'honnêteté, mais encore par un intérêt très bien entendu; car, quoi qu'on en dise, nul ne remplit bien son devoir s'il ne l'aime; et il n'y eut jamais que des gens d'honneur qui sussent aimer leur devoir.

Pour prévenir entre les deux sexes une familiarité dangereuse, on ne les gêne point ici par des lois positives qu'ils seraient tentés d'enfreindre en secret; mais, sans paraître y songer, on établit des usages plus puissants que l'autorité même. On ne leur défend pas de se voir, mais on fait en sorte qu'ils n'en aient ni l'occasion ni la volonté. On y parvient en leur donnant des occupations, des habitudes, des goûts, des plaisirs, entièrement différents. Sur l'ordre admirable qui règne ici, ils sentent que dans une maison bien réglée les hommes et les femmes doivent avoir peu de commerce entre eux. Tel qui taxerait en cela de caprice les volontés d'un maître, se soumet sans répugnance à une manière de vivre qu'on ne lui prescrit pas formellement, mais qu'il juge lui-même être la meilleure et la plus naturelle. Julie prétend qu'elle l'est en effet; elle soutient que de l'amour ni de l'union conjugale ne résulte point le commerce continuel des deux sexes. Selon elle, la femme et le mari sont bien destinés à vivre ensemble, mais non pas de la même manière; ils doivent agir de concert sans faire les mêmes choses. « La vie qui charmerait l'un serait, dit-elle, insupportable à l'autre; les inclinations que leur donne la nature sont aussi diverses que les fonctions qu'elle leur impose; leurs amusements ne diffèrent pas moins que leurs devoirs; en un mot, tous deux concourent au bonheur commun par des chemins différents; et ce partage de travaux et de soins est le plus fort lien de leur union. »

Pour moi, j'avoue que mes propres observations sont assez favorables à cette maxime. En effet, n'est-ce pas un usage constant de tous les peuples du monde, hors le Français et ceux qui l'imitent, que les hommes vivent entre eux, les femmes entre elles? S'ils se voient les uns les autres, c'est plutôt par entrevue et presque à la dérobée, comme les époux de Lacédémone, que par un mélange indiscret et perpétuel, capable de confondre et défigurer en eux les plus sages distinctions de la nature. On ne voit point les sauvages mêmes indistinctement mêlés, hommes et femmes. Le soir, la famille se rassemble, chacun passe la nuit auprès de sa femme : la séparation recommence avec le jour, et les deux sexes n'ont plus rien de commun que les repas tout au plus. Tel est l'ordre que son universalité montre être le plus naturel; et, dans les pays même où il est perverti, l'on en voit encore des vestiges. En France, où les hommes se sont soumis à vivre à la manière des femmes et à rester sans cesse enfermés dans la chambre avec elles, l'involontaire agitation qu'ils y conservent montre que ce n'est point à cela qu'ils étaient destinés. Tandis que les femmes restent tranquillement assises ou couchées sur leur chaise longue, vous voyez les hommes se lever, aller, venir, se rasseoir, avec une inquiétude continuelle; un instinct machinal combattant sans cesse la contrainte où ils se mettent, et les poussant malgré eux à cette vie active et laborieuse que leur imposa la nature. C'est le seul peuple du monde où les hommes se tiennent debout au spectacle, comme s'ils allaient se délasser au parterre d'avoir resté tout le jour assis au salon. Enfin, ils sentent si bien l'ennui de cette indolence efféminée et casanière, que, pour y mêler au moins quelque sorte d'activité, ils cèdent chez eux la place aux étrangers, et vont auprès des femmes d'autrui chercher à tempérer ce dégoût.

La maxime de Mme de Wolmar se soutient très bien par l'exemple de sa maison; chacun étant pour ainsi dire tout à son sexe, les femmes y vivent très séparées des hommes. Pour prévenir entre eux des liaisons suspectes, son grand secret est d'occuper incessamment les uns et les autres; car leurs travaux sont si différents qu'il n'y a que l'oisiveté qui les rassemble. Le matin chacun vaque à ses fonctions, et il ne reste du loisir à personne pour aller troubler celles d'un autre. L'après-dînée, les hommes ont pour département le jardin, la basse-cour, ou d'autres soins de la campagne; les femmes s'occupent dans la chambre des enfants jusqu'à l'heure de la promenade, qu'elles font avec eux, souvent même avec leur maîtresse, et qui leur est agréable comme le seul moment où elles prennent l'air. Les hommes, assez exercés par le travail de la journée, n'ont guère envie de s'aller promener, et se reposent en gardant la maison.

Tous les dimanches, après le prêche du soir, les femmes se rassemblent encore dans la chambre des enfants avec quelque parente ou amie, qu'elles invitent tour à tour du consentement de madame. Là, en attendant un petit régal donné par elle, on cause, on chante, on joue au volant, aux jonchets, ou à quelque autre jeu d'adresse propre à plaire aux yeux des enfants, jusqu'à ce qu'ils s'en puissent amuser eux-mêmes. La collation vient, composée de quelques laitages, de gaufres, d'échaudés, de merveilles (1), ou d'autres mets du goût des enfants et des femmes. Le vin en est toujours exclus; et les hommes, qui dans tous les temps entrent peu dans ce petit gynécée (2), ne sont jamais de cette collation, où Julie manque assez rarement. J'ai été jusqu'ici le seul privilégié. Dimanche dernier j'obtins, à force d'importunités, de l'y accompagner. Elle eut grand soin de me faire valoir cette faveur. Elle me dit tout haut qu'elle me l'accordait pour cette seule fois, et qu'elle l'avait refusée à M. de Wolmar lui-même. Imaginez si la petite vanité féminine était flattée, et si un laquais eût été bien venu à vouloir être admis à l'exclusion du maître.

Je fis un goûter délicieux. Est-il quelque mets au monde comparable aux laitages de ce pays? Pensez ce que doivent être ceux d'une laiterie où Julie préside, et mangés à côté d'elle. La Fanchon me servit des grus, de la céracée (3), des gaufres, des écrelets. Tout disparaissait à l'instant. Julie riait de mon appétit. « Je vois, dit-elle en me donnant encore une assiette de

(1) Sorte de gâteaux du pays.
(2) Appartement des femmes.
(3) Laitages excellents qui se font sur la montagne de Salève. Je doute qu'ils soient connus sous ce nom au Jura, surtout vers l'autre extrémité du lac.

crème, que votre estomac se fait honneur partout, et que vous ne vous tirez pas moins bien de l'écot des femmes que de celui des Valaisans. — Pas plus impunément, repris-je; on s'enivre quelquefois à l'un comme à l'autre, et la raison peut s'égarer dans un chalet tout aussi bien que dans un cellier. » Elle baissa les yeux sans répondre, rougit, et se mit à caresser ses enfants. C'en fut assez pour éveiller mes remords. Mylord, ce fut là ma première indiscrétion, et j'espère que ce sera la dernière.

Il régnait, dans cette petite assemblée, un certain air d'antique simplicité qui me touchait le cœur; je voyais sur tous les visages la même gaîté, et plus de franchise peut-être que s'il s'y fût trouvé des hommes. Fondée sur la confiance et l'attachement, la familiarité qui régnait entre les servantes et la maîtresse ne faisait qu'affermir le respect et l'autorité; et les services rendus et

reçus ne semblaient être que des témoignages d'amitié réciproque. Il n'y avait pas jusqu'au choix du régal qui ne contribuât à le rendre intéressant. Le laitage et le sucre sont un des goûts naturels du sexe, et comme le symbole de l'innocence et de la douceur qui font son plus aimable ornement. Les hommes, au contraire, recherchent en général les saveurs fortes et les liqueurs spiritueuses, aliments plus convenables à la vie active et laborieuse que la nature leur demande; et quand ces divers goûts viennent à s'altérer et se confondre, c'est une marque presque infaillible du mélange désordonné des sexes. En effet, j'ai remarqué qu'en France, où les femmes vivent sans cesse avec les hommes, elles ont tout-à-fait perdu le goût du laitage, les hommes beaucoup celui du vin; et qu'en Angleterre, où les deux sexes sont moins confondus, leur goût propre s'est mieux conservé. En général, je pense qu'on pourrait souvent trouver quelque indice du caractère des gens dans le choix des aliments qu'ils préfèrent. Les Italiens, qui vivent beaucoup d'herbages, sont efféminés et mous. Vous autres Anglais, grands mangeurs de viande, avez dans vos inflexibles vertus quelque chose de dur et qui tient de la barbarie. Le Suisse, naturellement froid, paisible et simple, mais violent et emporté dans la colère, aime à la fois l'un et l'autre aliment, et boit du laitage et du vin. Le Français, souple et changeant, vit de tous les mets et se plie à tous les caractères. Julie elle-même pourrait me servir d'exemple; car, quoique sensuelle et gourmande dans ses repas, elle n'aime ni la viande, ni les ragoûts, ni le sel, et n'a jamais goûté de vin pur; d'excellents légumes, les œufs, la crème, les fruits, voilà sa nourriture ordinaire; et, sans le poisson qu'elle aime aussi beaucoup, elle serait une véritable pythagoricienne.

Ce n'est rien de contenir les femmes si l'on ne contient aussi les hommes; et cette partie de la règle, non moins importante que l'autre, est plus difficile encore; car l'attaque est en général plus vive que la défense : c'est l'intention du conservateur de la nature. Dans la république, on retient les citoyens par des mœurs, des principes, de la vertu; mais comment contenir des domestiques, des mercenaires, autrement que par la contrainte et la gêne? Tout l'art du maître est de cacher cette gêne sous le voile du plaisir ou de l'intérêt, en sorte qu'ils pensent vouloir tout ce qu'on les oblige de faire. L'oisiveté du dimanche, le droit qu'on ne peut guère leur ôter d'aller où bon leur semble quand leurs fonctions ne les retiennent point au logis, détruisent souvent en un seul jour l'exemple et les leçons des six autres. L'habitude du cabaret, le commerce et les maximes de leurs camarades, la fréquentation des femmes débauchées, les perdant bientôt pour leurs maîtres et pour eux-mêmes, les rendent, par mille défauts, incapables du service et indignes de la liberté.

On remédie à cet inconvénient en les retenant par les mêmes motifs qui les portaient à sortir. Qu'allaient-ils faire ailleurs? Boire et jouer au cabaret. Ils boivent et jouent au logis. Toute la différence est que le vin ne leur coûte rien, qu'ils ne s'enivrent pas, et qu'il y a des gagnants au jeu sans que jamais personne perde. Voici comment on s'y prend pour cela.

Derrière la maison est une allée couverte, dans laquelle on a établi la lice des jeux : c'est là que les gens de livrée et ceux de la basse-cour se rassemblent en été, le dimanche, après le prêche, pour y jouer en plusieurs parties liées, non de l'argent, on ne le souffre pas, ni du vin, on leur en donne, mais une mise fournie par la libéralité des maîtres. Cette mise est toujours quelque petit meuble ou quelque nippe à leur usage. Le nombre des jeux est proportionné à la valeur de la mise; en sorte que, quand cette mise est un peu considérable, comme des boucles d'argent, un porte-col, des bas de soie, un chapeau fin, ou autre chose semblable, on emploie ordinairement plusieurs séances à la disputer. On ne s'en tient point à une seule espèce de jeu, on les varie, afin que le plus habile dans un n'emporte pas toutes les mises, et pour les rendre tous plus adroits et plus forts par des exercices multipliés. Tantôt c'est à qui enlèvera à la course un but placé à l'autre bout de l'avenue; tantôt à qui lancera le plus loin la même pierre; tantôt à qui portera le plus longtemps le même fardeau; tantôt on dispute un prix en tirant au blanc. On joint à la plupart de ces jeux un petit appareil qui les prolonge et les rend amusants. Le maître et la maîtresse les honorent souvent de leur présence; on y amène quelquefois les enfants; les étrangers mêmes y viennent, attirés par la curiosité, et plusieurs ne demanderaient pas mieux que d'y concourir; mais nul n'est jamais admis qu'avec l'agrément des maîtres et du consentement des joueurs, qui ne trouveraient pas leur compte à l'accorder aisément. Insensiblement il s'est fait de cet usage une espèce de spectacle, où les acteurs, animés par les regards du public, préfèrent la gloire des applaudissements à l'intérêt du prix. Devenus plus vigoureux et plus agiles, ils s'en estiment davantage, et, s'accoutumant à tirer leur valeur d'eux-mêmes plutôt que de ce qu'ils possèdent, tout valets qu'ils sont, l'honneur leur devient plus cher que l'argent.

Il serait long de vous détailler tous les biens qu'on retire ici d'un soin si puéril en apparence et toujours dédaigné des esprits vulgaires, tandis que c'est le propre du vrai génie de produire de grands effets par de petits moyens. M. de Wolmar m'a dit qu'il lui en coûtait à peine cinquante écus par an pour ces petits établissements que sa femme a la première imaginés. « Mais, dit-il, combien de fois croyez-vous que je regagne cette somme dans mon ménage et dans mes affaires par la vigilance et l'attention que donnent à leur service des domestiques attachés, qui tiennent tous leurs plaisirs de leurs maîtres, par l'intérêt qu'ils prennent à celui d'une maison qu'ils regardent comme la leur, par l'avantage de profiter dans leurs travaux de la vigueur qu'ils acquièrent dans leurs jeux, par celui de les conserver toujours sains en les garantissant des excès ordinaires à leurs pareils et des maladies qui sont la suite ordinaire de ces excès, par celui de prévenir en eux les friponneries que le désordre amène infailliblement, et de les conserver toujours honnêtes gens, enfin par le plaisir d'avoir chez nous à peu de frais des récréations agréables pour nous-mêmes ? Que s'il se trouve parmi nos gens quelqu'un, soit homme, soit femme, qui ne s'accommode pas de nos règles et leur préfère la liberté d'aller sous divers prétextes courir où bon lui semble, on ne lui en refuse jamais la permission ; mais nous regardons ce goût de licence comme un indice très suspect, et nous ne tardons pas à nous défaire de ceux qui l'ont. Ainsi ces mêmes amusements qui nous conservent de bons sujets nous servent encore d'épreuve pour les choisir. » Mylord, j'avoue que je n'ai jamais vu qu'ici des maîtres former à la fois dans les mêmes hommes de bons domestiques pour le service de leurs personnes, de bons paysans pour cultiver leurs terres, de bons soldats pour la défense de la patrie, et des gens de bien pour tous les états où la fortune peut les appeler.

L'hiver, les plaisirs changent d'espèce ainsi que les travaux. Les dimanches, tous les gens de la maison, et même les voisins, hommes et femmes indifféremment, se rassemblent après le service dans une salle basse, où ils trouvent du feu, du vin, des fruits, des gâteaux, et un violon qui les fait danser. Mme de Wolmar ne manque jamais de s'y rendre, au moins pour quelques instants, afin d'y maintenir par sa présence l'ordre et la modestie ; et il n'est pas rare qu'elle y danse elle-même, fût-ce avec ses propres gens. Cette règle, quand je l'appris, me parut d'abord moins conforme à la sévérité des mœurs protestantes. Je le dis à Julie ; et voici à peu près ce qu'elle me répondit :

« La pure morale est si chargée de devoirs sévères, que si on la surcharge encore de formes indifférentes, c'est presque toujours aux dépens de l'essentiel. On dit que c'est le cas de la plupart des moines, qui, soumis à mille règles inutiles, ne savent ce que c'est qu'honneur et vertu. Ce défaut règne moins parmi nous, mais nous n'en sommes pas tout-à-fait exempts. Nos gens d'église, aussi supérieurs en sagesse à toutes les sortes de prêtres que notre religion est supérieure à toutes les autres en sainteté, ont pourtant encore quelques maximes qui paraissent plus fondées sur le préjugé que sur la raison. Telle est celle qui blâme la danse et les assemblées ; comme s'il y avait plus de mal à danser qu'à chanter, que chacun de ces amusements ne fût pas également une inspiration de la nature, et que ce fût un crime de s'égayer en commun par une récréation innocente et honnête ! Pour moi, je pense au contraire que, toutes les fois qu'il y a concours des deux sexes, tout divertissement public devient innocent par cela même qu'il est public ; au lieu que l'occupation la plus louable est suspecte dans le tête-à-tête (1). L'homme et la femme sont destinés l'un pour l'autre, la fin de la nature est qu'ils soient unis par le mariage. Toute fausse religion combat la nature : la nôtre seule, qui la suit et la rectifie, annonce une institution divine

---

(1) Dans ma Lettre à M. d'Alembert sur les spectacles, j'ai transcrit de celle-ci le morceau suivant et quelques autres ; mais comme alors je ne faisais que préparer cette édition, j'ai cru devoir attendre qu'elle parût pour citer ce que j'en avais tiré.

et convenable à l'homme. Elle ne doit donc point ajouter sur le mariage aux embarras de l'ordre civil des difficultés que l'Évangile ne prescrit pas, et qui sont contraires à l'esprit du christianisme. Mais qu'on me dise où de jeunes personnes à marier auront occasion de prendre du goût l'une pour l'autre, et se voir avec plus de décence et de circonspection que dans une assemblée où les yeux du public, incessamment tournés sur elles, les forcent à s'observer avec le plus grand soin. En quoi Dieu est-il offensé par un exercice agréable et salutaire, convenable à la vivacité de la jeunesse, qui consiste à se présenter l'un à l'autre avec grâce et bienséance, et auquel le spectateur impose une gravité dont personne n'oserait sortir ? Peut-on imaginer un moyen plus honnête de ne tromper personne, au moins quant à la figure, et de se montrer avec les agréments et les défauts qu'on peut avoir aux gens qui ont intérêt de nous bien connaître avant de s'obliger à nous aimer ? Le devoir de se chérir réciproquement n'emporte-t-il pas celui de se plaire ? et n'est-ce pas un soin digne de deux personnes vertueuses et chrétiennes qui songent à s'unir, de préparer ainsi leurs cœurs à l'amour mutuel que Dieu leur impose ?

« Qu'arrive-t-il dans ces lieux où règne une éternelle contrainte, où l'on punit comme un crime la plus innocente gaîté, où les jeunes gens des deux sexes n'osent jamais s'assembler en public, et où l'indiscrète sévérité d'un pasteur ne sait prêcher au nom de Dieu qu'une gêne servile, et la tristesse, et l'ennui ? On élude une tyrannie insupportable que la nature et la raison désavouent; aux plaisirs permis dont on prive une jeunesse enjouée et folâtre, elle en substitue de plus dangereux ; les tête-à-tête adroitement concertés prennent la place des assemblées publiques ; à force de se cacher comme si l'on était coupable, on est tenté de le devenir. L'innocente joie aime à s'évaporer au grand jour ; mais le vice est ami des ténèbres ; et jamais l'innocence et le mystère n'habitèrent longtemps ensemble. Mon cher ami, me dit-elle en me serrant la main comme pour me communiquer son repentir et faire passer dans mon cœur la pureté du sien, qui doit mieux sentir que nous toute l'importance de cette maxime ? Que de douleurs et de peines, que de remords et de pleurs nous nous serions épargnés durant tant d'années, si, tous deux, aimant la vertu comme nous avons toujours fait, nous avions su prévoir de plus loin les dangers qu'elle court dans le tête-à-tête !

« Encore un coup, continua Mme de Wolmar d'un ton plus tranquille, ce n'est point dans les assemblées nombreuses, où tout le monde nous voit et nous écoute, mais dans des entretiens particuliers, où règnent le secret et la liberté, que les mœurs peuvent courir des risques. C'est sur ce principe que, quand mes domestiques des deux sexes se rassemblent, je suis bien aise qu'ils y soient tous. J'approuve même qu'ils invitent parmi les jeunes gens du voisinage ceux dont le commerce n'est point capable de leur nuire ; et j'apprends avec grand plaisir que pour louer les mœurs de quelqu'un de nos jeunes voisins, on dit : Il est reçu chez M. de Wolmar. En ceci nous avons encore une autre vue. Les hommes qui nous servent sont tous garçons, et parmi les femmes la gouvernante des enfants est encore à marier. Il n'est pas juste que la réserve où vivent ici les uns et les autres leur ôte l'occasion d'un honnête établissement. Nous tâchons, dans ces petites assemblées, de leur procurer cette occasion sous nos yeux, pour les aider à mieux choisir ; et en travaillant ainsi à former d'heureux ménages, nous augmentons le bonheur du nôtre.

« Il resterait à me justifier moi-même de danser avec ces bonnes gens ; mais j'aime mieux passer condamnation sur ce point, et j'avoue franchement que mon plus grand motif en cela est le plaisir que j'y trouve. Vous savez que j'ai toujours partagé la passion que ma cousine a pour la danse ; mais après la perte de ma mère je renonçai pour ma vie au bal et à toute assemblée publique : j'ai tenu parole, même à mon mariage, et la tiendrai, sans croire y déroger en dansant quelquefois chez moi avec mes hôtes et mes domestiques.

C'est un exercice utile à ma santé durant la vie sédentaire qu'on est forcé de mener ici l'hiver. Il m'amuse innocemment; car, quand j'ai bien dansé, mon cœur ne me reproche rien. Il amuse aussi M. de Wolmar; toute ma coquetterie en cela se borne à lui plaire. Je suis cause qu'il vient au lieu où l'on danse : ses gens en sont plus contents d'être honorés des regards de leur maître; ils témoignent aussi de la joie à me voir parmi eux. Enfin, je trouve que cette familiarité modérée forme entre nous un lien de douceur et d'attachement qui ramène un peu l'humanité naturelle en tempérant la bassesse de la servitude et la rigueur de l'autorité. »

Voilà, mylord, ce que me dit Julie au sujet de la danse; et j'admirai comment, avec tant d'affabilité, pouvait régner tant de subordination, et comment elle et son mari pouvaient descendre et s'égaler si souvent à leurs domestiques, sans que ceux-ci fussent tentés de les prendre au mot et de s'égaler à eux à leur tour. Je ne crois pas qu'il y ait des souverains en Asie servis dans leurs palais avec plus de respect que ces bons maîtres le sont dans leur maison. Je ne connais rien de moins impérieux que leurs ordres, et rien de si promptement exécuté : ils prient, et l'on vole; ils excusent, et l'on sent son tort. Je n'ai jamais mieux compris combien la force des choses qu'on dit dépend peu des mots qu'on emploie.

Ceci m'a fait faire une autre réflexion sur la vaine gravité des maîtres : c'est que ce sont moins leurs familiarités que leurs défauts qui les font mépriser chez eux, et que l'insolence des domestiques annonce plutôt un maître vicieux que faible; car rien ne leur donne autant d'audace que la connaissance de ses vices, et tous ceux qu'ils découvrent en lui sont à leurs yeux autant de dispenses d'obéir à un homme qu'ils ne sauraient plus respecter.

Les valets imitent les maîtres; et, les imitant grossièrement, ils rendent sensibles dans leur conduite les défauts que le vernis de l'éducation cache mieux dans les autres. A Paris, je jugeais des mœurs des femmes de ma connaissance par l'air et le ton de leurs femmes de chambre; et cette règle ne m'a jamais trompé. Outre que la femme de chambre, une fois dépositaire du secret de sa maîtresse, lui fait payer cher sa discrétion, elle agit comme l'autre pense, et décèle toutes ses maximes en les pratiquant maladroitement. En toute chose l'exemple des maîtres est plus fort que leur autorité, et il n'est pas naturel que leurs domestiques veuillent être plus honnêtes gens qu'eux. On a beau crier, jurer, maltraiter, chasser, faire maison nouvelle; tout cela ne produit point le bon service. Quand celui qui ne s'embarrasse pas d'être méprisé et haï de ses gens s'en croit pourtant bien servi, c'est qu'il se contente de ce qu'il voit et d'une exactitude apparente, sans tenir compte de mille maux secrets qu'on lui fait incessamment et dont il n'aperçoit jamais la source. Mais où est l'homme assez dépourvu d'honneur pour pouvoir supporter les dédains de tout ce qui l'environne? Où est la femme assez perdue pour n'être plus sensible aux outrages? Combien, dans Paris et dans Londres, de dames se croient fort honorées, qui fondraient en larmes si elles entendaient ce qu'on dit d'elles dans leur antichambre! Heureusement pour leur repos, elles se rassurent en prenant ces Argus pour des imbéciles, et se flattant qu'ils ne voient rien de ce qu'elles ne daignent pas leur cacher. Aussi, dans leur mutine obéissance, ne leur cachent-ils guère à leur tour le mépris qu'ils ont pour elles. Maîtres et valets sentent mutuellement que ce n'est pas la peine de se faire estimer les uns des autres.

Le jugement des domestiques me paraît être l'épreuve la plus sûre et la plus difficile de la vertu des maîtres; et je me souviens, mylord, d'avoir bien pensé de la vôtre en Valais, sans vous connaître, simplement sur ce que, parlant assez rudement à vos gens, ils ne vous en étaient pas moins attachés, et qu'ils témoignaient entre eux autant de respect pour vous en votre absence que si vous les eussiez entendus. On a dit qu'il n'y avait point de héros pour son valet de chambre : cela peut être; mais l'homme juste a l'estime de son valet :

ce qui montre assez que l'héroïsme n'a qu'une vaine apparence, et qu'il n'y a rien de solide que la vertu. C'est surtout dans cette maison qu'on reconnaît la force de son empire dans le suffrage des domestiques; suffrage d'autant plus sûr, qu'il ne consiste point en de vains éloges, mais dans l'expression naturelle de ce qu'ils sentent. N'entendant jamais rien ici qui leur fasse croire que les autres maîtres ne ressemblent pas aux leurs, ils ne les louent point des vertus qu'ils estiment communes à tous, mais ils louent Dieu dans leur simplicité d'avoir mis les riches sur la terre pour le bonheur de ceux qui les servent et pour le soulagement des pauvres.

La servitude est si peu naturelle à l'homme, qu'elle ne saurait exister sans

quelque mécontentement. Cependant on respecte le maître et l'on n'en dit rien. Que s'il échappe quelques murmures contre la maîtresse, ils valent mieux que des éloges. Nul ne se plaint qu'elle manque pour lui de bienveillance, mais qu'elle en accorde autant aux autres; nul ne peut souffrir qu'elle fasse comparaison de son zèle avec celui de ses camarades, et chacun voudrait être le premier en faveur comme il croit l'être en attachement : c'est là leur unique plainte et leur plus grande injustice.

A la subordination des inférieurs se joint la concorde entre les égaux; et cette partie de l'administration domestique n'est pas la moins difficile. Dans les concurrences de jalousie et d'intérêt qui divisent sans cesse les gens d'une maison, même aussi peu nombreuse que celle-ci, ils ne demeurent presque jamais unis qu'aux dépens du maître. S'ils s'accordent, c'est pour voler de concert; s'ils sont fidèles, chacun se fait valoir aux dépens des autres : il faut qu'ils soient ennemis ou complices, et l'on voit à peine le moyen d'éviter à la fois leur friponnerie et leurs dissensions. La plupart des pères de famille ne connaissent que l'alternative entre ces deux inconvénients. Les uns, préférant l'intérêt à l'honnêteté, fomentent cette disposition des valets aux secrets rapports, et croient faire un chef-d'œuvre de prudence en les rendant espions et surveillants les uns des autres. Les autres, plus indolents, aiment mieux qu'on les vole et qu'on vive en paix; ils se font une sorte d'honneur de recevoir toujours mal des avis qu'un pur zèle arrache quelquefois à un serviteur fidèle. Tous s'abusent également. Les premiers, en excitant chez eux des troubles continuels, incompatibles avec la règle et le bon ordre, n'assemblent qu'un tas de fourbes et de délateurs, qui s'exercent, en trahissant leurs camarades, à trahir peut-être un jour leurs maîtres. Les seconds, en refusant d'apprendre ce qui se fait dans leur maison, autorisent les ligues contre eux-mêmes, encouragent les méchants, rebutent les bons, et n'entretiennent à grands frais que des fripons arrogants et paresseux, qui, s'accordant aux dépens du maître, regardent leurs services comme des grâces, et leurs vols comme des droits (1).

C'est une grande erreur, dans l'économie domestique ainsi que dans la civile, de vouloir combattre un vice par un autre, ou former entre eux une sorte d'équilibre; comme si ce qui sape les fondements de l'ordre pouvait jamais servir à l'établir. On ne fait, par cette mauvaise police, que réunir enfin tous les inconvénients. Les vices tolérés dans une maison n'y règnent pas seuls; laissez-en germer un, mille viendront à sa suite. Bientôt ils perdent les valets qui les ont, ruinent le maître qui les souffre, corrompent et scandalisent les enfants attentifs à les observer. Quel indigne père oserait mettre quelque avantage en balance avec ce dernier mal? Quel honnête homme voudrait être chef de famille, s'il lui était impossible de réunir dans sa maison la paix et la fidélité, et qu'il fallût acheter le zèle de ses domestiques aux dépens de leur bienveillance mutuelle?

Qui n'aurait vu que cette maison n'imaginerait pas même qu'une pareille difficulté pût exister, tant l'union des membres y paraît venir de leur attachement aux chefs. C'est ici qu'on trouve le sensible exemple qu'on ne saurait aimer sincèrement le maître sans aimer tout ce qui lui appartient; vérité qui sert de fondement à la charité chrétienne. N'est-il pas bien simple que les enfants du même père se traitent en frères entre eux? C'est ce qu'on nous dit tous les jours au temple sans nous le faire sentir; c'est ce que les habitants de cette maison sentent sans qu'on le leur dise.

Cette disposition à la concorde commence par le choix des sujets. M. de Wolmar n'examine pas seulement, en les recevant, s'ils conviennent à sa femme et à lui, mais s'ils se conviennent l'un à l'autre; et l'antipathie bien reconnue entre deux excellents domestiques suffirait pour faire à l'instant congédier l'un des deux: « Car, dit Julie, une maison si peu nombreuse, une maison dont ils ne sortent jamais, et où ils sont toujours vis-à-vis les uns des autres, doit leur convenir également à tous, et serait un enfer pour eux si elle n'était une maison de paix. Ils doivent la regarder comme leur maison paternelle, où tout n'est qu'une même famille. Un seul qui déplairait aux autres pourrait la leur rendre odieuse; et cet objet désagréable y frappant incessamment leurs regards, ils ne seraient bien ici ni pour eux ni pour nous. »

Après les avoir assortis le mieux qu'il est possible, on les unit, pour ainsi dire malgré eux, par les services qu'on les force, en quelque sorte, à se rendre, et l'on fait que chacun ait un sensible intérêt d'être aimé de tous ses camarades. Nul n'est si bien venu à demander des grâces pour lui-même que pour

(1) J'ai examiné d'assez près la police des grandes maisons, et j'ai vu clairement qu'il était impossible à un maître qui a vingt domestiques de venir jamais à bout de savoir s'il y a parmi eux un honnête homme, et de ne pas prendre pour tel le plus méchant fripon de tous. Cela seul me dégoûterait d'être au nombre des riches. Un des plus doux plaisirs de la vie, le plaisir de la confiance et de l'estime, est perdu pour ces malheureux. Ils achètent bien cher tout leur or.

un autre : ainsi, celui qui désire en obtenir tâche d'engager un autre à parler pour lui ; et cela est d'autant plus facile, que, soit qu'on accorde ou qu'on refuse une faveur ainsi demandée, on en fait toujours un mérite à celui qui s'en est rendu l'intercesseur ; au contraire, on rebute ceux qui ne sont bons que pour eux. « Pourquoi, leur dit-on, accorderais-je ce qu'on me demande pour vous, vous qui n'avez jamais rien demandé pour personne ? Est-il juste que vous soyez plus heureux que vos camarades, parce qu'ils sont plus obligeants que vous ? » On fait plus, on les engage à se servir mutuellement en secret, sans ostentation, sans se faire valoir ; ce qui est d'autant moins difficile à obtenir, qu'ils savent fort bien que le maître, témoin de cette discrétion, les en estime davantage : ainsi, l'intérêt y gagne et l'amour-propre n'y perd rien. Ils sont si convaincus de cette disposition générale, et il règne une telle confiance entre eux, que quand quelqu'un a quelque grâce à demander, il en parle à leur table par forme de conversation : souvent sans avoir rien fait de plus, il trouve la chose demandée et obtenue ; et ne sachant qui remercier, il en a l'obligation à tous.

C'est par ce moyen et d'autres semblables qu'on fait régner entre eux un attachement né de celui qu'ils ont tous pour leur maître, et qui lui est subordonné. Ainsi, loin de se liguer à son préjudice, ils ne sont tous unis que pour le mieux servir. Quelque intérêt qu'ils aient à s'aimer, ils en ont encore un plus grand à lui plaire ; le zèle pour son service l'emporte sur leur bienveillance mutuelle ; et tous, se regardant comme lésés par des pertes qui le laisseraient moins en état de récompenser un bon serviteur, sont également incapables de souffrir en silence le tort que l'un d'eux voudrait lui faire. Cette partie de la police établie dans cette maison me paraît avoir quelque chose de sublime ; et je ne puis assez admirer comment M. et Mme de Wolmar ont su transformer le vil métier d'accusateur en une fonction de zèle, d'intégrité, de courage, aussi noble, ou du moins aussi louable qu'elle l'était chez les Romains.

On a commencé par détruire ou prévenir clairement, simplement, et par des exemples sensibles, cette morale criminelle et servile, cette mutuelle tolérance aux dépens du maître, qu'un méchant valet ne manque point de prêcher aux bons, sous l'air d'une maxime de charité. On leur a fait bien comprendre que le précepte de couvrir les fautes de son prochain ne se rapporte qu'à celles qui ne font de tort à personne ; qu'une injustice qu'on voit, qu'on tait, et qui blesse un tiers, on la commet soi-même ; et que comme ce n'est que le sentiment de nos propres défauts qui nous oblige à pardonner ceux d'autrui, nul n'aime à tolérer les fripons s'il n'est un fripon comme eux. Sur ces principes, vrais en général d'homme à homme, et bien plus rigoureux encore dans la relation plus étroite du serviteur au maître, on tient ici pour incontestable que qui voit faire un tort à ses maîtres sans le dénoncer est plus coupable encore que celui qui l'a commis ; car celui-ci se laisse abuser dans son action par le profit qu'il envisage ; mais l'autre, de sang froid et sans intérêt, n'a pour motif de son silence qu'une profonde indifférence pour la justice, pour le bien de la maison qu'il sert, et un désir secret d'imiter l'exemple qu'il cache ; de sorte que, quand la faute est considérable, celui qui l'a commise peut encore quelquefois espérer son pardon ; mais le témoin qui l'a tue est infailliblement congédié comme un homme enclin au mal.

En revanche, on ne souffre aucune accusation qui puisse être suspecte d'injustice et de calomnie ; c'est-à-dire qu'on n'en reçoit aucune en l'absence de l'accusé. Si quelqu'un vient en particulier faire quelque rapport contre son camarade, ou se plaindre personnellement de lui, on lui demande s'il est suffisamment instruit, c'est-à-dire s'il a commencé par s'éclaircir avec celui dont il vient se plaindre. S'il dit que non, on lui demande encore comment il peut juger une action dont il ne connaît pas assez les motifs. « Cette action, lui dit-on, tient peut-être à quelque autre qui vous est inconnue ; elle a peut-être quelque circonstance qui sert à la justifier ou à l'excuser, et que vous ignorez. Comment osez-vous condamner cette conduite avant de savoir les raisons de celui qui l'a tenue? Un mot d'explication l'eût peut-être justifiée à vos yeux. Pourquoi risquer de la blâmer injustement, et m'exposer à partager votre injustice? » S'il assure s'être éclairci auparavant avec l'accusé : « Pourquoi donc, lui réplique-t-on, venez-vous sans lui comme si vous aviez peur qu'il ne démentît ce que vous avez à dire? De quel droit négligez-vous pour moi la précaution que vous avez cru devoir prendre pour vous-même? Est-il bien de vouloir que je juge sur votre rapport d'une action dont vous n'avez pas voulu juger sur le témoignage de vos yeux? et ne seriez-vous pas responsable du jugement partial que j'en pourrais porter, si je me contentais de votre seule déposition? » Ensuite on lui propose de faire venir celui qu'il accuse : s'il y consent, c'est une affaire bientôt réglée; s'il s'y oppose, on le renvoie après une forte réprimande; mais on lui garde le secret, et l'on observe si bien l'un et l'autre, qu'on ne tarde pas à savoir lequel des deux avait tort.

Cette règle est si connue et si bien établie, qu'on n'entend jamais un domestique de cette maison parler mal d'un de ses camarades absent; car ils savent tous que c'est le moyen de passer pour lâche ou menteur. Lorsqu'un d'entre eux en accuse un autre, c'est ouvertement, franchement, et non-seulement en sa présence, mais en celle de tous leurs camarades, afin d'avoir dans les témoins de ses discours des garants de sa bonne foi. Quand il est question de querelles personnelles, elles s'accommodent presque toujours par médiateurs, sans importuner monsieur ni madame; mais quand il s'agit de l'intérêt sacré du maître, l'affaire ne saurait demeurer secrète; il faut que le coupable s'accuse ou qu'il ait un accusateur. Ces petits plaidoyers sont très rares, et ne se font qu'à table, dans les tournées que Julie va faire journellement au dîner et au souper de ses gens, et que M. de Wolmar appelle en riant ses grands jours. Alors, après avoir écouté paisiblement la plainte et la réponse, si l'affaire intéresse son service, elle remercie l'accusateur de son zèle. « Je sais, lui dit-elle, que vous aimez votre camarade; vous m'en avez toujours dit du bien, et je vous loue de ce que l'amour du devoir et de la justice l'emporte en vous sur les affections particulières; c'est ainsi qu'en use un serviteur fidèle et un honnête homme. » Ensuite, si l'accusé n'a pas tort, elle ajoute toujours quelque éloge à sa justification. Mais s'il est réellement coupable, elle lui épargne devant les autres une partie de la honte. Elle suppose qu'il a quelque chose à dire pour sa défense qu'il ne veut pas déclarer devant tout le monde; elle lui assigne une heure pour l'entendre en particulier, et c'est là qu'elle ou son mari lui parlent comme il convient. Ce qu'il y a de singulier en ceci, c'est que le plus sévère des deux n'est pas le plus redouté, et qu'on craint moins les graves réprimandes de M. de Wolmar que les reproches touchants de Julie. L'un, faisant parler la justice et la vérité, humilie et confond les coupables; l'autre leur donne un regret mortel de l'être, en leur montrant celui qu'elle a d'être forcée à leur ôter sa bienveillance. Souvent elle leur arrache des larmes de douleur et de honte, et il ne lui est pas rare de s'attendrir elle-même en voyant leur repentir, dans l'espoir de n'être pas obligée à tenir parole.

Tel qui jugerait de tous ces soins sur ce qui se passe chez lui ou chez ses voisins, les estimerait peut-être inutiles ou pénibles. Mais vous, mylord, qui avez de si grandes idées des devoirs et des plaisirs du père de famille, et qui connaissez l'empire naturel que le génie et la vertu ont sur le cœur humain, vous voyez l'importance de ces détails, et vous sentez à quoi tient leur succès. Richesse ne fait pas riche, dit le roman de *la Rose*. Les biens d'un homme ne sont point dans ses coffres, mais dans l'usage de ce qu'il en tire; car on ne s'approprie les choses qu'on possède que par leur emploi, et les abus sont toujours plus inépuisables que les richesses; ce qui fait qu'on ne jouit pas à proportion de sa dépense, mais à proportion qu'on la sait mieux ordonner. U fou peut jeter des lingots dans la mer et dire qu'il en a joui : mais quelle comparaison entre cette extravagante jouissance et celle qu'un homme sage eût su tirer d'une moindre somme? L'ordre et la règle qui multiplient et perpétuent l'usage des biens peuvent seuls transformer le plaisir en bonheur. Que si c'est du rapport des choses à nous que naît la véritable propriété; si c'est plutôt l'emploi des richesses que leur acquisition qui nous les donne, quels soins importent plus au père de famille que l'économie domestique et le bon régime de sa maison, où les rapports les plus parfaits vont le plus directement à lui, et où le bien de chaque membre ajoute alors à celui du chef?

Les plus riches sont-ils les plus heureux? Que sert donc l'opulence à la félicité? Mais toute maison bien ordonnée est l'image de l'âme du maître. Les lambris dorés, le luxe et la magnificence n'annoncent que la vanité de celui qui les étale; au lieu que partout où vous verrez régner la règle sans tristesse, la paix sans esclavage, l'abondance sans profusion, dites avec confiance : C'est un être heureux qui commande ici.

Pour moi, je pense que le signe le plus assuré du contentement d'esprit est la vie retirée et domestique, et que ceux qui vont sans cesse chercher leur bonheur chez autrui ne l'ont point chez eux-mêmes. Un père de famille qui se plaît dans sa maison a, pour prix des soins continuels qu'il s'y donne, la continuelle jouissance des plus doux sentiments de la nature. Seul entre tous les mortels, il est maître de sa propre félicité, parce qu'il est heureux comme Dieu même, sans rien désirer de plus que ce dont il jouit. Comme cet Être immense, il ne songe pas à amplifier ses possessions, mais à les rendre véritablement siennes par les relations les plus parfaites et la direction la mieux entendue : s'il ne s'enrichit pas par de nouvelles acquisitions, il s'enrichit en possédant mieux ce qu'il a. Il ne jouissait que du revenu de ses terres; il jouit encore de ses terres mêmes en présidant à leur culture et les parcourant sans cesse. Son domestique lui était étranger; il en fait son bien, son enfant, il se l'approprie. Il n'avait droit que sur les actions; il s'en donne encore sur les volontés. Il n'était maître qu'à prix d'argent; il le devient par l'empire sacré de l'estime et des bienfaits. Que la fortune le dépouille de ses richesses, elle ne saurait lui ôter les cœurs qu'il s'est attachés; elle n'ôtera point des enfants à leur père; toute la différence est qu'il les nourrissait hier, et qu'il sera demain nourri par eux. C'est ainsi qu'on apprend à jouir véritablement de ses biens, de sa famille et de soi-même; c'est ainsi que les détails d'une maison deviennent délicieux pour l'honnête homme qui sait en connaître le prix; c'est ainsi que, loin de regarder ses devoirs comme une charge, il en fait son bonheur, et qu'il tire de ses touchantes et nobles fonctions la gloire et le plaisir d'être homme.

Que si ces précieux avantages sont méprisés ou peu connus, et si le petit nombre même qui les recherche les obtient si rarement, tout cela vient de la même cause. Il est des devoirs simples et sublimes qu'il n'appartient qu'à peu de gens d'aimer et de remplir : tels sont ceux du père de famille, pour lesquels l'air et le bruit du monde n'inspirent que du dégoût, et dont on s'acquitte mal encore quand on n'y est porté que par des raisons d'avarice et d'intérêt. Tel croit être un bon père de famille, et n'est qu'un vigilant économe; le bien peut prospérer, et la maison aller fort mal. Il faut des vues plus élevées pour éclairer, diriger cette importante administration et lui donner un heureux succès. Le premier soin par lequel doit commencer l'ordre d'une maison, c'est de n'y souffrir que d'honnêtes gens qui n'y portent pas le désir secret de troubler cet ordre. Mais la servitude et l'honnêteté sont-elles si compatibles qu'on doive espérer de trouver des domestiques honnêtes gens? Non, mylord, il ne faut pas les chercher, il faut les faire, et il n'y a qu'un homme de bien qui sache l'art d'en former d'autres. Un hypocrite a beau vouloir prendre le ton de la vertu, il n'en peut inspirer le goût à personne, et, s'il savait la rendre aimable, il l'aimerait lui-même. Que servent de froides leçons démenties par un exemple continuel, si ce n'est à faire penser que celui qui les donne se joue de la crédulité d'autrui? Que ceux qui nous exhortent à faire ce qu'ils disent, et non ce qu'ils font, disent une grande absurdité! Qui ne fait pas ce qu'il dit, ne le dit jamais bien; car le langage du cœur, qui touche et persuade y manque. J'ai quelquefois entendu de ces conversations grossièrement apprêtées qu'on tient devant les domestiques comme devant des enfants pour leur faire des leçons indirectes. Loin de juger qu'ils en fussent un instant les dupes, je les ai toujours vus sourire en secret de l'ineptie du maître qui les prenait pour des sots en débitant lourdement devant eux des maximes qu'ils savaient bien n'être pas les siennes.

Toutes ces vaines subtilités sont ignorées dans cette maison, et le grand art des maîtres pour rendre leurs domestiques tels qu'ils les veulent, est de se montrer à eux tels qu'ils sont. Leur conduite est toujours franche et ouverte, parce qu'ils n'ont pas peur que leurs actions démentent leurs discours. Comme ils n'ont point pour eux-mêmes une morale différente de celle qu'ils veulent donner aux autres, ils n'ont pas besoin de circonspection dans leurs propos; un mot étourdiment échappé ne renverse point les principes qu'ils se sont efforcés d'établir. Ils ne disent point indiscrètement toutes leurs affaires, mais ils disent librement toutes leurs maximes. A table, à la promenade, tête à tête, ou devant tout le monde, on tient toujours le même langage; on dit naïvement ce qu'on pense sur chaque chose; et, sans qu'on songe à personne, chacun y trouve toujours quelque instruction. Comme les domestiques ne voient jamais rien faire à leur maître qui ne soit droit, juste, équitable, ils ne regardent point la justice comme le tribut du pauvre, comme le joug du malheureux, comme une des misères de leur état. L'attention qu'on a de ne pas faire courir en vain les ouvriers, et perdre des journées pour venir solliciter le payement de leurs journées, les accoutume à sentir le prix du temps. En voyant le soin des maîtres à ménager celui d'autrui, chacun en conclut que le sien leur est précieux, et se fait un plus grand crime de l'oisiveté. La confiance qu'on a dans leur intégrité donne à leurs institutions une force qui les fait valoir et prévient les abus. On n'a pas peur que, dans la gratification de chaque semaine, la maîtresse trouve toujours que c'est le plus jeune ou le mieux fait qui a été le plus diligent. Un ancien domestique ne craint pas qu'on lui cherche quelque chicane pour épargner l'augmentation de gages qu'on lui donne. On n'espère pas profiter de leur discorde pour se faire valoir et obtenir de l'un ce qu'aura refusé l'autre. Ceux qui sont à marier ne craignent pas qu'on nuise à leur établissement pour les garder plus longtemps, et qu'ainsi leur bon service leur fasse tort. Si quelque valet étranger venait dire aux gens de cette maison qu'un maître et ses domestiques sont entre eux dans un véritable état de guerre; que ceux-ci, faisant au premier tout du pis qu'ils peuvent, usent en cela d'une juste représaille; que, les maîtres étant usurpateurs, menteurs et fripons, il n'y a pas de mal à les traiter comme ils traitent le prince, ou le peuple, ou les particuliers, et à leur rendre adroitement le mal qu'ils font à force ouverte; celui qui parlerait ainsi ne serait entendu de personne: on ne s'avise pas même ici de combattre ou prévenir de pareils discours; il n'appartient qu'à ceux qui les font naître d'être obligés de les réfuter.

Il n'y a jamais ni mauvaise humeur ni mutinerie dans l'obéissance, parce qu'il n'y a ni hauteur ni caprice dans le commandement, qu'on n'exige rien qui ne soit raisonnable et utile, et qu'on respecte assez la dignité de l'homme, quoique dans la servitude, pour ne l'occuper qu'à des choses qui ne l'avilissent point. Au surplus, rien n'est bas ici que le vice, et tout ce qui est utile et juste est honnête et bienséant.

Si l'on ne souffre aucune intrigue au dehors, personne n'est tenté d'en avoir. Ils savent bien que leur fortune la plus assurée est attachée à celle du maître, et qu'ils ne manqueront jamais de rien tant qu'on verra prospérer la maison. En la servant, ils soignent donc leur patrimoine, et l'augmentent en rendant leur service agréable; c'est là leur plus grand intérêt. Mais ce mot n'est guère à sa place en cette occasion; car je n'ai jamais vu de police où l'intérêt fût si sagement dirigé et où pourtant il influât moins que dans celle-ci. Tout se fait par attachement : l'on dirait que ces âmes vénales se purifient en entrant dans ce séjour de sagesse et d'union; l'on dirait qu'une partie des lumières du maître et des sentiments de la maîtresse ont passé dans chacun de leurs gens, tant on les trouve judicieux, bienfaisants, honnêtes et supérieurs à leur état. Se faire estimer, considérer, bien vouloir, est leur plus grande ambition; et ils comptent les mots obligeants qu'on leur dit, comme ailleurs les étrennes qu'on leur donne.

Voilà, mylord, mes principales observations sur la partie de l'économie de cette maison qui regarde les domestiques et mercenaires. Quant à la manière de vivre des maîtres et au gouvernement des enfants, chacun de ces articles mérite bien une lettre à part. Vous savez à quelle intention j'ai commencé ces remarques; mais en vérité tout cela forme un tableau si ravissant, qu'il ne faut pour aimer à le contempler d'autre intérêt que le plaisir qu'on y trouve.

LETTRE XI.

DE SAINT-PREUX A MYLORD EDOUARD.

Non, mylord, je ne m'en dédis point, on ne voit rien dans cette maison qui n'associe l'agréable à l'utile; mais les occupations utiles ne se bornent pas aux soins qui donnent du profit, elles comprennent encore tout amusement innocent et simple qui nourrit le goût de la retraite, du travail, de la modération, et conserve à celui qui s'y livre une âme saine, un cœur libre du trouble des passions. Si l'indolente oisiveté n'engendre que la tristesse et l'ennui, le charme des doux loisirs est le fruit d'une vie laborieuse. On ne travaille que pour jouir; cette alternative de peine et de jouissance est notre véritable vocation. Le repos qui sert de délassement aux travaux passés et d'encouragement à d'autres n'est pas moins nécessaire à l'homme que le travail même.

Après avoir admiré l'effet de la vigilance et des soins de la plus respectable mère de famille dans l'ordre de sa maison, j'ai vu celui de ses récréations dans un lieu retiré dont elle fait sa promenade favorite et qu'elle appelle son Élysée.

Il y a plusieurs jours que j'entendais parler de cet Élysée dont on me faisait une espèce de mystère. Enfin, hier après dîner, l'extrême chaleur rendant le dehors et le dedans de la maison presque également insupportables, M. de Wolmar proposa à sa femme de se donner congé cet après-midi, et, au lieu de se retirer comme à l'ordinaire dans la chambre de ses enfants jusque vers le soir, de venir avec nous respirer dans le verger; elle y consentit, et nous nous y rendîmes ensemble.

Ce lieu, quoique tout proche de la maison, est tellement caché par l'allée couverte qui l'en sépare, qu'on ne l'aperçoit de nulle part. L'épais feuillage qui l'environne ne permet point à l'œil d'y pénétrer, et il est toujours soigneusement fermé à clef. A peine fus-je au dedans que, la porte étant masquée par des aunes et des coudriers qui ne laissent que deux étroits passages sur les côtés, je ne vis plus en me retournant par où j'étais entré; et n'apercevant point de porte, je me trouvai là comme tombé des nues.

En entrant dans ce prétendu verger, je fus frappé d'une agréable sensation de fraîcheur que d'obscurs ombrages, une verdure animée et vive, des fleurs éparses de tous côtés, un gazouillement d'eau courante, et le chant de mille oiseaux, portèrent à mon imagination du moins autant qu'à mes sens; mais en même temps je crus voir le lieu le plus sauvage, le plus solitaire de la nature, et il me semblait être le premier mortel qui jamais eût pénétré dans ce désert. Surpris, saisi, transporté d'un spectacle si peu prévu, je restai un moment immobile, et m'écriai dans un enthousiasme involontaire: « O Tinian!

O Juan Fernandez (1)! Julie, le bout du monde est à votre porte! — Beaucoup de gens le trouvent ici comme vous, dit-elle avec un sourire; mais vingt pas de plus les ramènent bien vite à Clarens; voyons si le charme tiendra plus longtemps chez vous. C'est ici le même verger où vous vous êtes promené autrefois, et où vous vous battiez avec ma cousine à coups de pêches. Vous savez que l'herbe y était assez aride, les arbres assez clair-semés, donnant assez peu d'ombre, et qu'il n'y avait point d'eau. Le voilà maintenant frais, vert, habillé, paré, fleuri, arrosé. Que pensez-vous qu'il m'en a coûté pour le mettre dans l'état où il est? car il est bon de vous dire que j'en suis la surintendante, et que mon mari m'en laisse l'entière disposition. — Ma foi, lui dis-je, il ne vous en a coûté que de la négligence. Ce lieu est charmant, il est vrai, mais agreste et abandonné; je n'y vois point de travail humain. Vous avez fermé la porte; l'eau est venue je ne sais comment; la nature seule a fait tout le reste; et vous-même n'eussiez jamais su faire aussi bien qu'elle. — Il est vrai, dit-elle, que la nature a tout fait, mais sous ma direction, et il n'y a rien là que je n'aie ordonné. Encore un coup, devinez. — Premièrement, repris-je, je ne comprends point comment avec de la peine et de l'argent on a pu suppléer au temps. Les arbres..... — Quant à cela, dit M. de Wolmar, vous remarquerez qu'il n'y en a pas beaucoup de fort grands, et ceux-là y étaient déjà. De plus, Julie a commencé ceci longtemps avant son mariage, et presque d'abord après la mort de sa mère, qu'elle vint avec son père chercher ici la solitude. — Hé bien! dis-je, puisque vous voulez que tous ces massifs, ces grands berceaux, ces touffes pendantes, ces bosquets si bien ombragés, soient venus en sept ou huit ans, et que l'art s'en soit mêlé, j'estime que, si dans une enceinte aussi vaste vous avez fait tout cela pour deux mille écus, vous avez bien économisé. — Vous ne surfaites que de deux mille écus, dit-elle; il ne m'en a rien coûté. — Comment, rien? — Non, rien; à moins que vous ne comptiez une douzaine de journées par an de mon jardinier, autant de deux ou trois de mes gens, et quelques-unes de M. de Wolmar lui-même, qui n'a pas dédaigné d'être quelquefois mon garçon jardinier. » Je ne comprenais rien à cette énigme; mais Julie, qui jusque-là m'avait retenu, me dit en me laissant aller : « Avancez, et vous comprendrez. Adieu Tinian, adieu Juan Fernandez, adieu tout l'enchantement! Dans un moment, vous allez être de retour du bout du monde. »

Je me mis à parcourir avec extase ce verger ainsi métamorphosé; et si je ne trouvai point de plantes exotiques et de productions des Indes, je trouvai celles du pays disposées et réunies de manière à produire un effet plus riant et plus agréable. Le gazon verdoyant, épais, mais court et serré, était mêlé de serpolet, de baume, de thym, de marjolaine, et d'autres herbes odorantes. On y voyait briller mille fleurs des champs, parmi lesquelles l'œil en démêlait avec surprise quelques-unes de jardin, qui semblaient croître naturellement avec les autres. Je rencontrais de temps en temps des touffes obscures, impénétrables aux rayons du soleil, comme dans la plus épaisse forêt; ces touffes étaient formées des arbres du bois le plus flexible, dont on avait fait recourber les branches, pendre en terre, et prendre racine, par un art semblable à ce que font naturellement les mangles en Amérique. Dans les lieux plus découverts, je voyais çà et là, sans ordre et sans symétrie, des broussailles de roses, de framboisiers, de groseilliers, des fourrés de lilas, de noisetier, de sureau, de seringat, de genêt, de trifolium, qui paraient la terre en lui donnant l'air d'être en friche. Je suivais des allées tortueuses et irrégulières bordées de ces bocages fleuris, et couvertes de mille guirlandes de vigne de Judée, de vigne-vierge, de houblon, de liseron, de couleuvrée, de clématite, et d'autres plantes de cette espèce, parmi lesquelles le chèvre-feuille et le jasmin daignaient se

---

(1) Iles désertes de la mer du Sud, célèbres dans le Voyage de l'amiral Anson, et dont Saint-Preux a déjà parlé dans la relation de son voyage, lettre III de la quatrième partie.

confondre. Ces guirlandes semblaient jetées négligemment d'un arbre à l'autre,
comme j'en avais remarqué quelquefois dans les forêts, et formaient sur nous
des espèces de draperies qui nous garantissaient du soleil, tandis que nous
avions sous nos pieds un marcher doux, commode et sec, sur une mousse
fine, sans sable, sans herbe, et sans rejetons raboteux. Alors seulement je
découvris, non sans surprise, que ces ombrages verts et touffus, qui m'en
avaient tant imposé de loin, n'étaient formés que de ces plantes rampantes et
parasites, qui, guidées le long des arbres, environnaient leurs têtes du plus
épais feuillage, et leurs pieds d'ombre et de fraîcheur. J'observai même qu'au

moyen d'une industrie assez simple on avait fait prendre racine sur les troncs
des arbres à plusieurs de ces plantes, de sorte qu'elles s'étendaient davantage
en faisant moins de chemin. Vous concevez bien que les fruits ne s'en trouvent
pas mieux de toutes ces additions; mais dans ce lieu seul on a sacrifié l'utile
à l'agréable, et dans le reste des terres on a pris un tel soin des plants et des
arbres, qu'avec ce verger de moins la récolte en fruits ne laisse pas d'être plus
forte qu'auparavant. Si vous songez combien au fond d'un bois on est charmé
quelquefois de voir un fruit sauvage et même de s'en rafraîchir, vous comprendrez le plaisir qu'on a de trouver dans ce désert artificiel des fruits

excellents et mûrs, quoique clair-semés et de mauvaise mine; ce qui donne encore le plaisir de la recherche et du choix.

Toutes ces petites routes étaient bordées et traversées d'une eau limpide et claire, tantôt circulant parmi l'herbe et les fleurs en filets presque imperceptibles, tantôt en plus grands ruisseaux courant sur un gravier pur et marqueté qui rendait l'eau plus brillante. On voyait des sources bouillonner et sortir de la terre, et quelquefois des canaux plus profonds dans lesquels l'eau calme et paisible réfléchissait à l'œil les objets. « Je comprends à présent tout le reste, dis-je à Julie; mais ces eaux que je vois de toutes parts... — Elles viennent de là, reprit-elle, en me montrant le côté où était la terrasse de son jardin. C'est ce même ruisseau qui fournit à grands frais dans le parterre un jet d'eau dont personne ne se soucie. M. de Wolmar ne veut pas le détruire, par respect pour mon père, qui l'a fait faire; mais avec quel plaisir nous venons tous les jours voir courir dans ce verger cette eau dont nous n'approchons guère au jardin! le jet d'eau joue pour les étrangers, le ruisseau coule ici pour nous. Il est vrai que j'y ai réuni l'eau de la fontaine publique, qui se rendait dans le lac par le grand chemin, qu'elle dégradait au préjudice des passants et à pure perte pour tout le monde. Elle faisait un coude au pied du verger entre deux rangs de saules; je les ai renfermés dans mon enceinte, et j'y conduis la même eau par d'autres routes. »

Je vis alors qu'il n'avait été question que de faire serpenter ces eaux avec économie en les divisant et réunissant à propos, en épargnant la pente le plus qu'il était possible, pour prolonger le circuit et se ménager le murmure de quelques petites chutes. Une couche de glaise, couverte d'un pouce de gravier du lac et parsemée de coquillages, formait le lit des ruisseaux. Ces mêmes ruisseaux, courant par intervalles sous quelques larges tuiles recouvertes de terre et de gazon au niveau du sol, formaient à leur issue autant de sources artificielles. Quelques filets s'en élevaient par des siphons sur des lieux raboteux, et bouillonnaient en retombant. Enfin, la terre ainsi rafraîchie et humectée donnait sans cesse de nouvelles fleurs et entretenait l'herbe toujours verdoyante et belle.

Plus je parcourais cet agréable asile, plus je sentais augmenter la sensation délicieuse que j'avais éprouvée en y entrant: cependant la curiosité me tenait en haleine. J'étais plus empressé de voir les objets que d'examiner leurs impressions, et j'aimais à me livrer à cette charmante contemplation sans prendre la peine de penser. Mais Mme de Wolmar, me tirant de ma rêverie, me dit en me prenant sous le bras : « Tout ce que vous voyez n'est que la nature végétale et inanimée; et, quoi qu'on puisse faire, elle laisse toujours une idée de solitude qui attriste. Venez la voir animée et sensible; c'est là qu'à chaque instant du jour vous lui trouverez un attrait nouveau. — Vous me prévenez, lui dis-je; j'entends un ramage bruyant et confus, et j'aperçois assez peu d'oiseaux : je comprends que vous avez une volière. — Il est vrai, dit-elle; approchons-en. » Je n'osai dire encore ce que je pensais de la volière; mais cette idée avait quelque chose qui me déplaisait, et ne me semblait point assorti au reste.

Nous descendîmes par mille détours au bas du verger, où je trouvai toute l'eau réunie en un joli ruisseau, coulant doucement entre deux rangs de vieux saules qu'on avait souvent ébranchés. Leurs têtes creuses et demi-chauves formaient des espèces de vases d'où sortaient, par l'adresse dont j'ai parlé, des touffes de chèvre-feuille, dont une partie s'entrelaçait autour des branches, et l'autre tombait avec grâce le long du ruisseau. Presque à l'extrémité de l'enceinte était un petit bassin bordé d'herbes, de joncs, de roseaux, servant d'abreuvoir à la volière, et dernière station de cette eau si précieuse et si bien ménagée.

Au-delà de ce bassin était un terre-plain terminé dans l'angle de l'enclos par un monticule garni d'une multitude d'arbrisseaux de toute espèce; les plus petits vers le haut, et toujours croissant en grandeur à mesure que le sol s'abaissait; ce qui rendait le plan des têtes presque horizontal, ou montrait au moins qu'un jour il le devait être. Sur le devant étaient une douzaine d'arbres jeunes encore, mais faits pour devenir fort grands, tels que le hêtre, l'orme, le frêne, l'acacia. C'étaient les bocages de ce coteau qui servaient d'asile à cette multitude d'oiseaux dont j'avais entendu de loin le ramage; et c'était à l'ombre de ce feuillage comme sous un grand parasol qu'on les voyait voltiger, courir, chanter, s'agacer, se battre comme s'ils ne nous avaient pas aperçus. Ils s'enfuirent si peu à notre approche, que, selon l'idée dont j'étais prévenu, je les crus d'abord enfermés par un grillage; mais comme nous fûmes arrivés au bord du bassin, j'en vis plusieurs descendre et s'approcher de nous sur une espèce de courte allée qui séparait en deux le terre-plain et communiquait du bassin à la volière. Alors M. de Wolmar, faisant le tour du bassin, sema sur l'allée deux ou trois poignées de grains mélangés qu'il avait dans sa poche; et quand il se fut retiré, les oiseaux accoururent et se mirent à manger comme des poules, d'un air si familier que je vis bien qu'ils étaient faits à ce manége. « Cela est charmant! m'écriai-je. Ce mot de volière m'avait surpris de votre part, mais je l'entends maintenant : je vois que vous voulez des hôtes et non pas des prisonniers. — Qu'appelez-vous des hôtes? répondit Julie : c'est nous qui sommes les leurs (1); ils sont ici les maîtres, et nous leur payons tribut pour en être soufferts quelquefois. — Fort bien, repris-je; mais comment ces maîtres-là se sont-ils emparés de ce lieu? le moyen d'y rassembler tant d'habitants volontaires? je n'ai pas ouï dire qu'on ait jamais rien tenté de pareil; et je n'aurais point cru qu'on y pût réussir, si je n'en avais la preuve sous mes yeux.

— La patience et le temps, dit M. de Wolmar, ont fait ce miracle. Ce sont des expédients dont les gens riches ne s'avisent guère dans leurs plaisirs. Toujours pressés de jouir, la force et l'argent sont les seuls moyens qu'ils connaissent : ils ont des oiseaux dans des cages, et des amis à tant par mois. Si jamais des valets approchaient de ce lieu, vous en verriez bientôt les oiseaux disparaître; et s'ils y sont à présent en grand nombre, c'est qu'il y en a toujours eu. On ne les fait pas venir quand il n'y en a point; mais il est aisé, quand il y en a, d'en attirer davantage en prévenant tous leurs besoins, en ne les effrayant jamais, en leur laissant faire leur couvée en sûreté et ne dénichant point les petits; car alors ceux qui s'y trouvent restent, et ceux qui surviennent restent encore. Ce bocage existait, quoiqu'il fût séparé du verger; Julie n'a fait que l'y renfermer par une haie vive, ôter celle qui l'en séparait, l'agrandir et l'orner de nouveaux plants. Vous voyez, à droite et à gauche de l'allée qui y conduit, deux espaces remplis d'un mélange confus d'herbes, de pailles et de toutes sortes de plantes. Elle y fait semer chaque année du blé, du mil, du tournesol, du chènevis, des pesettes (2), généralement de tous les grains que les oiseaux aiment, et l'on n'en moissonne rien. Outre cela, presque tous les jours, été et hiver, elle ou moi leur apportons à manger; et quand nous y manquons, la Fanchon y supplée d'ordinaire. Ils ont l'eau à quatre pas, comme vous voyez. Mme de Wolmar pousse l'attention jusqu'à les pourvoir tous les printemps de petits tas de crin, de paille, de laine, de mousse, et d'autres matières propres à faire des nids. Avec le voisinage des matériaux, l'abondance des vivres et le grand soin qu'on prend d'écarter tous les ennemis (3), l'éternelle tranquillité dont ils jouissent les porte à pondre en un lieu commode où rien ne leur manque, où personne ne les trouble. Voilà comment la patrie des pères est encore celle des enfants, et comment la peuplade se soutient et se multiplie.

(1) Cette réponse n'est pas exacte, puisque le mot d'hôte est corrélatif de lui-même. Sans vouloir relever toutes les fautes de langue, je dois avertir de celles qui peuvent induire en erreur.

(2) De la vesce.

(3) Les loirs, les souris, les chouettes, et surtout les enfants.

— Ah! dit Julie, vous ne voyez plus rien! chacun ne songe plus qu'à soi : mais des époux inséparables, le zèle des soins domestiques, la tendresse paternelle et maternelle, vous avez perdu tout cela. Il y a deux mois qu'il fallait être ici pour livrer ses yeux au plus charmant spectacle, et son cœur au plus doux sentiment de la nature. — Madame, repris-je assez tristement, vous êtes épouse et mère; ce sont des plaisirs qu'il vous appartient de connaître. »

Aussitôt M. de Wolmar, me prenant par la main, me dit en me la serrant : « Vous avez des amis, et ces amis ont des enfants; comment l'affection paternelle vous serait-elle étrangère? » Je le regardai, je regardai Julie; tous deux se regardèrent, et me rendirent un regard si touchant que, les embrassant l'un après l'autre, je leur dis avec attendrissement : « Ils me sont aussi chers qu'à vous. » Je ne sais par quel bizarre effet un mot peut ainsi changer une âme; mais, depuis ce moment, M. de Wolmar me paraît un autre homme, et je vois moins en lui le mari de celle que j'ai tant aimée que le père de deux enfants pour lesquels je donnerais ma vie.

Je voulus faire le tour du bassin pour aller voir de plus près ce charmant asile et ses petits habitants; mais M™° de Wolmar me retint. « Personne, me dit-elle, ne va les troubler dans leur domicile, et vous êtes même le premier de nos hôtes que j'aie amené jusqu'ici. Il y a quatre clefs de ce verger, dont mon père et nous avons chacun une; Fanchon a la quatrième, comme inspectrice, et pour y mener quelquefois mes enfants; faveur dont on augmente le prix par l'extrême circonspection qu'on exige d'eux tandis qu'ils y sont. Gustin lui-même n'y entre jamais qu'avec un des quatre; encore, passé deux mois de printemps où ses travaux sont utiles, n'y entre-t-il presque plus, et tout le reste se fait entre nous. — Ainsi, lui dis-je, de peur que vos oiseaux ne soient vos esclaves, vous vous êtes rendus les leurs. — Voilà bien, reprit-elle, le propos d'un tyran, qui ne croit jouir de sa liberté qu'autant qu'il trouble celle des autres. »

Comme nous partions pour nous en retourner, M. de Wolmar jeta une poignée d'orge dans le bassin, et en y regardant j'aperçus quelques petits poissons. « Ah! ah! dis-je aussitôt, voici pourtant ces prisonniers! — Oui, dit-il, ce sont des prisonniers de guerre auxquels on a fait grâce de la vie. — Sans doute, ajouta sa femme. Il y a quelque temps que Fanchon vola dans la cuisine des perchettes qu'elle apporta ici à mon insu. Je les y laisse, de peur de la mortifier si je les renvoyais au lac; car il vaut encore mieux loger du poisson un peu à l'étroit que de fâcher une honnête personne. — Vous avez raison, répondis-je, et celui-ci n'est pas trop à plaindre d'être échappé de la poêle à ce prix.

— Hé bien! que vous en semble? me dit-elle en nous en retournant. Etes-vous encore au bout du monde? — Non, dis-je, m'en voici tout-à-fait dehors, et vous m'avez en effet transporté dans l'Elysée. — Le nom pompeux qu'elle a donné à ce verger, dit M. de Wolmar, mérite bien cette raillerie. Louez modestement des jeux d'enfants, et songez qu'ils n'ont jamais rien pris sur les soins de la mère de famille. — Je le sais, repris-je, j'en suis très sûr; et les jeux d'enfants me plaisent plus en ce genre que les travaux des hommes.

« Il y a pourtant ici, continuai-je, une chose que je ne puis comprendre : c'est qu'un lieu si différent de ce qu'il était ne peut être devenu ce qu'il est qu'avec de la culture et du soin; cependant je ne vois nulle part la moindre trace de culture; tout est verdoyant, frais, vigoureux, et la main du jardinier ne se montre point; rien ne dément l'idée d'une île déserte qui m'est venue en entrant, et je n'aperçois aucun pas d'hommes. — Ah! dit M. de Wolmar, c'est qu'on a pris grand soin de les effacer. J'ai été souvent témoin, quelquefois complice, de la friponnerie. On fait semer du foin sur tous les endroits labourés, et l'herbe cache bientôt les vestiges du travail; on fait couvrir l'hiver de quelques couches d'engrais les lieux maigres et arides; l'engrais mange la mousse, ranime l'herbe et les plantes; les arbres eux-mêmes ne s'en trouvent pas plus mal, et l'été il n'y paraît plus. A l'égard de la mousse qui couvre quelques allées, c'est mylord Édouard qui nous a envoyé d'Angleterre le secret pour la faire naître. Ces deux côtés, continua-t-il, étaient fermés par des murs; les murs ont été masqués, non par des espaliers, mais par d'épais arbrisseaux qui font prendre les bornes du lieu pour le commencement d'un bois. Des deux autres côtés règnent de fortes haies vives, bien garnies d'érable, d'aubépine, de houx, de troène, et d'autres arbrisseaux mélangés qui leur ôtent l'apparence de haies et leur donnent celle d'un taillis. Vous ne voyez rien d'aligné, rien de nivelé; jamais le cordeau n'entra dans ce lieu : la nature ne plante rien au cordeau; les sinuosités, dans leur feinte irrégularité, sont ménagées avec art pour prolonger la promenade, cacher les bords de l'île, et en agrandir l'étendue apparente sans faire des détours incommodes et trop fréquents (1). »

En considérant tout cela, je trouvais assez bizarre qu'on prît tant de peine pour se cacher celle qu'on avait prise; n'aurait-il pas mieux valu n'en point prendre? « Malgré tout ce qu'on vous a dit, me répondit Julie, vous jugez du travail par l'effet et vous vous trompez. Tout ce que vous voyez sont des plantes sauvages ou robustes qu'il suffit de mettre en terre, et qui viennent ensuite d'elles-mêmes. D'ailleurs la nature semble vouloir dérober aux yeux des hommes ses vrais attraits, auxquels ils sont trop peu sensibles, et qu'ils défigurent quand ils sont à leur portée : elle fuit les lieux fréquentés; c'est au sommet des montagnes, au fond des forêts, dans des îles désertes, qu'elle étale ses charmes les plus touchants. Ceux qui l'aiment et ne peuvent l'aller chercher si loin sont réduits à lui faire violence, à la forcer en quelque sorte à venir habiter avec eux; et tout cela ne peut se faire sans un peu d'illusion. »

A ces mots, il me vint une imagination qui les fit rire. « Je me figure, leur dis-je, un homme riche de Paris ou de Londres, maître de cette maison, et amenant avec lui un architecte chèrement payé pour gâter la nature. Avec quel dédain il entrerait dans ce lieu simple et mesquin! avec quel mépris il ferait arracher toutes ces guenilles! les beaux alignements qu'il prendrait! les belles allées qu'il ferait percer! les belles pattes-d'oie, les beaux arbres en parasol, en éventail! les beaux treillages bien sculptés! les belles charmilles bien dessinées, bien équarries, bien contournées! les beaux boulingrins de fin gazon d'Angleterre, ronds, carrés, échancrés, ovales! les beaux ifs taillés en dragons, en pagodes, en marmousets, en toutes sortes de monstres! les beaux vases de bronze, les beaux fruits de pierre dont il ornera son jardin (2)!... — Quand tout cela sera exécuté, dit M. de Wolmar, il aura fait un très beau lieu, dans lequel on n'ira guère, et dont on sortira toujours avec empressement pour aller chercher la campagne; un lieu triste, où l'on ne se promènera point, mais par où l'on passera pour s'aller promener; au lieu que dans mes courses champêtres je me hâte souvent de rentrer pour venir me promener ici.

« Je ne vois dans ces terrains si vastes et si richement ornés que la vanité du propriétaire et de l'artiste, qui, toujours empressés d'étaler, l'un sa richesse et l'autre son talent, préparent à grands frais de l'ennui à quiconque voudra jouir de leur ouvrage. Un faux goût de grandeur qui n'est point fait pour l'homme empoisonne ses plaisirs. L'air grand est toujours triste; il fait songer aux misères de celui qui l'affecte. Au milieu de ses parterres et de ses grandes allées, son petit individu ne s'agrandit point; un arbre de vingt pieds le

---

(1) Ainsi ce ne sont pas de ces petits bosquets à la mode, si ridiculement contournés qu'on n'y marche qu'en zigzag, et qu'à chaque pas il faut faire une pirouette.

(2) Je suis persuadé que le temps approche où l'on ne voudra plus dans les jardins rien de ce qui se trouve dans la campagne; on n'y souffrira plus ni plantes ni arbrisseaux; on n'y voudra que des fleurs de porcelaine, des magots, des treillages, du sable de toutes couleurs, et de beaux vases pleins de rien.

couvre comme un de soixante (1); il n'occupe jamais que ses trois pieds d'espace, et se perd comme un ciron dans ses immenses possessions.

« Il y a un autre goût directement opposé à celui-là, et plus ridicule encore, en ce qu'il ne laisse pas même jouir de la promenade pour laquelle les jardins sont faits. — J'entends, lui dis-je; c'est celui de ces petits curieux, de ces petits fleuristes qui se pâment à l'aspect d'une renoncule, et se prosternent devant des tulipes. »

Là-dessus, je leur racontai, mylord, ce qui m'était arrivé autrefois à Londres dans ce jardin de fleurs où nous fûmes introduits avec tant d'appareil, et où nous vîmes briller si pompeusement tous les trésors de la Hollande sur quatre couches de fumier. Je n'oubliai pas la cérémonie du parasol et de la petite baguette dont on m'honora, moi indigne, ainsi que les autres spectateurs. Je leur confessai humblement comment, ayant voulu m'évertuer à mon tour et hasarder de m'extasier à la vue d'une tulipe dont la couleur me parut vive et la forme élégante, je fus moqué, hué, sifflé de tous les savants, et comment le professeur du jardin, passant du mépris de la fleur à celui du panégyriste, ne daigna plus me regarder de toute la séance. « Je pense, ajoutai-je, qu'il eut bien du regret à sa baguette et à son parasol profanés.

— Ce goût, dit M. de Wolmar, quand il dégénère en manie, a quelque chose de petit et de vain qui le rend puéril et ridiculement coûteux. L'autre, au moins, a de la noblesse, de la grandeur, et quelque sorte de vérité; mais qu'est-ce que la grandeur d'une patte ou d'un oignon qu'un insecte ronge ou détruit peut-être au moment qu'on le marchande, ou d'une fleur précieuse à midi et flétrie avant que le soleil soit couché? qu'est-ce qu'une beauté conventionnelle qui n'est sensible qu'aux yeux des curieux, et qui n'est beauté que parce qu'il leur plaît qu'elle le soit? Le temps peut venir qu'on cherchera dans les fleurs tout le contraire de ce qu'on y cherche aujourd'hui, et avec autant de raison; alors vous serez le docte à votre tour, et votre curieux l'ignorant. Toutes ces petites observations qui dégénèrent en étude ne conviennent point à l'homme raisonnable qui veut donner à son corps un exercice modéré, ou délasser son esprit à la promenade en s'entretenant avec ses amis. Les fleurs sont faites pour amuser nos regards en passant, et non pour être si curieusement anatomisées (2). Voyez leur reine briller de toutes parts dans ce verger : elle parfume l'air, elle enchante les yeux, et ne coûte presque ni soins ni culture. C'est pour cela que les fleuristes la dédaignent : la nature l'a faite si belle qu'ils ne lui sauraient ajouter des beautés de convention; et ne pouvant se tourmenter à la cultiver, ils n'y trouvent rien qui les flatte. L'erreur des prétendus gens de goût est de vouloir de l'art partout, et de n'être jamais contents que l'art ne paraisse; au lieu que c'est à le cacher que consiste le véritable goût, surtout quand il est question des ouvrages de la nature. Que signifient ces allées si droites, si sablées, qu'on trouve sans cesse; et ces étoiles, par lesquelles, bien loin d'étendre aux yeux la grandeur d'un parc, comme on l'imagine, on ne fait qu'en montrer maladroitement les bornes? Voit-on dans les bois du sable de rivière? ou le pied se repose-t-il plus doucement sur ce sable que sur la mousse ou la pelouse? La nature emploie-t-elle sans cesse l'équerre et la règle? Ont-ils peur qu'on ne la reconnaisse en quelque chose malgré leurs soins pour la défigurer? Enfin n'est-il pas plaisant que, comme

---

(1) Il devait bien s'étendre un peu sur le mauvais goût d'élaguer ridiculement les arbres, pour les élancer dans les nues, en leur ôtant leurs belles têtes, leurs ombrages, en épuisant leur sève, et les empêchant de profiter. Cette méthode, il est vrai, donne du bois aux jardiniers; mais elle en ôte au pays, qui n'en a pas déjà trop. On croirait que la nature est faite en France autrement que dans tout le reste du monde, tant on y prend soin de la défigurer. Les parcs n'y sont plantés que de longues perches : ce sont des forêts de mâts ou de mais, et l'on s'y promène au milieu des bois sans trouver d'ombre.

(2) Le sage Wolmar n'y avait pas bien regardé. Lui qui savait si bien observer les hommes, observait-il si mal la nature? Ignorait-il que si son auteur est grand dans les grandes choses, il est très grand dans les petites?

s'ils étaient déjà las de la promenade en la commençant, ils affectent de la faire en ligne droite pour arriver plus vite au terme? Ne dirait-on pas que, prenant le plus court chemin, ils font un voyage plutôt qu'une promenade, et se hâtent de sortir aussitôt qu'ils sont entrés?

« Que fera donc l'homme de goût qui vit pour vivre, qui sait jouir de lui-même, qui cherche les plaisirs vrais et simples, et qui veut se faire une promenade à la porte de sa maison? Il la fera si commode et si agréable qu'il s'y puisse plaire à toutes les heures de la journée, et pourtant si simple et si naturelle qu'il semble n'avoir rien fait. Il rassemblera l'eau, la verdure, l'ombre et la fraîcheur; car la nature aussi rassemble toutes ces choses. Il ne donnera à rien de la symétrie; elle est ennemie de la nature et de la variété, et toutes les allées d'un jardin ordinaire se ressemblent si fort, qu'on croit être toujours dans la même; il élaguera le terrain pour s'y promener commodément; mais les deux côtés de ses allées ne seront point toujours exactement parallèles; la direction n'en sera pas toujours en ligne droite, elle aura je ne sais quoi de vague comme la démarche d'un homme oisif qui erre en se promenant. Il ne s'inquiétera point de se percer au loin de belles perspectives : le goût des points de vue et des lointains vient du penchant qu'ont la plupart des hommes à ne se plaire qu'où ils ne sont pas : ils sont toujours avides de ce qui est loin d'eux; et l'artiste qui ne sait pas les rendre assez contents de ce qui les entoure se donne cette ressource pour les amuser : mais l'homme dont je parle n'a pas cette inquiétude, et quand il est bien où il est, il ne se soucie point d'être ailleurs. Ici, par exemple, on n'a pas de vue hors du lieu, et l'on est très content de n'en pas avoir. On penserait volontiers que tous les charmes de la nature y sont renfermés, et je craindrais fort que la moindre échappée de vue au dehors n'ôtât beaucoup d'agrément à cette promenade (1). Certainement tout homme qui n'aimera pas à passer les beaux jours dans un lieu si simple et si agréable, n'a pas le goût pur ni l'âme saine. J'avoue qu'il n'y faut pas amener en pompe les étrangers; mais en revanche on s'y peut plaire soi-même, sans le montrer à personne.

— Monsieur, lui dis-je, ces gens si riches qui font de si beaux jardins ont de fort bonnes raisons pour n'aimer guère à se promener tout seuls, ni à se trouver vis-à-vis d'eux mêmes; ainsi ils font très bien de ne songer en cela qu'aux autres. Au reste, j'ai vu à la Chine des jardins tels que vous les demandez, et faits avec tant d'art, que l'art n'y paraissait point, mais d'une manière si dispendieuse, et entretenus à si grands frais, que cette idée m'ôtait tout le plaisir que j'aurais pu goûter à les voir. C'étaient des roches, des grottes, des cascades artificielles, dans des lieux plains et sablonneux où l'on n'a que de l'eau de puits; c'étaient des fleurs et des plantes rares de tous les climats de la Chine et de la Tartarie, rassemblées et cultivées en un même sol. On n'y voyait à la vérité ni belles allées ni compartiments réguliers; mais on y voyait entassées avec profusion des merveilles qu'on ne trouve qu'éparses et séparées; la nature s'y présentait sous mille aspects divers, et le tout ensemble n'était point naturel. Ici l'on n'a transporté ni terres ni pierres, on n'a fait ni pompes ni réservoirs, on n'a besoin ni de serres, ni de fourneaux, ni de cloches, ni de paillassons. Un terrain presque uni a reçu des ornements très simples; des herbes communes, des arbrisseaux communs, quelques filets

(1) Je ne sais si l'on a jamais essayé de donner aux longues allées d'une étoile une courbure légère, en sorte que l'œil ne pût suivre chaque allée tout-à-fait jusqu'au bout, et que l'extrémité opposée en fût cachée au spectateur. On perdrait, il est vrai, l'agrément des points de vue; mais on gagnerait l'avantage, si cher aux propriétaires, d'agrandir à l'imagination le lieu où l'on est; et, dans le milieu d'une étoile assez bornée, on se croirait perdu dans un parc immense. Je suis persuadé que la promenade en serait aussi moins ennuyeuse, quoique plus solitaire; car tout ce qui donne prise à l'imagination excite les idées et nourrit l'esprit. Mais les faiseurs de jardins ne sont pas gens à sentir ces choses-là. Combien de fois, dans un lieu rustique, le crayon leur tomberait des mains, comme à Le Nostre dans le parc de Saint-James, s'ils connaissaient comme lui ce qui donne de la vie à la nature, et de l'intérêt à son spectacle!

d'eau coulant sans apprêt, sans contrainte, ont suffi pour l'embellir. C'est un jeu sans effort, dont la facilité donne au spectateur un nouveau plaisir. Je sens que ce séjour pourrait être encore plus agréable et me plaire infiniment moins. Tel est, par exemple, le parc célèbre de mylord Cobham à Staw. C'est un composé de lieux très beaux et très pittoresques, dont les aspects ont été choisis en différents pays, et dont tout paraît naturel, excepté l'assemblage, comme dans les jardins de la Chine dont je viens de vous parler. Le maître et le créateur de cette superbe solitude y a même fait construire des ruines, des temples, d'anciens édifices; et les temps ainsi que les lieux y sont rassemblés avec une magnificence plus qu'humaine. Voilà précisément de quoi je me plains. Je voudrais que les amusements des hommes eussent toujours un air facile qui ne fît point songer à leur faiblesse, et qu'en admirant ces merveilles on n'eût point l'imagination fatiguée des sommes et des travaux qu'elles ont coûtés. Le sort ne nous donne-t-il pas assez de peines sans en mettre jusque dans nos jeux?

« Je n'ai qu'un seul reproche à faire à votre Élysée, ajoutai-je en regardant Julie, mais qui vous paraîtra grave: c'est d'être un amusement superflu. A quoi bon vous faire une nouvelle promenade, ayant de l'autre côté de la maison des bosquets si charmants et si négligés? — Il est vrai, dit-elle un peu embarrassée; mais j'aime mieux ceci. — Si vous aviez bien songé à votre question avant que de la faire, interrompit M. de Wolmar, elle serait plus qu'indiscrète. Jamais ma femme, depuis son mariage, n'a mis les pieds dans les bosquets dont vous parlez. J'en sais la raison, quoiqu'elle me l'ait toujours tue. Vous qui ne l'ignorez pas, apprenez à respecter les lieux où vous êtes; ils sont plantés par les mains de la vertu. »

A peine avais-je reçu cette juste réprimande, que la petite famille, menée par Fanchon, entra comme nous sortions. Ces trois aimables enfants se jetèrent au cou de M. et de Mme de Wolmar. J'eus ma part de leurs petites caresses. Nous rentrâmes, Julie et moi, dans l'Élysée, en faisant quelques pas avec eux, puis nous allâmes rejoindre M. de Wolmar qui parlait à des ouvriers. Chemin faisant, elle me dit qu'après être devenue mère il lui était venu sur cette promenade une idée qui avait augmenté son zèle pour l'embellir. « J'ai pensé, me dit-elle, à l'amusement de mes enfants et à leur santé quand ils seront plus âgés. L'entretien de ce lieu demande plus de soin que de peine: il s'agit plutôt de donner un certain contour aux rameaux des plantes que de bêcher et de labourer la terre: j'en veux faire un jour mes petits jardiniers; ils auront autant d'exercice qu'il leur en faut pour renforcer leur tempérament, et pas assez pour le fatiguer; d'ailleurs ils feront faire ce qui sera trop fort pour leur âge, et se borneront au travail qui les amusera. Je ne saurais vous dire, ajouta-t-elle, quelle douceur je goûte à me représenter mes enfants occupés à me rendre les petits soins que je prends avec tant de plaisir pour eux, et la joie de leurs tendres cœurs en voyant leur mère se promener avec délices sous des ombrages cultivés de leurs mains. En vérité, mon ami, me dit-elle d'une voix émue, des jours ainsi passés tiennent du bonheur de l'autre vie; et ce n'est pas sans raison qu'en y pensant, j'ai donné d'avance à ce lieu le nom de l'Élysée. »

Mylord, cette incomparable femme est mère comme elle est épouse, comme elle est amie, comme elle est fille; et, pour l'éternel supplice de mon cœur, c'est encore ainsi qu'elle fut amante.

Enthousiasmé d'un séjour si charmant, je les priai le soir de trouver bon que durant mon séjour chez eux la Fanchon me confiât sa clef et le soin de nourrir les oiseaux. Aussitôt Julie envoya le sac au grain dans ma chambre et me donna sa propre clef. Je ne sais pourquoi je la reçus avec une sorte de peine: il me sembla que j'aurais mieux aimé celle de M. de Wolmar.

Ce matin je me suis levé de bonne heure, et, avec l'empressement d'un enfant, je suis allé m'enfermer dans l'île déserte. Que d'agréables pensées j'espérais porter dans ce lieu solitaire où le doux aspect de la seule nature devait chasser de mon souvenir tout cet ordre social et factice qui m'a rendu si malheureux ! Tout ce qui va m'environner est l'ouvrage de celle qui me fut si chère. Je la contemplerai tout autour de moi ; je ne verrai rien que sa main n'ait touché ; je baiserai des fleurs que ses pieds auront foulées ; je respirerai avec la rosée un air qu'elle a respiré ; son goût dans ses amusements me rendra présents tous ses charmes, et je la trouverai partout comme elle est au fond de mon cœur.

En entrant dans l'Elysée avec ces dispositions, je me suis subitement rappelé le dernier mot que me dit hier M. de Wolmar, à peu près dans la même place. Le souvenir de ce seul mot a changé sur-le-champ tout l'état de mon âme. J'ai cru voir l'image de la vertu où je cherchais celle du plaisir ; cette image s'est confondue dans mon esprit avec les traits de Mme de Wolmar ; et, pour la première fois depuis mon retour, j'ai vu Julie en son absence, non telle qu'elle fut pour moi et que j'aime encore à me la représenter, mais telle qu'elle se montre à mes yeux tous les jours. Mylord, j'ai cru voir cette femme si charmante, si chaste et si vertueuse, au milieu de ce même cortége qui l'entourait hier. Je voyais autour d'elle ses trois aimables enfants, honorable et précieux gage de l'union conjugale et de la tendre amitié, lui faire et recevoir d'elle mille touchantes caresses. Je voyais à ses côtés le grave Wolmar, cet époux si chéri, si heureux, si digne de l'être. Je croyais voir son œil pénétrant et judicieux percer au fond de mon cœur et m'en faire rougir encore ; je croyais entendre sortir de sa bouche des reproches trop mérités et des leçons trop mal écoutées. Je voyais à sa suite cette même Fanchon Regard, vivante preuve du triomphe des vertus et de l'humanité sur le plus ardent amour. Ah ! quel sentiment coupable eût pénétré jusqu'à elle à travers cette inviolable escorte ? Avec quelle indignation j'eusse étouffé les vils transports d'une passion criminelle et mal éteinte ! et que je me serais méprisé de souiller d'un seul soupir un aussi ravissant tableau d'innocence et d'honnêteté ! Je repassais dans ma mémoire les discours qu'elle m'avait tenus en sortant ; puis, remontant avec elle dans un avenir qu'elle contemple avec tant de charmes, je voyais cette tendre mère essuyer la sueur du front de ses enfants, baiser leurs joues enflammées, et livrer ce cœur fait pour aimer au plus doux sentiment de la nature. Il n'y avait pas jusqu'à ce nom d'Elysée qui ne rectifiât en moi les écarts de l'imagination, et ne portât dans mon âme un calme préférable au trouble des passions les plus séduisantes. Il me peignait en quelque sorte l'intérieur de celle qui l'avait trouvé ; je pensais qu'avec une conscience agitée on n'aurait jamais choisi ce nom-là. Je me disais : La paix règne au fond de son cœur comme dans l'asile qu'elle a nommé.

Je m'étais promis une rêverie agréable ; j'ai rêvé plus agréablement que je ne m'y étais attendu. J'ai passé dans l'Elysée deux heures auxquelles je ne préfère aucun temps de ma vie. En voyant avec quel charme et quelle rapidité elles s'étaient écoulées, j'ai trouvé qu'il y a dans la méditation des pensées honnêtes une sorte de bien-être que les méchants n'ont jamais connu ; c'est celui de se plaire avec soi-même. Si l'on y songeait sans prévention, je ne sais quel autre plaisir on pourrait égaler à celui-là. Je sens au moins que quiconque aime autant que moi la solitude doit craindre de s'y préparer des tourments. Peut-être tirerait-on des mêmes principes la clef des faux jugements des hommes sur les avantages du vice et sur ceux de la vertu ; car la jouissance de la vertu est tout intérieure, et ne s'aperçoit que par celui qui la sent : mais tous les avantages du vice frappent les yeux d'autrui, et il n'y a que celui qui les a qui sache ce qu'ils lui coûtent.

Se a ciascun l'interno affanno
Si leggesse in fronte scritto,

Quanti mai, che invidia fanno,
Ci farebbero pietà (1)!

Comme il se faisait tard sans que j'y songeasse, M. de Wolmar est venu me joindre et m'avertir que Julie et le thé m'attendaient. « C'est vous, leur ai-je dit en m'excusant, qui m'empêchiez d'être avec vous : je fus si charmé de ma soirée d'hier que j'en suis retourné jouir ce matin : heureusement il n'y a point de mal; et puisque vous m'avez attendu, ma matinée n'est pas perdue.

— C'est fort bien dit, a répondu Mme de Wolmar; il vaudrait mieux s'attendre jusqu'à midi que de perdre le plaisir de déjeuner ensemble. Les étrangers ne sont jamais admis le matin dans ma chambre, et déjeunent dans la leur. Le déjeuner est le repas des amis; les valets en sont exclus, les importuns ne s'y montrent point; on y dit tout ce qu'on pense, on y révèle tous ses secrets, on n'y contraint aucun de ses sentiments; on peut s'y livrer sans imprudence aux douceurs de la confiance et de la familiarité. C'est presque le seul moment où il soit permis d'être ce qu'on est; que ne dure-t-il toute la journée! » Ah, Julie! ai-je été prêt à dire, voilà un vœu bien intéressé! mais je me suis tu. La première chose que j'ai retranchée avec l'amour a été la louange. Louer quelqu'un en face, à moins que ce ne soit sa maîtresse, qu'est-ce faire autre chose sinon le taxer de vanité? Vous savez, mylord, si c'est à Mme de Wolmar qu'on peut faire ce reproche. Non, non; je l'honore trop pour ne pas l'honorer en silence. La voir, l'entendre, observer sa conduite, n'est-ce pas assez la louer?

(1) « Oh! si les tourments secrets qui rongent les cœurs se lisaient sur les visages, combien de gens qui font envie feraient pitié! »
Il aurait pu ajouter la suite, qui est très belle, et ne convient pas moins au sujet :

Si vedria che i lor nemici
Hanno in seno, e si riduce
Nel parere a noi felici
Ogni lor felicità.

« On verrait que l'ennemi qui les dévore est caché dans leur propre sein, et que tout leur prétendu bonheur se réduit à paraître heureux. »

FIN DU TROISIÈME VOLUME.

TABLE DU TROISIÈME VOLUME.

LA NOUVELLE HÉLOÏSE.

Préface.		1
Seconde préface.		4

PREMIÈRE PARTIE.

Lettre I.	— A Julie.	17
II.	— A Julie.	19
III.	— A Julie.	20
	Billet de Julie.	21
	Réponse.	21
	Deuxième billet de Julie.	21
	Réponse.	21
	Troisième billet de Julie.	21
IV.	— De Julie.	21
V.	— A Julie.	23
VI.	— De Julie à Claire.	25
VII.	— Réponse.	26
VIII.	— A Julie.	27
IX.	— De Julie.	28
X.	— A Julie.	30
XI.	— De Julie.	31
XII.	— A Julie.	32
XIII.	— De Julie.	36
XIV.	— A Julie.	38
XV.	— De Julie.	39
XVI.	— Réponse.	39
XVII.	— Réplique.	40
XVIII.	— A Julie.	41
XIX.	— A Julie.	41
XX.	— De Julie.	42
XXI.	— A Julie.	43
XXII.	— De Julie.	44
XXIII.	— A Julie.	45
XXIV.	— A Julie.	51
XXV.	— De Julie.	52
	Billet.	53
XXVI.	— A Julie.	53
XXVII.	— De Claire.	56
XXVIII.	— De Julie à Claire.	57
XXIX.	— De Julie à Claire.	57
XXX.	— Réponse.	58
XXXI.	— A Julie.	60
XXXII.	— Réponse.	61
XXXIII.	— De Julie.	62
XXXIV.	— Réponse.	63
XXXV.	— De Julie.	65
XXXVI.	— De Julie.	67
XXXVII.	— De Julie.	69
XXXVIII.	— A Julie.	70
XXXIX.	— De Julie.	71
XL.	— De Fanchon Regard à Julie.	72

XLI.	— Réponse.	75
XLII.	— A Julie.	73
XLIII.	— A Julie.	73
XLIV.	— De Julie.	74
XLV.	— A Julie.	76
XLVI.	— De Julie.	77
XLVII.	— A Julie.	79
XLVIII.	— A Julie.	80
XLIX.	— De Julie.	82
L.	— De Julie.	83
LI.	— Réponse.	85
LII.	— De Julie.	86
LIII.	— De Julie.	87
LIV.	— A Julie.	88
LV.	— A Julie.	89
LVI.	— De Claire à Julie.	91
LVII.	— De Julie.	92
LVIII.	— De Julie à mylord Edouard.	97
LIX.	— De M. d'Orbe à Julie.	98
LX.	— A Julie.	98
LXI.	— De Julie.	11
LXII.	— De Claire à Julie.	101
LXIII.	— De Julie à Claire.	104
LXIV.	— De Claire à M. d'Orbe.	108
LXV.	— De Claire à Julie.	109

DEUXIÈME PARTIE.

Lettre I.	— A Julie.	116
II.	— De mylord Edouard à Claire.	117
	Fragments joints à la lettre précédente.	120
III.	— De mylord Edouard à Julie.	120
IV.	— De Julie à Claire.	123
V.	— Réponse.	124
	Billet de Julie à Claire.	127
VI.	— De Julie à mylord Edouard.	127
VII.	— De Julie.	129
VIII.	— De Claire.	131
IX.	— De mylord Edouard à Julie.	132
X.	— A Claire.	135
XI.	— De Julie.	135
XII.	— A Julie.	139
XIII.	— A Julie.	139
XIV.	— A Julie.	142
XV.	— De Julie.	145
XVI.	— A Julie.	148
XVII.	— A Julie.	151
XVIII.	— De Julie.	157
XIX.	— A Julie.	161
XX.	— De Julie.	162

xxi.	— A Julie.	163
xxii.	— A Julie.	172
xxiii.	— De l'amant de Julie à madame d'Orbe.	173
xxiv.	— De Julie.	178
xxv.	— A Julie.	178
xxvi.	— A Julie.	180
xxvii.	— De Julie.	183
xxviii.	— De Julie.	188

TROISIÈME PARTIE.

Lettre i.	— De madame d'Orbe.	189
ii.	— De l'amant de Julie à madame d'Etange.	191
iii.	— De l'amant de Julie à madame d'Orbe.	192
iv.	— De madame d'Orbe à l'amant Julie.	192
v.	— De Julie à son amant.	194
vi.	— De l'amant de Julie à madame d'Orbe.	195
vii.	— Réponse.	196
viii.	— De mylord Edouard à l'amant de Julie.	199
ix.	— Réponse.	200
	Billet de Julie.	200
x.	— Du baron d'Etange.	200
xi.	— Réponse.	200
	Billet inclus dans la précédente lettre.	201
xii.	— De Julie.	201
xiii.	— De Julie à madame d'Orbe.	201
xiv.	— Réponse.	203
xv.	— De Julie.	205
xvi.	— Réponse.	205
xvii.	— De madame d'Orbe à l'amant de Julie.	209
xviii.	— De Julie à son ami.	209
xix.	— Réponse.	225
xx.	— De Julie.	227
xxi.	— De l'amant de Julie à mylord Edouard.	233
xxii.	— Réponse.	238
xxiii.	— De mylord Edouard à l'amant de Julie.	242
xxiv.	— Réponse.	243
xxv.	— De mylord Edouard à l'amant de Julie.	243
xxvi.	— De l'amant de Julie à madame d'Orbe.	244

QUATRIÈME PARTIE.

Lettre i.	— De madame de Wolmar à madame d'Orbe.	246
ii.	— Réponse de madame d'Orbe à madame de Wolmar.	251
iii.	— De l'amant de Julie à madame d'Orbe.	254
iv.	— De madame de Wolmar à l'amant de Julie.	258
v.	— De madame d'Orbe à l'amant de Julie.	258
vi.	— De Saint-Preux à mylord Edouard.	258
vii.	— De madame de Wolmar à madame d'Orbe.	264
viii.	— Réponse de madame d'Orbe à madame de Wolmar.	267
ix.	— De madame d'Orbe à madame de Wolmar.	269
x.	— De Saint-Preux à mylord Edouard.	272
xi.	— De Saint-Preux à mylord Edouard.	291

FIN DE LA TABLE.

Paris. — Typ. de Gaittet et Cie, 7, rue Git-le-Cœur.

Paris. — Typographie de Gaittet et Cie, rue Gît-le-Cœur, 7

www.ingramcontent.com/pod-product-compliance
Lightning Source LLC
Chambersburg PA
CBHW070527160426
43199CB00014B/2214